U0640616

中华传世藏书

【图文珍藏版】

永樂大典

精华本

第六册

[明]解縉 等·原著

刘凯·主编

綫裝書局

献替

《易》

《临卦·九二》:"咸临,吉,无不利。"《象》曰:"未顺命也。疏《象》曰:'未顺命'者,释无不利之义。未可尽顺五命,须斟酌事宜,有泰有否。故得吉无不利。则君臣上下,献可替否之义。"

《左传》

齐侯至自田,晏子侍于遄台。子犹驰而造焉,公曰:唯据与我和夫。晏子曰:据亦同也,焉得为和。公曰:"同兴和异乎?"曰:"异和如羹也。"君子食之以平其心,君臣亦然。君所谓可,而有否焉,臣献其否,以成其可。君所谓否,而有可焉,臣献其可以去其否。是以致平而不干,民无争心,今据君所谓可亦曰可,所谓否亦曰否,若以水济水,熟能食之?若琴瑟之专一,孰能听之,固不可也如是。

《晋书》

虞啸父少历显位至侍中,为武帝所亲爱,常侍饮宴。从容问:"卿初不闻有所献替邪?"啸父家近海,谓帝有所求,对曰:"天时尚温,蟹鱼虾鲊未可致,寻当有所上献。"
帝大笑。史臣曰:龙莞为出纳之端,蟹鱼非献替之术,啸父之对,一何鄙哉。

《世说新语》

陶公疾笃,都无献替之言。按:王隐《晋书》,陶侃《临终表》曰:臣少长孤寒,始愿有限,过蒙先朝历世殊恩。臣年过八十,位极人臣。启手启足,当复何恨。但以余寇未诛,山陵未复,所以愤慨兼怀。唯此而已。犹冀犬马之齿,尚可少延,欲为陛下北吞石虎,西诛李雄。今遂不振,良图永息,临书扼腕,涕泗横流。伏愿速选代人,必得良才,足以奉宣王猷,遵成臣志。则虽死之日,犹生之年,有表若此,无非献替。

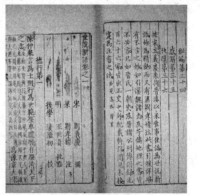

《世说新语》书影

《册府元龟》

夫献可替否,弼违箴阙,竭虑以尽规,犯颜而无隐者,真迩臣之任也。若乃典司命令,发挥帝载,列位局尚闱,备问清宴,而能蕴直方之节,励忠尽之诚,罄其志虑,思有云补,或削牍为奏,极于敷陈,或乘间以言,冀其感悟,嘉话溢于前籍,英风耸乎来裔,自非秉彝有

中华传世藏书
永乐大典
精华本

守，持正无挠，以謇谔为己任，靡循嘿而取容，不苟贪于宠灵，期有利于社稷者，又孰能批逆鳞之威，进苦口之说哉！裴漼为中书舍人，睿宗太极初，炎旱，寺观兴役。漼上疏曰：臣谨按礼经春夏令曰：无聚大众，无起大役，不可以兴土工，恐妨农事。若号令乖度，役使不时，则人加疾役之危，国有水旱之变，此五行之应也。今自春将夏时雨愆期，下人忧心，莫知所出。陛下虽降哀矜之旨，两都仍有寺观之作。时旱之应，实此之由。近日以来，雨虽不多，仅得下种，若不劝以农桑，恐弃本者多，故《书》云虽有兹基，不如逢时，言在乎时，不可失也。今春告期，东作方始，正是丁壮就工之日。而土木方兴，臣恐所妨尤多，所益尤少。耕夫桑妾，饥寒之源。故春秋庄公三十一年冬不雨。

《五行传》

以为是岁三筑台。僖公二十一年夏大旱，《五行传》以为不时作南门。劳人兴役，陛下每以万方为念，睿旨殷勤，安国济人，防深虑远。伏愿下明制，发德音，顺天时，副人望，两京公私营造，及诸处和市木等，并请且停，则苍生幸甚。若农桑失时，户口流散，纵寺观营构，岂假黎元之弊哉？帝览而善之。

苏源明为考功郎中知制诰时，肃宗乾元二年十月，诏以十七日幸东宫。又以殿中监李辅国为行营兵马使，以御史大夫贺兰进明为中京留守。时公卿皆献书进谏帝，以制命已行不纳。源明及给舍等上言谏曰：臣等今月四日及七日上言，车驾幸东京不便，吁天而诉稽首前祈，竭诚不精留中不下。臣等自咎自毒，若惛若狂，以为雨淫孟冬霖积季秋，道路且泥甚，不可一也。从春大旱，方始秋苗，田农之间，十已耗半，方且敛获，犹未收入。先之以清道之役，申之以祗顿之苦，水欲澄而挠之，人欲静而梦之，甚不可二也。臣等每立廊下，窃见旌旗之下，尽是饿夫执敠，仆于行门者，日见一二。市井之中，半是馁人，或求食死于路傍者，日见四五，甚不可三也。奸人连墙，盗儿接栋，磨砺以须陛下出尔，前麾凌于灞上，凶人肆于城中，御史大夫必不能能愊而御之，甚不可四也。臣等伏料之，殷鉴不远，近在天宝十五年季夏尔圣皇巡蜀后，大都内府财货，朝臣富民资产，尽在道路之手。有乘马驶驴入宣政紫宸殿者，扰乱如此，一至于是。况陛下复二都，有四海日浅，钱谷满蓄不及曩时者，必为利而行。此贼臣作计诱掖，绐陛下而已。诗曰：三星在罶，臣不胜呜咽。为陛下痛之。宜速下诏书罢东幸，不然穷隶乐祸，已扼腕尔，甚不可五也。方今犯王畿者，河洛绎骚，侮侯服者，江湖叛换。《诗》曰："中原有菽，庶人采之。"彼思明康楚元者，采菽之庶人也。陛下何遽轻万乘，而媒孽速成之邪？甚不可六也。自河南北，尽为盗境，淮东江西，又见修阻。王公已下，未给廪禄，将士已来，且支日月。陛下中官冗食，不减往年，梨园杂伎，有盛今日，陛下未得穆然高枕，用此奚为。中官指使，太常正乐外，一切放归，仍给长牒勿事。待五六年后，随事进退，令聚而仰给，甚不可七也。司空李光弼能拔河阳，尚书王思礼应下晋原，中丞卫伯玉劲卒接焉耆，遇析支，不日且至，大夫王玄志压巫间，临幽都，汝州刺史田南金乘阙口，遏二室，杨州长史邓景山凌长淮饩梁汴。然而狂贼失身，蹩于缑氏山北，不敢逾孟津，东不敢过罴子，只待反接耳。陛下不坐而受之，而欲亲征，徇一朝之怒，甚不可八也。王者于天地神祇，第付之有司享之牲币则已，夫何求哉！记曰：不祈土地，今方士蠢愚，巫祝淫渎，妄有闲说，甚不可九也。天子顺动，人皆幸之之谓幸，人皆病之之谓不幸，不幸之谓虐臣等见陛下否而弗听，联伏赤墀之下，顿颡流涕而出，陛下或容而免之，或毁而罪之，凡百之臣，如昌言于朝，有万之口，必错谤于外，甚不可十也。臣闻子不诤于父，且焉为孝乎？臣不诤于君，又焉得为忠乎？不孝不忠而苟荣冒禄,圈牢之物不若也。臣等至贱,不能委身圈牢之中,不使樵夫共指而笑之,不胜大愿。愿陛下留神玄微,养和淡泊,天下幸甚。帝省表遂不东幸。

　　常衮代宗永泰中为中书舍人,时内侍鱼朝恩恃权宠,兼领国子监事。衮上疏以为不可,时朝廷多事,西边北边连为寇盗侵逼。衮累上表章,陈其利害,代宗甚顾遇之。令狐峘为中书舍人,德宗初即位,将厚奉元陵,峘上疏谏曰:臣闻传曰:近臣尽规。《礼记》曰:事君有犯而无隐,臣幸偶昌运。谬参近列,敢竭狂愚,庶裨分寸,伏惟陛下详察焉。臣尝读《汉书》,见刘向抗疏,论王者山陵之式,良史称叹,万古芬芳。何者?圣贤之心,勤俭是务,必求诸道,不作无益。故舜葬苍梧,不变其肆。禹葬会稽,不改其列。周武葬于毕陌,无丘陇之处。汉文葬于霸陵,因山谷之制。禹非不忠也,启非不顺也,周公非不友也,景帝非不孝也。其葬君亲,皆守微薄。至宋文公始厚葬,用蜃炭益车马,其臣华元乐举,春秋书为不臣。秦始皇葬于骊山,鱼槁为灯烛,水银为江海,珍宝之藏,不可胜计,千载非之。故桓魋为石椁,夫子曰:不如速朽。子游问丧具,夫子曰:称家有无。张释之对孝文曰:使其中无可欲,虽无石椁,又何戚焉?是以汉修霸陵,皆以瓦器,不以金银为饰。由是观之,有德者葬逾薄,无德者葬逾厚,昭然可睹矣。陛下自临御天下,圣政日新,进忠去邪,减膳节用,不珍云物之瑞,不近鹰犬之娱,有司给物,悉依元估,利于人也。达方底贡,唯供祀事,薄于已也。故泽州奏庆云,诏曰:以时和为嘉祥。邕州奏金坑,诏曰:以不贪为宝。恭惟圣虑,无非至理,而独六月一日制度节文云应缘山陵制度,务取优厚,当竭帑藏,以供费用者,此缘仁孝之德,切于圣衷,伏以尊亲之义,贵于合礼。陛下每下明诏,发德音,皆比踪唐虞,超迈周汉,岂取悦凡常之目,有违贤哲之心,与失德之君竞其奢侈者也。臣又伏读遗诏曰:其丧仪制度,务从俭约。不得以金银为缘饰。陛下恭顺先帝,动无违者,若制度优厚,岂顾命之意邪,伏惟陛下远鉴虞夏周汉之仪,深惟夫子释之之戒,虔奉先旨,俯遵礼经,为万代法,天下幸甚。今赦书虽颁行,诸条犹未出,因之奉遗制敷圣理,固其时也。伏望速诏有司,悉从古礼。臣闻,愚夫之言,圣主挥焉。况臣忝职史官,亲述睿德,耻同华元乐举之为臣也,愿以舜禹之理,纪圣猷也。夙夜恳迫,不敢不言。祇犯聪明,实忧罪谴。言行身黜,虽死犹生。诏答曰:朕顷议山陵,心方迷谬,忘遵先旨,遂有优厚之文。卿闻见该通,识达弘远,深知不可。切以为言,引古援今,依经据礼,非唯中朕之病,兼亦成朕之身,今所以令朕免不子之名,不遗君亲于患者,皆卿之力也。敢不闻义而从,收之桑榆,奉以始终,期无失坠。嗟乎古之遗直,何以加卿。姜公辅,建中初为京兆府户曹参军翰林学士。特承恩顾,才高有器识。每对见言事,德宗多从之。四年,泾原兵反,帝将出自苑便门,公辅前谏曰:朱泚尝总泾原兵,以朱滔故坐夺其兵权,常忧愤不得志,不如使人捕之陪銮驾,忽群凶立以为帅,恐必为后害。臣昔尝陈奏云:陛下不能宽怀待之。当杀之,养猛兽自为患,悔且无益。帝卒愕不遑听,且曰已无及矣。

　　陆贽,建中初为祠部员外郎,充乾林学士。性忠尽,既居近密,感人主重之思,有以效报,政或有缺,巨细必陈。四年,泾原兵叛,从幸奉天。其年冬,欲以新岁改元,而卜祝之流皆以国家数钟百六,凡事宜有变革,以应时数。德宗谓贽曰:往年群臣请上尊号圣神文武四字,今缘寇难,诸事并宜改更,众欲于朕旧号之中,更加两字,其事如何?贽奏曰:尊号之兴,本非古制,行于安泰之日。已累谦冲,袭乎丧乱之时,尤伤事体。今者銮舆播越未复,宫闱宗祐震惊,尚愆禋祀,中区多梗,大憝犹存。此乃人情向背之秋,天意去就之际,陛下宜深自惩励,收览群心,痛自贬损,以识灵谴,不可近从末议,重益美名。帝曰:卿所奏陈虽理体甚切,然时运必须小有改变,亦不可执滞,卿更思量。贽曰:古之人君称谓,

或称皇，或称帝，或称王，但一字而已。至暴秦乃兼皇帝二字，后代因之。及昏僻之君，乃有圣刘天元之号，是知人主轻重，不在自称，崇其号，无补于徽猷。损其名，不伤于德美。然而损之有谦光稽古之善，崇之获矜能纳谄之讥，得失不侔，居然可办。况今时运屯否，事属艰危，尤宜惧思以自贬抑，必也俯稽术数，须有变更，与其增美称而失人心，不若黜旧号以祗天戒。天时人事，理必相符，人既好谦，天亦助顺。陛下诚能断自宸鉴，焕发德音，引咎降名，深示刻责，惟谦与顺，一举而二美从之。帝纳焉，但改兴元年号而已。初德宗苍黄出幸，府藏委弃，凝烈之际，士众多寒，服御之外，无尺缣丈帛。及贼泚解围，诸藩贡奉继至，乃于奉天行在，贮贡物于廊下，仍题曰琼林大盈二库名。贽谏曰：琼林大盈，自古悉无其制，传诸耆旧之说，皆云创自开元。贵臣贪权，饰巧求媚，乃言郡邑贡赋所用盖区分，赋税当委于有司，以给经费。贡献宜归于天子，以奉私求。玄宗悦之新是二库，荡心侈欲，萌祸于兹。迨夫失邦，终以饵寇。记曰：货悖而出，岂其效欤。陛下嗣位之初，务遵理道，敦行俭约，斥远贪饕。维内库旧藏，未归太府，而诸方曲献，不入禁门。清风肃然，海内丕变。近以寇逆乱常，銮舆外幸，既属忧危之运，宜增儆厉之诚。臣昨奉使军营，出游行殿，忽睹右廊下，榜列二库之名，惧然若惊，不识所以。何者？天衢尚梗，师旅方殷，疮痛呻吟之声，噢咻未息，忠勤战守之效，尝赉未行。诸道贡珍，遽私别库，万目所视，孰能忍怀。窃揣军情，或生觖望，或急形谤讟，或配肆谣言，颇含思乱之情，亦有悔忠之意。是知旷俗昏鄙，识昧高卑，不可以尊极临，而可以诚义感。顷者六师初降，百物无储，外扞凶徒，内防危堞，昼夜不息，迨将五旬，冻馁夹侵，死伤相枕，毕命同力，竟夷大艰。良以陛下不厚其身，不私其欲，绝甘以同卒伍，辍食以啗功劳。无猛制而人不携，怀所感也。无厚赏而人不怨，悉所无也。今者攻围已解，衣食已丰，而谣言方兴，军情稍沮。岂不以勇夫常性，嗜货矜功。其患难既与之同忧，而好乐不与之同利。苟异恬然，无能怨咨，此理之常，固不足怪。记曰：财散则民聚，岂其效欤。陛下天资英圣，见善必迁。是将化蓄怨为御恩，反过差为至当，促珍遗寇，永垂鸿名，大圣应机，固当不俟终日。帝嘉纳之，令去其题署，累迁考功郎中谏议大夫，依前充学士。先是凤翔衙将李楚琳乘径帅之乱，杀节度使张溢归欤。朱泚及奉天解围，楚琳遣使贡奉。时方艰阻，不获已。命为凤翔节度使，帝忿其弑逆，心不能容。既至汉中，楚琳使来，绝不召封。贽谏曰：楚琳之罪，固不容诛。但以乘舆未复，大憝犹存。勤王之师悉在畿内，急宣速告，晷刻是争，商岭则道迂且遥，骆谷复为贼所扼，仅通王命，唯在褒斜，此路若又阻艰，南北便成隔绝。以诸镇危疑之势，居二逆诱协之中，恟恟群情，各怀向背，贼胜则往，我胜则来，其间事机，不容差跌。傥楚琳发憾，公肆猖狂，南塞要冲，东延巨猾，则我咽喉梗而心膂分矣。其势岂不病哉？帝释然开悟，乃善待楚琳使，优诏安慰其心。时帝又欲以谷口已北从臣赐号曰奉天定难功臣，谷口以南随扈者曰元从功臣，不选朝官内官，一例俱赐。贽奏曰：破贼扞难，武臣之效，至如宫闱近侍，班列员僚，但驰走从行而已。恐与介胄奋命之士，俱号功臣，伏恐武臣愤惋，乃止。李晟既收京城，遣中使宣付翰林院，具录先散失宫人名字，令草诏赐浑瑊，遣于奉天寻访，以得为限，仍量与资装送赴行在。贽不时奉诏，进状论之，曰：顷以理道乖错，祸乱荐钟。陛下思咎惧灾，裕人罪己，屡降大号，誓将更新，天下之人，垂涕相贺，惩愤释怨，煦仁戴明，毕力同心，共平多难，止土壤于绝岸，收版荡于横流。珍寇清都，不失旧物，实由陛下至诚动于天地，深悔感于神人。故得百灵降康，兆庶归德，不如此。自古何尝有捐弃宫阙，失守宗祧，继逆于赴难之师。再迁于蒙尘之日，不逾半岁而复兴大业者乎？今渠魁始平，法驾将返，近自郊甸，远周寰瀛，百役疲瘵之甿，重伤残废之卒，皆忍死扶病，倾耳耸

肩,想闻德声,翘望圣泽,陛下固当感上天悔祸之眷,荷列祖垂裕之休,念将士锋刃之殃,愍黎元涂炭之酷,以致寇为戒,以居上为危,以务理为忧,以复言为急。损之又损,尚惧汰侈之易滋,艰之惟艰,犹恐戒惧之难久。谋始尽善,克终已稀,始而不谋,终则何有。夫以内人为号,盖是中壶末流,天子之尊,富有宫掖,如此等辈,固繁有徒,但恐伤多,岂忧乏少。蔫除元恶,鲁未浃旬,夺贺往来,道途如织。何必自亏君德,首访妇人。又令资装,速赴行在,万目阅视,众口流传。恐非所以答庆赖之心,副惟新之望也。夫事有先后,义有重轻,重者宜先,轻者宜后。故武王克殷,有未及下车而为之者,盖美其不失先后之宜也。自翠华播越,万姓麾依,清庙震惊,三时乏祀。当今所务莫大于斯,诚宜速遣大臣,驰传先往,迎复神主,修整郊坛,展禋享之仪,申告谢之意。然后吊恤死义,慰犒有功,绥辑黎蒸,优问耆耋,安定反侧,宽宥协从,宣畅郁堙,褒奖忠直,宜先不可后也。至如崇饰服器,缮缉殿台,备耳目之娱,选巾栉之侍,是皆宜后不可先也。且散失内人,已经累月,既当离乱之际,必为将士所私。其人若稍有知,不求当自陈献。其人若甚无识,求之适使忧虞。自因寇乱丧亡,颇有大于此者。一闻搜索,怀惧必多,余孽尚繁,群情未一,因而善抚,犹恐危疑,若又惧之,于何不有。昔人所以掩绝缨而饮盗马者,岂必忘其情爱?盖知为君之体然也。以小妨大,明者不为。天下固多艺人,何必独在于此。所令撰赐浑瑊诏书,未敢顺旨。帝遂不降诏,但遣使而已。自车驾播迁,贽奏云:方今书诏,宜痛自引过罪已,以感动人心。昔汤武罪已致兴,后代推以为圣人。楚昭王失国亡走,一言善而复其国。至今称为贤君,陛下诚能不恢改过,以言谢天下,臣虽愚陋,为诏词无所忌讳,庶能令天下叛逆者回心喻旨。德宗从之。故行在制诏始下,闻者虽武夫悍卒,无不挥涕感激。议者咸以为帝之克复寇难,旋复天邑,不唯神武之功,爪牙置力,盖亦文德广被,腹心有助焉。贞元初,李抱真来朝,因前贺曰:陛下之幸奉天山南时,赦书至山东,士卒无不感泣思奋者。臣时见之,即知诸贼不足平也。

卫次公,贞元末为左补阙充翰林学士。顺宗在谅暗,外有王叔文辈操权树党,无复经制,次公与郑𬘓同处内廷,多所规正。李吉甫,宪宗元和初为翰林学士中书舍人。时中书小吏滑涣,与知枢密刘光琦昵善,颇窃朝权,吉甫请去之。及刘辟反,宪宗诛讨之计未决,吉甫密赞其谋,兼请广征江淮之师,由三峡路入以分蜀寇之力。事皆允从,由是甚见亲信。李绛,元和初为主客员外郎充翰林学士,以孜孜规谏为己任。宪宗初即位,叛臣李锜阻兵于浙右,锜既诛,朝廷将辇归其家私财帛,绛上言曰:李锜凶狡叛戾僭侈,诛求刻剥六州之人,积成一道之苦,圣恩本以判乱致讨,苏息一方。今辇运钱帛,播闻四海,非所谓式遏乱略,惠绥困穷也。伏望天慈,并以赐本道百姓今年租赋,则万姓欣戴,四海歌咏也。帝览状嘉之。时中官吐突承璀,自藩邸承恩宠,既为神策军护军中尉,尝欲于安国佛寺建立圣德碑,大兴工作,且上闻,令翰林为之文,加之厚贶。绛即上言曰:陛下布惟新之政,划积习之弊,四海延颈,曰望德音。今忽立圣德碑以示天下不广大。易称大人者与天地合德,日月合明,执契垂拱,励精求治,岂可以文字而尽圣德,又安可以碑表而替皇猷若可叙述。是有分限乃反亏损盛德。岂谓敷扬至道哉,故自尧舜禹汤文武并无建碑之事,至秦始皇荒逸之君,烦酷之政,然后有之罘峄山之碑,扬诛伐之功,纪巡幸之迹,适足为百王所笑,万代所讥。至今为失道亡国之主,岂可拟议于此。陛下嗣高祖太宗之业,举贞观开元之政,思理不遑食,从谏如顺流,固可与尧舜禹汤文武方驾而行。安得追秦皇暴虐不经之事,而损圣政。近者闻巨源请立纪圣德碑,严励请立纪圣功碑,陛下详尽事宜皆不允许。今忽令立此,与前事颇乖。此碑既在安国寺,即不得不叙载游观崇述之事。述游观

且乖理要，叙崇饰又匪政经，固非哲王所宜行也。其碑伏乞圣恩特令寝罢。帝览状，即时不令建立。先是军中已建碑楼，犹延候帝旨，不令毁去。帝知之，令以牛数十拽倒。绛又尝因浴堂北廊奏对，违忤帝旨，指切时病，及论中官纵恣，方镇进献事宜，帝恕甚，厉声曰：卿所论事，何太过也。绛前论不已，曰：臣所陈岂臣身之利，是国家之利。陛下不以臣愚，使处腹心之地，岂要见事亏圣德，致损清时，而惜身不言，仰屋窃叹，是臣负陛下也。若不顾患祸，尽诚奏论，旁忤伟臣，上犯圣旨，以此获罪，是陛下负臣也。且臣与内官素不相识，又无嫌隙，只是恐威福太盛，上损圣朝，臣所以不敢不论尔，使臣缄默，非社稷之福也。帝见其诚切不回，怒色却散。稍慰喻曰：卿尽节于朕，人所不言者，卿悉言之。使朕闻所不闻，贞忠正诚节之臣也。他日南面，亦须如今日。绛拜恩而退。帝遽宣宰臣，命舆改官，授中书舍人，依前翰林学士，翌日，面赐金紫，帝亲为绛择良笏。前后朝臣裴武、柳公绰、白居易等，或为奸人所排陷，将加贬黜。绛每以密疏申论，得获宽宥。及镇州节度使王士真死，朝廷将用兵讨除，绛深陈以为未可。绛既尽心规益，宪宗每有询访，多叶事机。

崔群，元和中为中书舍人，翰林学士，常以谠言正论间于时。宪宗嘉赏，降宣旨云：自今后学士进状，并取崔群连署。然与进来，群以禁密之司。动为故事自尔，学士或恶直丑正，则其下学士无由上言，群坚不奉诏，三疏论奏方允。时吐突承璀恩宠特异，急昭太子薨，议立储副，承璀独排群议，属意澧王，欲以威权自树。赖宪宗明断不惑，及将册拜太子，即穆宗也。诏群代澧王作让表。群奏曰：凡事已合当而不为，则有退让。澧王非嫡不当立，复何让焉？宪宗深纳之。又魏博节度使田季安进绢五千匹，充助修开业寺，群以为事实无名，体尤不可，请止绝所进。群前后所论率多听纳。

白居易，元和中为左拾遗，充翰林学士。时监察御史元稹谪为江陵府士曹椽，翰林学士李绛、崔群于宪宗前抗论稹无罪，居易累疏切谏曰：臣昨缘元稹左降，频已奏闻，臣内察事情，外听众议，元稹左降，有不可者三：何者？元稹守官正直人所共知，自授御史已来，举奏不避权势，比如奏李公佐等事，多是朝廷亲情。人谁无私，因以挟恨，或假公议，将报私嫌，遂使诬谤之声，上闻天听。臣恐元稹左降以后，凡在位者，每欲举职，必先以元稹为诚，无人肯为陛下当官守法，无人肯为陛下嫉恶绳愆。内外权贵亲党，纵有大过大罪者，必相容隐，陛下从此无由得知此。其不可者一也。昨元稹所追勘房式之事，心虽徇公，事稍过当，即从重罚，足以惩违。况经谢恩，旋又左降，虽引前事以为责辞，然外议喧喧，皆以为稹与中使刘士元争厅，因此获罪。至于争厅事理，已具前状奏陈，况闻士元蹋破驿门，夺将鞍马，仍索弓箭，吓辱朝官，承前已来，未有此事。今中官有罪，未闻处置，御史无过，却先贬官，远近闻之，实损圣德。臣恐从今已后，中官出使，纵暴益甚，朝官受辱，必不敢言。纵有被凌辱殴打者，亦以元稹为戒，但吞声而已。陛下从此无由得闻。此其不可者二也。臣又访闻元稹，自去年已来，举奏严砺在东川日枉法，没入平人资产八十余家，又奏王绅违法给券，令监军神枢及家口入驿，又奏裴玢违敕征百姓草，又奏韩皋改军将，封杖打杀县令。如此之事，前后甚多，属朝廷法行，悉有惩罚。计天下方镇，皆怒元稹守官，今贬为江陵判司，即是送与方镇。从此方便报怨，朝廷何由得知。臣伏闻德宗时有崔善贞者，告李锜必反，德宗不信，送与李锜，锜掘坑炽火烧杀善贞，曾未数年，李锜果反，至今天下为之痛心。臣恐元稹贬官，方镇有过，无人敢言，陛下无由得知不法之事。此其不可者三也。若无此三不可，假如朝廷误左降一御史，盖是小事，臣安敢烦渎圣听，至于再三。诚以所损者深，所关者大，以此思虑，敢不极言。疏入，不报。淄青节度使李师道进绢为魏征子孙赎宅，居易谏曰：征是陛下先朝宰相，太宗尝赐殿材，成其正室，尤与诸家第

宅不同，子孙典贴，其钱不多，自可官中为之收赎。而令师道掠美，事实非宜。宪宗深然之。帝又欲加河东王锷平章事，居易谏曰：宰相是陛下辅臣，非贤良不可当此位。锷诛剥民财以市恩泽，不可使四方之人谓陛下得王锷进奉，而与之宰相，深无益于圣朝。乃止。王承宗拒命，帝令神策中尉吐突承璀为招讨使，谏官上章者十七八，居易面论，词情切至。既而又请罢河北用兵，凡数千百言，皆人之难言者，帝多听纳。李德裕，穆宗长庆初为屯田员外郎。充翰林学士时，穆宗不持政道，多所恩贷，戚里诸亲，邪谋请谒，传导中人之旨，与权臣往来。德裕上疏曰：臣伏见国朝故事，驸马缘是亲密，并不合与朝廷要官往来。玄宗开元中，禁止尤切，访闻近日驸马等，辄至宰相及要官宅，此辈无他才可以延接，唯是漏泄禁密，交通中外，群情所知，以为甚弊。其朝官素是杂流，则不妨来往，若职在清列，岂可知闻。伏望宣示宰臣，其驸马自今已后，有公事任至中书见宰相，此外更不得至宰相及台省要官宅。帝欣纳焉。韦处厚，穆宗时为翰林学士，中书舍人。时张平叔以便佞诙谐，佗门捷进，自京兆尹为鸿胪卿，判度支，不数月宣授户部侍郎。平叔以征利中穆宗意，欲希大任，以摧监旧法为弊年深，欲官自榷监，可富国强兵，劝农积货，疏利害十八条。诏下其奏令公卿议，处厚抗论不可。以平叔条奏不周，经虑未尽，以为利者反害，以为简者至烦。乃取其条目尤不可者，发十难以诘之。时平叔倾巧有恩，自谓言无不允。及处厚条件驳奏，穆宗称善，令示平叔，平叔词屈，无以答，其事遂寝。处厚以幼主荒怠，不亲政务，既居纳诲之地，宜有以启道性灵，乃铨择经义雅言，以类相从，为二十卷，谓之六经法言献之。锡以缯帛银器，仍赐金紫。以宪宗实录未成，诏处厚与路随兼充史馆修撰，实录未成，许二人分日入内，仍放常参。处厚俄又权兵部尚书。敬宗即位。李逢吉用事，素恶李绅，乃构成其罪，祸将不测。处厚与绅皆以孤进同年进士，心颇伤之，乃上疏曰：臣窃闻朋党议论，以李绅贬黜尚轻。臣受恩至深，职备顾问，事关圣德，不合不言。绅先朝奖用，擢在翰林，无过可书，无罪可戮。今群党得志，谗嫉大兴。询于人情，皆甚叹骇，《诗》云："萋兮菲兮，成是贝锦。彼谮人者，亦已太甚。"又曰："谗言罔极，交乱四国。"自古帝王，未有远君子近小人而致太平者。又古人云：三年无改于父之道，可谓孝矣。李绅是前朝任使，纵有罪愆，陛下犹宜洗瑕涤瑕，念旧忘过，以成无改之美。今逢吉门下故吏，遍满朝行，侵毁加诬，何词不有。所贬如此，犹为大轻。盖曾参有投杼之疑，先师有拾尘之戒。伏望陛下断自圣虑，不惑奸邪，则天下幸甚。建中之初，山东向化，只缘宰相朋党，上负朝廷，扬炎为元载复仇，卢杞为刘晏报怨，兵连祸结，天下不平。伏乞圣明，察臣愚恳。帝悟其事，绅得减死，贬端州司马。处厚正拜兵部侍郎，谢恩于思政殿。时昭愍狂咨，屡出畋游，每月坐朝不三四日。处厚因谢从容奏曰：臣有大罪，伏乞面首。帝曰：何也？处厚对曰：臣前为谏官，不能先朝死谏，纵光圣好畋及色，以至不寿，臣合当诛。然所以不死谏者，亦为陛下此时在春宫，年已十五，今则陛下皇子始一岁矣，臣安得更避死亡之诛。帝深感悟其意。又山南东道节度牛元翼家，悉为镇州节度王庭凑所害，敬宗既闻元翼一家无辜并命，深叹宰辅之无才，致使奸凶久未率化。处厚因上疏曰：臣闻汲黯在相，淮南不敢谋反。干木在魏，诸侯不敢加兵。王霸之理，皆以一士而止百亿之师，以一贤而制千里之难。伏以裴度勋高中夏，声播外夷，庭凑克融皆惮其用，吐蕃回鹘悉服其名。今若置之岩廊，委其参决，西夷北虏未测中华，河北山东必禀庙筭。况幽镇未静，尤资重臣。管仲曰：人离而听之则愚，合而听之则圣。理乱之本非有他术，顺人则理，违人则乱。伏承陛下当食叹息，恨无萧曹，今有一裴度，尚不留驱策。此所以冯唐感悟汉文虽有廉颇、李牧不能用也。夫御宰相，当委之信之，亲之礼之，于事不效，于国无劳，则置之散寮，黜之远

郡，如此，则在位者不敢不励，将进者不敢苟求。陛下存终始之分，但不永弃，则君臣之厚也。今进皆负四海责望，退亦不失六曹尚书，不肖者无因而劝。臣与逢吉素无私嫌，臣被裴度无辜贬官，今之所陈，上答圣明，下达群议，披肝感激，伏地涕流。伏乞鉴臣爱君，矜臣体国，则天下幸甚。初度为逢吉所排，至是复兼相任，皆处厚与李程内以公议赞成。宝历元年四月，册尊号礼毕，大赦天下。是时宰臣李逢吉，与端州司马李绅不叶，所撰赦文，但云左降官已经量移者，宜与量移，不言未量移者，盖欲使绅不沾恩例也。处厚上疏曰：伏见赦文节目中，新左降官，不该恩泽。大宥之体，有所不弘。臣窃闻物议，皆言逢吉恐李绅量移，故有此处置。若如此，则应是近乎流贬官，因李绅一人，皆不得量移，事体至大，岂敢不言。李绅先朝奖任，曾在内庭，自经贬官，未蒙恩宥。古人云：人君当记人之功，忘人之过。管仲拘囚，齐桓举为国相。治长缧绁，仲尼选为密亲。有罪犹宜荡涤，无辜岂可终累。况鸿名大号，册礼盛仪，天地百灵之所鉴临，亿兆八纮之所瞻戴。恩泽不广，实非所宜。臣与逢吉素无仇嫌，与李绅且非亲党，所论者全大体，所陈者存至公。伏乞圣恩，察臣肝膈，倘蒙允许，仍望宣付宰臣应近年左降官，并编入赦条，令准旧例得量移近处。帝览奏，深悟其事，乃追赦文，令添改，由是绅得移为江州长史。

高铢为翰林学士。敬宗初，迁中书舍人。学士如故。谢恩于思政殿，因谏帝以求治莫若躬亲，用示忧勤之旨也。帝喜，深纳其言。

柳公权，文宗大和中为中书舍人。翰林书诏学士，文宗因便殿封六学士，语及汉文恭俭，帝举袂曰：此汗濯者三矣。学士皆赞咏俭德，唯公权无言，帝留而问之，对曰：人主当进贤良，退不肖，纳谏诤，明赏罚。服瀚濯之衣，乃小节耳。时周墀同封，为之股慄，公权词气不可夺，累迁谏议大夫工部侍郎，学士如故。开成中，尝入对，帝谓之曰：近日外议如何？公权对曰：自郭旼除授邠宁，物议颇有臧否。帝曰：旼是尚父之从子，太皇太后之季父，在官无过，自金吾大将军授邠宁小镇，何事议论耶？公权曰：以旼勋德除镇攸宜，人情议论者，言旼进二女入宫，致此除拜，此事信乎？帝曰：二女入宫，参太后，非献也。公权曰：瓜李之嫌，何以户晓。因引王珪珪谏太宗出庐江王妃故事，帝即令南内使张曰华送二女还旼。公权忠言裨益，皆此类也。

韦澳大中中为翰林学士承旨。与同僚萧至深为宣宗所遇，二人同直，无不召见，询访时务事，每有邦国刑政大事，中使传宣草词，奥心欲论谏，即曰：此一事须降御札，方敢施行，迟留至旦，必论其可否。帝多从之。

李蔚为翰林学士承旨，礼部侍郎。懿宗咸通十二年，赐安国寺讲唱僧重谦僧澈沉檀木讲经唱经座各一，仍设万人斋，蔚以帝造寺抢施不已。上疏曰：臣闻，孔丘圣者欤，言则引周任之言，符融贤者也。谏必凭王猛之说，事求师古，词贵达情。臣伏睹陛下，自纂帝图，克崇佛事，止当修外，未甚得中。今历采本朝名臣，有忠直裨于上者，辄思陈叙，以补盛明。臣闻天后时，曾营大像，功逾百万。狄仁杰上疏云：夫宝铰殚于缀饰，环材竭于轮奂，功不使鬼，必在役人，物不天来，皆从地出。非损百姓，将何以求？生之则有时，用之则无度。臣每思惟，实所悲痛。其如往在江表，像法盛兴，梁武简文，舍施无限。及至二淮沸浪，五岭腾烟，列刹盈衢，无救危亡之祸。缁衣蔽路，岂有勤王之师。况近年已来，风尘屡扰，水旱不节，征役稍繁，必若多费官钱，又苦人力。一隅有难，将何救之？此切当之言一也。中宗时，公主外戚，皆奏度僧。姚崇奏曰：佛不在外，求之于心。佛图澄最贤，无益于赵。罗什多艺，不救于亡秦。何充符融，皆遭败灭。齐襄梁武，未免灾殃。但发慈悲行利益事，使苍生安乐，即是佛身。此切当之言二也。睿宗为金仙玉真公主造大观，辛替

否谏曰：自夏已来，淫雨不解，谷荒不垄，麦烂于场。入秋已来，亢旱成灾，苗而不实，霜损虫暴，草菜枯黄。下人咨哓，未知赒赈。今陛下爱两女为造两观，烧砖运木，载土填砂。道路流言，皆云计用钱百万余贯。伏惟陛下圣人也，远无所不知。陛下明君也，细无所不见。既知且见，知仓有几年之储，库有几年之帛，知百姓之间，可存活乎？三边之士，可转输乎？当今发一卒以御边陲，追一兵以卫社稷，多无衣食，皆带饥寒。赏赐之间，向无所出，军旅骤败，莫不由斯。而乃以百万贯钱，造无用之观，以贾六合之怨乎？以违万人之心乎？此切当之言三也。又谏造寺曰：夫释教以清净为基，以慈悲为主，故常体道以济物，不利欲以损人。每去已以全真，不营身以害教。今三时之月，筑山穿池，损命也。殚府虚币，损人也。广殿长廊，营身也。损命则不慈悲，损人则不济物，营身则不清净，岂大圣至神之心乎？经曰：一切有为法，如梦幻泡影，如露亦如电。臣以为减雕琢之费以赈贫人，是有如来之德，息穿掘之苦以全昆虫，是有如来之仁。罢营葺之直以给边陲，是有汤武之功。回不急之禄以购清廉，是有唐虞之理。陛下缓其所急，急其所缓，亲未来而疏见在，失真实而冀虚，无重俗人之所为，而轻天子之功业。臣实痛之矣。此切当之言四也。臣观仁杰，天后高宗朝上公也，元崇先天开元中贤哲也。替否，中宗睿宗时直臣也。每览斯文，则未尝不废卷长叹而感慕之。臣幸居近侍，叨职二卿，胸臆之间，虽寡秋毫之智，肺肠之内，厚涵春露之濡，既自昧谠言，又不稽故事，腆颜顺旨，其何以安？愿回日月之明，少鉴苍莀之叹。帝循省加叹，竟未能罢其事。

　　后唐赵凤，同光中为翰林学士。庄宗命刘皇后拜张全义为养父，母传教令草谢全义书。凤以国后无拜人臣为父之礼，乃密上疏陈其失曰：臣叨被睿慈，获亲密勿，在可言之地，居掌诰之司，其或事异常规，礼关草创，程式先谋于国辅，对章然贡于天聪，庶显公忠，免贻错失。今月九日，中宫传命，令修张全义书题，将行父事之仪，有玷君临之道。既形文翰，难决臧否，奉行则罔叶国经，违命则恐亏臣节，遂修记事，取则宰臣，贵动合于楷模，期永垂为规范。以兹奉职，庶显致君。臣闻覆万物者天，载万物者地。非圣主无以体乾道，非贤后无以法坤仪。百代攸同，二仪无改。伏况陛下恢张九五，绕驭玄黄，外设明廷，内崇阴教。言动而华夷知仰，弛张而幽显钦承。张全义虽位极于王公，而名不离于臣，校承陛下曲旨，受皇后重仪，致紊彝章，不防与议。臣又闻，纂洪基者真主，行直道者忠臣，不可务一时之缄臧，失久长之体制。得不恭陈手疏，罄露血诚庶裨益于神聪，免瑕张于王度。伏乞皇帝陛下俯容狂瞽，动畏简书，时开睿敏之怀，永守文明之训。使圣后式全其内则，无臣可保于令图。永扬日月之光，载重乾坤之体。臣职叨侍从，名忝论思，倘避事以不言，是偷安而冒宠。疏奏，帝虽加其直诚，而刘后已拜全义，追改无及。

　　刘赞为比部郎中知制诰，明宗天成二年八月，赞上言曰：臣闻信者使民不惑，义者使民知禁。非信无以彰明德，非义无以显圣猷。此乃三代英风，百王令则。伏惟陛下恭临宝位，庆绍鸿图，握金镜而照万方，运璇玑而调四序。遐敷至德，广纳忠言。凡列周行，许陈封事。虽皆听览，而尚寡依行。纵所依行，亦未遵守。自此或有益国利人之术，除奸去弊之谋，可以择其所长，便为永制。仍乞特颁诏令，峻立条章。岂惟示信义于域中，抑亦振威风于海内。既遵法度，必致治平。

　　张文宝为中书舍人，天成二年十一月，文宝上言曰：巡狩省方，唐虞之旧典。吊民伐罪，汤武之前功。陛下亲统貔貅，尽除枭獍。刷荡瑕秽，殄息氛埃。天威已震于华夷，霈泽又沾于幽显。动植苏泰遐迩欢康所宜旋轸神都，凝旒紫禁，居中土而表正，来万国以均输。允叶亿兆之心，共乐雍熙之化。

于峤为户部员外郎知制诰，天成二年，峤上言请边上兵士起置营田，学赵充国诸葛亮之术。庶令且战且耕，望致轻徭。三年，峤又上言曰：有国有家，既定君临之位；无偏无党，方明王者之心。苟少亏于同执同文，则微损于尽善尽美。窃知河朔令录，须俟本道荐扬，朝廷就加真命。况今万国诸侯，犹征行而贡职，岂使一方令畏，独端坐以邀官，未敦革故之风，深缺惟新之化。睹慈阙政，敢贡直言，乞宣付中书，委于铨管，此后并从常调。七月，峤上言曰：协和万邦，明主所以安社稷。平章百姓，哲后所以怀黎民。将延七百载之洪基，须安亿兆众之黔首。臣幸遇圣明之代，敢倾愚直之诚。伏以朝廷先有指挥，今年不更通括苗亩，宣从特旨，颁作溥恩。且属夏秋已来，霜雨频降，在山川高土，则必有丰年。想薮泽下田，非无水沴，脱或已作潢汙行潦，犹征青苗地头。不唯损邦国化风，兼恐伤天地和气。倘或皇帝陛下，念兹狂直，哀彼灾祥，特于淹浸之亩，别示优隆之泽，重委乡村父老通括，不令州县节级下乡。如或检验不虚，即日蠲减租税。或有司以军粮未济，兵食是虞，即请却于山川之田，丰熟之地，或于麻鞋旱草，蠡监地头，据其本分价钱，折纳诸色斛斗，所谓公私俱济，苦乐皆均。舍其短以从其长，将有余而补不足。臣每因急务，方敢上言，前后所奏十件，有司未行一件。伏乞陛下念臣，若思察臣尽心，或可施行，不令停滞。

晋程逊初仕后唐，为中书舍人。上言，以民间机织，多有假伪，虚费丝缕，不堪为衣。请下禁止，庶归朴素。后为翰林学士，与学士和凝、张历等上十三事。其一，前代帝王，亲观风俗，讯民利病，其后不暇亲行，亦遣使巡行风俗。唐朝于十道置采访使一员，请如旧制，亦冀民病苏舒。其二，天成已来，久不括田，自水旱累年，民产疾苦不均。今岁夏秋，或稔于常岁。请行检括，庶获均输。其三，中原边上，率多闲田，可令近下军都，兴起屯田。旧时铜冶铁冶，亦令军人兴置，不费于民。其四，人君求理，欲广视听，须群臣上言。然则人材有短长，智略有能否，其于听用之间，乞留睿鉴，伏恐失人。其五，朝野官吏人数众多，若不行黜陟之科，何以察其能否。望准考课，今凡中外官，岁终较考，以行进退。其六，古人得位相让，所冀不掩贤能。得其髦俊，请依建中故事，群官授命后，举人自代。其七，治道既知损益，务实去华。伏见自中兴已来，或于边境，权立州县名目，户口不多，虚张吏员，枉费禄食，其权置名目，望一切停省，以赈边军。臣伏见徐宿州管内，有泗滨院，徐山院，市丘院，白土务，所管人户共数千家。请罢废名额，其户税请还州县。其八，请止游惰，劝农桑，减冗食之员，停不急之务。其九，君上置谏诤之官，此期闻过。况闻官给谏纸，虚仁谠言，时政有所不便。请谏官陈论，诏书有所依违。请给事中封驳。其十，国朝承平时，诸监铸钱不辍，尚不能给。今国家所铸绝少，而市人销钱，贵卖铜器，累行止绝，尚未知禁。伏乞严下条法，其铜除镜鞍辔腰带外，不许市卖铜器，犯者以贼论。其十一，沿边镇戍，请明斥候，习战阵，谨烽候，令夷狄知惧，战必有功。其十二，每年给散蚕盐，不敷斤两，杂之以硝土，请给散之时，命清强官止绝。其十三，伏闻关西河东人民饥馑，殍殍者多。其城市乡村积粟之家，望令官司通指姓名，俾令出粜，以济饥民。中书门下覆奏，程逊等十三事，其置采访使，难择公清之吏，却生侥幸之门，问疾苦则未能，劳供须则转费，况刺史廉使，自合访求，不劳别置。其累年水旱，欲与检田以均劳逸，今年夏苗已多灾旱，秋稼今未及时，请下三司可否闻奏。其屯田冶务兴造之初，所费不少，今国力未办，可俟他时。其受官举代，刘鼎近已上闻。其余九件，并可施行，择良善为心腹，群官书考，并省州县，止游堕，劝耕桑，谏官论事，给事封奏，断用铜器。边城习武备，差官散蚕盐，均粜以济饥民等事。诏曰：程逊等所陈时务，并关王道，兼杂霸图，益国利民，无所不至，成仁去害，悉在其间，救时病以良多。此忠言之更切，封驳诏敕，尤可施行，余据事条，下所司。

周张昭远，初仕后唐为都官员外郎，知制诰。明宗长兴元年，昭远奏：古者圣帝明王，爱民恤物。先要察其利病，愍其凶灾，既黈纩以垂旒，难家至而户晓，其间疾苦，安测细微。臣每见诸处奏报，今春已来谷价绝贱，如闻梁益。抱聊生之叹，登莱有饿莩之人。方当盛明，深不宜称，臣必恐下民疾苦，理道未周，长吏既不上闻，百姓无由自诉。藏奸积弊，威福临人，僻郡远藩，惨舒自我，苟无廉问，何表雍熙。窃观本朝二十圣之规模，三百年之基构。事皆师古，政在安民。一岁不登，则命辒轩之使。三农或匮，则覃蠲赈之恩。所以国祚延长，生灵推戴，上布穆清之化，下无愁叹之声，询于旧章，其道犹在，唯圣主行之，臣请依本朝旧事，选择郎官御史，清强干事者，每岁分行天下，宣问风俗，求瘼惩违。凡人间疾苦巨细，尽许上闻。朝廷详其利害，则皇风远洽。贪吏革心，庶几明时，尽除弊政。疏奏不报。

和凝，初仕后唐，末帝清泰二年为翰林学士。上言当贞观之朝，则广开医学，及开元之代，则亲制方书，爰在明朝，宜遵故事。方今暄燠在近，疫疠是虞，言念军民，宜加轸闵。其边远戍卒，及贫下农人，既难息于苦辛，或偶荣于疾疹，地僻既无药物，家贫难召医师，遂致疾深，多罹物故。荷戈执来，皆展力于当年。问疾赐医，宜覃恩于此日。其诸处屯戍兵士令太医署修合伤寒时气虐痢等药，量事给付，大军主掌，以给有病士卒之家。百姓亦准医疾，令合和药物，救其贫户。兼请依本朝州置医博士，今考寻医方，合和药物，以济部人。其御制广济广利等方书，亦请翰林医官重校定颁行天下。

王易简，仕晋为中书舍人。天福三年，易简进渐治论曰：臣闻天地之道起于渐，夫天之高，畜雷霆之威，雨露之惠，覆于万物，必从渐而生。以地之厚，负江海之滋，淮济之润，载于万物，亦从渐而长。况人者无天之功，乏地之力，劳方寸之心，岂可急速而治天下也。惟我后膺图覆运，握镜临人，蕴勤俭之风，秉弘厚之德，内无耽玩，外绝奢华，信任股肱，委仗将帅，自有仰成之化，固多定乱之功。今者所以尚挠圣怀，亲劳御扎者何？直以库藏稍虚，士卒微堕，使天威之莫震，令王化之未敷。此则非臣下之无谋，岂君上之有过？盖承伪廷之困弊，遇数岁之乱离。今国家宜静以图功，不可躁而取失。或欲急征暴敛，则百姓愈逃。或以峻法严刑，则三军益叛。莫若制治于未乱，求安于未危者也。凡止乱危者，应上玄则以好生恶杀为心，接诸侯则以含垢匿瑕为念。夫如是，则水旱无由而兴，干戈何门而动者也。考诸政教，则礼乐咸在，刑赏具存，仕四辅提其纲，遣百司举其目，必见梯航常贡。士马日精，所谓强其干而弱其枝，深其根而固其蒂，于是天地有清和之气，星辰无谪见之灾，可以薄赋恤万民，足以虚怀驭群后。或思正名于中夏，问罪于殊方，人皆同心。兵必戮力，寰区既定，帝道自降。跻元首为睿圣之君，列四辅作贤明之相，主则社稷无患，臣则子孙永安，此则显渐之功，见治之验矣。敕王易简手演王言，心资帝业，当开创之运，以远大而论。天不能蠫变四时，地不能躁成万物，况当革夏，尽已从周，化未可以骤行，事只宜于渐治，不疾而速，其在兹乎，所贡论宜付史馆。

宝贞固，仕晋为翰林学士中书舍人。天福三年，贞固奏曰：臣伏睹先降御扎令文武百寮各进封事，臣闻举善为明，知人则哲，圣君在位，薮泽莫有于隐沦。昭代用才，政理自无于紊乱，求贤若渴，从谏如流。郑所以誉子皮，鲁所以讥文仲。为国之要，进贤是先，庶遵理治之风，宜举仁人之器。臣今欲请降赦命指挥，文武百寮，每一引之内，共集议商榷一士奏荐，述其人有某能某解，堪为某官某职，便请朝廷据奏荐任用。若能符荐，果谓当才，即请量加奖赏。或有乖违共举，兼涉徇私，亦请量加殿罚。所贵官由德序，位以才升，三人同行，尚闻择善，十目所视，必不滥知。臣职在论思，位忝近侍，每谢匪躬之节，常惭濡

翼之讥,将赎贪功,聊陈狂捐。敕曰:进贤受赏,备有前文,得士则昌,斯为急务,宝贞固名参闺籍,职在禁庭,贡章疏以倾心,请班行而荐士,于可否之际,分赏罚之科,所贵当仁,无或旷职。今后宜许文武百寮,于搢绅之内,草泽之中,知灼然有才器者,列名以奏,纳其章疏,记彼姓名,否臧尽达于予怀,用舍免私于公议,仍付所司。

李详为中书舍人,上疏曰:臣闻,除旧布新,故顺天而设教。惟名与器,不假人以树恩,所以示寓县之至公,所以仰朝廷之大柄。今则既逢英主,未革前踪,是敢聊举一端,轻尘四达,酌其损益,幸补涓埃。伏睹南衙两班,内庭诸局,或有不文不武,非旧非勋,论伎术则罔有所长,语才行则罕闻其异,但思月限以冒官常,俾五细以在庭,使四方而何则,有虚华级仍荫私门,忝荣更及于子孙,禄利徒销于府库。况今方兴戎事,久困生民,顾无用之官寮,具员无缺,计有限之财力,币藏正虚,若不去留,定成耗蠹。伏望略加澄汰,稍辨幽明,则支分或减于殷忧,内外庶成于通济。又睹十年已来,肆赦频降,诸道职掌,一例奖酬,藩方不守于规程,奏荐罔论其高下。仆隶则动逾数百,丝纶则皆示特恩,所以仓场管纶之微人,曹局简扎之小吏,至于伶伦贱额,洒扫庸奴,初命便假于贵阶,银章青绶,拜赐遽披于法服,牙笏紫袍,乃致贵贱不分,宠荣滥被,虽雷雨作解,渥泽恐遗于万物,而衣裳在笥,贞规何法于百王。此后或有溥恩,应诸道职员,主兵将校外,其衙前职列。伏乞明示条章,俾循事体,节度州只许奏都押衙都虞候,教练使客将孔目官,及有朱记大将十人,仍取上名,支郡则只许荐都押衙都虞候孔目官,其诸色人并委本道量转职次。则得之者感恩有异,受之者与众稍殊,寰区仰天子之尊,藩后知王泽之贵。名器之重,治乱是资。伏惟陛下俯回宸览,略照愚衷。勿谓小善不行,勿谓旧弊难改,失之在渐,谋之在初。倘或因此留神,自可触类而长,宰臣奏李详才光凤阁,志奏龙图,聪明有作诰之方,名器无假人之理,以兹留意,爰具上章,乃是大纲。且非小善,既叶圣人之教,可嘉君子之言,所奏节度刺史州衙前职员等事,望赐施行,从之。

窦俨,世宗显德末为翰林学士。上疏曰:臣伏睹御札,应内外臣寮,有所见所闻,并许上章议论者。臣非才寡识,备位旷官,仰承纶綍之言,聊贡刍荛之说。其一曰:伏以设官分职,授政仕功,欲为政之有伦,在命官之无旷。今朝廷多士,省寺华资,无事有员,十乃六七,止于计月侍俸,计年待迁。其中廉干之人,不无愧耻之意,如非历试,何展公才。伏请改两畿诸县令,及外州府五千户,上至县令为县大夫升为从五品,下畿大夫县府尹如赤令之仪。其诸州府县大夫,见本部长官,如实从之礼,郎中员外朗,起居补阙拾遗,侍御史殿中侍御史,监察御史,光禄少卿以下四品,太常丞以下五品等,并得衣朱紫为之满日。当在朝一任,约旧官迁二等,自拾遗监察,除授回日,即为起居侍御史中行员外郎。若前官不是三署,即罢后一年方得求事。如此则士大夫足以陈力,贤不肖无以驾肩。各系否臧明行黜陟,利民益国,斯实良规。其二曰:为国为家之方,守谷守帛而已,二者不出于国,而出于民。其道在天。其利在地,得其理者蓄阜增积,失其理者耗啬燋劳。民之颛家,宜有劝教。伏请于齐氏要术,及四时纂要,韦氏月录之中,采其关于田蚕园囿之事,集为一卷,下司雕木版广印,颁下诸州,流布民间。疏奏,虽不即行,物议韪之,兼金合璧献替。赋偶,利害条奏安危缕陈,谏而止之者,谓背理伤道。顺而行之者,谓康国宁人。政有美疵也,以美而易疵,理有是非也,若非而从是。□父对晋君,谓未鱼虾之制。晏子谓丘据,云如琴瑟之专。周臣者,不取其邪而取其正。事上者,不贵其同而贵其和。君曰否亦曰否,则謇而匡救。君曰可亦曰可,则涉于谄阿。传说通和羹之喻,樊候存补衮之思。非不能脂色以恰恰。耳君言而唯唯,念良臣谏过而赏善,君子匡恶而顺美。□父不闻有之丘,据亦曰同也。取咸临之吉,不取于甘临。求商兑之喜,不求于来兑,彼理昧可否,言推顺承。如水之专也,食则不可。如琴之专也,听焉孰能。政乃平而不干,休功茂

立，时所事而靡有欢颂交兴。引君当道者臣之为，致主无过者臣之愿。有非则与之格，见可则与之献。所谓不良者汲黯深督，议多所推者王珪必果。执心切效于金玉，济味每同于水火。赋隔专务苟容，消怀奸之林甫未尝敢谏，鄙阿意之平津。

《群书足用·献替事实》

名君 唐二十七最。

一曰献可替否，拾遗补阙，为近侍之最。唐百官志太宗正观时，有房杜王魏辅翊之智，日有献可替否者。元稹传谏诤疏。

元宗昌言嘉谟。日闻于献替。旧史赞，又见臣事要内。

降及宋璟，亦谏元宗。温颜听纳，献替从容。白居易献续虞人箴。

代宗愿陛下日降清问，使知之必言，言之必行，行之必公。陛下以此办可否于献替，而建太平之阶也。独孤及疏。范宁召拜中书侍郎，专掌西省，职在机近，多所献替，有益治道。晋本传。

安陆王献替帷辰，实掌喉唇。选沈休丈齐安陆昭王碑文。

夏侯湛献替尽规，媚兹一人。潘安夏侯常侍诔。

魏证弼逮替否。日月不蚀。唐本传。

太宗曰：唐俭事朕二十年，遂无言及于献替。《通鉴》。

史臣曰：献可替否，靡闻姚宋之言。旧唐史。

苏题宋璟尝曰：若献可替否，事至即断。盖公不顾私，则令丞相为过之。本传。庐怀谨弟谏曰：公位上衮，当思献可替否辅天子。本传。

诸子故臣子之于君父，则有献可替否讽谏之文。《刘子·贵信篇》。

诸史，君以兼览博照为德，臣以献可替否为忠。后胡广传。

大臣者，献可替否之谓也。《魏志·高柔传》。

古之为人臣者，献可替否，拾遗补阙。《晋江统传》。

明主驭历，当俟献替之臣。圣主握图，必资监梅之佐。《旧唐史·于志宁疏》。

传记，事君者谏过而赏善，献可而替否。国语。

体题从违可否。利害、为忠，赋偶曰吁咈，曰都俞，胥保惠胥教诲。效美诚切，绳愆意勤，丹辰补阙，皇囊贡诚。访问下逮，岁规上间，谋以尽美，则因以将顺，事或未可则从而力争。嘉则告后，非斯格君。一谋可进，则披义胆以入告，一政或失，则婴逆鳞而力争。

赋隔上贾生痛哭之书，即登汉道，进姬旦艰难之训，爰立周基。

唐《李卫公集·文武两朝献替记》

大和七年二月二十八日，蒙恩守本官平章事，时枢机不密。二十六日，京师已盛传明日有麻。二十七日寂然无事，皆言留中不行矣。余对回，枢密使崔谈峻王士政至中书，以文宗与枢密使手诏示诸相。其词曰：命相绝是重事，适看历日，明日日辰非佳，且封麻二十八日放下。去冬至今春，又无雨雪，京师昏霾尤甚。是日甘泽霈然，枢密使谓余曰：禁中喜此雨，呼相公名，向下字讹音，曰李德雨矣。三月暮，高品阎从约，押赐含桃，谓予曰：不锁柜坊也。余未谕，曰：自相公入相，京师细婢良马无价，两市不锁柜坊。先是宗闵每置宴，皆令京兆府主办。两县令官吏因缘求取除羊酒外，每行又率见钱，所钦至厚。至是余与王相涯相约，向后有宴饯出使宰相，及看花观稼。宰相于宅中置宴，皆取冬至岁夜寒食三节假日，亦不邀故相及三十已上官。宰相皆先取旨，然后敢赴。会牛僧孺出镇淮南

日，开六七重坊门，夜宴至三更而散。又过李听宅，令出妓乐，每宴与平康坊娼妓同席酣饮。至是并不令两县更置娼妓。上闻之，甚悦。先是两省及中书，以江淮富人给文牒周游天下，称堂厨食利。方镇皆令预宴，居诸道大将之上。余判向后所给文牒，并不得以堂厨食利为名。令有影占先给文牒者，便仰追收讫报。至是襄阳帅裴公谓给事中高铢曰：今宴席且免有堂厨食利人矣。会昌二年四月，宰臣奏曰：河阳切要得人，侧近惟陈许王茂元堪，且于河阳用之。但比来曾有微累，用后不免议论。上云不然。但得才堪，些些已过之事，岂足更言。及授茂元河阳，仇士良甚怒，枢密使至中书，面如土色。谓德裕曰：缘相公用茂元，适军容于浴堂诟怒，称枢密使与宰臣相连，令大和中罪人领重镇，近东都来，欲有何意。德裕对曰：茂元若当时受文宗意肯，便合诛翦。闻茂元江陵有一宅，南中所得犀象货物，尽在宅中。此时全家送出与军容，既受他物，岂得更有此说。于是谤读遂止。右钞李德裕文武两朝献替记。其已为史官所取，与挟党情者皆略之。文宗恶朋党，指扬虞卿为头首，实李相宗闵所引，上令出知常州。宗闵见上怒，即顺旨云：外人指虞卿所居南亭子为行中书，每日聚议，所以臣不与好官。德裕曰：给事中中书舍人，不是好官，更何官是好官？宗闵失色。德裕初作相，两街使请准例每早朝令兵卫送予判云：在具瞻之地，自有国容，当无事之时，何劳武备？卫送宜停。

王羲之

隆替

《王羲之传》

足下出处，足观政之隆替。

兴替

《黄氏日抄·陆象山文》

人家之兴替，在义理不在富贵。假令贵为公相，富等崇恺，而人无义理，正为家替。若箪食瓢饮，时见缨绝，而人有义理，正为家兴。吾人为身谋，为子孙谋，为亲戚谋，皆当如此。然后为忠、景行录观朝夕起卧之早晚，可以卜家之兴替。

陵替

《春秋》

文公十一年,下陵上替。

《记纂渊海》

陵替。《经》。

遭家不造。《诗·闵予小子》。

史栾郤胥原狐续庆伯,降在皂隶。《左·昭三年》。

叔向曰:服之宗十一族,惟羊舌氏在而已。同上

魏征玄孙稠贫甚,以故第质钱于人。《通鉴·唐纪》五十三年。

帝停叔玉昏而仆所为碑,顾其家衰矣。《唐·魏征传》。

集门衰祚薄。《选·李令伯陈情表》。

承先人之后者在孙惟汝。在子惟吾,韩氏两世,惟此而已。韩文《祭兄十三郎老成文》。

冲替

《伊洛渊源·杨文靖墓志铭》

文靖知潭州浏阳县,按抚使张公舜民以客礼待之,漕使胡师文恶公之与张善也。岁饥,方赈济,劾以不催积欠,坐冲替。

胡不自替

《诗·大雅·召旻篇》

胡不自替。注:替,废也。

兆乱兄替

《文选·西征赋》

升曲沃而惆怅,惜兆乱而兄替,枝末大而本披,都偶国而祸结。

兄其替矣

《回溪史韵》

北齐李孝贞与孝基同见陆昂,戏曰:弟名孝基,兄其替矣。孝贞曰:扎虽不肖,请附子臧,昂曰:士固不妄有名,吾贤必当远至。

通替棺

《南史·殷淑仪传》

孝武帝之贵妃也,有宠而薨,帝思见之,遂为通替棺,欲见辄引替睹尸。

胜业弗替

《梁高僧传》

宋昙摩密多,有弟子定林达禅师弘其风教,声震道俗,故能净化久而莫渝,胜业崇而弗替,盖密多之遗烈也。

寄诗十三

刘若虚诗《寄阎防》
时在终南山丰德寺读书

青瞑南山色,君与缁锡邻。深路入古寺,乱花随暮春。纷纷对寂寞,往往落衣巾。松色空照水,经声时有人。晚心复南望,山远情独亲。应以修往业,亦唯立此身。深林度空夜,烟月资清真。莫叹文明日,弥年从隐沦。

辛愿诗《寄裕之》

青云一别阮家郎,甚欲题诗远寄将。好句眼前常蹉过,佳人心上不曾忘。谁家秋月茅亭底,何处春风锦瑟旁?昌谷烟霞久寂寞,欢游还肯到三乡。

次王无竞见寄

客中重倚仲宣楼,白草黄云塞上秋。山色不随尘世改,水声还抱故城流。隙中畏景那堪玩,镜里衰颜只自羞。多愧诗人苦相忆,远传佳句吊清愁。

毛达可诗《寄陈子高》

秋来目送雁南飞,不似春风雁却归。惭愧宜兴老居士,一生只在钓鱼矶。

柳鸦芦雁图

中华传世藏书

永乐大典

精华本

何应龙诗《寄胡雪江》

借得官亭小似船,六桥风月友三贤。芙蓉未发荷花老,一点诗情若个迁。

李涛诗《寄范税院倚衡》

清敏当年宰宝唐,至今遗爱在甘棠。税苗有例分三等,吏卒无因下六乡。时异事殊民尚忆,人亡政息事堪伤。如今白纳重催吏,也坐先生对越堂。

鲁交诗《有寄》

思君又是东风起,楼倚浮云自千里。芳草不知人断肠,带烟带雨连春水。

戈镐诗《寄刘彦炳》

征旆遥分苑路西,马蹄春去弋阳溪。相思欲和乌啼曲,一拂瑶弦意总迷。

僧希划诗《早春阙下寄观公》

客心长念隐,早晚得书招。看月前期阻,论山静会遥。微阳生远道,残雪下中宵。坐见青门柳,依依又结条。

寄徐任

乡园书久断,寒夜起归心。远路秦关外,啼猿剑树深。贫游年暗改,醉卧月空沉。几夕疏林下,相思废静吟。

寄怀古

见说雕阴僻,人烟半杂羌。秋深边日短,风劲晓笳长。树势分孤垒,河流出大荒。遥知林下客,吟苦夜禅忘。

僧行肇诗《寄终南种征君》

紫阁浮清汉,高眠称此心。住溪人未识,归路鹤知深。峰晚迥寒翠,猿孤发夜吟。霜天独西向,无复梦山阴。

僧圆悟诗《寄方俊甫》

市桥劳送别,转影又经时。几度月圆夜,独行谁共诗。菊寒开欲遍,书远到应迟。西瀑成庵未?幽楼莫负期。

吴激诗《病后寄开父》

暗蛩咽幽响,隙月漏微光。溪上风雨过,倏然有余凉。病瘦鹤骨立,低垂不能翔。怀我山中兄,开经焚道香。猿啸耿清夜,钟鸣悠夕阳。商秋早晚至,梦寐松楸苍。

苏叔党诗《次韵赵承之寄王粹公》

王谢风流不愧前,碧梧翠竹总森然。好归禁锁持簪橐,却卧关河阅岁年。目送秋鸿

凌绝汉,坐传烽火到甘泉。想君坐啸空斋冷,庭下蒲鞭无可鞭。

戴师古诗《寄赵叔鲁》

相知言莫尽,别后意如何。命笑春冰薄,愁因夜雨多。全家寓京国,无地着吟哦。会得穷通理,从余缉薛罗。

赤城左氏集·右丞许少尹被召,约送至白沙,为舟人所误。以诗寄之。

短棹无寻处,严城欲闭门。水边人独自,沙上月黄昏。老别难禁泪,空归只断魂。定知今夜梦,先过白沙村。

翁灵舒诗《寄远人》

秋气日凄清,秋夜纫未成。在家犹不乐,行路若为情。几处好一作看山色,暮天群一作闻雁声。分明相忆梦,夜夜出江城。

僧保暹诗《寄白阁元贞》

一闻归白阁,更不入长安。绝顶无人上,西风彻夜寒。悬崖秉雪度,飞瀑过云看。应念驰名者,青门得路难。

僧用文诗《经泗上有寄》

秋色动离襟,相思寄旅吟。河分随树尽,路入楚云深。积水沉孤屿,微阳着远林。故人不可见,何处访知音。

《利履道骹薹·寄黄希声》

相会不几日,相别又经时。居然感我怀,何以写所思。举目皆我友,我心知者谁。知心而久离,此情悲不悲。

八月寒气高,芳莲谢幽池。时运迅不留,俯仰黄华晖。少年不再得,而不从以嬉。萧条旅馆秋,满耳寒蛩啼。

云南志改福立春蛮地感怀寄友人皎然

坐对梅花忆旧都,秋牵春到老云徂。红尘暗合城边路,白日西沉岭外芜。无用通衢惭老马,几时倾盖会醇儒。抱琴惆怅月明夕,鱼雁音书寄得无。

《桂林志·陶弼寄阳朔父老》

两官三任五流年,旧事长怀一惘然。爵禄岂知缘武进,姓名犹赖得诗传。万云亭北山藏日,双月桥东水接天。为报崇贤诸父老,宰君今悔把戎旃。

林旦翁诗《寄叶唐卿》

别后无书尺,闭门空一春。久贫谙世事,垂老念乡人。风雨吟灯梦,乾坤客剑尘。何

时矶畔月,照夜共持纶。

江陵张氏诗《寄陈秋塘》

五湖风雪分头去,千里淮山信脚行。涉世真成妄男子,谈诗长忆老先生。塘边瓜茹须频灌,郭外田畴粗可耕。莫倚瘦节吟白发,浪传新句入都城。

徐任诗《寄舒州乐学士》

皖伯台前绿树春,吴塘初下碧溪分。旧游风景长牵梦,遥羡高斋望白云。

刘光谦诗《寄陈正叔雷希颜》

东南形胜古徐州,人物休评第几流。落落陈雷天下士,故应连榻卧黄楼。

米芾《宝晋山林集·自涟漪寄薛绍彭》

老来书兴独未忘,颇得薛老同徜徉。天下有识推鉴定,龙宫无术疗膏肓。淮风吹戟稀讼牒,典客闭阁闲壶浆。吟树对山风景聚,墨池濯砚龟鱼藏。珠台宝气每贯日,月观桂实时分香,银淮烛天限织女,烟海括地生灵光。携儿乃是翰墨侣,侠竹不使与卫将。象管钿钿映瑞锦,玉麟棐几铺云房。依依烟华动勃郁,矫矫龙蛇起混茫。持此以为风月伴,四时之乐乐未央。部刺不纠翰墨病,圣恩养在林泉乡。风沙涨天乌帽客,胡不束末从此荒。

《寄薛绍彭》

欧怪褚严不自持,犹能半蹈古人规。公权丑怪恶礼祖,从兹古法荡无遗。张颠与柳颇同罪,鼓吹俗子起乱离。怀素猎獠小解事,仅趋平淡如盲医。可怜智永研空臼,去本一步呈嗤嗤。法帖所载可见已矣此生为此困,有口能说手不随。谁云心在乃笔到,天工自是秘精微。二王之前有高古,有志欲购无高赀。殷勤公付薛绍彭,散金购取重跋题。

《中兴江湖集·寄荆帅刘待制》

历历古荆州,才堪敌壮游。星飞云泽晓,月破渚宫秋。身世浮如客,文章老不休。还寻宋玉宅,莫上仲宣楼。雪入烹鲈鼎,花依弋雁舟。竹枝歌未稳,处处有余愁。

《彭止堂集·寄黄商伯兼_简 兰詹元善》

今日蛮荒好,逢人说桂林。只应一片雪,端在两公心。祈望罗明月,生黎研水沉。滔滔迷所往,莫忘指南针。

《都梁志·寓紫阳寄席大光二绝》

心折零陵霜入鬓,更修短剳问何如。江湖不是无来雁,只惯平生作报书。芭蕉急雨三更闹,客子殊方五月寒。近得会稽消息否,稍传荆渚路岐宽。

寄德升大光

君王优诏起群公,也置樵夫尺一中。易着青衫随世事,难将白发犯秋风。共谈太极

非无意,能击苍生本不同。却倚紫阳千丈岭,遥瞻黄鹄九霄东。

李泰伯诗《寄龙学》

众人皆锐进,唯我复幽居。虑远梦多乱,身闲气不舒。干求非禄位,好尚岂诗书。日夜又日夜,霜寒鬓发疏。

《又寄龙学》

三十年交旧,相逢各白头。海壖曾共饭,洛社又同游。脱屣风波地,开怀松桂秋。两眉从此后,应不著闲愁。

陵虚谷诗《寄题志留山》

天监长留杖锡飞,千年通慧有传衣。青红栏楯摇波影,金碧楼台粲月辉。世外最尊惟佛法,山中真乐息尘机。丛林多少杨岐屋,安得高人遍翠微。

《江湖后集·岁晚寄胡君敩弱》

天道冥冥世道难,未知何处可求安。鼎中得米吞声煮,担上逢梅泣血看。死骨累累无主拾,生刍猎猎有人餐。占星拟卜明年事,病眼观星夜色漫。

《王魏公集·常州寄吕进之五言一首》

峨峨霍丘上,可以望九州。滚滚蔡河底,日夜无停留。子有山水近,官冗亦少休。登高望我居,寄书托东舟。非唯畏我思,亦以解子忧。我欲问子讯,冰泥塞邗沟。又欲识子处,东山岂高丘。惜哉所处异,会合宁易求。何时春风来,从我繁台游。

嘉定史氏诗《寄徐子新子硕伯仲》

生无所成今老矣,断梗飞蓬何定止。江湖汩没二十年,弟妹飘零八千里。马虽能走困蹶蹄,剑本炼钢成绕指。人前羞见冗长物,欲办一丘善吾死。君家兄弟久见知,白头如新有终始。长公德义过元直,少公明敏师孺子。长才经国有原本,主父严安何足拟。奉亲乡党法慈孝,谩仕用舍何愠喜。每思举目谁我客,自贺得友有如此。拥炉夜语杂谐谑,把酒论文谈至理。寻茶野寺天或暮,煮豆田舍日移晷。阳都别野三冬学,衣有纯绵食甘美,摧节踏雪松山顶,藉草观鱼石桥趾。功名绝口不复道,依栖谓可终焉耳。信哉聚散非人力,止或尼之行或使。今为石河父老留,比竹编茅桑柘里。小畦仅可种韭薤,远屋犹堪植桃李。饱饭虽度夏日长,破衣预畏西风起。病疽更不问医药,绝迹那能入城市。早来虽勤恋德心,地僻无人致双鲤。别时艺麻燕未归,今燕空巢人绩枲。一日已觉三岁长,东望宁免踵频企。壮盛犹若丧家狗,流转况如旋磨蚁。常拟古人报一饭,恐负此心成没齿。高柳鸣蜩日落西,独立吞声泪如水。　　权倅毗陵七月送客城西门,客既去,日已夕矣。因记去岁与唐卿正郎登城东楼作乞巧饮,成短章。

寄唐卿

七月七日饯行客,西南缺月上城闉。一声歌送一杯酒,不是去年歌酒人。

《阮户部集·寄郑良佐》

良佐户履甚多嫉之者,以为狎小娟,诸生多引去者。徐察之,乃同姓比居之子。嫉者嫁其谤,可笑。

书生著书贪日课,文士卖文救穷饿。青楼歌酒属富儿,不意此名君乃荷。风波平地自谁始,一倡从知百人和。东鲁男子旧修谨,南郡诸生底遭播。平安敢烦街吏报,洁白长赎楚人些。流言不计两曾参,机上慈亲枉惊堕。阮舍尤须辨南北,杜冠可无分小大。宁知宋玉笑登徒,或指宣尼作阳货。璧亡误使张仪去,兵利徒为少卿祸。违从兄食只厚诬,偿同舍金聊引过。无黩可息剐可补,未信白璧青蝇涴。君不见,吾宗孟公士所倾,亦有俗子惊人坐。

任元受耿时举有和篇。
谨用韵为寄陈文一篇以留字易愁字韵。

射策明光最上游,千霄直气搂云浮。平生所闻任定祖,十年坚卧严壑幽。胸中经济几韬略,价高连城人不酬。急流勇退莫予武,旁观谁为君王留。归来万事了无愧,罪我知我惟春秋。海沂之康谈笑事,分毫未展帷幄筹。倒屣能延吾党士,此客标置高南州。翰墨从容千万字,韵高不作河西讴。各持吾素报吾主,为公不必须孙刘。嗟我已衰人不数,去来乘雁双凫鸥。

寄徐季秉

小窗杯酒恨忽忽,别后谁来旅梦中。寒食东风归去后,寻盟须过蒜山东。

吕本中诗《白公守苏时,刘梦得守杭。有岁暮赠刘诗三首,因效其体寄齐州无咎二哥。虽聊愧声华,然不惭分义》

过去生中做兄弟,依然骨肉有余情。青衫校正同三馆,白发东南各一城。君比邻生多事业,我方谢眺欠诗名。想当把酒笙歌里,亦记长安痛饮生。江南岁晚水风寒,铃阁无人昼掩关。过雨楼台晚溪市,新霜松竹敬亭山。不悲仕宦从事拙,所喜形骸绝得闲。山妓村醪君莫笑,亦胜苜蓿蒲朝盘。关河战国东秦地,风月南朝小谢城。妓乐比君拈不出,溪山许我睹来赢。真珠金线虽无比,叠嶂双溪亦有声。一事与君霄壤别,板兴时从老人行。

水西与李彦恢相从,余将取旌德趋徽州。彦恢先归旌德相候,何元任亦自太平县来相送,遇于三溪驿,遂同过旌德。道中寄二子三首

水西投宿近秋霜,起听晨锺厌束装。尚惜故人轻作别,乱山深处过重阳。村场路僻多无酒,野菊寒深亦未花。底事中原归不得,又扶衰病过天涯。

白头懒入少年场,二老追随却味长。预喜罇前听清话,夜窗相对一炉香。万霆诗寄

萧平叔，孤琴尘翳剑慵磨。一曲尊前且放歌，身计未成多激烈。年光自感益蹉跎，云随帆影西风急。鹰引砧声业思多，自是不归归便得。江南烟景复如何。

《澧阳志·赵世延寄夹山芳别圃》

本来包却太虚空，万象森罗立下风。假使悠悠千百世，圣人复出此心同。薛友谅劝分山行，至日偶得俚句。

寄呈西埜廉访

萧条行色岁将阑，半山在途雨雪间。百姓不堪饥欲死，一身焉敢自求安。流移遍野多桴腹，抚字无功独厚颜。人道今朝是长至，旋沽村酒慰荒寒。

邹燧过桐江拟访紫云梅坞，二郭丈风急舟疾，不果一见，遂赋寄之。

紫云家住此山边，梅坞诗坛峻插天。路便好寻扬子宅，风狂难泊米家船。一生自叹身为役，数里相思雁不传。云想无心重出岫，梅应傲世学梅仙。

李庭咏闰腊月望日，立春大雪，寄兰江诸公

泥牛推倒不多寒，便觉和风天上还。苒苒祥云来海外，纷纷嘉瑞满人间。酒能红颊生春晕，花不嫌人上鬓斑。夜坐醒来诗兴发，客怀如此未为悭。

十七夜雪月交辉，再寄诸公

东风荡尽四垂云，恍若初开浑沌昏。天苑琼花收不去，广寒蟾魄故来吞。须知圆缺难为地，肯为清寒便掩门。贪赏不知天早晚，一杯还欲借春温。

郭贯覆视沣阳早伤，马上得小诗数首，寄赠府推公亮庶几以告牧民者

长民职在牧斯民，疾痛尝思切己身。一妇一夫皆我责，忍同居越视秦人。食将适口须兼味，敷不充肠奈若何。寄语豪门饱温者，由来益寡在掊多。深山穷谷遍饥人，食尽田螺到草根。赈济明条今已下，要将实惠答天恩。访求民瘼监司责，抚养黎元守令功。所愿同心敷德泽，尽回列郡入春风。沴气为灾事岂常，救荒新政要论量。武陵前日活民策，人道今行到沣阳。

《温州志·陈陶寄温州胡使君》

乱山苍海曲，中有横阳道。束马过铜梁，苔华坐堪老。鹤鸣高崖裂，熊斗深树倒。绝壑无坤维，重林失苍昊。跻攀寡俦侣，扶接念兴皁。俛仰标巅空，无因掇灵草。梯穷闻戍鼓，魂续赖丘祷。蔽豁天地归，萦纡村落好。悠悠思蒋径，扰扰愧商皓。驰想永嘉侯，应伤此怀抱。时胡守与可知温州陈陶旅次铜山寄诗。

谢周邠寄雁荡山图

指点先凭采药翁,丹青化出大槐宫。眼明小阁浮烟翠,齿冷新诗嚼雪风。二华行观雄陕石,九仙今已厌京东。此生的有寻山分,已觉温台入手中。

沈括《寄永嘉王博士》

十万橐鞬临易水,五营旗鼓出中山。去年今日西岑别,回首吴江梦寐间。

林泉生《龙湫瀑布寄季和李君》

雁荡峰头春水生,无边木叶作秋声。六龙卷海上霄汉,万马呼风下雪城。春尽不知阳鸟去,崖高惟许白云行。故人家在北山下,野竹寒流亦有情。

陈高《寄题叶氏皆山楼》

闻道君家楼绝奇,青山重叠间罘罳思。岚气常令窗儿湿,日光应出树林迟。二月三月雨晴后,千峰万峰云起时。想见登临足幽赏,倚栏留客共题诗。

《洛阳志·杨凤寄杨正卿兼简李子微》

洛阳自古衣冠地,胜友新来竞结邻。闻道草玄杨给事,又招著白李山人。石楼并禅烟波晚,金谷联镳野草春。怅恨东游戎马隔,几回归梦到天津。

《扬紫阳寄阌乡夹谷师三首》

薄书抛掷寄黄冠,过客如云不作难。一片荆山青似玉,几时同向月中看。家在西原欲尽头,门前流水至今流。世人贪作功名梦,谁向瓜田问故侯。千征万战鬼为邻,历尽兴亡得此身。今日潼关坡下路,静看车马走红尘。

寄阌乡马信之

马氏家声许白眉,少从翰墨晚从医。经春一就成欹侧,泉石膏肓不受治。

袁州府宜春志陆, 经谪袁州道中寄子美

忆昨共系吴门舟,我行千里君独留。江花粲尔不同醉,野月娟然增此愁。谈笑还令舌本强,诗篇颇觉笔锋柔。沧浪书信无消息,鸿雁来时数举头。去年醉到红花老,忧患相宽独与君。今日天涯又春色,却寻高处望吴云。青红染出化成寺,罗谷翻开秀水纹。风物感人音信少,眼前双燕漫纷纷。

蔡栯《寄上宜春沈使君》

阶前石瘦水淙潺,深槛亭中六月寒。洗玉伴公临翠竹,倾银留我驻征鞍。龙门已恨相从晚,国士尤惭欲报难。万丈光芒在行橐,归来别做一流看。徐师闵袁州刘司法亦和予摩字诗,

因次韵寄之

袁州司法多兼局，日暮归来印几窠。诗罢春风荣草木，书成快剑斫蛟龟。遥知吏隐清如此，应问乡曹果是何。颇忆病余居士否，在家无意食萝摩。

王贞白《寄郑谷》

五百首新诗，缄封寄去时。只凭夫子鉴，不要俗人知。火鼠重烧布，冰蚕乍吐丝。直须天上手，裁得领巾披。

齐巳《复寄郑谷》

白发久慵簪，尝闻病亦吟。瘦应成鹤骨，闲想坐禅心。上国杨花乱，沧洲荻笋深。不堪思翠盖，西望独霑襟。

《重庆郡志·余樵隐古调寄赵信庵》

我所思，思丞相赵公也，命佩相印。公辞不拜，天知公心眷之愈厚。而国人未知公之志，公高卧东山，吟啸自若，其客余某拟四愁，作诗以寄之。一章明其志也；二章言有君如此不可负也；三章叙从游之义也；四章为世事而致意也。托物以嗟叹，言近而指远。庶有补于用人之道焉，其辞曰，我所思兮孤凤凰，晨游紫雾夕饮霜。欲往从之天茫茫，梧桐竹实非所求。翔而不下天为愁，何为百鸟自喧啾。我之怀矣心伤忧，我之所思兮凤凰台。凤去台空亦何哉，欲往从之人惊猜。浮云自浮日自明，长安在望兮琼枝生。有君如此想知心，君恩未报胡为情。我所思兮天马狭，朝游阆阖暮玉台。欲往从之路不开，记曾策蹇趁鞭弥。扫平僭叛尘沙里，今虽老矣志未已。安石东山何时起，我所思兮荒年谷。曾饱天下饥人腹，欲往从之势蓄缩。今年米贱人给足，忘却忍饥妻啼哭。但愿常常逢大熟，大家只贵丰年玉。

寄赵信庵

去年曾拜一书，至今去吏犹未回。因思从公兄弟勘定祸乱，同奖王室以来，驰驱鞍马间几二十年。何尝相去许远，相离许久。乃一年不得信音，万里不能见面。人生几何，消得几书，临风凄断。前月拜真帖之赐，嘱寿公之子者读三过，知先生思某勤甚，吾人交非势利，亲如骨肉。如之何而不思？承索旧作泛淮诸篇，此岂足言诗，别纸录呈。蜀有写某陋容者，人以为相似，卷以达左右，或可以慰公思。见下客之心，十二诗列其下，用当答书，只恐益重相思耳。

饮满梅花酒一卮，风前行散鬓如丝。嗅香嚼药无人问，此意难言心自知。吴楚从公二十年，缘何只影面西川。吾人聚散开天道，此事由来不偶然。腰带新来顿灭围，休文憔悴遣谁知。请公试看丹青貌，争似平淮少壮时。年时已寄音书后，每向长江问鲤鱼。纵有鲤鱼解人意，百年能寄几封书。一筒边报一筒诗，此是行军淮浦时。底事逢人犹诵说，悬知无日不相思。雪梅和月度疏篱，自是公家黄卷辞。一纸书来浑不说，如何只说泛淮时。言言征索旧时诗，于此知公有所思。只恐见诗思见面，伤心沦落各天涯。有人曾到湖南者，能说江头自种园。莫种闲花种梅树，且图疏影伴黄昏。舣船浮戏水之涯，自汲清湘自煮茶。茶罢诗成仍治圃，相公真是道人家。想象人间十二楼，湘江东畔即瀛洲。应

怜阿叔今孤冷,身在蜀天天尽头。淮南宾客旧纷纷,今在湖南有几人?下客几时官事了,去锄瓜圃作比邻。介湖心事更清虚,曾共南楼一醉余。遗我五诗犹在簏,相逢为问近何如。

《泾川志·李宏和吕居仁泾县 旌德道中见寄》

笋兴破晓踏新霜,千里高安远辨装。会约明年追胜集,茱萸细把记重阳。山环杰阁染深绿,石吐寒泉蹙浪花。一夜秋霜不成寐,感时忧国思无涯。赏溪漱玉声湍激,石壁参天路阻长。准拟解鞍能过我,新泉活火茗瓯香。

《番阳志·马存寄范安道》

西山石脚盘如城,芙蓉峰插龙泉精。有客高卧青云层,孤吟自作太古声。古声无味淡如水,今人有耳甜如饧。君不见,登高山,泛流水。子期已没不复生,几世几年无此耳。恨君不到苍岩阴,不见此客摇头吟。千崖万壑群动息,相知唯有清泉音。春风卷野浓如波,着人如醉将奈何。向时见我铜鞮陌,为唱襄阳拍手歌。

《邵阳志·沈伯达解印 至大桥铺寄邵阳父老》

已过长亭一舍宽,送行犹自挽征鞍。我无惠政苏凋瘵,何事邦人泪不干。

六月十七日夜寄邢子友

暑雨虽不足,凉风还有余。乐此城阴夜,何殊山崦居。月明苍桧立,露下芭蕉舒。试问澄虚阁,今夕复焉如。

先寄邢子友

做客今年乐有余,邵阳歧路不崎岖。山川好处欹纱帽,桃李香中度笋舆。欲见旧交惊岁月,剩排幽话说艰虞。人间书疏非吾事,一首新诗未可无。

赵鼎过大桥并出界,偶成四绝, 寄邵阳诸老三首

行过邮亭日未西,遮留父老杂童儿。寄言我自无遗爱,底事潸然出涕洟。闻说当年送沈君,一城攀卧尽沾巾。续貂虽不亲传授,也解规随继后尘。邵阳拙政一年余,不暇精思及远图。且了眼前无饿殍,家家温饱是良谟。

《都梁志·胡榘奉寄 武冈使君公甫国录》

越绝孤城湘以南,周遭焕翠拥浮岚。使晚呼韩应款塞,楚人何敢狠如羊。耸丞归梦绕紫扉,羞滥中和乐职诗。人笑安能动万乘,伯鱼暂许长扶羡。第五扶夷长汉注在武冈址陆有四明方丈同,帝咨良牧定登庸。未须料理黔中佐,此子只堪丘壑中。

《潼川志·张士逊和郪城友生见寄》

郪道六十里,县将深隐同。人家飞鸟外,官舍翠屏中。政则惭前辈,吟还得古风。多君有新作,不忘慰幽衷。

寄唐山人

梓潼江口涪江上,深僻还如鄂杜村。独坐翠光喷钓艇,万秋寒影落吟轩。新编自集诗千首,好月谁同酒一罇。我有千年狂简在,会须乘兴雪中论。

寄陈书记赴阙

同院青霄着锦衣,翩翩还捧诏书归。便筹应好神神箸,被铠仍曾破贼围。涪水梦回人乍到,剑关风冷叶初飞。徒劳下吏偏多恋,薄宦飘然失所依。

《四明志·寄育王山长老常坦》

道人少贾海上游,海舶破散身波浮。抱金满篋人所寄,吹箫偶得还中州。赢身归来不受报,只取斗酒相献酬。欢娱慈母终一世,脱弃妻子藏嵩幽。苍灯寥寥池水湄,白王菌苕吹高秋。夜燃柏子煮山药,忆此东望无时休。塞垣春枯积雪留,沙砾憾怒黄云愁。五更走马随雁起,想见郊郭花稠稠。百年夸夺终一丘,世间满眼真悠悠。寄声万里心绸缪,莫道异趣无相求。

舒亶粹老使君前被召,约往它山谒善政侯祠,既不果。以书见抵,谓可叹惜,并示广德湖新记。因成长句奉寄。

长江滚滚西南流,秋水时至狂不收。大浪似屋山欲浮,王侯神智禹所啾。万鬼琢玉它山幽,梅梁巇侚卧龙虬。呫嗟湍骇就敛掣,巨灵缩手愚公羞。障成十里沙中洲,支分股引听所求。赤旱稽浸民不忧,那得虫蝗随督邮。污邪瓯窦满车篝,斯民饱暖何以酬。庙貌突兀寒溪头,岁岁鸡黍祠春秋。老农击鼓稚子讴,当时人物纷雁鸥。岂无鼎食腰金传,朽骨往往空蒿丘。姓名几复人间留,唯侯施惠膏如油。江声浩浩风飂飂,千古不见使人愁。拔俗万丈山标嶒,使君不减裴商州。下车百蠹随锄耰,一笑四境无疮疣。天闲老步须骅骝,已闻归作

福清窑黑釉盏

金华游。钦贤访古意未休,画船载酒岸鸣驹。约我与往置脯脩,冠盖纷纷暇莫偷。搔首怅望情绸缪,我问使君亦何尤。西湖万顷蛟龙湫,几年荒芜今则修。鼙鼓弗胜财不揫,长堤岌嶪高岑楼。写有浍兮荡有沟,余波北注引漕舟。桑麻被野禾连畴,鹤鹤白鸟杂游儵。菰蒲菱芡厌采搜,柳杨成幄荫道周。耕渔呼歌赢病瘳,使君之赐侯可侔。天边旌旆看悠悠,父老雪涕争攀辀。地僻借恂恨无由,高文摘秀春华抽。丰碑崒嵂铙银钩,千年空此留海陬。君知此日思君否,还如今日人思侯。

《卢天骥途中书怀寄奉化知县》

自带渊明漉酒巾，食鲑甘作庾郎贫。虽无残菊簪华发，赖有青山似故人。几处鸦鸣牛背雨，经年衣犯马蹄尘。待携神武朝衫去，还我烟溪漱石身。奔驰渐觉岁峥嵘，负郭芜田未退耕。正恐山溪吹岸去，任从烟草唤愁生。别来竹院门长掩，好去渔舟手自撑。渐晚归心在何许，夕阳低处伴云横。

谢伯初诗《走笔寄夷陵欧阳永叔》

舟行无险似瞿塘，满峡猿声断旅肠。万里更堪人谪宦，经年应合鬓成霜。长官衫色江波绿，学士文华蜀锦张。去似长沙非黜辱，比于连郡亦遐荒。韩退之以言事初贬连州令。可能作赋招巫渚，好为投文吊来阳。杜子美下来阳路经峡下国难留金马客，新诗传与竹枝娘。才如梦得多为累，情甚安仁久悼亡。绝境化成儒雅俗，远民争识校雠郎。典词悬待修青史，谏草当来露皂囊。不用临流羡渔者，便将缨足濯沧浪。

《广州府志·赵希画寄广南转运陈学士》

极望随南斗，迢迢思欲迷。春生桂岭外，人在海门西。残日依山尽，长天向水低。遥知仙馆梦，清夜怯猿啼。

《潮州府志·寄潮州于公九流》

扁舟如叶路东西，一片滩声下恶溪。当日亭台旧时客，相逢莫惜醉如泥。

《绍兴府会稽志·白道猷寄若聊山笠道壹》

连峰数十里，修林带平津。茅茨隐不见鸡鸣知有人。闲步践其径，处处见遗薪。始知百世下，犹有上皇民。开此无事迹，以待疏俗宾。长啸自林际，归此保天真。

《建武志·侬贼寇五羊归善，萧令注夜焚贼船，城得以援，作诗寄之》

贼计包藏久，兵权委付轻。百年铜鼓静，半夜羽书惊。败马斯亡主，残民哭破城。终军知感愤。先我乞长缨。

寄萧注

骠骍新戎幕，牂柯古要藩。玺书行绝域，铜柱入中原。月第笙歌湿，秋城鼓角喧。儒缨□蛮貊，令信贾生言。

王寂《拙轩集·寄王周拙道人》

几年风浪汩迷津，一息烟霞遂隐沦。结屋正宜居子午，投巾聊复记庚申。儿孙又继平生志，妇如能甘抵死贫。解后相逢应笑我，苍头华发走红尘。

寄李致美

别来岁月遽如许,鳞羽沉浮绝往还。款接清谈思寓直,未忘习气梦催班。信知天上玉堂好,何似江西道院闲。他日相逢能似旧,只应君眼与南山。

附寄陈州陈显祖

若到睢阳话汝阳,故人应也问行藏。但言甚矣吾衰矣,三友轩中作退堂。

赵周臣诗《桃花岛回寄王伯宜》

水破村桥拥,春寒旅雁低。远山对雾小,高浪与云齐,鸣寺明松雪,潮船荡藕泥。诗情吟不尽,寄与画中题。

寄元裕之

久雨新晴散痹顽,一轩凉思坐中间。树头风写无穷水,天末云移不定山。宦味渐思生处乐,人生难得老来闲。紫芝眉宇何时见,谁与嵩山共往还。

寄陈正叔

渺渺西风去翼轻,霜林枫叶动秋声。嵩印竟秀容多可,河洛争流忌独清。广武山川留故垒,成皋草木闷空城。凭高一掬英雄泪,付与穷途阮步兵。

《临安志·参寥子雪霁寄彦瞻》

西湖漫天三日雪,上下一色迷空虚。层峦杳嶂杳难辨,仿佛楼观疑有无。饥雏乳兽失所食,飞走阡陌空号呼。中园却羡啄木鸟,利嘴自解谋朝晡。晓来钟鼓报新霁,天半稍稍分浮图。试凭高楼肆远目,千里颠倒罗琼琚。逡巡夜月出海角,光彩猛射来城隅。方壶员峤只在眼,绰约恍晤神仙居。咄哉浩景似欺厌,谓我不足为传模。风流江左社从事,气格豪瞻凌相如。安得飘飘跨鸾鹄,手指栗尾来为书。

寄参寥子八声甘州

有情风万里卷潮来,无情送潮归。问钱塘江上,西兴浦口,几度斜晖?不用思量今古,俯仰昔人非。谁似东坡老,白首忘机。记取西潮西畔,正暮山好处。空翠烟霏,筭诗人相得。如我与君稀,约他年东还海道,愿谢公雅志莫相违。西州路为我沾衣。

《建昌盱江志·黄曦寄李先生》

久不见泰伯,中心频损和。近闻束书卷,更卜好山阿。学古成儒癖,敦风荡俗讹。周公法已矣,原宪事如何。毋老禄未及,身闲鬓不皤。新文海裔播,旧业钓竿拖。宁戚歌宁发,麻姑傻屡过。时人一握小,吾道片云多。友第俱游宦,池樊自撷莎。闻猿诗兴送,敲户酒徒罗。乡里名光也,朝廷礼后麽。年来鱼信至,在我客蹉跎。

曾骝《南丰道中寄介甫》

应逮胃烦暑,驱驰山水间。泥泉沃渴肺,沙风吹汗颜。疲骖喘沫白,殆仆负肩殷。仰

嗟旱云高，俯爱芳陂潺。空邮降尘榻，净馆排霞关。城隍壮形势，冈谷来回环。红芝姹相照，翠树郁可攀。野田杂青黄，雨露施尚悭。巫觋谒群望，萧鼓鸣云山。忧农非吾职，望岁窃所叹。憨当午日烈，行瞻月初弯。星斗弄光彩，罗络龟火班。跂屦虽云倦，桑梓得暂还。林僧授馆舍，田客扳鞍钚。吾心本皎皎，彼诟徒嗫嗫。方投定鉴照，即使征马班。相期木兰楫，荡漾穷溪湾。

寄建昌史君汝士胡丈

麻姑岩嵲青插天，瀑泉奔腾千仞悬。星坛突兀倚绝壁，平原太师有铭镌。

神人一去已千岁，诸峰尚作翔鸾势。史君双旌来几时，气节清高雨相值。南城南丰万家邑，异人间出俱屹立。故家遗俗今仍存，后来青紫如俯拾。史君落落真人豪，发硎聊尔试牛刀。虚堂坐啸万事理，村村作社沽春醪。我生江湖任流转，老矣未识乡闾面。但闻老父夸新尹，古称循良今始见。五年两把淮上麾，家山欲归殊未期。速呼江船渡彭蠡，扶藜去读君山碑。

寄吕南公

主人第一河南守，之子无双江夏才。会见吹嘘上霄汉，可能憔悴隐蒿莱。风骚寓兴垂金薤，翰墨传家富玉杯。倾盖相知胜白首，扁舟临别重徘徊。

《纤佺寄诗题卷后》

新诗句法自谁传，把卷临灯喜不眠。已是风花巧依草，要看霜干老参天。

《雷阳志·寄子由》

我少即多难，遭回一生中。百年不易满，寸寸弯强弓。老矣复何言，荣辱今两空。泥丸尚一路，古云十分薄加梵一路泥犁门所尚余皆穷。似开崆峒西，仇池迎此翁。胡为适雨海，复驾垂天虹。下视九万里，浩浩皆积风。回望古合州，属此琉璃钟。离别何足道，我生岂有终。渡海十年归，方镜照尔童。还乡亦何有，蹔假壶公龙。峨眉向我笑，锦水为君容。天人巧相胜，不独数子工。指点旧游处，蒿莱生故官。

初到海康以十诗寄吴越亲旧

修行三十年，未似死迁过，今番忽大悟，不恨甑已破。倏然蛮窟中，岂有一毫挫。他时返故庐，当受公等贺。

伐木思我友，拥炉对青灯。遥怜觥筵上，但欠我曲肱。梅花满瓶插，清馥来相迎。风味略不改，夜深影崚嶒。

幽人卧未兴，晓鼓亦何急。披衣自拥门，氛雾一时入。中庭雨方过，木叶有余滴。悠然眺严阿，倚杖得微立。

一官户限上，笑倒洛下贤。如何坐钩党，更作五岭迁。造物乃误我，不得戏毋前。白云渺天末，有泪如涌泉。

平生学道心，未始顷刻忘。白发但瞠若，政以世故妨。今年徙炎陬，匡坐唯一床。物我不两大，富贵渠自忙。

挥毫粲骈俪，当世已大奇。舌文一关捩，牝篇今付谁。渊源六经来，训古未可遗。立言要不朽，会有来者嘻。

东邻朝伐鼓，西里夜吹笛。蛮州鬼送迎，欢舞作朝夕。冤哉戮难豚，千百无复惜。谁能畛此风，为我念邦伯。

人生梦幻中，兹理孰不晓。何为对境疑，端是用力少。寄声同舍郎，已大物则小。岂有百炼刚，而向十指绕。

吴越生理难，亲朋半贫病。附书访死生，鸿雁不容倩。那知海上城，万户与亲竞。若恨道路长，何由戒车乘。

勿谖岁云莫，夕阴满紫荆。头颅几经此，白发方尔生。忽然念乡闾，聊作庄舄声。门前断车辙，有酒自可倾。

与杨渭伯别久矣，置中忽枉近作。
句法老健，借《赠齐伯韵奉寄一首》

化工勤草木，青黄变郊野。索居岁月驰，怀旧意奔马。念昔三嵎游，朋僚结诗社。笔阵森戈铤，鏖战不相下。至今诵险语，龟梦惊清夜。新篇忽飞来，曹刘可凌跨。坐令老钝姿，胆慑甘退舍。斗奇属盛年，夫我则不暇。何当款齐阁，尽看珠玑泻。

《寄题萧山阴》

人间何处无山川，境因人胜久乃传。兰亭端以内史故，便觉草木增华鲜。竹林花臂我何愧，金谷望尘渠可怜。高情迥出云汉上，疾韵绝似羲黄前。青鞋布袜昔屡到，崇冈峻岭今宛然。南迁但惜清梦断，束眺不奈老眼穿。石龙使君何其贤，子载有意胶续弦。一觞相属有馀乐，况办九曲行漪涟。今人乃作古人事，却恨我不陪加鞭。遥知有意妙天下，如玉在山珠在渊。试挥明光起草笔，荒徼亦有青瑶镌。君不见，长安城中车马边，定武墨本直万钱。

《目河居士莫汲自化州来访陆提举
二乐寄陆仲高》

星振天以行周兮，旷美人之远予。曩甘心于弋者兮，久同缴而异笈。嘤其鸣以相求兮，幸翕翅以小舒。朝予发兮石龙，遏吴川而问途。夕余宿温村兮，壮夜涛之轰车。竿格泽以鼓帆兮，尾方中而启胪。夫津浦于转胆兮，竦翼予乎太虚。海波不动，空明虚徐。绚暖日之晴彩，漾光风之春腴，瞰八极之所入，渺一碧而无余。豁宇宙之全体，混元气于浩初，寄一毫于万顷，漭不知其所如。锄铮款以譟嚣，屹山背之穿鱼。鲶鲸之手久属。于么

琐其焉诛,信生平斯游之冠绝,非被老二口谁与徒。

顷焉有点黛浮于天末者,舟人指以
告曰:此泗州也。将舣焉抑岂所谓
圆峤方壶者乎?予是行其何志,未
暇问神仙之有无也。

迟明发兮予东,暮期宿若人之庐。叩音于正如,发悬鲜于西瞿,予不知其何乐,顿觉神王而气愉。乱曰:"乐莫乐兮涉沧海,乐莫乐兮见故人。"萃二乐于一朝,宁天公之我勤,愧七年兮瘴州,释牢愁兮自今,归去来兮湖江。味芳旨兮差亲,寄莫送于一笑,于胥乐兮终身。

寄陈阜乡校书陈鲁山正字

一雁初传万里音,不须细读泪沾襟。与君平日云何意,要我残年了此心。忧患未从朝迹出,痴顽合受瘴烟侵。他年再约城西社,未怕香醪满椀斟。

霜风猎猎上征衫,行尽江南更岭南。命有斗牛元不补,祖无壬甲定何堪。焚香已结西方社,拄杖犹寻北客谈。试向城头看落日,蓬莱波浪渺清酣。

结绶何曾上九关,也教白发冒南冠。云横天末空回首,日落山腰尚据鞍。藜杖寻花秋向晚,火围酌酒夜初寒。翻思时节过逢地,绝似邯郸一梦残。寻花酌酒皆昔游故事

何太虚《知非堂稾·寄智玉成》

僧来能说近平安,密抱陈编独细看。每恨故人疏观易,无情贾客寄声难。四窗人寂百虫语,千里梦回新雁寒。心事书题俱草草,西山几叠碧云端。

舒岳祥《阆风集·寄赵敏求》

赵子贫愈好,吟诗送此生。焚巢同旅鸟,泛宅老书檠。八座清门户,王塘好弟兄。杉棚先辱和,欲报怨无琼。腊月二十五日,偶忆孟浩然"白发催年老,青阳逼岁除"之句,因次和此篇

奉寄达善

归梦涉远道,青山非故庐。岁时筋力减,日夜鬖毛疏。且免编民役,休论邸报除。百年馀二老,莫遣寸阴虚。时有省府官到路县为儒人免役先朝每遇正旦朝会必有除命

寄达善

渺渺思君处,悠悠古道旁。紫荆人独自,櫸柳月昏黄。渴鼠寻松溜,饥鸟背夕阳。王塘在吾目,空费九回肠。

寄二林

久客谁为主,无归莫问家。古书浇茗椀,冻酒嚼梅花。严静松抛子,沙虚筍养芽。二

林谁远近,伫立日西斜。

寄袁季源

当世佳公子,枝吾雅道多。江南有文献,鲁国自强歌。火后归新第,兵余喜止戈。公车行有召,毋久恋松萝。

寄帅初

寄语榆林戴,年来书不灵。翠微双鬓白,茅舍一灯青。醉后穷豪在,吟成老健能。杨梅时节近,吾欲理行縢。

病起寄二林

心地缅然平,乔林夏气清。炎风疏鸟翯,凉雨滴蝉声。输翟专攻守,弓函誓死生。吟成与谁寄,二子在鄞城。

寄子堂

昏眼迷烟雨,修眉隐树林。杜鹃知夜半,蟋蟀俟秋音。静悟平生事,闲思万古心。蹉跎七十五,既往莫追寻。

又

来往畏炎热,杉篁取径微。蝶飞逢草住,燕出认栏归。云卧从衣冷,风梳爱发稀。清谈能解愠,松尘为君挥。

又

不践山中约,时时梦见之。况当春雨夜,正作韭蘠思。种菊秋堪撷,诛茅冬未迟。人生难自料,身后要名垂。

寄正仲

云峰双鸟破,雪迳一僧分。红酒回丹渥,青编笑白纷。风昏生月晕,水落织冰文。岁莫无来客,开门独候君。

寄袁中素季原

清谈疏世虑,知发度年华。雀饮盆中水,蜂寻案上花。郊原新射雉,陂荡早开蛙。得句何人赠,棠溪有竹家。

乱后寄正仲因念恕斋枢相朔漠音耗

山人水南北,别业瀼东西。落叶屏风石,斜阳水碓溪。门荒翟公雀,野迥孟尝鸡。枢相徂沙漠,酸风万里迷。石屏风正仲所寓地,名水碓溪。予所寓地俗名撝曰奥。

帅初屡书有相访之约，且求予文集，
知予有藏山之志也。近因弥大过我，
知其有来日矣，作此寄之。

流水不还刿，落花终到鄞。偶逢归峡客，乃是寄书人。古刹藏山志，他生结原因。烦君同校正，字字莫留尘。

寄子堂

欲出一雨隔，相违十日强。鼠过松落粉，雉步麦摇芒。酒尽夜难过，书清日自长。羊求三迳约，来往莫相忘。

寄正中

相对石屏风，相邀石老翁。鱼游山影里，鸟睡水声中。诗卷行未了，书囊倒不空，笭箵君莫忘，犹约待秋风。

五月一日寄正仲

住处村非远，别时山更多。花风起晴浪，草露落明河。世事老休问，故人今几何。朝来新酒禁，煮饼卧岩阿。

和韵寄胡山甫

乡心趋老重，见说买山成。静坐性情淡，孤眠滋味清。樵人时识面，禅客共知名。山色元无垢，溪声自不平。池荷应足製，山蔌想堪羹。九日如今近，思君出峡行。

五月间与正仲立耕养堂前，见石榴一
花吐，初因以荆公诗并俗语作对云：
"万绿一红，十风五雨。好作尺牍，
中时今语。"正仲云："只作诗语亦
佳，"别后因补成章以寄之。

石屏溪上晚风柔，深念沉思注易楼。好酒自能和性气，闲愁何必上眉头。十风五雨天常顺，万绿一红春更留。灶婢解炊新麦饭，提鱼仍就篆畦游。

寄正仲

淰淰清愁变暮寒，宾鸿去后燕来还。流红似雨人千里，总翠如山屋万间。竹杖行藏观动静，柴门开阖见忙闲。何如上传多髯客，白饭鱼美养好颜。

用韵寄胡元鲁因梅所袖达

宾鸿风逆断来滕，鱼腹书沉未上曾。镊白秋风炼药院，研朱仙露读书灯。青峰极目先榆景，黄鸟收声有木冰。欲问都城初破事，愿君秉笔直无朋。李白秋日镊白炼药院

寄二林

等闲诗句无题目,忆著二林新意生。月皎皎时猿一个,风冷冷处竹千茎。春花不及寒花耐,山鸟何如水鸟清。欲放诗瓢沧海渺,不如飞雁入鄞城。

寄帅初

西家女儿长日愁,白头鼻息撼林丘。老去声名惜鸡肋,世间富贵烂羊头。青山白鹭水天远,绿叶黄鹂风日柔。欲往榆林忘南北,几回吹笛上高楼。

寄少白诗后因问讯小潘

诗翁山膊鬓飕飕,只向岩幽了白头。欲共君家阿戎语,蝉联书笥吐难收。

再寄正仲

涧碧山红锦步障,晚菘早韭五疾鲭。莫道乱来无乐事,床头流水作琴听。作音佐

寄胡山甫

梅稍残雨知头数,溪上无风麦自青。迟子不来还独卧,踏簪啼鸟唤人醒。

《储文卿华谷稿·寄杜北山》

东风潮水滨,一话一眉颦。近世诗千卷,到唐今几人。江枫烟外冷,池草梦中春。见说吟尤苦,开元渐逼真。

再寄北山

久不知消息,多应已二毛。风流东晋在,名字北山高。闭户闻霜叶,临窗看夜涛。与谁同此兴,无似尔诗豪。

《寄渔庄》

鳞鸿无处所,心事若为传。相去一千里,别来三四年。片云依独树,疏苇占平川。自恨驱驰甚,从容未有缘。

寄同舍

吾庐非不爱,安处亦何曾。客久谙风俗,年饥忆友朋。雪消庭□雨,寒结砚池冰。几欲题书寄,驱驰又未能。

寄宾州连教

欲写长笺寄远愁,风烟漠漠水悠悠。雁飞只到衡阳住,人在衡阳更上州。

高续古《诗寄吴钤干》

有伟千人杰,能为万里游。挂帆春背雁,问驿夜惊鸥。道路空留滞,文章莫暗投。九

疑生雨遍,三峡带寒流。采药青神观,题诗白帝楼。乾坤供烂醉,星斗照闲愁。汉已归萧相,天难寿武侯。词人头欲雪,壮士泪如秋。中下犹须策,西南风倚筹。有钱书尽买,灭虏去终酬。猿破高唐梦,龙驯滟滪舟。行人定安稳,夏近可归不。

元好问《遗山集·寄钱唐曹士开》

凌晨仰双雁,接翼东南飞。望入空濛中,意满江之湄。佳人云水远,行子霜露凄。以君缱绻情,牵我迢递思。拊膺忆游行,仿佛此良时。秋峰启寒碧,夕渚含凉飔。扬镳耀芳甸,荡桨凌清漪。新声激皓齿,繁响厉朱丝。宴赏信娱人,明德亦所敦。曜灵迅颓景,惊飚挟游尘。悠悠念远道,眷眷怀苦辛。愿言各自爱,皓首期相亲。

寄赵宜之赵时在卢氏

大城满豺虎,小城空雀鼠。可怜河朔州人,掘草根官煮驽。北人南来向何处?共说莘川今乐土。莘川三月春事忙,布谷劝耕鸠唤雨。旧闻抱犊山,摩云出苍稜,长林绝壑,人迹所不到,可以避世如武陵。煮橡当果谷,煎木甘饴饧,此物足以度荒岁。况有麋鹿可射,鱼可罾。自我来嵩前,旱干岁相仍,耕田食不足,又复逢亲朋。三年西去心,笼禽念飞腾。一瓶一钵百无累,恨我不如云水僧。崧山几来层,不畏登不得,但畏不得登。洛阳一夕秋风起,羡杀吴中张季鹰。

寄曹克明

风雨钱塘夜,从君借榻眠。相看成万里,此意又三年。眉宇何时见,文章到处传。自知无世用,淮海已归田。

寄士开

一别两年里,飘摇无处家。风烟低草树,雨露入桑麻。水缩江乡阔,云深天路赊。君逢应不识,憔悴鬓生华。

寄答溪南诗老辛愿敬之

五年不唤溪南渡,日夕心驰洛西路。山中今日见君诗,惆怅良辰又相误。龙蛇大泽变风景,虎豹天门郁烟雾。丈夫不合把锄犁,青鬓无情忽衰素。平泉漫作穷愁志,笠泽休题自怜赋。长安正有五侯鲭,餱髌谁能做楼护。青灯老屋深蓬蒿,蝙蝠掠面莎鸡号。剑歌夜半激悲壮,松风万壑翻云涛。区区莫上曹征西,我知惭愧王东皋。人生只有一杯酒,螟蛉蜾蠃安能豪。

寄成都李仲渊

一自秋风马首西,修名高与暮云齐。天连蜀道雁能到,月落禁林乌欲栖。文字苦心应白发,相思劳梦问青泥。君如知我今何似,客气年来寸寸低。

寄答赵宜之兼简溪南诗老

窗影胧胧纳螟阴,风声浩浩急霜砧。秋鸿社燕飘零梦,颍水崧山去住心。黄菊有情留小饮,青灯无语伴微吟。故人憔悴蓬茅晚,料得老怀如我今。

《过皋州寄聂侯》

涧冈重复并湍流。斜日黄榆岭上头，地底宝符临赵国。眼中佛屋见皋州，云沙浩浩雁良苦，木叶萧萧风自秋。别后故人应念我，一诗聊与话离忧。

寄辛老子

草堂西望渺烟霞，梦寐西南一径斜。为羡鸾皇安枳棘，悔将猿鹤入京华。百钱卜肆成都市，万古诗坛子美家。后日从公问奇字，可能逼客待侯巴。

寄钦用

憔悴京华苜蓿盘，南山归兴夜漫漫。长门有赋人谁买，坐榻无毡客亦寒。虫臂偶然烦造物，麋头何者亦求官。故人东望应相笑，世路羊肠乃尔难。

寄答景玄兄

故人相念不相忘，频着书来约对床。甚喜樵夫与争席，所忧簿吏复登堂。春风和气随诗到，洛水秦山引兴长。奋袖高谈夜窗白，几时危坐听琅琅。

簿吏复登堂李长吉语景玄去岁
大为催科所因《寄钦止李兄》

征车南北转秋蓬，关塞相望两秃翁。滚滚便当随世路，悠悠难复倚天公。铜驼荆棘千年后，金马衣冠一梦中。尊酒云州古城下，几时携手笑春风。

寄刘光甫

山泽臞儒亦自豪，尘埃俗吏岂胜劳。陶潜贫里营三径，潘岳秋来见二毛。刍狗已陈甘自弃，辕驹未脱欲安逃。因风寄谢刘夫子，极口推称恐太高。

寄史德秀兼呈济上诸交游

久弃身世不相关，暂入尘埃亦自难。一旱且当逃赤地，二年争得厌青山。阳台寒食林花盛，铁岸南风草阁寒。乡社追随有成约，更教空负老来闲。

寄杨飞卿

客梦悠悠信转蓬，藜床殷殷动晨钟。西风白发三千丈，故国青山一万重。沙水有情留过雁，乾坤多事泣秋虫。三间老屋知何处；惭愧云间陆士龙。

寄答飞卿

一首新诗一纸书，喜于沧海得遗珠。古来献玉犹难售，此日闻韶本不图。白雪任教春事晚，青天中放月轮孤。并州命驾绕千里，嵇吕风流未可无。

寄杨弟正卿

马迹车尘漫白头，苍生初不待君忧。且从少传论中隐，尽要元规拥上流。东阁官梅

动诗兴,洞庭春色入新笟。归程未觉西庵远,夜夜清伊绕石楼。正卿西庵以名酒甲洛中尝赋观涨。诗有"狂澜竞逐西风落,依旧清伊绕石楼"之句,故菲及之。

寄刘继先

清霜茅屋耿无眠,坐忆分携一慨然。楚客登临动归兴,谢公哀乐感中年。凄凉古驿人烟外,迤逦荒山雪意边。千树春风水杨柳,待君同击晋溪船。

寄叔能兄

星斗龙门姓字新,岂知书剑老风尘。郎君未省曾开阁,王翰何缘得买邻。银烛对谈辞馆夜,雪梅同醉浙江春。只应千里东洲月,处处相逢即故人。

寄答商孟卿

窈渺朱弦寂寞心,得诗何啻得南金。冷猿挂梦山月暝,老鹰叫群江渚深。异县五年仍隔阔,荒城连日想登临。书来且只平安了,拨觸离愁恐不禁。

寄谢常君卿

百过新篇卷又披,得君重恨十年迟。文除岭外初无例,诗学江西又一奇。杨柳不随春事老,贞松唯有岁寒知。仙乡白凤瀛洲近,洗眼云霄看后期。

寄希颜二首后一首希颜在徐州幕时作。

僵卧崧丘七见春,商馀归计一尘新。悠悠华屋高赀意,兀兀田夫野老身。动色云山如有喜,忘机鸥鸟亦相亲。粗疏潦倒今如此,屡上元龙莫笑人。湖海故人仍骑曹,彭门千里入凭高。山头社甫长年瘦,楼上元龙先日豪。水落鱼龙失归宿,秀天长鸿雁独哀劳。酒舡早晚东行便,共举一杯持两鳌。

有寄

飞鸿来处是营平,喜向斜封见姓名。千里吕安思叔夜,五更残月伴长庚。关河秋兴风景暮,长路渴心尘土生。南渡诗人吾未老,几时同醉凤凰城。

寄答刘生

西州消息到东山,怀袖新诗百过看。白壁明珠惊照座,朔云寒雪入凭栏。省郎共结交情厚,野老还欣礼数宽。后日秋风一尊酒,草堂应得驻金鞍。

《罗端良鄂州集·寄严文炳》以寄声来问安,足音到空谷为韵,严寄书存问甚幸。

故人千里远,论心未遐弃。不谓江淮隔,尺书雁能寄。春风生展掩,满慰别后意。陈义凛冰霜,不独相思字。

只影秋鸿惊,独夜秋叶零。离索欸五霜,搔首听此声。岂无金石友,相避参辰星。安得木作肠,与世无复情。　子云草玄宅,门径积莓苔。昨梦凭说诗,新雨无客来。滚滚手可炙，自诧甘寒灰。蜀庄寂寞者，念我首独回。

乌墅雨冯君，风霆蔼休问。自昔从之游，诗力借余润。夫君凛一敌，鸿笔上群俊。旧坛今寻盟，得句毋我靳。两冯君谓真州父子

严子老於菟，彪炳踞贤关。可怜五车学，仅博九品官。客程望至喜，江阔山丛攒。勉怀造物心，念子渠能安。善忘常憎医，独者自尊足。严子骯髒面，如我不谐俗。世情趣操间，憎爱岐珉玉。饶舌夸我贤，只取白眼辱。文炳每称赏或者予不然之本书云

联镰行乐地，俯仰成古今。可但捧觞人，贯珠无复音。缱绻棋酒伴，电泡半销沈。何时两衰翁，话旧同清斟。赵侯当赐环，倔强耻媚灶。张侯鸣琴手，戍期几时到。何郎偕贤书，论价未足道。多烦问何如？好语君一报。

三君与文炳同居，吴子
与之厚尝有诗送之

石湖良乐眼，收士冀北空。嗟我孤所期，经世老无庸。一庄赖芥庵，报厚艾亦丰。宾实得美谥，表表无终穷。来书及二公故云。严子从我时，倏竦峙双鹄。章绶累瘦躯，此相胡宜肉。当嗣漂阳尉，苦语叩哀玉。宁当苏门翁，清啸答幽谷。

寄远词

过黎阳而遂西兮，烦嘉友之临饯。道蹉跎而屡顾兮，忽背驰而不可挽。幸介弟之勤我兮，守权与其益坚。人情岂其恶逸兮，虑我修涂之易倦。粲高原与平隰兮，冰雪凛其同践。山负石以当径兮，泥飞屦以相溅。喜招招以印涉兮，又风涛之交战。几四载之皆乘兮，初不悟其已远。亦既降乎庐阜兮，县尹告以舟办。谋不主于云梦兮，果若大江之为限。分渚陆之异遵兮，弟亦曰予将返。试往阅于千帆兮，前车近其当鉴。挟忠信以临深兮，犹一舰而色变。爱我者于是而委去兮，吾然后知所恃之惟天。宁戒惧之遂忘兮，记命于南公之鸡犬。舍亲戚与坟墓兮，初岂以易刍豢。抑甚珍其所怀兮，每欲弃置而未忍。行四方以经营兮，膂力犹幸其可勉。荆又用武之国兮，庶几少施乎吾办。至天性之燥湿兮，盖终身陋巷而不厌。非将老无闻之为病兮，且安往而不乐其贫贱。独夫人之信此兮，跂予望而不之见。秋兰何时其可致兮，聊以报乎足兰元。

《程雪楼集·寄阎子静唐静卿二翰长》

故人天上近何如，白玉堂中足宝书。烛彻宫连三鼓后，露抟仙掌九秋初。江湖政共丹心老，鱼雁全如绿鬓疏。西北栏干天咫尺，欲乘黄鹤却踌躇。

次韵寄谢盱江学院诸先辈

半生事业竟何成，冷笑犹然愧宋荣。日逐黄尘双袂暗，梦回绿幪一灯明。交情款款知君厚，佳句翩翩使我惊。皓首相期崇令德，殷勤远寄白丝行。

寄乔达之

东鲁相逢两见秋,忽传南牧古筠州。向来不负甘棠讼,此去真分黄屋忧。政裂多门从古患,民惟百病自今瘝。中朝人物知君几,纵乐江南得久留。

因罗冲夫行寄臧鲁山二首

梦里西江泼眼青,隔林遥见绣衣明。觉来得句无人寄,恰有新秋雁一声。两鬓清秋半席风,归装无物有诗穷。南楼那似西山好,十二珠帘卷雨中。人至承以二绝句见贶。清简幽深,情意都尽,披阅讽咏,如接芝宇,感慰可胜言哉。辄有小词录奉一笑,且以寄企响之意云。

短梦惊回,北窗一阵芭蕉雨,雨声还住,斜日明高树。起望行云送雨前山去,山如雾断虹犹怨,直入云深处。

雾隐云居图

牟巘《陵阳集·次韵寄卫山斋》

蜀客嗟留落,甘为学圃迟。年华空自老,心事复谁知。未有盍簪日,还须上冢时。诸余何足论,相对但期期。

寄昌化孙梅泉

挥手秦稽信宿然,未行俄已两周天。云缄尺素欢开后,雪辊双溪恐堕前。高谊谁能似孙宰,旧题应复记苏仙。何时布袜青鞋去,摘野芎苗古寺边。

次韵寄史彦明

等闲看尽弁衡毗,旁郡聊烦奉檄驰。候管乍披新定志,邮筒忽见故人诗。君方清绝行明镜,我正摧颓据槁枝。为喜彩衣还膝下,椒拌趁得颂花时。

奉寄沈公介石老仙

不贪富贵即神仙,茗碗香炉古易编。谁向急流能勇退,方知介石是几先。三危露下闻清泪,九锁山中断俗缘。喜有诗人相共住,何时一笑醉丹泉。

胡祗遹《紫山集·寄李二衍甫友旧》

总角慎择友,似君能几人。君心渊以默,我怀粹以春。外若不易合,中情霭相亲。联句风雪夜,并辔花柳晨。相离复相觅,敬慕日益新。君慕我无伪,我敬君无尘。有失须告教,接纳从具陈。有美不口誉,暗若获嘉珍。古人不可到,已脱鸡鹜邻。相逢百虑消,何者为贱贫。年来成远隔,欲会良无因。君思我应切,我梦君亦频。千里共明月,出门望通津。尺书何寥阔,亦岂少鸿鳞。寒温谅无益,懒散任情真。君闲日无事,田围坐荒榛。我官久不调,进退两遭迍。相思复相笑,有愧半百身。万事尽乃尔,一心恒苦辛。何当谢手板,复我洹水滨。举纲得嘉鱼,杯美杂薇菁。再遂林下约,困羽时一伸。踏云共携杖,对月同岸巾。有子辨温饱,世作无怀民。安知青云表,高阁耸麒麟。

寄李裕卿友爱

忆昔少年日,不识分携愁。朝为闾里嬉,莫为闾里游。憙如同队鱼,相失即相求。江山为我妍,日月为我留。古今共掊击,诗文相倡酬。舣舟南塘夏,戏马卢山秋。入门父子欢,出门朋侣稠。笑谈俯仰间,宇宙一蚍蜉。朱颜映绿发,一官非所忧。自期学业成,举翮超昆丘。得时道复行,绝足追伊周。坐信古人书,岁序暗如流。龙飞启昌运,仕籍粗见收。随废复随起,急雨水生沤。朝应列宿光,暮与编民俦。我趋东州幕,君登省郎辀。我曳辞林裾,君辕复西州。相望五千里,萍梗两悠悠。相忆不相见,块若鹰坐韝。碌碌逐人后,不异群飞鸥。反为流俗嗤,谁复信良筹。夜为一无赖,晨封千户侯。举国疾有口,一拜参庙谋。人生各有命,敢欲谁怨尤。念君得税驾,桑梓复优游。吟登舒啸台,醉下饮酒楼。读书复观物,万象愁宜搜。笑我官游恶,相如今白头。进退良有道,用舍随沉浮。已惭三径草,更愧五湖舟。

寄宋齐彦

丰度尝暂违,令人生鄙吝。一别十七年,杳不接音问。孤陋寡交游,庸懦不自振。看书未开卷,衰思已昏闷。异时或相逢,老丑劳细认。阘焉成坐睡,妄想俱忘尽,觉来问童仆,又欲昏黄近。庙堂咨故老,谟议发硎刃。秉笔白玉堂,群贤仰清峻。人来话起居,德业日升进。诗文肆口成,草圣电雷迅。老耳闻斯言,梦寐见神俊。斯文天未丧,付托当自信。大贤不虚生,晚节宜重慎。

寄答王仲谋

心交义已重,世契尤情亲。结发相追随,岁年偕七旬。所学与践履,言行颇同伦。俯惭太疏懒,仰慕能精勤。文章妙天下,更欲名千春。读书老益壮,立言日求新。客来辱佳什,字字希世珍。日长正昏睡,拜诵整冠巾。勤厚思报复,握笔不能文。南望徒引领,青山生暮云。

《寄伯禄继先子裕伯宣》

泉源出山巅,润下能及远。居官处庙堂,长才庶可展。恩泽沾四海,竹帛灿华显。岂同州郡职,碌碌互流转。传闻得荣拜,清议称妙选。何烦责望深,自期良不浅。老怀喜无寐,芥带日消遣。贪为中外贺,鄙语失裁刬。

寄子冕

宪府虽云久,门深蔓草荒。檐前喧鸟雀,墙外足豺狼。百怪群妖集,千钧我弩强。胜残何日是,亦复可怜伤。下马鞍未解,冤民如堵墙。讼更十守令,丈塞百筐箱。逗留行移密,纷纭论议长。我来片言决,喜剧泪沾裳。衰思已多感,重重忧患深。凄迷异乡梦,骚屑故国心。弊久奸尤密,才疏力不任。愿挥宗匠手,垂教示佳音。

寄耿寿之

每每思交友,时时屡上心。俊才熊虎受,衰鬓雪霜侵。烜赫驰声远,经纶蓄思深。朝贤如有问,腰沈不胜金。

寄李敬甫刘汉卿陈玑新

历历思群彦,才如照夜珠。走盘光不定,鉴物烛难逾。碧海三秋翼,青云万里途。故人汾水上,白发一癯儒。

寄乐用之

别后常相忆。秋风又飒然。人来三致问,岁半两荣迁。共望山公启,世推文举贤。只今世契分,礼合重同年。

寄子初

拜状惭疏阔,怀思未少忘。既能同好尚,宁有异行藏。老喜心怀静,闲知日月长。气和消百疾,此药最为良。

《寄韩通甫君美昆仲及禹卿参卿》

僻处西南远,音书久不通。去春伤作别,今岁又将终。矫矫皇都彦,栖栖白发翁。东郊复南陌,杖屦几时同。

离别惊再岁,一日未尝忘。每每将情达,忿忿以事妨。简书防抵律,韵语不成章。千里幽并月,流光共一觞。

事尘埋猥贱,展转忆高人。家在京师里,身如江海滨。幽园随意广,佳酒逐时新。犹有尘缘在,时乌席上珍。

寄子冕

儒术饰吏事,精粗不相妨。却笑料生拙,翻为按牍忙。岂知抛土苴,已足致平康。坐

使刑名子,喧阗政事堂。

寄赠耿寿之从韩广道之索也

仰盖犹如故,同朝十载余。迩来闻福履,重喜拜佳除。庶类劳经济,通才看卷舒。去人韩广道,幕客李尚书。<small>幕客一作倒屣。</small>

寄高圣举刘汉卿

外补求清简,那知益贱繁。省伻甘指嗾,部介亦趋奔。百务如星火,千忧入梦魄。尘颜将俗状,卑辱不堪论。

寄王经界彦才

齿发临衰境,参商又七年。思君常耿耿,念我计悬悬。老觉亲朋寡,闲惊岁月迁。从今相慰意,莫厌尺书传。

寄齐彦

俸止凡四月,囊空无一钱。清霜寒似水,老屋夜如年。卧睡翻书册,迎暄坐马鞯。何时辱相过,一粲赋萧然。

寄马德昌

遗安堂深有余庆,瑞世皇皇生五凤。文章官业两峥嵘,庸儒闻风亦飞动。丈夫堕地岂偶然,白璧万金宜自重。南风过雁得新诗,字字铿锵堪咏讽。想当谈笑了官事,高斋坐受云山供。一时交友尽豪杰,万象无声自嘲弄。一江风月酒满船,世无谪仙谁与共。大鹏扶摇九万里,斥鷃蓬蒿莫攀奉。人生难忘父母拜,何时定作还乡梦。

寄何中丞马侍御

取人以言已非法,言亦见废将何从。正如茂林集乌鸟,纷纷谁辩雌与雄。于今宪台议最公,镜明妍丑难为容。一职得人百城治,汤火息焰冰雪风。

寄子勉

分手泸沟又岁余,别来不得半行书。虎符未摄新交密,雁字先从故友疏。渭水绿波晴舣棹,樊川红对晚停车。从教富贵相忘久,时异人来问起居。

寄雷彦正

才艺如君岂久闲,可能高洁掩云关。行当异北千群选,莫厌终南一带山。壮岁功名从造物,彩衣蔬食悦慈颜。西南望眼三千里,梦里芳踪不可攀。

寄赵辅之

荒诗前月下樊川,想像开缄一莞然。以我梦君常耿耿,知君念我亦悬悬。鄙言倘惜驰千里,何物相思破积年。好在王雷三益乐,月台风榭往来篇。

寄朱诚甫

人来听说拜佳除，夜久无眠喜有余。德立不劳求捷径，仕优仍好更观书。调弦固合张还弛，纳牖当知急与徐。吾弟天资素温雅，人间何处不安居。

寄王景伯

江陵一见偶相逢，别后相思似梦中。岁月白驹飞过隙，人生社燕避秋鸿。爱君磊落青云气，笑我蹉跎白发翁。樽酒论文定何日，恨随流水到江东。

寄李裕卿

五载分飞一寄书，年来更甚信音疏。虽无尺牍传声迹，赖有人来话起居。委巷常思淹绝足，俊才久合拜嘉除。庙堂勿谓无知已，漏网横江百尺鱼。

寄杜缲山

拜君岁久敬君深，别后邻君更苦吟。衰柳寒烟迷徒倚，废城春水几登临。都将丰岁中年梦，换却荒鸡半夜心。种竹买田邻舍约，自惭无计即相寻。

诗成政恐无人读，食足难为作计疏。百亩未供陶令酒，一区先得子云居。坐闻里士来传业，荣胜王门强曳裾。乡社鸡豚重相访，不妨骑马到阶除。

寄谢陇西翁

打门问客自西来，未语凡襟觉少开。走卒趋传有钧命，欢惊端似上春台。只因眷眷蒙多问，愈自兢兢愧不才。邂逅何时接清论，一江春水濯心埃。

寄王子初

东南西北千余里，相忆相悬五六年。俗状尘颜时自笑，急流勇退羡君先。即时亦有一杯酒，负郭谁无二顷田。梦里共溪溪上路，藕花风露并吟鞭。

寄张周卿

社燕秋鸿十五年，只争青鬓与华颠。雄才宜作横秋鹗，老境惟便负郭田。千里关山空目断，何时风雨对床眠。年来夜夜还乡梦，接袂联裾淦水边。

寄陈济民

霍家书尽见君诗，心画清雄绝妙辞。南北十年成久别，关河无日不相思。梦中见面髯如漆，镜里嗟予鬓已丝。白发多来故人少，笑谈握手定何时。

寄西严诸公文甫士能文举仲桓

年来长路苦奔驰，却羡书窗静掩扉。坐守冷官如旅泊，出逢高盖炫轻肥。尘生南浦闲游履，苔满西溪旧钓矶。屈指几人麟阁像，春风好在故山薇。

宦情元薄似春水，况复重经宠辱惊。敢自持才求好爵，谁能弩力趁虚名。黄鸡空负秋成约，白发潜随夜雨生。寄语山灵休见笑，草堂无恙得归耕。

寄王秋涧

前岁同舟晓渡江，归来相继月余强。平生进退常相似，老去功名有底忙。喜见童孙能洒扫，厌逢新进问行藏。求田负郭方今遂，春暖安排手植桑。客至谁嗔少送迎，乡邻子侄要传经。望前失后嗟昏毣，数墨寻行甚典刑。执卷真成村学究，隔窗羞见夜飞萤。休言稽古全无力，不负当年汗简青。锦绣文章下笔成，甚无一字落柴荆。青春得意新桃李，白发相看老弟兄。一世爱君心不浅，百年见我眼偏明。从今酬唱无虚日，一字当留万古名。衰老无能得退休，有时往事上心头。居官合尽人臣敬，过虑常无天下忧。习气不除还自笑，多思无补竟何求。高情四海王秋涧，幽谷鸣禽几独游。

寄王立甫

短檐寒日箭逃弦，梦里清谈又一年。白发衣冠俱老矣，黄尘鞍马两茫然。句无可咏诗难寄，文不成章书懒传。唯有中天一明月，照人相忆共婵娟。

寄吴蔓庆

经史诗文力有余，晴窗游戏八分书。三征不起非求价，一适无边足自如。接谱觅花人远送，和烟种竹手亲锄。料应安乐窝中梦，不与辛毗共引裾。

寄高道之陈介甫

不接清光逾十年，无情岁月若流川。经纶汗漫随人用，铨调忽忙逐岁迁。一事未成宜老矣，百年何处乐终焉。春风吹破黄粮梦，拟买西山二顷田。

寄傅士开

三十年前分袂时，玉鞭骄马怯丰姿。今年灯下忽聚首，须发云间似欲丝。对语尚疑残夜梦，一杯难慰积年思。雨中驿马催人去，点点伤离恨别时。

太常引寄王提刑仲谋

七年分袂一相逢，南人匆匆。白发两衰翁，纵握手浑如梦中。　共山如画，浥溪如练，空几度春风。觞咏几时同，休直待功名景钟。

《刘静修集·寄宋生》

西南吾楚泽，吞三江五湖。眼中此尤物，不可一日无。有客报浑一，胸次如还珠。望极不可到，逸与风飘裾。家人笑挽之，恐遂凌空虚。寄声宦游子，归与江山俱。闭门望云涛，屋梁双月孤。西陵断巴蜀，南云渺苍梧。径圆一千里，杯酒纳有余。新诗想潇湘，夹气余清臞。明朝函丈中，坐对江陵图。

寄彦通

吾子今应健，山人老已痴。迷藏高着眼，兴废大观棋。感遇浑非昔，忘怀若有思。弦

歌吾旧隐,寂寞暮春时。

寄答祖丈

先友从游地,雍容几杖尊。秋风太古观,春日乐郊园。妙理欲自得,高情谁与论。别离空六载,其待负知言。

寄彦通

青刍白饭思攸然,灯火山亭暮雨前。不意相思浑百里,直教一别动经年。久甘分席樵夫下,敢望过门长者先。自是烟霞爱招客,可无佳句助清妍。

寄张之杰

便拟庭闱捧檄过,直须随俗苦扬波。一瓢有乐谁云细,三釜无欢亦谩多。战国遗风余管乐,南朝清议尚王何。见人时样知吾拙,独诵沧浪太古歌。

寄杨晋州二首

曾是吾乡旧幕官,秋风碧水记红莲。而今却忆当时事,回首惊看十二年。
南州选举数三杨,中统衣冠半在亡。明日朝廷访耆旧,不应白首尚为郎。

寄毛得义

白沙翠竹北比邻,梦想南湖老聘君。遥忆郡楼风景好,几时同看暮山云。

耶律楚材《湛然居士集·寄德明》

德明寓燕作诗欲自绝,且云但得为一饱死鬼足矣。士大夫怜之,其诗末句有云:"功名拍手笑杀人,四十八年如一梦。"每爱此两句,近观弥勒下生赋德明所作也,因作诗以寄之。

英俊志节本凌云,尚日飘零故国尘。有道且同麋鹿友,谈玄能说虎狼仁。幸然不作饱死鬼,可惜空吟笑杀人。弥勒下生何太早,莫随邪见说无因。楞伽经第十卷云:"未来世有人噉,糠愚痴种无"。因而邪见破坏世,问人故故有是句。

再用寄抟霄二首

玉立堂堂紫桂枝,云川中隐寓天涯。风神萧散能谈道,格调清新解作诗。鄙论我甘蒙酱瓿,予作辩邪论抟霄尝论之雄材君已露囊锥。澄澄胸次人谁识,只有清风明月知。斫倒霜筠节外枝,谁言法界有边涯。筌蹄意尽闲周易,脂粉情忘东诘诗。去岁生涯犹说剑,今年活计更捐锥。威音那畔真消息,试问瞿昙也不知。

寄景贤

因足疾在告弹琴逾时,腕臂作痛。自讼其痴,作诗以寄。湛然有过必人知,笑寄龙岗自讼诗。阎浮众生苦为乐,华严皇觉药能医。十年指甲足疾作,三月弹琴臂力衰。因病得闲闲却病,闲中虽病也便宜。

寄天山周敬之

当年倾盖识君初，烂饮天山驻使车。秋去安仁空有赋，雁来公瑾又无书。林峦红叶如人老，篱落黄华亦我疏。为向天涯道岑寂，强吟新句附双鱼。

寄移剌子春

说与沙城刘子春，湛然垂老酷思君。同游青塚秋将尽，共饮天山酒半醺。蛮纸题诗熟练字，毡庐谈道细论文。五年回首如真梦，衰草寒烟正断魂。

寄南塘老人张子真

张侯风味讵能忘，黄米曾令我一尝。^{昔予驰驿之渔阳道过南塘子真召予一设黄节抵死解官}违北阙，达生遂世钓南塘。知来何假灵龟兆，^{昔论运气颇知未来事作赋能陈瑞鹤祥}岂是西边无土物，不如诗句寄东阳。

寄沙井刘子春

寄语沙城老故人，别来赢得鬓边尘。马蹄踏破关中月，新句吟空河表春。名利相萦余有愧，琴书自乐子非贫。何时策杖君家去，再试渊明漉酒巾。

寄张鸣道

张君宗派自留侯，壮岁成名入士流。一代诗声如玉振，千钧笔力挽银钩。平山邂逅初青眼，汴水伶仃已白头。遥想荷花好时节，故人吟倚仲宣楼。

寄张子闻

忆昔携琴论太玄，^{渠通太玄经}湛然初识子闻贤。回头葱岭仍千里，分手松轩已五年。^{尝会万松老人文室}东望卢龙倾玉表，西来青鸟阙金笺。几时重会燕山道，一曲临风奏水仙。^{子弹水仙公尝学之。}

寄景贤一十首

龙岗能觅淡中欢，心与孤云自在闲。琴阮生涯事松菊，诗书活计老丘山。叩弦声自无中出，得句思从天外还。踏破化工无尽藏，闲人受用亦非悭。

其二

龙岗漆水两交欢，纵意琴书做老闲。未得一言安海内，已输三箭定天山。肯容诗思妨心慧，岂使声尘碍耳还。信手拈来无不是，清风明月有何悭。

其三

人间聚散忘悲欢，何似林泉遂世闲。十载残躯游瀚海，积年归梦绕闾山。^{先人旧隐居}也空嵩猿鹤招予往，满驾琴书伴我还。多谢龙岗怜老隐，新诗酬酢略无悭。

其四

弦索辞章且助欢，羡渠临老得安闲。琴歌爱子弹秋水，诗句服君仰泰山。声古调凄真可听，辞雄韵险实难还。先难后易今方看，居士襟怀本不悭。

其五

宦情触处不成欢，未得浮生半日闲。荐鹗有书惭北海，泽民无术愧东山。琴书习气终难忌，岩麓荒园怎得还。卜隐龙岗成老伴，肯教诗思笔头悭。

其六

广文怜我失清欢，每著琴诗伴我闲。痛忆金声并玉振，扭思流水与高山。诗坛吝啬犹深闭，琴债迁延未肯还。一状如今都领过，龙岗须破两重悭。

其七

琴书吾子尽幽欢，随分清磨日月闲。佳句典刑传四海，水仙声韵彻三山。每惭木李投君去，却得琼瑶报我还。从此龙岗开廪藏，徽边笔下更无悭。

其八

世间何事最为欢，争似能偷忙里闲。得遇夜晴须对月，每逢春盛强登山。无钱沽酒和衣典，一作和琴典图利吟诗倍本还。绮语十章琴百曲，莫教风月笑人悭。

其九

我与先生久已欢，而今皆愿老来闲。同舟鼓棹醉观月，并辔骑驴饱看山。绮句缀成连谱换，纯音弹了着诗还。琴诗此际慵拈出，可怨龙岗为纸悭。

其十

闲人闲里觅闲欢，未得回光未是闲。叩道一螺斟巨海，参玄千里望恒山。但能透镞穿三句，何必拖泥辩八还。个事人人皆富有，含生休怨释迦悭。

寄移剌国宝

昔年萍迹旅京华，曾到风流国宝家。居士为予常吃素，先生爱客必烹茶。明窗挥尘谈禅髓，净几焚香顶佛牙。回首五年如一梦，梦中不觉过流沙。公所藏佛牙甚灵异

恨离师太早淘汰未精，起乳慕之念，作是诗以寄之。

吾师道化震清都，奔逸绝尘我不如。近日虚传三鸟信，几年不得万松书。宗门淘汰犹嫌少，习气薰蒸尚未除。惆怅天涯沦落客，临风不足忆鲈鱼。

寄光祖

渔阳光祖冠当时，笔法词源我独知。君有家鸡君自厌，为何偏爱玉泉诗。

魏初青崖集·寄商左山

清明后数日,陪姚雪斋,张邻野雅集于匏瓜亭,偶得五十六字奉呈左山相公,千里一笑。丽泽门西十里亭,记从别后几清明。梯航遐国归筹画,柱石中朝望老成。满眼青山连夜梦,一尊明月两乡情。花时更向东皋醉,肠断云间百二城。

寄远别

千里长河五年戍,万山风雪断来音。屋头昨夜霜如席,愁折金闺一寸心。

刘文贞公集·初夏寄宋先生

寥休百年何所宝,几册诗书堪到老。阅书诵诗若扫帚,富贵功名都一扫。桃李春风酒一杯,解释襟怀洗烦恼。江边醒客却是醉,缘底形容太枯槁。若无白日照丹心,金节兰言成草草。萧韶声断凤不来,上世羲皇更难考。元气淋漓光景差,春入桑榆夏方早。天香开到牡丹花,魏紫姚黄定谁好。策节林下问幽人,幽人一笑为绝倒。划然省破出林来,身在乾坤心灏灏。孤鹤飞去九皋空,但见白云点晴昊。却将此语寄幽人,万事纷纷何足道。

寄颜仲复

用舍行藏或偶然,忘怀一致是真贤。功名无竟自成大,富贵强图谁保全。未得怨人难语命,既私造物岂知天。人间万事炉烟外,只有心斋体象先。

又

朱颜白发任流年,睥睨揶揄置两边。皆醉皆醒人岂尔,一鸣一息物当然。飞腾起处须从地,智力穷时便到天。唯有无生话无尽,何如缄口坐痴禅。

别后寄湍巨源二首

内存直道外方圆,爱杀僧中鲁仲连。浩瀚胸怀宽似海,周旋眼孔大如天。子瞻不许留于物,夷甫何曾道着钱。身与德云无住着,相逢常忆别峰巅。

与君相识便相怜,崇寿清欢岂偶然。席上数声歌宛转,酒筵终夜醉留连。梨花淡月纱窗外,杨柳温风玉盏边。对此得同当日饮,大家更放一回颠。

寄遂通友益

南屏一别重相思,黄叶关山霜落时。海雁尽还沙暖浦,林乌不弃岁寒枝。幽怀自慰三杯酒,远兴谁酬七字诗。他日春风重会面,与君同唱鹧鸪词。

客桓州寄颜仲覆

梦蝶庄周未梦前,春心都付日高眠。冻云阁雪飞檐外,鸣雁因风到枕边。判断行藏无两字,栖迟桓抚又三年。故人不似中天月,一月须还一度圆。

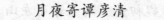

月夜寄谭彦清

气义相期见丈夫,江湖襟度纵游鱼。交情历久人皆敬,世事经多子岂疏。天意高秋隔云汉,月华清夜蒲穷庐。几时载对并州酒,今是昨非总破除。

寄崔梦臣

千里同状岁月深,不交言语只交心。文容和洽温温玉,诗韵铿锵碎碎金。乐府风流新摘阮,颂堂雅淡旧和琴。何年更采崆峒竹,十二萧成总凤音。

山月托诚寄冯世昌

山色沉沉月色清,拟将幽物托幽诚。不嫌月小频窥别,还恐山高陡隔情。山帐无尘猿绝愕,月宫有药兔长生。分如山处心如月,万丈空青一镜明。

寄李周卿

闲里诗书慰寂寥,低垂绛帐谢尘嚣。心如秋月十分朗,病逐春冰一向销。陋巷颜渊贫有乐,安车子贡富无骄。更看万丈颓波下,砥柱巍巍不动摇。

寄颜仲复

尘容俗状发婆娑,不学流年四十过。落魄身心从我幻,别离情绪在君多。诗中伐木然常课,曲里阳春已懒歌。异日相逢一杯酒,难能行止看如何。

又

世事悠悠分有涯,苦心追逐路多差。但怜晚结蟠桃子,谁羡朝荣木槿花。四皓岂曾轻受命,二疏终解早还家。白莲池上庐山色,无限黄金可对夸。

寄李德茂

陈雷未得定交情,猿鹤山中怪负盟。直北天寒一裘暖,云南路险几夫平。醁醽有力攻愁退,白发无端逐感生。瘦马长途瘴烟里,别来曾复梦从征。

寄颜仲复

平生事愿陡相违,来日悠悠去不回。天理细推元自定,物情各是果谁非。诗人但只怜佳句,酒客何曾怯巨杯。念我无才又无量,微吟浅酌足知归。

又

年来幽独水云乡,暂谢黄尘道路忙。世事谁能先得失,人生都枉料行藏。风前皓月吟怀兴,雨后青山望眼长。富贵功名非我务,只除好友是思量。

河边留雨寄李德茂

霜秋绕过中元节,旧路重经东胜城。明月既圆何用缺,黄河虽浊亦能清。阴云未散

千山去，冥雨还留一日行。盼杀寒鸿飞不到，仗谁传此欲归情。

岁暮有怀寄仲修宗旧四首

岁暮严风晓夜寒，老烟苍雪满关山。骚人思和阳春曲，远客赓歌行路难。

美酒欲期千日醉，浮生谁得百年闲。杨州廨舍周遭树，清淡梅花也属官。

岁寒亲友淡相陪，助发诗程举酒杯。情与故人千里合，梦随邻笛一声回。

虚心立节霜秋竹，瘦影横窗月夜梅。天意微茫人莫测，龙蛇飞动待春雷。

冻柳未舒培老雪，先于梅上见阳和。青春数日日渐近，白发逐年年转多。凫短鹤长从彼尔，兔寒乌热奈渠何。光阴总被闲消遣，时复诗成对酒歌。

踪迹飘零事愿违，生平亲旧足披离。同人忧乐犹难易，与世浮沉果是非。寒雪自应随腊尽，菁莪何恨得春迟。玉京一望漫于海，安得超然控鹤飞。

《腊月圆夜岭下寄宋义甫四首》

罢琴闲话一灯清，夜夜穷庐过二更。指下玉音犹在耳，言中兰臭正含情。将军据坐吹龙笛，仙子凭虚噎凤笙。为问成连门下客，七弦曾有不平声。

老雪严风岭上多，玉京人恰醉颜酡。一壶天地含春色，三尺线桐浸月波。岁暮牛郎闲未耜，夜寒织女废机梭。凭君调取青阳律，莫听南邻子夜歌。

车轮马足绕羊肠，眼见劳生道路忙。燕市岂无安分客，宋家今有读书郎。严城楼上三声角，静夜灯前一炷香。想到古人留意处，等闲不肯误时光。

圣贤深意在遗编，照世仪刑有妙年。行义方时皆合命，体人圆处别无天。苍山松柏傲寒雪，紫苑楼台笼晓烟。春色到头都有几，小桃休与柳争先。

适分寄李德茂

人间何物慰飘零，诗酒端堪乐此生。五七字吟长短句，两三杯酌古今情。梦回懒趋花间蝶，春静频闻柳上莺。二满三平聊且过，随缘元不费经营。

王景初《兰轩集·至元十三年寄平阴县段郁文》

佳人隔青山，可爱不可见。明月一杯酒，秋风雨荒县。昨日平阴吏，归言见君面。能无一封书，慰我长瞻恋。别来不可说，世事云千变。家门足凶祸，萍梗悲流转。郁郁负志高，悠悠惭身贱。闲来卷书坐，点检平生遍。只有岁寒心，忠诚金百炼。途穷霜露多，岁晏游子倦。日事迫糊口，功名绝攀援。江山梁苑笔，得似聊城箭。缝掖世所轻，兜鍪众方羡。高咏考盘诗，经纶付时彦。

寄毅夫鲁瞻

天地新秋雨,轩窗昨夜凉。闲来添懒病,老去惜流光。钟鼎宦情薄,山林归梦长。故人司与李,深忆话行藏。

有寄

昔年诗酒接邻墙,今日风云隔庙堂。四海阳春随化笔,几人潜德发幽光。经纶不负平生学,姓字当流后世香。见说门兰多隙地,好乘春雨种群芳。

寄赵君宝三首

手折琼芳佩石兰,赏音人在碧云端。苍龙秋卧海波阔,白鹤夜鸣风露寒。泣玉泪穷山寂寂,问津人去水漫漫。天涯早晚重相见,樽酒为歌行路难。

气敛青云入酒狂,赋成犹未献长杨。字形洒落传东晋,诗句风流学晚唐。长剑一为乡外客,清砧三捣月中霜。梦归堂上君宝所膀堂名也新秋雨,犹记相逢说断肠。

漫刺东来久未归,白云心断太行西。一书荐鹗人何在,三策怀君日又低。云路有朋秋雁去,风枝无侣夜乌啼。东州满眼交游在,且莫哀吟动惨悽。

寄张仁甫

曾向山斋对榻眠,清谈叠叠极幽玄。春融蝉蜕无多事,鱼鸢跃飞共此天。未用连城沽赵璧,且将流水奏牙弦。思君重抱论文酒,惆怅苍山隔暮烟。

有寄

奉高三载又鲸川,自笑身如泛梗然。处困不堪家累重,谋生聊藉主人贤。玉无善价应藏椟,琴有知音未绝弦。最是松椒夜来梦,风霜吹绕宪陵阡。

寄申屠大用

蚩尤台下草还春,宾馆淹留愧此身。斫垩旧劳思郢质,唱歌今觉困巴人。悠悠世事关心远,历历交游寄念频。白屋青灯两行泪,功名辛苦候钱神。

飞黄腾踏上云烟,废井蛙留更可怜。剑气未消南斗下,文星遥拱北辰边。人间种玉嗟无地,物外乘槎幸有天。一策治安经济在,不须辛苦忆林泉。

半生辛苦饭山前,白石歌成却自怜。倦客情怀如中酒,故人书信又经年。六么争博知谁胜,三釜为心觉子贤。别后锦囊应拍塞,因风无惜堕华笺。

寄李汉卿

碧云天远雁书迟,感旧空吟送别诗。记得分襟断肠处,满天风雨下楼时。

御 备御二

《南齐书》

太祖建元二年,又置巴州以威静之。

《后魏书》

明元泰常八年正月,蠕蠕犯塞,二月,筑长城。自长川之南,起自赤城。西至五原延袤二千余里。备置戍卫。

太武始光初,诏问公卿赫连蠕蠕征讨先后,北平王长孙嵩,平阳侯长孙翰,司空奚斤等曰:"赫连土居,未能为患。蠕蠕世为边害,宜先讨大檀,及则收其畜产,足以富国。不及则校猎阴山,多杀禽兽、皮肉、筋角以充军实。亦愈于破一小国。"太常崔浩曰:"大檀迁徙鸟逝,疾追则不足经久,大众则不能及之。赫连屈丏土宇不过千里,其政刑残虐,人神所弃,宜先讨之。"尚书刘洁,武京侯安原请先平冯跋。帝默然,遂西巡守。

延和元年六月庚寅,车驾伐和龙,诏尚书左仆射安原等屯于汉南,以御蠕蠕。

太延二年八月,诏广平公张黎发定州七郡一万二千人,通沙泉道。

五年六月甲辰,车驾西讨沮渠牧犍。侍中宜都王汉寿辅皇太子决留台事,大将军长乐、嵇敬、辅国大将军建宁、王崇、二万人屯漠南,以备蠕蠕。

太平真君五年,帝蒐于河西。诏司徒崔浩诣行在议军事,浩表曰:"昔汉武帝患匈奴强盛,故开凉州五都通西域。劝农积谷,为灭贼之资。东西迭击,故汉未疲而匈奴已弊。后遂入朝。"昔平京州,臣愚以为北贼未平。征役不息,可不徙其民。案前世故事,计之长者。若迁民人则土地空虚。虽有镇戍适可御边而已。至于大举,军资必乏。陛下以此事阔远,竟不施用。如臣愚意,犹如前议。募徙豪强大家,充实凉土。军举之日,东西齐势,此计之得者。

六年八月,徙诸种亲人五千余家于北边,令人北徙畜牧至广汉。以饵蠕蠕。

七年五月,发司幽定冀四州十万人筑畿上,塞围,起上谷,西至河广,袤皆千里。

九年十二月,北讨至受降城,不见蠕蠕。因积粮城内,留守而还。

孝文延兴五年六月,曲赦京师死罪。遣备蠕蠕。大和中,尚书中书监高闾上表曰:"臣闻,为国之道,其要有五。一曰文德,二曰武功,三曰法度,四曰防固,五曰刑赏。故远人不服,则修文德以来之。荒狡方命,则播武功以威之。民未知战,则制法度以齐之。暴敌轻侵,则设防固以御之。临事制胜,则明刑赏以劝之。用能辟国宁方,征伐四克。北狄悍愚,同于禽兽。所长者野战,所短者攻城。若以狄之所短,夺其所长,则虽众不能成患,

虽来不能内逼。又狄散居野泽，随逐水草。战则与家产并至，奔则与畜牧俱处。不赍资粮而饮食自足。是以古人伐北方，攘其侵掠而已。历代为边患者，良以倏忽无常故也。六镇势分，倍众不斗。互相围逼，难以制之。昔周命南仲，城彼朔方。赵灵秦始，长城是筑。汉之孝武，踵其前事。此四代之君，皆帝王之雄杰。所以同此役者，非智术之不长，兵众之不足。乃防狄之要事，其理宜然故也。易称天险不可升，地险山川丘陵。王公设险以守其国，长城之谓欤。今宜依六镇之北，筑长城以御北虏。虽有暂劳之勤，乃有永逸之益。如其一成，惠及百世。即于要害，往往开门，造小城于其侧，因施却敌。多置弓弩，狄来有城可守，有兵可捍。既不攻城，野掠无获。草尽则走，终无住志。宜发近州武勇四万人，及京师二万人，令六万人，为武士于苑内。立征北大将军府，选忠勇有志干者，以充其选。下置官属，分为三军。二万人专习弓射，二万人专习戈楯，二万人专习骑矟。修立战场，十日一习。采诸葛亮八阵之法，为平地御寇之方。使其解兵革之宜，识旌旗之节。兵器精坚，必堪御寇。使将有定兵，兵有常主。上下相信，昼夜如一。七月，发六郡兵万人，各备戎作之具，敕台北诸屯仓库近作米，俱送北镇。至八月征北部率所领与六镇之兵，直至碛南，扬威汉北。狄若来拒，与之决战。若其不来，然后散分其地。以筑长城，计六镇东西不过千里。若一夫一月之功，当三步之地三百人，三里三千人，三十里三万人，三百里则千里之地。强弱相兼，计十万人。一月必就粮一月，不足为多。人怀永逸，劳而无怨。计筑长城，其利有五。罢游防之苦，其利一也。北部放牧，无抄掠之患，其利二也。登城观敌，以逸待劳，其利三也。省境防之虞，息无时之备，其利四也。岁常游运，永得不遣，其利五也。又任将之道，特须委信。遂之以礼，恕之以情。阃外之事，有利辄决。赦其小过，要其大功。足其兵力，资其给用。君臣相体，若身之使臂。然后忠勇可立，制胜可果。是以忠臣尽其心，征将竭其力。虽三败而逾荣，虽三背而弥宠。"诏曰："览表具卿安边之策，此当与卿面论一二。"帝又引见群臣，议伐蠕蠕。前后再扰朔边。近有投化人云："敕勤渠帅，兴兵叛之，蠕蠕主身率徒众，追至西汉。今为应乘弊致讨，为应休兵息民。"左仆射穆亮对曰："自古以来，有国有家。莫不以戎事为首。蠕蠕子孙，习其凶业，频为寇扰。为恶不悛，自相违叛。如臣愚见，宜兴军讨之。虽不顿除巢穴，且以挫其丑势。"间曰："昔汉时天下一统，故得穷追北狄。今南有吴寇，不宜悬军深入。"帝曰："先朝屡兴征伐者，以有未宾之虏。朕承太平之基，何为摇动兵革？夫兵者凶器，圣人不得已而用之。便可停也。"帝又曰："今欲遣蠕蠕使还。应有书问，以不得臣以为宜有。"乃诏间为书。于时蠕蠕国有丧，而书不叙凶事。帝曰："卿为中书监职典文辞，所造音书，不论彼之凶事。若知而不作，罪在灼然。若情思不至，应谢所在。"间对曰："昔蠕蠕主敦崇和亲，其子不遵父志，屡犯边境。如臣愚见，谓不宜吊。"帝曰："敬其父则子悦，敬其君则臣悦。卿云'不合吊慰'，是何言欤？"间逐引愆免冠谢罪。帝谓间曰："蠕蠕使牟提，小心恭慎。甚有使人之礼，同行疾其敦厚。每至凌辱，恐其还化。必被谤诬。昔刘准使殷灵诞，每下人不为非礼之事及其还国。果被谮愬，以致极刑。今为旨旨可明牟提忠于其国，使蠕蠕主知之。"宣武延昌三年十月庚辰，诏骁骑将军马义舒喻蠕蠕。

孝明熙平中，蠕蠕主丑奴遣使来朝。抗敌国之书，不修臣敬。朝议将依汉答匈奴事，遣使报之。司农少卿张子伦表曰："古之圣王，疆理物土，辩章要甸。荒遐之俗，政所不及。故礼有一见之文，书著羁縻之事。太祖以神武之资，圣明之略，经启帝国。日有不暇，遂令竖子游魂一方。亦由中国多虞急诸华而缓夷狄也。高祖光宅土中，业隆下世。赫雷霆之威，振熊罴之旅。方役南辕，未遑北伐。昔旧京烽起，虏使在郊。主上案剑，玺

书不出。世宗运筹帷幄，开境扬旌。衣裳所及，舟车万里。于时丑类送欸关上，亦述遵遗志。念大明临朝，泽及行苇。国富兵强，能言率职。何惮而为之？何求而行此？往日梁通敬求和，以诚肃未绝，抑而不许。先帝弃戎于前，陛下交夷于后。无乃上乖祖宗之心，下违世宗之意。且虏虽慕德，亦来观我。惧之以强，傥即归附。示之以弱，窥觎或起。春秋所谓"以我不也，又小人虽近。"夷狄无亲，疏之则怨，狎之则侮。其所由来久矣。是以高祖世宗，知其若此。来既莫逆，去又不追。不一之义，于是乎在。必其委贽玉帛之辰，屈膝蕃方之礼。则可丰其劳贿，藉其珎物。至于王人远役，御命虏庭。优以疋敌之尊，加之相望之宠。恐徒生虏慢，无益圣朝。假令选众而举，使乎称职。资郦生之辨，骋终军之辞。冯轼下齐，长缨击越。苟异曩时，犹为不愿。而况极之以隆崇，申之以宴好。臣虽下愚，辄敢固执？若事不获已，应制诏示其上下之仪。宰臣致书，讽以归顺之道。若听受忠诲，明我话言。则万乘之盛，不失位于域中。天子之声，必笼罩于无外。脱或未从，焉能损余？舞干戚以招之，敷文德而怀远。如迷心不已，或肆犬羊。则当命辛李之将，勤卫霍之师。荡定云沙，扫清逋孽。饮马瀚海之滨，镂石燕然之上。开都护置戊己，斯亦陛下之高功，不世之盛事。如思案甲，养民务农。安边之术，经国之防，岂可以戎夷兼并，而遽亏典制？将取笑于当时，贻丑于来叶。昔文公请燧，襄后有言。荆庄问鼎，王孙是抑。以古方今，窃为陛下不取。又陛上方欲礼神岷渎，致祀衡山。登稽岭窥苍梧，而反与夷虏之君。酋渠之长，结昆弟之忻。抗分庭之义，将何以瞰？文命之景业，迹重华之高风者哉。臣以为报使甚失如彼，不报甚得如此。愿留须照臾之听，察愚臣之言。"不从。

正光四年，二月已卯，以蠕蠕主阿那环率众犯塞。遣尚书左丞充孚。兼尚书为北道行台，持节喻之。时帝以沃野，野薄，骨律、武川、抚宾、桑玄、怀方、御夷诸镇。并改为州。其郡县戍名。今准古城邑，诏河南尹郦道元持节兼黄门侍郎，与都督李崇宜置立裁减去留。储兵积粟，以为边备。东魏孝静帝兴和元年六月，以尚书左仆射司马子如为东北道行台，差选勇士，前颍州刺史奚思业为河南大使。简发勇士。北齐神武为东魏丞相。武定元年八月，于肆州北山筑城。西自马陵戍，东至士隥，四十日罢。

文宣帝天保元年，受魏禅，多所创革，六坊之内，徙者更加简练。每一人必当百人任，其临阵必死，然后取之。谓之"百保"。时鲜卑又简华人之勇力绝伦，谓之："勇士。"以备边要。三年十月乙未，幸离石，至黄栌岭。仍起长城，北至社于戍，四百余里，立三十六戍。时杨裴为都水使者，帝亲御六军。北攘突厥，仍诏裴监筑长城。作罢行南谯州事。六年，发夫一百八十万人筑长城。自幽州北夏口，西至镇州九百余里。

七年十二月，先是自西河揔秦戍筑长城，东至于海，前后所筑东西凡三千余里。率十里一戍，其要害置州镇。凡二十五所。八年，于长城内筑重城。自军洛扶而东至于坞纥戍。凡四百余里。武成帝河清二年三月，诏司空斛律光督氏营军士筑戍于轵关。后主武平元年十二月，诏左丞相斛律光出晋州，道修城戍。

《后周书》

宣帝大象初，征拜于翼为大司徒。诏翼巡长城，立亭障。西自雁门，东至碣石创新改旧，咸得其要害。

《隋书》

高祖开皇元年四月，发稽胡修筑长城，二旬而罢。又云："开皇初，遣司农少卿崔仲方发丁

三万于朔方灵武筑长城，东至黄河西拒绥州，南出勃岭，绵亘七百里。明年，帝复令仲方发丁十五万，于朔方巳东缘边险要。筑数十城，以遏胡寇。入黄门侍郎岭行本，以党须羌密迩封域，最为难服。上表劾其使者，臣闻南蛮遵校尉之统，西域仰都护之威。比见西羌鼠窃狗盗，不父不子，无君无臣，异类殊方。于斯为下，不悟羁縻之惠。讵知含养之恩，狼戾为心。独乖正朔，使人近至。请付推科帝奇其志。

二年十月癸酉，皇太子勇屯兵咸阳，以备胡。十二月乙酉，遣泌源公虞庆则屯弘化备胡。六年二月丁亥，发丁男十万筑长城。二旬而罢。七年二月，发丁男十万余修筑长城。二旬而罢。日前周宣帝时，突厥摄图请婚于周帝。遣长孙晟副汝南公宇文庆，送千金公主于其牙。摄图弟处罗侯号突利设，尤得众心。而为摄图所忌，密托心腹，阴与晟盟，晟与之游。因察山川形势部众强弱，皆尽知之。时高祖作相，晟以状白高祖。高祖大喜。迁车都尉。开皇元年，摄图曰："我周家亲也。今隋公自立而不能制，复何面目见可贺敦乎？因与高宝宁攻陷临渝镇。约诸面部落谋共南侵，高祖新立。由是大惧，修筑长城，发兵屯北境。命阴寿镇幽州。虞庆则镇并，而屯兵数万人以为之备。晟先知摄图玷厥阿渡突利等，叔侄兄弟，各统强兵。俱号可汗，分居四面。内怀猜忌，外示和同。难以力征，易可离间，因上表。帝大悦。因召与语。晟口陈形势，手画山川，写其虚实，皆如指掌。帝深嗟异，皆纳用焉。因遣大朴元晖由伊吾道，使诣玷厥，赐以狼头纛谬为钦敬，礼数甚优。玷厥使来，引居摄图，使上反间。既行果相猜贰授车骑将军，出黄龙道。赍币赐受肤契丹等，遣为向导。得至，处罗侯使深布心腹，诱令内附。二年，摄图四十万骑自兰州入至于周盘，破达违孺军，更欲南入。玷厥不从，引兵而去。"时晟亦说染于诈，告摄图曰："铁勒等反欲袭其牙，摄图乃惧。回兵出塞。"七年，摄图死，长孙晟持节拜其弟处罗侯侯为莫自可汗，以其子雍间为叶护可汗。处罗侯因晟奏曰："阿波为天所灭，与五六千骑在山谷间。伏听诏旨，当取之以献，乃召文武议焉。安乐公元谐，日请就彼枭首以惩其恶。"武阳公李充曰："请生将入朝，显戮而示百姓。"帝谓晟曰："于卿何如？"晟对曰："若突厥背诞，须齐之以刑。今其昆弟自相夷灭。阿波之恶，非负国家，;因其困穷取百戮之。恐非招远之道，不如两育之。"帝曰："善。"

炀帝大业初，右光禄大夫段文振，以高祖容纳突厥启民居于塞内。妻以公主，赏赐重叠。及炀帝即位，恩泽弥厚。狼子野心，恐为国患。乃上表曰："臣闻，古者远不间近，夷不乱华。周宣外攘夷狄。秦帝筑城万里。盖远图良筭，弗可忘也。窃见国家容纳启民，资其兵食。假以地利，如臣愚计，窃又未安。何则？夷狄之性，无亲而贪。弱则归投，强则反噬。盖其本心。臣学非博览，不能远见。且闻晋朝刘曜，梁代侯景，近事之验，众所共知。以臣量之，必为国患。如臣之计，以时喻遣。令还塞外。然后明设烽候，缘边镇防。务令严重。此乃万岁之长策也。又西域诸藩，多至张掖，学中国交市。帝令吏部侍郎裴矩掌其事，矩知帝方勤远略。诸商胡至者，矩诱令言其国。俗山川险易，撰西域图三卷入朝奏之。"帝大悦。每日引矩至御座，亲问西方之事。矩盛言胡中多诸宝物，吐谷浑易可并吞，帝由是甘心通西域。四夷经略，咸以委之。迁黄门侍郎，帝复令矩住张掖，引致西藩，至者十余国。后帝遣将军薛世雄城伊吾，令矩共往经略。矩讽论西域诸国曰："天子为蕃人交易悬远，所以城伊吾耳。"咸以为然，不复来竞。及还，赐钱四十万。三年七月丙子，发丁男百余万筑长城。西拒榆林，东至紫河。二旬而罢，死者十五六。

八月，帝巡于塞比，幸启民帐。时高丽遗使，先通于突厥。启民不敢隐，引之见帝。内史侍郎裴矩因奏状曰："高丽之地，本孤竹国也。周代以之封于箕子，汉世分为三郡，晋氏亦统辽东。今乃不臣，别为外域。故先帝疾焉，欲征之久矣。但以杨谅不肖，师出无功。当陛下之时，安得不事。使此冠带之境，仍为蛮貊之乡乎？今其使者朝于突厥，亲见启民合国从化。必惧皇灵之远畅，虑后伏之先亡。胁令入朝，当可致也。"帝曰："如何？"矩曰："请面诏其使，放还本国。遣语其王，令速朝觐。不然者，当率突厥即日诛之。"帝曰："善。"其王高元不用命，始建征辽之策。

四年七月辛已，发丁男二十万余筑长城。自榆谷而东，诏岚州刺史卫玄监督之。六

年,遣侍御史章节召突厥处罗令,与东驾会于大斗拔谷。其国人不从,处罗谢使者,辞以他故。帝大怒。无如之何?适会其酋长射匮遣使来求婚。黄门侍郎裴矩因奏曰:"处罗不朝,恃强大耳。臣请以计弱之,分裂其国即易制也。射匮者,都六之子,达头之孙。世为可汗。君临西面,今闻其失职附隶于处罗,故遣使来以结援耳。愿厚礼其使,拜为大可汗,则突厥分为两而从我矣。"帝曰:"公言是也。"因遣裴矩朝夕至馆,微讽论之。帝于仁风殿召其使者,言处罗不顺之意,称射匮有好心。吾将立为大可汗,令发兵诛处罗。然后当为婚也。帝取桃竹白羽箭一枝以赐射匮,因谓之曰:"此事宜速,使疾如箭也。"使者返。路经处罗,处罗爱箭,将留之。使者谲而得免。射匮闻而大喜,兴兵袭处罗。处罗大败。并妻子将左右数千骑东走,在路又被劫掠,遁于高昌东保时罗漫山。高昌王曲伯雅上状。帝遣裴矩将向氏亲要左右,驰至玉门关晋城。矩遣向氏使诣处罗所,论朝廷弘养之义。丁宁晓谕之,遂入朝然。每有快快之色。又云:"裴矩纵反间犬突厥酋长射匮,使潜攻处罗。后处罗为射匮所迫,竟随使者入朝。帝甚悦。赐矩貂裘及西城珍异。"

十一年八月,帝至雁门,为突厥所围。内史侍郎萧瑀进谋曰:"如闻始毕托校猎至此。义成公主初不知其有违背之心,且北蕃夷俗,可贺敦知兵马事。昔汉高祖解平城,乃是阏氏之力。况义成以帝女为妻,必恃大国之援若发一单使以告义成。假使无益,事亦无损。臣又切听舆人之诵,乃虑陛下平突厥后,更事辽东。所以人心不一。或致挫败,请下明诏。告军中赦高丽,而专攻突厥。则百姓心安,人自为战。"炀帝从之。于是发使诣可贺敦。即义成公主也。谕旨:"俄而突厥解围去,于后获其谍。人云:'义成主遣使告急于始毕,称北方有警。由是突厥解围,盖义成主之助也。'"帝又将伐辽东,谓群臣曰:"突厥狂悖为寇,势何能为一?"其少时天散,萧瑀遂相恐动情不可恕因出河池郡守。

《唐书》

高祖武德初,以丰州绝远,先属突厥交相往来,吏不能禁。隐太子建成议废丰州,虚其城郭,权徙百姓寄居于灵州。割并五原榆中之地。于是突厥遣处罗之子都射设率所部万余家入处河南之地。以灵州为境。

二年二月癸酉,令州县修治堡同以备胡。三年七月甲戌,遣皇太子建成镇,蒲州以备胡。

四年正月辛已,诏曰:"稽胡部类,居近北边。习恶之徒,未息从化。潜窜山谷,切怀首鼠。寇抄居民,侵扰守候。可令太子建成总统诸军,以时致讨。分命骁勇,方轨齐驱。跨谷弥山,穷其巢穴。元恶大憝,即就诛夷。驱略之民,复其本业。行军节度,期会进止。皆委建成处分。"

五年六月辛亥,刘黑闼引突厥之众寇山东。遣车骑将军元韶为瓜州道行军总管,以备边。

八月甲戌,吐谷浑寇岷州,总管李长卿拒之,反为所败。遣益州行台右仆射窦轨,滑州刺史且洛生援之。乙卯,突厥颉利可汗寇边,遣左卫将军段德操、云州总管李子和等率兵以拒之。丙辰,颉利可汗率骑十五万人入雁门。已未,突厥进寇并州。以左监门将军李勣为齐州总管,太子左卫率兰慕为亳州总管,骠骑将军张政为郓州总管。庚申,皇太子建成出幽州道,命太宗出秦州道以御之。突厥寇原州,又令云州总管李子和率兵越云中以掩可汗。左武卫将军段德操趄夏州,邀其归路。辛酉,帝谓群臣曰:"突厥入冠而复请和,和之与战,其策安在?"太常卿郑元璹对曰:"若击之则怨深,难以和缉。"中书令封德彝

刘黑闼

进曰："若不战而和，夷狄必谓中国畏惧。未若击之克捷，而后和亲，此则威恩兼举。"帝然之。戊辰，吐谷浑陷洮州。遣武州刺史贺拔亮防御之。

六年七月癸未，突厥寇原州。乙酉，寇朔州。右武候大将军李高迁不能御，率众而遁，为贼所败。行军总管尉迟敬德率师援之。

七年六月，遣边州修堡城，警烽候以备胡。

八年，正月已酉，帝与群臣言备边之事。将作大将于筠进曰："未若多造船舰于五原灵武，置舟师于黄河之中，足以断其入寇之中路。"中书侍郎温彦博又进曰："昔魏文帝掘长堑以遏匈奴，亦因循其事。"帝并从之。于是遣将军桑显和堑断北边要路。又征江南习水之士，更发卒于灵州造战船。五月已酉，帝谓群臣曰："名实之间，理须相副。高丽称臣于隋，始拒炀帝，此亦何臣之有？朕敬于万物，不欲骄贵。但据此土宇，务共安民。何必令其称臣以自尊大？可为诏述朕此怀也。"侍中裴矩、中书侍郎温彦博、进曰："辽东之地，周为箕子之国，汉家之玄菟郡耳。魏晋前立于堤封之内，不可许以不臣。若与高丽抗礼，四夷必当轻汉。且中国之于四夷，犹太阳之与列星。理无降尊，俯同藩服。"帝乃止。初帝以天下大定，将偃武事。遂罢十二军，大敷文德。至是突厥频为寇掠，帝志在灭之。复置十二军，以太常卿窦诞为爰旗将军，吏部尚书杨恭仁为鼓旗将军，淮安王神通为玄戈将军，右骁卫将军刘弘基为井钺将军，又卫大将军张瑾为羽林将军，左骁卫大将军长孙顺德为奇官将军，右监门将军樊世兴为天节将军，右武候将军安修仁为招摇将军，右监门卫大将军杨毛为折威将军，左武候将军王长谐为天纪将军，岐州刺史柴绍为平道将军，钱九陇为苑游将军，简练士马，将图大举焉。

六月丙子，遣燕郡王李艺屯兵于华亭县，及弹筝峡，水部郎中姜行本筑断石岭之道以备胡。

七月甲辰，帝谓侍臣曰："往以中原未定，突厥方强。吾虑其扰边，礼同敌国。今既人面兽心，不顾盟誓。方为攻取之计，无容更事姑息。其后书改为敕诏。乙酉，颉利可汗寇相州，叛胡睦伽陀攻武兴。丙辰，代州都督蔺慕与突厥战于新城，不能克。复命行军总管张瑾与突厥战于太谷。丁巳，命秦王出蒲州以备胡寇。"

八月壬戌，突厥逾石岭，寇并州。癸亥，突厥寇灵州。丁卯，突厥寇潞泌韩三州。左武候将军安修仁击胡睦伽陀于旦渠川，破之。遣李靖出潞州道，又令行军总管任环屯太行。

九月癸丑，突厥寇兰州。十月壬申，吐谷浑寇叠州。遣扶州刺史将善合师援之。戊寅，突厥寇鄯州。霍国公柴绍帅师援之。

九年正月辛亥，突厥声言入寇，敕州县修城隍谨烽候。

二月丁亥，突厥寇原州，遣折威将军扬毛击之。又征兵屯于太谷，遣秦王及皇太子建成勒兵以备胡。后竟不行。

六月丁巳，突厥数万骑围乌城，遣齐王元吉，右武卫大将军李艺、天纪将军张瑾率兵援之。辛未，突厥寇渭州，遣左卫将军柴绍率兵御之。太宗以武德九年八月甲子即位。

是月，突厥入寇泾州。乙亥，突厥寇武功。京师戒严。丙子，检校户部尚书裴矩等二十余人各陈御寇之册，帝曰："朕受天命，子育黔首。岂使凶徒，虐我黎庶？朕将御戎，躬亲剪扑。先事灭之，然后施化。公辈不须为虑也。"已卯，突厥寇高陵。辛已，行军总管尉迟敬德与突厥战于泾阳。大破之。获其俟斤阿史德乌没啜，斩首千余级。癸未，突厥遣其腹心执失思力入庙为觇，自张形势云："二可汗总兵百万。今已至矣，乃请反命。"帝诮之曰："我与突厥面自和亲，汝则背之。我无所愧。又义军入京之初，尔父子并亲从，我赐尔玉帛，前后极多。何辄将兵入我畿县，尔虽突厥，亦颇有人心，何得全忘大恩，自夸强盛？我当先戮尔矣。"思力惧而请命，萧瑀封德彝等请礼遣之。帝曰："不然。今若放还当为我惧。"遂系思力于门下省。于时兵马大集，遣瑀德彝分出慰劳。帝出自玄武门，与侍中高士廉、中书令房玄龄、将军周范，驰六骑幸渭水之上，与可汗隔津而语。责以负约。其酋帅大惊，皆下马罗拜。俄而众军继至，精甲曜日，连旗蔽野。颉利见军容大盛，又知思力就拘，相顾色动，由是大惧，帝独与颉利临水交言，麾诸军却而阵焉。萧瑀又以轻敌固谏于马前，帝曰："吾已筹之，非卿所知也。突厥所以扫其境内，直入渭滨，盖以我国家初有内难，朕又新登九五，将谓不敢拒之。朕若闭门，虏必大掠。强弱之势，在今一策。朕故独出以示轻之。又曜军容，使知必战。事出不意，乖其本图。虏入既深，理当自惧。与战则必克，与和则必固。制服匈奴，自兹始矣。公等宜记之。"是日，颉利请和。诏许焉。瑀等方叹曰："非所测也。"乙酉，又幸城西、刑白马与颉利同盟于便桥之上，突厥引兵而退。萧瑀进曰："初颉利之未利也。谋臣猛将多请战，而陛下不纳。臣以为疑，既而虏自退。其策安在？"帝曰："我观突厥之兵，虽众而不整。君臣之计，惟财利是视，可汗独在水西，达官皆来谒我。我醉而缚之，因而袭击其众。势同拉朽，何往不胜？我已令无忌李靖设伏于幽州以待之。虏若奔还，伏兵邀其前，大军蹑其后。覆之如反掌。我所以不战者，我即位日浅，为国之道，安静为务。一与虏战，必有死伤。我所不能忘怀也。又凶虏一败，或当惧而修德。结怨于我，为患不细。今我卷甲韬戈，啖以玉帛。彼既得所欲，固知其退也。然顽虏骄恣，必自是始。亡破之渐，岂在兹乎？将欲取之，必固与之。此之谓也。卿等宁知之乎？"瑀再拜曰："圣略宏远，诚非愚臣所及。"

九月丙戌，遣殿中监房宽将军赵绰送突厥还藩。颉利献马三千疋，羊万口，帝不受。诏颉利："所掠中国户口者令归之。"壬辰，修缘边障塞以备胡寇。下诏曰："城彼朔方，周朝盛典。缮治河上，汉室宏规。所以作固京畿，设险边塞。式遏寇虐，隔碍华戎。自隋氏季年，中夏，丧乱黔黎凋尽，州城空虚。突厥因之侵犯疆场，乘间幸衅深入长驱。寇暴滋甚，莫能御制。皇运以来，东西征伐。兵车屡出，未遑北讨。遂令胡马再入，至于泾渭。蹂践禾稼，骇惧居民。丧失既多，亏废生业。分命师旅，挫其锋锐。频获名王，每夷渠帅。然而凶狡不息，驱侵未已。御以长算，利在修边。其北道诸州所置城塞，粗已周遍，未能备悉。今约以和通，虽云疲弊，然蕃情难测。更事修葺，今曰宜之。朕以板筑之功，方资力役畚锸之用。兴发且多，念彼劬劳。用深怵惕，加以普给优复。诏书始下，旋即科召。有若食言，百姓将疑。谓予不信。但民惟邦本，本固邦宁。丑虏冯陵，实为民患。其城寨镇戍，须有修补。审量远近，计虔功力。所在军民，且共营办。所司具为条式，务使成功。宣示闾里，明知此意。"

十二月已巳，益州大都督窦执奏辽反，请兵讨之。帝曰："辽依山险，盖是其常，当抚以恩信，自然知感。何乃不弘仁化，先纵兵威？岂为民父母之意也？"竟不许。

贞观元年，长孙无忌为尚书右仆射，时突厥颉利可汗新与中国和盟，政教紊乱。言事者多陈攻取之策。召萧瑀及无忌问曰："此蕃君臣昏乱，杀戮无辜。国家不违旧好，便失攻昧之机。今欲取乱侮亡，复爽同盟之义。二途未决，孰为胜耶？"萧瑀曰："兼弱攻昧，古之无善。"无忌曰："今国家务在戢兵，待其寇边，方可讨击。彼既已弱，必不能来。若深入房庭，臣未其可。且按甲存信，臣以为宜。"帝从无忌之议。突厥寻而衰灭。

二年四月丁亥，突厥可汗为为颉利可汗所攻，遣使来乞师。帝谓近臣："朕与突厥颉利结为兄弟，不可以不救。又颉利与国通和，不可失信。其计安在？"兵部尚书杜如晦进曰："夷狄无信，其来自久。国家虽为守信，彼心背之。不若因其乱而取之，所谓取乱侮亡之道也。"帝然之。因令将军周范屯太原，以图进取。

四年三月，定襄道行军总管李靖擒突厥颉利可汗以献，其部落或走薛延陀，或走西域，而来降者甚众。诏议安边之术，朝士多言突厥恃强，扰乱中国，为日久矣。今天实丧之穷来归我，本非慕义之心。因其归命，分其种落。俘之河南兖豫之地，散属州县。各使耕织，百万胡虏，可得化为百姓。则中国有加户之利、塞北可常空矣。惟中书令温彦博议讲："准汉武时，置降匈奴于五原，塞下。全其部落，得为捍蔽。又不离其土俗，因而抚之。一则实空虚之地，二则示无猜心。若遣向河南兖豫，则乖物性，故非含育之道。"帝将从之，秘书监魏征奏："言突厥自古至今，未有如斯之破败者也。此是上天剿绝。宗庙神武，且其世寇中国，百姓冤仇。陛下以其降伏，不能诛灭。即宜遣还河北，居其故土。匈奴人面兽心，非我族类。强必寇盗，弱则卑服。不顾恩义，其天性也。秦汉患其若是，故发猛将以击之。收取河南，以为郡县。陛下奈何以内地居之？且今降者几至十万，数年之间，孳息百倍。居我肘腋，甫迩王畿。心腹之疾，将为后患。尤不可河南处也。"彦博奏曰："天子之于物也，天覆地载。有归我者，则必养之。今突厥破灭之余，归心降附。陛下不加怜悯，弃而不纳，非天地之道，阻四夷之意。臣愚甚谓不可。遣居河南，所谓死而生之，亡而存之。怀我德惠，终无叛逆。"魏征又曰："晋伐有魏，时胡落分居近郡。平吴以后，郭钦江统劝武帝逐出塞外不用。钦等言数年之后，遂倾瀍洛。前代覆车，殷鉴不远。陛下必用彦博之言遣居河南，所谓养兽自遗患也。"彦博又曰："臣闻圣人之道，无所不通，古先哲王，有教无类。突厥余魂，以命归我。我援护之，收居内地。禀我指麾，教以礼法。数载之后，尽为农民。选其酋首，遣居宿卫。畏威怀德，何患之有？且光武居南，单于于内郡。为汉藩翰，终乎一代，不有叛逆。彦博既口给，引类百端。"帝遂用其计。于朔方之地，自幽州至灵州，置祐顺化长四州都督府。又分颉利之地六州。左置定襄都督府，右置云中都督府，以统其部众。其酋首至者，皆拜为将军中郎将等官。布列朝廷，五品以上百余人。因而入居长安者数千家。

十四年九月，置安西都护府，居交河城。十一月，置宁朔大使以护突厥。

十七年，闰六月戊辰，帝曰："盖苏文杀其王而夺国政，诚不可忍。今日国家兵力取之不难，朕不欲劳费，故未动众也。朕将敕契丹靺鞨以扰之何如？"司空房玄龄曰："臣观古之列国，无不以强凌弱，以众暴寡。今陛下抚养苍生，将士勇锐。力有余而不用之，所谓止戈为武者也。"司徒长孙无忌曰："盖苏文自知弑君罪大，惧恐大国。且圣王之来四夷，使曲在彼。又高丽王未有表疏告难，陛下且赐玺书以隐之。其既获自安，必当顺以听命。更恣无君之心，后而责之未晚也。"帝曰："善。"

九月庚辰，新罗遣使言："高丽百济侵凌臣国，累遣攻袭数十城，两国连兵，期之必取。将以今兹九月大举，臣社稷必不获全。谨遣陪臣归命大国，愿乞偏师以存救援。"帝谓使人曰："我实哀尔为三国所侵，所以频遣使人和尔三国。高丽百济，旅踵翻悔。意在吞灭

而分尔土宇,尔国设何奇谋,以免颠越?"使人曰:"臣王事穷计尽,唯告急大国。冀以全之。"帝曰:"我少发边兵,总契丹靺鞨贞八辽东。尔国自解,可缓尔一年之围。此后知无继兵,还肆侵侮。然四国俱扰,于尔未安。此为一策。我又能给尔数千朱袍丹帜。二国兵至,建而陈之,彼见者以为我兵,必皆奔走。此为二策。百济国恃海之险,不修戎械。男女纷杂,好相宴聚。我以数十百船,载以甲卒。御枚汛海,直袭其地。尔国以妇人为主,为邻国轻侮。失主延寇,靡岁休宁。我遣一宗枝以为尔国主,而自不可独往。当遣兵营护,待尔国安,任尔自守。此为四策。尔宜思之,将从何事?"使人但唯而无对。帝叹其庸鄙,非乞师告急之才也。于是遣司农丞相里玄奖齐玺书赐高丽曰:"新罗委命国家,朝贡不阙。尔与百济宜即戢兵。若更攻之,明年当出师击尔国矣。"

十八年二月乙巳,相里玄奖使高丽还。玄奖初至平壤,盖苏文破新罗两城。帝顾谓侍臣曰:"高丽莫离支,贼杀其主,尽诛大臣。用刑有同坑穽,百姓动转辄死,怨痛在心。道路以目,天子出师吊伐,须有其名。因其弑君虐下,取之为易。"谏议大夫褚遂良进曰:"陛下兵机神算,人莫能知。莫隋未乱离,手平寇难,及北狄侵边,西蕃失礼,陛下欲命将击之,群臣莫不苦谏。惟陛下明略独断,卒并诛夷。海内之人,徼外之国。畏威詟服,为此也。今闻陛下将伐高丽,意皆荧惑。然陛下神武英声,不比周隋之主。兵若渡辽,事须克捷。万一不获,无以威示远方。心更发怒,再兴兵众。若至于此,安危难测。"帝然之。兵部尚书李勣曰:"近者延陀犯边,陛下必欲追击。但为魏征苦谏,所以遂用其言。此之失机,亦由征之误计。而若仰中圣策,延陀无一人生还,可五十余年间,边境无事矣。"帝曰:"魏征此谏,良为失中。然一计不当,随而允之。后有良算,安肯更发?我亦随知事误,而竟不能涉言耳。"

六月,诏曰:"百济高丽,恃其僻远,每动兵甲,便逼新罗。新罗日蹙,百姓涂炭。遣使请援,道路相望。朕情深悯念,爰命使者。诏彼两藩,戢兵敦好。而高丽奸忒,攻击未已。若不拯救,岂济倒悬?宜令营州都督张俭守左宗卫率高履行等,率幽营二都督府兵马,及契丹奚靺鞨,往辽东问罪。"属辽水泛溢,俭等兵不得济。

十九年七月,帝征辽营于安示城。使李勣攻安市,时从行文武。亦以为摧高延寿十余万军,高丽胆碎。乘破竹之势,今乃其时。张亮水军在毕涉城,召之信宿相会,直取乌骨,渡鸭渌水。迫其离心,安有机变?扫清夷貊,在此行耳。独司徒长孙无忌以为天子行师,与诸将有异。事非万全,不可徼幸。今建安新城,城酉十万。若向乌骨,皆在吾后。不如先破安市,次取建安。获其两城,然后长驱而进。万全之计也。

十二月,诏礼部尚书江夏王道宗发朔并汾箕岚代忻蔚云九州兵马镇朔州。又命守卫大将军代州都肾薛万彻,左骁卫大将军阿史郍杜尔等,发胜夏、银绥、丹延、鄜坊、石隰等十州兵马镇胜州。又令胜州都督宋君明、左武侯将军薛孤吴仁等,发灵、原、宁、盐、庆等五州兵马镇灵州。又令执失思力发灵、胜二州,突厥兵马与道宗等相应。虏至塞下,知有备不敢进。先是又领军人将军执失思力引兵伐延陀,虏其驼马数十口,叶护犯边。二十年六月乙亥,铁勒仆骨同罗共击薛延陀多弥可汗,大败之。帝以延陀破,卜遣江夏王道宗,左卫大将军阿史郍杜介为瀚海安抚大使。又遣右领军卫大将军执失思力,领突厥兵。代州都督薛万彻、营州都督张俭、各统所部兵分道并进。又令右骁卫大将军契苾何力领凉州。及胡兵同入,以为声援。初薛延陀真珠毗伽可汗遣使请婚,太宗许以女妻之。征可汗备亲迎之礼,帝志怀远人。于是发诏幸灵州与之会,可汗大悦。谓其国中曰:"我本铁勒之小帅也,蒙大国圣人树立我为可汗。今复嫁我以公主,车驾亲至灵州,斯亦足矣。"于是税诸

中华传世藏书

永乐大典

精华本

部羊马以为聘财，或说可汗曰："我薛延陀可汗，与大唐天子俱为一国主。何有自往朝谒？如或拘留，悔之无及。可汗曰："吾闻大唐天子，圣德远被日月所照，皆来宾服我归心委质，冀得一觌天颜，无所复恨。然碛北之地，必图有主。舍我别求，固非大国之计。我志决矣，勿复多言。"于是言者遂止。太宗令三道发使受其羊马，然延陀先无府藏。调敛其国，往返且万里。既沙碛无草，羊马多死。遂后期，帝于是停幸灵州，征还三道之使。既而其骋羊马至，所耗将半。议者以为戎狄不可以礼义畜，若聘财未备而与之婚，或轻中国。要令备礼以加重。于是反其使者。群臣或劝帝云："既许以公主妻延陀，边境得以休息。纳其献聘，不可失信于番人。宜在速成。"帝谓之曰："君等进计，皆非也。君等知古，而不知今。昔汉家匈奴强而中国弱，所以厚饰子女嫁与单于。今时中国强而北狄弱。汉兵一千，堪击其数万。延陀所以匍匐稽颡，恣我所为不敢骄慢者。以新得立为长，杂姓非其本属。将倚大国，用服其众。彼同罗仆骨等十余部落兵数万。并力足制延陀。所以不敢发者，延陀为我所立，惧中国也。今若以女妻之，大国子婿增崇其礼。深结党援，杂姓部落。屈膝低首，更遵服之。夷狄之人，岂知恩义？微不得意，勒兵南下。如君所言，可谓养兽以自噬也。吾今不与其女，颇简使命。诸姓部落知吾弃之。其争击延陀必矣。君其志之，"既而李思摩数遣兵侵掠之。延陀复遣突利失击、思摩至定襄掠百姓而去。帝遣英国公李勣援之，遽已出塞而还。帝以其数与思摩交兵，乃玺书责让之。又谓其使人曰："语尔可汗，我天子并东征高丽。汝若能寇边者，但当来也。"可汗遣使致谢，复请发兵助军。帝答以复诏，而止其兵。及太宗拔辽东诸城，破驻骅之阵。降高延寿，声振戎狄。而莫离支潜令粟鞨靰诳惑延陀，啗以厚利延陀气慑不敢动。唐绘郭孝恪正观讨龟兹，破其国城，国相那利遁去。国人谓孝恪曰："那利得志，愿公备之。"城中举应那利，孝恪中矢卒。

　　高宗永徽二年，十一月丁丑，以高昌故地置安西都护府，以尚舍奉御天山县公曲智湛为左骁卫大将军，兼安西都护西州刺史。往镇抚焉。

　　三年六月戊申，诏兵部尚书崔敦礼，并州都督府长史张绪，发并汾步骑万人往戊州。发遣延陀余众渡河，置祁连州以处之。

　　显庆二年十二月，伊丽道行军总管苏定方讨阿史那贺鲁于金牙山，收其所据之地。三年，分其种落列置州县，以处木昆部落为匐延都督府。以突骑施索葛莫贺部为塩鹿都督府。以突骑施阿剌施部为絜都督府。以胡禄屋阙啜部为监伯都督府。以摄舍提暾啜部为双阿都督府。以鼠尼施处半部为鹰婆都督府。其所役属诸胡之国。皆置州府，并隶安西都护府。

　　三年正月，立龟兹王布失毕之子白素稽为龟兹王。初布失毕妻阿史那氏。与其国相那利私通，布失毕知而不能禁。布失毕左右频请讨之，由是国内不和，递相猜阻。各遣使来告难，帝闻而尽召之。既而京师因那利，而遣左领军郎将雷文成送布失毕归国。行至龟兹东，由分泥师城。而龟兹大将羯猎颠发众拒之，仍通使降于贺鲁。布失毕据城自守，不敢进。于是诏左屯卫大将军杨胄发兵讨之。会布失毕病死，胄与羯猎颠决战。大破之，擒羯猎颠及其党尽杀之。乃以其地为龟兹都督府，又拜白素稽为都督以统其众。又移安西都护府于龟兹国，旧安西复为西州都督府。左骁卫大将军兼安西都护天山县公曲智湛为西州都督，以统高昌之故地。

　　总章二年九月，诏吐谷浑慕容诺曷钵部落移就凉州南，近山安置。时议者恐吐蕃以旧怨更击之。帝诏左相姜恪、右相阎立本、左卫大将军契苾何力、司戎少常伯崔余庆、左卫将军郭待封、司元少常伯许圉师等议之，谋发兵先击吐蕃。阎立本曰："自去岁以来，微少甘泽。粟价腾踊，倍于常年。闾阎之间，大有饥乏。今又远兴师旅，将恐转益忧劳。如臣愚见，以为未可。"契苾何力又曰："吐蕃在西，经途稍远，又与诸羌连接。臣恐大军才到，便即西走。且山路险阻，远逐甚难。军粮须继，未易深入。虑其开春以后，必来侵逼吐浑。如其更来，臣请不须救援。蛮夷无识，便谓国力已疲。遂自骄矜，无所惧惮。然后命将出师，一举可灭之矣。"姜恪曰："何力言非也。吐谷浑归附日久，吐蕃乘胜逼之，必不能御。倘若不救，坐见灭亡。此则边境亏虞，无所控告。既亏圣德，又亏国威。臣之愚虑，谓宜拯恤。且使小蕃得存，然后更图大举。"议竟不定，吐谷浑竟不移而止。

上元三年二月，帝以高丽余众反叛，移安东都护府于辽东故城。先有华人任官者，悉罢之。其百济百姓先从在涂河及徐兖等州者，权移熊津都督府于建安故城以处之。仪凤二年十二月，敕曰："朕君临宇宙，司牧黎元。普天之下，罔不率服。蕞尔吐蕃，僻居遐裔。吐浑是其邻国，遂乃夺其土宇。往者暂遣偏裨，欲复浑王故地。义存拯救，事匪称兵。辄肆昏迷，潜相掩袭。既无备豫，颇丧师徒。因此鸱张，每思狼顾。除凶伐叛，王者所急。前岁将发六军问其罪戾，复以小寇，无劳大举。按旅息兵，庶其改过。不思惠爱，更起回邪。敢纵狂惑，专为寇盗。或攻团镇戍，或驱掠羊马。烽燧频举，烟尘不息。候隙乘间，倏来忽往。比者止令镇遏，来能即事。翦莫怀宽大之恩，遂长包藏之计。祸盈恶稔，当自覆灭。今欲分命将帅，穷其巢穴。克清荒服，必寄英奇。但秦雍之部，俗称劲勇。汾晋之壤，人擅骁雄。宜令关内河东诸州，广求猛士。在京者令中书门下于庙堂选试，外州委使人与州县相知拣练。有为我膂力雄果弓矛灼然者，盛宜甄采。即以猛士为名。"

三年九月，帝以吐蕃为患，召侍臣问："吐蕃小丑，屡犯边塞。我比务在安集，未即诛夷。而戎狄豺狼，不识恩造。置之则疆场日骇，图之又未闻上策。宜论得失，各尽所怀。"给事中刘景先奏曰："攻之则兵威未足，镇之则国力有余。宜抚养士卒，守御边境。"中书舍人郭正一曰："吐蕃作梗，年岁已深。兴师不绝，非无劳费。近讨则徒损兵威，深入则未倾巢穴。臣望少发兵募，且遣备边。明立烽候，勿令侵掠。待国用丰足，即一举而灭之矣。"给事中皇甫文亮曰："且令大将镇抚，蓄养将士良吏。营田以救粮储，必待足食，方可一举而取之。"帝曰："朕生于深宫，未尝躬擐甲胄亲践戎行。宿将旧人，多从物故。自非授戈俊杰，安能克灭凶渠海东二蕃？往虽旅拒，高丽不敢渡辽水，百济未敢越沧波。往者频岁遣兵，糜费中国。事虽已往，我亦悔之。今吐蕃侵我边境，事不得已。须善谋之。"中书舍人刘祎之对曰："臣观自古圣主明君，皆有夷狄为梗。吐蕃时扰边隅，有同禽兽。得其土地，不可攸居。被其冯陵，未足为耻。愿戢万乘之威，宽万姓之役。"给事中杨思征曰："圣人御物，贵在从时，今凶贼陆梁，边夷桀黠。弗能怀德，未肯畏威。和好之谋，臣谓非便。"帝曰："此贼骄狠，未识恩威。罪迹贯盈，方当就擒。和好灼然未可。"中书侍郎薛元超曰："臣以为敌不可纵，纵敌则患生，防边则卒老。不如料拣士卒，一举灭之。"帝顾谓黄门侍郎来常曰："自李勣亡后，实无好将。当今唯以张处勖等差为优耳。"常奏曰："昨者洮河兵马足堪制敌。但为诸将等失于部分，遂无成功，当今更无好将。诚如圣旨。"竟议不定，乃赐食而遣之。是年以吐蕃犯塞，宋州人魏真宰诣，阙上封事曰："臣闻，理天下之柄有二事焉，文与武也。然则文武之道，虽有二门，至于制胜御人，其归一揆。然论武者，败弓马为先，而不稽之以权略。谈文者，则以篇章为首，而不考之以经论。奔竞相夸，遂成浮俗。臣尝读魏晋史，每鄙何晏王衍，终日谈空。近观齐梁书，才流亦复不少。并何益于理乱哉？从此而言也。则陆士衡著辨士论，而不救河桥之败。养由基射能穿扎，而不止鄢陵之奔。断可知矣。昔赵岐撰御寇之论，山涛陈用兵之本。皆坐运帷幄，暗合孙吴。抑又闻帝王之道，务崇经略之术。必使英奇，自国家良将，可得言矣。李靖破突厥，侯君集成高昌。苏定方开西域，李勣平辽东。虽国之英灵，亦其才力所至。古诘有之，人无常俗。政有理乱，兵无强弱。将有能否，是知大将之临戎也。以智为本，汉高之英雄大度。尚曰：'吾宁斗智'，魏武之神机冠绝，犹依法孙吴。有项籍之气，袁绍之基。而背智任情，终以破灭。何况复出其下哉？当今朝廷用人，类取将门子弟。亦有死事之家，而蒙抽擢者，此等本非干力见知。虽竭力尽诚，亦不免于倾败。如何使当阃外之任哉？后汉马贤讨西羌，皇甫规陈其必败。宋文帝使王玄谟修复河南，沈庆之知不能克，谢玄以书生之资，拒苻坚百万之众，郗超言其必胜。虽复时有今古，求之人事，皆可推之取验。大体观其气锐之与识略耳。昔李左车、陈汤、吕蒙、马隆、孟观并出自贫贱，勋效甚高，未尝闻其家代为将。以四海之广，兆庶之众，其中岂无卓越之士？臣恐未之思也。夫何远之有？臣又闻之：'赏者礼之源，罚者刑之本。'故礼崇则谋大竭其能，赏厚则义士轻其死。刑正君子勖其心，罚重小人惩其过。然则赏罚者，君国之纪纲。古人云'国无纲纪，虽尧舜不能为化。'今罚不能行，则赏亦难信。故人间议者，皆云近日征行虚有赏格而无其事。良由小才之人不讲大体，恐赐勋庸渐倾仓库。留意锥刀，将此益国。狥日前之近利，忘经久之远图。所谓错之毫厘，失之千里者也。且黔首虽微，须应以实。岂得悬不信之令，谋虚赏之科？比者师出无功，未必不由于此。文子曰：'同言而信，信在言前。同令而行，诚在令外。故商君移木而表信，曹公割发以明法。岂礼也哉？有由然也。自苏定方征辽东，李勣破平壤，赏纪不行，勋仍淹滞。臣以吏不奉法。主司之过。不闻斩一台郎，戮一令史。如秦怀恪，使天下知闻。皇天何能照远而不照近哉？臣识不稽古，请以近事言之。贞观中，万年，县尉司马玄景，舞文饰智，以邀乾没。太宗审其奸诈，弃之都市。及征高丽，总管张君乂击贼不进，斩之旗下。臣以伪勋之罪，多于玄景、仁贵等败重于君乂。向使早诛薛仁贵、郭待封，则自余诸将岂敢失利于后哉？臣恐吐蕃之平，未在旦夕。且凡人识不经远，类皆随时生言。吐蕃兽时，前队死尽，后队方进。衣甲坚厚，人马甚多。又有瘴气，不宜士马。官军远入，利钝难知，前无克获取斃之道，不积百万，来无为大举之资。臣以吐蕃之对中国，犹孤星之对太阳。有自然之大小，自然之明暗。论其智也，则我明而彼暗。论其敌也，则我大而彼小。夫夷狄虽同之禽兽，亦知忧其性命。岂肯前队皆死，后队方进？由彼国虐用其人，残迫使然，非心之所愿。必不战不顾死，则兵法许敌能斗。当以致筹取之，何忧于不克也。向令边将能杀吐蕃，使其伏尸蔽野，浪血成河。敛其头颅，聚为京观。臣恐此虏闻官军钟鼓之声，望风尘而走。何暇前队皆死，后队方进哉？由薛仁贵、郭待封覆我师徒军人丧气，至今不振。故虏得其便，跳梁于山谷。臣又闻兴师十万，日费千金。国家之兵，可得而有。供军之粮，不可得而济。又今秋之行，仰藉马力。不得数十万匹，无以成大举之资。臣请不用太府之钱，太仓之粟。办二十万众，二年资粮，马五十万匹，以灭吐蕃，使往还足用。若天皇游意，经年之外，此功可得而成。自国家大平五十余载，百姓富饶，四海安乐。讨当今之户口，其数即倍少于隋时。料当今之资财，其资还倍富于隋日。卜式有言："天子诛匈奴，愚以为贤者宜死节，有财者宜输之，如此，匈奴可灭。"

臣之所愿不至于此，臣税天下，上至王公，下及兆庶。但是挂籍之口，口别税钱一百文。臣子之心，孰不甘税？又请于天下禁马，州县百姓得乘大马。不限牝牡定数，严敕州县明立簿帐，不得使其隐漏。不过三年，则人间精壮之马可括得五十余万疋。委州县长

官,以所税之钱,加价为市取。若官军大举,一朝可得而用。议者以禁马既久,忽然闻许,恐百姓因马遂生罪过。臣上观秦汉,下至周隋,中原变故,皆不由马。陈胜项籍之乱,秦黄巾赤眉之扰,汉并徒步而起,亦无闻骏骑。其后刘石乱华,到藉马足,肆其吞噬。有隋禁马科格甚严,杨玄感奋臂大呼。天下因之丧乱,夫胡虏以马为强。若收人乘焉,则市取其强以益中国。设不能久行之,犹可五六年间,通计乘骑,使得渐灭虏之盛。私马既多,还是官有。臣进退思惟,终是国家之利。且理有变通,事无常准。臣之所陈,权以济事。必将不可久行,后禁亦为未失。帝览而善之。授秘书省正字,令直中书省仗内供奉。郝处俊为东台侍郎。

东西台三品,咸亨初上幸东都。皇太子监国,诸宰相皆留。而处俊独从。帝尝曰:"王者无外,何为守御而重门击柝?庸待不虞邪?我尝疑秦法为宽,刑轲匹夫耳。匕首窃发,群臣皆荷戟侍莫敢拒。岂非习慢使然?"处俊对曰:"此乃法急耳。秦法,辄升殿者夷三族,人皆惧族。安有敢拒邪?"《魏曹操著》令曰:"京城有变,九卿各守其府。后严才乱,与徒数十人攻左掖门。操登铜雀台望之,无敢救者。时王修为奉常,闻变,召车骑来至,领官属步至宫门。"操曰:"彼来者必王修乎?"则天神功元年,鸾台侍郎同凤阁鸾,台平章事狄仁杰,以百姓西戍疏勒等四镇极为凋弊,遂上疏曰:"臣闻,天生四夷,皆在先王封域之外。故东拒沧海,西隔流沙。北横大漠,南阻五岭。此天所以限夷狄而隔中外也。"

自典籍所记,声教所及,三代不能至者,国家兼之矣。此则今日之四境,已逾于夏殷。昔诗人矜薄伐丈太原,美化行于江汉,则是前代之远裔,而国家之域中。至前汉时,匈奴无岁不犯边,杀掠吏人。后汉则西羌侵轶。汉中,东寇三辅。入河东上党,几至洛阳。由此言之,则陛下今日之土宇过于汉朝远矣。若其用武荒外,邀功绝域。竭府库之实,以争硗确不毛之地。得其人,不足以增赋。获其土,不足以耕织。苟求冠带远夷之称,不务固本安人之术。此秦皇汉武之所行,非五帝三皇之事业也。若使无荒外以为限,穷货财以骋欲。非但不爱人力,亦所以失天心也。昔始皇穷兵极武,以求广地。男不得耕于野,女不得蚕于室。长城之下,死者如乱麻。于是天下溃叛。汉武追高文之宿愤,藉四帝之储实。于是定朝鲜,讨西域。平南越,击匈奴,库币空虚,盗贼蜂起。百姓嫁妻卖子,流离于道路者万计。末年觉悟,息兵罢役。封丞相为富人侯,故能为天祐也。昔人有言"与覆同轨者,未尝获安。"此言虽小,可以喻大。近者国家频岁出师,所费滋广。西戍四镇,东戍安东。调发日加,百姓虚弊。开守异域,事等石田。费用不支,有损无益。转输靡绝,杼柚始空。越碛逾海,分兵防守。行役既久,怨旷亦多。诗人云:"王事靡监,不能艺稷黍,岂不怀归?"畏此罪罟,念彼恭人。"涕零如雨",此则前代怨思之词也。上不见恤,则政不行而邪气作。邪气作,则虫螟生而水旱起。若此虽祷词百神,不能调阴阳矣。方今关东饥馑,蜀汉逃亡。江淮已南,征求不息。人不复业,则相聚为盗。本根一摇,忧患不浅。其所以然者,皆为远戍方外,以竭中国。争蛮貊不毛之地,乖子育苍生之道也。昔汉元纳贾捐之谋,而罢朱崖之郡。宣帝纳魏相之策,而弃车师之田。岂不欲慕尚虚名?盖惮劳人力也。近贞观年中,克平九姓。册李思摩为可汗使统诸部者,盖以夷狄叛则伐之,降则抚之。得推亡固存之义,无远戍劳人之役。此则近日之令典,绥边之故事。窃见阿史邮斛瑟罗阴山贵种,代雄沙漠。若委之四镇,使统诸蕃。封为可汗,遣其御寇。则国家有继绝之美,荒外无转输之役。如臣所见,请损四镇以肥中国,罢安东以实辽西。省军费于远方,并甲兵于塞上。则常代之镇重而边州之备实矣。况抚绥夷狄,盖防其越境,苟无侵侮之患则已。何必穷其窟穴,与蝼蚁计较长短哉?且王者外宁必有内忧,盖为不勤修政故

也。伏愿陛下弃之度外，无以绝域未平为念。但当敕边兵，谨守备蓄，锐以待敌。待其所自致然后击，此李牧所以破匈奴也。当今所要者，若令边域警守备，远斥候，聚军实。蓄威武。以逸待劳，则战士力倍。以主御客，则我得其便。坚壁清野，则寇无所得。自然贼深入必有颠踬之虑，浅入必无虏获之益。如此数年，可使二虏不击而服矣。仁杰又请废安东复高氏为君长，停江南之转输，慰河北之劳弊。数年之后，可以安人富国。事虽不行，识者是之。

中宗神龙元年六月，以左骁卫大将军裴思谅摄右御史台大夫充灵武军大总管，以备突厥。

三年正月，命内外官各进破突厥之策。右补阙卢浦上疏曰："臣闻，有虞咸熙，苗人逆命。殷宗大化，鬼方不宾。则戎狄交侵，其来远矣。汉高帝纳娄敬之议，与匈奴和亲。妻其宗女，赂以钜万。冒顿益骄，边寇不止。则远荒之地，凶悍之俗。难以德绥，可以威制。而降自三代，无闻上策。今匈奴不臣，扰我亭障。皇赫斯怒，将整元戎。臣闻方叔帅师，功歌周雅。去病耀武，勋烈燕山，则万里折冲，在于择将。春秋谋元帅，取其悦礼乐，敦《诗》《书》。晋臣杜预，射不穿扎。而建平吴之勋，足知中权制谋，不在一夫之勇。其蕃将沙吒忠义等，身虽骁悍，志无远图。此乃骑将之材，本不可当大任。且师出以律，将军死绥。秦克长平，赵括受戮。胡去马邑，王恢坐诛。则弃军有刑。古之常典，近者鸣沙之役，主将先逃。轻挫图度，须正邦宪。又其中军既败，阵乱失穷。义勇之士，犹能死战。功合纪录，以劝戎行。赏罚既明，将士尽节。此擒敌之术也。臣闻以蛮夷中国之长算，故陈汤统西域而郅支灭，常惠用乌孙而匈奴败。请购辨勇之士，班传之侪，旁结诸蕃，与图攻取，此又掎角之势也。臣闻昔者汉置新秦，以实塞下。宜因古法，募人徙边。选其胜兵，免其行役，次卢伍明，教令则狃习戎事。究识夷险，其所虏获，困而赏之。近战即守家，远战则利货。趑走锋镝，不劳训誓。朝赋杨柳，夕歌枚杜。十年之后，可以久安。臣闻汉邦郅都，匈奴避境。赵命李牧，林胡远窜。则朔方之安危，边城之胜负。地方千里，制在一贤。其边州刺史，不可不慎择于其人而任之，蒐乘训兵，屯田积粟。谨设锋燧，精饰戈矛。来则惩而御之，去则备而守之。此又古之善经也。去岁亢阳，天下不稔。利在保境，不可穷兵。使内郡黔黎，各安其业。择其宰牧，轻其徭赋。事无过举，爵不以私。爱人之财，节其浮侈。惜人之力，不广台榭。察地利天时以趋耕获，命秋狝冬狩以教战阵。则数年之后，有勇智方。帑藏山积，金革犀利。然后整六军，绝大漠。雷击万里，风扫二庭。斩归林之酋，悬藁冲之邸。使百蛮震怖，五兵载戢。则上合天时，下顺人事。理内以及外，绥近以来远。以惠中国，以静四方。臣少慕文儒，不习军旅。奇正之术，多丑前良。献替是司轻陈瞽议，帝览而善之。"

五月戊戌，命右屯卫大将军张仁亶为朔方道大总管，以备突厥。

景龙元年十月丁丑，又命左屯卫将军张仁亶兼右御史台大夫，充朔方道大总管。以备突厥。睿宗景云元年九月，以前太子少师唐休景为特进，兼朔方道大总管，以备突厥。二年十月，命太仆卿李回秀持节朔方后军大总管，以备胡寇。阿史那献为持节招慰十姓使。

延和元年六月，吏部尚书郭元振为朔方道行军大总管，节度诸军，以备胡寇。

玄宗先天元年八月乙巳，于河北汉州北界置渤海军、常阳军，妫尉州界置怀柔军、每军置兵五万人。

颜真卿、宇清臣，为平原太守。安禄山送状牙孽，真卿度必反。阳托霖雨，增陴浚隍，

料丁壮,储仓廪。日与宾客泛舟饮酒,以纾补山之疑。果以为书生不虞也。禄山反,河朔尽陷。独平原城具备,明皇闻大喜。谓左右曰:"朕不识颜真卿何如人?所为乃若此。"

开元二年二月,以鸿胪少卿王晙为朔方军副大使总管,制曰:"古者猃狁孔炽,匈奴浸骄则设以三策。虽属备胡之典于于五材,未闻去兵之义不有行者,谁能捍之?"王晙倜傥多智,坚刚立节。每读前史,思齐古人。辞家而志灭獯戎,报国而躬先将校。顷虞南牧,城彼朔方。萧关洞开,沙漠无事。既获全军之利,则惟保塞之劳。嘉其善谋,必有成绩。昔北逐虏者,任专而决外。西护羌者,功遂而条上。用明分阃之重,式副斋坛之期。朝实金谐,尔其俞往。其丰安定远三城等军,及侧近军州,宜并受晙节度。其安北都护府移于中受降城置兵,须足食理籍加屯。今正农时足务耕种处置讫奏闻。

八月庚申,制曰朕闻:"天生五材,废一不可不教民战。是谓弃之。我国家光宅天下,守在海外。后于吊伐之义,岂穷兵以黩武?先以威德之怀,欲安人而和众。将戒不虞,谅非获己。突厥比通和好,颇负盟约。不有金革,孰能疆场?不有师徒,谁捍牧围?昔者命彼南仲,城于朔方。军出陇西,劳于渭北。此其备也。今寒露腓草,秋风杨尘。必顺时以致师,方休农以简卒。我图靖国,其在绥边。卫尉卿兼检校左金吾卫大将军、凉国公李延昌,克树勋庸,遍该韬略。关张万人之敌,勇不顾身。程李二将之名,忠于卫主。董司戎事,行料兵权,可充陇右道防御大使,左武卫将军、白道恭等,居运六奇。行谋百胜,早闻营平之议。思睹嫖姚之捷,可为之副。宜取朔方后军兵及前年朝堂应募健儿等,总十万人,群牧马四万疋,于秦州成兰渭等州界。逐便屯集,教练,仍书报赞普,共为声援。明加债候,勿使失机。"

十月,戊辰,宰臣卢怀慎、姚崇等奏曰:"顷者吐蕃,以河为界。神龙年中降公主,吐蕃遂过河筑城。置独山九曲两军,出积石三百里。又于河上造桥。吐蕃今既叛我,此桥既因毁拆。桥既见毁,城自然拔。臣等望与郭知运盖思贵等计议,克期剪扑。"从之。

四年三月,关内节度薛讷请于夏州,加三二千兵。宰相姚崇卢怀慎议曰:"兵虽不厌多,多则费广。降人既纳甲仗,固亦无虞。虽欲纵之,其将何往?况夏州素有马二千匹,兵一千三百人。苟能用之,足堪镇遏。"待一二年后,更量宜处分。许之。

七月,以突厥默啜背恩,降书于降附突厥等曰:"三姓葛逻禄太漠都督,特进朱斯阴山都督,谋洛匐鸡玄池都督实力胡鼻等。卿积代已来,为国藩捍。比缘默啜侵扰,中间屡阻欵诚。遂能改图,不远而复。每思忠节,嘉叹实深。已频遣书,当达此意。然金山安置,虽是旧居。未知初来,并得好否?默啜凶忍,神怒天忘。岂唯不识朕恩,亦乃负于卿等?复仇雪耻,今正其时。度卿等忠勇之诚,校彼残遗之孽。取之有同拾芥,灭之何异摧枯。兵威暂临,必自面缚。故命鸿胪卿郑嘉祚齐告身袍带等,驰往宣慰,便与卿等计会。乘其衰弱,早就翦除。如或因循,更令聚结。非直有妨于此,亦是不利于卿。进退筹量,固在于速其能捉获默啜者。已立赏格,付嘉祚将往。宜各勉思,以副朝委。令寄卿等锦袍、钿带、并刀子砺石,至并领取。"

五年三月庚戌,后置营州于柳城。诏曰:"朕闻,舞干戚者,所以怀荒远。固城池者,所以欵戎夷。国家往有营州,兹为虏障。使北狄不敢窥觇东蕃,由其辑睦者久矣。自赵翙岁失于镇静,部落因此携离。颇见负涂之睽,旋闻改邑之叹。高堙填堑,故里为墟。言念于此,每思开复,奚饶乐郡王李大酺,赐婚来朝,已纳呼韩之拜。契丹松漠郡王李失活,遣子入侍,弥嘉稉侯之节。咸申恳请,朕所难违。宜恢远图,用光旧业。其营州都督府宜依旧于柳州置,管内州县镇戍等,并准旧额。太子詹事姜师度,具州刺史宋庆礼,左骁卫

大将军兼营田都督邵宏郑州刺史刘嘉言，屯田员外郎游子骞等，并员以干事，恪勤在公。爰精众官之选，任以一方之役。师度可充营田度支，及修筑游子骞为之副。完可兼充燕郡经略镇副使，仍兼知修筑使事，应须人夫粮等。一物已上，依别敕处分。有司仍速支配，师度等并驰驿发遣。

七月，郭知运大破吐蕃，献俘阙下。初帝欲遣阿史那献为北蕃主，而苏禄拒而不纳。乃命王惠宣恩赐慰喻，惠未行，会安西阳嘉惠奏至。宰相宋璟苏颋奏曰："嘉惠表称突骑施车鼻，施勾引，大食吐蕃，拟取四镇。见围叛换及大石城。嘉惠已发三姓葛逻禄兵与史献同掩袭，臣等伏以突骑施等，迹已叛换，葛逻禄等志欲讨除。自是夷狄相攻，元非朝廷所遣。若大伤小灭，皆利在国家。成败之状，即当闻奏。王惠充使，本为绥怀。事意既诛，未可令去。望待以西，表至续更商量。"从之。

是月辛酉，并州置天兵军制曰："太原薄伐之地，勾注出屯之所。兵戈不可以不习，亭障不可以不备。默啜鸣镝之余，自贻泯灭。骨咄禄男杀覆巢之余，仍敢陆梁。九姓等，虽类颇亲，而仇雠久著。譬彼西戎，已献郅以之馘。同夫东越，初雪会稽之耻。深忧复怨，固请防萌。况高秋在律，胡风振野，正可以扬武功，顺杀气。振兹地险，张我天威。宜于并州集兵八万众，置天兵军。并州长史上柱国张嘉真有文武之才，励忠公之操。较陈利害，频奏封章。必能料敌于未形，临宜以决胜。可充天兵军大使，并州司马王乔典礼不易，其可用也。右监门卫中郎将薛徽，军旅之事，则尝闻焉，并为副，左拒辽阳之师，右连河上之成，车徒列次鼓角传声，俾其雷断一方，云横万里弘兹庙算，称朕意焉。"

六年二月戊子，制曰："戢兵始于威武，扼险先于要害。以制异俗，用绥远人。九姓等，顷立勋庸，先除桀骜。列在蕃服，保其疆宇。然而犷戎颇近，寇盗时侵。虽文德未弘，武备数设。汉垣通于句注，夏屋杭于燕山。是称近胡谅籍遽虏，固可节其万部，成犄角之形也。我六师，示张皇之势。其尉州横野军，宜移于山北古代郡大安城南。仍置汉兵三万人，以为九姓之援。拔曳固都督颉质略等，并望雄蕃绪，声振朔垂。戎略既招，兵旅惟缉。各陈武列，分统军政。颉质略出马骑三千人充犷野军。讨击大使同罗都督。比言出马骑二千人充横野后军，讨击大使迴纥可汗都督。移健颉利发出马一千人充大将军左军讨击大使，仆固都督。曳勒哥出马骑八百人充大武军右军讨击大使。左萦右拂，先偏后伍。作捍云代，指清沙漠。宣威料敌，度功藏务。咨尔庶士，称朕意焉。其伍都督讨击大使，各量给赐物一百疋。领本部落藩兵，取天兵军节度。其兵有事，应须讨逐。探侯量宜，追集无事。并放在部落营生，并使本军存问，务使安辑。应修筑所及支遣兵马粮等，所司亦与节度使商量处置。"

六月已丑，松漠郡王失活卒，降书于契丹衙官静折军副大使可突于曰："自从松漠郡王殂殁，已遣使吊祭。卿蕃部大臣，众情所望事生送死。惟义与忠并孰旧好，以副深委。"近得押蕃使薛泰表云："突厥杀儿到大洛阳，言万众欲抄两蕃。左手有急，右手不助。既在一身，得其自勉力捍。时须觉察，审防奸诈。自从默啜破败，残贼困穷。非时远来，冒死邀利。以卿智勇，制彼狂愚。拉朽摧枯，不足为谕。深思此便，以効忠功。动静与宋庆礼等筹度，勿失事理。"

九年四月甲辰，诏曰："制国立军，以为武备。安人和众，谅在师真。必将简其车徒，务其蒐狝。不教人战，何以训兵？今环宇虽宁，燧燔时警。故设备边之政，更申用武之略。其剑南，碛西，关内，陇右，河东，北通燕，蓟既接边隅，是防夷狄。据山川险要，量寇贼多少。分置军旅，足成修备。有事赴敌，可以拉朽摧枯。无事养人，可以拔距投石。而

将吏非谨，甲兵不修。加之侵暴，仍且役使。虽则屡提纲领，然犹故忽科条。岂法有未明，将官无所畏？永言此弊，增叹于怀。又诸道军城，例管夷落旧户。久应淳熟新降，更伫绥怀。如闻颇失于宜，蕃情不得其所。若非其行割剥，何乃相继离散？既往者理宜招讨，见在者须加安全。熟户既是王人，章程须依国法。比来表奏，多附汉官。或洩其事，宜不为闻达。或换其文状，乖违本情。自今已后，蕃州蕃官应有表奏。并令自差蕃使，不须更附汉官。虽复化染淳风，终是情因本性。刑罚不中，心固不安。其有犯法应科，不得便行决罚。具状闻奏，然后科绳。咨尔军寮，勉我王事。兵必须贾勇奋力，马必须刍牧秩养。器仗必须磨砺，粮储必须赡积。驭蕃夷必须以威以恩，誓将士必须以罚以赏。辩于旗物，称尔戈矛。使有勇而知方，将料敌而常胜，所谓文武并用，国之大经。团结十万众兵，别令训习。分割数万疋马，皆有供须。什物备陈，行装具足。候时而动，我武惟扬。俾夫凉风至，白露下。将以执有罪，覆昏慝。弘厥戎略，振斯天声。清彼四方，期此一举。其诸军官吏，辄更私役兵。及侵渔一钱已上。兼失侦候，仍堕教习。仓储或乏，器械莫修。蕃部不能安，穷寇不能制。有一亏犯，国有严诛。事或未同，仍令有司作条件处分。”

六月巳亥，胡贼康待宾反，北州不安。下诏曰：“国家天覆万方，子育庶汇。要荒所列，并入提封。日月所照，俱为臣妾。莫不熙我德泽，纳之仁寿，神人以和。鸟兽咸若，河曲之地。密迩京畿，诸蕃所居。旧在于此。自服王化列为编甿。安其耕鉴，积有年序。而翻然造谋，拘此纷孽。劳我师旅，扰其边隅。不恩停育之爱，坐取灭亡之道。官军才及，一鼓而溃。虽肇其首谋，则有元恶。然率以从乱，咸为匪人。朕思弘在宥之恩，振以好生之惠。伐彼有罪，舍其胁从。使反侧自安，胡苟靡获？则譸张之衅，尔实自取。生成之德，我则有焉。宜令朔方军大总管兵部尚书王晙、宣崇恩命示以柔服。诸军战士，应须酬录功勋。及却投来吐浑党项左右厢降户杂番，并胡残部落。或善恶未分，或久长取稳。若须厘革，一事已上。并委王晙叙录，处置讫奏闻。”十二年七月，诏曰：“怀远夷，纳款附。国家常事也。边塞严，甲兵备。军旅本职也。虽万方知同，不可薄其武备。百蛮朝贡，不可轻其疆场。今年十月，东幸洛京，西北土边，倍宜严警。其河西，陇右朔方，太原，幽州，平卢诸节度使成百里粮坐甲。秣马利兵，明教队伍。远为侦侯使风尘预知邀截，有所安我边鄙。威加戎狄，赏罚在兹。各宜砥励。”

十三年，帝将东巡，中书令张说谋，欲加兵以备突厥。兵部郎中裴光庭曰：“封禅者，告成之事。或此征发，岂非名实相乖”？说曰：“突厥比虽请和，兽心难测，且小杀者。仁而爱人，众为之用。阙特勤骁武善战，所向无前。暾欲谷深沉有谋，老而益智，李靖徐勣之流也。二虏叶心，动无遗策。知我举国东巡，万一窥边，何以御之？光庭请遣使征其大臣扈从，则突厥不敢不从。又亦难为举动。”说：“然其言。”乃遣中书直省袁振摄鸿胪卿，往突厥以告其意。小杀与其妻及阙特勤暾欲谷等，环坐帐中设宴，谓振曰：“吐蕃狗种，唐国与之为婚，奚及契丹？旧是突厥之奴，亦尚唐家公主。突厥前后请结和亲，独不蒙许。何也？”袁振曰：“可汗既与皇帝为子，父子岂合婚姻？”小杀等曰：“两蕃亦蒙赐姓，犹得尚主。但依此例，有何不可？且闻入蕃公主，皆非天子之女。今之所求，岂问真假，若请不得实亦羞见诸蕃。”振许为奏请，小杀乃遣其大臣阿史德颉利发，入朝贡献。因扈从东巡。

十四年五月辛丑，于定镇莫勿沧等五州置军备突厥。

十五年十二月，制曰：“慎守疆埸，所以备不虞。训理甲兵，所以存禁暴，列代通典，有国永图。朕以虚薄，君临寓县。上奉天道，务在于生育。下顺人心，无隔于夷夏。柔服四裔，底绥万邦。慕义向风，尽为臣妾。纳贡述职，咸赴阙庭。唯吐蕃小丑，亡我大德。侵

铁封域,抄掠遐甿。言念于兹,无忘鉴寐。且本设方镇,以防缘边。至于警急,宜相救援。今故纠合诸军,团结劲卒。务令首尾相卫,心力叶同。张罗网之形,开犄角之势。俾穷寇进不能犯,退无所归。秣马练兵,观衅而动。屯田积谷,固敌是永。殄戎可期,战胜斯在。陇右道共团结马步三万五千人,临洮军团八千人,何源军团六千人,安仁白水军各团一千五百人,积石莫门军各团二千人,河西道蕃汉兵团结二万六千人,赤水军团一万人,玉门豆卢军各二千人,并依旧统领,以俟不虞。更于关内征骁兵一万人,以六月下旬集临洮十月无事放散于朔方取健儿弩手一万人。六月下旬集会州下,十月无事便赴本道。候贼所向,贼于河西下,即令陇右兵取阗川过,朔方兵取新泉过,与赤水军合势邀袭。令河源积石莫门兵取背掩扑,贼于河源下。朔方兵从乳漫度河,并临洮军兵马河源军合势邀袭。赤水军取背掩扑,贼于凤林关下,朔方兵赴临洮与鄯州兵合势邀袭,河源积石兵取背掩扑。所要甲仗,逐便支俟公私营种。且耕且战,各宜训勖。以副朕怀。"十六年三月丁未,制曰:"陇右河西,地接边寇。虽令团练士卒,终须常戒不虞。如闻吐蕃尚聚青海,宜令萧嵩张志亮等审察事势,倍加防御。当须畜锐,以逸待劳。其当贼路及要害军县处,须量加兵马,任逐便通融处置,仍拣择有干略人检校。明为探候,动静须知。主将已下,若捉搦用心事无不理者,当加重赏。如废官慢盗,式遏乖所者,必坐严宪。仍晓示使各勉职,以副所委。其管城寔应筑未了者,并早令毕功,勿致延缓,阙于备守。"

二十七年正月,诏曰:"遏寇防边,在于有备。兴师训卒,用戒不虞。陇右诸军,地当戎虏。尤资振耀,以壮边威。宜令陇右节度经略支度营田大使,开府仪同三司,兼京兆牧荣王琬,自往陇右,巡按处置。庶弘庙略,因达朕怀。宜于关内及河东纳资飞骑并诸色人中,拣召取健儿三五万人赴陇右防捍。至秋末无事放还,仍于当道。将内诠择一人,与所由相知拣召。应给粮赐,所司速作条例处分。"

二十八年三月,益州司马章仇兼琼密与安戎城中吐蕃翟都局,及维州别驾董承晏等,通谋都局等,遂翻城归款,因引官军入城,尽杀吐蕃将士。使监察御史许远率兵镇守。帝闻之,甚悦。中书令李林甫上表曰:"伏以吐蕃此城,正当冲要。恁险自固,恃以窥边。积年以来,蚁聚为患。纵百万之众,难以施功。陛下亲纾秘策,不兴是旅。顷令中使李思敬晓喻羌旅,莫不怀恩。翻然改图,自相谋陷。神算料于不测,睿略通于未然。累载通诛,中朝荡尽。又臣等今日奏事,陛下从容谓臣等曰:'卿今但看四夷,不久当渐摧丧。'德音才降,遂闻克捷。则知圣与天合,应如响至。前古已来,所未有也。请宣示百寮,编诸史策。"手制答曰:"此城仪凤年中,羌引吐蕃。遂被固守,岁月既久。攻伐亦多,其他岩险,非力所制,朝廷群议不劝取之。朕以小蕃无知,事须处置,授以奇计所以行之,获彼戎心。归我城守,有足为尉也。"十月,吐蕃又引众寇安戎城,及维州章仇兼琼,遣裨将率众御之,仍发关中圹骑以救援焉。时属凝塞,贼久之自引退。诏改"安戎城"为"平戎城"。

御 备御三

《唐鉷》

天宝八年六月，陇右哥舒翰率河东、河西、灵武及突厥阿布思等兵士六万三千攻吐蕃石保城。拔之更名"神武军"。分兵镇守。是载又于木剌山置横塞军城。及安北入都护府，命郭子仪领其役，拜武卫大将军。后移横塞军城及安北府于永清栅北筑城，改"横塞军"为"天德军"。子仪仍为之使。

十三载七月，陇右哥舒翰以前年之役，收黄河九曲之地，请分置郡县及军。于是新置洮阳郡及神策军，于监洮郡之西二百里，浇河郡于磧石军之西百里，及宛秀军以实河曲之地。命临洮郡太守汉门军使成如璆兼临洮郡太守，仍充神策军使前磧石军臧。奉忠为浇河郡太守，充本郡镇守使。

代宗大历三年十二月，以吐蕃岁犯西疆，增修镇守。乃以邠宁节度马璘为泾原节度。使镇泾州以邠宁庆等州隶入朔方。时朝议以马璘孤军在邠州，不足捍蔽。遂徙郭子仪军自河中居邠，仍兼邠宁节度。令马璘居泾，自是京师宁晏。

五年，徙置当悉柘静恭五州于山险要害之地，备吐蕃也。

八年夏，城奉天县以备蕃寇。

是年，朝议以为近岁蕃戎入邠宁之后，三辅以西无襟带之固，而泾州散地不足为守。宰臣元载尝为西州刺史，知河西陇右之要害。指画于帝前曰："今国家西境极于潘原。吐蕃防戎，在摧沙堡与原州界。其间原州当西塞之口，接陇山之固。草肥水甘，旧垒存焉。吐蕃必毁其垣墉，弃之不居。其西则监牧故地，皆有长壕巨堑，重复深固。原州虽早霜，黍稷不艺。而有平凉府其东，独耕一县，可以足食。请移京西军戍原州，乘间筑之，贮粟一年。戎人夏收，多在青海。羽书覆至，已逾月矣。今运筑并作，不二旬可毕。移子仪大军居泾，以为根本，分兵守石门木峡陇山之阙，北抵于河，皆连山峻寇不可越。稍置鸣沙县丰安军为之羽翼，北带灵武五城为之形势。然后举陇右之地以至安西，是谓：'断西戎之胫，朝廷可高枕矣。'兼图其地形以献。载密使人逾陇山，入原州，量井泉，计徒庙。车乘畚锸之器皆具。"

哥舒翰

检校左仆射田神功沮之曰：“兴师料敌，老将所散。陛下信一书生言，举国从之。听愦矣。”帝迟疑不决，会载得罪乃止。

九年四月甲申，关内河东副元帅中书令郭子仪如行营，引辞于延英殿。语及边事，涕泗交集。由是中书舍人常衮，率常侍给舍谏议遗补一十八人。诣阁门请论事。有诏三人一引，各尽己怀，帝皆卑词听纳。乙酉敕曰：“自古圣帝明王之临御也。莫不法乾坤之覆载，体山川之受纳。立德于太上，还淳于至道。清净无事，保合大和。济于群生，洽于四海。岂垂意兵革，劳心战争也。盖有德化之所不绥，招怀之所未谕。不式王命，毒流生人。故有除暴禁淫之师，安人止戈之武。则神农、黄帝、尧、舜、禹、汤之所不免也。朕君临万邦十有三载，德薄内愧，中夜再兴，至如，易简宽仁，龚默玄淡。素怀所慕，终食岂忘？然自承统以来，属当多难。伊川有盗国之孽，朔野有叛君之将。江湖海岛，伏戎数辈。其在右武，安能解严？所以请于宗庙，亲授经略。诛结奸宄，摧殄暴强。三年之间，方内底足。此皆皇天祐我烈祖，群后戴于一人。是用集大勋于国家，保万姓于区夏。岂伊寡薄能及此耶？每思偃兵，姑务柔远。将息马以论道，期舞干而修德。而西戎负约，间岁犯边。朕常弃细过，庶弘大体。疆臣兵吏，亟请长驱。屡有诫敕，不令掩袭。兼约游骑，不许擒生。庶或误之，亦使还遣。固以亭育之义，岂隔华夷？绥抚之恩？宁殊远迩，故布文告以训之。叙舅甥以睦之，彼亦尝遣聘臣，来修旧好。玉帛之礼，才至于上国。烽燧之候，已及于近郊，长其无猒昧于事大。去冬逾我关陇，入我郇邠，驱人之马牛，掠人之士女。朕许其通好，本在人安。乘此不虞，翻贻我诈每一兴念悼于厥心，岂朕不叶于亲邻？岂朕有负于恩信？犹期惩艾？未忍讨除。今大阅甲兵，以增捍御。且弘不战之道，用举备边之常。所以然者，念其载勤欱疏。求继嘉姻，事或由衷。义从割爱，因之宁远。岂复顾私？当罢四方之师，永全二国之好。倘更侵冒，必示威刑。宜令子仪以上郡北地四塞五原、义渠、稽胡、鲜卑、杂种马步五万众，严会栒邑，克壮旧军。抱玉以晋之高都，韩之上党，河湟义从洴陇少年凡三万众，横绝高壁，斜界连营。马璘以西域前庭，车师后部兼广武之成。下蔡之徭，凡三万众。据于朝那遏当路之塞。忠臣以卢龙柳城洎右北平汉东诣镇江黄申息之师，凡三万众，屯于回中。张大军之援，忠诚以武落别校右地奇锋凡二万众，出岐阳而北会。希让以三辅太常之徒，六郡良家之子，自渭上而西令汴宋、淄青、河阳、幽州，总四万众，分列前后。魏、成、德、昭义、永平总六万众，大舒左右。朕内整禁旅，亲誓诸将，资以千金之费，锡以六牧之马。戎装战器，军用边储，各有司存，素皆精办。咨尔将相文武宣力之臣。夫师克在和，善战不阵。各宜保据经界，屯据要冲。斥候惟明，首尾相应。若能悔过，何必劳人？如或不恭，自当伐罪。然后眷求统一，以制诸军。进取之宜，俟于后命。各敬尔守，无黩武经。赏罚之科，国有明典。宣示中外，知朕意焉。”

八月甲辰，诏诸军分统防秋将士，其淮西凤翔防秋兵士，马璘统之。汴宋、淄青、成德军兵士，朱泚统之。河阳永平军兵士，子仪统之。扬楚兵士，抱玉统之。十一年正月辛巳，加朔方五城戍兵，及增修屯田，备回纥也。

十二年秋，诏幽州卢龙节度使朱泚如奉天行营，以备西戎。李吉甫元和八年，六胡州在灵武部中，开元时废之。置宥州以处降户，寓治经略军居中以制戎虏。至德宝应间废宥州，以军遥隶灵武。道里旷远，故党项孤弱，虏数扰之。吉甫始奏复宥州，以江淮田三十万给太原泽潞军，增太原马千匹，由是戎备完辑。

裴冕，字章甫。肃宗即位，建言卖官度僧道士，收赀济军兴。时取偿既贱，众不为宜。
李德裕，字文饶。文宗大和三年，成都既南失，姚协西亡。维松由清溪下沫水而左，

尽为蛮所有。始韦皋招来南诏，复□州，倾内资，结蛮好，示以战阵法。德裕以皋启戎资盗，其策非是，养成瘫疽，第未决尔。至元颖时，长驱策入，蹂剥千里，荡无孑遗。今瘢夷尚新，非痛矫革，不能刷一方耻，乃建筹边楼。南道山川险要，与蛮相入者图之左，西道与吐蕃接者图之右。其部落众寡，馈饷远迩。曲拆咸具，乃召习边事者与之指画商订。凡虏之情伪尽知之，又请甲人于安定。弓人河中，弩人浙西。由是蜀器械皆迟锐。率户二百取一人，使习货物。事缓则农，急则战。谓之："雄边子弟。"文宗筑伏义城，以制大度青溪关之阻。作御侮城，以控荣经犄角势。作柔远城，以摅西山吐蕃。复邛崃关，徙俊州，治台登以夺蛮险。

李芃，字茂初。达练时宜，严备常若有敌。王思礼在太原，器甲完备储粟至百万斛。德宗真元三年四月庚申，诏曰："蕃寇虽退，坛理犹虞。安边之策，必有良算。各委常叅官具所见封进，每坐日三四人陈奏利害。"七年二月戊戌，诏曰："平凉当四会之冲，居北地之要，泾原节度使刘昌请城于兹，分兵保戍。宾以遏其要冲，保宁边鄙。平凉故原州属县，在原州西一百五十里。令董率诸兵城之，度支馈饷，浃辰而毕。仍分兵戍之。地当走集，得守固之要。兵器粮谷颇丰，而人安焉。"

八年，中书侍郎陆贽知政事。以河陇陷蕃以来，西北边常以重兵守备。谓之"防秋。"皆河南江淮诸镇之军也。更番往来，疲于戍役。贽以中原之兵，不习边事。及捍虏战贼，动多败衄。又苦边将名目太多，诸军统制不一，缓急无以应敌。乃上疏论其事曰："臣历观前代书史，皆谓镇抚四夷宰相之任，不揲阃劣。屡敢上言，诚以备边御戎。国家之重事，理兵足食备。御之大经，兵不治，则无可用之师。食不足，则无可固之地。理兵在制置得所。足食在敛导有方。陛下幸听愚言。"先务积谷，人无加赋，官不费财。坐致边储，数逾百万。诸镇收籴，今已向终。分贮军城，用防艰急。纵有寇戎之患，必无乏绝之忧。守此成规，以为永制。常收冗费，益赡边农。则更经二年，可积十万人三岁之粮矣。足食之原粗至，理兵之述未精。敢试筹量，庶备采择。伏以戎狄为患，自古有之。其于制御之方，得失之论，备存史籍，可得而言。大底尊即序者，则曰："非德无以化要荒，鲁莫知威不立。则德不能驯也。"乐武威者，则曰："非兵无以服凶犷，鲁英知德不修，则兵不可恃也。"务和亲者，则曰："要结可以睦邻好，鲁莫知我结之而彼复解之也。"美长城者，则曰："设险可以固邦国，而捍寇仇。鲁莫知力不足，人不堪，则险之不能有也。"尚薄伐者，则曰："驱遏可以禁侵暴而省征徭。曾莫知兵不锐，垒不完。则遏之不能胜，驱之不能去也。"议边之要略尽于斯，虽互相讥评，然各有偏驳。听一家之说，则理例可征。考历代所行，则成败异效。是由执常理以御其不常之势，徇所见而昧于所遇之时，夫中夏有盛衰，夷狄有强弱，事机有利害，措置有安危，故无必定之规，亦无长胜之法，夏后以序戎而圣化茂，古公以避狄而王业兴。周城朔方而獯狁攘，秦筑临洮而宗社覆。汉武讨匈奴而贻悔，太宗征突厥而致安。文景约和亲而不能弭患于当年。宣元弘抚纳而足以保宁于累叶，以中夏之盛衰异势，夷狄之强弱异时。事机之利害异情，措置之安危异决。知其事而不度其时则败，附其时而不失其称则成。形变不同，胡可专一？夫以中国强盛，夷狄衰微，而能屈膝称臣，归心受制。拒之则阻其响化，威之则类如杀降。安得不从而抚之？即而序之也。又如中国强盛，夷狄衰微，而尚弃信奸盟，蔑恩肆毒。谕之不变。又遇中国丧乱之弊，当狄强盛之时，图之则彼衅未萌，御之则我力不足。安得不卑词降礼，约好通和？啖之以亲、纾其交祸。纵不必信，且无大侵。虽非御戎之善经，盖时事亦有不能已也。倘或夷夏之势，强弱适同。抚之不宁，威之不靖。力足以自保，不足以出攻，得不设险以固军，训师

以待寇。来则薄伐以遏其深入，去则攘斥而戒于远追。虽为安边之令图，盖势力亦有不得然也。故夏之即序，周之于攘。太宗之翦乱，皆乘其时而用其势者也。古公之避狄，文景之和亲，神尧之降礼，皆顺其时而不失其称也。秦皇之长城，汉武之穷讨，皆知其事而不度其时者。向若遇孔炽之势，行即序之方，则见侮而不从矣。乘可取之资，怀畏避之志。则失机而养寇矣，有攘却之力。用和亲之谋，则示弱而劳费矣。当降屈之时，务剪伐之略，则召祸而危殆矣。故曰："知其事而不度其时则败，附其时而不失其称则成。是无必定之规，亦无长胜之法。得失著效，不其然欤？至于察安危之大情，计成败之大数。百代之变易者，盖有之矣。其要在于失人肆欲则必歼，任人从众则必全。此乃古今所同而情理之所一也。国家自禄山构乱，肃宗中兴。撤边备以靖中邦，借外威以宁内难。于是吐蕃乘衅，吞噬无厌。回纥矜功，冯陵亦甚。中国不遑振旅，四十余年。使伤耗遗甿，力竭蚕纤。西输贿币，北赂马资。尚不足塞其烦言，满其骄志。复乃远征士马，列成强陲，犹不能遏其奔冲，止其侵侮。小入则驱略黎庶，深入则震惊邦畿。时有议安边之策者，多务于所难而忽于所易。勉于所短而略于所长。遂使所易所长者行之而其要不精，所难所短者图之而其功靡就。忧患未弭，职斯之由。夫制敌行师，必量事势。势有难易，事有后先。力大而敌脆，则先其所难。是谓夺人之心，暂劳而永逸者也。力寡而敌坚，则先其所易，是乃固国之本，观衅而后动者也。顷属多故，人劳未添。而欲广发师徒，深践寇境，复其侵地，攻其坚城。前有胜负未必之虞，后有馈运不继之患。倘或挠败，适所以启戎心而挫国威，以保国安边之谋。可谓不量事务于所难矣。天之授者有分事无全功，地之产者有宜物无兼利。是以五方之俗，长短各殊。长者不可逾，短者不可企。勉所短而敌其所长必殆，用所长而乘其所短必安。强者乃以水草为邑居，以讨猎供饮茹。多马而尤便驰突，轻生而不耻败亡。此戎狄之所长也。戎狄之所长，乃中国之所短。而欲益兵蒐乘，角力争驰。交锋原野之间，决命寻常之内。以为御寇之术，可谓勉所短而较其所长矣。务所难，勉所短。劳费百倍，终于无成。虽果成之，不剸则废。岂不以越天授而违地产，亏时势以及物宜者哉？将欲去危就安，息费从省。在其慎守所易，精用所长而已。若乃择将吏以抚宁众庶，修纪律以训齐师徒，耀德以佐威。能迩以柔远。禁侵抄之暴以彰吾信，抑攻取之议以安戎心。彼求和则善待而勿与结盟，彼为寇则严备而不务报复。此当今之所易也。贱力而贵智，恶杀而好生。轻利而重人，忍小以全大。安其居而后动，俟其时而后行，是以修封疆，守要害。堑蹊隧，垒军营。谨禁防，明斥候。务农以足食，练卒以蓄威。非万全不谋、非百克不关。寇小至，则张声势以遏其入，寇大至，则谋其大以邀其归。据险以乘之，多方以愒之。使其勇无所加，众无所用。掠则靡获，攻则不能。进有腹背受敌之虞，退有首尾难救之患。所谓乘其弊不战而屈人之兵，此中国之所长也。我之所长，乃戎狄之所短。我之所易，乃戎狄之所难。以长制短则用力寡而见功多。以易敌难，则财不匮而事速就。舍此不务，而反为所乘。斯谓倒持戈矛以鐏授寇者也。今则务之矣。然犹守封未固，寇戎未惩者，其病在于谋无定用，众无适从。所任不必才，才者不必任。所闻不必实，实者不必闻。所信不必诚，诚者不必信。所行不必当，当者未必行。故令措置乖方，课责亏度。财匮于兵众，力分于将多。怨生于不均，机失于遥制。臣请为陛下粗陈六者之失，惟明主慎听而熟察之。臣闻工欲善其事，必先利其器。武欲胜其敌，必先练其兵。练兵之中，所用复异，用之于救急，则权以纾难。用之于暂，则权以应机。故事有便宜，而不拘常制。谋有奇诡，而不徇众情。进退死生，唯将所命。此所谓攻讨之兵也。用之于屯戍，则事员可久，势异从权。非物理所惬不宁，非人情所欲不固。夫人情者，利焉则劝,习焉则安。保亲戚则乐生,顾家业则忘死。故可以理术驭,不可以法制驱。此所谓镇守之兵也。夫欲备封疆,御戎狄,非一朝一夕之事,固当选镇守之兵以置焉。古之善选置者,必量其情习,辨其土宜,察其技能,知其欲恶,用其力而不违其性,齐其俗而不易其宜。引其善而不责其所不能,禁其非而不处其所不欲。而又类其部伍,安其室家。然后能使之乐其居,定其志,夺其气势,结其恩情,拊之以惠则感而不骄,临之以威则肃而不怨。靡督课而人自为用,施禁防而众自不携。故出则足兵,居则足食。守则固,战则强。其术无他,便于人情而已矣。今者散征士卒,分戍边陲。更代往来,以为守备,是则不量性习,不辨土宜。邀其所不能,强其所不欲。求广其数而不考其用,将致其力而不察其情。斯可以为羽卫之仪,而无益于备御之宝也。何者?穷边之地,千里萧条。寒风列肤,惊沙惨目。与豺狼为邻伍,以战斗为嬉游。昼则荷戈而耕,夜则倚烽而觇。日有剽害之虑,永无休暇之娱。地恶人勤。于斯为甚。自非生于其域,习于其风,幼而觇焉,长而观焉,不见乐土而不迁焉,则罕能宁其居而狎其敌也。关东之地,百物阜殷。从军之徒,尤被优养。惯于温饱,狃于欢康。比诸边隅,若异天地。闻绝塞荒陬之苦,则辛酸动容。聆强蕃劲虏之名,则慑骇夺气。而乃使之去亲族,舍园庐。甘其所辛酸,抗其所慑骇。将冀为用,不亦疏乎?矧又有休伐之期,无统帅之驭。资奉若骄子,姑息如倩人。进不邀之以成功,退不处之以严宪。其来也咸负德色,其止也莫有固心。屈指计归,张顾待饲。徼幸者犹患还期之余缓,常念戎丑充斥。王帅挫伤,则将乘其乱离。布路东溃,情志且尔,得之奚为?平居则殚耗资储,以奉浮冗之众。临难则拔弃城镇,以摇远近之心。其弊岂为无益哉?固亦将有所挠也。复有抵犯刑禁,谪从军城。意欲增户实边,兼令展效自赎。既是无良之类,且加怀土之情。思乱幸灾,又甚戍卒。适足烦于防卫,谅无望于功庸。虽前代时或行之,固非良算之可遵者也。复有拥旄之帅,身不监边。但分偏帅,俾守疆场。大抵军中壮锐,元戎例选自随。委其疲赢,乃配诸镇。节将既居内地,精兵只备纪纲。遂令守要御冲,常在寡弱之辈。寇戎每至,力势不支。入垒者才足闭关,在野者悉遭劫执。恣其斐踱,尽其搜欧。比及都府闻知,虏已克获旋返耳。安边之本,所切在兵。若斯可谓措置乖方矣。赏以存劝,罚以示惩。故赏罚之于驭众也。犹绳墨之于曲直,权衡之揣重轻。轧轧之所以行车,御勒之所以服马也。驭众而不用赏罚,则善恶相混,而能否莫殊。用之而不当功过,则奸妄宠荣而忠实摈抑。夫如是,若聪明可□,律度无章。则用与不用,其弊一也。自顷太移于下,柄失于朝。将之号令既不克行之于军,国之典章又不能施之于将。务相遵养,苟度岁月。欲赏一有功,翻虑无功者反侧。欲罚一有罪,复虑同恶者忧虞。罪以隐忍而不彰,功以嫌疑而不赏。姑息之道,乃至于斯。故使忘身效节者获诮于华夷,率众先登者取怨于士卒。偾军蠹国者不怀于愧畏,缓救失期者以自为智能。褒贬既阙而不行,称毁复纷于相乱。人虽欲善,谁为为之?况又公忠者直己而不求于人。反罹困厄,败挠者行私而苟媚于众。例获优崇,此义士所以痛心,勇夫所以解体也。又有遇敌而所守不固,陈谋而其效靡成。将帅则以资粮不足为忧,有司复以供给无阙为解。既相执证,理合辨明。朝廷每为含糊,未尝穷究曲直。措理者吞声而靡诉,诬善者问上而不惭。驭众若斯,可谓课责亏度矣。课责亏度,日置乖方。将不得竭其材,卒不得尽其力。屯集虽众,战阵莫前。虏每越境横行,若涉无人之地。递相推倚,无敢谁何?虚张贼势上闻,则曰兵少不敌。朝廷之首察,唯务征发益师。无裨备御之功,重增供亿之弊。闾井日耗,征求日繁。以编户倾家破产之资,有司权监税酒之利。惣其所入,半以事边。制用若斯,可谓财匮于兵众矣。今四夷之最强盛为中国甚大者,莫于吐蕃。以吐蕃举国胜

兵之徒，才当中国十数大郡而已。其于内虞外备，亦与中国不殊。所能寇边数则盖寡。且又器非犀利，甲不坚完。识迷韬钤，艺之趫敏。动则中国畏其众而不敢抗，静则中国惮其强而不敢侵。厥理何哉？良以中国之节制多门，蕃丑之统帅专一故也。夫统帅专则人心不分，人心不分，则号令不贰。号令不贰，则进退可齐。进退可齐，则疾徐如意。疾徐如意，则机会靡愆。机会靡愆，则气势自壮。斯乃以少为众，以弱为强。变化翕辟，在于股事之内。如臂之使指，心之制形。若所任得人，则何敌之有？夫节制多门，则人心不一。人心不一，则号令不行。号令不行，则进退必难。进退必难，则徐疾失宜。徐疾失宜，则机会不及。机会不及，则气势自衰。斯乃勇废为怯，众散为弱。逸挠离拆，兆乎战阵之前。是犹一国三公，十手九牧。欲令齐肃，其可得乎？"

开元天宝之间，控御西北两蕃。唯朔方河西陇右三节度而已。犹权分势散，或使兼而领之。中兴已来，未遑外讨。侨隶四镇于安定，权附陇右于扶风。所当西北两蕃，亦朔方泾原陇右河东四节度而已。关东戍卒，至则属焉。虽委任未尽得人，而措置尚存典制。自顷逆批诱泾陇之众，叛怀光朔方之军。割裂诛锄，所余无几。而又分朔方之地，建牙拥节者凡三使焉，其余镇军数且四十。皆承特诏，委寄各降中贵监临。人得抗衡，莫相御属。每俟边事告急，方令计会用兵。既无兵法下临，唯以客礼相待。是乃从容拯溺，揖让救焚。冀无阽危，固亦难矣。夫以气为日用者也。气聚则盛，散则消，势合则威拆则弱。今之边兵势弱气消，建军若斯，可谓力分于将多矣。理戎之要，取在均济。故军法无贵贱之差，军实无多少之异。是将所以同其志，而尽其力也。如或诱其志意，勉其艺能。则当阅其材，程其勇。校其劳逸，度其安危，明申练核优劣之科，以为衣食等级之制。使能者企及，否得息心。虽有薄厚之殊，而无觖望之釁。盖所谓日省月试，饩廪称事如权量之无情于物。万人莫不安其分，而服平也。今者穷边之地，长镇之兵。皆百战伤夷之余，终年勤苦之剧。角其所能则练习，度其所处则孤危。考其服役则劳，察其临敌则勇。然衣粮所给，唯止当身。例为妻子所分，常有冻馁之色。而关东戍卒，岁月践更，不安危城，不习戎备，怯于应敌，懈于服劳。然衣粮所颁，优厚逾等。继以茶药之馈，益以蔬酱之资。丰约相形，悬绝斯甚。又有素非禁旅，本是边兵，将校诡为媚词。因请遥隶神策，不离旧所。唯改虚名，其于廪赐之饶，遂有倍之益。此俦类所以忿恨，忠良所以忧嗟，疲人所以流亡，经费所以偏匮。夫事业未异而给养有殊，人情之所不能甘也。况乎骄佞行而廪赐厚，绩艺劣而衣食优。人未忘怀，孰能无愠？不为戎首，则以可嘉。而欲使其叶力同心，以攘寇难。虽有韩白孙吴之将，臣知其必不能焉。养士若斯，可谓怨生于不均矣。凡欲选任，将帅必先考察，行能然后指以所授之方，语以所委之事。令其自揣可否，自陈规模。须某邑甲兵，藉某人忝佐，要若干士马，用若干资粮，某处置军，某时成绩，始终要领，悉俾经纶。于是观其计谋，校其声实。若谓材无足取，言不可行，则当退之于初，不宜贻虑于其后也。若谓志气足任，方略可施。则当要之于终，不宜制肘于间也。夫如是，则疑者不使，使者不疑。劳神于选才。端拱于委任。其事既足，其求必然。可以覈其不臧，行其赏罚。受赏者不以为滥，当罚者无得而词。付授之柄既专，苟且之心自息。是以古之遣将帅者，君亲推毂而命之曰："自阃已外，将军裁之，又赐铁钺，亦令专断。"故军容不入国。国容不入军，君命有所不受。诚为机宜不可以远决，号令不可以两从。未有委任不专，而望其克敌成功者也。自顷边军去就，裁断多出宸衷。选置戎臣，先求易制。多其部以分其力，轻其任以弱其心。虽有所惩，亦有所失。遂令分阃责令之义废，死绥任咎之志衰。一则听命，二亦听命。爽于军情亦听命，乖于事宜亦听命。若所置将帅心取于承顺无违，则如斯可矣。若有意平凶靖难则不可。夫两境相接，两军相持。事机之来，间不容息。蓄谋而俟，犹恐失之。临时始谋，固已疏矣，况乎千里之远，九重之深。陈述之难明，听览之不一。欲其事无遗策，虽圣者亦有所不能焉。设使谋虑能周，其如权变无及。戎虏驰突，迅如风飚。驿书上闻，旬月方报。守土者以兵寡不敢抗，故分镇者以无诏不肯出师。逗留之间，寇已奔逼。托于救援未至，各且闭垒自全。牧马屯牛，鞠为摧剽。啬夫樵妇，罄作俘囚。虽诏诸镇发兵，唯以虚声应援。互相瞻顾，莫敢遮邀。贼既纵掠退归，此乃陈功告捷。其败丧则减百为一，其根获则张百而成千。将帅既幸于惚制，在朝不忧于罪累。陛下又以为大权由已，不究事情。用师若斯，可谓机失于遥制矣。理兵而措置乖方，驭将而赏罚亏度。制用而财匮，建军而分力。养士而怨生，用师而机失。此六者疆场之蟊贼，军旅之膏肓也。蟊贼不除，而但滋之以粪溉。膏肓不疗，而苟啖之以滑甘。适足以养其害，速其灾。欲求稼穑丰登，肤革充美，固不可得也。臣愚谓宜罢诸道，将士番替防秋之制，率因旧数而三分之。其一分委本道节度，使募少壮愿住边城者，以徙焉；其一分则本道但供衣粮，委关内河东诸军州，募蕃汉子弟愿傅边军者，以给焉；又一分亦令本道但出衣粮，如给应募之人，以资新徙之业。又令度支散于诸道，和布耕牛，兼顾召工人，就诸军城，缮造器具，募人至者，每家给耕牛一头，又给田农水火之器，皆令完备。初到之岁，与家口二人粮，并赐种子，劝人播植。待经一稔，俾自给家。若有余粮，官为收籴。各酬倍价，务浆营田。既息践更征发之烦，且无幸灾苟免之弊。寇至则人自为战，时至则家自力农，是乃兵不得不强，食不得不足，与夫倏来忽往，岂可同等而论哉？臣又谓宜择文武能臣一人为陇右元帅，应泾陇、风翔、长武城、山南、西道等节度管内兵马，悉以属焉。又择一人为朔方元帅，应鄜坊、邠宁、灵夏等节度管内兵马，悉以属焉。又择一人为河东元帅，河东振武等节度管内兵马。悉以属焉。三帅各选临边要会之州以为理所，见置节度有非要者，随所便近而并之。唯元帅得置统军，余并停罢。其三帅部内太原凤翔等府，及诸郡户口稍多者，慎东良吏以为尹守。外奉师律，内课农桑。俾为军根，以壮戎府。理兵之宜既得，选帅之授既明。然后减奸滥虚浮之费以丰财，定衣粮等级之制以和众。弘委任之道以宣其恩，悬赏罚之典以考其成。而又慎守中国之所长，谨行当今之所易。则八利可致，六失可除。如是夷狄不威怀，疆场不宁谧。则诸居轨道，庶类服从。如是而教令不行，天下不理者，亦未之有也。以陛下之英鉴，人心之思安，四方之小休，两寇之方静，加以频年丰稔，所在积粮，此皆天赞国家，可以立制垂统之时也。时不久居，事不常兼。已过而追，虽悔无及。明主者不以言为罪，不以人废言。陈狂愚，惟所省择。帝极深嘉纳，优诏褒美之。

九年三月辛酉，将城盐州。诏曰："设险守国，易象垂文。有备无患，先王令典。况修复旧制，安国封疆。按甲息人，必在于此。盐州地当冲要，远介朔陲。东达银夏，西援灵武。密迩延庆，保捍王畿。乃者城池失守，制备无据。千里亭障，烽燧不接。三隅要害。役戍甚勤。若非与集师徒，缮修壁垒。设攻守之具，务耕战之方。则封内多虞，诸华屡警。由中及外，皆靡宁居。深惟永图，岂忘终食？顾以薄德，至化未孚。既不能复前古之封，致四夷之守。与其临事而重扰，岂若先备而即安？是用弘久远之谋，修五原之垒。使边城有守，中夏克宁。不有暂劳，孰能永逸？宜令左右神策军，及朔方河中绛邠宁庆兵马副元帅浑瑊，朔方灵盐丰夏绥银节度都统杜希全，邠宁节度使张献甫，左神策行营节度使邢君牙，夏绥银节度使韩潭，鄜坊丹延节度使王栖曜，振武麟胜节度使范希朝，各于所部简择马步将士合三万五千人，同赴盐州。左神策将军兼御史中丞张昌宜充右神策军。盐

州行营节度使权知盐州刺史兼御史大夫杜彦光,可盐州刺史兼御史大夫,应所板筑。及缘修城杂役等宜,共取六千人充。其余将士皆列布营阵,戒严设备,明加斥候,以警不虞,其修城板筑,功役将士各赐绢布有差。其盐州防秋将士,三年满与代,更加给赐。仍委杜彦光具名闻奏,悉与改转。其防遏将士等毕事,便令于归,仍赐布帛有差,其诸军吏士都赐帛七千匹。朕情非为已,志在靖人。咨尔将相之臣,忠良之士。输诚奉国。陈力忘劳。克茂功勋,永安疆场,必集兵事,实惟众心。各相率励,以副朕意。"真元三年盐州为吐蕃所陷,毁其城而去。自是塞外无保障。灵武势隔,西逼鄜坊,甚为边患。故命城之,二旬而毕。又诏兼御史大夫比子遂统兵五千,兼御史中丞史履澄杜彦洗之众戍之。是后世帝念将士之劳,厚令度支供给。又诏泾原剑南山南诸军深计吐蕃以分其力,由是板筑之际。房无犯寨者,及毕。中外咸称贺焉。

十三年正月辛卯,凤翔邢君牙奏,请于陇州西七十里平戎川筑城以备西戎。名永信城。壬寅,吐蕃赞普遣使农索昔齐表请修和好,边将以闻。帝以其豺狼之心,数负恩背约,不受表状。任其使却归。

十七年七月戊寅,吐蕃寇盐州,已丑陷麟州。诏西川节度韦皋分遣偏将,勒步骑二万,出成都西山南北九道并进。逼栖鸡老翁故维州、保州、松州诸城,以纾北边故也。

宪宗元和元年,秋七月壬辰朔,宰臣杜祐上疏曰:"伏见近者党颂与西戎潜通,屡有降人指陈事迹。而公卿廷议,以为诚当谨兵备,戍侵轶。益发甲卒,邀其寇暴。此盖未达事机,匹夫之常论耳。夫蛮夷猾夏,唐虞已然。周宣中兴,猃狁为害。但命南仲往城朔方,驱之太原,及境而止。诚不欲弊中国怒远夷也。秦平六国,恃其兵力,北筑长城,以拒匈奴。西逐诸羌,出于塞外。劳力扰人,结怨阶乱。中国未静,白徒竞起。海内云扰,实生谪戍。汉武因文景之富,命将兴师。遂至户口减半,竟下哀痛之诏。罢田轮台,前史书之。尚嘉其迷而后复,盖圣王之理天下也。唯务绥静蒸人,西至流沙,东渐于海,惟南与北,示存声教。不以远物为珍,匪求遐方入贡,岂疲内而事外,终得少而失多? 故前代纳忠之臣,并有佐君之议。淮南王请息师于闽越,贾捐之愿弃地于朱崖。安危利害,高悬前史。昔冯奉世矫汉帝之诏,击莎车,传其王首于京师,威振西域。宣帝大悦,议加爵土之赏。萧望之独以为矫制违命,虽有功效不可为法。恐后之奉使者,争逐发兵马为国家生事。述理明白,其言遂行。国家自天后已来,突厥默啜,兵强气勇,屡寇边城,为害颇甚。开元初,边将郝灵筌亲捕斩之,传首阙下,自以为功。代莫以二,坐望宠爵。宋璟为相,虑武臣邀功,为国生事,止授以郎将。由是讫开元之望,无人复议开边。中国遂宁,外夷亦静。此皆成败可征,鉴戒非远。且党项小蕃,杂处中国。本怀我德,当示抚绥。间者边将非广。亟有侵克,或利共其善马,或取其子女,使赇方物,征为役徒,怨苦既多,叛亡遂起。或与北狄通使,或与西戎寇边,有为使然,固当征革。传曰:'远人不服,则修文德以来之。'管子曰:'国家无使勇猛为边境。'此诚圣哲议征,知者之远略也。今戎丑方强,边备未实,诚宜慎择良将,诚之完葺,使保诚信,绝其求取,用示怀柔。来则惩御,去则谨备。自然彼怀我德,革其奸谋。何必遽图兴师,坐致劳费? 陛下上圣至仁、覆育群类,动必师古,谋无不臧,伏望坚保永图,置兵衽席,实天下幸甚。臣识昧经纶,学尝博究。窃鼎铉之宠任,为朝廷之老臣。恩深莫伦,志恳思报。臧否备阅,刍荛上陈。有黩旅宸,伏深惶悚。"帝深嘉纳之。

三年正月庚子,以将城临泾,诏麟游、灵台、良原、崇信、归化等五镇,并修整士马,犄角相应。从泾原节度使段祐之请也。临泾城直泾州西北九十里,实险要之镇。从前因循不修。常为犬戎所保。其界有青石岭,岭多美土,每军人耕获,屡为蕃寇掠夺。祐请修筑,议者是非相半。祐决城之,功毕,时方以为大利。

八年七月，以中受降城及所管骑士一千一百四十人，隶于天德军。

十月辛丑，以普润镇兵四千人，割属泾原节度使，仍分灵武道盐州隶夏州。自夏州至丰州，初置八驿。先是回鹘自领部落南过碛取西成，防御使周怀义表至，朝廷大恐。以为回鹘声言讨吐吐蕃，意是入寇。宰臣李吉甫以为回鹘入寇，且当渐绝和事，不应便来犯边。但须设备，不足为虑。因请自夏州至天德军，置废馆一十一所，以通缓急。又请发夏州骑士五百人营于经略故城，应援驿使，兼护党项。帝悉从之。

九年五月庚申，敕天宝中宥州寄理于经略军宝应，已后因循遂废。由是昆夷屡扰，党项靡依。蕃部之人，抚怀莫及。朕方弘远略，思复旧规。宜于经略军置宥州，仍为上州。在郭下置延恩县为上县，属夏绥银观察使。时宰臣李吉甫又上言，国家白置六胡州在灵盐界内，开元中废六州置宥州。以宽宥为名，领诸降户。天宝末，宥州寄理于经略军，盖以地形居中，可以总统蕃部，比以应接天德，南援夏州。今经略颖灵又不置军镇，非旧制也。于是复置宥州，理经略军。

十五年正月乙未，以邠宁节度使李光颜充都勾当修筑盐州城，及防遏等使盐州刺史李文悦为副。九月癸丑，麟坊奏发兵五百人赴塞门防拟。

十月，吐蕃入寇。东川节度使王涯上言：“臣当道出军，径入贼腹，有两路。从龙州清川镇入吐蕃界，直抵故松州城，是吐蕃旧置节度之所。一路从繇州威蕃栅入蕃界，直抵栖鸡城，是吐蕃险要之地。”涯又陈备御吐蕃事宜，曰：“臣伏见方今天下无犬吠之警，海内同覆盂之安。每蕃戎一警，则中外咸震。至陛下有旰食荣怀之忧，斯乃臣等居大官受重寄者之深责也。虽承诏发卒，心驰寇庭，其于为国讨除，使戎人创艾。昼夜思忖，何补涓毫。所以偻偻愚心，愿一陈竭。臣观自古长荣，照然可征，在于实边兵。选良将，明斥候。广资储，杜其奸谋。险其走集，此朝之士大夫皆知，不独微臣，只在举行之耳。然臣愚见所及犹欲布灵者，诚愿陛下不爱金帛之费，以钓此虏之心。”临遣信臣，与之定约曰：“大戎悖乱负恩，为边鄙患者数矣。能南制而伏之者，唯在北蕃，如能发而深入，杀若干人，取若干地，则受若干之赏。开怀以示之，厚利以喻之。所以劝筹要约者，异于他日殊甚，则匈奴之锐可得出也。一战之后，西戎力衰，然后选练骁雄，乘便剪扑，此诚制之一奇也。”

穆宗长庆元年正月，夏州奏浙东、湖南等道防秋兵不习边事，准诏留其器甲归其人。

敬宗以长庆四年四月即位，三月甲戌。夏州节度使奏于芦子关北木瓜岭创筑堡栅，以捍党项之冲。其壁垒屋室，并出当军材力。于塞外凡筑五城，乌延、宥州、临塞、阴河、陶子。而宥州乌延皆方广数里，尤居要害，蕃戎畏之。

宝历元年十月，灵武上言：“保静县界常渠置堡一所，差兵镇守。”

文宗开成元年二月丙戌，诏荆州添置夔州云安县镇兵五百人，以黔中上言，西南蛮扰动故也。

武宗会昌二年二月，回鹘为黠戛斯所攻，战败，部族离散。乌介可汗奉太和公主南来，遣使求助兵粮，收复本国。权借天德军以安公主。时天德军使田牟请以沙陀退浑诸部落兵击之。帝意未决，下百寮商议，议者多云如牟之奏。李德裕曰：“顷者国家艰难之际，回鹘继立大功。今国破家亡，窜投无所。自居塞上，未至侵淫。以穷来归，遽行杀伐。非汉宣待呼韩邪之道也。不如聊济资粮，徐观其变。”宰相陈夷行曰：“此借寇兵而资盗粮，非计也。不如击之便。”德裕曰：“田牟韦仲平言沙陀退浑并愿击贼，此缓急不可恃也。夫见利则进，遇敌则散。是杂虏之常态，必不肯为国家捍御边境。天德一城，戍兵寡弱，而欲与劲虏结仇陷之必矣。不如以理恤之，俟其越轶，用兵为便。”帝以为然，许借米三万

石。俄而回鹘宰相温没斯杀赤心宰相，以其众来降。赤心部族人投幽州。乌介势孤而不与之米。其众饥之，渐近振武保大栅把头峰。突入朔州，州界沙陀退浑皆以其家保山险。云州张献节婴城自固，虏大纵掠，卒无得者。帝忧之，与宰臣计事。德裕曰："把头峰北便是沙碛，彼中野战，须用骑兵。若以步卒敌之，理难必胜。今乌介所恃者公主，如令勇出奇，夺得公主，虏自败矣。"帝然之，即令德裕草制处分伐北诸军固关防。以出奇形势授刘沔，沔令大将石雄急击可汗于杀胡山，败之。

四月，天德军使田牟奏："以回鹘犯界出军三千人拒之。"中书条奏再请制置边上，其一曰："请速降中使宣谕生熟退浑党项，待天德交锋后任随便出军讨逐。如有所获，一任自收。仍据杀戮，别行优赏。"二曰："自古出师，皆有副贰，以防主将有故，便须得人。石雄骁勇善战，当代无敌。望授天德军都防御副使助田牟攻讨。"三曰："田牟都似不晓兵机，据奏状已出三千人，必是全军尽出。忽有不利，岂免空虚？马上驰突，是戎虏所长。攻城围守，是戎虏所短。田牟抵合坚守城垒，以俟救兵，望速诏田牟，辄不得出兵野战。"四曰："回鹘马军，难于技敌。依林守险，须用劲弩手。望浙西取四百人，宣州取三百人。令取河西路赴天德取田牟指使。"五曰："嗢没斯所通诚款，未知真伪。然早要别加官爵，奖其忠义。令远近诸蕃，知朝廷抵责可汗犯顺，非是要灭回鹘。"六曰："回鹘溃散乏粮，二年劳苦，人心易动，必可招降。望且遣田牟据归降者，许与优赏。旋给食，递太原安置，并从之。"八月，回鹘乌介可汗过天德，至把头峰北，俘掠云朔北川，诏刘沔出师守雁门诸关。回鹘首领屈武降幽州，授左武卫将军同正。诏以回鹘犯边，渐侵内地。或攻或守，于理何安？令少师牛僧孺，陈夷行与公卿集议可否以闻。僧孺令百寮议状，以固守关防，俟其可击则用兵。宰相李德裕议："以回鹘所恃者，嗢没赤心尔。今已离叛，其强弱之势可见。戍人犷悍，不顾成败。以失二将，乘忿入侵，出师急击，破之必矣。守险示弱，虏无由退，击之便。"天子以为然。乃征发许蔡汴滑等六镇之师，以太原节度使刘沔为回鹘南面招讨使。以张仲武为幽州卢龙节度检校，工部尚书。封兰陵郡王充回鹘东南招讨使。以李思忠为河西党项都将回鹘西南面招讨使。皆会军于太原。

十月丁卯，回鹘频劫东泾已北。赐并州刘沔，幽州张仲武密诏曰："自回鹘本国残破，寄命北边。朕以其艰之时，曾有勋力。平宁之后，继以姻亲。义在怀柔，情深兼爱。亦既转粟赈救，降使抚循。示信推恩，朕无所媿。而狼顾塞上，鼠首云中。闻有备虽暂移营，稍乘隙。复来近塞，察其情计。殊未还归朕祗，荷丕图抚临万寓。守祖宗之法制，思黎庶之ㄨ安。岂可畜虺穴于塞垣，养虿毒于怀袖？乘其驰突，必能驱除。昔晋侯报楚之功，避庄王于三舍。答秦之惠，复孟明于二崤。安国庇人，大义斯在。卿宜遣使告谕，明示朕怀。如或迟留，尚为巧诈。即须犄角相应，临以兵威。勉务良图，副兹委遇。时回鹘可汗宰相相次上表，请国家借兵十万，助其收复故地。又借天德一城，与公主居止。及再请米糇羊马，朝廷皆拒而不许。自是可汗或近振武保大栅，或入朔川把头峰，来往不常，情计难测，寻突入太原部落，掠牛羊人口。转战至云州城门。刺史张献节婴城自守。议者以回鹘常质公主以行，深入汉界。至是密诏诸将遣邀夺公主，及擒，致可汗。故有是诏。"又授刘沔招抚回纥，诏曰："昔东汉，中夏既宁，匈奴饥馑。边将请命出塞，欲图刻石之功。光武曰：'柔能制刚，弱能制强。虽灭大寇，不如息人。朕每览前史，为之兴叹，又以大禹修德，有苗归心。周穆徂征，荒服不至。固存取乱，仕择良图。回鹘顺以本国荐饥，种落俊贰。纥干斯乘其危乱，遂覆巢危。既焚老上之廷，尽翦名王之族。可汗地远来附塞垣，朕言念姻亲，不忘勋力。喻以呼韩美志。汉氏旧章，戎不乱华，国之大典。宜分兵食，救

彼疲人。令归汉四,方议赡恤。属可汗久婴沉痼,首长异心。虽随畜所行,而控弦深入,颇已渝盟。边将戎臣,屡抗其疏策。蕃浑部落,咸请其驱除。朕以王者之师,以全取胜。匈奴见短,嘉娄敬之善筹。马邑设权,戎王恢之兵首。推诚含垢,亦已逾时。况朔塞污寒,有鞁瘃之患。阴山径路,多曲折之艰。宜以德绥,岂劳兵碎。惟尔久临沙漠,颇识虏情。既启十乘之行,必致六羸之遁。资之告谕,方俟成功。可本官兼充招抚回鹘使,如不自改悔,终须驱逐。其诸道兵马行营兵马使,权令指挥。又授张仲武东面招抚回鹘使制曰:"古人云:'兵者,所以明德除害也。'举德于外,则福生于内。朕每念戎事,务安生灵。既示远图,宜恢长算,回鹘可汗寄托塞上未归,虏庭近者遣使蓟门,恳陈诚欵。宋人病告于子反,朝鲜心附于楼船。我之信臣,实得腰领。幽州卢龙军节度副大使知节度事观察处置押奚契丹,两蕃经略卢龙军等使银青光禄大夫,检校工部尚书、兼幽州大都督府长史、兼御史大夫、兰陵郡王食邑三千户。张仲武风云感契,凫藻协诚,自升将坛,首翦狂虏。戈铤甌闻,彗扫牛马,殆至谷量。故能望影揣情已深致虏之术,岂止闻风破胆益坚慕义之心。遽奏封章,颇申告谕。既彼率服,宁忘怀柔。况虏骑往来,疾于风电。沙场□远,介以山川。临敌应机,固难统一。比卫霍之袭荤狁,异道而行。辛赵之击罕羌,两从其志。成子庙胜之策,在举旌杰之臣。俾尔鹰扬,挫其狼顾。将服蛮夷之叛,固在七擒。勉思将帅之风,无忘五利。崇以夏官之秋,委其统制之权。当一乃心,敬兹休命。可检校兵部尚书兼充东面招抚回鹘,使其当道行营兵马。使及契丹室韦等并自指挥,余如故,主者施行。"

三年二月,赵蕃奏黠戛斯攻安西。北庭都护府宜出师影援,李德裕奏曰:"据地志,安西去京七千一百里,北庭去京五千二百里。承平时,向西路自河西陇右出王门关,迤逦是国家州县所在,皆有重兵。其安西北庭要兵,便于侧近征发。自艰难已后,河陇尽陷,吐蕃若通西安,北庭须取回鹘路去。今回鹘破灭,又不知的属黠厦斯否?纵令救得,便须却置都护。须以汉兵镇守,每处不下万人。从何征发?馈运取何道路?今天德振武去京至近,兵力常若不足。无事时,贮粮不支得三年。朝廷力犹不及,况保七千里安西哉?臣所以为纵今得之,实无用也。昔汉宣帝时,魏相请罢车师之田。汉元帝时,贾捐之请弃宋崖郡。国朝贤相,狄仁杰亦请弃四镇,立斛瑟罗为可汗,又请弃安东,却立高氏后,不欲贪外虚内,耗竭生灵。此盖三臣者,当自有之时,尚欲弃之以肥中国。况隔越万里,安能救之哉?臣恐蕃戎多计,知国力不及,伪且许之。邀求中国金帛,陛下不可中悔。此则将实费以援虚事,即是灭一回鹘,而又生之。恐计非便,乃止。

九月丁亥,赐黠戛斯敕书曰:"皇帝敬问戛斯可汗,将军谛德伊斯难珠至,览书并白马二疋,具悉可汗。降精外极,雄朔漠以为君。禀耀旌头,分天街而建国,特负英豪之气,凤推骁驭之才。眷想嘉猷,载深寤叹。"来书云:"温仲令将军归国。后汉使不来,温仲令去日。朕具其云,速遣报章。"此当遣重臣册命,自是可汗未谕此意,报答稍迟。来信又云:"道路隔绝。盖为山川悠远,未得与可汗封壤接连。非是两国之情,犹有阻隔,想可汗明识,无后致疑。"又云:"两地致书,彼此不会。且书不可以尽言,言不可以尽意。况蕃汉文字,传译不同,只在共推赤心,永保盟好。岂必缘饰词语,以此交欢。想每欲思惟,先想好意,不更疑惑,便是明诚。"又云:"欲除两楹间恶刺,如此之事,最为嘉言。缘回鹘雄据北方,为一代君长。诸蕃臣伏,百有余年。今可汗扫除穷居,大雪仇耻,功业既高于前古,威声已振于北荒。固当深务远图,岂可更留余孽?黑车子不度德量力。敢保寇仇,则是侮可汗独力向化。此而可忍,孰不可容。况可汗前来访送公主,云:'上天入地,必须觅得。'

今若舍而不问，何以取信？朕怀想可汗乘彼盛秋，长驱精骑。问回鹘逋逃之罪，行黑车子后服之诛。取若舍遗。后无再举，从兹荡定，岂不美欤？"来书又云："送公主到彼无一语来，缘公主才离可汗五日，便被回鹘劫夺。所遣来使，尽被杀伤。公主二年之中，流离沙漠。事己隔远，所以不再叙言。然赵蕃去日，已具感悦之心，是表悬憖之意。又闻今秋欲移往回鹘牙帐，灭其大国，便保旧居。是使诸蕃畏威，回鹘绝望。稍近汉境，颇谓良图。所云请发遣兵马期集去处，缘黑车子犹去汉界一千余里，在沙漠之中。从前汉兵未尝到彼，比闻回鹘深意，常欲投窜安西。符至。今朕秋当令幽州太原振武天德缘边四镇要路。出兵料可汗攻讨之时，回鹘必当潜遁。各令邀截，便可枭擒。此是军期，须如符契。想可汗必全大信，用叶一心，谛德伊斯难珠，朕已于前殿面对，兼赐宴乐，并依来表，更不迟留。朕续遣重臣便申册命，故先达此旨。令彼国明知册命之礼，并依回鹘故事，可汗爰始立国。临长诸蕃，须示邻壤情深，宗盟义重，以此镇抚，谁敢不从？宜体至怀，共弘远略。春暖，想可汗休泰将相已下，并存问之。黠戛斯者，亦名纥吃斯。本前代坚昆国，在回鹘西北。自称李陵之后，初破回鹘国之时，得太和公主，以天家贵种，又与国同姓，令达干十人送公主至塞上。中路为乌介可汗所得，尽杀黠戛斯，使人乃质公主同行。及黠戛斯上表问公主所在，及所遣使者十人。帝顾问宰臣，议者奏："以黠戛斯是回鹘深仇。今乌介可汗尚须与通和。令自将兵马，求杀使者罪人。兼讨黑车子，容纳可汗之罪。"帝心未决，以回鹘故事，自平禄山之后，岁赐绢三万匹，以为定制。又黠戛斯有可汗之名，虑不修臣礼。礼臣又奏云："今黠戛斯与回鹘故事不同，未有大功。安敢邀利？如肯同回鹘称臣，即加册命。不尔便停，无伤国体，兼许为宗盟，可以尊卑谕之，令展子孙之礼。"帝意乃定。故降此书。

五年七月，敕改单于都护为安北置都护。初宰臣奏曰："塞北诸蕃皆为振武，是单于故地，不可存其名号，以启戎心。臣等谨详国史，武德四年，平突厥后于振武置云州都督。武德五年，改为单于大都督。圣历元年，改为安北都护。开元八年，复为单于都护。其安北都护，本在天德。自真观二十年已后，移在甘州，迁徙不定。今单于都护改为安北置都护，如此制置，并循故事，乃有敕从之。"懿宗咸通十年十二月，敕荆南节度使杜悰据司天奏："有小字星气经历分野，恐有外夷兵水之患。缘边藩镇，最要提防。宜训习师徒，增筑城堡。凡关制置，具事以闻。后唐庄宗天祐十四年二月，<small>庄宗未即位，尚称昭宗年号。</small>契丹阿保机攻幽州，城中困弊，上下恼惧。周德威使人间行以闻，帝忧形于色，召诸将议发兵之策。帝曰："鲜卑百万，践暴渔阳，德威独坐孤城，计无生路，群情恼恼，日望援军。今若出师，深虞众寡不敌。且欲伺其机便，又虑失彼一隅。今日诸君计将安出？"李审进曰："戎狄无厌，唯利是视。从古已来，常为边患。古公避狄于岐下，高祖受困于平城。然周垂定鼎之基，汉享卜年之庆。其后宣王薄伐，孝武穷征。垂基七百余里，凡夷狄之侵中国，皆乘间隙而来。或以天子政衰，诸侯侵伐。兵连祸结，树党分朋。畿甸邦域之中，自相矛盾。遂有獯戎，入为边患。晋之乌丸鲜卑是也。或圣王创业之初，方诛暴乱。正弭中原之难，未遑边备之师。遂有獯戎，入为边患。汉高之冒顿，太宗之突厥是也。獯鬻之人，昧于听受。或因奸臣亡命，交构虏庭。扇诱祸源，指陈利害。召戎而至，扰犯边城。汉之中行说，代宗之仆固怀恩。是也。扰犯之端，其来异势。备御之道，盖亦随时。夏之即序，古公避狄。宣王薄伐，秦起长城。文景和亲，汉武穷讨。皆一时也。戎不乱华，著于前载。王基帝迹。皆顺天时，今太王为国除凶，伏顺讨逆。前无坚阵，所向摧锋。阿保机背约渝盟，惑卢文进之奸策，远驱戎虏，寇我渔阳。周德威社稷重臣，控兹要害，重围之

内，唯望援师。我若犹豫不前，窃恐城中生事。如失人丧地，虏势何支？须兴攘逐之师，以决安危之计。天命有在，阿保机无能为也。如其势道未平，我亦不孤于宗社。安民保大，在此一行。明宗时为邢州节度使曰："樊将军。"愿以十万之师，横行绝漠。傅介子欲奉单车之师，犹制凶酋。远阻山川，犹希万一。今阿保机亲携丑类，犯我疆场，原其兽心，本窥货利。虽名百万之众，胜兵都有几何？止无斥候之方，战无行阵之法。交兵合斗，唯恃骑军。如其长戟交锋，短兵接战。才闻鼓噪，即已败亡。臣久在云中，备知能否。从前料度每在彀中，愿假臣突骑五千，蠕蠕獯戎，即时平荡。阎宝又曰："去病忘家，思平冒顿。陈汤奋命，愿斩郅支，岂独幸于功名？实欲倾其臣节。古人效一夫之命，尚减獯戎。当今聚万旅之师，何忧患难？臣虽愚懦，请以命先。凡戎狄兽心，见利望义。以为玉帛子女，可持棰而驱之。以为坚甲利刃，可斩木而当之。今但蒐选锐兵，控制山险。良弓劲弩，设伏待之。虏骑轻佻，度险不整。一人败走，众不敢支。我但犄角陈兵，偃旗卧鼓。饵以羸卒，尝以孤军。追奔岩险之中，遇我伏藏之卒。万弩齐发，则丑类无遗。保机之头，坐见悬于蛮邸。愿假臣精卒一万，庶几成珍扫之功。"帝曰："苟如其言，吾当高枕矣。昔太宗得一李靖，卒平突厥。况予今三有人，吾无忧矣。"诸将奉觞为寿，宴乐而罢。四月，命明宗率师赴援，次于涞音来水。扼祁沟诸关，伺其贼势。自是虏骑，不过祁沟。帝又遣阎宝帅师，合真定之兵以附。既而分领骑军，夜过祁沟。入贼部伍，俘擒而还。又有燕人自贼中来，言阿保机见在幽州南，稍住攻城。其军无营舍，皆聚毡帐以处。其中众军，分头剽掠，全无警备。马千百为群，夜牧近地。枕戈而睡，不虞奔逸。所获我人，皆以长绁联头，击之于树。中夜断绁，皆得逃去。周德威遣人密书告于明宗，言："契丹约三十万人，马牛不知其数，贼以羊马为资。近闻所食，数以太半。阿保机谴让卢文进，已悔其来。契丹胜兵散布射猎，保机帐前不满万人。宜夜出奇兵，掩其不备。"明宗具其事闻。八月，明宗破虏于幽州。

《资治通鉴》唐懿宗咸通三年十一月，岭南东道节度使韦宙奏："蛮寇必向邕州。若不先保护，遽欲远征。恐蛮于后乘虚扼绝饷道。"乃敕蔡袭屯海门，郑愚分兵备御。十二月，袭又求益兵，敕山南东道发弩手千人进。时南诏已围交趾。袭婴城固守，救兵不得至。

昭宗天复元年三月，朱全忠遣氏叔琮等将兵五万攻李克用。四月，叔琮引兵抵晋阳城下。数挑战，城中大恐。克用登城备御，不遑饮食。时大雨积旬，城多颓坏，随加完补。

《五代史》

后唐同光二年三月，镇州奏契丹将犯塞，乃令李绍斌、李从珂部署马军，分道备之。蕃汉内外，马步军副总管李嗣源领诸军屯于邢州。

三年二月已卯，文思殿宴罢，召郭崇韬于文明殿后议边事。言："契丹部族方强，幽州寡弱。威名宿将，相继殂落。如非勋望，难伏夷人。"崇韬曰："臣未奉圣谟，已有私画。敢不上陈？"因曰："李绍斌虽忠勤尽瘁，洞悉燕蓟事情。然向来名位未高，蕃情恐未宾伏。此时弹压，宜委重臣。"上曰："正吾意也。"

明宗天成二年，九月癸酉，北面招讨副使王晏球奏准宣差兵士筑城于阎沟店。初诏城良乡，复诏壁于此。盖取幽涿之中涂，以备鲜卑之抄掠也。四年四月丙辰，宣步军指挥使杨汉章将步骑五千往云朔巡边。长兴元年正月，定州奏于易州界检行到奇峰岭北黑儿口修置砦栅，已分兵士守把。备契丹侵轶故也。

七月，北京留守冯赟奏："诸蕃部三千余帐近振武，请添兵控御。"

三年二月，引进使刘处让奏："相度西路事，请修葺故武州以备边。"

四月庚申,契丹朝贡使铁葛罗卿辞归本部。帝顾谓侍臣曰:"契丹遣使求归蓟刺,其事如何?"侍臣对曰:"蓟刺之来,此为我患。到今边患弭息,盖缘此辈受擒。若纵其归,则复生吾敌。固不可从其请也。"帝曰:"苟欲和戎修好,不可虑及此也。帝意欲归之。会冀州刺史杨檀罢郡,檀素部落人,尤请边事。"帝召檀以蓟刺事谋之,奏曰:"此辈初附王都,谋危社稷。陛下宽慈,贷其生命。苟若归之,必复正南放箭。既知中国事情,为患深矣。"帝曰:"其实如此,非卿,吾几误计矣。"

十月戊午,帝御广寿殿,谓范延光秦王从策等曰:"契丹欲谋犯塞,边上宜得严重帅臣。卿等商量,谁为可者以闻?"甲戌秦王从荣戊:"伏见北面奏报,契丹族帐近塞。吐浑突厥已侵边地。北面戍卒虽

李从珂

多,未有统率,早宜命大将。"帝曰:"卿等商量定未。"俱奏曰:"将校之中,唯石讳、康义诚二人可行。"讳素不欲为禁军之副,即奏曰:"臣愿此行。"帝曰:"卿为吾行事无不济。"即令宣旨施行。及受诏,不落六军副使,讳却迁延辞逊。帝曰:"召义诚来。"遂令宣徽使朱弘昭知襄州事,代义诚还京师。

十一月庚辰,帝谓近臣曰:"北而频奏蕃寇,宜令河东节度使李从温,且将兵士至雁门已来巡抚。"因令客省使刘处让往太原,与从温同出兵师。庚寅,帝谓新除河东节度使石讳曰:"卿至河东,御虏之要,但有塞断鹊谷。凡诸关防御守备。设法以待之。慎勿与之孤斗。"

四年三月,延州节度使安从进奏:"夏州李仁福卒,其子彝超自为留后。先是河西诸镇,皆言仁福连结契丹,尝约虏使。朝廷以虏势方盛,恐与仁福往来。若使深入河西,可以南侵关辅,为社稷之忧患,未有控制之术。会仁福死,欲移其嗣别镇。命廷帅安从进镇之。恐其不从命,令邠州节度使药彦稠,宫苑使安重益为监军,同率师援送安从进之镇。帝又命安重益收聚诸军。先配契丹及亲从,契丹直两都,并随重益。先是幽州捕送契丹惕隐已下六百人,及相次次投来者,散配诸军。选其尤壮劲者立为契丹直,其酋长皆赐姓吉。而言事者以为胡虏悍戾,不可狎于君侧。至是契丹首领吉赵实自京欲遁归,夺船过河,至深州所由捕送斩之。是日,命重益部而出征。因所斥之于外也。"

四月巳亥,隰州刺史刘遂凝至,帝闻所陈密事,奏曰:"臣所部与绥银二州接境,二州汉户约五千。自开国家攻讨夏州,皆藏窜山险。请除二州刺史,各与二三百人为衞队,令其到郡招抚,则不战而下两州矣。"帝问左右:"其言如何?"范延光奏曰:"绥银户民,朝廷常加抚育。缘与部落杂处,其心翻覆多端。昨闻安从进初至卢关,蕃酋望风归附,寻加存抚,各令放归。及上马登山,未行百步,反袭从进。骑从士十余人,几至不济。奈何以刺史衞队一二百人制彼狡虏,适足为虏嚃也。况国家之患,正在夏州。夏州即平,绥银自然景附。如夏州未拔,王师自当退舍。何以能守绥银?遂凝之说非也。"遂凝不能对。良久又奏曰:"臣闻李仁福有二子,彝超乃次子也。长子彝殷,为夏州留夏,彝超征诏赴阙,则诸蕃归心矣。臣请以百骑自入夏州。"延光心知其不可,以遂凝恃内助之恩,恐并阻其谋。则生怨望,乃止。翌日帝又谓延光曰:"遂凝之行可乎?"延光奏曰:"王师进取之谋计度已

定。遂凝请立彝殷，兼将百骑入夏州，事固不可。设令虏执吾使遂凝不足惜，所惜朝廷事体也。臣等商量不请遂凝轻行。"乃止。

六月，新州节度使王景戬奏："契丹国在左右相牙卢衮与臣书，衮被都要镇偷窃马三匹，速宜送来，不然则出兵剽掠。"范延光延曰："北虏以我夏州未平，欲诡文相窥。时向初秋，所宜防备。缘边戍兵合交番者，宜留候秋获讫令还。"帝从之。

末帝清泰元年十一月辛丑，诏谕泾原邠宁岐陇戍兵，常选练备秦州边事。

二年六月，枢密宣徽使进添都马二十匹，河南尹百匹。时慎知北虏寇边，日促骑军，故有此献，欲表率蕃镇也。

晋高祖时，桑维翰镇兖州。吐浑都督白承福为契丹所迫，举众内附。帝方通好于契丹。拒而不纳。镇州节度安重荣患契丹之强欲谋攻袭，戎使往返。路出于真定者，皆潜害之。密与吐谷浑相结，至是纳焉，而至于朝。既而安重荣抗表请讨契丹，且言吐浑之请。是时安重荣握强兵据重镇，恃其骁勇，有飞扬跋扈之志。帝览表犹豫未决，维翰知重荣已蓄奸谋，且惧朝廷博于其意。乃密上疏曰："窃以防未萌之祸乱，立不拔之基局。上击圣谋，动符天意。非臣浅陋，所可窥量。然臣逢世休明，致位通显。无功报国，省己愧心。其或事系安危，理干家国。苟犹缄默，实负君亲。是以区区之心，不能自己。近者相次得进奏院状报，吐浑首领白承福已下，举众内附。镇州节度使安重荣上表请讨契丹，臣方遥朝阙，未测端倪。思陛下顷在并汾。初罹屯粮，师少粮匮。援绝计穷，势或缀旅。困同悬罄。契丹控王塞，跃马龙城，直度阴山。径绝大漠，万里赴难。一战夷凶，救陛下累卵之危，成陛下覆盂之业。皇朝受命，于此六年。夷夏通欢，亭障无事。虽卑词降节，屈万乘之尊，而庇国息民，实数世之利。今者安重荣表契丹之罪，方恃勇以请行。白承福畏契丹之强，将假手以报怨，恐非远虑，有惑圣聪。方今契丹未可与争者，其有七焉。契丹自数年来，最为强盛。侵伐邻国，吞灭诸蕃。救援河东，功成师克。山后之名藩大郡，尽入封疆。中华之精甲利兵，悉归虏北。即今土地广，人民众，戎器备，而战马多，此未可与争者一也。契丹自克捷之后，锋锐气雄，南军因败衄以来，心沮胆怯。况今秋夏虽稔，而帑廪无余。黎庶虽安，而贫弊益甚。戈甲虽备，而锻励未精。士马虽多，而训练未至。此未可与争者二也。契丹与国家恩义非轻，信誓甚笃。虽多求取，未至侵凌。岂可先发衅端？自为戎首。纵使因兹大克，则后患仍存。其或偶失沉机，则追悔何及？兵者凶器也，战者危事也。苟议轻举，安得万全？此未可与争者三也。王者用兵，观而动。是以汉宣帝得志于匈奴，因单于之争立。唐太宗立功于突厥，由颉利之不道。方今契丹王抱雄武之量，有战伐之机。部族辑睦，蕃国畏伏。土地无灾，孳畜繁庶。蕃汉杂用，国无隙。此未可与争者四也。引弓之民，迁徙鸟举。行逐水草，军无馈运。居无灶幕，住无营栅。便苦涩，任劳役。不畏风霜，不顾饥渴。皆华人之所不能。此未可与争者五也。戎人皆骑士，利在坦途。中国用徒兵，喜于走险。赵魏之地，燕蓟之南。千里之间，地平如砥。步骑之便，较然可知。国家若与契丹相持，则必屯军边上。少则惧夷狄之众，固须坚壁以自全。多则患飞轮之劳，则必逐寇而速反。我归而彼至，我出而彼回。则禁卫之骁雄，疲于奔命。镇定之封境，略无遗民。此未可与争者六也。议者以陛下于契丹有所供亿，谓之耗蠹。有所卑逊，谓之屈辱。微臣所见，则曰'不然'。且以汉祖英雄，犹输货于冒顿，神尧武略，尚称臣于可汗。此谓达于权变，善于屈伸。所损者微，所利者大。必若因兹交构，遂成隙。自此则岁岁征发，日日转输。困天下之生灵，空国家之府藏。此为耗蠹，不亦宜乎？兵戈既起，将帅擅权。武吏功臣，过求姑息。边蕃远郡，得以骄矜。外刚内柔，上凌下僭。此为屈辱，又非多乎？此未可与争者七也。愿陛下思社稷之大计，采将相之善谋。勿听樊哙之空言，宜纳娄敬之逆耳。然后训抚士卒，养育黔黎。积谷聚人，劝农习战。以俟国有九年之积，兵肋十倍之强。主无内忧，民有余力。便可以观彼之变，待彼之衰。用己之长，攻彼之短。举无不克，动必成功。计之上者也。惟陛下熟思之。臣又以邺都襟带山河，表里形胜。原田沃衍，户赋殷繁。乃河朔之名藩，实国家之巨屏。即今主帅赴阙军府无人，臣窃思慢藏诲盗之言，恐非勇夫重闭之意。愿回深虑，免启奸谋。欲希陛下暂整和鸾，略谋巡幸，虽栉风沐雨，上劳于圣躬。而社稷防微，实资于睿略。省方展义，今也其时。臣受主恩深，忧国情切。智小谋大，理浅辞繁。俯伏惟惧于僭逾，裨补或希于万一。谨冒死以闻，疏奏留中不出。"帝召使人于内寝，传密旨于维翰曰："朕以北面之事，烦懑不决，今省卿所奏，释然如醒。朕计已决，卿无忧也。"

周世宗显德二年三月庚午朔辛未，改李晏口为静安军。先是河朔生灵，自晋汉以来，常为契丹所困。每胡兵入寇，洞无蕃篱。帝甚悯之。而言事者，以为梁冀之间，有胡芦河，东西横亘数百里。然其堤岸非峻，不能扼胡骑之奔突。帝乃按图定策。于是诏许州节度使王彦超、曹州节度使韩通等，领兵庀徒，浚其堤而增其岸。仍于河上筑垒以屯戍兵，是时一一未毕而虏至。彦超等迎击退之。李晏口者，即河上之要津也。故赐以军额。自是之后，虏骑虽至，终不敢涉河以肆掠。繇是河朔生民稍安其居矣。

御 备御四

《涑水纪闻》

真宗方议东封西封西祀,修太平事业。知秦州曹玮奏羌人潜谋入寇请大益兵为备。上怒,以为虚张虏势,恐遏朝廷。时李文定公迪新罢陕西运使还朝,召见。示以玮奏欲斩玮以戒妄言。文定从容奏曰:"玮武人,远在边鄙,不知朝廷事体。辄有奏陈,不足深罪。臣观边将无出玮之右者,必不敢妄言。臣敢谓陛下意,但不欲郑州门出兵耳。臣籍诸州兵数为小册,因取以进,上指以某州若干。某州若干戍秦州,卿即传诏密院发之。既而虏果大寇,玮迎敌大破之,遂开山外之地。"上喜。谓迪曰:"山外之捷,卿之功也。"

《宋史·李光传》

光迁侍御史,时太原围急,奏乞就委折彦质,尽起晋降磁隰潞威胜汾八州民兵,及本路诸县弓手俾守令各自部辖。其土豪士人愿为首领者,假以初官。应副器甲,协力赴援。女真劫质亲王以三镇为辞,势必深入。请大修京城守御之备,以伐敌人之谋。

《刘韐传》

韐知越州。方腊陷衢婺,越大震,官吏悉遁。或具舟请行。韐曰:"吾为郡守,当与城存亡。"不为动,益厉战守备,寇至城下,击败之。拜述古殿直学士。

《会稽志》

宣和二年冬,睦州清溪县民方腊起为盗,势张甚。及破杭州,与越隔一水。大震,官吏往往遁去。知州事徽猷阁待制刘强,独调兵筑城固守。令民富者出财,壮者出力。士民皆奋,已而盗益炽,连陷衢、婺二州。以三年二月抵越城下,众数万。有酋渠绛衣散发,被重甲而自号佛母。指呼群盗,蚁附攻城。会有硋卒,为硋所激,堕中草积上不死,具言贼中事。公麾众出直攻其腹心,破之。擒佛母者,贼遂大溃,僵尸蔽野,不复敢进。明台温赖越鲠贼喉牙,得以皆全。方受围时,公之子子羽,年二十四五。出入兵间,且计且战。得贼酋躬视行刑于市,色不变。士卒悖悾以增气。靖康二年,公死事东都,丧归道出越境。父老鲍方等祭之,哭泣甚哀。其文曰:"天地有覆戴之德,父母有养育之恩。若乃枯骨重肉,已死复生,兼之者其惟公乎。昔公之帅越也,仁恩惠化,遐迩蒙福。论湖田之弊,捐十万之租。使我民温衣饱食,安于里间,则公之德泽在人,已沦肌浃髓矣。睦寇窃发,全浙披靡。破邑屠城,无敢当者。公独宴然不动,激湍鼓懦。守孤城于凶焰之中,狄

薙驱除,民卒按堵。故当时歌谣曰:'我公按甲坐谯门,百万生灵一呼存。呜呼!我有父母,赖公保之。我有妻子,赖公蓄之。我有室庐,赖公全之。我有田畴,赖公辟之。'是以越人家有绘像,巷有祠宇,饮食必祝公。至殒身殁齿,子子孙孙,永不敢忘也。呜呼!公今死矣。若乃公立朝之德望,许国之忠烈。四海所共知,缙绅所皆言。惟是越民,感公恩德。同于天地,过于父母。今灵辀来归,道出此境。耄倪号赴,不约而同。怅英魂之莫招,睹甘棠之犹在。雨泣雷恸,天悲日昏。公怀我民,尚复歆其奠觞,察其情至也哉。濡血书词,告于灵下。"

乾道中,观文殿大学士史公。浩作公祠堂记曰:"宣和初,忠显刘公守会稽。乃二年冬,青溪盗大起,连陷杭、睦。明年春,衢、婺、处亦失守。于是乘锐四出,直捣会稽。蜂集蚍缘,贼怙其众。意公必婴城欲以持久因之,而公乃亟开关,麾众出战。贼遂大溃,死者相枕于野。自是不敢复东。时永嘉临海四明,以会稽为蔽障,卒赖以全。制书策勋,自徽猷阁待制大中大夫拜述古殿直学士正奉大夫。于是天下识与不识,皆期公大用。其后虽不幸不至辅相,然守封疆,死国难,忠贯白日,义感异类。哀荣之典,震曜一时,秩奉常攻靖康死事之臣,足以配李忠愍者惟公。"故谥曰:"忠显。"浩后五十年来领郡事,获拜公生祠于圆通院。邦人肃恭奉祀,如公尚存。思慕诵说,如公始去。盛德之容,凛然如生。望之足以廉贪而起懦,呜呼,盛哉!惟公无恙时,有生祠二。南维会稽,北维真定。皆以御寇捍难有大功于是邦也。会稽之祠葺矣。今天子神圣英武,将北复赵魏,廓清中原。则真定之祠,行亦汎扫。浩虽老,尚庶几见之。"

乾道已丑,七月望日,句章史浩述。方刘公城守时,待制沈公调为士曹掾。刘公募民能得贼首一级,赏钱三万。沈公闻遽请见,以为如是。则小人规利,或杀平人。乞令必生擒乃给赏,仍倍其数。不阅日郡人俘数十辈以献,帅命沈公覆之。其间附贼者财三四人,乃请尽释其余,刘公从之。自后凡有称得贼者,悉付沈公辨证,全活殆数千人。沈公至大中大夫敷文阁待制,知福州,年八十余乃终。嗣子继显于朝,议者以为阴德之报。

《北盟录》

宋靖康中,边报交驰,风传不一,人心不定,乃增置都大提举守御使司官吏,并以枢密聂昌领之。宋会要光尧皇帝建炎元年六月二十一日,宰臣李纲言。"帅府、要郡、次要郡,乞朝廷给降度牒。紫衣师号,盐钞之属。及劝诱民户,命之以官,使出财助军。帅府常有三年之积,要郡常有二年之积,次要郡常有一年之积。各修城池楼橹,务令坚险。缮治器用,并防城之具,并令足备。濒水州郡,创造战船。余州创造战车。常切训习"。从之。

三年二月十六日,户部尚书叶梦得言:"车驾驻跸杭州,所有邻近州军。地理险阻,控扼去处。备御之策,合博采众议,并召募土豪,集召人兵。亦恐有情愿效力之人,不能自达。望出敕牓应士庶。限五日,有能通知道路,措置备御等事,并令实封,或彩画地图。诣都省陈献,从之。"

二十一日,尚书省言:"浙西路合把隘四处。除吴江一处外,其余并据岭。欲每处差近上官一员,充专一统领,措置把截,统辖事务官,其召募,欲就募本处土豪,立定官员,以一月为期,令各分募,仍自备粮食。一百人无官,借补进武校尉。有官人借转一官。二百人无官人,借补承信郎。有官人借转两官。三百人无官人,借补承节郎。有官人借转三官,合用兵器。欲令应募人随土俗所宜自办,统领官随数量给价钱。"从之。

三月十二日,吏部郎官郑资之除淞江措置防托,监察御史林之平为沿海措置防托,并

许辟置僚属。所管地分，之平自杭州至太平州。资之自池州至荆南府。既而之平言应海船，乞于福建广东沿海州军雇募。分作三等，上等船面阔二丈四尺以上，中等面阔二丈以上，下等面阔一丈八尺以上。并以舡中堵为侧，上等船募稍工二人，水手四十人。中等稍工一名，水手三十五人。下等稍工一名，水手二十五人。船合用望斗箭、隔铁撞硬弹、石炮、火炮、火箭及兵器等，兼防火家事之类。募舡候到日。别作旗号，令布沿江，各认地分把隘。如有探报，及观望烽堠，节次应援。舡十只为一綜，差所募官一员管押。候到防托去处，及半年无散失败阙。选人与循一资。大小便臣以下减三年磨勘，各与占射差遣一次。其舡约募六百余只，分作三番，半年一易。诏并从之。又资之言："欲募江东西湖北有物力人户，及有子本舟舡。本处保明，权行借补。随舡多寡，子本厚薄，与行补授。舡七只以上通载及一万三千石，与补授承信郎。五只以上通载一万石，与补进武校尉。二只以上通载四千石与补进义校尉。今具募二十纲分诸路，江西八纲，江东路七纲，湖北路五纲，候舟船通快日更行增募十舡为一纲。每舡稍工、棹手、招头募三十人，备战之具，合用纸甲、手炮、钩枪、木弩、箭用、红竹。"

火纲舡不必尽用战舰，只寻常舡亦可分作二运。一即往来般载上供米，一即居上流把隘。如此，劳逸既均，缓急可济。今共二十纲，除稍工、棹手、招头外，其遇敌人兵五千四百人，系无探报时合舡上供米。外有二千七百人往来江上。虽有蕃贼小寇，则无能为矣。不惟免长江之患，又无纲运失陷之虞。江南为岸，临江县镇渡口，召募土豪把隘。五百人借承信郎，三百人校尉，二百人副尉，各给券，并从之。

五月十日，诏应措置防江等事。并隶制置使司总行沿江州军。上自荆南府、岳州、鄂州、兴国军、临江军、江州、池州、南康军、太平州、江宁府、镇江府、常州、江阴军、平江府、委自知通。令佐，按户籍丁产薄，遂一点集。选有物力，众所推服之人充队长。各认地分，其防托处，务为便利。仍仰多置弓弩并箭，所有合用统制、官水军、舟舡。并令沿江制置使陈彦文措置。自池州以下，令陈彦文分认地分，其江州向尚地方，可别差制置官一员。

七月二十一日臣寮言："乞诏有司于江心内，凡有沙有山去处，要害之地多置寨。每寨以五百人，战舡十只为率。"从之。

十一月二十一日，诏两浙提刑王翱，江东提刑姚舜明、浙东安抚司属官郭元，先次将见召募到人。一面分布守把冲要，并听浙东防遏使节制。

四年六月二十一日，诏令江浙诸州于应合防托把隘安置寨栅去处。随宜相度，各立硬寨，安泊人兵，收贮粮仓、器甲，以逸待劳。仍措置务要过为堤备。

以三省枢密院言："已降指挥令江浙守臣召募土豪，训习武艺，据险置栅。外访闻往往暴露，无屯泊去处。遇有冲突，多致奔溃。"故有是诏。

七月七日，诏江浙州县及福建提刑建州邵武军守臣，将应干险隘，合置寨栅防托去处。指挥把隘官，丁宁说谕首领子细辨认，除奸细自合收捕送所属根勘外，即不得阻节商旅。搜夺财物，别加伤害。

九月二日，建康府路安抚大使兼知池州吕顾浩言："建康太平池州，皆系与金人对岸，紧要去处。欲乞兵五万。内一万五千人专令在建康府界守御，一万人在太平州，五千人在饶州，二万人在池州。今已差到崔邦弼李贵小张俊王进兵约五千人，韩世清约六千人，外乞朝廷贴足五万人之数，付臣使唤。除今来已乞之数，外有未足数目，绩次踏逐乞差。"从之。

十一月十五日，右正言吴表臣言："臣僚请饶信等，南连福建，东接温台，当贼马之冲，尤宜严备。望申敕信州官吏，于险隘去处防托外，或且依去年例置防遏司，或遴选良将以为藩翰。自杭至严，自严至婺。皆有水陆两路，尤系紧切去处。乞速赐措置，诏令王瓘常切整蘬军马，措置防托。"

十九日，诏越州三江口，系通接海道去处，理宜隄备。可令神武右军都统制张俊。日下选差近上统领官二员，将带军兵三千人前去防托。

是月二十四日，知越州陈汝锡言："三江口岸，皆系平敞沙地，少有居民。若张俊人到无以存泊，必致暴露。三江去本州止十八里，望行下张俊差定人数，依旧在州屯泊。有紧急即遣前去。"从之。

绍兴三年十月十五日，镇江建康府淮南东路安抚使韩世忠言："臣寮乞明州、定海、秀州、华亭、苏州、许浦、通州、料角皆海道要地，不可不备。除通州、料角系本司所管地分，外有明州、定海、秀州、华亭、苏州、许浦，不隶本司。"诏平江府江阴军管下沿海地分，并隶韩世忠，令就近措置。

四年十月十日，诏通泰真扬州守臣，更切体度本处地利，从长措置。务要限阻贼船，及不得有伤湖泊水寨民社保聚。从臣寮请也。

十年六月八日，沿海制置使仇念言："温台明越四州，地分阔远，海道浩渺，欲自越州至温沿海处，随宜并置烽火，以相应接。遇有紧急。"从之。以上中兴会要。

寿皇圣帝隆兴元年八月三日，宰执进呈："范荣探报青州路有虏使到沂州，约七月二十九日船起。又城阳军一路国公龙虎大王领大军到约三十万。沿海接连一带，缓急亦恐李宝无以任责。"陈康伯奏，近日探报颇急，忠勇军三千人，宣抚司不欲与李宝范荣旧亦隶李宝，乞行拨隶。上曰："李宝海道自不相妨，范荣且教隶宣抚司洪遵奏李宝，胶西立功，北方自知名。今虏将苏保衡，前年李宝曾获其印，乞增兵与李宝往来海道，张大声势。周葵奏淮上，元无一定规模，如海州欲留忠义数千，泗州轻兵数千，虏大至则退保。近又欲般运米斛十万石去泗州。前后之说，如此不同。上曰："粮止发去盱眙海泗，未可轻弃。恐张虏人之势。"遵奏秋风日高，边报日急。淮上措置，未有固守之意。如瓜州置木栅，准备虏骑冲突，便为渡江计。陈康、伯汤思退，奏："大军合在淮上固守。"神劲神勇军止在江上为声势。上曰："已摆布毕，缓急调发过江。"同奏缓急恐无及。上曰："虏人须备粮有警，可以调发。"思退奏："古者遣将授方略，遣使授使指意。刘宝邵宏渊到日，乞陛下授以成算。"

十四日，宰执进呈："臣僚言去年措置淮西，濠寿积粮，濠巢屯兵，初秋皆办。今兵不满万，又不积粮，议者皆以极边务要清野。又闻沿江备御亦未周备，秋风已高，食息寒心。"上曰："卢州若不屯兵，虏或占据。筑城凿池，为久戍之计奈何？可令邵宏渊疾速过江措置，仍发马军张守忠助之。"思退曰："见遣步军郭振往淮东，欲作御营使司名目遣行，令权听张浚节制。候张守忠行日亦然。"上曰"善"。

十七日，宰执陈康伯等奏："淮东有刘宝、郭振、边防亦备。淮西未有措置。须令邵宠渊、张守忠、时俊大军在庐州，别增兵于和州应援。"上曰："恐虏人据卢州，筑城开濠，为屯守计，正当防守。"

九月十四日，江淮东西路宣抚使张浚、劄子欲行下两淮县清野马草。唐邓信阳沿边一带，依此措置。宰执陈康、伯等奏："去岁淮上清野，民皆失业。不可先事惊扰。"上曰："临时清野，止烧野草。不可惊动民间。"

同日，海州探报虏人侵犯有日，止绝楚州以来纲运。上曰："前此瞻曾理会海州，止用轻兵守。虏以重兵来，须当弃唐邓亦难守。惟泗州紧要。"陈康伯等奏："海州失守，则东海危。虏情不测，恐或窥伺海道。督府遣发镇江官军三千应援。人少亦无益，又无兵可增。若大举则淮上又虚。李宝向在海州有功，可作声势。"上曰："李宝防托海道自不相妨。"

十六日，知庐州韩玼言："庐州并无差到一兵一骑，今来探报番贼逼淮。乞早遣发大军。"陈康伯等奏："合肥在今最为重地，不可不守。军兴以来，虏人入寇，未始不由淮西。而庐州常有重兵，乞拨时俊一军屯驻。却那张守忠军去巢县。"上曰："今日张浚奏来，已调发人马去庐寿。"

二年二月一日，都督江淮军马张浚言："淮上都无事。"上曰："胡昉未有信，北界未见运粮。若动众须运粮。"

八日，宰臣汤思退等言："北元帅书已依宸翰改定进入。"上曰："王之望舟船在龟山摆泊，虏人都无消息。"书云须见可否？又进呈张浚视师，及措置边事指挥。上曰："暂往措置防托，待朕批出有警。即行。"不须择日，先是张浚奏："虏自元亮之后，民心颇离，兼亦惩艾，势未能动，长驱江淮，决无是事。今日书不可不答，更半月恐有报到。有所邀索，亦未可绝。但三月间春草生，须防冲突。乞明降指挥，令臣往淮上视师，免致临期人情惊疑，无事则不须行。"上曰："遣使答书，所以款之正如奕棋着数，有疏脱处便可取胜。"浚又奏："近日外间往往谓臣与宰执议论不和，便欲陛下用兵。今日若能保守江淮，已为尽善。万一机会之来，王师得胜，虏众溃散，不得不为进取之计。是时陛下须幸建康，亦望宰执协力。"思退奏："虏人变诈无穷，朝廷规摹要先定。万一不和，当求机会于他日守御之后，不可寻机会于和议未分之前也。"周葵洪遵奏："今日之举，当量度国力。"上曰："浪战不可，须是机会，不可强为。卿等同心，事无不立。"

三月十一日，宰执进呈："盱眙军缴到北界榜。沿边人户，尽令起移入居里地，指射荒田为业。"汤思退等奏："虏情不可测，或是示弱，或恐间谍往来。故从沿边之民。"上曰："都不要管他，自为守备。"

五月八日，诏东海县，系在远地控扼去处。虽军士久戍，未可休息，可令范荣、吕旺在东海县依旧屯驻。并未得起发。严切备御，候将来事平，当与优异推赏。

六月四日，淮西宣谕，使王之望奏："同诸将分定把截关隘，战守屯泊去处。"上曰："可分明。札下王彦、王之望等。虽地分各有所管，然兵不可太分。如要逐处控扼，使虏人不得过，兵家无此理。却要逐人回奏，须要屯大兵于持重要害之地。"又曰："使诸将各认地分则可。若有缓急，岂宜如此？将兵力分在数处。"汤思退等奏："诚如明诏。"既退相与言曰："自虏入寇以来，常用签军为先锋，多至数十万众。而我兵常患乎少，今又自分其兵，则力益弱矣。圣鉴如此，洞见今日用兵机要。"

十月二十三日，诏令都督江淮军马和义郡王杨存中，与王琪、郭振同共商议。真扬六合一带，占据形势险要去处。措置捍御，毋至少失事机。

乾道三年，七月十九日，上谓宰执："淮东备御事，此须责在陈敏。万一有警，却恐推避误事。卿等宜熟与之谋。"魏杞奏曰："臣等昨与陈敏约，敏亦自任此事。今朝廷但当稍稍应副之则已。"上曰："是"。以上乾道会要。

《宋史·孟珙传》

珙时为京湖安抚制置等使。大元兵至，泸珙言陆抗有言："荆州国之藩表，如其有虞，非但失一郡。当倾国争之。若非增兵八万，并力御备，虽韩白复生，无所展巧。今日事势，大略相似。利害至重。"

《金史·宣宗纪》

真祐四年十月丙寅，诏京师具防城器械，多凿坎阱，筑垣墙于隙地。戊辰，诏吏礼兵工四部尚书，董防城之役。蒙古纲傅纲行元帅府事奏恩州武城县艾家凹水泺清河县涧口水泺。其深一丈，广数十里，险固可恃。因其地形，少加浚治，足以保御，请迁州民其中，多募义军以实之。

《完颜弼传》

弼奏曰："方虽议和，万一轻骑复来，则吾民重困矣。愿速讲防御之策。及劝迁都南京。阻长淮，拒大河，扼潼关以自固。"

《范文正公集·奏乞宣论大臣》

定河东捍御策状，臣窃见契丹遣使来朝廷言欲西征。今边上探报，皆称契丹大发兵马讨伐呆家族。并夹山部落。及称亦与元昊兵马相煞。又报元昊亦已点集左厢军马，既是二国举动大兵，必有大事。以臣料之，夹山等藩部小族，岂二国尽举大兵攻讨？此可疑一也。又元昊自来惟倚契丹侵凌中原，今无大故，何敢便与契丹相绝，而举兵相持？此可疑二也。自古圣贤议皆称夷狄无信，今朝廷便欲倚凭，此可疑三也。前来契丹邀中国进纳物帛，欲屈伏朝廷。元昊借号扰边，屡擒将帅，如盟信可保，何至此今日之举？又可疑四也。河东地震数年，占书亦主城陷。今二国之兵，萃于彼方，此又可大疑五也。又边上探得契丹遣使二道，至南山宁化军岢岚军后面，觇步谷口道路，此又大可疑六也。设或二国不守盟信，卒然奔冲。以数十万众，乘不备而来。河东军马不多，名将极少，众寡不敌，谁敢决战？此大可忧一也。契丹素善攻城，今探得点集床子弩并炮手，皆攻城之具，与昔时不同。况元昊界无城可攻，如却入汉界，并攻一两城，破而屠之。则其余城，乘风可下。此大可忧二也。万一此度，却未奔冲，以取中国之信，使安于疑为后举之策。此大可忧三也。今乞圣慈顾问大臣，如契丹可以保信，必不入寇，亦不与元昊连冲。则乞今日同署一奏纳于御前，使中外安静，不更忧疑。他日或误大事，责有所归。如大臣不敢保信，则乞指挥大臣今日更不归厅，便画御捍之策。抽何路军马，用何人将帅，添若干钱帛，据何处要害。如此定策，犹恐后时，不能当二虏之势。或更因循度日，直候大寇入境，然后为谋。则河东一倾，危逼宗社。臣待罪两府，义当极论。不敢有隐。系圣断处之。

《王之道·相山集》王之道
慰安淮南使，自捍御札子。

契勘江北，自王彦充攻陷寿春以来，人心动摇，日夕延颈跂踵。仰望王师之来，不翅大旱之雨。迨今累月，杳无所闻。乃于八月初四日承七月二十三日，括船禁渡。圣旨指挥藏自十月一日已后，大江更不得通行。官私舟船，候过防秋依旧。且尽括江北舟船，不能禁金人之必渡，而逆料金人遽绝江北之民。且曰："过防秋而依旧，是犹人父兄急难不能保其子弟，逐而去之。"且戒之曰："他日安平，汝当归。四方闻之，其谁不解体，兹正与前日之弃河北、淮北，无以异也。今既不能遣兵戍淮以安其心，伏望宣抚端明重以属郡。

矜怜数千里之民，无所依归，备以之道之言，申奏朝廷。乞特发德音，下明诏，慰安淮南，使人自保守。如有能捍蔽一方，不陷夷虏，候才防秋，必行信赏。要使中外感动。至羸老癃疾，扶杖往听。愿少须臾无死，以观中兴。度几可以上回天听，下协人望。

《张魏公奏议·奏黄州
等处备御事宜状》

臣舟行自上流而下，旦暮反复询究形势利害，大率长江要处，惟汉口采石真扬，出舟便利。今朝廷已各屯驻大军控扼。此外黄州为紧。其次蕲，又其次舒。建炎中，虏人犯江西，自黄造栈以济。盖自黄至光，其路坦夷，不可不过防。而鄂州大军家计，正与黄对境，相去不远。臣近曾具札子，乞戒敕吴拱坚壁清野，量分大军，照管诸军家计。正以备黄，伏想已达圣览。今闻成闵领援兵东下，又那差鄂州一两军偕行上流，水军并赴采石镇江，理固当然。臣过虑虏人，窥襄汉之兵未解，万一潜以精兵犯我，势当有以应之。则众寡或有不敌，兼是水军亦须量留鄂渚，或别为之计，以备缓急。伏望圣慈，更赐详酌。如臣言稍可采。乞自圣意处分施行。

《十二月上李庄简公奏议·论
守御大计状》

臣以孤塞无能之身，蒙陛下起之流落放弃之中。更历内外，浸冒器使。十稔于兹，布衣衡茅之士，遭遇如臣者，果几人哉？顾惟天地父母之恩，虽碎首屠肝，岂能称塞？臣到任未几，恭闻大驾称移跸平江府。将亲御戎辂，誓师两淮。此臣捐躯效命之秋。念方拘縻郡缓，留滞海滨。上之不能吐奇策以佐军谋，下之不能执干戈以卫宗社。乞扈从则贻干进之讥，献谋议则兴空言之诮。夙夜忧愤，莫知计之所出。臣闻忠臣不以出处二其心，正士不以险夷易所守。臣岂敢预忧小人不根之言。遽有所畏避哉？况臣陛辞之日，陛下尝许臣以言倘有所见，其忍缄默。臣伏睹关报刘光世、张俊捍御大敌三捷，继闻海寓流传。孰不庆幸？然臣闻强虏拥兵淮扬宿亳之间，坐观胜败，此其志不浅。赵充国之系虏以残灭为期，孙权每戒江上诸将不贪小利。臣是以未敢以诸将奏捷为喜，而方以金人大队深入为忧。昔杨珉问朱伺曰："将军前后击贼，何以每胜？"伺曰："两敌共对，惟当忍之。彼不能忍，我能忍以是胜耳。"汉祖与项羽对垒，晋宣与诸葛亮相持。方形势未便，孤军远来，未尝与之争锋。周亚夫深壁以却吴军，光武坚营以降铜马。此皆已事之验。臣观今日虏伪布置，必有主谋。愿陛下勿轻此贼，今朝廷所恃独一韩世忠。彼必以精锐挡之。而刘麟辈出没光、黄、庐、寿间，以牵制诸将而分吾力。金人必自淮阳以入楚泗。若社稷之灵，世忠足以御之。则无复事矣。万一众寡不敌，便有瓦解之势。昔楚屈全谓齐公曰："楚国以方城为城，汉水为池。虽君之众，无所用之。"魏文帝至广陵，见波涛汹涌，叹曰："此天所以限南北也。"兵法谓善守者，敌不知所攻。今陛下已据东南形胜之势，敌人万里远来，投兵死地。利于速战，而不利于迟久。今不务重而夸一时之功，决一旦之命。臣恐正堕贼计，非策之得也。臣狂瞽之言，曩备数从列。方燕间，进对造膝之语，所谓万全之策者，尝为陛下陈之矣。金人往年入寇无所得，去冬又无所得而去。士马折伤，固已太半。异时虽欲复驱犬羊之众以犯我，孰肯为用者？此乃坐制强虏之术。臣愚伏望陛下戒敕诸将，各务持重，不过隐忍三两月间。彼师老食尽，然后广设方略，出兵遣击，或邀其归途，我得胜算矣。伪地恃虏为强，虏骑既退，则刘豫父子岂能立国乎？复祖宗之故疆，还

二圣于沙漠,当在此举。惟陛下特加圣虑,臣狂愚冒昧,无任惶惧激切待罪之至。谨具状奏闻,伏候敕旨。

《竹溪先生文集·乞募土人守御札子》

臣契勘自淮以南,与伪境相接地分。守之即多事,弃之即资敌。当缓为计以图之。访闻诸将下各有逐处土人,愿为朝廷招集乡民耕种田亩,置立堡寨,以守一方。如刘纲孙晖之类者甚多,若因所欲,更加选择可委之人。其上使之守州,其次使守县镇。不必须保故地,但使自择要害可守之所处之。仍委逐地分将帅,时出轻骑巡掠境上,以为卫护。万一寇至则避,寇退复保其所事。初朝廷量行应副,稍加就绪,即使自给,渐次措置人兵,别无大段费用。目前虽未见其利,数年之后,增一藩篱之固为利非轻。伏乞圣慈,更加详酌可否施行。

《李忠定公集·奏知
城上守御器具有未备处札子》

臣今日依禀圣旨在新郑门应副。姚平仲下人马器甲,遂急将在军已请器甲津般到新郑门,约计八千余副。据姚平仲称得旨巡觑西北城堡,回至新郑门已日晚。乞来早交割,臣已委官在门下管构讫,并据姚平仲称东西水门,须用排扠术以防贼马。及城上守御器具,比之边城有未备处。臣已逐乙札下京城,所依应施行去讫。合具奏知,御笔卿竭力徇国。朕甚嘉之,中心不忘。金人多诈奸谋不浅,切在审详行之。奏知酸枣门守御捍退贼马札子,臣见在酸枣门城上同卢端措置守御,及催督张扬何灌王师古等接战。贼兵退屈,势必万全,不烦圣虑。所乞差宰执分守四壁,盖虑惊东击西。事体不细,切望留神。所有刘延庆西壁阙人,已差人应副去讫。谨具奏知,御笔公忠略之志,朕记于心。更切询问曾经边塞人,悉心体国,分布防守,存恤抚劳。若贼兵退遁,异等奖擢。奏知防守酸枣门,并乞分遣执政官分巡四壁守御札子。臣适来已到新酸枣门,躬率将士防守。探得北贼已约三四百人,过城壕内作过。今已号令城上见严备守御外,即时札付何灌张扬引两头项人马前来掩杀。合具奏知,仍乞分遣执政官分巡四壁守御。御笔执政上,城恐妨行遣号令。已差蔡懋提举,自可巡城分官守御。

《张守毗陵集·论守御札子》

臣伏读六月二十八日诏书,其略以谓隆祐太后以及六宫前去江表。百司庶府,并令从行。与二三谋臣宿将士庶军人,戮力同心,以备寇敌,进援中原。念社稷之与存,蹈锋镝而罔避。远近感悦,以为陛下志存宗社,先民后己。颙颙之望,遂得所属。今则六宫百司、启行半月防秋之事,未甚就绪。而淮甸之间,凶渠未靖。贻将来之忧。辇毂之下,人心动摇,无保聚之意。窃谓陛下欲移跸以避寇锋。远近忧疑,殊无固志。臣固知庙堂之议未必然。然而士庶之情,不能户晓。悠悠之谈,牢不可破。盖以但见江上守御,未有措置。虽已点集民兵,恐不可恃也。建康城池,未甚深峻。虽已本府修治,恐不能成也。兼谓江北贼路不一,而一杜充不能尽御也。以此三者,便谓六飞不为固守之计。前日之诏,恐成虚文。臣亦私忧备御之策,亦有未至,今日已迫矣。姑举其简易可行者,愿早为之所。臣闻兵有先声而后实者,今日官兵微弱,盖亦大振起之?行在之兵,不计多少。宜于建康府城之外,以至江下,分置营寨。多设旗鼓,星列棋布。责之将领,抚循训练。早晚

教阅,使钲鼓之声,常闻于数百里外。仍又间于虚塞设疑兵以助声势,则大江之北,俱我有备。默销奸谋,日遣御营。使副一员。躬行按阅。事艺稍精,立加旌赏。小不如令,必正军法。每旬日则陛下一亲临按阅,而又大赏罚之。则士气激扬,人自贾勇必有可用之实。岂惟先声而已哉?所有沿江防托,即乞先用本州县厢、禁土军弓手。如或不足,则益以民兵。庶不专恃不教之民,以捍方炽之虑也。所有建康府修筑城壁、楼橹,即乞暂那诸军。并力修治,责以旬日毕工。庶不以辇毂之重,而同州县之役也。如此,则行在军民,必有为陛下效死弗去之意。如有缓急,徐为进退。然而所向之方,当亦预定。以防袭逐之患,尤所不可忽者。今日之事,大且急无以加此。其他琐琐皆不足为陛下道,始有可采即乞睿断。早赐施行,取进止。

论守御札子

臣伏见陛下,上念宗社之重,远怀二圣母后,思还京都。形之诏音,中外感悦。然而西京未静。粮馈未充。千乘万骑,难遽启行。而防秋之期,才一两月。秋高马肥,长驱深入其控扼之地,其守御之方,所当聚兵,所当积粟盖非一途。虽庙谟密议,未易测知。而臣区区之私忧,不能自已。日夜念虑,敢复贡其狂瞽之说。臣闻兵法曰:“无恃其不来,恃吾有以待之也。无恃其不攻,恃吾之不可攻也。”况金贼猖獗,凶焰尚炽。有必来必攻之理,则为备可少缓乎?臣切谓其来犯淮甸,凡有四路。其一中路自两京趋东京,沿汴河由天长以来,由众人常行之路,凡一千七百八十里。可以控扼守御者,南京宿泗天长军是也。其一东路自沧滨趋京东,由淮阳军绝淮入楚州而来,则自北直南大路,凡一千九百里。可以控扼守御者,青沂淮阳楚州是也。其一西路自西京趋颍昌蔡州顺昌府庐滁真州而来,则自西北而至东南,凡一千八百一十五里。可以控扼守御者,顺昌庐滁真州是也。其一上流自西京颍昌唐州至于襄阳,凡一千一十里。绝襄江而至荆南,则一千二百九十五里。自西京颍昌蔡光州而至黄州,则一千三百六十里。皆可沿江顺流而下,可以控扼守御者,襄阳、荆南、江之北则汉阳、黄蕲和滁真州,江之南则岳鄂、兴国、江池太平州是也。四路之中,又有要害之地。中路则泗州据淮,天长据险,为可御。东路则青州据木陵关,楚州据淮阴,为可御。西路则庐寿为可御。上流则襄阳、荆南、蕲黄,为可御。不幸顺流而下,则沿江诸州,各据地利以临之,合从共御。庶乎其可也。然当今之势,欲控扼守御则无人,欲聚兵积粟则无财。仰给漕计不足,横取民力而民力已困。然亦岂以此而坐待其至邪?伏望陛下诏谕大臣,取四路守倅帅臣,铨择能否易其尤不才者,然后于要害之郡,各赐缗钱,视大小为等差,责之募战士,责之储刍粟,责之缮甲兵,使明斥候,公赏罚。进相援,退相保。陛下亲降手诏,委曲铣谕。许以便宜,使之夙夜尽力捍蔽,效死而辞。如俟缓急,临时指挥。《决难办集书》曰:“惟事事乃其有备,有备无患。”伏愿陛下思惜寸阴之义,而早图之。天下幸甚。取进止。

再论守御并乞预措置
六宫百司府库札子

臣恭惟陛下,时巡四方,驻驿淮甸。还阙之意,屡形诏音。然而恐洛未清,粮储未广,兵力未强,国势未振。虽遣马慎应援河北,窃恐乌合之众,未能必其有功。虽遣信使相继祈请,窃恐狼子之心,未能必其退听。臣昨论奏四路防秋,择其险厄以备守御。然犹恐兵民之心,望风畏怯,亦未必其能截然坚守,以为扦蔽也。又况扬州四达之冲,城不若京都

之高厚，池不若京都之深广，旁无高山大河之阻，近无强蕃重镇之援。而六宫在行，百司扈跸，以至府库仓廪辎重甚多。动静之间，利害相绝。设或一旦有意外之警，前御强敌，后逼大江。臣恐良平之谋，贲育之勇，或无以善其后，欲望睿慈，诏督四路帅守监司，措置把隘事宜。条具以闻，镂谕切责。使之合纵连横，扼其要害，遏其奔冲。不止为婴城自守之计，然后稍可恃也。仍诏大臣，审度事机。如六宫百司，与夫府库之积，预行区处，以图万全。而陛下与群臣专俟守御，徐为后图。则进退周旋。度几简易而不烦，从容而不迫矣。臣愚慼不足以策大事，惟陛下留神，天下幸甚。取进止。

《应诏论备御札子·臣准
御史台承都省札子》

臣寮上言，边事未宁。乞大询众庶备御之策，奉圣旨行在职事官。具所见闻奏者。臣窃以金人自去冬以来，破澶濮德魏。侧闻游骑及于济郓，未有退师之期，圣心焦劳。主忧臣辱，敢不自竭？图裨补于万分，臣观今日强弱之势理，难与之决一旦之胜负。虽已遣范琼韩世忠会师东北，固已画国之势力以事备御，不过如此矣。然谓二将之兵可恃以无恐，则非臣所敢闻也。是宜广询计策，以图万全。臣窃谓今日莫先于远斥候使平安警急之报，速闻于朝廷，昔三国时，烽火一夕行于万里。而前日北京失守二十余日，而后知之。臣谓更宜措置探报，使之速闻。然后在我之计可得而用也。今日之计有二而已，一曰："防淮，"二曰："渡江。"然二者固有利害，臣试为陛下陈之。何谓防淮利害？使贼由常道而来，则可防者有三。自南京宿州而来，则泗州为可防。自东平青沂入海州而来，则楚州为可防。自青沂入淮阳而来，则楚之淮阴为可防。三路皆须渡淮，则凡淮北舟船尽拘留，淮南我屯重兵据地利临之。贼未必能遽渡，而维扬可以苟安。此防淮之利也。然而有三患焉，一则我师惰骄勇于私斗，而怯于公战久矣。万一贼骑抵淮，则望旌旗而变色，闻钲鼓而失声，其不溃散者几希，而胜败盖不论也。则今日之防淮，犹向日之防河矣。此一患也。二则淮北舟船不能尽收，斩木系筏，亦或能渡。此二患也。三则贼或慎愼知有备，出吾不意，由间道而来，或以精锐先绝吾渡江之路，则坐受危困。此三患也。何谓渡江利害，大约三倍于河，而五倍于淮。金人之所不测，而劳师袭远，又非其利。我宿重兵于建业镇江，亦据地利以临之，则贼未必能遽来。此渡江之利也。然亦有三患焉，则一銮舆南巡，去中原益远。而中原之民，易以动摇，此一患也。二则行在之兵，多西人也。未必乐于南去，恐或肘腋生意外之事。此二患也。三则行在之兵不多，銮舆既动，则必宿兵于淮上，亦必宿兵于扬州。又必有扈跸而行者，兵分势弱。一有缓急，何以御敌？此三患也。惟其利害相形，故缙绅之伦遂不能决。若为保守中原之计，而幸其不至，则防淮之策为得也。若为宗庙社稷之计，而出于万全，则渡江之策为得也。今权轻重之宜，缓急之势，而不得已。则姑为南渡之计，庶乎其可也。然而所谓三患不可不预为之谋。当权轻重缓急，别择重师镇守维扬。则中原动摇，未足忧也。先诏诸将，以利害祸福强弱之说遍谕将士。使上下之情通，然后启行。则西兵不乐，非所忧也。建邺镇江，亦各择重帅使挡一面，则兵分势弱，亦非所忧也。今渡江以图万全，非舍淮而不防也。特以淮不可恃而已。若止防淮，而不为渡江之计则不可。盖或淮不能遏，猝有三患。亦不免于避地，将见争舟竞渡，而指可掬矣。又况千艘相衔，出入两闸，度非数日不能尽。若加促迫，必使毕于朝夕之间。亦恐舟未脱而漕河涸矣。则所谓渡江，亦非仓猝所能办也。欲望睿慈，诏大臣将帅预行区处。渡江利害。使之尽善，以俟探报。臣故曰："探报速闻，然后在我之计可

得而用也。"或谓："彼能渡淮，则亦能渡江矣。"臣以为不然。昔魏文帝以十余万众欲渡江，见波涛汹涌，叹曰："嗟乎，固天所以隔南北也。"遂归。则金人未必能遽渡，理恐然也。
后亡

韩元吉《南涧集·十月末乞备御白札子》

一虏已深入淮甸，今日所当防江。未闻朝廷火急措置。如镇江建康采石池口诸处，人兵各有多少？如何分布？宜遣使不住宣谕，激励将士。仍乞指挥沿江守臣，速行团结民兵于无官兵处。声势相望，各守江岸，以护乡井为意。但得人心齐一，只能奋击炮石，踏弩放箭，使可守御。盖虏人恃众渡江，不比华人须择岸口。定是多缚排筏，一时散渡。若止控守渡口，致其别处登岸，不在官兵地分，便至失事。

一虏若未敢渡江，只据淮甸，得州守州，得县守县，则江左岂得奠枕？今不知扬州和州，尚有大军多少，并戍马军直来甚处会合？枢密行府如何措置？传闻虏已乏粮，煮马而食。宜密降处分诸将此事，更须精加察探。恐其排筏木未备声此误我。若果曾断其粮道，渐至饥乏。乞上手书戒敕诸将，皆以国事为念。同心戮力，出奇奋击。但痛败得一两阵，使虏遁去，然后可保无虞。只便退军保江，虏已宿兵运粮，则山寨水寨之人，何所归附？将来淮甸，如何攻取？扬州不保，通泰遂失海道，直与常熟江阴相对矣。沿江纲运如何运行？岂得但以保江为言？此事切须奏知，审问诸将方略。

一自淮上交锋，今已一月。虏人迫江，又已旬余。阴雨沍寒，前有大敌，将士劳苦。而朝廷未住常程。虽欲外示闲暇，然不急之务，皆未省去，无以鼓动军心。倘车驾未顺动，宜遣王人遍行抚问。如特支犒设之类，有不可缓者，并岁币之费。亦宜且降指挥，依数椿管。欲专充激赏使用，以慰累年积忿冒矢石之心。

一虏既垂军深入，不顾其后，但乞敕诸将之未渡江者，若果已断其粮道，虏众饥乏，则可会合一战。此贵拙速，盖虑其济师运粮，则我军却当腹背受敌矣。如其不然，彼众我寡，但能坚壁清野。时出奇兵，略其粮运，扰其营垒，虏若不归。延日持久，彼国当自有变，盖中元人心已离，所签军士涉数千里之远，岂不思归？特畏其法令严酷，而我之胜形未见，故未敢动尔，其沿江诸将，并监司帅臣总领等，合令日下具平安状申以察事机。

一昨来降诏亲征，正欲激励。将士今虏已渡淮，即亦宜径临江上。然沿路排办祗备，多日恐难。但已却致将士及四方疑惑，谓宜暂驻平江，以相事势。今幸刘帅大捷。宜令诸将之已渡江者，疾速济师，以为犄角。直须驱逐过淮，方得今冬无虑。其刘帅军合先犒赏。

一广德军一路自溧水直抵余杭，虏往年尝由此入寇。合有兵马控御，乞选将星夜沿路择要害措置，亦集民兵团结，仍多置斥堠。如夹岗路、吴江长桥，亦宜密加屯守，以备不虞。此下策也，不得不虑。而平江沿海对淮，亦宜复制置一官，抽集水军，以为警逻。

韩元吉

一自亲征诏下，有进发日子，及虏已犯真州。行朝居民，类多迁徙。西方士大夫之待选者，往往亦归，窃恐传播有过其实，乞令进奏院。日下报状并入斥堠，庶使四方排日皆知朝廷动静，以消境内之虞。如荆襄、四川报状，尤要疾速。此事虽小，所系甚大。其斥堠铺，宜添差使臣，不住往来驱催。如有警急，许巡铺使臣径具飞甲，务要知远近事宜。而朝廷机速房更乞严加约束，无至漏泄。近日刘帅有密奏，人能诵之。前者诏檄未颁，已传于外，岂不决体伤事？

一比见枢密行府，已招效用。则行在亦宜招集盖莘毂之下，无类游手至多。富家大姓，一旦迁移，不肯放债借钱。此辈无所得食，便至失所。昨来京师盖尝鼓唱横议，或于斜街暗巷，恣行剽夺，致居民不安。岂若朝廷损少钱米聚而养之，俾一二。将校团结收管，虽未必皆中用，且得不至生事。候平定日却行放散，所费显属不多。

一将来车驾进发，亦乞三两日一降指挥，存问临安居民。如放房钱支赈济米之类，俾人日知巡幸。所在如有捷报，依次关留司出榜。仍乞临安府分差使臣，责以军法，认定地分，夜巡觉察贼盗并奸细放火惊动之扰。

一近因人家迁徙，传闻严州界上，并长河堰下，已曾劫了舟船。陆路亦有剽夺恶少。乞降指挥侧近州县，督责巡尉，不住躬亲于道路巡警。若有此类，并行军法，其巡尉失觉察，亦以军法从事。度得警肃。

王鲁斋《甲寅藁·丙辰上庙堂书》

某切谓，今日内治无一之可言。惟治外之心，尚存畏惧，未敢尽出于私意也。凡有爱君忧国，亦于其可用力者，竭其虑而已。今日孰不曰："鞑兵斡腹之谋，最可忧也。"愚则曰："此不足忧。"盖思播之至辰沅，千有余里，中间山川之险阻为最多。兵法百里而趋利者蹶上将，五十里而趋利者军半至。岂有逾千里险阻而能谋人之国哉？惟无蜀为可忧耳。况今蜀之兵将，尚可轩轾。鞑果有入寇之谋，岂不虑蜀兵之尾其后，可以抄其辎重，可以绝其粮道，可以断其归路？鞑之狡谋，必不如是之疏也。广西湖北，固不可不备，而不足忧。不然，海道又岂不足乎？夫海舶与江舰不同，进退实系于风，非人力之可必。得风而进也固易，失风而退也极难。彼岂能为必胜哉？能无虑其欲退乎？是海道不可不防，而亦不足忧。惟平原旷野，飘忽震荡。长驱直捣，是其所长。其实所当忧者，只在两淮耳。然则，自古拥重兵以窥江者，未有不败。若狡虏黠酋，知用羊祜之策，识王朴之谋。时出轻兵以扰之，或据我一二城。左右望以俟间，是淮南无日不被兵也。江南之力，日消月削。虽有上知，莫能为之谋矣。前日维扬之兵，以累年虏至不战，有以召其来。今春之捷，以背城一战，出其不意，所以败而去。后日雪耻之师，势所必至。来之速，愤兵也，虽可畏而谋必浅。来之迟，则谋深而不可测。但淮之列郡，凋弊甚矣。因其未至，若不增囤积粟，保险据势。有以大剉其锋，则兵祸未易解为。今日备御之道，未论某将当陛，某将当黜，某屯当修，某险当守，某兵可以为某援，某粟可以为某粮，大略规抚不立，疏陋苟安。其弊固不止一事，而其至深至切之害，莫甚于清野。非特无御，外亦并其内而大困焉。而举国不以为非也。昨自嵩之创此缪画，二十年来，号为奇谋妙计行之。愚言之不以为耻，如出一人，如同一口。而今日江南之困，亦已深矣。而犹未之思也。盖自三代以来，但闻募民徙塞下矣。诏民入粟实塞下矣。至于屯田之利，兵民杂耕，书于史册。前后相望，未闻以清野为奇谋妙计也。使清野果可以为外治之上策，则自古谋臣良将，凡英杰智略之人，不应皆如是之愚，而不知计之出此也。古人亦自有清野之时，援兵未至，闭城自守。

使敌至无所资，以为一时之暂可也。当嵩之时，适中原荒残之后，芦苇一望数千里，虎豹出没其间。虏人赍粮远战，易于乏绝，不能不指南方为续食之计。是时清野以待之，可坐而困敌，能侥倖数年之安。后之不者，不知通变。守以为不可易之论，而不计其术之穷也。苟虏人必有南牧之志，我虽清野，彼自运粮积粟于沿淮诸郡。轻骑裹粮，一日夜可以直叩长江，此时复可清野以待之乎。譬之富家巨室，平日赡养群奴，其费固不赀也。日足以为藩屏之卫，夜足以为盗贼之防。今有人为之谋曰："盗之所以窥伺者，以主家有物可取耳。使主家尽鬻其所有，空室以居之，群奴可以熟睡。无巡警之劳，盗自不至。不亦善乎？盗则果不至也。其如主家坐困而无以赡群奴何？特此规抚不立，疏陋苟安而已。岂知其为根本害也。夫自南渡以来，两淮非不时时被兵，而每年粟、米、麻、麦、丝、绵、漆、果、之过江南者，舳舻相尾。江南藉以为用，国以富强。自清野之后，此利遂绝。使淮南之货，不及江南。犹未为大害。今则不免竭江南之力，以赡江北之屯。凡昔之渡江而南者，今反尽输于江北矣。又不止此也。两淮之流民内徙，扶老携幼，百十为群，累累于道路者不绝，此辨于江南以为生者也。今不知江南沃壤盛大之区，可数者几，而可久充江北无穷之需乎，所以为根本之大害者此也。夫兵食出于农者也。养兵所以卫农业以自给，今既不足以为农业之卫，又从而夺其常业，驱其老弱，使之转乎沟壑，是岂养兵之道与？愚请得以索言清野之大缪，安土重迁民之至情也。昔盘庚不忍民之罹水患也。开陈利害，反覆叮咛委曲，以勉其不可不迁，犹不能止百姓胥怨之言。况鞑骑之来，未如患水之不可措手，老弱者势不能拒。而自知外避，正不必驱之避也。自避与驱之避，其事情大不同。自避者心死意销而无他念，驱之避则含怒蓄怨有时而发。彼甘心于自避者皆老弱。强壮者或欲自相团结，或保险阻，或俟利便奋身击逐，皆可一挡百。盖彼自护其生产作业，不待令而出死力以敌之。善用兵者，不过能发人心之愤，导其势而已。今既足以分官军之劳，且无馈饷供给之需，亦何苦自失其助哉？方鞑虏未至，生业垂成，遽下清野之令，焚其庐，毁其业，驱迫流离之人，未见鞑骑之害，而先受官军之苦，彼疾视其长上，面归怨于朝廷何可解也。苟有勇士一呼，皆为剧盗。其忧未易平，一则失民兵之利，二则失边民之心，最大者自困江南之力。其病在于各自为谋，此不相恤。在外者不恤朝廷之乏，不恤民力之困。在内者不恤边备之虚，不恤军士之贫。此愚所以夙夜隐忧，而言不足以达君相之听，智不足以破通国之惑。若夫省观大势，斟酌可否，操持大柄，岂不在朝廷乎？欲望钧慈，特赐敷奏。下此一札。令侍从给舍台谏馆学，百执事集议于朝。条具其清野利害之实，与夫今日备御之策，及所以区处流民之道。惟圣天子平心远览，采其良策。力主于上，力行于下。天下幸甚，宗社幸甚。"

臣闻御戎之策有三。曰："战"，曰："守"，曰："和"。因时施宜难执一。然其事未尝不相关焉。锐于立功者，则曰："残虏烟灭，中原丘墟。振兵直前，当如摧枯拉朽之易。不特慰来苏之望，尤可成克复之勋。是则攻战之举，固不容缓。"然深谋远虑者，则曰："理内斯可御外，强本斯可折冲。兵财俱乏，事力不继。而遽寻干戈，则召衅稔祸。功未成而害己见，其可不为备守之图。"然城垒方营，而侵轶己至。粮食甫积，而剽掠时警。羽檄交驰，将左支右吾之不暇。其能固其圉乎？是人不容于不和也。是必和亲以纾其扰，然后备守之计为可图，备守以壮其势，然后征伐之谋方可举。是以古人虽和，未尝不为守。虽守亦曷尝忘为战之备哉。请以汉家之事明之。汉兴之初，平城之围未报，嫚书之辱未雪。黎庭扫穴，似不容已。然而樊哙横行之请则却之，贾谊三表五饵之策则谢之。和亲之约，细过之弃。寇盖往来，金缯赂遗。曾不以为劳且费何耶？盖小屈者，所以为大伸之基。

而敛翼匿形者,未始不为博击计也。况当是时,民之疮痍未瘳,而休息之政未施。公私之积尚乏,而边陲之警未宁。则所以拳拳于议和者,将以为备守之图也。故塞下之粟可得而积,内帑之钱可得而羡。材官骑士搜阅于都试,六郡良家之子,闲习于驰射。凡此者,孰非为攻战之备也。迨夫,国势已强,皇威益振。然后驰阴山之北,而使漠南无王庭焉。极其盛也,款塞而慕义,稽首而称藩。推所由来,亦和亲之计有以基之。今日和好之议,意或出此。是岂怯慑而不振者乎?所患者玩一时之少安,而忘备御之大计耳。况狼子野心,背服靡定。其吞并种落,每以和好为豢敌之计。今当深思曲防以伐其谋,外姑示讲和之意。而内实为强本之图,厉兵坚守,常若寇至。来则应之,侵则御之。庶乎其可以自固也。乃者辄使之来,或欲绝之以杜其窥伺,或欲卑之以示吾名分,或疑其虚伪而不应加礼,此固所以尊国势而挫戎心。然此既通好于彼,彼以复命而来。已抵中都,亦难遽绝。宠以锡赉,劳以燕享。随时施宜,不得不尔。初非过于惩创而自损威重也。虽和好成否,难以预计。然绝之毕之,则愤心一生,其能保其无间言乎?衅端一开,其患立见。盖不止于威重之少损也。为此举者,姑欲因此而达和好之意。款侵扰之兵,而为安边息民之计耳。使和议既成,尚当严于备御。况议犹未定,可不亟思所以处之乎。且今之师旅,疲于攻守,财用耗于调发郡邑,困于应办。尽心力而为之,犹惧不给。一或少缓,突如其来,得无彷徨失措乎?兵之阙额者,当补而训练之必精。城之颓圮者,当修而防捍之必严。事事而为之虑,使无一之不尽。所谓无恃其不来,恃吾有以待之者,此乃御戎之上策也。吁!内修者如支倾,极力拄撑不急则仆。外攘者如奕棋当审彼已,轻举则失。苟为计既审,而又极力以拄之。安强之效,自可坐致。虽然,能战而后可以守。苟徒曰守之可以无虞也。彼长驱而来,与吾对垒。拥兵直前,其能闭关以自保乎?抑锋镝不容于不交乎,是则攻战之具,尤所当讲。今虽未为开拓之谋,然岂终忘规恢之计?生聚教训。可以成报复之功。内修政事,可以收外攘之效。根本苟强,皇威益振。天道好还,宁无可乘之机。第今未可为耳。今主议于中者,既有定论。而宣力于外者,当为远谋。羊祜在襄阳,务修德信。使命常通。刈穀为粮,则输绢以偿。欲进诡计,则却而不纳。二境之间,欢然交和。疑若安于苟且,而无远略矣。孰知夫规恢之谋,已寓于此。而混一之功,不旋踵而成。今之任责者,当以是为心。毋贪小胜以穷追,毋校小嫌而起衅,养威持重,待时而动。复文武之境土,当侔德于宣王矣。惟陛下与大臣亟图之,取进止。

元郝经《陵川集·备御奏目》

臣经言:臣初离阙廷,示知朝廷用兵次第。虽条奏新政,不敢遽言。但举备预大略一条而已。今闻西北阻命,朝廷处置。自辽东至于丰靖以及河西,其关隘备御必无缺绽。未知西域回鹘诸国及土波大理绕出西南,尝为备御否?其土地广远,兵力豪劲。且其酋长多变诈,惧乘虚作变,与西北连衡,遏绝旭烈大王。在所蚁聚,转相营惑,使有反顾之忧。又西蜀两川新集或为摇荡,便有意外之变。宜遣一大官知兵者,选集回鹘诸国土波大理一带,马于好水草险要处驻札。与关西宣抚司肱脾相应,是断西北右臂。且张声势以接应旭烈大王军马,则国势日涨,西北日沮。诸国不敢觊觎,两川得以倚重。如不为备,或有透漏,则数千骑可以突出关河南。无结草之拒,中原震动矣。臣又切见江上退师以来,宋人颇有轻中国之心。盖彼疮痍未完,不敢窥伺。然国家不可不为之备。四川、河南、京东、山东当置四总帅,西川自成都至兴元接上均州置一帅,河南自唐邓至陈颍置一帅,京东自睢亳至宿泗置一帅,山东自邳徐沂海并东北海口置一帅,于陕西河南酌中处置一大行台总统东西,以壮国家藩垣,便使宋人请和。边备亦当如此。臣愚微渺燋火之见,不敢自蔽。且即入宋,不胜恋阙。故又及此,伏取圣裁。中统元年六月七日上进。

《分地守御》

《北边备对》

冒顿既定,建庭之地。遂自其庭分左右,而随立王。将以典主之,凡其左王将谓左贤王左谷蠡之类则居东方。在单于之庭东故曰左而直上谷东接秽貉朝鲜。其右王将则居西方。谓右贤王右谷蠡之类而直上郡以西接氐羌。此即班固之谓"各有分地者也。"今用此之分地,而推其所分之方。则其居东方而典左地者,自房庭之东,以至上谷朝鲜、凡战斗皆任之。而居西方典右地者,尽西南羌氐之地,亦其所任也。于是兵出东方,则左王将知之,而其啸召兵徒亦专出于左地也。兵出其西,右王右将亦任其责,而调发亦出西方。此其有分地而次第可考者也。是故月支之地,即河西之郡数为汉所败。于方为西,则召休屠浑邪欲以不任诛之。霍去病出代右北平二千余里,直左方兵则与之战。而获其右方之旗鼓,即其分地之可考者也。李陵之兵,敢战而锐。匈奴既为所胜,遂悉召左右地兵以御之。惟此一役,左右地兵皆召。足以见李陵为虏所惮矣。他时不尝如此也。

《捍御》

《东汉书》

虞延为户牖亭长,时王莽贵人魏氏宾客放纵。延率吏卒突入其家捕之,以此见怨,故位不升。王莽末,天下大乱。延常婴甲胄拥卫亲族。捍御钞盗,赖其全者甚众。

《新唐书·郑从谠列传》

从谠余庆孙,及进士第,授岭南东道节度使。先是林邑蛮内侵,召天下兵进援。会庞勋乱不复遣,而北兵寡弱。从谠募土豪署具酋右职为约束,使相捍御,交广晏然。

《宋史·列传》

柳约知台州,徙严州兼浙西兵马都监,节制管内军马。当是时,金人大入。杜充拥众北去,列郡震恐。莫有奔问。官守者,约于横溃中屹保孤城。悉力捍御,境内按堵。则慨然上书。请纠合诸郡,克复吴会。上嘉其忠,进右文殿修撰,守郡如故。

不畏强御

《诗·烝民篇》

仲山甫不侮矜寡，不畏强御。

《公羊传》

庄公十二年，宋万弑其君接，及其大夫仇牧。何以书贤仇牧也？何贤乎仇牧？仇牧可谓不畏强御矣。其不畏强御，奈何宋万尝与庄公战，获乎庄公。庄公归，散舍诸宫中。数月。然后归之。归反为大夫于宋，与闵公博。妇人皆在侧，万曰："甚矣，鲁侯之淑，鲁侯之美也。"天下诸侯宜为君者，唯鲁侯尔。闵公矜此妇人，妒其言。顾曰："此虏也。尔虏焉？"故鲁侯之美恶乎？至万怒，搏闵公，绝其脰。仇牧闻君弑，趋而至，过之于门。手剑而叱之，万臂杀仇牧。碎其首齿，著乎门阖。仇牧可谓"不畏强御"矣。

《史记》

赵奢为田部史，收租税。平原君不肯出，奢以法治之。杀平原君用事者九人。

《西汉书》

盖宽饶不畏强御师古曰："绝梁而御善者也。"王尊刺讥不惮将相，诛恶不避豪强。

《通鉴·汉成纪》

司隶王尊劾奏丞相衡、御史大夫谭知石显等，颛擅权执，大作威福，为海内患害。不以时白，奏："行罚。"而阿谀曲从，附下罔上，怀邪迷国。郅都为济南守，先诛瞷氏三百家豪猾，余皆股栗。

《东汉书·祭遵传》

光武谓诸将曰："当备祭遵，吾舍中儿犯法尚杀之，必不私诸卿也。"董宣为洛阳令。时湖阳公主苍头，白日杀人。因匿主家，主出行而以奴骖乘。宣叱奴下车，杀之。张纲奏大将梁冀曰："以苕荛之资，居阿衡之任。不能敷扬五教。翼赞日月，而专为封豕长蛇，肆其贪饕。上天不赦，大辟宜加。"书奏，京师震恐。下邳周纡为洛阳令，下车先问大姓主名，吏数闾里豪强以对。纡厉声怒曰："本问贵戚若马窦等辈，岂能知此卖菜佣乎？"于是部吏望风旨争以激切为事。贵戚跼蹐，京师肃清。

《鲍永传》

永为司隶校尉，鲍恢为都官从事。抗直不避强御。萧咸私谓王闳曰："董公为大司马册文，允执其中。此乃尧禅舜之文，非三公故事。"长老见者，莫不心惧。窦景擅发边兵，惊惑吏民。二千石不待符信，而辄承景檄。当伏显诛。又奏司隶校尉河南尹，附阿贵戚

不举劾,请免官按罪。群臣朝贺,大将军梁冀带剑入省。尚书蜀郡张陵阿叱令出,敕羽林虎贲夺剑。冀跪谢,陵不应。即劾奏冀,请廷尉论罪。有诏以一岁俸赎,百寮肃然。河南尹不疑,尝举陵孝廉。乃谓陵曰:"昔举君适所以自罚也。"陵曰:"明府不以陵不肖。"误见擢序,不疑有愧色。吴树为宛令之官,辞梁冀。冀宾客布在县界,以请托树。树曰:"小人奸蠹,比屋可诛。明将军处上将位,宜崇贤善以补朝阙。自侍坐以业,未闻称一长者。而多托非人。诚非敢闻。"冀默然不悦。树到县遂诛杀冀客为人害者数十人。李膺为司隶校尉,时张让弟朔贪残无道,惧罪外匿。兄让舍藏于合柱中。膺知其状,率将吏卒破柱,取朔付洛阳狱杀之。

《晋书》

李意迁御史中丞,当官正色,不惮强御。

《江宁志》

陶回,性雅正,不惮强御。丹阳尹桓景佞事王导,甚为导所昵。回常慷慨谓景非正人,不宜亲狎。会荧惑守南斗经旬,导语回曰:"南斗扬州分,而荧惑守之。吾当逊位以厌此谪。"回答曰:"以明德作相,辅弼圣主。当亲忠贞,远邪佞而已。"

《南史·王峻传》

谢览出为吴兴郡,平心不畏强御,亦由处俗情薄故也。

《北史·刁冲传》

冲为功曹主薄,执心壮烈,不畏强御。延昌中帝舅司徒高肇,擅恣威权。冲乃抗表,极言其事,辞旨恳直。文义忠愤,太傅清河王怿览而叹息。

《通鉴》

唐韦澳为京兆尹,郑光庄吏恣为闾里患。积年租税不入,澳执而械之。

苏良嗣遇僧怀义。偃蹇不为礼,良嗣大怒,命左右捽曳批其颊数十。怀义诉于太后,太后曰:"阿师当于北门出入,南牙宰相所往来勿犯也。"

武三思尝以事属宋璟,璟正色拒之曰:"今太后既复子明辟王当以侯就第,何得尚干朝政,独不见产禄之事乎?"

太平公主与僧寺争碾硙。雍司户李元纮判归僧寺。刺史窦从一大惧,亟命元纮改判。元纮大署判后曰:"南山可移,此判无动。从一不能夺。"

宋璟为吏部尚书,李乂卢从愿为侍郎。皆不畏强御,请谒路绝。

《新唐书·裴谞传》

谞除右金吾将军。德宗即位,以刑名治天下。百吏震服。时大行将藏陵事,禁屠杀。尚父郭子仪家奴宰羊谞列奏,帝谓:"不畏强御善之。"或曰:"尚父有社稷功,岂不为庇之?"谞笑曰:"非君所知,尚父方贵盛。上新即位,必谓党附者众。今发其细过,以明不恃权耳。吾上以尽事君之道,下以安大臣。不亦可乎?"

李义府恃宠,逼杀大理丞。中丞王义方对伏叱义府令下,三叱义府趋出。

吕武忠梗出天性,不避强御。而好面折人过。多触忌讳,故及于祸云。

李芾为人刚介,不畏强御。临事精敏,奸猾不能欺。

张杓督理浙西荒政,兼摄苏湖二州。有执政姻党闭粜,杓首治之。帝奖其不畏强御。

基崇礼,高宗时累居翰林,端方亮直,不惮强御。秦桧罢政。崇礼草词显著其恶无所隐,桧深憾之。

《名臣言行录》

杜莘老迁秘丞,入谢。上曰:"以卿忠直,不畏强御。故有此授,自是用卿矣。"

《言行龟鉴录》

晏公敦复立朝论事,则明目张瞻,不畏强御。

百夫之御

《诗·秦风·黄鸟篇》

百夫之御。注御,犹当也。

强不能御

宋华镇《云溪居士集·上海
南运判张朝散书》

是虽天实为之,而巧者不能以智圉,强者不能以力御。会其至时意有适,遂则志士仁人之所欣愿。

善守无御

《文子》

故善守无与御。

防御

《事物纪原》

武后圣历元年,以夏州领防御使禄山犯顺,当冲诸郡皆置之,则是防御,使自则天始也。《职林》云:"至德后置。"《旧唐书志》曰:"至德后中原大郡要害之地。置防御使以治军事不赐旌节也。"

列御氏

《氏族略》

郑穆公时,列御寇著书。

天子坐处

《太平广记》

周代有异僧，号为枨公。言词恍惚。后多有验。时村人于旧杨兴村门大树下言议，枨公忽来逐之曰："此天子坐处，汝等何故居此？"及隋文帝即位，便有迁都之意。

朕清坐处

《宋史》

范成大淳熙中，帅江东兼行宫留守，陛辞诏，明日辞选德殿。特设几开宴，酒三行。命侍行过西小轩曰："此朕清坐处也。"再坐，上曰："劝卿一杯，且有以为侑公。"饮讫，二内侍奉缣素来，上有"石湖"二大字赐之。上为满引，复袖御书苏轼诗一轴以赐。

诸郎坐处

《南齐书》

王僧虔，宋孝武时为御史中丞甲族，由来不居宪台。王氏枝分居乌衣者，位宦微减。僧虔为此官，乃曰："此是乌衣诸郎坐处，我亦可试为耳。"

扫客坐处

《齐书》

王思远为侍中，性简洁。客有诣己者，觇知衣服垢秽方便不前，形仪新楚乃与促膝。及去，犹令二人交帚拂其坐处。

墓取坐处

《齐书》

柳世隆晓术数,于倪塘创墓。与宾客践履,十往五往常坐一处。及卒,围墓者正取其坐处。

置针坐处

《唐书》

杜锡迁太子中舍,屡谏愍怀太子,言辞恳切。太子患之,后置针着锡常所坐处,刺之流血。

三无坐处

《资治通览》

唐中宗景龙三年,时政出多门,滥官充溢。人以为三无坐处,谓宰相,御史,及员外宫也。

梦坐其处

《晋书》

王恭再举晋阳之师,梦刘牢之坐其处,且谓牢之曰:"事克以卿为北府。"恭果为牢之所败。

坐卧易处

《西汉书》

杜延年字幼公,周之子也。为御史大夫,居父官府不敢当旧位,坐卧皆易其处。

坐有膝踝处

《东汉书》

向栩,河内人,性卓诡不伦。常灶北坐版床上,积久板有膝踝足指之处。不好言语。后为侍中,朝廷大事,侃言正色,百官惮之。

英公好处

《容斋四笔》

夏英公既失时誉,且以庆历圣德颂之,故不正之名愈彰。然固自有好处,夏羌之叛,英公为四路经略安抚昭讨,使韩魏公副之。贼犯山外,韩公令大将任福自怀远城趋得胜寨出贼后。如未可战,即据险置伏,要其归。戒之至再,又移檄申约,苟违节度虽有功亦斩。福竟为贼诱没于好山川,朝论归咎于韩。英公使人收散兵得韩檄于衣带间,言罪不在韩故但夺一官,英公此事贤矣。而后来士大夫未必知也。予是以表出之。

一年好处

《夷坚志》

吴中士大夫,园圃多种橙橘者,好采东坡诗:"一年好处君须记,正是橙黄橘绿时"之语。名之曰:"好处"。惟陈彦存损魏塘所居之前一圃,独标曰:"一年好处",颇为新奇。时彦存自中书检正官,丐外为江东转运副使,到任恰满岁而卒。殆成识云。然韩退之诗曰:"天街小雨润如酥,草色遥看近却无。最是一年春好处,绝胜花柳满皇都。"则"好处"二字,难专以归橙橘也。

营丘佳处

江少虞《类苑》

皇祐中,范文正公镇青龙。与僧舍西南洋溪中有醴泉涌出,公创亭泉上,刻石记之。其后青人思公之德,目之曰"范公泉"。环泉古木蒙密,尘迹不到。去市鄽才数百步而若在深山中,自是幽人逋客往往赋诗,鸣琴烹茶其上。日光玲珑,珍禽上下,真物外之游,似非人间世也。欧阳文忠公,刘翰林贡父,及诸名公多赋诗刻石。而文忠公乃嘱武公苏唐卿篆石榜之亭中,最为营丘佳处。元祐中,青守以其地与王氏为水碓,稍后完葺。

终南佳处

《唐书》

卢藏用始隐少室终南山,时有意当世,人目为随驾处士。晚腑太平徇权利,司马承祯尝召至阙下,时还山,藏用指终南曰:"此中大有佳处。"承祯曰:"以仆视之,仕宦之捷径耳。"

作画妙处

《晋书》

顾恺之,字长康,尤善丹青图写特妙。谢安深重之,以为自苍生以来未之有也。恺之每画人成,或数年不点目睛,曰:"四体研蚩本无阙少,于妙处传神写照,正在阿堵中。"

顾恺之

诗精妙处

《能改斋漫录》

众人方学山谷诗,晁叔用独学老杜诗。众人求生西方时,高秀独求生兜率,叔用尝戏吕东莱云:"我诗非不如子,我做得子诗,只是子差熟耳。"吕戏答云:"只熟便是精妙处。"叔用大笑以为然。

史记妙处

《容斋五笔》

《太史公书》不待称说。若云褒赞其高古简妙处,殆是摹写星日之光辉。多见其不知

量也。然予每展读至魏世家，苏秦、平原君、鲁仲连传，未尝不惊呼击节不自知其所以然。魏公子无忌与王论韩事曰："韩必得魏，爱魏、重魏、畏魏、韩必不敢反魏。"十余语之间五用魏字。苏秦说赵肃侯曰："择交而得则民安，择交而不得则民终身不安。齐秦为两敌而民不得安，倚秦攻齐而民不得安，倚齐攻秦而民不得安。"平原君使楚客毛遂愿行，君曰："先生处胜之门下几年于此矣？"曰："三年于此矣。"君曰："先生处胜之门下三年于此矣，左右未有所称诵，胜未有所闻，是先生无所有也。先生不能留。"遂力请行面折楚王。再言吾君在前叱者何也，至左手持盘血而右手招十九人于堂下。其英姿雄风，千载而下尚可想见，使人畏而仰之。卒定从而归。至于赵平原君曰："胜不敢复相士，胜相士多者千人，寡者百数。今乃于毛先生而失之，毛先生一至楚，而使赵重于九鼎大吕。毛先生以三寸之古，强于百万之师。胜不敢复相士。"秦围赵，鲁仲连见平原君曰："事将奈何？"君曰："胜也何敢言事？魏客新垣衍合赵帝秦，今其人在是，胜也何敢言事？"仲连曰："吾始以君为天下之贤公子也，吾今然后知君非天下之贤公子也。"梁客在平原往见衍曰："东国有鲁仲连先生者，胜请为绍介交之于将军。"衍曰："吾闻鲁仲连先生，齐国之高士也。衍人臣也，使事有职。吾不愿见鲁仲连先生。"及见衍，衍曰："吾视居此围城之中者，皆有求于平原君者也。今吾观先生之玉貌，非有求于平原君者也。"又曰："始以先生为庸人，吾乃今日知先生为天下之士也。"是三者重沓熟复，如骏马下驻千丈坡。其文势正尔，风行于上而水波，真天下之至文也。

卧云深处

《颂古联珠》

宋太宗问僧近离其处曰："卧白云庵。"帝曰："卧云深处不朝天，因甚到此？"僧无对。雪窦代云："难逃至化北涧。"简曰："试问卧云深处客，不知何以答升平？荡然至化难逃避，万里尧天一点云。"

幽占堆云处

《禅林僧宝传》

谷泉禅师住芭蕉，将移保真大书壁曰："余此芭蕉庵。"幽占堆云处，般般异境未暇数，先看矮松三四株。详禅僧

责义帝之处

《史记》

汉郦食其说齐曰："汉王先入咸阳收天下兵，以责义帝之处，主诸侯之后。"

欲得穰侯处

《资治通鉴》

司马公曰:"穰侯援立昭王除其灾害,荐用白起。南取鄢郢,东属地于齐,功亦大矣。虽其专恣骄贪足以贾祸,亦未至如睢之言也。睢亦非能为秦忠谋,直欲得穰侯之处耳。"

诸佛出身处

《颂古联珠》

云门偃因僧问如何是诸佛出身处,师曰:"东山水上行。"佛慧泉曰:"东山水上行,出处甚分明。好看尘沙佛,波涛四面生。"真净文曰:"诸佛出身处,东山水上行。目前一弹指,变现自分明。日面月面过,佛手驴脚呈。皆承此恩力,言外度迷情。"云溪恭曰:"诸佛东山水上行,抬头举步落深坑。谁知独足拖泥水,不荐回途十万程。"大洪预曰:"诸佛出身处,东山水上行。促装无伴侣,独自赴前程。"湛堂准曰:"诸佛出身处,东山水上行。面南看北斗,日午打三更。"或安体曰:"东山水上行,褊衫不染皂。壁上画枯松,后园驴吃草。三十二相,八十种好,赤膊抵沙蜂,烂醉和衣倒。"觉报清曰:"诸佛出身处,东山水上行。石压笋斜出,崖悬花倒生。"石庵诏曰:"要会东山水上行,溪边石女夜吹笙。木人把板云牛拍,一曲凉州恰二更。"率庵琮曰:"东山水上行,乾元利贞亨,诮讹一个字,才子近头争。"荆叟珏曰:"诸佛出身处,千般谩度量。东山行水上,眨眼过扶桑。"

诸佛行处

《光明经》

如来游于无量,甚深法性诸佛行处。

佛浣衣处

《西域传》

佛昔盥浴次西小池,佛尝涤器处,次北小池。佛尝有浣衣处,次之三池。龙止其中,味甘且净。有慢触者,金昆罗兽即而害之。次侧有方石,上有佛袈裟文迹。外道凶人有

轻蹈者,池龙辄兴风雨害之。

郭有道宿处

《东汉书》

郭林宗每行宿逆旅,辄躬洒扫。及明去,后人至见之曰:"此必郭有道宿处也。"

居刘安众处

《南史》

刘瑀性陵物,族叔秀之为丹阳。瑀与亲故书曰:"吾家黑面阿秀?"遂居刘安众处。

郎吏卧处

《汉书》

广川王去以阳成昭信为后。去有幸姬陶望卿。昭信潜之曰:"前画工画望卿舍,望卿袒裼传粉其傍。"又数出入南户窥郎吏。去曰:"是中当有自知者。"昭信即诬望卿,历指郎吏卧处。又言郎中令锦被,去至望卿所,令诸姬烧铁共灼望卿。望卿投井死。

不知官曹处

《东汉书》

张玄为陈仓县丞,尝以职事对府不知官曹处。吏白门下责之。时右扶风徐业间玄诸生引见与语大惊曰:"今日相逢真发矇矣,请上堂问难终日。"

先王置酒处

《五代史》

唐李克用破邢州还军上党,置酒三垂冈,伶人奏百年歌。时庄宗五岁在侧,克用慨然

曰:"吾行老矣,此奇儿也。后二十年其代我战于此乎。"及克用卒,庄宗即晋王位。时梁兵攻上党,王乃出兵至三垂冈,泣曰:"此先王置酒处也。"

吕氏无处

《史纪·吕后纪》

吕禄与郦寄出游猎,遇其姑吕须。须大怒曰:"若为将而弃军,吕氏今无处矣。"

夫妻隐处

《郡国志》

长白山,陈仲子夫妻隐处。

前身为妇处

《太平广记》

魏州守崔彦武,部行一邑愕然曰:"吾昔曾在此处为妇人。"因乘马入曲巷,入门,主人公出拜,升堂。东壁高六七尺处曰:"吾昔所诵法华经并钗五双藏此壁中。其经第七卷尾火烧失文字。"穿之果得钗与经。主人泣曰:"已妻存日诵此经藏此钗。"彦武又指庭槐言:"吾昔欲产时,解发置此树空中。"令探树穴果得发。于是彦武留衣物厚,遗主人而去。

是汝入处

《颂古联珠》

玄妙备因镜清问学人乍入丛林。乞师指个入路,师曰:"远闻偃溪水声否?"曰:"闻。"师曰:"是汝入处。"佛慧泉曰:"从这里入头上脚下俱湿。虽然通得咽喉,未死一场气急。风淅淅,浪悠悠,清风何处起?人在木兰舟。"法云秀曰:"一滴偃溪水,四海少人闻。直饶玄会得,也是弄精魂。"白云端曰:"天生碧眼昆仑儿,有艺过人自不知。几度黑风翻大海,波心出没似闲嬉。"罗汉南曰:"风飘碎玉千峰雪,雨滴岩花万国春。堪听偃溪流水急,潺潺终日不堪闻。"旻古佛曰:"投老玄沙村镜清,返闻来听偃溪声。如今洗耳沧浪在,谁肯临流便濯缨。"楚安方曰:"滔滔无问说,只为太亲切。有谁曾其闻,山河齐漏

泄"。文殊道曰："玄妙指示太深深，引线须凭一寸针。闻与不闻门外语，劝君休向偃溪寻。"月林观曰："乾坤独立，从这里入。风吹不着，雨打不湿。"铗山仁曰："一派寒泉下翠微，玄沙拈出为真机，镜清虽向闻中入，流水何曾洗是非。"

总相念处

《四教仪》

应作四句分别。一者境别观亦别，二者境别而观总，三者境总而观别，四者观总境亦总。初境别，观亦别，正是别相四念处。位次境别、观总、境总、观别。此二即二总相四念处之方便。

别相念处

《四教仪》

注引妙玄云五障即除。观慧谛当能观四谛而正，以苦谛为初门。作四念处观破四颠倒枳，玄云别谓各别，身受心法不同故。

十种心念处

《法集经》

所谓身念处、受念处、心念处、法念处、念佛念处、念法、念僧、念戒、念舍、念天心念处。

智不到处

《宗门统要》

道吾智禅师，与云岩同侍药山次。山云："智不到处，切忌道着。道着，即头角生。"师便珍重出去。严遂问智师兄："为什么不只对和尚？"山云："我今日背痛，是他却会汝去问取。"严遂问师兄："适来为甚不只对和尚？"师云："我今日头痛，你去问取和尚。"后云严迁化遣人驰辞书至，师览后云："云岩不知有，悔当时不向伊道。然虽如是要且不违药山之子。"报慈遂云："古人与么道，还知有也未。云岩当时不会。什么处是他不会处。"翠岩芝云："道吾道,云岩不知有,悔当时不向伊说。只如与么道,道吾还知有也无。"

是非不到处

《颂古联珠》

韶山因僧问是非不到处,还有句也无。师曰:"有。"曰:"是甚么句?"师曰:"一片白云不露丑。"自得晖曰:"一片孤云不露丑,白云儿倚青山父。鹤巢露滴梦初回,新月半钩升万户。"

木庵永曰:"独向沧溟截泉流,等闲舞棹掷金钩。白云不露烟波阔,横笛一声天地愁。"

制心一处

《大悲心呪行法实诵》

此神呪者,广发菩提心,誓度一切众生。身特斋戒于净室,澡浴清净着新净衣服。制心一处,更莫异缘。

进止有常处

《西汉书》

霍光为大将军,每出入下殿门,进止有常处。郎仆射常识视之,不失尺寸。资性端劲如此。

不变异处

《颂古联珠·曹山辞洞山》

山问曰:"子向甚么处去?"师曰:"不变异处去。"山曰:"不变异处,岂有去耶?"师曰:"去亦不变异。"丹霞淳曰:"家家门掩蟾蜍月,处处莺啼杨柳风。若谓纵横无变异,犹如掷剑拟虚空。"

不落别处

《颂古联珠·庞居士辞药山》

山命十禅客相送至门首，士乃指空中雪曰："好雪片片不落别处。"有全禅客曰："落在甚处？"士遂与一掌，士又掌曰："眼见如肓，口说如哑。"真净文曰："庞公全提，滴水滴冻。药山阇黎，两眼定动，机不发时，一场困梦。本自天真，阿谁解用。"上方益曰："全禅相送庞公，正值满天雪下。片片不落别处，可怜有口如哑。直饶握得成团，鹄过新罗去也。解道前路善为，免得东打西打。也大奇，三年留客住，莫待去时饥。"冶父川曰："三尺寒光射斗牛，镆铘提处鬼神愁。蛮夷不识将军令，误入重围血颈流。"石溪月曰："头上漫漫，脚下漫漫。拄定即易，瞥转还难。金刚宝剑逼人寒，不堕机锋句外看。"云居悟曰："落在雪里，不犯脚手。钉嘴铁舌，也难下口。挥掌雪团劈面来，打着金刚脑背后。"

非干时处

《僧宝传》

真净文因舒王问："诸经皆标时处？"圆觉经，独不然，何文曰："顿成所演，直示众生。日用现前，不属今古。"只今老僧与相公同入大光明，藏游戏三昧，互为宾主，非干时处。

发踪指示处

《西汉书》

萧何为丞相，高祖以何功盛封为酂侯？食邑八千户。功臣皆曰："何未有汗马之劳，特持文墨议论，不战顾居臣等上，何也？"上曰："猎追杀兽者狗，发纵指示兽处者人也。今诸君徒能走得兽耳？功狗也，发纵指示功人也。"群个莫敢言。

指示个歇处

《禅林僧宝传》

龙湖闻禅师曰："我逃世难来出家，宗师指示个歇处。"

答不在问处

《禅林僧宝传》

风穴沼禅师曰:"问不在答处,答不在问处。"

太学为刍牧处

《东汉书》

翟酺,顺帝时为将作大匠。上言光武起太学诸生横卷,为海内所集。明帝辟雍始成,欲毁太学。太尉赵熹以为太学辟雍宜兼存,故并传至今。顷者颓废,至为园采刍牧之处,宜更修缮,帝从之。遂起太学更开拓房室学者,为酺立碑铭于学。

有胜人处

《南史》

宋宗越粗强惑,一往意气,无复二心。既为废帝尽心,虑明帝不能容。因谋作难诛死。越善立营阵,每数万人止顿,自骑马前行,军人随其后,马止营合,未尝参差。沈攸之曰:"宗公可惜,故有胜人处。"

有过人处

《颂古联珠》

蕲州五祖山法演禅师,嗣白云端,初谒浮山远和尚。远一日语师曰:"吾老矣,恐虚度子光阴。"可往依白云,此老虽后生吾未识面。但见其颂临济三顿棒,话有过人处,必能了子大事。师潸然礼辞,至白云。遂举僧问南泉摩尼珠话,请问云叱之。师领悟,献投机偈曰:"山前一片闲田地,又手叮咛问祖翁。几度卖来还自买,为怜松竹引清风。"云特印可。遁庵演曰:"山前田地卖还买,松竹清风痛自怜。堪笑梦中夸富贵,觉来那直半分钱。"竹屋简曰:"忍死叮咛见白云,一杯鸩酒十分斟。若教不饮空归去,田地无由见陆沉。"又:"卒风暴雨忽迷踪,撞入浮山网子中。纵得白云提得出,依然只是卖柴翁。"

防护风寒数处

《吴志》

吴纪陟使魏，司马文王谓曰："吴自西陵至江都，五千七百里，道里甚远。难为坚固。"陟曰："疆界虽远，而必争之地不过数四，犹人有八尺之躯，防护风寒亦数处耳。"梁松之曰："若曰譬如金城万雉，所急防者四门而已。"方陟此对，不犹愈乎。

无着手处

《晋书》

杜预伐吴，累克城邑。议者更俟来冬大举，预曰："今兵威已振譬如破竹，数节之后皆迎刃而解。无复着手处也。"

无措手处

《后周书》

宗室宇文孝，伯宣帝诛之。隋文帝后谓高颖曰："孝伯实有周之良臣，若使此人在朝，我辈无措手处也。"

无下箸处

《晋书》

何曾位太宰性豪奢，厨馔滋味过于王者。每设燕见不食，大官所设，帝辄命取其食，蒸饼不拆作十字不食。食日万钱，犹曰："无下箸处。"人以小纸为书者，敕记室勿报。其子劭亦有父风，食必尽四方珍异。一日之供，以钱二万为限。晋任恺，初尚魏明帝女。至武帝时为侍中。恶贾充为人每裁抑焉。充乘。间言恺为吏部尚书侍觊转希毁谤益至。谓恺豪侈用御食器，有司检核，是恺妻齐长公主得赐魏时御器也。免官，恺乃纵酒、耽乐、极滋味以自奉。初何劭以公子每食必尽四方珍馔，恺乃逾之。一食万钱，犹云无可下箸处。

无栖泊处

《颂古联珠》

润州鹤林玄素禅师。有僧敲门师云："谁?"僧云："是僧"。师云："莫道是僧,佛来也不着。"僧云："为甚么不着?"师云："无栖泊处。"松源岳曰："十月清霜重,临风彻骨寒。苦无栖泊处,摆手出长安。"自默恭曰："道个佛来也不着,骨头节节是黄金。不消三拜勘破了,鹤唳空山竹满林。"

觅个住处

《颂古联珠》

赵州谂禅师到云居。居云："老老大大何不觅个住处?"师曰："什么处住得?"居云："前面有古寺基。"师曰："与么即和尚自在取。"师又到茱萸,萸云："老老大大,何不觅个住处去?"师曰："什么处住得?"萸云："老老大大住处也不识。"师曰："三十年弄马骑,今日却被驴扑。"掩室开曰："展阵开旗各运谋,前锋相敌未轻休,等闲露出反身句,直得千江水逆流。"率庵琮曰："突出山前古寺基,赵州闻得便攒眉。寥寥今古无人共,一片断云天外飞。"

没着文章处

《老学庵笔记》

吕吉甫在北都,甚爱晁之道。之道方以元符上书责官,吉甫不敢荐。谓曰："君才如此。乃自陷罪籍,可惜也。"道对曰："咏之无他,但没着文章处耳。"其恃气不挠如此。

读书无用处

《吴虎臣漫录》

程伯淳言,今僧家读一卷经,便要经中道理受用。儒者读书却只闲读了,都无用处。

诗题有定处

《苕溪诗话》

山谷言：文章必谨布置，每见后学多言以《原道》命意曲折。后予以此概考古人法度，如杜甫赠韦见素诗云："纨绔不饿死，儒冠多误身"。此一篇立意，故使人静听而具陈之。自云："甫昔少年日，早充观国宾。致君尧舜上，再使风俗淳"。皆儒冠事业也。自云"此意竟萧条"至"蹭蹬无纵鳞"，言误身如此也。则意举而文备。故已有是诗矣，然必言其所以误者，于是有"厚愧""真知"之句。所以真知者，谓传诵其诗也。然宰相职在荐贤，不当徒爱人而已，士故不能无望，故曰"窃效贡公喜，难甘原宪贫"。果不能荐贤，则去之可也，故曰"焉能心怏怏，只是走踆踆"，又将去海而去秦也。然其去也，必有迟迟不忍之意，故曰"尚怜终南山，回首清渭滨"。则所知不可以不别，故曰"常拟报一饭，况怀辞大臣"。夫如此，是可以想望于江湖之外，虽见之，亦不得而见矣。"白鸥没浩荡，万里谁能驯？"终焉。此诗前贤录为压卷，盖布置最得正体，如官府甲第，厅堂房室，各有定处，不可乱也。韩文公《原道》与《书》之《尧典》如此，其他皆谓之变体可也。

《左传》害理处

《容斋三笔·左传有害理处》

《左传》议论遣辞颇有害理者，以文章富艳之故。后人一切不复言，令略疏数端以箴其失。传云："郑武公、庄公，为平王卿士王贰于虢。"杜氏谓不复专任郑伯也。周公阅于王孙苏争政。王叛王孙苏杜氏曰："叛者不舆也。夫以君之于臣而言贰与叛，岂理也哉？"晋平戎于王单襄公如晋拜成。刘康公徼戎将遂伐之。叔服曰："背盟而欺大国，不义。"晋范吉射赵鞅交兵。刘氏、范氏、世为婚姻。苌弘事刘文公，故周与范氏，赵鞅以为讨。夫以天子之使出聘侯国而言拜成，谓："周于晋为欺大国诸侯之卿。跋扈于天子而言讨。"皆于名分为不正。其他如晋邢侯杀叔鱼，叔鱼兄叔向数其恶而尸诸市，其于兄弟之义为弗笃矣。而托仲尼之语云："杀亲益荣。"杜氏又谓："荣名益已。"以弟陈尸为兄荣，尤为失也。

题目出处

《玉堂纪事》

《印书笺题》本为晚学设，不为无益。然而所试诗赋题目，或出经史、传记，注疏文集，诸子百家，难以遍知，今乃揭示本文其法亦善矣。唐时试题不拘出处，如《孤竹管赋》，满场不知出《周礼》，甚可笑也。彼有经义亦效笺题，果何为也？矧治经人所业专一，若不识

出处，缪妄之甚，兹固所当略也。主文已当缺然。

韵要出处

《苕溪诗话》

刘禹锡嘉话云："作诗押韵要有出处。"近欲押一饧字，六经中无此字。唯《周礼》吹箫处，注有此一字终不敢押，予按禹锡《历阳书事》诗云："湖鱼香胜肉，官酒重如饧。"则何尝按六经所出耶？

《洛阳伽蓝记》载：河东人刘白堕善酿酒。盛暑曝之日中，经旬不坏。当时谓之："鹤觞白堕"，乃人名。子瞻诗云："独看红蕖倾白堕。"石林避暑录云："若以白堕为酒，则醋浸曹公汤燖右军可也。"予按文选，魏武帝短歌行云："何以解忧？惟有杜康。"康亦作酒，人而选诗。遂以为酒用，东坡岂祖是耶？

刘禹锡

何须出处

《老学庵笔记》

东坡先生省试刑赏忠厚之至论。有云："皋陶为士将杀人。"皋陶曰："杀之三。"尧曰："宥之三。"梅圣俞为小试官，得之以示欧阳公。公曰："此出何书？"圣俞曰："何须出处。"公以为皆偶忘之，然亦大称叹。初欲以为魁，终以此不果。揭榜见东坡姓名。公谓圣俞曰："此郎必有所据，更恨我辈不能记耳。"及谒谢首问之，东坡亦对曰："何须出处。"乃与圣俞语合。公赏其豪迈，太息不已。

中皆同处

《东汉书》

陈愍王宠善弩射，十发十中，中皆同处。注：宠射有秘法，以天覆地载参连为奇。又有三微为经，三小为纬，经纬相将，万胜之方。然要在机牙。

器玩同处

《晋书》

陆云与兄平原书曰："一日按行曹公器物书刀五枚,琉璃笔一枝。"景初二年七月七日,刘婕妤云:"见使此人怅然按魏武于汉为相,不得有婕妤。"又景初是魏明帝年,如此则文帝物也。与曹公器玩同处,故致舛杂。

知酒肉处

《白氏六帖》

赵达如故人家,具食,食毕,主人曰:"乏嘉肴无以叙意。"达因取双箸再三纵横曰:"君东壁下有美酒一斛,鹿肉三斤。"主人惭曰:"以卿善射,故相试耳。"

知鹅肉黑白处

《晋书·载记》

苻坚从子朗,字允达,为青州刺史。或人杀鸡食之,朗曰:"此鸡栖半露。"检之亦验,又食鹅肉,知黑白之处。人不信,记而试之无毫厘差。

枕席有涕泣处

《东汉书》

冯异为光武司隶主薄,自伯升之败,光武不敢显其悲戚。每独居,不御酒肉,枕席有涕注处。异独叩头,宽譬哀情。光武止之曰:"卿勿妄言。"

食炙不知口处

《晋书》

司马流与苏峻战，食炙不知口处。

巢窟在何处

《南史》

齐谢沦为吏部尚书。时王晏为尚书令，晏尝呼沦共载，沦正色曰："君巢窟在何处。"

居穷僻处

《西汉书》

萧何买田宅必居穷僻处，为家不治垣屋。曰："令后世贤，师吾俭。不贤，毋为势家所夺。"

种瓜温处

《汉书·儒林传》

新丰有愍儒卿，秦既焚书，拜诸生为郎七百人。密令冬种瓜骊山坑谷中温处。瓜成，诏博士诸生就视之，为伏机。诸生至，方相难所更法不决。因发机填之，以土皆压，终乃无声。

印复故处

《事类合璧》

裴度平章中书失印，度自如，左右白复于故处得印。度不应，或问其故，曰："此必吏人盗之以印书卷耳。急则投诸水火，缓则复还故处。"人服其识量。

独无闲处

《史记》

汉文谓冯唐公曰："众我独无闲处。"

转法轮处

《释迦谱》

世尊思惟王师,大臣所遣憍陈如等五人,瞻视我者皆悉聪明。为此五人先开法门,又自思惟。古昔诸佛轮法,轮处,在于波罗奈国,鹿野苑中,又此五人亦在于彼,我今应往至其往处,转大法轮。

华严七处

《华严经》

菩提场,普光殿,忉利天、夜摩天、兜率天,他化天,逝多林,是为七处也。

陵谷代处

《资治通鉴》

后汉桓帝以灾异诏问消复之术,扬赐对曰："今缙绅之徒委伏畎亩,口诵尧舜之言,身蹈绝俗之行,委捐沟壑不见逮及,冠履倒易陵谷代处。"

画楼沽酒处

《禅林僧宝传》

法冒遇和黄龙南偈曰："葫芦棚上挂冬瓜,麦浪堆中钓得虾,谁在画楼沽酒处,相邀来

吃赵州茶。"

龙移他处

《僧宝传》

重云晖山有龙湫,险恶不可犯。晖督役夷塞之以为路,龙亦移他处,但见云雷随之。

牵牛凉处

《魏志》

管宁有牛暴田为牵着凉处。自为饮,食过于牛主。

《隋书》

李士谦,有牛犯其田,士谦牵置凉处,饲之过于本主。

读书处

《澧阳志》

车武子读书处,父老相传此地灵。断碑没墨水云腥,只今几载兰江上,老尽秋风不见萤。

元刘将孙《养吾集·读书处记》

丞相信公之季弟称文堂,早赞阃谋,开朝迹,及丞相留燕山,与书如诀曰:"我以忠死,,仲以孝仕,季也其隐,隐当若之何? 山中读书可矣。其它日为管宁,为陶潜,使千载之下以是称吾三人。"文堂受言服膺读书深密,无故山以外之迹,随寓以读书处扁之。岁年婉晚坐念喟然:"往帛书随手裂去,曷其使来者不忘,亦惟是笔墨传著以贻永久。"乃录副墨视予命之记。呜呼! 书尽在文山矣。尚何言? 抑有书以来,凡具耳目心知者孰不知读? 而古今高材显仕则有之矣。谓非书之效不可,而可谓之能读者几,书一也。而读者异焉,子骏白头国师,博极群书以为之资,此亦一读书也。阿瞒飞扬郁抑,而欲名山精舍为二十年规,此亦一读书也。书何与于人事而有遗恨者矣。意者书亦不能无憾于此也。书非以资读,而读者亦若有福。昔人有罢相,而或诮其胸中欠读数百卷者;有入翰林,而恨其太不得老者;虽如莱公精忠大节,犹有置不满于此。则书有不及读者矣。前史贤相,或再问再不知,或讲井田礼乐有厚惭,以至论语半部断章称相,业不可及,则书有不必读

者矣。书何假于读？而犹有不暇与不足，则书何负于世哉？呜呼！书之效可睹矣。事业有不在于学问，而学问各自为是非。向微千钧一镂，犹有信公若而人。则教忠、教孝、永已如清谈，而义农以来为有余愧矣。然则今之所为读者，何书也？是则有可言者矣。载籍以来，自删定笔削而后成书。泛而为诸子百家，私之为传授，为专门名家，为训诂章句，为贴义套括。一反之为亲说，大明之为理学。墨守者局师说，尊统承，择便者借光宠，捷功利。巧者媒禽犊，曲阿世。浅者拾土梗，供辞章。最下又疣赘给科举，三千年间读书者具是矣。孰能及而求其初？孰能通而会其极？呜呼！其自三代以来前修往哲，晦明绝续毫分缕析，以至斯世也。其亦幸而汉唐以下，而无议论之多门。场屋之遗累，以及此时也。学术之异同，不待辨而唯是之归。义理之择执，不必泥而唯善之师。观于正大而得天地之所与立，揆之心胸而得圣贤之所与同。夫岂呻其呫毕，诵其糟粕之谓而已哉，文堂之于读书也。既进而不愿为河汾之十策，又幸退而不必如邴根矩之教辽东。比幼安藜床膝穴则彼良苦，视渊明赋山海自遣则此有余，其所自得者，丞相之所不能教，而吾亦不能得于言也。虽然，彼一时也，此一时也。文堂之善其身足矣。兹名兹志又将以遗于方来，以之承家，以之教子。如斯而已乎。其于用世亦有政自不免者乎？抑此为读书言之也。其使观雪窖之帖，而兴于今昔之故。以予文其间岂不足以有感也？是则异夫世之所谓："读书者之撰矣。"斯其不负信公之教也欤，文堂、名璋、字诸子、力学喜属辞，皆读书之效云："此帖凡百七十八字，慷慨恳恻情至谊尽。"百世之下，诵之者犹流涕也。别为刻藏此处，于是信公去世二十有三年矣。大德第八重九书。

《国朝贝廷臣清江集·题山阴读书处》

兰亭修楔处，爱尔好林泉。闭户不曾出，读书浑小眠。青山秋气早，绿树午阴圆。何日期相过，西陵一问船。

涤砚处

《元一统志》

诸葛武侯涤砚处，在沅江县西四十里卧龙寺。

托身处

《唐刘长卿集·小鸟篇上裴尹》

御花纵有报恩时，择木谁容托身处。

用心处

《颂古联珠》

首山念因僧问："如何是学人用心处。"师曰："怪你一问迟也。"

投子青曰："未语能明迷悟情，发言方表赤心人，只贪进步求名玉，争信灵苗不受春。"

标心处

《修忏要旨》

然须预识标心之处进行之门，所谓圆常正信也。

难眠处

《晋书》

郭子许侍郎、顾司空，俱作王丞相从事。尝夜在丞相所饮，二人欢极。丞相便使入己帐中眠，顾至晓犹展转不得熟寐，许上床便大鼾。丞相语诸客曰："此中亦是难眠处耳。"

忏悔处

《修忏要旨》

行人亲迎良师学忏悔处，即不思议境理观所诣之处也。

亲切处

《颂古联珠》

风穴沼因僧问："如何是学人亲切处？"师曰："须弥南畔齐打鼓，贺兰山前筑皮毬。"

投子青曰："亲切曾伸问老翁，东山歌唱北山吟。弄潮须是吴江客，别语还他汉

地人。"

首山念因僧问："如何是学人亲切处？"师曰："吾九尽日又逢春。"曰："毕竟如何？"师曰："冬到寒食一百五。"投子青曰："日暮阴云郊野深，重阳到后菊花新。不因西峤残水尽，争得东山一带春。"

紧要处

《颂古联珠》

雪峰存因僧问："紧要处乞师指示。"师曰："是甚么僧于言下大悟？"

云门云："雪峰向你道什么？"圆悟勤曰："雪峰骑骏马，云门跨驴儿。一踢一踏相奔驰。长安有路非无路，夜半行时人不知。"

又曰："无量劫来是个甚么觌面全提？几乎蹉过不蹉过，土苴堆头且高卧。"

有长处

《颂古联珠》

云门偃曰："平地上死人无数，过得荆棘林是好手。"时有僧出云："与么则堂中第一座有长处也。"师曰："苏噜苏噜。"

水庵曰："举手攀南斗，移身倚北辰。出头天外看，须是个般人。"

虚堂隐曰："声如鸣玉静边门，谁信幽人不见君。花到海棠将寂寞，绣衣犹托麝香熏。"断桥伦曰："将军有令闪旌旗，胡骑纷纷顿失威。纵有突然骁骤者，不知身已陷重围。"

无学处

《颂古联珠》

云居因僧问："全无学处，如何立身？"师曰："无立身处。"曰："佛事何劳？"师曰："不同兴化。"

投子青曰："苔殿烟收紫气旋，拱班宸幄退尧年，凤楼不宿桃源客，岂并金光嘱汉天。"

向何处

《唐刘长卿集·夕次担
石湖梦洛阳亲故》

万里云海空,孤帆向何处。

择吉处

刘熙《释名》

宅,择也,言择吉处而营之也。

吃饭处

《五代史·晋李后传》

耶律德光曰:"可无忧,管取一吃饭处。"

不毛处

《孔白六贴》

《刘禹锡传》叙张九龄为宰相建言,放臣悉徙五溪不毛处。然九龄自内职出始安有瘴疠之叹?罢政事守荆州,有拘囚之思。身出荒陬,一失意不能堪。矧华人士族,必致丑地然后快意哉。

深深处

《颂古联珠》

京兆白:"云善藏禅师。"僧问:"如何是深深处?"师曰:"矮子渡深溪。"丹霞淳曰:"白头童子智尤长,半夜三更渡渺茫。任运往来无间断,不消船艇与浮囊。"

中华传世藏书

永乐大典
精华本

二三一三

真一处

《大还宝章》

真一处中黄宫。

分身三处

《法苑珠林》

《潜道篇》云："释宝志，公迹多异。有僧正法献欲以一衣遗志。遣使于龙光阗宾二寺求之，并云："昨宿，且出又至，其常所造广候伯家寻之。"伯云："志昨在此，行道旦眠未寤。使还以告献，方知其分身三处宿焉。"

三好处

《止观》好处有三。一深山远谷；二头陀抖擞，三兰若伽蓝。若离三处，余则不可也。

四念处

《四教仪集注》

四者数也，念者观慧也，处者境也。今言四者，人于五阴起四倒。故于色多起净倒，于受多起乐倒，于想行多起我倒，于心多起常倒，举四倒故言四也。

四居处

《显扬圣教论》

四居处，广说如经。一慧居处、二谛居处，三舍居处，四寂静居处。

五易处

贾谊《新书》

豫让衅面变容，吞炭变声，必执襄子一岁而五易处。

贾谊

内六处

《大集法门经》

谓眼处、耳处、鼻处、舌处、身处、意处。

外六处

《大集法门经》

谓色处、声处、香处、味处、触处、法处。

十二处

《愣严经注》

言处者盖六根,是受六尘所入之处。六尘,是受六根所入之处,则根尘互为所在之义。故名:"十二处。"

又曰:"色与见二处,德与声二处,嗅与香二处,尝与味二处,身与触二处,意与法二处,十二处俱虚妄,有相因缘非自然性。"

鸟飞处

《唐刘长卿集·武丘寺》

仰见山僧来,遥从鸟飞处。

知杖处

《玉融新对·广字函》

《高僧传》曰:"释昙霍蔬食苦行,从河南来至自西平。持一锡杖令人跪之。云:'此是波若眼,奉之可以得道。'人或藏其锡杖,霍闭目少时立知其处。并奇其神异,终莫能测。"

是道处

须真天子经问:"何所处是道处?"文殊答言:"寂静是道处。"

近离甚处

《碧岩录》

圆悟勤禅师,举仰山问僧近离处。天下人一般也要问过,因风吹火,不可不作常程。僧云:

"庐山。"石头人难得。山云："曾游五老峰吗？"困行不妨掉臂何曾蹉过僧云："不曾到。"移一步面赤不如语直，也似忘前失后。山云："阇黎不曾游山。"太多事生惜取眉毛好，适老汉若甚死急。云门云："此语皆为慈悲之故。有落草之谈。"杀人刀，活人剑，两个三个，要知山上路，须是去来人。验人端的处，下口便知音。古人道没量大人向语脉里转却，若是顶门具眼，举着便知落处。看他一问一答，历历分明。云门为什么却道此语？皆为慈悲之故。有落草之谈。古人到这里，如明镜当台，明珠在掌。胡来胡现，汉来汉现。一个蝇子也过他鉴不得，且道作么生是慈悲之故。有落草之谈，也不妨险峻。到这田地，也须是个汉始可提掇。云门拈云："这僧亲从庐山来。因什么却道阇黎不曾游山？"沩山一日问仰山云："诸方若有僧来，汝将什么验他？"仰山云："某甲有验处。"沩山云："子试举看。"仰山云："某甲寻常见僧来，只举拂子向伊道。诸方还有这个吗？待伊有语，只向伊道这个即且置。那个如何？"沩山云："此是向上人牙爪岂不为好？"马祖问："百丈什么处来？"丈云："山下来。"祖云："路上还逢着一人吗？"丈云："不曾。祖云："什么不曾逢着？"丈云："若逢着即举似和尚。"祖云："那里得这消息来？"丈云："某甲罪过。"祖云："却是老僧罪过。"仰山问："僧正相类此，当时待他道曾到五老峰吗？"这僧若是个汉但云："祸事。"却道不曾到，这僧既不作家，仰山何不据令而行？免见后面许多葛藤。却云："阇黎不曾游山，所以云门道此语皆为慈悲之故。有落草之谈。若是出草之谈则不怎。出草入草，头上漫漫，脚下漫漫，半开半合，他也怎么，我也怎么谁解寻讨？顶门具一双眼，阇黎不解寻讨。白云重重，千事百匝，头上安头红日杲杲。破也瞎举便即错左顾无瑕，瞎汉依前无事许多伎俩作什么右盼已老。一念万年过君不见，寒山子，癫儿牵伴行太早。也不早十年归不得，即令在什么处灼然。忘却来时道。渠侬得自由，放过一著便打。莫做这志前失后好。出草入草，谁解寻讨？雪窦却知他落处，到这里一手抬，一手搦。白云重重，红日杲杲。大似草茸茸，烟幕幕到这里，无一丝毫属凡，无一丝毫属圣。遍界不曾藏，一一盖覆不得，所谓无心境界。寒不闻寒，热不闻热。都卢是个大解脱门。左顾无瑕，右盼已老。懒瓒和尚，隐居衡山石室中。唐德宗闻其名，遣使召之。使者至其室，宣言天子有诏，尊者当起谢恩。瓒方拨牛粪火寻煨芋而食，寒涕垂顾，未尝答。"使者笑曰："且劝尊者拭涕。"瓒曰："我岂有工夫为俗人拭涕耶？"竟不起，使回奏。德宗甚钦叹之。似这般清寥寥，白的的，不受人处分，直是把得定，如生铁铸就相似。只如善道和尚遭沙汰后，更不复作僧人，呼为石室行者，每踏碓忘移步，僧问："临济、石室行者忘移步，意肯如何？"济云："没溺深坑。法眼圆成实性。"颂云："理极忘情谓，如何有喻齐？到头霜月夜，任运落前溪。菓熟兼猿重，山长似路迷。举头残昼在，元是谢家西。雪窦道，君不见。寒山子，行太早。十年归不得，忘却来时道。"寒山子诗云："欲得安身处，寒山可长保。微风吹幽松，近听声愈好。下有斑白人，劳唠读黄老。十年归不得，忘却来时道。"永嘉又道："心是根，法是尘。两种犹如镜上痕，痕垢尽时光始现。心法双忘性即真。到这里，如痴似兀，方见此公案。若不到这田地，只在语言中走有甚了日？"

又垂示云："透出生死，拨转机关。等闲截铁斩钉，随处盖天盖地。且道是什么人行履处，试举看。"举云门问僧："近离甚处？"不可道西禅探竿影草，不可道东西南北。僧云："西禅。"果然实头，当时好与本分草料。门云："西禅近日有何言句？"欲举，恐惊和尚深辨来风，也似和尚翻似寐语。僧展两手，败关了也，勾贼破家，不妨令人疑着。门打一掌。据令而行好快鞭难逢僧云："某甲话在。"须待要翻款那却似有挽旗夺鼓底手脚门却展两手。岭驾与青龙不解骑僧无语，可惜门便打。不可放过此林合是云门吃何故当断不断返招其乱阇黎合吃多少放过一著若不放过合作么生云门问："这僧近离甚处？"僧云："西禅。"这个是当面话。如闪电相似，门云："近日有何

言句?"也只是平常说话,这僧也不妨是个作家,却到去验云门,便展两手。若是寻常人遭此一验,便见手忙脚乱。他云门有石火电光之机,便打一掌,僧云:"打即故是,争奈某甲话在。"这僧有转身处,所以云门放开却展两手。其僧无语,门便打。看他云门自是作家,行一步知一步落处。会瞻前亦解顾后,不失踪由。这僧只解瞻前,不能顾后,颂云:"虎头虎尾一时收,杀人刀,活人剑,须是这僧始得。千兵易得,一将难求。凛凛威风四百州。"坐断天下人舌头,盖天盖地。却问不知如何大嶮,不可盲伽瞎棒,雪窦元来未知在阇黎相似著已。师云:"放过一著。"若不放过又作么生尽天下人一时落节,去禅床一下。雪窦颂得此话极易,会大意只颂云门机锋。所以道虎头虎尾一时收。古人云:"据虎头,收虎尾。"第一句下明宗旨,雪窦只据款结案。爱云门会据虎头又能收虎尾。僧展两手,门便打。是据虎头。云门展两手,僧无语。门又打,是收虎尾。头尾齐收。眼似流星,自然如击石火似闪电光。直得凛凛威风,四百州直得尽大地世界风飒飒地,却问不知何太险?不妨有嶮处。雪窦云:"放过一著。"且道如今不放过时又作么生?尽大地人总须吃棒。如今禅和子,总道等他展手时,也还他本分草料,似则也似,是则未是。云门不可只恁么教你休也。须别有事在。

又垂示云:"恁么恁么,不恁么不恁么,若论战也,个个立在转处。"所以道若向上转去,直得释迦弥勒文殊普贤,千圣万圣,天下宗师,普皆饮气吞声。若向下转云,蠢鸡蠓蠓蠢动含灵,一一放大光明,一一壁立万仞,倘或不上不下,又作么生商量?有条攀条,无条攀例。试举看。举睦州问:"僧近离甚处?"探竿影草僧便喝。作家禅客且莫诈明头也解恁么去州云:"老僧被汝一喝。"陷虎之机猱人作么僧又喝。看取头角,似则似,是则未是?只恐龙头蛇尾州云:"三喝四喝后作么生?"逆水之波,未曾有一人出得头入那里去。僧无语。果然摸索不著。州便打。云:"若使睦州尽,今而行。"尽大地草木悉斩为三段这掠虚头汉。放过一著落在第二大凡扶竖宗教,须是有本分宗师眼目,有本分宗师作用。睦州机锋如闪电相似。爱勘座主,寻常出一言半句,似个荆棘丛相似。着脚手不得,他才见僧来便道见成公案,放你三十棒。又见僧云:"上座。"僧回首州云:"檐板汉。"又示众云:"未有个入头处,须得个入头处。既得个入头处,不得辜负老僧。"睦州为人多如此,这僧也善雕琢,争奈龙头蛇尾。当时若不是睦州,也被他惑乱一场。只如他问:"近离什么处?"僧便喝。且道他意作么生?这老汉也不忙,缓缓地向他道。老僧被汝一喝,似领他话在一边,又似验他相似,斜身看他如何。这僧又喝,似则似,是则未是,被这老汉穿着鼻孔来也。遂问云:"三喝四喝后作么生?"这僧果然无语。州便打云:"这掠虚头汉,验人端的处,下口便知音。"可惜,许这僧无语。惹得睦州道掠虚头汉。若是诸人被睦州道三喝四喝后作么生?合作磨生只树免得他道掠虚头汉。这里若是识存亡,别休咎。脚踏实地汉。谁管三喝四喝后作么生?只为这僧无语,被这老汉便据疑结案,听取雪窦颂出。两喝与三喝,雷声浩大雨点全无自古至今罕有人恁么作者知机变。若不是作家争验得只恐不任么若谓骑虎头,固瞎汉虎头如何骑多少人恁么会也有人此见解二俱成瞎汉亲言出亲口何止两个道自领出去谁瞎汉?教谁辨赖有末后自洎乎赚杀人拈来天下无人看看即不无觑着即瞎阇黎若着眼看则两手撮空怎么举且道是第几机雪窦不妨有为人处。若不是作者只是胡喝乱喝,所以古人道:"有时一喝不作一喝用,有时一喝却作一喝用,有时一喝如踞地狮子,有时一喝如金刚王宝剑兴化道。"我见你诸人,东廊下也喝,西廊下也喝,且莫胡喝乱喝,直饶喝得兴化上三十三天,却扑下来气息一点也无。待我苏醒起来,向汝道未在何故。兴化未曾向紫罗帐里撒真珠与你诸才在。只管胡喝乱喝作什么?临济道:"我闻汝等总学我喝,我且问你:'东堂有僧出,西堂有僧出,两个齐下喝,那个是宾?那个是王?'你若分宾主不得,已后不得学老僧。"所以雪窦颂道:"作者知机

变。"这僧虽被睦州牧他,却有识机变处。且道什么处?是这僧机变处。鹿门智禅师点这僧云:"识法者惧,嵒头道。若论战也,个个立在转处。"黄龙心和尚道:"穷则变,变则通。这个些子是祖师坐断天下人舌头处。你若识机变,举着便知落处。"有般汉云:"管他道三喝四喝作什么?只管喝将云。说什么三十二十喝,喝到弥勒佛下生,谓之'骑虎头'。若恁么知见?"不识睦州则故是要见这僧大远在,如人骑虎头,须是手中有刀,兼有转变始得。雪窦道:"若恁么二俱成瞎汉?"雪窦似倚天长剑,凛凛全威。若会得雪窦意,自然千处万处,一时会便见他雪窦后面颂,只是下注脚。又道谁瞎汉?且道是宾家瞎,是主家瞎,莫是宾主一时瞎吗?拈来天下与人看,此是活处,雪窦一时颂了也,为什么?却道拈来天下与人看。且道作么生看,开眼也着,合眼也着,还有人免得吗?

一生补处

《四教仪注》

一生捕处者,犹有一品无明。故有一生过此一生,即补妙觉之处。观音玄记云:"独储君之义也。"

纯阳极处

《云居子词》

轻清之无凝结不住,升上脑宫,纯阳极处。

那处

《左传》

庄公十八年,初楚武王克权,使斗缗尹之以叛围而杀之。迁权于那处。注那处楚地

纳城处

《云南志》

纳城处,在曲靖府陆凉州。系坊郭乡镇名

诗

唐《韩致光集·两处》

楼上淡山横,楼前沟水清。怜山又怜水,两处总牵情。

宋邓绅伯诗《清处为书记》曾鲁卿作。

小竹聊须长,闲花懒复栽。泉声洗歌吹,云气障尘埃。籁静初看袅,琴横月上来。有时闻警露,梦觉自蓬莱。

张横渠诗《乐处》

乐处加功勉处行,事无甘苦必心亨。緼衣容有文章在,低首时人莫怨争。

僧文珦诗《静处》

常于静处著闲身,别是清虚冷淡人。禅里断除千种法,吟中消受一生贫。声名岂必存编简,林壑从来有隐沦。云月溪山无限景,对余一一意皆真。

《江湖续集·是处》

是处堪弹铗,今朝又起单。潮高疑地窄,芦矮信天宽。阡陌嘉禾种,茅茨钓月湾。一风飘夕照,仿佛见青山。

《卫宗武集·畊渔处》

清涟万顷渟为湖,湛湛一镜涵太虚。其旁鳞次田莓莓,四望沃若皆膏腴。疏畦麦陇间碧树,洲苹岸蓼连平芜。水村落照晚钟寺,中有一山成画图。郑谷无此宽闲楚,严濑无此浩渺区。更于何所堪下钓,更于何所堪荷锄。谁与卜筑于此居,峨然其冠孔氏徒。时哉不偶堪遁世,垂缗把来以自娱。兴来风月入吟啸,错落吐出鲛盘珠。人惟内省有足乐,眇视外物刍狗如。膏粱于此且不愿,况为□鲔而施罛。则知之子命名者,是特寄意耕与渔。岂亦伯成子高之在野,庄周濠上之观鱼。

《艾性夫剩语陈庭翠水竹清处》

晴波漾文绮,风篁弄家声。居然三市中,着此一段清。幽人自地偏。淡趣由天成。洗耳日以静,抱节日以贞。从君得三绝,与我增双明。

《僧文珦集·万山深处》

万山深处绝喧哗,野鹤孤猿共此家。莫使游尘污泉石,有妨闲客卧烟霞。寒衣绿芰千层叶,饥食青松数树花。无可破除无可羡,清贫却是好生涯。

《刘龙洲集·登凌云高处》

摄衣更上一层楼，才到云霄最上头。方识乾坤真转毂，好知身世付虚舟。九秋草木岚烟湿，万里山川海气浮。更欲杖藜穷地望，眼中何处认神州。

《江湖后集·寄题江湖稳处》

缚屋求于稳处宜，到门还似上船时。江湖未必风波险，平地风波险不知。

艾可叔诗《次韵赵绣使题金鳌稳处》

突兀霜崖俯雪洲，时时登览唤渔舟。溪分南北地初合，月在山间天共流。三两可人曾此会，百千年后复谁游。桑田不变金鳌健，只恐吟翁白尽头。

《兰雪轩诗集·题湖山佳处》

彭蠡西南庐阜东，水云终日气濛濛。八江水泻添春绿，五老云来带晚红。樵路巉岩洪井近，仙源迢递武陵通。何由白发长松下，共倚渔舟弄晚风。

《陆子方集·溪山佳处子昂
为宣城友人书》

浊流不受美女鉴，丑石乃似顽夫形。行尽溪山千百里，只宜此地结茅亭。

岩花半识元晖面，溪声细和谪仙诗。行云流水自今古，渔叟樵童了不知。

元王逢《梧溪集·题程达观
外史洞云深处》

洞云深处神仙宅，空翠不收常昼冥。金鹊尾横香按静，青蛇影卧土花腥。天坛瑞草敷雷雨，石窦寒泉注月星。更辟一毡高爽地，迟予来守内黄庭。

《鲜于福元诗·题高万里竹荷清处》

幽人结亭在何许，荷花参差竹深处。红香染染翠阴阴，满贮秋声与凉露。黄尘六月汗流浆，脱巾小扇八尺床。先生一笑枕书卧，仰看簪日摇波光。平生雅趣爱林壑，是间萧闲有真乐。石桥不许俗人来，终日相亲只猿鹤。万钉何羡带十围，口腹宁愿充甘肥。有竹正尔可无肉，有荷岂不堪为衣。玉版羹碧莆酒，众人不知君独有。更动寒雪看疏梅，仍对春风赋垂柳。

既不似子猷惟种竹一园，又不学濂溪但说莲一篇。满前花木供啸咏，四时景物俱天然，竹君子莲君子，非君而谁可称此。淤泥不染岁寒青，请以君子名斯亭。

张思廉诗《何处》

何处情怀好，清溪白苎袍。晚烟浮树动，杀气挟天高。草阁惭卿辈，筇枝属我曹。天

空清可鉴,凭槛数纤毫。

《廉文靖公集·题吉安佑圣观山水胜处》并引

馆友竹所李君携诸彦题《山水胜处篇什梓已成集》后,诿予诗其上,且予未到其处,不识所谓山水。主人独清疏师者,而获观其诗数首,瞻澹间适,足人吟玩睹。盖犹龙氏之魁伟者欤,因为寓二绝句。劣我生平丘壑心,每闻胜筑欲登临。何时解组林亭上,细咏云山万古音。

玄关本与世无同,胶扰纷纭总若冲。茶灶炉薰蔬笋外,息机吾与坐谈空。

国朝释泐《全室集·翠微深处为日东杰上人作》

翠微深处乱山中,筑室闲依桂树丛。夜榻泉鸣空涧雨,晓簷花落满林风。帘含细霭衣长润,桥拥浮槎路不通。异域十年天万里,几番归梦海云东。

《竹梧深处为汧阳陈县丞作》

竹梧深处可盘桓,静爱枝头语凤鸾。好似湘江春雨重,岂同金井晓霜寒。无人不道堪题句,有客从教径造看。三载哦松汧水上,几回飞梦绕琅玕。

《顾录诗集·题王叔闰怡云处》

岭上浮云日往还,高人相对自怡颜。青边半露天垂野,白处浑疑雪满山。变化不随龙出去,悠扬长与鹤俱闲。几时念我能持赠,要看缊缊起座间。

题徐继周村僻处

南州徐稺播高名,几代英孙骨尚清。三辟已辞朝士荐,一犁甘偶野人耕。柴门半掩闲花落,苔径斜通暗草生。莫笑相过忘礼法,瓦盆盛酒竹根倾。

题胡彦吉先生见山处

美人爱闲旷,结屋依林泉。嘉木荫周遭,杂花竞芳妍。有儿能读书,有仆能力田。生涯既已足,幸际升平年。时复陶一觞,取乐合自然,出门盼连山,仿佛九点烟。啸歌出尘表,何必希神仙。

元许有壬《至正集·水调歌头题萧独清山水胜处》

山水据全胜,消得独清人。神仙定在何处,此处可寻真,山有蓬莱气像,水有瀛洲风物。人是葛天民,玩得紫芝老,吟尽碧桃春。 四时花,千日酒。一溪云,回头下望浊世,无地不红尘,亿昔乘轺江右,目断丹霞。翠壁底事走踆踆,今日送君语。聊为自移文。

《佛说无上处经》

失译人名。今附东晋录

如是我闻，一时佛在舍卫国只树给孤独园，尔时世尊，告诸比丘。有三无上处汝等谛听。当为汝说，诸比丘白佛。唯然受教，佛告此丘。三无上处者：一佛无上处，二法无上处，三僧无上处。若诸众生两足四足，无足多足，若色无色，若想无想，非想非无想。如来于中说无上处，诸比丘若有众生能于佛无上处。起信向心者，于天人中得无上果报。诸比丘是名初无上处，复次诸比丘。于有为无为，色无色法，离欲法，为无上处，诸比丘，若有众生能于此法无上处起信向心者，于天人中得无上果报。诸比丘是名第二无上处，复次诸比丘。僧无上处者，若僧若群，若丛聚，若徒众中。如来弟子，僧为无上处，诸比丘，若有众生能于此僧无上处起信向心者，于天人中得无上果报。是名三无上处。时诸比丘闻佛所说，欢喜奉行。

佛说处处经 后汉沙门安世高译。

佛言："道人行道。"若瞋恚意起时即当制，己制便念善，是为道人行。若布施财则得之，便计无常。不随身犯，谓："不犯杀盗淫。"是为不随身犯。出瞋恚者，口亦不言，意亦不念，是为出瞋恚意中大深声者。譬如人作盗，说言："汝所作大无状，是为意中大深声。"佛言："味味次第者所食物外合之，内分别。"其味，令不错误，是为味味次第菩萨。所以得知者。前世所食啖，皆先上父母，道人然后自食。是故得是三十二相，八十种好。佛言："菩萨用四事，得四无所畏。一者自身所知，亦欲使人悉知；二者教人无厌极；三者等心无所藏匿；四者为人说经从后不悔；是为四事。"佛亦用四事，得四无畏。一者如法说，二者不受他人物，三者等心，四者戒具。佛言："复有四无所畏，一者如事说，二者无所爱惜，三者神足，四者不与人共争。"佛得顶中光明者，有三因缘：一者然灯施佛寺，二者爱乐明经，三者解人疑结。佛举右手，有四因缘。一者用恶人无反复故，二者以善人有反复故，三者现教，四者语人无作恶。佛举右手，复四因缘：一者欲令十方人，皆来学道随行意；二者为欲示人，我所行福今得是相；三者劝人皆令持戒；四者威仪自尔。亦为不欲见人恶态，是故举右手。佛不著履，有三因缘：一者使行者少欲，二者现足下轮，三者令人见之欢喜。佛行，足去地四寸。有三因缘：一者见地有虫蚁故，二者地有生草故，三者现神足故，亦欲令人意正。佛行地高下皆平，有三因缘：一者本行四等心，欲令一切安隐地住水上。水中有神，虫蚁一切置佛足下皆安隐。同心志意，是故卑者为高，高者为卑。二者诸天鬼神行福，为佛除地故。高下为平。三者佛为菩萨时，通利道径桥梁度人故。从是得福。故高下正平，欲令人意亦尔。佛不飞行，有四因缘：一者劝弟子欲令精进，二者欲令弟子听经，三者报宿命恩，四者现相是故不飞行。佛在世时，诸天鬼神龙人民，皆到佛所听经。数千百重行坐前后皆见佛面，所以者何？佛前世时，言语无前后，是故无不见佛面者。人卧皆随佛所首，用佛尊故。佛初得道，不食七日，有四因缘：一者念道忘食，二者一心不饥，三者欢喜不渴，四者不念痛痒。思想生死识，是为四欲。使人听经亦尔佛裂裟，里尘水不着，外垢不着，有二因缘：一者不念一切人恶故，二者见一切人有欲。欲令灭之，佛复浣袈裟者。外垢不着里着，有身故有垢。所以者何？外行已尽，是故垢不着外。内行未尽，是故垢着。用有身故，为内未尽，以有身为罪用，是故不惜身命，所以者何？复惜命用命得道故。佛说八十忆万因缘经，都治人三病。一者贪淫，二者瞋恚，三者愚痴。是三事，分为六故，应六衰，治三病经所以多者。譬如人服药，病不愈，当更服余药。佛言："人意多端，疾转故多经随意疗之。"欲使疾解故，佛已得道。复有三病、六忧。六忧者，谓忧六入。三病者，谓心意识。虞受故，佛已得道。有是忧病，何况余人？殃罪不毕，不得度世。佛业未竟，不得度世。佛弃余寿二十年，有三因缘：一者同世间人贪身故，二者所教已尽，三者恐恶人诽谤之，得罪重故。便取般泥洹佛度，世去，亦不持身去，亦不持意去，但为苦灭耳。地、水、火、风、空、常在世间，无有断时。佛度世烧身，有三因缘。一者腐烂故，二者虫蛾生故，三者人以香华持兹来得福故。佛笑口有五笑光出者，有五因缘：一者欲令人有所问，因所问有益故；二者恐人言佛不知笑故；三者现口中光；四者笑诸不至诚，五者笑阿罗汉守空不得菩萨道，光还从顶上入者，当示后人大明故。佛欲度世去，诸比丘白佛言："诸在世间人，皆当从佛得福。今佛度世去，诸世间人民当复从谁得福？"佛言："比丘，我虽度世去，经法当在复有四因缘，可从得福。一者畜生无所食，饲之令得命。二者见人得疾病无瞻视者，当给与供养令得安隐。三者贫穷孤独当获视。四者人独一身行禅念道，无所衣食当给视之。是为四事。"布、施、持、善意与之，其得福与佛等无有异，尔时身皆痛，便欲度世去。佛谓舍利弗："今说经者有三因缘：一者恐佛去后，人不信余比丘语故。二者劝弟子意令解佛，尚令比丘说经，何况馀人？三者现舍利弗功德恐余，比丘各自贡高，欲得说经故。是故佛使舍利弗说经。"佛度世去后，诸阿罗汉共责数阿难。佛在世时，欲得水何以故不与。十方一切皆当从佛解脱。汝何以不留佛？莫令般泥洹，佛欲行四神足。止住一劫，亦可百劫，亦可千劫，汝何不劝佛行四神足？阿难言："如卿语佛为不得自在耶？"当须我言，设使住止一劫在世间，弥勒当那得来，不作佛。佛本行共学道者有八十亿万人。皆求菩萨道，惟有两人得道耳。一者释迦文，二者弥勒，其余人有得阿罗汉辟支佛者。佛忍辱过于地，心软过于水，意坚过于须弥山，功德过于海水，智慧过于虚空，以是故，前得佛耳。佛言弥勒不来下，有四因缘：一者有时福应彼间，二者是间人粗无能受经者，三者功德未满，四者世间有能说经者。故弥勒不下，当来下馀，有五亿七千六十万岁。弥勒时人眼皆见四千里。弥勒时人眼见四千里者，本行十因缘得：一者不掩人眼明，二者不舍人眼，三者不覆蔽人眼，四者不藏人善，五者不视杀，六者不视盗，七者不视淫，八者不视阴私及人短，九者诸恶事不视，十者然灯于佛寺，是为十事。佛辟支佛阿罗汉，是三人法同。行异，佛者为觉意，辟支佛为见因缘知。阿罗汉坐禅乃知，辟支佛为因缘见生死相。自守不敢离行，从见因缘得道。故为辟支佛。佛者为通，行欲度脱人故，故求辟支佛，辟支佛自割身活五百人。以木自刺其颈，见因缘计校如割土，见血是水，见万物皆非常，便取道有辟支佛先世为菩萨。五百劫身，以有三十相，无二相不及佛。不及佛者，无善权方便故。佛说生死勤苦三恶道事，有黠人意解。便取阿罗汉，虽作阿罗汉，于中最尊，所以者何？用前世行菩萨道，五百劫慈心，欲度十方人故。虽得阿罗汉智慧，能晓方俗语。初为阿罗汉时，不能自觉前世为菩萨。佛便说佛功德，复说阿罗汉功德，尔乃知佛功德大便自悔。欲转意取佛，佛言已得阿罗汉道，不可复得转。便自悔言："我何愚痴，止取阿罗汉道。佛便为解意，汝智胜馀阿罗汉。智慧不及佛，阿罗汉自断苦，不断他人苦。佛本行自断苦，亦断他人苦。是故不相及。"佛言："舍利弗有三语。

悉以知人意。一者粗语，二者深语，三者牵语，得是三语。有善意，即见有恶意，亦见有忍意，亦见欲意，从是三语悉知人意。"舍利弗白佛言："弹指之间，人意有六十生死。"佛言："有九百六十生死。"复不多要有三意，有善意，有恶意，有欲意。善意有三百二十，恶意有三百二十，欲意有三百二十，弹指之间三意并行，合为九百六十生死。除善意三百二十，馀有六百四十，生死意佛与舍利弗同行。三十七品经，智慧不等者，譬如喘息同，从诸毛孔出入，能觉便但知鼻息气出入。佛所知悉知诸毛孔，舍利弗所知如鼻孔。取舍利弗智，分为十六分。满一佛界，三千大千日月。天下黠人所知不及，舍利弗所知一分。取佛智分为十六分，满一佛界中。舍利弗所知不及佛智一分。三十七品行有三辈，有大三十七品，有中三十七品，有小三十七品。意大得大意，意中得中意，意小得小意，深妙俱行三十七品便洞达，何以故？正分，分为十六分。人中本十六意，故佛分别是故不同。舍利弗知一切法语、用时语、护语、守语。佛便谓舍利弗去非时语，用不可寄人故。舍利弗本字优婆替，舍利弗先佛度世去，有三因缘：一为宿命尽，二为不欲见佛席世去，三为无所复度脱。舍利弗行受人饭已，还精舍中，言当偿债，谓当坐禅，念道为偿债，不念道为负债，行受人施，譬如负债未毕复更取，前罪未竟今复造罪。佛言："食人施不可不念道，亦自得复益一切用。"是故当偿债。佛言："舍利弗黠第一，目犍连神足第一，阿难多闻第一，罗云戒第一，阿那律彻视第一。"佛使目犍连请舍利弗，舍利弗言"举我带恐不能胜。"自犍连便牵带，三千大千日月天地悉动，不能令起舍利弗。便生意当先去到佛所，目犍连从后行先舍利弗至。佛知二人各第一，十方天下比丘，无有如罗云特戒者。罗云特戒，有四因缘：一者自念言我为佛子，二者谓命持多，三者常自念我为沙门，四者持戒常欲胜馀比丘。舍利弗，复持一盂水著海水中，撬捞之，明旦往取故水去。舍利弗尚能如此，何况佛？目犍连为人所拽，不飞去不能得神足故。何以不能得神足用？罪未毕故。佛言："弗迦沙王行至十二门，复还不知其身中六分，秉意能为道。"不知身生意，意生身，不能分别。是佛知可度故。便往从宿。王不知是佛，佛问王行何法？好何道？而衣毛为坚，佛为解身中事空，于是便得道。不悉断，不得阿罗汉。佛言："诸行者当知意能得道。"佛言："昔者朱利满台，学经二十四年，得五言解垢下弃离，亦不复忧，何以故？本宿命便见五百佛，悉通知众经。但闭藏经道，不肯教人，后被病二十四日。临死时，乃悔，呼人教之。有是一福，故知五言。何况乃具足教人得福不可计？"佛言："昔有旃那比丘得病，佛使舍利弗往与分卫。舍利弗因问之：'汝眼宁有所识否？'旃那对言曰：'眼无有识，但见色识。生身生病对至，故有病身亦不知死。设身死者，地水火风空皆当灭，但为意识移生耳。'"佛遣舍利弗行分卫过淫女家，便闭门作治道，谓舍利弗言："汝不与我共淫者，当入是大火中。"舍利弗报言："宁入是火中，不与汝共淫。"淫使人堕恶道无有出时，天便来下救之。佛言："人但不能守戒，若能守者终不忧为邪道所中。"佛言："有一比丘坐禅行道，佛弟难陀饮酒醉。数往来到其边歌戏比丘白佛言：'我欲避之去。'佛言：'不须'。是难陀于今当得道迹，佛即遣阿难往到其家，摩诃迦叶随其后，舍利弗为说经，目乾连现神足。难陀便欢喜。即得道迹。"佛说："比丘行道，但当坚心者，何忧不得道？"此丘闻佛说此语，欢喜意解，便得阿罗汉。佛姑子名须那察多，随侍佛八年，便生念，与我兄弟俱行而独端正。有三十二相便恶意生，随佛后扫佛迹，不令人见佛相，复于人中说佛无道。但言语中人意耳。舍利弗阿难闻之，便便愁忧不乐。佛言："须那察多不为说我恶，为称誉佛功德耳。言语中人意，有者人意多病故。"佛语舍利弗，须那察多不校计但瞋耳。何以故？不计佛有二十二相，光明神足。但降伏邪道，故佛数教诫。须那察多，正真之言，是邪侍之俦，是故瞋耳。佛有姑

姊年老，手自作缕，织成袈裟持上佛，佛不受，如是复言佛："当哀怜我故，当受之，令我得福。"阿难白佛言："可为我受之。"佛语阿难令持与诸比丘僧，我亦是比丘僧，不如与众人。后世当为因缘，今世相见欢喜者，皆是前世亲里善知识。何以故？知之相见意解故。佛言："世间人相待但若薄不苦厚。"佛言："本侍佛者，字弥喜次字须那察多，次字阿难。"佛告诸比丘："我年老，欲得一人侍我。舍利弗、摩诃迦叶、目犍连等，各自愿侍佛。"佛言："不得摩诃，迦叶，目犍连因禅思惟。"知佛欲得阿难，便呼阿难言："卿当侍佛。"阿难言："我不敢往侍佛，我不能侍佛。"目犍连言："不得不侍佛。"阿难言："当听我四事：一者佛余衣我不欲受；二者佛余饭我不用；三者若有人请佛，诸比丘不行我亦不行；四者佛坐禅思道时，我当出入得自在。"佛言："大善听汝所愿。"于是阿难因侍佛，是故阿难独能问佛。佛弟子阿那，律难提，金毗罗，三人共坐息。思惟七事：一者少欲得道，多欲不得道；二者知足得道，不知足不得道；三者精进得道，不精进不得道；四者守六衰使不起得道，不守六衰放使起者不得道；五者自护得道，不自护不得道；六者守意得道，不守意不得道；七者智慧得道，不智慧不得道；共思惟七事时去佛六十里。佛时坐禅，即知三人所念，便移意往坐三人前言："善哉！善哉！我复语汝一事，不念家欲得道，念家欲不得道，于是三人欢喜，即得菩萨。佛语："阿难人眼所见，四十二万由旬，何以知之？日月去地四十二万由旬，人眼所见日月，以是知眼所见者十方广远之处。"日月亿亿万倍，譬如大海中沙亿亿万倍不能计知。人所作善恶殃福，即前后所作殃福亿万不可复计。一切善恶要在命尽时，作恶逢恶处，作善得善处。殃福皆预有处，皆预有父母兄弟妻子得道便止。不得道不断绝也。"佛言："调达，但教人作福，不教人行道。"佛教人作福持戒，守意得道，乃止调达自意生念。我当现神足于国王阿阇世所，王随我，余人亦皆当随我。便化作一白象，独出入宫中，复化作一小儿，端正无比，便上王膝上，王大爱之。王见调达所作如是，王意呼调达胜佛。王便随调达所语，王使民及未得道沙门，悉随王及调达所问事。调达便至佛所言，佛年老，可不须复教语。弟子调达便呼舍利弗去，及诸沙门去，调达癫贪有是恶意，因亡神足。佛言："癫人所作颠倒，非诸佛法，调达自意念言，我当飞去。人见我飞，悉当随事。我因欲飞去，使不能复飞。调达不能自觉亡神足时，即有婆罗门行等心，便从第一天上来下，语舍利弗调达以亡神足。"佛语舍利弗："调达欲呼汝重令得罪。"佛语："天言调达未得神足，我知当亡也。何况至今。"佛言："人不当贪，调达但作贪，故亡失神足。"佛言："罗汉有两辈，一名舍沫自忧身得道，即欲度世去，二辈随卫皆得度脱，佛与罗汉俱行三十七品经。譬如灯火，佛计校知有几事，知其本末守而灭之。阿罗汉不计本末，直而灭之。佛譬如顺树从本至末，分别知之。阿罗汉行，譬如从末至本，从本至末者，计本空从不知空者不得道。"佛言："阿罗汉有盛阴，无五阴，所有皆现但不著耳。有色痛痒，思想识，无生死。"佛言："阿罗汉有为默以得，阿罗汉有三相：一者不复犯身口意，二者三毒灭，三者衣食不用作好，但灭饥寒意。有是三因缘，便能变化自在，意不著衰故不得自在。"佛言："意但当分别，六衰不当著。著，便不得道。"佛言："阿罗汉飞行有二因缘，故令人不见。一者恐人见便多供养，二者恐恶人嫉妒之。"佛言："现神足复有两福，一者人见飞行便精进念道。二者从人受施令得大福用。是故现神足意喜故便得大福。"佛言有阿罗汉名侨梵钵，已得阿罗汉道，反作牛呞，弟子问佛何以故。佛言："是比丘前世宿命时，七百世作牛。今世得道。余习未尽故。"佛语比丘："当念身无常。"有一比丘即报佛言："我念非常人在世间极可五十岁。"佛言："莫说是语。"复有一比丘言："可三十岁。"佛复言："莫说是语"。复有一比丘言："可十岁。"佛言："莫说是语。"复有比丘言："可一岁。"佛复言："莫

说是语。"复有一比丘言："可一月。"佛复言："莫说是语。"复有一比丘言："可一日。"佛复言："莫说是语。"复有一比丘言："可一时。"佛复言："莫说是语。"复有一比丘言："可呼吸间。"佛言："是也。"佛言："出息不还则属后世。人命在呼吸之间耳。"佛语诸比丘："当会坐一切，但当说法。语不能者，急闭目声，守意善听，可从得道。"诸比丘闻佛说："此语，欢喜意解，即得阿罗汉道。"佛言比丘："入人舍中，当如手在空中无所罣碍，意亦无所著耳。闻可意是为著，闻不可意是为著。"有一比丘曰佛："可以不可皆著，当云何得道？"佛言比丘："意解空都无所著，是应菩萨行诸。"比丘闻此语，皆欢喜踊跃，即得无所从生法忍。佛言："有一比丘于山中坐叹息，有一人问比丘：'卿为道何以叹息？'比丘言：'我在地狱中时，五毒极痛，今得作人，复得见佛经戒，而复不得道。畏死复入是恶道中，是故叹息耳。'为比丘亦忧俗人，亦忧经戒，亦自忧身善意不可得常，或有因缘来时便念妻子钱财，是为堕恶道。"佛言："有一比丘，到优婆夷家分卫。因为说经，优婆夷便长跪泪出。比丘说经至夜半，优婆夷长跪不起，比丘言：'我行说经，未曾见人精进乃尔。'优婆夷报言：'我家有一驴鸣，至夜半便死，是故泪出耳。'佛言：'人说经不在为多，但问解慧不也。'有一比丘闻佛说是事，便往问佛言，为我说一要法，令我得道。佛言：'非汝物莫取，是汝物便取。'于是比丘即自思念，天下万物皆非我许，独善是家物。于是比丘因白佛言：'我已解佛言。'解是便为道耳。时有一比丘，闻佛说此语，便往问佛。舍利弗为得是未，佛言舍利弗悉得。比丘言舍利弗：'何以骂我？持袈裟拂我面？'佛言：呼舍利弗来问之，舍利弗言：'我无恶意，所以骂者，欲令忍辱，所以持袈裟拂面者，欲令眼耳鼻口净故。'佛语比丘，是舍利弗，善权方便所作，于是比丘欢喜。即得阿罗汉道。"佛言："昔一人往难比丘言：'人死识念思想所知皆灭，行道得定意所知亦灭，有何等异？'比丘报言：'俱灭。'人死命尽神不灭，随行所生，但微不可便见。所得不同，为善升天，为恶人渊。以是为异。"佛言："有一比丘到忧婆夷家分卫见端正好，比丘便生邪念。因起，优婆夷即取饭具与之。比丘便舍去。我不应受人施，优婆夷便报之言己有悔，意可受施耳。优婆夷复报比丘便受。"佛言："譬如人有恶，即觉罪灭。比丘受施无有罪，佛告诸弟子，能计空制意，如弹指顷即可得道。"佛言："有一比丘坐得定意，有一优婆塞见坐处不平牵起，去其安处。优婆塞后时五百劫不得安隐，何以故？断道念故。佛告诸弟子，有说经，慎莫中断。断经罪重，不可计。"佛言："有比丘行道得一禅。自言我得道迹。第一禅福上生，第七天下寿一劫。得二禅自计得斯陀含。第三禅福上生十五天，寿八劫。得四禅自计我得阿罗汉。今我何故？不得生第十九天上，寿十六劫。作是言已，便言佛为两舌耳。即时从天堕地狱中。不觉失天上寿，便受地狱罪。譬如世间人得珍宝。一日为火起烧尽之。人生恶意为横烧善意。"佛言："人善恶相随，无有解已。惟得道乃离俗耳。"佛言："日中后不食有五福：一者少淫，二者少卧，三者得一心，四者无有下风，五者身安隐。亦不作病。是故沙门道士知福不食。澡漱有三因缘：一者为恐爪下垢故，二者爬痒随可意，三者杀蚤蚊故，亦欲使意净无欲。复不污经，此者适可除外垢。心念恶不能除，为学人第一当净心为本。心为法本，心正则行方，行方则应道。"佛言："昔有沙弥与师共行，见地有金便默取之。语师言：'疾行'，是间无人甚可畏，师言：'但坐。'有金故令汝恐耳。弃金去便不复恐，弟子便为师作礼言：'我愚痴无所知故，金已弃，便不复惧。'"于是佛告诸弟子，学人贪道，如沙弥贪金，何忧不得道？佛言："有比丘学道从师受经不精进，师教取牛马粪数斗烧之。至冥不尽，师友大石持地狱中火烧之，即作灰。弟子大恐，长跪问师：'是何等火？'师言：'汝不读经行道，死后当入地狱。狱中火烧汝，不复移时。'于是比丘惶怖，便更精进。日闻一阿含，便得罗汉

道。"佛言："善权方便，度人如是。"佛言："阿那含有三结。一者痴结，二者世间爱结，三者见未谛未尽结。阿那含譬如火上焰烟起，不能有所烧。须陀洹除八十八结，斯陀含除七结，阿那含除三结，阿罗汉无有结，须陀洹得道迹，斯陀含为往来得道，阿那含为不还世间，阿罗汉为不复著何等为道迹。谓识苦，世间人皆不识苦。须陀洹为识苦。斯陀含为弃集，阿那含为知尽。阿罗汉为行道已竟，得须陀洹。荔百劫，乃得阿罗汉。以何故？乃百劫须陀洹。馀有十结不断，不得阿罗汉。阿罗汉但自忧身畏罪，不敢预世间事。余有十疑结不解，不解故便止住。"须陀洹所弃常有五下结："一者贪欲结，二者瞋恚结，三者见行结，四者戒贪福结，五者疑意结，亦谓从六天已下，至世间贪欲瞋恚，贪身愿疑为下结。须陀洹见因缘者，谓不犯五戒时，当死死不犯。余人见急悉犯五因缘，须陀洹断故受新。阿罗汉新故悉断，菩萨毕故罪罪毕得道。乃知非常苦空。非身非道。人行道不当有所著。行须陀洹得须陀洹，行斯陀含得斯陀含，行阿那含得阿那含，行阿罗汉得阿罗汉，行辟支佛得辟支佛，行菩萨得菩萨。"佛言："学者随意所作，便得其报。如影响相随。"佛言："钵有四名：一名为一供食，二名为戒，三名为受，四名为从是得福。无有瑕秽，便应受福。持钵便立戒，意中无恶念。"佛言："阿罗汉不食肉者，计畜生从头至足。各自有字，无有肉名，辟支佛计本精，所作不净，故不食肉。佛计一切天下皆空无所有，有便灭，灭复生，要归空故，为无所有，诸弟子闻经欢喜。为佛作礼而去。"

中华传世藏书

永乐大典 精华本

著

表著

《左传》

叔向曰："朝有著定，会有表，衣有襘，带有结。会朝之言，必闻于表著之位，所以昭事序也。视不过结襘之中，所以道容貌也。"

俟我于著

《诗》

俟我于著乎而。注：我，嫁者自谓也。著，门屏之间也。

好恶著

《礼记·乐记》

好恶著，则贤不肖别矣。疏云：谓所好得其善，所恶得其恶，是好恶著，则贤不肖自然分别矣。

精神渊著

《世说新语》

时人欲题目高坐而未能，桓廷尉以问周侯曰："可谓卓朗。"桓公曰："精神渊著。"《高

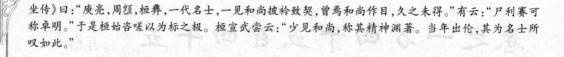

坐传》曰："庾亮，周顗，桓彝，一代名士，一见和尚披衿致契，曾焉和尚作目，久之未得。"有云："尸利赛可称卓朗。"于是桓始咨嗟以为标之极。桓宣武尝云："少见和尚，称其精神渊著。当年出伦，其为名士所叹如此。"

以孝友著

《新唐书·李杰传》

杰，本名务光。相州滏阳人。后魏并州刺史宝之裔孙。少以孝友著。擢明经第，解褐齐州参军、迁累大官员外郎。

见微知著

《许鲁斋语录》

君子见微而知著。遏人欲于将萌，若只待其发，见而后遏止，将见灭于东而生于西也。

又曰："恩生于害，害生于恩，人能知恩己者己害，害己者为己恩。则可与语矣。"老子亦曰："五色令人目盲，五音令人耳聋，五味令人口爽，驰骋田猎令人心发狂。"邵子亦曰："爽口物多终作疾，快心事过必成殃。"又曰："得便宜处勿再往，真有旨之言也。故前人亦有良药苦口利于病，忠言逆耳利于行之说。正如水能载舟而亦能覆舟，事事物物莫不反对。"庸人之目，见利而不见害，见得而不见失。以纵情极欲为益己，以存心养性为桎梏，不丧德殒身而不已。惟君子为能见微而知著，遏人欲于将萌。

积微致著

《抱朴子·疾谬篇》

积微致著，累浅成深。鸿羽所以沉龙舟，群轻所以折劲轴。

寻微知著

《抱朴子·嘉遁篇》

昔箕子睹象著而流泣，尼父闻偶葬而永叹。盖寻微以知著，原始以见终。

超然立著

《晋书》

王戎善发谈端。朝贤上已日禊路，或问王济曰："昨游有何言谈？"济曰："张华善说《史》《汉》，裴頠顾论前言往行，衮衮可听。王戎谈子房、季札之间，超然玄著。其为识鉴者，所赏如此。"

吾宗天下著

《刘贡父诗话》

李绚公素，有诗赠同姓人曰："吾宗天下著，王胜之辄取注之。"曰："居甘泉者以讴著，京师名倡李氏，居甘泉坊，善讴。卖药者以木牛著，京师李家卖药以木牛自表，人呼为李木牛。围棋者以憨著，李乃国手而神思昏浊，人呼为李憨子。裁仆者以拗著，李家什头，天下称善，而必

季札

与人毕剌。岁久，自以拗李呼。作诗者以谿达著，谿达老人，喜为诗。所至辄自题写，诗句鄙下而自称谿达。李老尝书人新素墙壁，主人憾怒诉官，杖之，拘执使市石灰更圩漫讫。告官乃得纵舍，闻者哂之。此数人因胜之有云，遂自托不朽。"

位高功著

《五代史·朱守殷传》

明宗自镇州来朝，居于私第。庄宗方惑群小，疑忌大臣。遣守殷伺察明宗动静，守殷阴使人告明宗曰："位高人臣者身危，功盖天下者不赏。公可谓位高而功著矣。宜自图归著，无与祸会也。"明宗曰："吾洛阳一匹夫尔，何能为也？"既而明宗卒反于魏。

恩威兼著

《资治通鉴·后晋高祖纪》

时魏孟滑三镇继叛，人情大震。帝问计于刘知远，对曰："帝者之兴，自有天命。陛下昔在晋阳，粮不支五日，俄成大业。今天下已定，内有劲兵，北结强虏，鼠辈何能为乎？愿陛下抚将相以恩。臣请戢士卒以恩威兼著，京邑自安。本根深固，则枝叶不伤矣。"

清白著

《南海志》

宋杨长孺,诚齐之子也。为广州经略使知州事。清白著于时,有诏奖谕,谓其清似吴隐之。

台阁摽著

《晋二俊文集·陆机孝侯周处碑》

周鲂。晋故常侍新平、广汉二郡太守,封关内侯。簪绂扬名,台阁摽著。

威惠信著

宋《欧阳公集·镇安军节度使
程公神道碑铭》

庆历六年,拜武昌军节度使。陕西安抚使,知永兴军府事。明年,判延州。皇祐元年,加同中书门下平章事,留守北京。其于二方威惠信著,尤知夷狄情伪,山川险易,行师制敌之要。

风生表著

宋《杨诚斋集·答常州
守陈时中交代启》

某:官,正心修身之学,开物成务之才,形诸艺文,盖玉振金声之余响。罗以科目,亦惊鸾翔凤翥之俯从。顷法守于宪纲,凛风生于表著。

滥巾朝著

宋韩魏公《安阳集·辞免谏官第一表》

忝预直于畜林,复滥巾于朝著。

世族昭著

宋《欧阳公集·袁州宜春县令程公神道碑》

出入将相,为时名臣。子孙蕃昌,世族昭著,推其所自来者远矣。

名迹彰著

宋郑獬《郧溪集·荐汪辅状》

材通学博,咏练古今。经术文艺,为世称服。名迹彰著,近三十年。而刚介廉正,不能趋附。

威望素著

宋李曾伯《可斋集》三《辞免知静江府兼广西经略奏状》

况今右广为国后户。承平百年之相习,遐荒万里之难窥。罅漏不密,关系者重,必威望之素著庶牧御之克胜。

忠劳炳著

宋吴泳《鹤林集·赐洪咨夔以羡加乞予祠不允诏》

朕以卿谔谔,有溯凌宵汉之气节,英英有纴补造化之词章,亲政召归,忠劳炳著。

风采宣著

《宋王与均《蓝缕稿·贺赵安抚札子》

治郡以功名见称，立朝以风采宣著。

外著

《采真集》

复灵于中，其光内融。缘物而照，其明外著。

废著

《史记·食货传》

子贡仕于卫，废著鬻财于曹鲁之间。又越勾践用计然，则所谓："积著所著者，皆读为'贮'。"

又《孔子弟子传》

子贡好废举与时转货资。注曰："废举，停贮也，物贱则买停贮，贵则转易货卖。又《平准书》富商大贾废居之邑。"注云："废居者，贮蓄之名也。然则所谓废举、废居、废著，其义皆同。"

积著

《史记·货殖传》

积著之理，务完物无息，弊以物相贸易。腐败而食之货勿留，无敢居贵。论其有余不足，则知贵贱。

大著

《事物纪原》

魏明帝太和中，始置著作郎。晋元康二年又谓之"大著。"

城著

《左传》

襄公二十一年,乐怀子为下卿。宣子使城著,而遂逐之,秋,乐盈出奔楚。注:著,晋外邑。范宣子乃设计,使乐盈筑著邑之城。

著地

《史记·曹参世家》

攻著、漯阴、平原、鬲庐《索隐》曰:《地理志》,著县属济南

《西汉书·地理志》

著。注:师古曰:"音竹庶反,又音直庶反。而韦昭误以为菁龟之菁字,乃音纪咎反,失之远矣。县名,属济南郡。"

杂著

《临川志》

晁百谈,字元默,太中大夫之曾孙。家临川,师象山陆先生。通理学,尤深于《春秋》。登淳熙二年第,调官知南康军至郡,适旱蝗发粟宽征,民无流徙,会奉祠。杖履游庐阜,所至赋诗,集为《归田杂著》。

严滋,字泰伯,临川人。端重明敏,从象山陆先生学。先生曰:"始吾闻泰伯贤,今观气象,听谈论,可与适道主郴阳簿。卒为文有《东征杂著》。"

宋赵鼎臣《竹隐畸士集·杂著》

汉祖与项羽争天下五年而后仅胜之。至其所推功,则曰:"吾不如子房、萧何、韩信。虽陈平、曹参,盖不与焉。则其平日所属耳目者,可知已。留侯以智全,故卒无害焉。酂侯几危,赖三人者而后免。"鲍生召平或曰:"彼淮阴者,远无子房之谋,近不闻三客之说。方且偃然以假王为请,其死也宜哉。夫较萧张之业,则何之不迨良亦明矣。然其受封也,高祖先之定位也。鄂秋与之何,初无一言自解也。虽买田示汙,卒以请苑见疑,其得出于廷尉亦幸矣。彼留侯者,渺然不受三万户之封。位居六十二,在绛灌樊郦下。呜呼!此其所以为子房之智者欤,而颜籀乃以谓或以材德功劳本无定次。就令有之,亦不当如是

之远。噫,智名勇功在当时已不可得窥,顾岂一师古所及耶?"

兵以正合,以奇胜,豪杰之攻秦也。周章首以百万之师,至戏下而不得进。沛公继战雒阳,亦辄不利,遂从轘辕略南阳,而西攻武关,破蓝田,迎刃披靡。捣秦人之背,竟降子婴,吴王濞之举兵也,其将田禄伯亦曰:"愿得五万人循江淮而上,别收淮南长沙入武关,与大王会。此亦一奇也。"濞不能从,顿兵下邑,不战而溃。夫两人之相与斗,扼吭捍胸。人知其所为备,则殆未可以辄胜也。惟能卒然乘不意而击其后,故吾有不斗,斗必克矣。

刘梦得有言:"贾生明王道,卫绾工车戏。同遇汉文时,何人居贵位。"余考诸史,谊当太宗时为太中大夫,后拜梁王傅,顾绾乃以功次为中郎将。至景帝立,始为王傅。继以吴楚军功封侯,遂迁丞相。则当孝文时,绾固未贵也。又谊早死而绾后达,尤复不伦,诗人虽欲传会遣词,乃不知其舛有如此者。

董仲舒为汉儒宗,断稿一出,弟子以为大愚。刘更生通达古今著《洪范传》,其子从而攻之,若仇敌然。夫儒者之学,本所以明仁义,修教化,考论《六艺》,不失大中而已。不专己守独私有圣贤之说,而自用之也。况乎穿凿附益流为巫瞽?虽其门人子弟不得无罪,而师父之间,实有以招之焉。然则逢门杀羿,《诗》《礼》发冢,信不诬矣。李汉叙《昌黎集》,自云收拾遗文,无所坠失今世传者。稍稍各以其私录附益外集,初尚四篇通解崔虞部书。明水赋,河南同官记,东平吕夏卿所列者是也。它如《祭汴州董相文》,《与刘秀才书》,《李渤书》,是旁出于正集,见于《柳宗元书》,载于《唐史》,其传也犹信。至雷塘祷雨文,乃在《子厚正集》中。则非退之所作甚明。《直谏表论》《顾威状》,《范蠡招种议》,浅露鄙俚,吾益羞之。余文有伪有真,阙所疑而不敢辨。夫孟轲、荀、杨而下得其传者,惟韩愈氏。不幸浮屠之说胜,使愈之道卒踬昧而不行。遗札无几,又欲乘其罅而厚诬之。岂不重可悲欤?吾惧其终不能以自明也,于是乎书。《诗·烝民》美樊侯之德,首言柔嘉。惧其不节之以礼也,则曰"维则"。言令仪令色,惧其不推之以诚也,则曰"小心翼翼"。言出纳王命之喉舌,赋四方明若否,而惧其道不足以自济也,故乃曰:"既明且哲,以保其身。"又惧其流也,则又继之曰:"柔亦不茹,刚亦不吐。不侮鳏寡,不畏强御。"夫言岂一端而已?后世之士,不务明大雅之旨,遂拾单词以为口实。见有忠而被诛,信而获罪者,相与从而尤之曰:"非明哲也。方朔之湛浮,胡广之中庸。味道之模棱,余庆之长者。视人泰然有自得色,盖皆出于此矣。夫所谓明哲,岂方朔、胡广之谓乎?所谓保身,岂味道、余庆之谓乎?使樊侯不能不吐刚,而畏强御。幸而不死,是特一持禄懦夫耳。顾安足以语道理哉!"仲尼有言:"志士仁人,有杀身以成仁。"杨子云亦曰:"庸行翳路冲冲而活,君子不贵也。"

雷声之隐然,地震之焞然。虽贲育之勇,无所为力。良平之谋,未知其自处。何者?发于不意故也,故君子不可不养静以俟动。羔裘之大夫,以其君不用道也,故去之。遵大路之君子,以其君失道也。故去之。至于南山,则大夫遇其君之恶者也。夫遇恶而后去,其辨之盖不早矣。故序诗者异之于郑桧。君子之仕也,行其义也。道之不行,我知之矣。又曰:"不知命无以为君子。"若夫贤者,则未足以及此矣。诗于君子,常以出处去就为言。至于贤者,然后有困穷放逐不能餐饱之词。孟子所谓所就三所去三者也。大哉君子,非以道事君者,乌可以语是哉?《载驰》之诗曰:"女子善怀,亦各有行。"夫人未尝无怀也,而有所谓善怀者。嗟我怀人,求贤也。每怀靡及,敬事也。与夫《召南》之《有女怀春》,《卫诗》之"我之怀矣",固有间矣,是所谓亦各有行也。晋献之听谗,特好之而已,未必信之也,故《采苓》刺之。其诗曰:"人之为言,胡得焉?"是尚庶几,其改也。陈之宣公,则既

多信之矣。君子不独刺之，而又忧之。其诗曰："心焉忉忉"，"心焉惕惕"。初曰"忉忉"，终曰"惕惕"者，由忧而至于惧也。若夫东周之王，其于谗也又甚焉。《采葛》之诗曰："一日不见，如三岁兮。"则是岂独忉忉惕惕云哉？故序《诗》者以为惧谗之诗，盖以忧为不足道也。至于幽王之时，则谗之祸成矣。君子得罪，而盗言孔甘，荡然莫可救止也。巧言曰："无罪无辜，乱如此帱，匪其止共，维王之卬。"则所谓忧与惧者固无及矣。徒亦自衰其不幸而已，故曰伤谗焉。孟子有言："饥者易为食，渴者易为饮。"且谓以齐而王犹反手也。当是时，不独庸人愚士私怪其说，虽其高弟弟子公孙丑之徒，盖亦疑以为不然。吾读《褰裳》之诗，见郑人之厌苦于兵革，而思获赴溯于他邦者，何其切也？其言曰："子惠思我，褰裳涉溱。子不我思，岂无他人？"呜呼！其势岂不急而其情岂不可悲哉？譬夫溺于水而陷于火者，方其四顾号呼愿济须臾之命，狂奔疾走，沉没溃烂。当此之际，有一人焉，能援手而出之，解其涂炭之苦，而措于安平之地，则其人之感恩戴德宜如何哉？齐桓公攘狄而之卫，卫人人思之愈久而不忘，《木瓜》之诗是也。彼一伯者假仁义而楼诸侯，尚能如此。况首以王者之仁政，而抚乱世之遗黎乎？夫惟孟子能知之，故曰："惟此时为然。"

"东方未明，颠倒衣裳，"过之大者也。"庭燎之光，鸾声将将，"过之小者也。宣王之过，过于勤而已。若夫齐君，则号令固亦不时矣。故庭燎之诗，止于箴之。而东方之无节，则在所刺也。天下之治乱，在夫人材之盛衰。国家之废兴，系于贤者之出处。方厉王之际，人才微矣。揙克在位，而匪用其良，则贤者亦不可得而致也。宣王承其丧乱之余烈，侧身修行。其始也固尝任贤使能如烝民，新美人林如采芑。微接下如吉日，其临政愿治之意，周密备具如此。于是始得夫吉甫、张仲、方虎、申樊之徒，相与出而辅相。然后能攘戎复土，修政事而会诸侯。号令自出，号为中兴，可谓知所本矣。然中人之志，不能不始勤劳而渐衰怠也，故鹤鸣诲之如何？亦教之反其本而已，求贤所以本也。故言"鹤鸣于九皋，声闻于野。"则其德音之著闻，不患于难知也。"鱼潜在渊，或在于渚。"方其在渊，则鱼可谓深而难求矣。然阳升则出而在渚，盖贤者世治则见。惟有道而从之，则不患于难致也。既能致之，则必能任之。上贤而下不肖，所以任之也。故又曰："乐彼之园，园有树檀，其下维箨。"夫如是，则贤者得志而有功矣。吾能远举而信任之，则天之下贤才，无疏远贵贱，其有不为吾用者乎？故于是则虽它山之石，皆可以为错也。盖宣王之所以兴衰拨乱，由于任贤而使能。将欲使之持盈守成而无废前美，在急于用人。其孰能致哉？然宣王卒以不悟，此皎皎白驹所以有空谷之遁也。《白驹》贤者去之，国人思望而欲其留之之诗也。"皎皎白驹，食我场苗"者，欲其来而食于我也。与丘中有麻，所谓将其来食同意。"系之维之，以永今朝"者，将以留之也。"所谓伊人，于焉逍遥"者，欲留而不得见，则思所谓白驹之贤者，于何焉而逍遥乎？"皎皎白驹，食我场藿"者，待之厚也。"系之维之，以永今夕"者，留之久也。"所谓伊人，于焉嘉客"者，爱之思之则敬之矣。"皎皎白驹，贲然来思"者，欲其来之疾也。"尔公尔侯，逸豫无期"者，以情望之也。"慎尔优游，勉尔遁思"者，思之久而不可得见矣，则亦勉之以嘉遁而已。"皎皎白驹，在彼空谷"者，言贤者之退而穷处。"生刍一束，其人如玉"者，言虽穷而德有余，居隐约而貌不衰也。与"硕人俣俣，君子阳阳"同意。"毋金玉尔音，而有遐心"者，虽勉之以嘉遐，而又庶几其复反也。庶几其复反者，王犹足用为善故也。弗躬弗亲，庶民弗信。动民以行，不以言也。

噫嘻言耕，而不及获。丰年言获，而不及耕。载芟详于播始而略于收成，良耜详于收成而略于播始。祈与报之诗也，故其词异。先王以为非尽人事，则不敢以有祈也，故必致其耕播之勤。若夫成岁之功，则吾何力之有哉？其亦归美人报神，立言之序当如此也。

天有雨以施其泽，君有臣以行其政。泽自上而下者也，政自王而出者也。幽王之时，内有三事大夫，外有邦君诸侯。所以行政任事之臣，可谓众多如雨矣。然内之则莫肯夙夜，外之则莫肯朝夕。百官之长各离屋而弗亲，蓺御之贱反惵然而日瘁。卒至于戎成不退，饥成不遂。则虽众多如雨，非所以为政矣。众多而无政，以其政不自于王出故也。政不自于王出，则犹雨之无正者也。故诗人取以况之。而序诗者从而解之曰："雨自上下者也，众多如雨。而非所以为政也。"

有頍者弁，实维伊何。尔酒既旨，尔肴既嘉。诸公之望王，岂徒哺啜云乎哉？盖曰："既见君子，庶几有臧。"则固将有以启迪王心而告以善，且以解吾心之弈弈也。死丧无日，无几相见。兄弟之情，尚恩也。岂不尔思，中心是悼。君臣之分，尚谊也。

君子学道则爱人，小人学道则易使。有駜，颂僖公君臣之有道也。其诗曰："夙夜在公，在公明明"，故鼓咽咽醉言归。所谓道者如斯而已。马伏波好名喜功，惫不知止，晚节龃龉。卒困于谗，不亦惜哉？或曰："人臣之义固忘身。"当五溪之征，而援以老见怜苟安可乎？曰："五溪之事，度非已而不夷，请行可也。"已能夷之，人亦能夷之。又安用请，建武中兴士大夫为侯王者以百数。天下既定，老臣宿将合门而奉朝请。一日边候有犬吠之虞，此后来新进争功投足之秋也。顾援已封侯揭节矣，已所已有尚当分以与人。况可矍铄而冒之哉？观其戒松固也甚智，而敕严敦也甚明。至于谋己则不周如此，惜乎时无有以孟子论冯妇之事告之者。悲夫！

庆赏刑威之谓政，仁义礼乐之谓教。孟子曰："善政得民财，善教得民心。"所以得民心，岂一朝一夕之故哉？盖必有渐靡存焉。此敷五教所以不可不在宽也。《春秋·桓六年》"九月丁卯，子同生。"世生子不书，此何以书？谷梁氏所谓："疑故志之者。"近得其说矣，盖方是时，举齐鲁之人，皆以子同为齐侯之子也。猗嗟所谓展我生兮者，亦诗人拒时人之吉也。故圣人因其生也，正其名而谨书之。

子游曰："君子学道则爱人，小人学道则易使。"先儒以道为礼，学者疑焉。孔子曰："上好礼，则民易使也。"先儒之说盖出诸此，然则蟋蟀之诗所谓道化者，亦曰："以礼化之而已"，与汝坟之诗异矣。雄雉曰："道之云远，曷云能来"者，国人久役怨旷之词。与绵蛮所谓"道之云远"，扬之水所谓"曷日还归"同意。

《书》曰："德惟善政，政在养民。"盖德者所以为政，而政者所以养民也。魏小而迫君俭以啬，至于杀桃而食棘然不能用其民。思所以富而教之者，此序所谓无德教也。舜之作歌，先股肱而后元首。咎繇赓歌，先元首而后股肱。君臣交相儆，上下相赖也。

古者长民，衣服不贰。从容有常以齐其民，故能俨然有可畏之威，可象之仪，使民敬事之不厌。"大车槛槛，大车啍啍。"言民闻而畏之，卷阿所谓令闻也。"毳衣如菼，毳衣如璊"，言民望而畏之，卷阿所谓令望也。将其来施施，施施，难进之意。将其来食，则君子之所就，非苟已也。迎之致敬以有礼，言之将行其言也。斯食之矣，卒曰："贻我佩玖，则君子之于食也。"岂独素餐云乎哉？施德于民，盖如此也。玖玉之美者，佩其服之亲者。古者朋友之交，于其好之也，则必杂佩以报之。示吾亲之，而遗之以其德也。留子之贻民如此，则其施可谓厚矣。此固民之所思而不置也。

先王未尝有意于建功也，而功必由我而立。未尝有意于得人也，而人必向我而服者。无他焉，惟反身以修道而已。故其所以求之也，异乎人之求之也，盖修辞非以广业而业自广，文德非以来远而远自来。道之所在，固有不蘄然而然者矣。犹之齔角童子乎，身日加长而不自知。至于突然而首弁者见之，曾未几何时也。此岂有所勉强，而使然哉？齐襄无礼义而求大功，不修德而求诸侯，徒志于求而不知其所以求。故甫田刺之，而序诗者以谓所以求者非其道。夫所谓道者何哉？亦曰："求诸己而已"，"夫子至于是邦，而必闻其政。"其亦类是邪。

惟皇上帝，降衷于下民。若有恒性，克绥厥猷惟后。曰"衷"，则非由外铄者也。曰"恒"，则天使我有是性也，可谓久矣。其衷也，其久也，而道固常存矣。彼所谓元后者，夫何为哉？若有其性，克绥厥猷而已。谓之若，而非有于逆也。谓之有，则勿梏亡之而已。谓之绥，则贵于安而无变也。故民之厚，谓之归厚。民之彝，谓之秉彝。而君子之于经，亦在乎反之而已。然则孟子道性善者，是邪，非欤？

玄鸟，序言祀高宗也。康成谓当作祫，祫者合也。合神主于太祖，而序昭穆。诗上述玄鸟生商，成汤发受命。若四时常祀，不应远颂上祖。盖特以长发殷武之义推之尔，夫诗非一人作也，岂可以例言。闷宫颂鲁僖，而姜嫄后稷文武周公之事，皆见于诗，安知其非颂周而特颂鲁哉？郑失之明矣。近世说者曰："上颂祖，下及孙子。"言高宗之上有以绍祖，下有以诒孙也。吾有取焉。又诗曰："景员维河，毛以为景。"大员、均，颖达释曰："言商之政大均，如河之润物无不及也。"郑以员河为云何，谓发语辞也。夫景员维河四字耳，遂以谓其政大均。如河之润物无不及，穿凿之说非人情也。郑以为发语虽文理颇顺，亦未可据信。说者乃谓景读如既景乃冈员，如聊乐我员。河为武丁所都，大抵皆牵强之说也。诗之来久矣，或字舛失真，或古今语异，明者辨之可也。传所以释经也，传失而后有笺。笺者所以助传，而正其失也。又有失焉，而于是乎有疏。然则疏者固宜纠剔二说之失举，而归诸大中也。观颖达之书，每每列为二说。毛谓此焉，则从而失之。郑谓彼焉，又从而失之。使后学之士，如窥江海汪洋泛滥，丛杂分播靡所不有。然至于惊澜怒涛，东西四流，徒震悸心目，瞀然亡所适从，无一人能了然者，则疏者果何用耶？此颖达之大罪也。夫皇甫谧，腐儒也，其言博而多妄。然其释汤所都之地，明辩晰晰。大正宿儒之谬。颖达以郑说之不同也，既著之于前而复破之于后，是则正义之名果安在哉？此余所甚病也。然观其言，每略于毛，而详于郑。则颖达者，真助郑者与？人之处世，如毛之附皮，燕之巢幕。皮之不存，毛将安附？幕倾危，则巢何以安？是以无贵贱，无智愚，同寅协恭，惟恐大器之不安。故上自三公坐而论道，九卿百僚诤谏匡辅。左史纳言，右史书事。智者竭其谋，才者效其力。百工执艺以谏，下至士传言，庶人谤。上下之情通，如手足之卫腹心，如枝叶之庇本根。上之视下，如父母之爱其子。下之亲上，如子孙之爱父母。中孚交通，无纤芥之凝滞。首足之气周流，无斯须之阻隔。是以心君康泰，百体顺令。叔世以来，一一反是。君自圣于上，以天下之知莫已若，唯天下之莫违予。臣竟谀于下，唯恐失其富贵，苟合逢迎贱辱百至。民顽嚚于下，漠然无情，如秦人不知越人之肥瘠。天变于上，而无一人告之者。众怨于下，而无一语陈之者。百司庶府，无一物之得而莫有言者。昏昏默默，共坐漏舟，可为寒心哉。或曰："历观古令，治常少而乱常多。何也？"曰："为政在人"，人之类，数千年无一圣，数百年无一贤。圣贤不生，生而不得其位，政何以治？庸人之私智小慧，小人之刻薄残忍，无智慧而行残忍。顷刻之间，内不自静，天下安得而不乱？故曰："为人君止于仁。仁则静，静则天地位，万物育。"大臣者人君之耳目股肱。耳聋于五音，目盲于五色。股肱堕于安佚，淫于游荒，蛊惑其心，无所不至，心虽欲静，其可得乎？孟子曰："学然后知不足，教然后知困。"今之人，卤莽苟且自以为足。先已自欺不明，一旦出门接物临政，颠倒错缪自以为是。漫不加省，不知所以为困国家。又无绳愆纠缪，彰善瘅恶之法，且无家塾乡庠党序国学之模范。然而欲士之成已，欲小民之被泽，欲

皇极之建,欲帝载之熙,欲百务之俱举,欲泰山之磐石,垂法遗安于子子孙孙,亦难矣。三代之世,上成其下,下成其上。季世以来,上下相坏,招邪纳奸,以术不以诚,上坏其下也。谗谄面谀之人日至,上曰:"可",下亦曰:"可"。上曰:"不可",下亦曰:"不可"。声出而响应,形动而景随。使为上者自明自圣,下坏其上者也。正如一人之身,心不能养四体,四体不能卫腹心。互相残贼,自以为计惜哉。

《清波杂志》

仲车杂著数十条,临川山阳板行其一。云陈力就列,不能者止。近世拜官,徒为饰词,已足耻矣。而朝廷又为之法曰:"至某官乃得辞免,是教人为伪也。"其两府有除拜,未受命必先押入,其名已不正。盖贤者以礼进,以义退。既可押入,必可押出。此固然矣。但立法有素,岂易顿革?柄臣为国具瞻,既膺大拜不应偓然,即当其任。故三辞再辞,次及从官台谏一辞而已。此岂由衷特拘以法其不应辞者,岂官微任轻进不系时之重而然欤?两府初除固已受命,特未受告耳。凡降旨日,不供职者,皆未受告也。

《杨诚斋集·应斋杂著序》

淳熙季年,海内英杰,森布表著。文儒玉映,武卫电耀。廷集孔鸾,陆列爪牙。虽师师瑞虞,济济华周,无所与逊。孝宗皇帝一日御垂拱殿,顾见廷臣,天颜怡愉。因问左右,宗子在廷者为谁?凡若干人,皆谨对曰:"无之。"帝蹙然喟曰:"尧明峻德首乎九族,周对八百同姓。今吾圣神子孙枝叶疏,俊乂单寡。独无一武诞置文石,是谓灵囿无鳞,太液无鹊也。可乎。"即诏迩臣各举属籍之良者二人。居亡几,何舒戴奋堪间平政骏茹拔鹭振。大者台斗小犹郎吏,而应斋居士赵无咎,是时方高卧南州,狎东湖之鸥,弄西山之云。远追徐孺,近访山谷。赋诗把酒,与一世相忘。讫不求诸公之举,而诸公亦无求无咎者,君子至今恨之。或者其谓无咎之才之文未卓欤?曰:"无咎才固先人,文亦不后人也。"然则诸公不求而荐之,何也?曰:"才者憎之媒也,文者忌之胎也。"汉之董贾,唐之李杜,非不才无文之罪也,才与文之罪也。四子且然,无咎可以无憾矣。予自乾道辛卯,在朝列时,无咎为苏州别驾已闻其名。后十八年,予再补外,过豫章始识之。至其家,见门巷萧然,槐柳蔚然,知其为幽人高士之庐也。而其人老矣。无咎既没,其子汝谟求为太和宰。一再访予于南溪之上,出无咎时文一编。目曰:《应斋杂著》。求予序之。其抵平淡夷易,不为追琢,不立崖险,要归于适用而非豪非浮也。至其诗,皆感物而发,触兴而作。使古今百家,景物成万象,皆不能役我而役于我。呜呼!无咎生无遇也。没而诗文可传,未为无遇也。无咎可以无憾矣。无咎讳善括,尝知鄂州,终官朝请大夫,拨烦决疑,所至名迹焯焯云。嘉泰壬戌,促夏既望,诚斋野客庐陵杨万里序。

陈亮《龙川集·郑景望杂著序》

尚书郎郑公景望,永嘉道德之望也。朋友间,有得其平时所与其徒考古论今之文。见其议论宏博,读之穷日夜不厌。又欲锓木以与从事于科举者共之。余因语之曰:"公之行己以吕申公范淳夫为法,论事以贾谊陆贽为准。而惓惓斯世若有隐忧,则又学乎孔孟者也。是宜其谭论之余,或昔然而不尽然者,毋乃反以累公乎?"其人曰:"苟足以移科举骩骳之文,不根之论,是某等之心。而识者岂必以是而尽求公哉?"余不能禁,乃取今上即位之初,其所上陈丞相书以附于后。余永康陈亮也。

陈耆卿《何澹小山杂著序》

昔苏公洵，论文取象于易之涣。而曰："非能为文也，不能不为文也。"又曰："此为天下之至文也。"夫至生于能，不以能为为至，而以不能不为为至。则是以粗卤为妙，牵勉为奇。几于浅际文，而教人以易矣。然天下之至显者理，而凿之者晦。至近者事，而隔之者远。至和者情性，而挠之者不平。惟不平，故不正。于是以猝易明白为陋，而以诘屈聱牙为古焉。夫古非诘屈聱牙之谓也，而学古者持之不置。至镌炼琢削以求之，求益工，见益左，盖彼自谓其能为尔，讵识所谓不能不为者哉。故观文殿学士何公，少负轶才。落笔惊豪俊。自其试礼部，试秘府，辞驶若流水，义皦如揭日。盖天下诵之矣。其后在禁路，在政途，在帅垣，在祠馆，忧哀娱乐，靡不于文发之。其篇章旷而清，其铭碣典而润，其记序婉而富，其笺翰妥而熟。盖有能为之实，而又有不能不为之思。以故言文者纪焉。夫癯之中贵有腴，平之中贵有味，约之中贵有度，直之中贵有体。公之虽号粹，易明白。而非若他人之谰帅肤露也。盖囿巧于朴，而寄勇于闲暇。辞之所至，意亦随之。其斯以为贤欤。余记昔登公门，公七十余矣，而片语不命客，短椠手自书。间与余评文，余应曰："掀波骇浪，不如安流。峭岸孤峰，不如平陆。"公首肯以为至论。后十五载，始得公全稿于其季子嘉禾郡丞处。信启诵悲嗟，知公已不见而可见者止此。征序不敢辞也。公名澹，字自然。世谓公之文，称其名与字云。端平改元五月日，朝议大夫将作少监兼国史院编修官，实录院检讨官，兼考功郎官，兼魏惠宪王府教授，临海县开国男食邑三百户陈耆卿谨序。

王炎《双溪集南窗杂著序》

先大夫平生诗文遗稿，题曰《南窗杂著》。诸孤不天，先大夫捐馆舍。于今四十有五年，其不肖孤某，用先大夫之学侥倖登科。处则鬻文以补伏腊之不给，出则随牒转徙糊其口于四方。岁月侵夺许久，而遗文未及编次。追念先大夫，事祖母太夫人极爱敬。问起居，视饮食，日日皆有常节，有疾不离左右，药必尝而后进，承颜养志惟谨。执丧苫次，三年不饮酒，不茹荤，不入私室。事兄嫂致恭且顺，行之以礼，终其身无违言。教兄子以诗书，不啻如己子。间有悖之者，待之泰然如常时，未始含怒。燕居与先太宜人相识如宾，未尝见其疾言遽色。臧获有恩义，蓄产二字不出诸口，隐德奥行如此，可以追配古人。某不肖既不能发扬其幽光，而遗文在箧。手泽如新，又不能编次成书。跼天□地何所逃罪？曩自临湘解官归里中，携遗稿如分宁。及临江解官，入中都归故里，遗藁留分宁寓居。远不可即致，傥更失于会粹。大惧湮没无传，无以见先大夫于泉下。乃访于亲旧，得其副墨所传者辑为一编，_{分原本缺卷盖所佚者三分之二}。尚俟他日取分宁所藏本足之。

元吴莱《渊颖集·石陵先生倪氏杂著序》

自东都文献之余，天下士大夫之学日趋于南。或推皇帝王霸之略，或谈道德性命之理，彬彬然一时人材学术之盛，不可胜纪。盖东莱吕公，本其伊洛义理之学，且精于史。永康陈公同父，方与之上下颉颃其议论，而独贵于事功。夫以国家兵戈离析之久，王业偏安，人心不固，纪纲废坏，风俗荡焉。而失防意将自有酌古准今，知时识务之士，雄豪智勇，阖爽颖茂，而出于其间。或者犹虑其古方新病之不能以救亟也。当此之时，同父尝陈

征讨大计。石陵倪先生朴实，先后同父草书万言，欲以兵战自效不下同父。然同父因其才力气岸之豪，中陷于罪衅，至老才得高第，终以不得驰骋于中原而遂至沦没。先生方自以其学胜，亦且不能于乡里，至以罪废徙筠阳。故虽有志焉，而终以寒婆而老死。盖予每观先生之书，则为之呻吟，痛惜而不能自已。先生尝本其兵战之所自出，备知天下山川险要，户口虚实，著为《舆地会元》四十卷。又推古今华夷内外境土徼塞之远近，绘以为图。张之屋壁而预定其计策，逆料其战守者，不一而足。是将愿出为当世有用之学，而不欲仅为儒者陈腐无实之空言。当时之士，惟同父为能知之。先后亦惟寄示同父而不遑以他及者也。然使先生之志，且与同父获用于世。天下之兵，蜂集蚁聚，胜负虽未可知，必也人心国论之既定于一。力守东面以为保障，专意西北以谋进讨。江淮襄汉日以宁谧，秦凤陕虢之间，遗民襁负，义士壶箪，尚不为无补于万一者。是则后世所以深有取乎乐毅之常生，而重恨曹蜍之淹淹待尽也。夫自南北分裂，士之学者方守于一隅。而禹迹之所被者，率不能以遍历。黄河之源出于昆仑，黑水之流播于南海，而近世地理之家，茫无据依，远相臆度，盖今海内混一，重译万里。黄河自星宿海发源，历九渡河而后北会于临洮积石之西。黑水复流其西界，而经趋于滇越之外境。若可以烛照而数计者，譬如谈天文者，每以洛阳居天地之中。然而南至北景，北逾铁勒，斗极出没高下之度，殊不可以常度准。又岂得徒溺乎？羲和浑天之器，而独不少究乎周髀勾股之法哉？是故先生舆地会元之书，兹既不能以复见。至于华夷内外境土徼塞之图，则犹未免乎参差矛盾而未尽善者，此殆古今祖述编类之一疵也。虽然，先生之学，诚可谓博而有用者矣。当吕公云亡，先生贻书同父。谓宜方学以绍吕公后，而同父咈然不悦。是其一时人材学术之盛，卒不肯俯首以随人下，而欲自表于今世。自今观之，前辈老成凋丧俱尽，新学小生卤莽不学，是以一切堕于黄茅白苇，而欲以为同窃其残膏剩馥，而不敢有异。至其立言，箝口结舌而无所发明。临事则亦玩时愒日偷懦惮一，而不足以赴其鼓舞作兴之机者，此皆见弃于先生者也。籍令先生之学，本之以伊洛之义理，而又无贵乎永康之事功，则其所就且将不止于此。虽然，今之学者尚可及耶？吾固未易以王道霸术之并行而遽少之也。初武夷谢翱皋羽尝因先生之书选为一编，今始得其全帙，号曰："杂著者观之。"又尝过其所居，则山洞湮塞，栋宇倾荡，莞儿牧竖，悲歌蹴踘，犹能示其故墟而亦不能详也。况其所著之书耶？呜呼！士无当世之功业而徒务于有言，不至于此不极也。是又古今文士著录艺文者之一叹也。悲夫！

《同恕渠庵集·杂著诗》

岁月滔滔不贷人，回头二十有三春。试为点检工夫去，羞对汤盘话日新。
忆初总非绝娇痴，人是人非但解熙。失笑颇能通姓字，有知争得似无知。
物识纷纭自古同，瞻乌谁与辨雌雄。柳州著论非封建，犹说唐虞未至公。
圣模贤范孔洋洋，聚辨居行敢怠荒。何物人间有真乐，从渠文绣与膏粱。

度

进退有度

《礼记·曲礼》

前朱雀而后玄武,左青龙而右白虎。招摇在上,急缮其怒。进退有度,左右有局,各司其局。

《祭义》

天子者,与天地参。故德配天地,兼利万物,与日月并明,照四海而不遗微小。其在朝廷则道仁圣礼义之序,燕处则听雅颂之音,行步则有环佩之声,升车则有鸾和之音。居处有礼,进退有度。百官得其宜,万物得其序。

俭而有度

《左传·桓公六年》

臧哀伯曰:“夫德,俭而有度,登降有数。文物以纪之,声明以发之,以临照百官。”注云:尊卑有降杀之数,则不为上下无别。余详见鼎字。

勤俭有度

宋张元幹《芦川归来集·代祭石林文》

以真儒自负,以旧德自居。年逾从心,而神明未衰。位□樏路,而勤俭有度。

中华传世藏书

永乐大典 精华本

受赏有度

《东汉书·何敞传》

敞言于太尉宋由曰："公家之用,皆百姓之力。明君赐赍,宜有品制,忠臣受赏,亦应有度。是以夏禹玄玉,周公束帛。"书曰："召公出取币入赐周公。"

取之有度

许鲁《斋语录》

地力之生物有大数,人力之成物有大限。取之有度,用之有节,则常足。取之无度,用之无节,则常不足。生物之丰歉由天,用物之多少由人。

所为有常度

《资善观书记》

太宗尝谓宰相曰："朕每日所为有常度。辰巳间视事,既罢,即看书,深夜乃寝,五鼓而起。盛暑永昼未尝卧。至于饮食亦不过差。"说曰："人主不可一息而有怠心也。"传曰:"朝听政,书访问。夕以修令,夜以安身。一日之间,无顷刻之废事也。"太宗之对辅臣,谕以每日所为自有常度。至于昼未尝卧,食不过差,则非耽于饮食宴乐之适,而素其朝夕昼夜之经矣。

节有度

《左传·襄公二十九年》

吴季扎聘于鲁,请观于周乐。为之歌《颂》,曰："至矣哉,五声和,八风平,节有度,守有序,盛德之所同也。"

明有度

《西汉书·贾谊治安策》

行以鸾,和步中采斋,趣中肆夏,所以明有度也。

洪无度

《书·多士》

惟尔洪无度。

美无度

《诗·魏风·汾沮洳篇》

彼其之子美无度。

盘游无度

《书·五子之歌》

乃盘游无度。

力行无度

《书·泰誓》

今商王受,力行无度。

饮酒无度

《左传·昭公七年》

郑子皮之族饮酒无度。马师氏与子皮氏有度。齐师还自燕之日，罕朔杀罕魋。

规求无度

《左传》

昭公二十六年，王子朝作乱，晋侯率师纳王子朝奔楚。使告于诸侯曰："昔武王克殷，成王靖四方，康王息民，并建母弟以蕃屏于周。今王室乱，单旗刘狄剥乱天下。一行不若，谓先王何常之有？惟余心所命。其谁敢讨之？侵欲无厌，规求无度，若我一二兄弟甥舅，无助狡猾。以从先王之命，则所愿也。敢尽布其腹心，及先王之经。而诸侯实深图之。"

居处无度

《史记·文帝纪》

六年，有司言淮南王废先帝法，不听天子诏。居处无度，出入拟于天子，擅为法令，遣人使闽越及匈奴发其兵欲以为宗庙社稷忧。群臣议，皆曰："长当弃市，不忍致法，赦其罪。废勿王，而徙处蜀。"严道邛都道病死。

遨戏无度

《东汉书》

陶谦，字恭祖，丹阳人。年十四犹缀帛为幡，乘竹马而戏。故苍梧太守同县甘公，见谦容貌异之，许妻以女。甘夫人怒公曰："陶家儿戏无度，如何以女妻之？"甘公曰："彼有奇表，长必大成。"遂与之。

游荡无度

《续后汉书·高士传》

皇甫谧,字士安,嵩之曾孙也。出从叔父徙居新安。年二十六,好学,游荡无度,或以为痴。

畋猎无度

《旧唐书·蜀王愔传》

尝非理殴击所部县令。又畋猎无度,数为非法。太宗怒曰:"禽兽调伏,可以驯扰于人。铁石镌炼,可为方圆之器。如愔者,曾不如禽兽、铁石乎?"乃削封邑及国官之半,贬为虢州刺史。

嬉戏无度

《资治通鉴·后梁太祖纪》

乾化元年,蜀太子元膺,猥喙龃齿,目视不正,而警敏知书。善骑射,性狷急猜忍。蜀主命杜光庭选纯静有德者,使侍东宫。光庭荐儒者许寂、徐简夫。太子未尝与之交言,日与乐工群小嬉戏无度,僚属莫敢谏。

居丧不度

《左传》

襄公三十年薨于楚宫。立公子裯,穆叔不欲,曰:"太子死,有母弟则立之。无则立长,年均择贤。义均则卜,古之道也。且是人也。居丧而不哀,在戚而有嘉容,是为不度之人。鲜不为患,若果立之,必为季氏忧。"季武子不听,卒立之。比及葬三易衰,衰衽如故衰,是为昭公。二十五年听谗,攻季氏,兵败,出奔,死于外。

牢礼不度

《左传》

哀公二十四年,公使臧石,会晋师伐齐取廪丘。晋师乃还饩臧石,牛太史谢之曰:"以寡君之在,行牢礼不度,敢展谢之。

相朝不度

苏子由《古史·孔子弟子传》

邾隐公来朝,子贡观焉,邾子执玉高其容仰,定公受玉卑其容俯。子贡曰:"以礼礼观之,二君者皆将死亡。正月相朝而皆不度,心已亡矣。

不知度

《左传》

昭公十四年,楚令尹子旗有德于王不知度。注:不知国家之法度,与养氏比而求无厌,王患之。九月甲午,楚子杀斗成然而灭养氏之族,使斗辛居郧以无忘旧勋。

不改其度

《左传》

昭公之时,子产曰:"为善者不改其度,故能有济也。"

不深之度

《列子·黄帝篇》

列子问于关尹曰:"至人潜行不空,蹈火不热,行乎万物之上而不慄。请问:'何以至

于此'？"关尹曰："是纯气之守也，非智巧果敢之列也。姬鱼语汝，凡有貌象声色者。皆物也，物与物何以相远也？夫奚足以至乎先是色而已。则物之造乎不形而止乎？无所化。夫得是而穷之者，焉得而正焉？彼明处乎不深之度，而藏乎无端之纪。游乎万物之所始终，壹其性，养其气，含其德，以通乎物之所造。夫居是者，其天守全，其神无却，物奚自入焉。"

不晖于数度

《庄子·天下篇》

不侈于后世，不靡于万物，不晖于数度，以绳墨自矫而备世之急，古之道术有在于是者。墨翟禽滑釐，闻其风而悦之。

庄子

宫室过度

《两汉蒙求》

高祖七年冬十月，上自将击韩王信还，二月至长安。萧何治未央宫，立东阙、北阙、前殿武库大仓。上见其壮丽甚，怒何曰："天下匈匈，劳苦数岁，成败未可知。是何治宫室过度也？"何曰："天下方未定，故可因以就宫室。且夫天子以四海为家，非令壮丽无以重威。且无令后世有以加也。"上悦。又汉元帝康衡《言政治疏》：宜遂减宫室之度。

驰驱过度

《东汉书》

桓帝时，梁冀秉政。兄弟贵盛自恣，好驰驱过度。至于归家，犹驰驱过度。百姓号之曰："梁氏灭门驰驱。"后遂诛灭。

纵恣过度

《桂苑丛谈》

高延宗，北齐文帝弟。纵恣过度。为齐牧，乃于楼上濡，使人向上张口承之。又以猎肉和粪以饲左右。

奢侈过度

《世说》

段文昌，布素之特，所尚不偶，及其达也，扬历显重，出入将相。泊二十年，其服饰玩好，歌钟妓女。苟悦于心，无所爱惜，乃至奢侈过度。物议贬之。

纵酒过度

《宋史·王曙传》

初钱惟演守西京，欧阳修尹洙为官属。修等颇游宴，曙后至，尝厉色戒修曰："诸君纵酒过度，独不知寇莱公晚年之祸耶。"修起对曰："以修闻之，莱公正坐老而不知止尔。"曙默然，终不怒。

天命自度

《书·无逸》

呜呼我闻曰："昔在殷王中宗，严恭寅畏，天命自度。

菲俭自度

《宋史·刘章传》

章进权礼部尚书,对选德殿。上问章今年几何,而容貌未衰。颇尝学道否?章拱对曰:"臣书生无他所长,惟菲俭自度。晏婴一狐裘三十年不易,人以为难,臣以为易。"上嘉叹义之,亲洒宸翰以赐之。

欲败度

《书·太甲》

予小子不明于德,自底不类。欲败度,纵败礼。以速戾于厥躬。注:多欲则兴作而乱法度,度就事言之也。

身为度

《史记·夏纪》

禹为人敏给,其德不违,其仁可亲,其言可信。声为律,身为度。

宋黄庭坚《豫章集·跋司马公书》

司马温公,天下士也。所谓左准绳,右规矩,声为律,身为度者也。

《古鉴集》

古者以声为律,以身为度。故按指知寸,布手知尺,舒臂知寻。推而变之为五度审矣。今夫以子谷秬黍中者度。一黍之广九十分为黄钟之长。一黍为分,十分为寸,十寸为尺,十尺为丈,十丈为引,盖所以度长短也。且黄钟之律不过九寸。然物以三成,音以八生。以三乘九,故二尺七寸而一幅。以五乘八,故四丈而一疋。是始于分,终于丈,五度之大凡也。后世起度之法虽或不一,然论分不过孙子之筹术,蚕吐丝为忽,十忽为抄,十抄为毫,十毫为厘,十厘为分。论寸不过淮南子之剽,秋分而禾剽定,剽,禾穗芒也。律数十二,故十二剽当一粟,十粟当一寸。论丈引不过汉铜竹之法,汉法用铜高一寸,广二寸,长丈而分寸尺存焉。用竹为引高一分,广六分,长十分,高广之数,阴阳之象也。要之不出以身为度之要也。"

中华传世藏书

永乐大典

精华本

二三五二

省括于度

《书·太甲》

若虞机张，往省括于度则释。

《古今事通》

蔡襄多识古物，于沂州城土中得所谓铜弩牙，以金银错花卉。分寸精绝，一见证以往省括于度则释。是固古射法，皆设度者此物也。《公是集》

师师非度

《书·微子》

殷罔不小大，好草窃奸宄。卿士师师非度。注：上而卿士，亦皆相师非法。详子字

侧言改度

《书·蔡仲之命》

详乃视听。罔以侧言改厥度。

制义曰度

《左传》

昭公二十八年，成鱄曰："心能制义曰度。"言："心能制合宜之义以度其心。"

铸鼎失度

《左传》

昭公二十九年，晋铸刑鼎，著范宣子所为刑书焉。仲尼曰："晋其亡乎，失其度矣。夫

晋国将守唐叔之所受法度，以经纬其民。卿大夫以序守之民是以能尊其贵。贵是以能守其业。贵贱不愆，所谓度也。文公是以作执秩之官，为被庐之法，以为盟主。今弃是度而为刑鼎，民在鼎矣，何以尊贵，贵何业之守？贵贱无度，何以为国。”

进退可度

《左传》

襄公三十年，卫北宫文子曰：“君子在位可畏，施舍可爱，进退可度，周旋可则，容止可观，作事可法，德行可象，声气可乐，动作有文，言语有章，以临其下，谓之有威仪也。”

《孝经》

容止可观，进退可度。

制节谨度

《孝经》

在上不骄，高而不危，制节谨度，以临其民。

非人臣度

《史记·赵武灵王传》

国立子惠文王，自号主父，而身胡服。将士大夫略胡地，欲从云中九原直袭秦，诈为使者入秦。秦昭王怪其状甚伟，非人臣之度，使人逐之。主父驰己脱关矣。主父所以入秦者，欲自略地形，因观秦王之为人也。

工不信度

《孟子》

朝不信道，工不信度。

为诸侯度

《孟子》

一游一豫,为诸侯度。

王者得度

《战国策》

齐魏战于马陵,齐大胜魏,杀太子申,覆十万之军。魏王召惠施而告之曰:"夫齐寡人之仇也,怨之至死不忘。国虽小,吾尝欲悉起兵而攻之何如?"对曰:"不可,臣闻之,王者得度,而霸者知计。"详魏字

幽弘横度

《扬子·寡见篇》

假言周于天地,赞于神明,幽弘横度,绝于迩言。

少无矩度

《三国志》

曹操小字阿瞒,而少无矩度。叔父数言于其父嵩,操患之。一日逢叔父于路,乃阳北面喝其口,叔父又以告嵩,嵩呼操曰:"叔父言尔中风已然乎?"操曰:"初不中风,但失爱叔父,故见罔尔。"后叔父有所告,嵩不复信,操始得肆意焉。

狭幅短度

《抱朴子·内篇·微旨卷》

轻秤小斗,狭幅短度。详旨字

系于末度

《庄子》

古之人。配神明,醇天地,育万物,和天下,泽及百姓。明乎本数,系于末度。

造履请度

《晋书·陶潜传》

王弘见其无履,为造履左右请履度,潜便伸脚为度。本传

喧德败度

《文中子说》

壬骤而语乐,则喧德败度。

此绢足度

《宋书》

沈庆之,年八十,为前废帝所杀。是岁旦,庆之梦人以两疋绢与之曰:"此绢足度。"寤曰:"老子今年不免矣,两疋,八十尺,足度无盈余矣。"果死。

静作贵得度

《管子·势篇》

动静者比于死,比近也。用师之道,我动而敌静者,则静者胜矣。故我近于死亡。动作者比于丑,我先动敌反应者,我以无功,故近于丑。动信者比于距,我既动,彼自中以敌我,近于见距也。动诎者比于避,我既动而彼屈服者,近于见避。夫静与作时以为主人,时以为客,贵得度。静作得

度则为主人。其度则为客也。知静之修居而自利,既多智,又安静。二者能修,则居然自获其利也。知作之从每动有功,知所作常能从理,如此者动必有功也。故曰:"无为者帝,其此之谓矣。"无心于为,任理之自然。如此者帝王之道。

自应律度

刘起宗《鉴衡笔谈》

古人文章,自应律度,末以音韵为主。自沈约增崇韵学,其论则欲宫羽相变。低昂殊节,若前有浮声,则后须切响。一篇之内,音韵尽殊。两句之中,轻重悉异。妙达此音,始可言文。

严其律度

刘将孙《养吾集》

袁楼少师行状,严其律度,则侥幸之门塞。

事事中程度

宋袁起《严东塘集·讲孝》

一毫之差,陛下自不肯为。一言之失,陛下自不肯发。事事中程度,物物令条理。

部伍中度

宋黄庭坚《豫章集》

学书欲先知用笔。用笔之法,欲双钩回腕掌虚指,以无名指倚笔则有力。古人学书不尽临摹,张古人书于壁间,观之入神,则下笔时笔随人意,大抵书字如人有精神,细观则部伍皆中度矣。

策言其度

《史记·贾谊传》

贾谊《鹏鸟赋》，发书占之兮，策言其度。索隐曰："汉书作识谶。"说文云："谶，验言也"。此作策盖谶策之辞。

周容为度

《离骚》

固俗之工巧兮，偭规矩而改错，背蝇墨以追曲兮。竞周容以为度。

从容合度

唐《张说集·冉府君神道碑》

公果公季子，天王自出。内禀胎教混成之姿，外被门风式瞻之训。从容合度，造次皆法。

进止由度

《宋贤泳集·与芮节度使制》

醖籍诗书，进止必由其度。沉潜学问，奇衺不接于心。

扬谦之度

宋钱塘《韦骧集·回王学士谢理雪启》

非罪横罹，知世人之共悯。被恩昭雪，喜君子之载亨。过形推谢之言，愈服扬谦之度。

金科玉度

元刘将孙《养吾集·东
轩鲁御史文集序》

周益公之典裁,犹金科玉度。

轻敌违节度

《北史·安同传》

同子原明,元魏时为猎郎,出监云中军事,时赫运屈丐犯河西。原以数十骑击之,杀
十余人,帝以原轻敌。违节度加罪,然知原骁勇,遂任以为将,镇云中。

兵车节度

《唐书李靖》

太宗赐靖以诏书,一曰:"兵车节度皆付公,吾不从中治也。"

百度

《礼记·乐记》

百度得数而有常。《唐书·裴垍传》:宪宗元和之间,百度修举。

经纬百度

唐独孤及《毗陵集·后序》

夫大者天道,小者人文。在昔圣王以之经纬百度,臣下以之弼成五教。

事贞百度

唐《李深之集·请放后宫人状》

陛下励精求理，损己推诚，风动四方，事贞百度。作范来代，掩美前王。

权有三度

《数类》

管子曰："法有五务，权有三度。三度者何也？"曰："上度之天祥，下度之地宜，中度之人顺，谓三度也。"故天时不祥则有水旱，地道不宜则有饥馑，人道不顺则有祸乱，民必知权。然后举措得，举措得则民和。民和辑则功名可成矣。故曰："权不可不度也。"

阴阳六度

《淮南子》曰："阴阳大制有六度。天为绳；地为准；春为规；夏为衡；秋为矩；冬为权。绳者所以绳万物也。准者所以准万物也，规者所以负万物也，衡者所以平万物也，矩者所以万物也，权者所以权万物也，绳之为度也，直而不争，修而不穷，久而不备，远而不忘。与天合德，与神合明，厥德孔密，广大以容，是故上帝以为物宗。准之为度也，平而不险，均而不阿，广大以容，宽裕以和，周密而不泄，准平而不失，是故上帝以为物平。规之为度也，转而不复，员而不垸，感动有理，发通有纪，规度不失，生气乃理，衡之为度也，缓而不后，平而不怨，长养化育，万物蕃昌，其政不失，天地乃明。矩之为度也，肃而不悖，刚而不愤，威厉而不慑，令行而不废，矩正而不失，百诛乃服。权之为度也，急而不赢，杀而不割，诚信以必，坚悫以固，冀除苛慝，不可以曲，故冬正将行。必弱以强，必柔以刚，权正而不失。万物乃藏，明堂之制。静而法准，动而法绳，春治以规，秋治以矩，冬治以权，夏治以衡，是故燥湿寒暑以节至，甘雨膏泽以时降。"

度以六为名

《西汉书·郊祀志》

秦变周水德之时，昔文公出猎获黑龙，此其水德之瑞。于是秦更名河曰："德水"，以冬十月为年首，色上黑，度以六为名。注：张晏曰："水北方黑，终数六，故以方六寸为符，六尺

一汝度

《庄子·北游篇》

摄汝知一汝度。

命作册度

《书·顾命》

丁卯，作册度。注：唐孔氏曰："阮作册书，因作受册法度。"

德度

《左传》

襄公四年，晋侯欲伐戎。魏绛谏曰："和戎有五利。昔后羿不修民事而亡，鉴于后羿而修德度，远至迩安，君其图之。又襄公三十年，吴有屈狐庸聘于晋。"赵文子问曰："延州来，季子其果立乎？"巢陨诸樊阍杀戴吴，天似启之，对曰："不立若天所启，其在今嗣君乎？其德而度，德不失民，度不失事，民亲而事有序，其天所启也。季子守节者也，虽有国，不立。"

礼度

《南史·谢密传》

密性严正，止举必修礼度事继亲之党。恭谨过常，伯叔二母，归宗两姑。晨夕瞻奉，尽其诚敬。内外或传语通讯，辄正其衣冠。

《北史·李栗传》

栗数有战功，拜左军将军。性简慢，矜宠不率礼度，每在道武前，舒放倨傲，不自祗肃，笑唾任情，道武即其宿过诛之。

推华歆识度

《世说新语》

王朗每以识度推华歆。魏书曰："朗字景与，东海郯人，魏司徒。"歆蜡日，礼记曰："天子大蜡八，伊耆氏始为蜡，蜡，索也。"岁十二月合聚万物而索飨之，五经要义曰："三代名腊。"夏曰："嘉平"，殷曰："清祀"，周曰"大蜡"，总谓之腊。晋博士张亮议曰："蜡者合聚百物索飨之岁终休老息民也。"腊者祭宗庙五祀，传曰："腊，接也。"祭则新故交接也，秦汉已来，腊之明日为初，古之遗语也。尝集子侄燕饮，王亦学之。有人向张华说此事，张曰："王之学华，皆是形骸之外，去之所以更远。"王隐晋书，张华字茂先，范阳人也。累迁司空，而为赵王伦所害。

气合天度

《容斋四笔》

张天觉在荆南，与章子厚之子致平一帖云："老夫行年七十有四，早晚食一升面，五两肉，八两鱼，酒佐之，以此为常，亦不服暖药，唯以呼吸气，昼夜合天度而已。"详张字

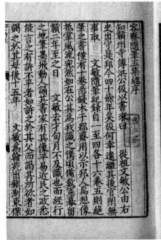

《容斋随笔》书影

二妃矩度

宋薛季宣《浪语集·沅湘》

望苍梧兮，将重华之云诉，谇九疑之不可辨兮，又藐然其烟雾，杀竹枝而求泪斑兮，思

二妃之矩度。哀灵修之返无期兮,苏舍兹将安寓。

态度

元《牟巘陵阳集·题俞子清侍郎画嫩篁老木》

荣悴各有态度,盖其退老寿跌宕笔墨间故也。

仰观璇度

宋王与钧《蓝缕稿·贺曾金书启》

仰观璇度,俯协人谋,岂惟陪议论于庙堂? 抑亦调阴阳于天地。

玉墀春度

王与钧《蓝缕稿·庆皇太后寿表》

玉墀春度,讲庆典于龙楼。金钥晓开,播湛恩于象阙。

笑度

《唐温飞卿诗》

齐宫粉香随笑度。

砂度

《唐李咸用诗·大雪歌》

玉圃花飘朵不匀,银河风急惊砂度。

落度

《海录·碎事》

杨仪怨愤语费□曰："往者丞相亡殁之际,吾若举军以就魏氏,处世宁当落度,如此耶。"

几落奴度

《齐书》

王敬则,位司空。时武帝令群臣赋诗,敬则曰:"臣几落此奴度"。帝问之,对曰:"臣若解书不过作尚书都令史耳,那得今日。"

胡子洛度

《晋书·佛图澄传》

石宣将杀石韬,宣先到寺,与澄同坐,浮图一铃独鸣。澄谓曰:"解铃音云胡子洛度。"宣变色曰:"是何言欤?"澄谬曰:"老胡为道不能出居无言,重茵美服,岂非落度乎?"石韬后至,澄熟视良久,韬惧而问澄,澄曰:"怪公血臭相视耳,"其后宣果遣人害韬于佛寺中。

善计度

马令《南唐书·归明传》

陆昭符金陵秣陵人,开宝末,朝廷问罪,江南恟惧。后主遣潘慎修入贡,且求缓师,昭符时为进奏使。以其物数难辨,请市于富民石守信家,得绢十万疋。后主以昭符善计度,累加任使。

调度

《东汉会要》

大司农边郡,诸官请调度者,皆为报给,损多益寡,取相给足。威帝延熹九年,诏岁比不登,其令大司农今岁调度,追求及前年所调。未毕者勿妆。并纪

《汉书·杨恽传》

恽罢山郎,移长度大司农以给财用。应劭曰:"长久一岁之调度也。"师古曰:"言总计一岁,所须财用及文书之调度而移大司农。以官钱供给之,更不取于郎也。"

用度不足

《吴箕常谈》

汉元永光三年,复盐铁官,置博士弟子员千人。以用度不足,民多复除,无以给中外繇役故也。

用度不支

《唐鲙·郭承嘏》

文宗江淮旱,用度不支,诏宰相分倾度支户部,承嘏言:"宰相调和阴阳,安黎庶。若使阅视簿书,校缯帛,非所宜。"帝嘉纳。

节省用度

《仁皇训典》

宝元二年五月,天章阁侍讲贾昌朝上书。自天圣以来,屡诏有司节省用度。以至于今,未闻有所施行。古者四方无事,则修政令,务稼穑,仓廪有积谷,府库有羡财。节用爱人,以戒不虞,倅有水旱寇攘之至而无所忧。宋受命十载,可谓治平矣。节用之术,有所未至。边陲虽定,而兵备不省。繇役虽简,而农务不独。外厚聘币,内封禀假。自虚余用

冗费难以悉数，天下诸道若京之东西，财可谓自足。陕右河朔，岁须供馈。所仰者为东南数十郡尔。故田税不足，重以权禁。凡山泽市井之利，靡有厚薄，悉入于公上，而民不得售。加以不耕不织，游惰之俗，蚕食为害，都人士女，燕安太平，忘衣食艰难之患，习尚奢侈，重伤农力。民所以困，国之储蓄所以不厚者，职此之由。夫国财民力，靡于无用之日。故当其有用，不得不忧。臣尝治几邑，邑有禁兵三千，而留万户赋输，仅能足取其三年。赏仍出自内府，况他郡邑兵不啻此，推是可以知天下虚实矣。臣又尝掌京师廪，计江淮岁运粮六百余万。啻以一岁之入，仅能充期月之用。汾，二在军旅，一在冗食，先所蓄聚不盈数载。天下太平已久，而财不藏于国，又不在于民，倘有水旱频仍之灾，军戎调度之急，计将安出哉？愿陛下鉴已往之失，察当今之务，取景德以来至于景祐。凡所用度，靡有钜细，校其所入所出之数，约以祖宗旧制。其有不急，皆罢省之。诏以枢密直学士张若谷，右谏议大夫任中师，右司谏韩琦，与三司详所奏，定夺省减以闻。

比较用度

《仁皇训典》

仁宗诏入内，内侍省，御药院内东门司。取先帝时及天圣初帐籍，比较近年内中用度增损之数以闻。

不见叔度

《东汉书·黄宪传》

宪同郡戴良，才高倨傲，而见宪未尝不正容。及归罔然若有失，其母问曰："汝复从牛医儿来耶？"对曰："良不见叔度，自以为不及，既睹其人，则瞻之在前，忽然在后，固难得测矣。"

美黄叔度

《文中子·说壬篇》

或问黄叔度子曰："真古之德，行者，默而成之。不言而信。"

今黄叔度

《新唐书·刘迅传》

迅字捷卿,历京兆功曹参军事。常寝疾,房琯闻忧不寐。曰:"捷卿有不讳,天理欺矣。"陈郡殷寅名知人,见迅叹曰:"今黄叔度也"。刘景每闻其论曰:"皇王之道尽矣"。

民歌廉叔度

《东汉书》

廉范,字叔度,为蜀郡守。成都民物丰盛,邑宇逼侧,旧制禁民夜作以防火灾。范乃殿前先令,但严使储水而已,百姓为便。乃歌曰:"廉叔度,来何暮,不禁火,民安作。"平生无襦今五绔。作则护反。

不见崔弘度

《北史·列传》

博陵崔弘度,检校太府卿。时有屈突盖,为武侯车骑,俱严刻。长安为之语曰:"宁饮三斗醋,不见崔弘度。宁灸三年艾,不逢屈突盖。"

喜得蒯异度

《东汉书》

魏蒯,字异度。深中智魁杰有雄姿。佐刘表平定境内,曹公平荆州。与荀彧书曰:"不喜得荆州,喜得蒯异度。"

独步王文度

《晋书》

王坦之,字文度。弱冠与郗超俱有重名。时语曰:"盛德绝伦郗嘉宾,江东独步王

文度。”

吾愧王文度

《晋书》

韩伯，字康伯，清和有思致。留心文艺。其舅殷浩曰："康伯能自标置，居然有出群之器。"颍川庾和常称曰："思理伦和，我敬韩康伯。志力彊正，吾愧王文度。自此以还，吾皆百之矣。"

以狗比文度

《齐书》

齐卜彬仕不遂。作虾蟆蚤虱等赋，大有指斥。为禽兽决曰："羊性淫而狼，猪性卑而率，鹅性顽而傲，狗性险而屈。"其羊谓吕文显，猪谓朱隆之，鹅潘敞，狗谓吕文度，险论如此哉。

戏言杀显度

《宋书·恩幸传》

恩幸奚显度，孝武使主领人功，苛虐无道，人不堪命。时建康县考囚，或用方杖压额，谣曰："宁得建康压额，不能受奚度拍。"又曰："勿反顾，付奚度。"酷暴如此，前废帝尝戏言："显度刻虐，比当除之。"左右因唱曰："尔即宣旨杀焉"，人比之孙皓杀岑昏。

临风想玄度

《后魏书》

后魏裴伯茂为中书侍郎。末年剧饮伤性，年三十九卒。友人李骞十许人，于墓傍置酒哀哭。一饮一酹曰："裴中书鬼而有灵，知吾曹也。"乃赋诗一篇魏收亦与之友，时在晋阳寄以示之。收诗曰："临风想玄度，对酒思公荣。"时以伯茂性侮慢，收诗颇得事实。

思玄度

《续澄怀录》

刘尹云清风明月,辄思玄度许询也。

《齐本纪》

始安贞,王道生之子,小字玄度。

人自弃伯度

《后魏书》

游雅,字伯度,小名黄头。广平人,好自矜诞。高允将婚于邢氏,雅劝允娶其族。允不从,雅曰:"人贵河间邢,不胜广平人。人自弃伯度,我自敬黄头,贵己贱人,皆此类也。"

结客刺裴度

《资治通鉴》

唐穆宗,长庆二年五月壬寅,王庭凑之围牛元翼也。和王传于方,欲以奇策干进。言于元稹,请遣客王昭。于友明间说贼党,使出元翼,仍赂兵吏部令史。伪出告身二十通令以便宜给赐,稹皆然之。有李赏者知其谋,乃告裴度云:"方为稹结客刺度。"度隐而不发,赏诣左神策告其事。三司按于方,刺裴度事皆无验。六月甲子,度及元稹皆罢相,度为左仆射,稹为同州刺史。

朕之裴度

《宋史》

庆历中,贝州兵士王则反,明镐师久无功。参政司文彦博请行,上欣然委之。凯旋,除平章事。及见,上劳之曰:"朕之裴度也。"

虚度

《曾文宝杂说》

好时节褊迫。好家缘常炒闹，花时多病。贫家节日。好厅馆不作会，家富不解使用，阉官美妇，贫家花树。

初度

楚屈原《离骚》

称生日曰"初度"。皇览揆予于初度今，肇锡予以嘉名。

国朝徐一夔《始丰稿·答皇甫知州庆初度洒语》

睠言初度，已越稀年。方稀白首之嗟，乃辱华牋之赠。拭目快睹，粲然琼琚玉佩之辞。反已熟思，慊甚道德文章之实。谊特厪于祝嘏，分敢媲于达尊。伏念一夔，幸生于今，窃慕乎古。学不知进，行不加修。嗟流年之易度，力则有限，志则有余。追前人而逾远，求友已数十载，遇知不四三人。自视朽材，非斯道隆污于之寄。乃烦钜笔，述平生出处之详，必钟期乃赏流水之音。惟杨意肯荐大人之赋，恭惟前景州知州彦昭先辈。天姿近道，器识迈伦。惟务修藏，不尚表襮。择交而处其分类郭林宗，辞官而归其故异陶靖节。伟矣簪缨之彦，卓然甫掖之英。诗得正音，允称大家之作。文推尔雅，深知天下之言。惟所造之域既高，故所趋之涂□异。式相好矣，同声相应。同气相求，受言藏之。千金非恩，一语乃德。钜意垂老之岁，始获知己之交。致一瓣于南丰，甚愧推崇之盛意。辑五福于洪范，愿如属望之至情。欣怿增加，敷宣罔既。

《离骚》书影

《北涧禅师集·初度诗》

苕溪初度思亲泪，滴尽衣前不及泉。借使无言还自寿，便教有法与谁传。五穷各自争为祟，百巧还他弗解禅。为望季秋几望月，几回照我未生前。

老母元宵初度,是日《立春》诗

冰鉴呵云簿,金莲照夜遥,灰飞催腊尽,雪拥待春消。檐已冰垂柱,山犹玉坠腰。不知初度酒,几度酌元宵。

次韵吴主簿初度供佛诗

未惬响朝阳,早棲枳棘傍。刚柔非吐茹,衰弱倚清强。避酒来萧寺,思亲拜渭阳。平生番机法,偕俗细平章。

牟巘《陵阳集》

希年初度,老友王希宣扁舟远访。风谊甚厚,贶以十诗,实用渊明采菊东篱语。五章云:"每岁思亲不持荤,蓼莪几欲废诗雅。"盖深知予心者,读之凄然。辄尔和韵。
行年似启期,颜发日夜改。此身尚我累,橡栗时自采。

古人歌既醉,其中有五福。如何憔悴者,忍饥但餐菊。有酒巾可漉,无酒榼自空。

但怀停云支,相望各西东。九日把寿酒,时节无差池。我生秋已老,菊荒而崩篱。

扁舟过寂寞,十诗继骚雅。定是王弘孙,犹记南山下。

渊明六十三,我已多数秋。未死亦偶然,神仙殊缪悠。

平生遇初度,何曾具盘筵。感君知我意,老泪更潸然。

人生百年内,荣华仅少选。何似鸡黍约,岁脱长相见。

堪怜武昌柳,摇落向江潭。虚名竟何益,斗北与箕南。

渊明咏三士,讲学马队间。斯道幸不废,名高媲庐山。

程公许《沧洲尘缶编·初度》

诣葛仙化奉香火归邑之明日,有驯鹿自中径入县。庭士友异其事,赋诗相庆。用张权父韵。
阆风觞九酝,脍鲸羞玉麟。宿命忆往劫,隐诀闻至人。失脚五浊海,未泯一念仁。就盈纪良月,揆度逢佳辰。深恩感顾复,瓣香谒仙真。同来山中吏,得非我同伦。岩泉千仞雪,涧草四时春。雅嗜自幽闲,胡为此逡巡。怜我久埃壒,为记三生因。野性欣得友,不待呼孔宾。鼓瑟趣升歌,明当下温沦。嘉燕属君等,努力语去陈。灵囿岂予慕,愿交惟梓椿。方寸有玄感,清都宁隔尘。长椿梓杞,朱仙之二童子也。

《绳翁初度》

男儿十六已非孩，心地迷云渐剔开。虽复词章当藻绘，要从德性植根荄。谦和孝友能无愧，富贵功名付傥来。但愿时平早还蜀，田间伴我厨蒿莱。

陈梦庚《竹溪集·初度客中有感》

越舄长吟有所思，生空照社老空痴。一千余尺技文笔，三十六湾深墨池。人物要当天地意，溪山不欠晋唐诗。渊明子美成何事，牢落生涯寄酒厄。

《节斋吟稿·初度谩成》

揆予初度又今时，老桂吹香满翠微。回首六千余里外，惊心四十九年非。闲寻旧藁黏吟卷，怕损围花理战衣。一饭君恩何以报，貔貅按堵马秋肥。

《何蘧菴集·病中初度诗》

我生之辰，日丽于亢。义和鞭辔不停驭，不肯照我明且昌。月为太阴精，乃独宿于箕。箕星哆侈小人象，况又好风无已时。遂令小人生百怪，摇牙弄舌皆尔为。只今荧惑从何来，令我抱病与时乖。昏昏伏枕忘旦暮，不觉初度今朝催。我欲挟我岁星端且美，启明长庚导前轨。行天之衢坦坦耳，早晚追随龙驾起。六龙御空天下炜，虽有小人在万里。

元张翥《蜕庵集·初度日》

八十一翁乌角巾，樽前才放自由身。病须善药休离手，衰借嘉醪可养神。谁谓仲连为侠士，或传方朔是仙人。行当小筑西洋墅，种杏栽桃作好春。

癸酉初度真率会分韵

杏花风暖破春阴，一笑幽齐喜盍簪。人事万端相聚少，酒杯百罚不辞深。生辰值月方躔斗，故国观星正在参。多谢诸君为我寿，满笺佳句敌南金。

已亥初度岁仍改至元

此生重见至元年，白发垂垂已满颠。仕愧买臣无印绶，归思靖节有园田。菜挑渚雪冰茸滑，柑剥吴霜玉脑圆。终结一菴湖上去，老来闲送佛前钱。

初度日，既拜三绮表
里之赐。复升应奉，感愧有作。

告归拟卜野人居，召起容绅石室书。纹绮新传尚方赐，黄麻重拜翰林除。百年报主心难尽，三釜怀亲泪有余。只愧无才仍老拙，满头华发不胜梳。

吴舜举《吾吾类稿·裴伯升初度诗》

树阴葱蒨翠如围，风触罘罳暑气微。折桂最夸门地旧，树谖今见孝廉稀。青云路近驰珠履，白藕花开照彩衣。何用区区祝眉寿，亨衢有愿莫相违。

《庆少尹初度诗》

霁晓风薰暑气清，郎星高并寿星明。才猷迈世争先睹，冰药传家旧有声。总羡花封依凤渚，共看云路快鹏程。殷勤不得宣衷曲，愿祝修龄比广成。

《友人初度诗》

风引荷香露气清，北堂懽动彩衣明。杯传芳醑彤霞滟，坐绕新声白雪轻。花吐晴谖当小槛，粉含修竹傍前楹。按头更有长生录，清隐书传笔意精。

《初度庆章》

为友人作。华屋春浓气郁葱，曙光银烛晓然红。清歌艳带瑶台雪，仙醴香浮绮席风。照坐彤霞初缥缈，满川花雨正溟濛。知君已授长生诀，金狄摩挲笑语中。

《揭曼硕集·济州初度诗》

辞家日计逢初度，迟日暄风在帝京。晓起慈亲望天北，行人初泊济州城。

陈子廉诗《桃源初度》

畸人有天趣，短棹乘月明。天游渺江海，解后桃源清。溪花梦幽鸟，几度春草生。永怀山木老，逸兴云鸿鸣。何年放龟鹤，共适林野情。铜驼会相见，世上浮云轻。

国朝《清江贝·廷臣集·二月十三日初度一首》

知非吾己脱，白首尚他乡。不入广文馆，宁要太守章。宽忧应有物，却老信无方。谩忆儿童岁，班衣父母傍。

宋玄僖《庸菴后稿·十二月二十九日，承乏撄宁先生韦惟善，与乡中诸亲友以余初度之辰》

致礼见过，因赋诗一首奉谢。老去欢娱复几人，岁寒山郭对黄尘。艰难人事都非旧，贫贱交情倍觉真。除夜敢因初度饮，同心故向暮年亲。城南行共千花笑，已有江梅着早春。

高季迪《缶鸣集·己酉初度诗》

风雨空斋诵蓼莪，今年初度客中过。人生七十寻常寿，未过应怜一半多。

荐度

《释氏稽古略》

唐贞观二年三月，帝追念初平天下诛戮人多，乃以御服施诸寺僧，忏荐度。诏曰："自隋末创义，志存拯溺，北征东伐。凡所伤殂，难可胜记。手所诛剪，将近一千仞。以如来圣教，欲尚仁慈。禁戒之科，杀害为重。爰命有司，京城诸寺，为建斋行道七日七夜，竭诚礼忏，所有衣服器用檀舍。异三途之难因斯解脱，万劫之苦藉此弘济。"

宋真《西山集·普度青词》

遗民何辜，横罹邻寇之殃。旧郡重临，思拯冥涂之苦。用伸追拔，各冀超升。岁在丑寅之间，盗作汀樵之境。承平岁久，既武备之弗修。丑类日蕃，致妖氛之浸广。惟时德化，以及永春。密连窃发之区，旋被侵陵之祸。兵戎匪练，谁知御贼上方。官吏相先以自作全躯之计。委群氓于锋镝之下，举二邑为煨烬之余。游魂荡于太空，枯骨暴于旷野。凄风急雨，谅多号嗷之悲。厚地重泉，更抱幽沉之叹。念此沦亡之众，皆尝抚字之人。岂悯恻之亡情，幸归依之有路。

《属修崇于黄录》

敢籲告于紫皇，凡厥同时，暨于诸郡。有隶名于黑簿，悉度命于朱陵。北都鬼群，无复久淹之系。西方净土，举为极乐之游。

唐仲友《说斋集·上元普度青词》

苦魂业积，沉九夜以难开。正岁月盈，在三元而最重。凡抱孝慈之念，举怀济度之恩。

敢集众缘：上干洪造，伏念臣等。生同所欲，人各有亲。怅逝者之莫追，虑冥途之未脱。方奉此以唱其始，咸信道而荐其诚。即是良宵，宣兹秘笈。符颁白简，悉蠲有罪之流。桥陟朱宫，普拔无边之众。敢祈睿鉴，俯顺与情。

孙觌鸿《庆居士集·普度黄录青词》

伏以道大弘济物之功，人穷馨籲天之祷。自中原稔夷狄之祸，而一方隆蛇豕之妖。劫火炽然，弥满万里。胡尘滇洞，连络百蛮。恸哭干霄，肝脑涂地。积骸蔽野，酾血流川。走燐宵明，游魂昼哭。风雨暴露，靡一杯之覆。春秋奠馈，无半菽之分。念众生旷劫婴衅之深，丁一时大盗称兵之众。货财留恋，骨肉牵联。沦溺爱河，备尝诸若。漂堕鬼国，无有出期。是用仰紫极之真游，集黄冠之胜侣。琅函藻芨，藏室弘开。绛节朱裳，灵斿来下。哀怜多罪，技出三涂。金饭玉浆，有求皆至。尻与神马，无往不通。破昏暗瓒而永离九地之幽，乘逍遥游而共集诸天之上。

元陆厚《幼壮俚语·七月中元普度闵世英投词》

具位姓某，表旨得处人伦。幸全家务，实拜上天之祐。敢忘今世之修，伏睹近岁以来。时深疫毒，人众死亡。欲施已有之私资，仰冀道心而普度。愿垂慈悯，得遂恳祈。拟于七月十五日中元令节之辰，恭就家庭，修建灵宾普度宝斋一昼夜。《普度词》：大德好生，默运慈悲之化。至诚有感，谅垂济度之仁。俯竭丹忱，仰干洪造。伏念臣世英得处人伦，安愧有丘山之过。幸全家务，深惭无毫发之功。敢将蠢尔之小心，仰告昭然之上帝。伏希怜悯，特赐证明。近岁以来，疫毒流行于远迩。中元兹届，大斋思济于沉沦。愿施已

利以崇修,恭命道流而普度。涓清蓬宇,袛建兰场。伏愿天帝垂恩,地官赦罪。符颁北府,有灵有识总升迁。魄炼南宫,无量无边惧受度。回资善利,惠及寒门。

二鬼乞度

《灯下闲谈》

桂州延陵寺僧延遇,先负神钱为虎。时常依二鬼后,限满遇一僧脱其虎,时二鬼相随。二鬼稽首白云,亦愿乞度脱。僧乃授以三皈五戒而没。详虎字

印度

《西域记》

天竺之称,旧云身为笃。或曰:"贤豆,从今正音,印度者。唐言月,月有多名。斯其一称,良以其土圣贤继轨导。凡御物如月照临,由是义。故谓之印度。"详国字

具度

《大悲心咒》

行法云"大梵睹于上根,闻境得悟乃为中下。"请余九乘故云:"相貌,理境如车体,相貌如具度。"

信度

《翻译名义》云:"信度,旧云辛头此公验河。"详见水字。

智度

《翻译名义》

智度罗什曰:"穷智之源故称度。"梵音中有母义。

拙度

《法华玄义》

三藏四门，纡回隘陋，名为拙度。通教四门，是摩诃衍宽直巧度。详花字

没栗度

《翻译名义》

云没栗度，此云㮇物柔曰㮇。

福熟自度

《经律异相》云："昔有五百婆罗门常求佛，便欲诽谤之，自共议，言当使屠儿杀生请佛。及众僧佛，必受请赞叹屠儿。吾等便前而共讥之，佛即受请告屠儿言，果熟自堕。福熟自度。"

悟了自度

《六祖坛经》云："祖因五祖忍禅师，送至九江驿边上船。能即把舻，五祖云合是吾度汝。"能云："迷时师度，悟了自度。"详经坛

投筹待度

《唐书·晋岸传》云："执器听瞿沙之说，投筹待多之度。"

善权化度

《佛祖统纪》

玄光法师禀受勤行，俄证法华，三昧南岳谓之曰："汝还乡国，当以善权而行化度。"详

试经得度《佛祖统纪》

宋仁宗景祐初,诏试天下童行诵法华经。中选者得度。命参政宋绶,夏竦,同监试。有童行诵经不过,问习业几年,对曰:"十年矣",二公笑且闵之。约归各取经诵,绶十日,竦七日不遗一字,是岁天下僧三十八万五千五百二十八人。尼四万八千七百四十人。

六祖

小儿得度

《僧祇律》

阿难有一知识,合门疫死。唯有一小儿,阿难白:"佛此小儿得度否?"佛言:"汝作何心度?"答:"慈愍心"。佛言得度。

狗子得度

《度狗子经》

昔有一国谷米涌贵,人民饥饿。沙门分卫欲出城门,逢猎屠儿抱一狗子持归欲杀。沙门求救不听,沙门举饭饲狗,以手摩抆咒愿狗子得食。善心生焉。人将还家,屠杀食之。即生大长者家,复值沙门出家成道。

八犍度

《翻译名义》云:一业二使,三智四定。五根六大,七见八杂。正音婆犍图此云法。详聚字。

竺僧度

《高僧传》

竺僧度姓王,名晞,字玄宗,东莞人也。神情爽拔,卓尔异人。专精佛法,披味群经,

著昆昙指归行于世。详义解僧

昙度

昙度，姓蔡，江陵人。神情敏悟，鉴彻过人。游学京师，备贯众典，涅槃法华维摩大品。并探索微隐，思发言外，从僧渊法师。更受成实，论遂精通，此部独步当时。详义解僧。

法度

《高僧传》

法度，黄龙人，少出家，游学北土。备综众经，常愿生安养。故偏讲无量寿，经积有遍数。详义解僧

净度

《高僧传》

净度，吴兴余抗人。常独处山泽，坐禅习诵。后忽告弟子云："辦香汤洗浴说法诫。"以生死因果言讫奄然而化。萧鼓异香，自空而至。详习禅僧

明度

《高僧传》

明度，未知何许人。经论涉学，三业恪勤。诵金刚般若。贞观末，鸽巢于楹，乳二鸽。度以余粥哺之，咒曰："乘我经力，毛羽速成。"详读诵僧。

僧度

《高僧传》

僧度，不知何人。周赵王在益州，有郫人与王厚。欲反，时度戴靴一只，从城西遗粪

而走。又反者将纸笔请度定吉凶,便作州度两字。时赵王令精兵三千,骑斩郫兵千余为京观。方验度戴皮相,皮郫声同,所言州度反。即斫头。后闻于王,遣人四追,遂失所在。详感通僧。

古度

《文选》

左太冲吴都赋,平仲君迁松梓古度。注:古度树也。不花而实,子皆从皮中出,大如安石榴正赤,初时可煮食也。广州有之。

隔壳度

《衡阳志》

谷雨种,霜降熟。衡州土产禾品。

县度

《西汉博闻》

西域乌秅国六十六上。西城罽宾国。 乌秅国,其西有县度山。去阳关五千八百八十八里。县度者石山也。溪谷不通,以绳索相引而度。成帝时,□宾国复遣使献谢罪,汉欲遣使者报送。其使钦说大将军王凤曰:"今县度之院,历大头痛小头痛之山,赤土身热之坂。令人身热无色,头痛呕吐,驴畜尽然。行者骑步相持,绳索相引。二千余里,乃到县度。其乡慕不足以安西域。有求则卑辞,无欲则娇慢。终不可怀服也。"师古曰:"县绳而度也。县,古悬字耳。《罗泌路史》:详因提纪。予尝言之,陷河悬度之设乎西,此天之所以遮西而制北者也。"注:"自罽宾西行历大小头痛山,赤土身热之坂。"宋膺《异物志》云:"山皆在渠搜之东,疏勒之西。冬月过之,必有头痛身热吐逆之患。驴畜皆然。夏日则死。山有毒药气之所为。又有三池盘道经三十里,又经乌秅四百里。石悬度山,咫尺之路,下临不测,法显记在盥陀西南。今葱岭,冬夏有雪,即佛书言:"雪山者道有毒龙,犯之辄飑晦飞砾,过者少全。"

平度

《西汉书·地理志》

平度,注曰:"莽曰,利户。"

马度

《隋书·地理志》

载马度县,今无。

节度

高承事《事物纪原》

后汉公孙瓒,讨乌桓,诏令受刘虞节度。唐室名使,盖取此义。唐制缘边戎寇之地,则加以旌节,谓之:"节度使。"自高宗永徽以后,都督带使持节者,始谓之:"节度使"。然犹未以官名。《资治通鉴》:景云元年,以幽州镇守经略节度大使薛讷,为左武卫大将军,兼幽州都督。节度之名自讷始。《唐会要》景云二年四月,贺投延嗣,除凉州都督,充河西节度,自此始有节度之号。

《唐书·兵志》

开元朔方陇右河东河西诸镇,皆置节度使。及范阳节度安禄山反,天子兵弱不能拒。遂陷两京,肃宗起灵武,而诸镇兵共起诛贼。其后禄山子庆绪,史思明父子继起,肃宗命李光弼等讨之,号节度师。久之盗灭,而武夫战卒以功起行阵,列为侯王,皆除节度。

《资治通鉴》

唐玄宗开元四年,春正月丙午,以鄫王嗣真为安北大都护,安抚河东关内陇右诸蕃大使,以安北大都护张知运为之副。陕王嗣升为安西大都护。安抚河西四镇诸蕃大使,以安西都护郭处瓘为之副。二王皆不出阁,诸王遥领节度自此始。

《唐书·方镇表》

开元二十二年,朔方节度始兼处置使。又天宝五年,诏加节度使郭子仪、李光弼,并本官同平章事,有使相自此始也。

《能政齐漫录》

予按《吴志·诸葛恪传》：孙权欲试以事，令恪守节度。节度掌军粮谷。注引江表传曰："权为吴王，初置节度官使，典掌军粮，非汉制也。"初用徐详，详死将用恪。诸葛亮与陆逊书曰："家兄年老而恪性疏，今使典主粮谷。军之要最，仆虽在远窃用不安。足下特为启至尊转之。"逊以白权，即转恪领兵，以此见汉有节度之意而无其官，唐有其官而在孙权之后也。事类合璧唐兴以来，边帅皆用忠厚名臣，不久任，不遥领，不兼统，功名著者往往入为宰相。及开元中，天子有吞四夷之志。为边将者十余年不易，始久任矣。皇子乃庆忠，诸王宰相则萧嵩、牛仙客、始遥领矣。盖嘉运王嗣忠专制数道，始兼统矣。李林甫，欲杜边帅入相之路，以胡人不知书，乃奏文臣为将怯。不若用寒族胡人，始用胡人矣。宋节度使，并兼管内观察处置等使，以本州刺史长史为节度观察等使，不临本部者，以它官知判州府事防御团练使，刺史不赴本任亦如之。故事节度使不带使相，位在卿监下。至乾德五年，升节度使王班在龙墀内金吾将军上。太平兴国二年，以节度使向拱、张永德，并授左卫上将军，张美左骁卫上将军，皆罢节度。《四朝会要》节度使无定员，恩数与执政同。初除锁院降麻礼尤异焉，春明退朝录。外臣除节度使。景德以前，止有舍人院作制。杨文公外制集载，潘罗支厮铎督朔方军节度使是也。其后遂学士院降麻如大礼加恩，在将相后，数日后方下。然不锁院，不宣麻，近年遂同特相例锁院告廷矣。祖宗以待宗室近属，外戚国婿，年劳久次。若外任除殿帅，始授此官，亦止一员。或有功勋显著，任帅守于外，及前宰执拜者不轻授。政和以后，宦官秉节钺者盖八员。戚里以滥恩破格横迁者，亦时有之。政和二年，诏节度使以下，更不带持节字，只称某军节度使。旧制每除，必曰："使持节某州某军事，某州刺史充某州节度，某州官内观察处置等使。"政和中，诏正任节度。观察，留后，防御使团练使刺史六阶不带持节。五年又诏内侍官非缘制礼及开拓一路，不除节钺。《四朝志》节度使旌节，门旗二龙虎。旌一，节一，麾枪二，豹尾二，几八物，旗以红缯为之。上为涂金铜龙头，以揭旌加木盘，节以金铜叶为之。盘加红丝为龙，旌麾枪亦施木盘豹尾，画豹文，以髹漆为杠。文臣以朱，武臣以黑。旗则缯以红缯节及麾枪，则缯以碧油，故谓之："碧油红旆。"受赐者藏于公宇。私室别为堂，号节堂。每朔望次日祭之，号衙曰："唐制有六纛，今无也。"

元王恽《玉堂家话》

唐制采访节度官属，自判官已下，得自辟举。未报则称摄，已命则同正。如杜甫则严武所辟，韩愈则董晋所辟。

唐白居易《长庆集·除薛平郑滑节度制》

武牢以东，至于白马。形胜之地，水陆之会。宜择文武兼备者以为守臣者。右卫将军薛平，自司禁旅，为我爪牙。训整警巡，能宜其力。尝使于绝国，可谓有劳。尝牧于大郡，亦闻有政。况忠厚为质，通明为用，秉吏道之刀尺，袭将门之弓裘，可以为三军之帅，可以理千乘之赋。俾擢才于北落，往节制于东方。尔宜式遏四封，辑宁百众。明简稽以实军旅，信赏罚以劝吏人。勉率乃职，无忝厥命。仍以冬卿副相兼而宠之，可检校工部尚书兼御史大夫。

除田兴工部
尚书·魏博节度制

驭下安人，其道不一。或序能以次用，或因效以技才。所命虽殊，同归其理。某职某官田兴，时属本军初丧。戎帅乱政，或启群心不宁。而兴列在偏裨，奋其义勇。谋成必中，事至能断。智略所及，指麾所加。一军获安，百众悦附。连献章疏，恭俟制令。有节有礼，朕用嘉之。夫以将材如彼，军情若此。允膺不次之举，可责非常之功。是用宠之冬卿擢为大将。仍以印绶就拜军中行乎敬之哉。无堕乃力可检校工部尚书兼御史大夫魏博等州节度观察等使。

除袁滋襄阳节度制

汉以二千石之良者，入为公卿。周以六官之贤者，出兼侯伯。内外之任，所命则殊。至于治军国，宠忠贤，其致一也。户部尚书袁滋，奉上甚勤，临下甚简。安人附众，尤是所长。须资其能，移镇东郡。略其科禁，缓其征徭。政不滋彰，人用休息。在部七载，绩成课高。玺书徵还，益闻遗爱。老幼遮道，事邻古人，朕方勤恤疲民，褒奖循吏。累月再命，其有旨哉。举郑滑之政也，故旌武公之美。宠以司徒，忧襄汉之人也。故仗叔子之才，委兹征镇，类能而使？其在此乎？勉扬厥声，无替前劭可，某官山南东道节度等使。

《柳宗元集·代裴中丞贺
分淄青为三道节度表》

裴行立。臣某言。伏见某月日制，分淄青诸州为三道节度，都团练观察等使者。元和十四年，分李师道所管十二州为三道。以郓曹濮为一道，淄青齐登莱为一道，兖海沂密为一道。虺豕之穴，忽为乐郊。氛沴之余，尽成和气。伏惟皇帝陛下，天付昌期，神开宝历。复升平之土宇，拔袄孽之根源，自西自东，不违于指顾。我疆我理，咸得其区分。山川备临制之形，道涂适征徭之便。俾侯既定，赐履以宁。《左传》僖公十四年，齐管仲曰："赐我先君履。"注履所践履之界。异青兖之封，爰从古制。解曹卫之地，实契雅谋。《左传》僖公二十八年，分曹卫之田。车甲永藏，马牛勿用。俗被雍熙之化，代知仁寿之期。农事载盛于耨芟，耨九豆切，潘本作耨。音加，连耒台治谷具也，又作枷。儒风重与于俎豆。足使季札观鲁，更陈南籥之仪。《左传》襄公三十九年，吴季札请观周乐。见舞象箾南籥者。山甫徂齐，复正东方之赋。烝民诗。臣总戎远地，不获陪贺阙庭。云云《文苑英华·崔元翰河东、副元帅马司徒请罢节度表》：臣燧言：臣闻享其名者必有其实，受其赏者必有其功。臣以往年奉诏东征田悦，寻又伏奉恩命加臣魏博节度使。方将收其土地，抚彼黎人。致天诛以伸威，布王泽而施恩，不得不居其任。何事而乱其后？摧败虽多，剪灭未即。类表作则未。其贼偷延数刻，独保孤城。田悦以溃乱殒身，田绪以窘迫归款。圣恩复加弘贷，悉复旧封。以臣有擒制之所系缧，绥怀之所降附，人徒之众，将吏之多，特敕别置保宁军节度，仍以臣兼充其使。臣又方以劳来为事，贵且慰安其心。寻属西讨河中，内清关辅，事殷任重，劳力焦神。正在忧虞，未遑辞让。今臣举军还镇，解甲息师，况当歉岁未康，疲人方类表作重困。若复虚兼二使，别创两军，职任既繁，禄禀愈一作逾倍。且臣非有收郡邑壁垒之实，不宜复加名位。非有保城池封略之所，不宜别开军府。而乃妄为繁费，谬积恩荣。在私心怀苟得之羞，于国典为虚授之失。伏一罢保宁军节度。停臣此使，以保宁军兵马隶属河东节度。则圣朝有省约之

利,愚臣减盈满之忧。且臣尊爵大官,穷荣极宠,何待加兹一职,乃为被以鸿私。今保宁河东军兵马,久同征行,以相和协,有同一体,不少异名,颇亦便安,伏乞裁择,无任悃款之至。

《第二表》臣某言。为臣之道,臣实闻之。有难则受命而不敢辞,事君无苟免之责。己安则避而不敢处,量己无昧进之讥。况福过忌于满盈,任重忧于颠覆。臣之所惧,孰以类表作不为宜?臣少无材能,进非经术。因逢屯难,遂效驱驰。陛下每录微功,累加高秩,皆缘恩泽。备尽宠光,名列台司,位兼宰府,总戎巨镇,类表作防居守旧都。比又以东讨魏州招降颇众,伏奉恩命,别以为保宁军节度。又以臣兼充其使,重以四征群寇总帅。加臣河东保宁奉诚等军节度,并管内诸道兵马副元帅。臣亦欲怀来款附,统一携离,以此因循,不即辞避。今者寇戎剪扫,区宇混同,方将抚绥。无事征伐,则臣不宜复居副元帅之任。保宁军将士,与河东将士,久同居处,并已和宁,不必别为节度。伏请停此二使,许臣但以河东节度使镇守北藩。犹有尊官,又兼宠禄,已为厚甚,不可复加。虽尚偷荣,近于量力。岂将饰让于外,实惟陈请于中?,伏乞圣慈,俯垂照鉴。臣无任恳款屏营之至。

唐张九龄《曲江集·敕河西节度牛仙客书》,敕仙客,边事烦总,苦己劳神,若不纤悉,安得条理?顷间训练士马,蓄积军储。资用有余,动不无备。是卿忠烈,更勤经略。事事如此,朕复何忧?麾管之间,想皆得所。卿近有奏请,并已除分。夏末甚热,卿及将士百姓已下,并平安好遣书指不多及。

又《敕仙客》

戎狄无义,禽兽不若。但当以兵威取此,岂可人道论之?突骑施,顷者通和。朕每抚之如子,行李来往,不隔岁时赐与优饶,非直君长,而乃窥我边隙,图陷庭川,阙俟斤所见诛,天下孰云不当?不思己过,仍敢我仇?率其犬羊,犯我城堡,是其送死之日。可谓天亡之时。若不因其自来,乘危决策。一失此便,后悔何追?宜容令安西征蕃汉兵一万人,仍使人星夜倍道与大食计会,取叶护教达等路入,碎令王斛斯自领精骑取其家中河西节度内,发蕃汉二万人,取瓜州北高同伯。帐路西入,仍委卿简择骑将统率,仍先与西庭等计会赳日齐入。此已敕朔方军受降城,定远城,及灵州兼取大家子弟,并丰安新泉等军,共征一万人。于瓜州北庭招托,就中简择骁健五千人先入,直赴北庭,从瓜州宜给一月熟粮。若至北庭,粮贮可支五年已上。凡此诸道征发,并限十二月上旬齐集西庭等州。一时讨袭,时不可失。兵贵从权,擒虏灭胡,必在此举。卿可火急支计,无失便宜。今发使内侍使程元宗,催遣兵马。一一口具,秋气渐冷,卿及将士百姓已下,并平安好遣书指不多及。

《敕剑南节度副大使兼采访使益
州长史摄御史中丞王昱书》

蛮夷相攻,中国大利,自古如此,卿所知之。然吐蕃请和,近与结约。群蛮翻附,彼将有词。卿可审筹其宜,就中处置,使蛮落不失望。吐蕃又无憾词,柔远怀来,在卿良筹,所请入奏。岂故欲违,属诸蛮初降,正有边要。驰传以入,不日遄归。来去不遑,殆为劳力。卿当此重寄,每竭公忠,言念远情。当亦想见义非获已,来岁何迟?冬初薄寒,卿比平安好遣书指不多及。

《又敕王昱书》

近得卿表,知蒙归义等效命出力。自讨西蛮,彼持两端,宜其残破。苟非生事,定是输忠。亦卿等指麾,更张远略。诸部所请朝贡,及蒙归义等立功,并委卿料。若合行赏,岂在不来?时向炎蒸,路且修阻。邮传之弊,公私可知。亦云重劳,非是有惜。想卿临事,思其所宜。缘蛮落初宁,当须计议。若欲入奏,亦任暂来。春晚极暄,卿比如宜,遣书指不多及。

《敕幽州节度张守珪书》

敕张守珪,赵堪至和卿到平卢所苦又损。固知效忠近于自己,举疾而行。福善果于惟天,勿药斯喜。信知神道响应人心。又闻带甲数万,出塞千里,皆得无恙,自示有征,而遗噍震惶,复来款附。比等翻覆,常涉嫌疑。今者处之,于何取信?在卿临事未易尽言。诸部初降,正宜规略,所请入奏,或非其时,卿且镇新来之心,更候未臣之虏,须其底定,乃可来朝。至于边宜,一委裁决,入与不入,计亦何殊?顾卿竭诚,当所想见。然则志其大者何用小慈?比者王事邀功,十有七八。览卿所奏,不苟图功,忧国安边。如卿良等每事如此朕复何忧?冬中严寒,卿及将士已下并平安好。今令赵惠琮往一一口具,遣书指不多及。

《又敕张守珪书》

敕张守珪,安禄山两蕃,自昔辅车相依。奚既破伤,殆无遗噍。契丹孤弱,何能自全。复闻突厥征求,欲有逃避,传者纵其未实,此虏终已合然。藉卿运筹,徐以计取。况禄山义勇武用绝人,谋帅得贤,裨将复尔。以讨残蕣,势若摧枯,仗顺而行,何敌之有?今者又云遇贼,略有芟夷。秉其数穷,日向歼尽。其灼然有功效者,可具以状闻。会取实劳,以当优赏。赵堪云卿见部勒,欲以师行。兵贵从权,以时经略。在卿临事一以委之,效命输忠。成名立事,居今慕古,千载一时。卫霍之俦,独何人也?边事烦惣,无乃为劳。冬初薄寒,卿及禄山。并诸将士已下,并平安好。遣书指不多及。

《敕幽州节度副大使、幽州长史、兼御史、中丞张守珪等》

契丹小蕃,比不量力,负险恃远,皆德辜恩。及其势穷,将欲祸发,亦又知变。即能改迷,尝与卿筹之,果如所料。然则彼其主将皆有良图,既能去其垂亡,有能成其大顺。今而归我,即是我人。各应以礼绥之,勿更计其前过。且古人之善处,诚在怀来。使如归比邢,忘亡若卫。便委藩捍,永为守夷,此度成功,是卿等知力。穷冬惨烈,绝徼萧条。各有戈甲之勤,非无蜂虿之虑。奋兹武勇,张我国威。不顾暂劳,竟无永逸。言念艰苦,深用嗟称。殉义输忠,实在此耳。彼蕃酋长,应合来朝。亦以委卿,临事发遣。诸部初附,想各安存。节级抚之,仍宜示朕意也。冬末甚寒,卿及将士已下。并得如宜,赵堪还。遣书指不多及。

《敕幽州节度副大使兼御史中丞张守珪书》

渔阳平卢东北镇重，匈奴断臂。山戎扼喉，节制之权莫不在此。朕所以雅仗才识，诚思远图。既膺此举，当成本志。今奚贼残破，固不足言。契丹余孽，犹且为梗。将遂扫荡，悬赏须明。至如寇抄之来，边境常事，苟非大敌，不劳我师。顷者偏小邀功，或亦附益其事。言而不赏，示信何归？赏而有虚，叙功何劝？适使贫者小利之辈，不思剪灭大举之策。则深谋重赏，更待何人？而革弊成功当在卿耳。其有贼非大下，因有擒馘灼然殊效者，可量事奏闻。其余微劳，并任军中赏赐。冀能自勉，令有后图。若信其苟为，终无成事。而纲纪不立，夷狄笑人。以卿之明，固在目击也。秋气已冷，卿及将吏以下，并平安好。遣书指不多及。

《又敕张守珪书》

勅幽州节度副大使、幽州长史、兼御史大夫张守珪，北虏猖狂，劳师远袭。朕已成料，知其破伤。得卿上言，果如前策。然契丹恃我，其心不携。以逸待劳，取之必也。既有尅捷，当更防之。困兽犹斗，穷寇勿遏，丧败之余，其气不振。乘此不取，后悔难追。熟料万全，然可邀击。蕃汉相杂，使其莫辨。此亦便不可失，时不再来，临事指麾，在卿审断也。事今若此，得筹已多。勿复忽忽，致难于末路。卿此疹疾，今复何似，宜善将疗，不得自勤。秋凉卿将士已下，并平安好。遣书指不多及。

《又敕幽州节度副大使张守珪》

赵堪至，一一具之。以国家之威武，取叛亡之残孽。太山压卵，岂其难哉？顷者缘卿入朝，节制暂阙。二虏乘隙，相继叛亡。裨将无谋，轻兵遣袭。遂有输失，挫我锐气。此故犹细彼祸更，卿可秣马训兵，候时而动。草衰木落，其则不遥。近者所征万人，不日即令进发。大集之后，诸道齐驱。蕞尔凶徒，何足歼尽。平卢信息。日夕往来。数与筹宜，首尾相应。令彼丑虏，飞走无归。事有预图，临时合变。想狠所悉，不烦具言。所有奏请，并已处分讫。夏末极热，卿及将士已下并平安好。遣书指不多及。

《又敕幽州节度副大使张守珪》

张奉高下叛奚自取歼灭。此等恶积，天将绝种。故遽诱其衷，叛亡相继。及师徒追蹑，皆就诛夷。一二年间，凶党必尽。亦由卿指挥得所。动不失宜明于兵权，暗合神道，故能致此也。安禄山、杨景晖，取雪前耻，亦云效命。锋镝之下，各致损伤。言念忠诚，岂忘收奖，已别有处分讫，将士阵亡，各须吊祭，应合赠饰亦以状闻。聚兵馈粮，义不可久。秋深木落，规略是时。不有暂劳，何以除恶？永久为患，将若之何？委卿良图，用息边甲。彼军少马，已敕朔方。想卿早知之，宜差人受领。秋气渐冷，卿及将士已下，并平安好，遣书指不多及。

《又敕幽州节度副大使张守珪》

顷者慰抚降虏，每事优给，而终不知恩，惟图反噬。名虽人类，实甚豺卿。今所叛亡，何苦如此。近者闻其家累多并为我所得，惟有丁壮，挺身走险。树木既暗，弓矢亦全。以

穷寇失家之心,乘深林必死之地。若冒此轻进,岂云料敌。安禄山勇而无谋,遂至失利。衣甲资盗,挫我军威。论其轻敌,合加重罪。然即初闻勇斗,亦有诛杀。又寇戎未灭,军令从权。故不以一败弃之,将欲收其后效也。不行薄责,又无所惩。宜且停旧官,令白衣将领。卿更审量本状,亦任随事处之。所有阵亡之人,及战伤之者。并收瘗救疗,吊死问生。寇仇之来,岂云获已。言念于此,良深嗟悼。卿等各秉忠义,式遏方隅。躬冒险难,宁不知此。无以小失,致夺军气。数宜激励,以保功名。平卢军储,不能支久。若贼口聚食,费耗更多。早宜处置,使得所也。今将金疮药往至可分疗将士,并数令巡问。春末渐热,卿及将士并平安好。遣书指不多及。

《又敕幽州节度副大使张守珪》

昨史思明往,已有处分。赵堪适至,委曲知之。安禄山等,轻我兵威。曾不审料,致令损失。宜其就诛,卿既行军之法合尔。然此贼初叛,势尚未合。乘其虚弱,正可追擒。直为林暗山深,恃不存之地。万一兽骇,致损更多。以此思之,固须且守。伺其有隙,乘便剪除。如此筹宜,应是长策。且战者凶事,有胜有负。无以邀近,遂至苍黄。使我骁雄,小有夺气。负罪者既其即戮,用命者亦宜升奖。彼之小丑,何足可除。所有奏人,即当处分。平卢以北,动静须知。得其委曲,随事防备。委卿在远,一一必由。但量宜行之,奏未晚也。

敕安西节度王斛斯书

敕安西副大都护王斛斯,使人廉赵璧,近至省表具之。前已敕卿,严加部勒。近得奏请,皆依处置。卿当此信任必用尽诚蕃镇之虞,且无西顾。顷者刘涣凶悖,遂起奸谋。朕以偏荒,比加隐忍。而恶迹转露,人神不容。忠义之徒,复知密自。近闻伏法,自取诛夷。狂愚至深,亦何足道。卿与彼地近,想备知之。突骑施,比来不无窥隙。会须审察,至竟如何。蕃中人来,未可轻信。但当抚养士卒,而临事制宜,必先保全以为上。夏初已热,卿及将士已下平安好。遣书指不多及。

《又敕王斛斯》

得卿表,知诸将接要亦有尅捷。是卿指麾,获此凶丑。苏禄背德,敢兹寇仇。自毙犬羊之群,我无毫厘之失。闻其狼狈,疲羸满道。乘此剪扑,势若摧枯。张义之等,虽各行诛,犹恨其少。古之善用兵者,不必在众。能制敌者,会在出奇决破之必矣。且如所奏,亦足申威。其将士立功,擒杀有状。各据实闻奏,当加优赏。顷来诸军奏请,所患在于不实。将既虚叙,人则妄求。如此相蒙,自然挠法。朕以信示下,以赏劝劳。岂于其间,亦容有诡,故委卿在远,所寄则深,必取诚实。勿令至此。冬初已冷,卿及将士已下,并平安好。遣书指不多及。

又敕王斛斯书

敕四镇节度副大使、安西副大都督护王斛斯及将士等,突骑辄施凶暴,侵我西陲。卿等悬军,遇此狂贼。爰自去夏以迄于今,攻战相仍。念甚勤苦,近者闻在拨换。兵少贼多,朕每忧之。虑遭吞噬义闻兵势渐合,将士同心。父子之军,亦不在众。犬羊之类,复何能为。屡有杀获,固其宜也。卿等各负忠勇,为国忘身。锋镝之间,疮痍未免。或致物

故，深用哀伤。朱仁惠竟致沦亡。良所悼惜，具有褒赠。以慰营魂，福流子孙。良亦在此，其有频当矢石，每战有功，义可成名。勇能抗敌，或能出奇策以挫凶威。并具状以闻，即有优拔。自余战士，尽力边荒。计其积劳，又在绝远。至于行赏，岂比寻常。勉树功名，即有官爵。且北山云间，虏众又疲。归途既难，必有携二。张义之将兵若至河西北庭，兵又大集。灭胡之举，亦在今时。可临事图之，无失便也。一劳永逸，岂不在兹。所奏纵宾辄魏塞等官，及前年第一立功人官。并依所请讫，告身即差使颁送。初春尚寒，卿及将士以下平安好。遣书指不多及。

又敕王斛斯书

敕四镇节度副大使、安西副大都护王斛斯等，狂贼经冬犯边为梗，将士守备不释戈甲。言念勤苦，良深嗟叹。既负忠义，为国尽诚。懦夫所难，志士所重。感激增气，视死如归。古人之言，今知之矣。又闻此贼，寻亦退散。攻图既解，且得休息。朕虽在九重，心悬万里。念虑之至，想所知之。近既加兵，惟忧粮贮。诸处屯种，今复何如？逆贼有谋还虑残暴，必须善守无令损失。若诸城有粮，兵复足用。忿戾之虏，行应再来。劳众离心，岂能无隙，乘此一举，荡灭有期。宜善抚我人，以得其弊。小捷小获，何用奏为。春晚极暄，卿及将士已下并平安好。今赐卿衣一副，至宜领取。遣书指不多及。

《又敕王斛斯》

得卿表，并大食东面将军呼逻散诃密表，具知卿使张舒耀计会兵马回。此虽远蕃，亦是强国。观其意理，似存信义。若四月出兵是实，卿彼已合知之，还须量宜，与其相应，使知此者计会不是空言。且突骑施，负恩为天所弃。诃密若能助国，破此寇仇。录其远劳，即合优赏。但未知事实，不可虚行。卿可观察蕃情，颇有定否？即须随事慰接，令彼知之。若舒耀等，虚有报章。未得要领，岂徒不实，当有所惩，绝域行人不容易也。今秋此贼形候如何？善须防之，勿使侵轶。时暑，卿及将士已下并平安好。遣书指不多及。

又敕四镇节度副大使、安
西副大都护王斛斯及将士已下

朕虽居九重。不忘征戍。况强寇压境，侵轶是虞。言念勤劳，良所叹潢。卿等各怀忠义，不惮荒遐，以比弥年，足见诚节。去岁因有狂贼在彼，屡有战亡。非得表言对之怆恻。然卿状但言都数，其中不列姓名，已令勘责，可速以实报。朕当录其死义，赠以官荣，使异域之功，存亡受赏。近日狂虏形候如何？屯收是时，先须备预。更资一熟，亦复何忧？兼闻吐蕃与此贼计会，是要路斥候须明。事必预知，动即无患耳。夏晚毒热，卿及将士已下并平安好。遣书指不多及。

又敕王斛斯

吐蕃与我盟约，歃血未干，已生异心。远结凶党，而甘言缓我。欲待合谋连衡，若成，西镇何有？卿能先觉有以待之。观衅而行，适是军法。且屯苗既能践暴，军人亦被拘囚，如李混之所言不反何谓？然则此蕃奸计，颇亦阴深。外示存约，内实伺便。事倘不济，即云无负。卿还须知其变诈，随事支当。使其退不得以此为词，进不得成其凶计。如此设拒乃为上策。若事已侵轶，兵见交锋，即当率励骁雄，尽敌乃已。秋冷，卿及将士已下并

平安好。遣书指不多及。

又敕王斛斯

卿在西镇，军务烦劳，皆能用心，处置不失。顷与突骑施攻战，历涉三年。计虏生口，所获过当，悬军能尔，朕甚嘉之。行官已有赏劳，在卿固合优奖。今授卿重职，兼彼领护。且复褒进，终为后图。吐蕃此来意不徒尔。所有计校，前已略言。先觉预防，无能为也。万里之外，千军之宜，一切委卿，勿失权断。秋后渐冷，卿及将士已下并平安好。遣书指不多及。

又敕四镇节度王斛斯书

敕四镇节度副大使、安西副大都护王斛斯及将士已下，万里悬军属此狂寇。屡有攻战，能挫凶威。远闻义勇，孰不增气？卿等激励将士，为国尽诚。决命寇仇，成名当代。奇功壮节，何谢古人？矢石之间，见危致命。良深嗟叹，重其忠烈。又闻朱惠中箭，今复何似？善须救疗，使得不殂前令。具奏阵亡将士，欲加褒赠。卿宜识此意，即以实闻。近日与贼交锋，临阵杀敌，事须优赏，亦即奏来。所云贼等请和，仍尚顿兵北岭，此虏奸诈，首尾百端。外示求和，内将诱我。卿所防虑皆中其心，然则盖嘉运北庭。近亦深入，颇有所获，想彼知之。虏庭乍闻，当合惊骇。若复分兵守境，诸处防虞，乌合之胡，岂堪劳役，必将自溃势亦不久。苏禄倘或觉此，革心请和，亦复量宜以时开纳。仍与嘉运计会，必取良图。近所加兵，且应支用。临事制变，岂待言之？今将绯紫袍各二十领，若有殊功，应须速赏。并委卿量事赐之。冬中极寒，卿及将士已下并平安好。遣书指不多及。

又敕四镇节度副大使、安西副大都护王斛斯

苏禄忘我大惠，敢作寇仇。屡犯边城，将肆其恶。虽禽兽是似，而天地不容。卿等义心，固所发愤。朕已敕河西节度使牛仙客，令河西于诸军州，及在近诸军简练骁健五千人，并十八年应替兵，募五千四百八十人，即相续发遣。卿可与盖嘉运计会，取彼道便随事进讨。使北贼救首救尾，形势分离。本既乌合，劳则自溃。若以计取，可不战而擒。若守而不攻，益为后患。卿彼诸将，皆是旧人，既谙山川，又能料敌。兼与北庭并力，事亦可图。无为端然，连年受弊。所缘边镇要切，并委卿临事筹之。可与盖嘉运审量，勿为彼此之计也。所缘募兵行赐，则令所由支遣。已别敕牛仙客讫，四镇蕃汉健儿，并委卿随所召募，可得几许。仍具数奏闻，史震袭父可汗。即令往彼招辑，兼与卿计会。并临事处置，无失所宜。冬中甚寒，卿及将士已下并平安好。遣书指不多及。

又敕安西节度王斛斯书

敕王斛斯累得卿表，知贼等肆恶。终冬不去，又闻将士与斗，数有杀伤。诸胡携离自此始，朕此远料亦以为然。卿受寄远方，悉心奉国。抚巡将士，皆得输诚。万夫一心，以少击众。虽有狂寇，固无远忧。朕所悬官爵，惟赏忠义。苟能尽节，亦岂忘功，卿可慰勉将士，知朕此意。若有殊功，即具状以闻。且苏禄凶徒，本是乌合，今其师老，必有怨嗟。至如骨咄王子来投，已是其效。何国胡不受处分，亦是明征。其下离心，已至于此。可令间谍，更诱其余。此贼败亡，将从内溃。且四镇绝远，皆是孤军。卒欲益兵，颇难救急。

近已救牛仙客,且送五千人,其余骁勇,亦即继发。并敕北庭计会,卿可与盖嘉运相知。张皇国威,诚在此举。俘灭丑虏,今也其时。勉树边勋,以成不朽。冬中甚寒,卿及将士比并如何?遣书指不多及。

敕陇右节度阴承本书

使人范正颜至,省表具之,朕于吐蕃恩信不失,彼心有异。操持两端,阴结突骑施,密相来往,事既丑露,却以怨尤。乃云:"姚巂用兵取其城堡。"略观此意,必欲为恶,必不得先举,但须严备。远加斥候,察其动静。若形兆已现,驰状以闻,诸处军城,数加戒勒。若不称职,速须改换。今年交兵,新到陇右。未经戎事,大须训习。在彼处置,委卿裁之。虽有边虞,固无忧也。秋初尚热,卿及将士并平安好。遣书指不多及。

送前凤翔杨司马赴节度序

御史大夫李公,拥旌节,领凤翔尹,而控数州之地。将戡定叛乱,纠逖寮吏,未及下车而思其人。故司马之才,膺此骏选。幕中之画,居然有待。公顷佐是藩,天跸在雍,戎马钜万计。注之有司,大东小东,无不仰给。日承顾问,休声四闻。人到于今,或受其赐,交辟之下。得无先乎?况宏略泉深,硕谋云蓄,财气自逸,礼容必循,鸿鹄之举,烟霄可仰,在此行也。公之有兄,御命在馆。绣衣持照,金玉相鲜。不由其门,孰见庶美。骥足方骋,鹡原惜别。河桥一分,云岫千里。凤凰潭上,刁斗初传。宝鸡祠下,旌旗不卷。以此送远,岂如赠言?前莺花乱我心曲,干旄美得贤也。二三子取而赋之。

唐《岑参集·水亭送刘颙使还归节度诗》

无计留君住,应须绊马蹄。红亭莫惜醉,白日眼看低。解带怜高栁,移床爱小溪。此来相见少,王事各东西。

沈询侍郎除昭义节度作游仙绝句

玉殿新除沈侍郎,便分茅土领东方。不知今夕游何处,侍从皆骑白凤凰。

路铎《中州集·卫州赠予深节度诗》

淇上风光萃一楼,樽前北海百无忧。平分玉鉴渔村晚,四望黄云寡妇秋。望一作卷斜照钩帘纳烟翠,□□高枕看安流。梅天消息和羹近,老稚宁容挽邓候。

宋沧州《程公许集·东川节度歌序》

东川自唐以来,为征镇重地。国朝以文治不尚武功。拥旌殿邦者,皆当世妙选。春官侍郎眉山李公,以法从名流,开藩于兹。适潢池有警,公以德望,隐然为西州捍蔽。事变甫定,顾瞻环雉,谓:"牛头"魏岊城外,俯瞰万井,于镇守非便。乃请于朝,包括一峰,增筑城堞。发千古之形胜,成旷代之伟绩。非公不能办此也。公许谨为赋东川节度歌一篇,以纪盛事。虽芜词不工,清朝采诗,或有取于此。嘉定十三年正月吉日,程公许谨序。东川节度兵马雄,我尝闻之浣溪翁。五百年间人事纷变灭,惟有青山滚滚今古同。春官

侍郎李太史，沃丝昔日来观风。八年俯仰一炊黍，蔚蓝台上烟雨愁溟濛。棠郊蔽芾公所憩，还有竹骑驰儿童。是时北尘转骚屑，绿林之寇纷内讧。洛波殷雷跃双龙，遂也长公潼少公。少公赴镇先十日，千夫煌煌飞旆红。金城一面森戍削，贼戈自此不复锋。三灾之劫偶参会，天岂薄于遂而私于潼。屹然泽波之砥柱，艰哉安宅之集鸿。险夷一节贯金石，玉山对峙双玲珑。

春风送客来，束书一短篷。恨无春色浮山之杰句，空有帝乡愁绪之孤忠。举头山城新百雉，缭绕下与州城通。高如石首矗万仞，坚并铁瓮盘层穹。楼棚丹霞未为丽，形势墨守何可攻。向来牛头著亭处，晴烟万井历历明双瞳。彻桑未雨宁过计，路旁筑屋难为功。侍郎忧国秉卓识，始谋肯使轻伤农。登登之筑纷百堵，一朝瓴甋业如金墉。初疑化城为佛幻，又恐鬼役非人工。浣溪曩赋冬狩行，恨不回辔擒西戎。向令眼前见此事，奇伟大篇当复加春容。腐儒自嗟才力窘，安得唤起诗老为我细琢砻。紫皇坐朝甘泉宫。四明不隔天九重。慨怀豹尾旧持囊，长安日远身孤蓬，起家小屈东川牧。骥足折旋萦蚁封，三年厌听鼙鼓噪。甲兵何时一洗空，事不为难亦非易。所病滔滔皆发蒙，明堂只须一柱力。朵楠渠可令乏供，更须度外广物色。纳纳万顷云梦胸，我歌东川节度兵马椎，歌声激烈轰灵隆。先一州兮后天下，风云呼吸龙虎从。画图麒麟铭鼎钟，牛头之城万古长穹隆。

赵氏三节度

《数类·赵犨赵昶赵珝》

唐赵犨，以孤城抗贼功。加泰宁浙西两节度，皆在陈并领之。袭纪初，进平章事忠武节度，仍治陈。犨后弟昶，代犨为节度，亦拜平章事。后犨子珝，代昶为节度，光化二年同平章事。一家三节度，相继二十余年，陈人宜之。唐赵犨，陈州宛丘人。世为忠武牙将。以功多稍迁大校。黄巢入长安，所在盗与陈人诣节度府。请犨为刺史，表于朝授之。既视事，会官属计曰："巢若不死长安，必东出关。"陈其冲也，乃培城疏堑为守计。巢败果东奔，悉军据溵水。与秦宗权合兵数十万，缭长濠五周百道攻之，州人大恐。犨令曰："士贵建功立名节，今虽众寡不敌，男子当死地求生。徒惧无益也。且死国不愈生为贼乎？"吾食陈禄，誓破贼以保陈，众听命。乃引锐士出战，屡破贼，巢益怒，将必屠之。乃起八仙营于州左，僭象宫阙，列百官曹署，储粮为持久计。小大数百战，胜负相当。故人心固。未几汴军至，陈人思奋引兵急击贼破之围，凡三百日而解。巢虽败，宗权始炽，略地数千里，屠二十余州。唯陈赖犨独完。犨与弟昶至相友爱。后将老，悉以军事付之。昶，字大东，神彩轩异。性沈厚，有法度，犨领泰宁，以昶为刺史。当时方镇言忠壮吏治举言犨昶，犨子珝，字有节，雄毅喜书，喜骑射。巢之难激厉麾下，约皆死。库有巨弩，机牙坏，不能张。珝以意调治，激矢至五百步，人马皆洞，贼畏不敢逼。犨、昶珝，并为忠武军节度。昭宗还长安，赐珝号迎銮功臣。珝之卒，陈人为罢市。

一门四节度

《唐语林》

李愿司空,兄弟九人,四有土地。愿为厚州。徐泗、凤翔、宣武、河中五节度。宪为江西观察岭南节度,愬为唐邓、襄阳、徐泗、凤翔、泽潞、魏博六节度。听为夏州、灵武、河东、郑滑、魏博、邠宁七节度。一门登坛受钺无比焉。

郭子仪

四镇节度

《事类合璧》

朱忠亮,四镇节度使。隐核军籍得审名者三千人。岁收乾没十余万缗,吏白氂卒。不任战者可罢,答曰:"古于老马不弃,况战士乎?"闻者莫不感奋。

五兼节度

《晏元献公类要》

唐郭子仪,六秉旄节,五兼节度。台衡之任,二十有六年。卢杞撰子仪碑云。

七迁节度

《笔谈故事》

宗子无迁官法,惟遇稀旷大庆则普迁一官。景祐中南郊,遂以南郊近属自初除少将军,凡七迁为节度。遂为定制。

父子节度

《唐书》

元稹云：近世勋将尤贵盛者无如李郭。然汾阳西平犹不得父子并为节度。而弘正田公父子俱秉节旄，同日拜命。

兼领节度

《晏元献公类要》

唐李林甫为相。兼领陇右河西节度。天宝十载，又兼领安西大都护朔方节度，俄兼单于副大使都护。时杨国忠为御史中丞，兼领剑南节度。会南蛮寇边，林甫请令国忠赴镇。

代领节度

《事类合璧》

张献甫贞元四年，代韩游环领邠宁节度。邠宁军素骄，惮献甫严。因游环去，遂纵掠。邀范希朝为帅，都将杨朝晟诛首乱者，献甫乃得入。于是断山峻堑，选岩要地筑峰堡。请复盐州明朗洪门洛原镇屯兵。

襄样节度

马明叟《实宾录》

唐子顿，为政有绩。然恩横少恩，拜山南东道节度使。捆然有专汉南意，所牾者类治以军法。初襄有髹器，天下以为法，谓之"襄样"。至顿骄蹇，故方帅不法者，号"襄样节度"。

呷醋节度

马明叟《实宝录》

唐任迪简为天德军判官。尝因军宴后，至当饮罚酒。军吏误设醋，迪简以军使李景

略令酷,发之则死者多。乃强饮之,吐血而归。军中感泣。及景略卒,军中请以为帅,后至易节度使。时号:"呷醋节度。"

有度

《韩非子·有度篇》

国无常强,奉法者强,则国强。强为不曲法从私。奉法者弱,则国弱。荆庄王并国二十六,开地三千里,庄王之氓社稷也,而荆以亡。荆全之时与荆亡之时,民及社稷未改易,而全亡遂殊者,则曰:"奉法有强弱故也"。齐桓公并国三十,启地三千里,桓公之氓社稷也,而齐以亡。燕襄王以河为境,以蓟为国,袭涿方城。方城,涿之邑也。残齐平中山,中山,国名。有燕者重,无燕者轻。邻国得燕为党者则重,反是者则轻也。襄王之氓社稷也,而燕以亡。魏安釐王攻赵救燕,取地河东。河东故南燕国所在。时规救燕,燕人得之。故以河东故国与魏也。攻尽陶魏之地,陶定陶也。加兵于齐,私平陆之都。言谓加兵于齐,平陆以为私都也。攻韩拔管,管故管叔所都。胜于淇下。睢阳之事荆军老而走。魏与楚相持于睢阳,而楚师遁,师久为老。蔡召陵之事荆军破兵四布于天下。兵,魏兵也。威行于冠带之国,安釐王死而魏以亡。故有荆庄齐桓,则荆齐可以霸。有燕襄魏安釐,则燕魏可以强。今皆亡国者,其群臣官吏皆务所乱而不务所以治也。其国乱弱矣。又皆释国法而私其外,外,谓臣之事也。则是负薪而救火也。乱弱甚矣,故今之时,能去私就公法者,民安而国治。能去私行行公法者,则兵强而敌弱。故审得失有法度之制者,加以群臣之上,则主不可欺以诈伪。谓得守法度之臣,受之以政。位加群臣之上,故不可欺以诈伪。审得失有权衡之称者,以听远事,则主不可欺以天下之轻重。权衡所以称轻重也,臣既妙于轻重,使之听远。故不可欺以轻重也。今若以誉进能,则臣离上而下比周。能由誉进,所以比周于下,求其虚誉。若以党举官,则民务交而不求用于法。官由党举,所以务交求其亲授。故官之失能者,其国乱。以誉为赏,以毁为罚也,则好赏恶罚之人。释公行,行私术,比周以相为也。忘主外交以进其与,与谓党与也。则其下所以为上者薄矣。交众以多外内朋党虽有大过,其蔽多矣。朋党多,既迭相隐蔽,虽有大过。无从而知也。故忠臣危死于非罪,奸邪之臣安利于无功。邪臣朋党,则忠臣横以非罪而见陷。邪臣辄以无功而获利也。忠臣之所以为死而不以其罪,则良臣伏矣。臣伤其类故良臣伏也奸邪之臣安利不以功,则奸臣进矣。同气相求,故奸臣进也。此亡之本若是,则群臣废法而行私重公法矣。私重,谓朋党私相重也。数至能人之门,此其所以私重也,不一至主之庭。百虑私家之便,不一图主之国。属数虽多非所尊君也。君之徒属之数虽多,皆行私重。故非尊君。百官虽具,非所以任国也。百官虽备。皆虑私家之便,故非任国,任谓当其事也。然则主有人主之名,而实托于群臣之家也。威权下移故也。故臣曰:"亡国之廷无人焉。"无忧国之人也。臣韩非自谓也。廷无人者,非朝廷之衰也。家务相益不务厚国,大臣务相尊而不务尊君。小臣奉禄养交不以官为事,此其所以然者。由主之不上断于法而信下为之也。故明主使法择人不自举也。使法量功不自度也。择人量功之法,布在方策。谓成国之旧制。能者不可弊,败者不可饰,誉者不能进,非者不能退,以法量功,故能不可弊,败不可饰也,以法饰人。故誉不能进,非不能退。则君臣之间,明辨而易治。明辨,谓善恶不相掩。故主仇法则可也。仇,谓校定可否。贤者之为人臣,北面委质无有二心。朝廷不敢辞贱,军旅不敢辞难,朝廷辞贱,则下有弊上之心。军旅辞难，则事有偷存之志。顺上之为，从主之法，虚心以待令而无是非也。故有口不以私言，为君言也。有目不以私视，为君视也。而上尽制之，为臣人者，譬之若手，上以修头，下以修足。清暖寒热不得不救人。寒则救之以暖，热则救之以清，凡此皆用手。故曰："不得不救入也。"镆铘传体，不敢弗抟。利刃近体，手必抟之。无私贤哲之臣，无私事能之士。贤哲之臣，事能之士。皆以公用之。故民不越乡而交，无百里之戚。既任臣以公，则政平国理。人无异望，外无外心，故不越乡而交。所以无百里之戚也。贵贱不相踰，愚智提衡而立。愚智各得其所，故提衡而立。治之至也，今夫轻爵禄，易去亡，以择其主，臣不谓廉。易亡择主，心贪者耳，如此之臣不可谓廉也。诈说逆法，倍主强谏，臣不谓忠。逆法强谏凌主者耳，如此之臣，不可谓忠。行惠施利收下为名，臣不谓仁。离俗隐居而以非上，臣不谓义。隐居非上，扬主之恶，如此之臣，不可谓义。外使诸侯，内耗其国，伺其危险之陂以恐其主曰："交非我不亲，怨非我不解。"而主乃信之以国听之。卑主之名以显其身，毁国之厚以利其家，臣不谓智。同危以怨主，毁国以利家，奸雄者耳。如此之臣，不可谓智也。此数物者，除世之说也。而先王之法所简也。险世所说，邀取一时之利，先王所简，必令百代常行。先王之法曰："臣毋或作威，毋或作利，从王之指。无或作恶，从王之路。"古者世治之民，奉公法，废私术，专意一行，具以待任。治世之人所具意行，不用之于私唯以待君之任耳。夫为之人主而身察百官，则曰："不足力不给。言当用法而察之。且上用目，则下饰观。饰观则目视不得其真也。上用耳，则下饰声。饰声则耳听不知其伪也。上用虑，则下繁辞。繁辞，则虑惑于说也。先王以三者为不足，故舍已能而因法数，审赏罚，先王之所守要。因法数，审赏罚，用此察之，则百官不得混其真伪，斯术也。先王所守之要。故法省而不侵。独制四海之内，聪智不得用其诈，险躁不得关其佞，奸邪无所依。远在千里外，不敢易其辞。势在郎中，不敢蔽善饰非。郎近侍之官也。朝廷群下直凑单微，不敢相踰越。虽单微直凑亦令得其职分而豪强不敢逾。故治不足而日有余，上之任势使然也。立治之功日尚余，而功教既已平。群臣既已穆，则上之任用之势不违法教使之然也。夫人臣之侵其主也，如地形焉，即渐以往。如地形之见耕，渐就削减也。使人主失端，东西易面而不自知。既以渐来，故虽至于失端易面，而主尚不能自知。故先王立司南以端朝夕。司南，即指南车也。以喻国之正法。故明主使其群臣，不游意于法之外，不为惠于法之内。不合游意法外，为惠法内，皆所以防其侵也。动无非法，法所以凌过游外私也。既使群臣动皆以法。其或凌过游外，即皆私也。严刑所以遂令惩下也。所以严刑者，欲以遂令且惩下也。遂，通也。威不贷错，制不共门，威当主错故不贷。臣令错当主裁。故不共臣。同错置也。威制共，则众邪彰矣。威制共臣，则制邪显用矣。法不信，则君行危矣。法不信则后不可行，故君危也。刑不断，则邪不胜矣。"故曰："巧匠目意中绳，然必先以规矩为度。"臣之目意，虽后中绳而不可用。当其规矩其。上智捷举中事，必以先王之法为比。君智虽敏，而中事不可用，当以先王之法为其比利也。故绳直而枉木斲，准夷而高科削，科等也，削高等令就下也。权衡县而重益轻，减重益轻权衡乃平，斗石设而多益少，减多益少，斗石乃满。故以法治国，举措而已矣。举法而措之治自平。法不阿贵，绳不挠曲。法之所加，智者弗能辞。勇者弗敢争。刑过不避大臣，赏善不遗匹夫。故矫上之失，诘下之邪。治乱决缪，绌羡齐非。绌其健美，齐其为非，绌音黜。一民之轨莫如法，属官威民。属官，欲令官之属己。退法殆止诈伪莫如刑，刑重则不以贵易贱。不敢以贵势慢易于贱也。法审则上尊而不侵。上尊而不侵，则主强而守要。故先王贵之而传之。传之于后。人主释法用私，则上下不别矣。

《吕氏春秋·有度》

三曰贤主有度，而听故不过。度，法也。有度而以听，则不可欺矣，欺误也。不可惶矣，

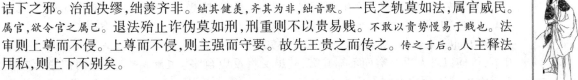

中华传世藏书 永乐大典 精华本

不可恐矣，不可喜矣。以凡人之知，不昏乎其所已知。而昏乎其所未知，昏暗也。则人之易欺矣，可惶矣，可恐矣，可喜矣，知之不审也。客有问季子曰："奚以知舜之能也。"季子户季子。尧时诸侯也。季子曰："尧固已治天下矣，舜言治天下而合己之符，己尧也。是以知其能也。"若虽知之，奚道知其不为私。私邪也。季子曰："诸能治天下者，固必通乎性命之情者，当无私矣。"夏不衣裘，非爱裘也，暖有余也。冬不用箑，箑扇非爱箑也，清有余也。清寒也。圣人之不为私也，非爱贵也，节乎己也。节己虽贪污之心犹若止，又况乎圣人许由非疆也，有所乎通也。通于无为也。有所通，则贪污之利外矣。外弃也。孔墨之弟子徒属充满天下，皆以仁义之术教导于天下。然而无所行教者术犹不能行，又况乎所教，所教谓孔墨弟子之弟子也。是何也？仁义之术外也。夫以外胜内，匹夫徒步不能行，又况乎人主？人主谓俗主又不能行也。唯通乎性命之情，而仁义之术自行矣。先王不能尽知，执一而万物治，不能尽知万物也。执守一道而万物治理矣。使人不能执一者物感之也。感惑也。故曰："通意之悖，解心之缪，去德之累，通道之塞。"悖缪累塞四者所以为人之病也。唯执一者能去道之塞。不壅闭也。贵富显严名利六者，悖之意者也。此六者人情所欲。孔子曰："富与贵人之所欲也，不以其道得之不居。故曰悖意悖乱也。"容动色理气意六者，缪心者也。此六者不节所以惑人心者也。恶欲喜怒哀乐六者，累德者也。此六者不节。所以为德累者也。智能去就取舍六者，塞道者也。此六者宜适难中。所以窒塞道不通者也。此四六者，不荡乎胸中则正，荡动也，此四六皆得其适，不仰邪荡动于胸臆之中则正矣。诗云静恭尔位正直是与，此之谓也。正则静，静则清，明则虚，虚则无为而无不为也。虚者道也，道尚空虚无不为。人能行之亦无不为也。《知度》：五曰明君者，非偏见万物也。明于人主之所执也。有术之主者，非一自行之也，知百官之要也。知百官之要。故事省而国治也。明于人主之所执，故权专而奸止。奸止则说者不来而情谕矣，情者不饰饰而事实见矣。此谓之至治。至治之世，民不好空言虚辞，不好淫学流说，不学正道为淫学邪说谓之流说贤不肖各支其质。反本质正。其行情，不雕其素。素授也。本性纯朴不雕饰之以为华藻也。蒙厚纯朴以事其上，若此则工拙愚智，勇惧可得，以故易官，易官则各当其任矣。故有职者安其职，不听其议。有乱众千度之议者不听之。无职者责其实以验其辞，验效。此二者审，则无用之言不入于朝矣。君服性命之情，去爱恶之心，爱恶好憎。用虚无为本，虚无无所爱恶也无所爱恶则公正治之本也。以听有用之言谓之朝。有用之言谓忠正有益于国者。凡朝也者，相与名理义也。名致相与，植法则也。植立上服性命之情，则理义之士至矣，法则之用植矣，枉僻邪挠之人退矣，挠曲贪德伪诈之曹远矣。曹众故治天下之要，存乎除奸之要，存乎治官之要，存乎治道。治道之要存乎知性命。知性命则不珍难得之物，不为无益之事，唯道是从，利民而已。故子华子曰："厚而不博，敬守一事。"子华子体道人也。一事正事正性，是喜群众不周而务成一能。一能专一之能言公正。尽能既成，四夷乃平。平和唯彼天符不周而周，忠信为周此神农之所以长，而尧舜之所以章。长犹盛也。章著明也。以用也。人主自智而愚人，自巧而拙人。自智谓人愚自巧谓人拙。诗云惟彼不顺自独俾藏。自有肺肠俾民卒狂。拙者从之谓也。若此，则愚拙者谓矣，君自谓智而巧。故愚拙者从之请也。巧智诏矣。诏教诏多则请者愈多矣，听益乱。请者愈多且无不请也。主虽巧智未无不知也。未能尽无所不知也。以未无不知，应无不请，其道固穷。固必为人主而数穷于其下，将何以君人乎？穷而不知其穷，其患又将反以自多。反更多大。是之谓："重塞之主无存固矣。"固道之主因而不为，因循旧法不改为。责而不诏。责臣成功。不妄以偏见教诏去想去意，静虚以待。不伐之言，不夺之事。督名审实，官使自司。以不知为道，以奈何为实。道尚不知乃知也。以不知为贵因循畏养不庚自然之性。故以不可奈何为实也。尧曰："若何而为及

日月之烛?"烛照舜曰:"若何而服四荒之外?"荒裔远也。禹曰:"若何而治青北化九阳奇怜之所际?"皆四夷之远国际主也。赵襄子之时,以任登为中牟令。上计言于襄子曰:"中牟有士曰:'瞻胥己请见之。'"襄子见而以为中大夫。以用也相国曰:"意者君耳而未之目之矣,登所举吾又耳而目之矣。谓耳任登之名。耳任登之实。登之所举。岂复假耳目哉。是耳目人终无己也。遂不复问,而以为中大夫。襄子何为任人?则贤者毕力。毕尽也。人主之患,必在任人而不能用之;用之与不知者议之也。绝江者托于船,致远者托于骥,霸王者托于贤,伊尹、吕尚、管夷吾、百里奚,此霸王者之船骥也。释父兄与子弟,非疏之也。言其父兄子弟不肖不能为霸王之船骥故释之非苟远也。任庖人、钓者、与仇人、仆虏,非阿之也。持社稷立功名之道,不得不然。庖人即伊尹,钓者即吕尚,仇人,管夷吾,仆虏即百里奚之辈。非阿之取其可以为社稷功名之道。犹大匠之为宫也,量小大而知材木矣,訾功丈一作力而知人数矣。訾相也相公力丈尺而知用人数多少也。故小臣吕尚听而天下知殷周之王也。殷之尽,周之兴,管夷吾,百里奚听。一作任而天下知齐秦之霸,岂持骥远哉?夫成王霸者固有人,亡国者亦有人。桀用羊辛,纣用恶来,宋舣唐齐用苏秦。而天下甚之,非其人而欲有功。譬之若夏至之日而欲夜之长也,射鱼指天而欲发之当也,当中舜禹犹若困,而况俗主乎?

心度

《韩非子·心度篇》

　　圣人之治民,度于本不从其欲,期于利民而已。故其与之刑,非所以恶民,爱之本也。刑胜而民静,赏繁而奸生。故治民者,刑胜治之首也,赏繁乱之本也。夫民之性,喜其乱而不亲其法。故明主之治国也,明赏则民劝功,严刑则民亲法。劝功则公事不犯,亲法则奸无所萌。故治民者禁奸于未萌,而用兵者服战于民心。禁先其本者治,兵战其心者胜。圣人之治民也,先治者强,先战者胜,国事务先而一民心专。举公而私不从,赏告而奸不生,明法而治不烦,能用四者强,不能用四者弱。夫国之所以强者政也,主之所以尊者权也。故明君有权有政,乱君亦有权有政,积而不同,其所立异也。故明君操权而上重,一政而国治。故法者,王之本也。刑者,爱之自也。夫民之性恶劳乐佚。佚则荒,荒则不治,不治则乱,而赏刑不行于天下者,必塞。故欲举大功而难致力者,大功不可几而举也。欲治其法而难变其故者,民乱不可几而治也。故治民无常,唯治为法。法与时转则治,治与世宜则有功。故民朴而禁之以名则治,世知维之以刑则从,时移而治不易者乱,能治众而禁不变者削,故圣人之治民治法与特移,而禁与能变。能越力于地者富,能起力于敌者强,强不塞者王。故王道在所闻,在所塞。塞其奸者必王。故王术不恃外之不乱也,恃其不可乱也。恃外不乱而治立者削,恃其不可乱而行法者兴,故贤君之治国也,适于不乱之术,贵爵则上重。故赏功爵任而邪无所关,好力者其爵贵。爵贵则上尊,上尊则必王。国不事力而私学者,其爵贱。爵贱则上卑,上卑者必削。故立国用民之道也,能闭外塞和,而上自恃者王可致也。

妇 妇人证治二十三

妇人耳聋臃肿

论

《巢元方病源》："耳聋风冷伤于肾，肾气通于耳。劳伤肾气，风冷客之，邪与正气相搏，使经气不通，故耳聋也。

耳聋风肿候：耳聋风肿者，风邪搏於肾气故也。肾气通于耳，邪搏其经，血气壅涩，不得宣发，故结肿也。

耳后附骨臃候：际骨臃，是风寒搏血脉入深，近附于骨。十二经之筋脉有络，耳后完骨者，虚则风寒客之。寒气折血，血否涩不通，深附于骨，而成臃也。其状无头，但肿痛。"

《妇人眼赤》

论

《巢元方病源》："眼眦赤，风冷客于肾间，与血气相搏，而泪液乘之，挟热者则令眦赤。"类用方药潘思敬《加减药症集》：妇人暴赤眼疾，先以导水丸下讫，次以凉膈散加防，已，草龙胆煎服，或四物内加之尤妙。

妇人喉痛

论

《巢元方病源》："喉痛者，风热毒客于其间故也，十二经脉有循颊喉者，五脏在内，而经脉循于外脏，气虚则经络受邪，邪气搏於脏气则生热，热乘其脉热搏咽喉，故令喉痛也。"

咽中如炙肉脔候："咽中如炙肉脔者，此是胸膈痰结，与气相搏，逆上咽喉之间结聚，状如炙肉之脔也。"

方

张仲景《金匮方·论半夏厚补汤方》妇人咽中如有炙脔。

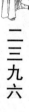

孙思邈《千金要方》治胸满心下坚，咽中帖帖，如有炙肉，吐之不出，吞之不下。

半夏一升。　厚补三两。　茯苓四两。　生姜五两。　干苏叶二两。

右五味以水七升，煮取四升，分温四服，日三，夜一服。《千金翼方》，无苏叶，名半夏汤。

《洪氏集·验方救生散》：治急喉闭，产前产后有此疾，皆可服之。

白僵蚕半两去丝剉略炒。　甘草生一钱重。

右二味各取末秤和匀，每服一钱匕，以生姜计调药，令稠灌下，便急以温茶清冲下。

妇人吐血

论

《巢元方病源》：治夫妇人吐血者，皆由脏腑伤损所致。夫血者，外行於经络，内荣於脏腑。若伤损气血，经络则虚，血行失于常理。气逆者吐血，又怒，则气逆甚，则呕血。然忧思惊恐，内伤，气逆上者，皆吐血也。

口舌出血候：口舌出血者，心脾伤损故也。脾气通于口，心气通于舌，而心主血脉，血荣于脏腑，通于经络。若劳损脏腑，伤动经脉，随其所伤之经，虚者，血则妄行，然口出血，心脾二脏之经伤也。

治验陈自明《大全良方》：仆尝治一人吐血，诊其脉肝部，弦气口濡，此因怒极而得之。遂用苏合香丸和鸡苏丸，服即效。《养生必用方》云："凡吐血须煎干姜甘草汤与服，或四物理中汤亦可，如此无不愈者。服生地黄，竹茹藕汁，去生便远。"予尝治一女人，年一十九岁，月水不行，遂妄行而呕血，诸药无效。察其形容，人肥，脉不大不小，仆投以四生丸即安。又尝治一男子，因饱低头负重吐血，诸药无效。亦投四生丸及青饼子即安，更不发。仆观初虞世，治吐血，不喜用竹茹，生地，黄藕汁，然亦不可狃泥此说。如阳乘于阴，血得热，则流散。经水沸溢，宜服凉药以解之。大黄，犀角，生地，黄生艾，藕汁，岂能无效，如阴乘於阳，所谓天寒地冻，水凝成冰，宜温药以暖之。干姜、肉桂、岂能无功？学者更宜思之。陈日华云：先公绍兴初游福清灵石寺，主僧留饭，食将竟，侍者赴堂斋罢来，侍立，见卓子上不稳，急馨折极之，举首即呕血。盖食饱拗破肺也。明年再到寺，因问去年呕血者，无恙否？其主僧答云："得四生丸服之，遂愈。"自得此方屡救人有效。

类用方药：杨仁斋《直指方》：血遇热则宣流，故止血多用凉药，然亦有气虚挟寒，阴阳不相为守，荣气虚散，血亦错行。所谓阳虚阴必走是尔，外症必有虚冷之状。法当温中，使血自归于经络。可用理中汤加南木香，或局方七气汤，方见诸气类加川芎，或甘草干姜汤，其效甚著。又有饮食伤胃，或胃虚不能传化，其气逆上，亦令吐衄；木香，理中汤，甘草干姜汤通用。出血诸症，每以胃药收功，用木香理中汤，或参苓白术散二分，枳壳散一分，方见诸气类夹和米汤，乘热调下，或真方四君子汤，夹和小乌沉汤，米汤调下。已上并用姜枣略煎亦得。右药不惟养胃，盖以调气辈与之并行。

若夫：桔梗枳壳汤，与见诸气类夹和二陈汤，方见诸气类姜枣同煎，入苏合香丸少许佐之，又调气之上药也。

方

孙思邈《千金要方·竹茹汤》治妇人汗血、吐血、尿血、下血。

竹茹　熟地黄各三两。　　人参　白芍药　桔梗　川芎　当归　甘草炙。　桂心各一两。

右为剉散。每服四钱。水一大盏,煎七分,去滓,不以时候。

《太平圣惠方·鸡苏散方》治妇人吐血、心烦昏闷。

鸡苏叶一两。　　黄耆半两剉。　羚羊角屑半两。　阿缪一两捣碎炒令黄燥。　刺苏一两。

茜根一两。　生干地黄一两。　麦门冬三分去心。　黄芩三分。　当归三分。　伏龙肝

三分。　甘草半两炙微赤剉

右伴药岛粗罗为散。每服三钱,以水一中盏、人生姜半分,淡竹茹一分,煎至六分,去

滓,不计时候服。

《生地黄煎方》治妇劳热至甚,吐血不止,心神烦躁,少思饮食。

生地黄汁一升。　生藕汁三合。　青蒿汁三合。　生姜二两取汁。　蜜四两。　酥一两。

柴胡一两去苗。　知母一两。　鸡苏叶一两。　黄芩一两。　川升麻一两。　桑根白皮

一两剉。　鹿角胶一两、碎捣,炒令黄燥。　杏仁一两、汤浸去皮,尖双仁。　麸炒微黄。

右伴药捣细罗为散。与前药汁同于银器中搅合匀,慢火煎成膏收瓮合中,每服不计

时候,以清粥饮,调下半匙。

《生干地黄散方》:治妇人心热,壅闷、吐血。

生干地黄一两半。　麦门冬一两去心。　齐苨三合。　甘草半两炙微赤赤剉。　白茅根二

两剉。　蓝叶一两。

右伴药捣筛为散。每服四钱,以水一盏,入生姜半分,豆豉一百粒,煎至六分,去滓,

不计时候温服。

《刺苏散方》:治妇人头疼,壮热、心中烦闷,吐血、宜服。

刺苏二两。　鸡苏叶三两。　赤芍药一两。　麦门冬二两、去心。　赤茯苓一两。　石膏

三两。　黄芩一两。　茜根一两剉。　生姜地黄二两。

右件药捣粗罗为散。每服四钱,以水一中盏。入生姜半分、青竹茹一分,煎至六分。

去滓,不计时候温服。

《麦门冬散方》治妇人心中壅毒,吐血、烦闷。

麦门冬二两去心。　生干地黄二两。　齐苣一两半。　犀角屑一两。　黄芩一两。　川升

麻一两。　白茅根二两半剉。　蓝叶一两,甘草一两炙微剉。

右件药捣鹿罗为散。每服四钱,以水一中盏,入香豉一百粒,淡竹茹一分,生姜半分,

煎至六分,去滓,不计时候温服。

《鸡苏散》治妇人虚损,气逆、吐血不止。

鸡苏叶一两。　当归半两。　赤芍药半两。　黄芩一两。　伏龙肝二两。　阿胶二两捣

碎、炒令黄燥。

右件药捣筛为散。每服四钱,以水一中盏,煎至六分,去滓,不计时候温服。

阿胶散:治妇人吐血,心神烦热。

阿胶三分。捣碎,炒令黄燥。　当归三分。　犀角屑三分。　鸡苏叶三分。　羚羊角屑三

分。　桂心三分。　麦门冬三分,去心。　生干地黄二两。　甘草半两,炙微赤剉。

右件药捣粗罗为散。每服四钱,以水一中盏,入淡竹茹一分、生姜半分,煎至六分,去

滓,不计时候温服。

紫参散:治妇人卒吐血不定,胸心闷痛。

紫参一两。　鹿角胶一两、捣研,炒令黄燥青。　竹茹一两。　羚羊角屑一两炒令黄燥。

生干地黄二两。

右件药捣细罗为散。不计时候，以新汲水磨生姜调下二钱。

五神汤：治妇人热毒上冲，吐血不止。

生藕汁三合。 生地黄汁三合。 白蜜一合。 刺苏汁三合。 生姜汁半合。

右件药相和煎三两沸，放温，不计时候，取一小盏调下炒蚀尘一钱，治妇人吐血。

百治不差，宜服此方陈自明《大全良方》云：千金翼疗十，十差，神验不传方，详此药性，治热毒吐血有效。

地黄汁用半升、生大黄末一方寸七。 生地黄汁一大盏。 川大黄半两、剉碎、微炒、捣末。

右件煎地黄汁三两沸，下大黄末调和令匀，分为三服。

又方：

龙骨半两。 当归三分、剉微炒。 生干地黄一两。

右件药捣细累为散，不计时候、以生地黄汁调下二钱。青竹茹一两 生地黄二两切。
羚羊角屑半两。

右件药以水一大盏半。煎至一盏，去滓，不计时候，分为三服。

又方：

桂心一两。 阿胶半两、捣碎、炒令黄燥。 生干地黄半两。

右件药捣细罗为散。每服一瑑，煎竹茹汤调下，不计时候温服。

又方取伏龙肝细研，每服以新汲水调下二钱，频服，效。

又方：

取白茅根新者，长五六寸一握剉。以水一大盏，煎至七分，去滓，分温二服。

陈自明《大全良方》治吐血：

桂心末。

右水调方寸匕，日夜可二十服。

《柔脾汤》治虚劳、吐血、凡吐血衄血下。

白汗出方。出《养生方》甘草 白芍药 黄耆各一两。 熟地黄三两。

右为末。每服四钱，水酒各一钱，已上煎至七分，去滓，取六分清汁温服。食前。

《四生丸》疗吐血凡吐血、衄血、阳乘于阴、血热妄行、宜服此药。

生荷叶 生艾叶 生柏叶 生地黄

右等分烂研如鸡子大，每服二丸水三瑑，煎至一瑑，去滓，温服，无时候。

《犀角地黄汤》治内有淤血、鼻衄、吐血、面黄、大便黑。

芍药三分。 生地黄半斤。 牡丹皮去木一两。 犀角屑一两、如无升麻川者代。

右㕮咀，每服五钱，水煎服，有热如狂者，加黄芩二两。

《青饼子》治咯血。

青黛 杏仁各一两、《华佗方》以牡蛎炒杏仁去皮尖，牡砺不用。

右一处同研成膏，熔黄蜡和作三十饼子，每服一饼子，用干柿半个夹定，以湿纸裹煨令香，同嚼粥饮下，无时候。

《干姜甘草汤》治阴乘于阳，心肺经寒而呕血。

甘草 干姜各半两。

右㕮咀，水煮顿服，《局方理中汤》亦妙方见和剂。

杨仁斋直《指方》地黄煎治肺损、吐血、嗽血。

生地四两、取汁。 鹿角胶一两、捣碎、炒黄。

右为末拌和，每服三钱。童子小便一盏暖热，入姜汁少注许调下。无鹿胶，则以透明阿胶炒酥代用。

人参汤：

治吐血、咯血。新罗人参慢火煎服。

又方：

人参　川芎　茯苓　半夏制各三分。　甘草炒一分。

右剉每服三钱，姜五片煎服。

《半夏丸》治血、下血、崩中带下、喘急痰呕、中满虚肿，亦消宿于瘀，百病通用。

圆白　半夏刮净、挼褊，以生姜汁调和飞白□作软饼包撺半夏，慢火炙令色黄，去㾮取半夏为末。

右末米湖圆绿豆大，日干，每三四十丸温熟水下。

《豆苏汤》治上焦有热，咯血、瘀血、烦闷、燥渴。

黑豆三合。　紫苏叶茎二条。　乌梅两个。

右水大碗同煎，临熟入姜汁三大匙、食后旋服。

《薏以汤》治肺臃、唾吐、脓血。

薏以仁二合。　黑豆百粒。　乌梅一个。

右水二盏，煎一盏，入透明阿胶。生蒲黄各一钱，再煎沸，食后服。

《萝蔔饮》治诸热吐血、衄血。

生萝蔔取汁半盏。入白盐少许，服之，立效。如无生萝蔔，只用萝蔔子一分，微炒，紫苏茎叶半分，剉散，用煎亦效。

《血余散》治吐血、衄血。

头发烧存性。

右研细，每服二钱，米汤调下。衄者更以少许，吹入鼻。

《蒜连丸》治诸血妄行。

黄连日干、为末。　独头蒜一颗，煨熟，取肉研细。

右入米醋些子，捣和为丸梧子大，日干，每三四十丸，陈米饮下。

《黑散子》诸窍出血并主之。

隔年莲蓬　败棕榈　头发并烧存性等分。

右为末，每服二钱，煎南木香汤调下。或只用棕榈烧灰，米汤调下亦可。

咯血方：

天门冬去心。　青黛晒干各四钱。　生蒲黄　川姜黄　油发灰各一钱。

右末炼蜜丸梧子大，每五十丸，入松阳柿中，湿纸包煨香候冷，桑白皮煎汤，临卧嚼下　柿能恋肺咯血、属肺呕血、属脾。

《九窍出血方》：荆芥酒煎通口服。

又方：暴惊风九窍血，其脉虚者。

灵砂百粒，分三次，人参煎汤下、此症不可错认，血得热则宣流，妄用凉药误矣。

治口舌出血：槐花，日干，为末传之。

《刘守真病机气宜保命集·生地黄散》：生地黄散，诸见血无寒，衄血、下血、吐血、溺血、皆属于热，但血家症宜服。

生地黄　熟地黄　枸杞子　地骨皮　天门冬　黄耆　芍药　甘草　黄芩。

右各等分同剉，每服一两，水二盏，煎至一盏，去粗，温服。脉微身冷恶风，每一两加桂半钱。吐血者，多有此症。

《济生拨粹·方鸡苏散》：治虚损气逆,吐血不止。

　　鸡苏叶　黄芩各一两。　当归半两。　赤芍药半两。　阿胶二两。　伏龙肝二两。　刺
蓟　生地黄　黄耆各一两。

　　右为粗末每服四钱,姜三片,竹茹弹子大,水同煎。

韩义和《烟霞圣效方·绵煎散》治妇人胎前、产后吐血、血运、发虚热、小便不通脐腹痛。

　　瞿麦　石膏乱文者。　赤石脂各等分。

　　右为细末,每服五钱,水一中盏,绵裹同煎服。

阮霖《经验良方》治妇人吐血。

　　陈槐花二两、炒。　百草霜半两。

　　右为细末,每服茅蔗根酒调下,亦治血崩。

何焱《卫生至宝茯苓补心汤》治妇人去血过多,虚劳发热。

　　四物汤一两半。　参苏饮三两。

　　右拌和匀,每服五钱,生姜五片,水煎。

袁当时《大方干地黄丸》治吐血、下血、妄行、血虚、月候缩。

　　熟干地黄一两半。　白芍药　人参　当归　川芎各一两。　阿胶半两、炒。　犀角四钱。

　　右为细末,炼密丸如梧桐子大。每服三十丸,食前,米汤下。

《急救仙方·调脾散》治吐血上行,经血行时反上行,肺经有病热冲然。但要顺经调肺气,
红花散子善能痊,凡妇人吐血有三。一、经不行反上行,便伤气也。二、伤冲。三、肺经受
热随上冲,故便吐血。

　　三棱　莪术各一两。　麦芽半两。　胡椒二钱。　缩砂三钱。　川芎二钱。　茴香二钱。

　　甘草　青皮　陈皮各三钱。

　　右为末,米饮调下。

《通经丸》

　　当归一钱半。　桂不见大、青皮、去白。　大黄地。　干姜炮。　川乌炮。　桃仁去皮炒。

　　莪术炒。　干漆炒令大黑尽。　川椒已上各一钱。

　　右十味,每味各同椒微炒,放地上出汗为末。一半用醋熬成膏后入一半,更入鸡子清
同为丸。阴干醋汤下三十丸。

妇人臂痛

论

　　类用方药陈自明《大全良方》论曰："夫,妇人臂痛。筋脉挛急,不得屈伸,遇寒则剧。
由肝虚为风寒邪气流于血脉。客于经络搏于筋。筋不荣则干急而痛。其脉紧细,宜服柏
子仁丸,舒经汤。若臂痛不能举,或左或右时复转移一臂,由中脘伏痰,脾气滞而不行,上
与气相搏,四肢皆属于脾,脾气滞而气不下,上攻于臂故痛。其脉沉细,宜茯苓丸,控
涎丹。"

方

陈自明《大全良方·柏子仁丸》：

　　柏子仁　干地黄各二两。　茯苓　枳实去穰麸炒。　覆盆子炒。　北五味　附子炮。

石斛去根、切酒蒸炒。　鹿茸酥炙。　酸枣仁炒。　桂心　沉香　黄耆各一两蜜水炙。一方等分。

右为细末，炼蜜为丸如梧桐子大。空心，酒下三十丸。

《舒经汤》治臂痛又名《五痹汤》亦治腰下疾。

片子姜黄四两。　甘草　羌活各一两。　白术　海桐皮　当归　赤芍药各二两。

右为粗末，每服三钱，水一盏半，煎至七分，去滓，温服。治腰以下疾。空心服，腰以上疾，食后服。

《茯苓丸》

茯苓一两。　半夏二两。　枳壳半两见制。　风化朴消一分。

右四味为末，姜汁煮糊为丸。如梧桐子大。生姜汤下三十丸，食后服。

控涎丹。凡人忽患胸背、手足、类项、腰胯隐痛，不可忍，连筋骨牵隐钩痛，坐卧不宁，时时走易不定。俗医不晓，谓之走痓。便用风药，及铁炎，皆无益。又疑是风毒结聚，欲为痈疽，乱以药贴亦非也。此乃痰涎伏在心膈上下，变为此疾。或令人头痛不可举，或神意昏倦多睡，或饮食无味，痰唾稠沾，夜间喉中如锯声，多流睡涎，手脚重腿冷痹，气脉不通。误认为瘫痪，亦非也。凡有此疾，但以此药不过数服，其疾如失。

甘遂去心。　大戟去皮。　其白　芥子各等分、炒。

右为细末，糊丸梧桐子大，临卧淡姜汤吞下五、七丸，如疾猛，加至十丸。

《白芥子散》治臂痛外连肌肉，牵引背胛，时发时止，此由荣卫之气循行失度，留滞经络，与正气相搏，其痛发则有似瘫痪。

真白芥子　木鳖子各二两、麸炒。　没叶别研。　桂心　木香各半两。

右为细末，入研药令停，每服一钱；温酒调下。

《流气饮子》：

紫苏叶　青皮　苦梗　大黄煨。　当归　芍药　乌药　茯苓　川芎　黄耆　枳壳去瓤麸。麦炒。　防风各半两。　甘草　橘皮各三分。　木香　连皮大腹二两剉姜汁炒。

右㕮咀，每服五钱，水二琖，姜三片，枣一枚，煎一钱，去滓服。

妇人腰痛

论

《类用方药》陈自明《大全良方》论曰"夫肾主于腰，女人肾脏击于胞络。若肾气虚弱，外感六淫内伤七情，皆致腰痛。"古方亦有五种之说。如风腰痛，宜小续命汤，加桃仁、杜仲、煎服。脾胃气蔽及寒湿腰痛，宜五积散加桃仁。如虚损，及五种腰痛者，青蛾丸，神应丸，诸方并见和剂，皆可用也。如气滞腰痛，如神保丸，黑牵牛、茴香、橘核，必有功也。张子和《儒门事亲书》："夫妇人腰胯疼痛，两脚麻木，恶寒喜暖者，《内经》曰乃是风寒湿痹。先可服除湿丹七八十丸，量虚实以意加减，次以禹功散投之，泻十余行。清冷积水，青黄涎末为验后，以长流水同生姜枣煎五苓散服之。风湿散而血气和也。"

方

《葛洪肘后备急方·治卒腰背痛如折方》鹿角屑。右用酒服方寸匕，日五六，可熬令焦黄服。

又方

大豆二升,酒三升,煮取二升,顿服。《产宝诸方治腰痛下血》熟艾一两,右用酒五盏,煮四盏,去滓,再煎二盏,口闭者灌之。

陈自明《大全良方·如神汤》治男子、妇人腰痛。

玄胡索　当归　桂心等分。一方无当归有杜仲。

右为末,温酒调下二钱,甚者不过数服。漳人滕珂云,此方得之于饮州祈门老医。真是如神,故以名之。

《独沽寄生汤》:夫腰痛者,皆由肾气虚弱卧冷湿地。当风所得,不时连治,喜流入脚膝,为偏枯冷痹。缓弱疼重,或腰痛拘挛脚重痹。宜急服之。

独活三两。　桑寄生　续断　杜仲　北细幸

川牛膝　秦芃　茯苓　白芍药　桂心　川芎　防风　人参　熟地黄　当归各二两。

右㕮咀每服三钱,水一盏,煎至七分,去滓,温服。

空心,气虚下利除地黄,并治新产腹痛,不得转动,及腰脚挛痛,痹弱不得屈伸,此药最能除风消血。

《肘后》有附子一枚,无寄生、人参、当归、粉草、近人将治历节风、脚气流注亦效。

刘守真《病机气宜保命集·玄胡六合汤》治妇人脐下冷、腹痛、腰脊痛。四物汤内加玄胡索、苦练、炒各一两。

《王好古医垒元戎·治湿六合汤》四物汤加羌活、茯苓等分、一本加白木茯苓。海藏改正。上五味,只用苍术相拌,治诸痛有神。

又方

与白术相拌。加天麻、茯苓、川山甲、右别为细末,酒煎,或酒调,亦可。

《厄亦林得效方 . 虎骨散》治腰上实肉处,痛不可忍。右以麝香末半钱,用酒调服。

葛洪

妇人腰脚疼痛

论

《太平圣惠方》论曰:"夫肾,主于腰脚,女人肾脏系于胞络。若劳伤肾气,虚弱而风冷客于胞络,邪气与真气交争,故令腰脚疼痛也。"类用方药,李仲南《永类钤方》:"夫肾主于腰,女人肾脏系于胞络,肾虚,外感六淫,内伤七情,皆致腰痛。"如风腰痛,宜小续命汤,加桃仁、杜仲煎,脾胃气蔽及寒湿腰痛,宜五积散加桃仁煎;如虚损及五积腰痛;青娥元,神应元,气滞腰痛;如神保元;黑牵半、茴香、橘核,必有功也。"

方

《太平圣惠方·酸枣仁散》:治妇人血气风虚,腰脚疼痛,头目昏闷,食少无力。

酸枣仁三分、微炒。　防风半两、去芦头。　牛膝三分去苗。　羌活半两。　当归三分剉微炒。　芎穷三分。　桂心三分。　木香三分。　海桐皮一分。　杜仲三分去粗皮。微炙剉。　附子三分、炮裂、去皮脐。　草薢三分剉。　续断三分。　甘草一分,炙微赤剉。

右件药捣筛为散。每服四钱，以水一中瑧，入生姜半分，煎至六分，去滓，食前温温服之。

《骨碎补散》治妇人血风气攻，腰脚疼痛，腹肋拘急，肢节不和宜服。

骨碎补一两。　草薢一两。　牛膝一两去苗。　赤芍药三分。　海桐皮一两。　当归一两。　芎穷三分。　附子三分、炮裂去皮脐。　桂心一两。　槟榔一两。　桃仁一两汤浸去皮尖双仁麦炒微黄。　枳实半两、麦炒微黄。

右件药捣筛为散。每服四钱，水一中盏，入生姜半分，煎至六分，去滓，食前稍热服之。

《仙灵脾散》治妇人血风攻注，腰脚疼痛。

仙灵脾一两。　羌活三分。　海桐皮三分。　牛膝三分、去苗。　当归三分。　芎劳三分。　骨碎补三分，去毛。　玄胡索三分。　桂心三分。　木香三分。　桃仁一两，汤注去皮尖双仁，麦微炒用。　菴桐子三分。　枳壳三分。　槟榔一两。　蟋蟀半两、微炒。　麝香一分、细研入。

右件药捣细罗为散，每服食前以豆淋酒，调下一钱。

《蒙本散》治妇人血风流注，腰脚疼痛，不可忍。

蒙本一两半。　狗脊一两、去毛。　没药一两。　天麻一两。　骐驎竭一两。　蝉壳一两、微炒。　骨碎补一两。　桂心一两。　虎胫骨　败龟　穿山甲已上各二两、各以醋涂炙令黄焦。　麝香半两、研。

右件药细罗为散，每服以炒生姜、豆淋酒下二钱，空心及食前服。

《琥珀散》治妇人血风攻注，腰脚疼痛，经络滞涩，四肢烦痛。

琥珀一两。　牛膝一两、去苗。　当归一两。　凌霄花一两。　赤芍药一两。　没药一两。　地龙半两，微炒。　桃仁一两半，汤浸去皮尖双仁，麦炒微黄。　水蛭一两、炒令黄焦。　麝香一分、细研入。

右件药捣细罗为散。每服食前以温酒，调下二钱。

《败龟散》治妇人风毒流注，腰脚疼痛，行立艰难。

败龟二两、涂酥炙令黄。　白僵蚕一两、微炒。　没药半两。　薏苡仁一两。　当归一两、剉微炒。　桂心三分。　乳香三分。　虎胫骨二两、涂酥炙令黄。　地龙三分，微炒。　杜仲一两、去粗皮炙微黄剉。

右件药捣细罗为散，每服于食前，以暖薄荷酒，调下二钱。

《附子丸》治妇人血风流注，腰脚骨节痠疼，不可忍。

附子三分、炮制去皮脐。　牛膝一两、去苗。　海桐皮半两剉。　桂心半两。　玄胡索半两。　安息香半两。　天麻三分。　羚羊角屑三分。　芎劳三分。　当归三分。　白芷半两。　木香半两。　干蝎一分。　酸枣仁三分、微炒。　羌活三分。　防风三分去芦头。　漏芦一两。

右件捣药罗为末，炼蜜和捣三五百杵，丸如梧桐子大，每服食前以暖酒下三十丸。

《虎骨丸》治妇人血风流注腰脚骨节疼痛，不可忍。

虎胫骨一两、涂酥炙令黄。　槟榔一两。　败龟一两、涂酥炙令黄。　防风半两、去芦头。　附子半两、炮裂去皮脐。　赤芍药半两。　骐驎竭半两。　当归三分。　川大黄三分剉碎微炒。　桂心半两。　没药半两。　牛膝一两、去苗。　木香三分。　桃仁三分，汤浸去皮尖双仁，麦炒微黄。　海桐皮三分剉。　地龙半两、炒令微黄。

右件药捣罗为末，炼蜜和捣三五百杵，丸如梧桐子大。每于食前以暖酒下二十丸。

《草薢丸》治妇人血风，腰脚骨节疼疼，筋脉拘急，行履艰难，两胁抽痛。

草薢一两剉。　牛膝一两、去苗。　杜仲三分、去粗皮炙黄剉。　酸枣仁三分。　当归一两。　防风三分、去芦头。　丹参三分。　赤芍药三分。　桂心三分。　石斛一两、去根剉。　附子一两、炮制去皮剉。　虎胫骨一两半、涂醋炙令黄。

右件药捣罗为末，炼蜜和捣三二百杵，丸如梧桐子大。每日空心及晚食前，以温酒下三十丸。

梧桐皮丸：治妇人腰脚风冷疼痛，行立无力。

梧桐皮一两剉。　桂心二两。　牛膝一两、去苗。　杜仲一两、去粗皮炙微黄剉。　石斛一两、去根剉。　熟干地黄一两。

右件药捣罗为细末，炼蜜和丸，如梧桐子大。每于空心，及晚食前以酒下三十丸。

牛膝丸：治妇人腰脚风冷疼痛，久不差。

牛膝二两、去苗。　虎胫骨一两、涂酥炙令黄。　没药一两。　羌活一两。　当归一两。　桂心一两。　败龟二两、涂酥炙令黄。

右件药捣罗为末，炼蜜和捣三二百杵，丸如梧桐子大。每于食前以温酒下三十丸。

附子散：治妇人腰脚积年疼痛，不差。

附子二两、炮裂去皮脐。　没药一两。　桂心二两。　葳灵仙一两。　干漆一两、捣碎，炒令烟出。　牛膝一两、去苗。

右件药捣细罗为散，于食前以温酒调下二钱。

葳灵仙散：治妇人腰脚疼痛，大肠不利。

牵牛子二两、微炒。　木香半两。　葳灵仙二两。　枳壳一两□炒微黄去瓤。

右件药捣细罗为散，每日空心，以茶清调下二钱。以利为效。

妇人脚气 附脚气脐满

论

《巢元方·病源》："脚气之病，由人体虚，温湿风毒之气，先客于脚，从下而上动于气，故名脚气也。"江东岭南土地卑下，风湿之气伤于人。初得此病，多不即觉，或先无他疾。而忽得之，或因众疾后得之。此病初甚微，饮食嬉戏，气力如故。当熟察之，其状从膝至脚有不仁或若痹，或淫淫，如虫行；或微肿或酷冷，或疼痛，或缓纵不随，或有挛急，或有至困，能饮食；或有不能食者；或有见饮食而呕吐者，恶闻食臭者；或有物如脂发于踹肠，逆上冲心气上者。或有举体转筋者，或壮热头痛者。或心胸冲悸，寝处不欲见明，或腹内苦痛，而兼下者；或言语错乱，喜妄误者；或眼浊精神昏愦者；此皆其症侯也。治之缓者，便上入腹，腹或肿，胸胁满。上气贲便死，急者不全日；缓者，二三日也。其病既入脏，症皆相似。但脉有三品，若脉浮大而缓，宜服续命汤两剂；若风盛者，宜作越婢汤，加水四两，若脉转驶而紧，宜服竹沥汤；若脉微，宜服风汤二三剂。其紧骤之脉，是三品之最恶脉也；脉浮大者，病在外也；沈细者，病在内。皆当急治之，治之缓慢，则上气便死也。

脚气肿满候：温湿风毒从脚而上，故令四肢懈惰，缓弱疼痹。甚则上攻名脚气，而津液为风湿所折，则津液否涩。而蓄积，成水，内则浸渍脏腑，外则流溢皮肤，故令腠理胀密，水气积不散，故肿也。

治验：郭尔明《方便集里》：有妇人少年瘦弱，两足股痛，医者无不进附子补虚，其痛不

移。予曰:两股独病,他无害也。肝脉虚而弦长,肝主血,行于四肢经络,且肝为聚财之府,又为散财之地,聚散不时,过与不及,皆能至病。何者? 聚而不散,血瘀成肿,散而不聚,身枯不荣。弦长者,风也。所谓风淫末疾,即肝风淫于四肢也。重则废,轻则痛,妇人非男子之比,妇人因血气衰,故易疗也。或曰:"何不病于胫?"予曰:"股者,节骨断落,筋络过度,肝候于此。其所由来者,肝虚生风而已,方露此症。先理其肝股,痛自愈,乃清其源也,病延日久,股渐成风,法当自源徂流。"遂进细辛当归,半丸半散,法当归匀血入肝,以引众药。细辛行气治风,幸以治筋,加以牛膝,引下至脉,不终剂而愈。

类用方药:陈自明《大全良方·妇人脚气方论》:"凡头痛,身热,肢节痛、大便秘,或呕逆而脚屈弱者,脚气也。轻者,可与香苏散,加木瓜槟榔、生姜煎服,然后随症治之。要知有脚气之人,先从脚起,或先缓弱疼痹,或行起忽倒,或两胫肿满,或脚膝枯细,或心中松悸,或小腹不仁,皮顽不知有无也或举体转筋,或见食呕逆,恶闻食气,或胸满气急,或遍体酸痛,皆脚气候。"或之一字有无是也《黄帝》所谓"缓风湿痹是也。"顽弱为缓,风疼痛为湿痹。寒中三阳所患必冷,小续命汤主之。煎成入生姜自然汁最快暑中三阴所患必热,小续命汤去附子,减桂一半主之。大烦噪者,紫雪最良,若无紫雪,以百合薄荷煎冷水调服极妙。大便秘者,脾约丸,麻仁丸、三和散主之,仍针灸为佳。服补药与汤淋洗,皆医之大禁也。潘民敬《加减药症集》治妇人脚气,四物去地黄,加附子,入姜煎服。

方

《太平圣惠方·牛膝散》:治妇人脚气,浮肿、心神烦闷、月候不通。

牛膝一两,去苗。 汉防己三分。 牡丹三分。 桂心三分。 羚羊角屑一两。 当归三分、剉微炒。 赤芍药三分。 桃仁五十枚,汤浸去皮尖双仁,麦炒微黄。 槟榔一两。 川大黄一两,剉碎微炒。 川芒硝一两。 甘草三分、炙微赤剉。

右件药捣粗罗为散,每服四钱,以水一中琖,煎至六分,去滓,食前温服,以利下恶物为效。

《赤茯苓散》治妇人脚气肿满、腹内防闷、月水不通:四肢疼痛。

赤茯苓一两。 木通一两剉。 紫苏茎叶一两。 牛膝一两、去苗。 木香半两。 防葵半两。 赤芍经半两。 槟榔一两。 桂心半两。 鳖甲一两、涂醋、炙令黄、去裙襕。 川大黄一两、剉微炒。

右件药捣粗罗为散,每服四钱,以水一中盏,入生姜半分,煎至六分,去滓,食前温服,以利为效。

《大腹皮散》治妇人风毒脚气,肢节烦疼,心神壅闷。

大腹皮一两剉。 紫苏茎叶二两。 木通一两剉。 桑根白皮一两剉。 羌活一两。 赤芍药一两。 荆芥一两,独活一两。 青橘皮一两瓢没去白瓢焙。 木瓜一两、干者。 枳壳二两麦炒、微黄、去瓢。

右件药捣粗罗为散,每服四钱,以水一中琖,入生姜半分,葱白七寸,煎至六分,去滓,食前温服。

《半夏散》:治妇人脚气发动,心腹胀满,食饮不下,呕逆不止。

半夏三分,汤洗七遍去滑。 赤茯苓一两半。 木通三分剉。 陈橘皮三分、汤浸去白瓢、焙。 人参三分、去芦头。 大腹皮三分剉。 槟榔一两。 紫苏茎叶一两半。 桂心三分。

右件药捣粗罗为散，每服四钱，以水一中盏，入生姜半分，煎至六分，去滓，不计时候温服。

《红雪散》治妇人脚气、脏腑气壅、胸膈满闷、脚膝烦疼。

红雪一两半。　赤芍药半两。　茜根半两剉。　桂心一分。　生干地黄一两。　红蓝花三分。

右件药捣粗罗为散，每服四钱，以水一中盏，煎至六分，去滓，食前温服。

《犀角散》治妇人脚气，忽发冲心闷乱，四肢烦疼。

犀角屑半两。　紫苏茎一两。　赤茯苓一两。　木香半两。　赤芍药三分。　红蓝花三分。　槟榔一两。　红雪一两半。

右件药捣粗罗为散，每于四钱，以水一中盏，煎至六分，去滓，每於食前温服。

《木香散》：治妇人脚气，卒发冲心闷乱。

木香半两。　郁李仁二两、汤浸去皮、微炒。　桂心三分。　赤芍药一两。　桑根白皮三分剉。　大腹皮一两剉。　赤茯苓三分。　槟榔三分。　紫雪二两。

右件药捣粗罗为散，每服四钱，以水一中盏，入生姜半分，煎至六分去滓，每于食前温服。

《红蓝花散》：治妇人脚气，心神烦闷。

红蓝花一两。　柴胡一两半、去苗。　羚羊角屑一两。　赤芍药一两。　桑根白皮二两剉。　槟榔二两。　紫苏茎叶一两。　红雪二两。　甘草三分炙微赤剉。

右件药捣筛为散，每服四钱，以水一中盏，入生姜半分，煎至六分，去滓，不计时候温服。

治妇脚气冲心、闷乱不识人，宜服此方。

紫苏茎叶二两。　吴茱萸半两、汤浸七遍、焙干、微炒。　槟榔一两。　陈橘皮三分、汤浸去白瓤、焙。　松木节二两。　木瓜一两。

右件药捣筛为散，每服四钱，以水一中盏，煎至五分，次入童子小便二合，更煎三两沸，去滓，不计时候候温服。

《牛膝散》治妇人脚气，缓弱无力，兼软风。

牛膝一两、去苗。　附子一两、炮裂去皮脐。　仙灵脾一两。　草薢一两。　羌活一两。　防风一两、去芦头。　大腹皮一两、剉。　桑根白皮二两、剉。　郁李仁一两、汤浸去皮微炒。

右件药捣筛为散，每服四钱，以水一中盏，入黑豆五十粒，生姜半分，煎至六分，去滓，每于食前温服。

《紫苏散》治妇人风毒脚气，腹内壅塞，痰恶不思饮食，脚重虚肿。

紫苏茎叶一两。　木通一两、剉。　桑根白皮一两。　茴香根一两。　枳壳二两、炒微黄、去瓤。　独活半两。　荆芥半两。　羌活半两。　木瓜半两。　青皮半两、汤浸去白瓤、焙。　大腹皮十枚。剉。　甘草半两、炙微赤剉。

右件药捣粗罗为散，每服五钱，以水一大盏，入生姜半分，葱白一茎并须煎至五分，去滓，不计时候温服。

《保命集》云"每服三钱，水一盏，姜三片，葱白一茎。"

《桑白皮散》治妇人脚气盛发，两脚浮肿，小便壅涩、腹肋胀满，气急坐卧不安稳：

桑白皮一两、剉。　赤茯苓一两。　汉防己半两。　木香半两。　紫苏子二分。　木通三分、剉。　大腹皮半两、剉。　槟榔半两、剉。　郁李仁一两、汤浸去皮、微炒。　青皮三分、

汤浸去白瓤、焙。

右件药捣粗罗为散，每服三钱，以水一中盏，入生姜半分，煎至六分，去滓，不计时候温服。

《薏苡仁散》治妇人脚气缓弱。及顽痹肿满、心下急，大便涩。

薏苡仁一两。 防风一两、去芦头。 猪苓二两、去黑皮。 芎䓖一两。 羚羊角屑一两。 汉防己一两。 桑根白皮二两剉。 大麻仁一两。 槟榔一两。 郁李仁一两、汤浸去皮、微炒。 枳实三分、麦炒微黄。 甘草半两、炙微赤剉。

右件药捣粗罗为散，每服四钱，以水一中盏，煎至六分，去滓，食前温服。

《防风散》治妇人脚气肿满疼痛，筋脉拘急。

防风一两、去芦头。 五加皮二两。 薏苡仁二两。 羌活一两。 附子一两、焙裂去皮脐。 酸枣仁一两、微炒。 芎䓖一两。 川大黄二两、剉碎微炒。 羚羊角屑一两。 当归一两、剉、微炒。 枳实三分，麦炒微黄。 甘草微赤剉半两。

右件药捣筛为散，每服四钱，以水一中盏，煎至六分，去滓，食前温服。

治妇人脚气，卒发冲心烦闷气急、大便苦难，小便赤涩，心神躁热。

宜服此方：红蓝花三分。 生黑豆皮二合。 川大黄三分、剉碎微炒。

右件药以水一大盏半，煎至一盏，去滓，食前分温三服。

《坐拏散》治妇人脚气厥冷血气不调。

坐拏一两。 狼毒一两、旋旋炙热令黄、旋旋取。 沉香三分。 紫苏子三分。 羌活三分。 萝蔔子三分、微炒。 杉木节三分、剉、用乳香炒。 桂心半两。

右件药捣细罗为散，每服用水煎，木瓜、紫苏茎叶汤，调下二钱，每于食前服之。

《木瓜丸》治妇人脚气冲心闷乱，腹胁胀满，不能下食。

木瓜一枚、蒸熟、去皮子。 木香一两。 槟榔二两。 草豆蔻一两、去皮。 青橘皮三分、汤浸去白瓤、焙。 桂心三分。 当归半两、剉微炒。 郁李仁汤浸去皮、微炒，半两。桃仁一两、汤浸去皮尖双仁，麦炒微黄。

右件药捣罗为末，烂研木瓜和丸，如梧桐子大，不计时候，以温酒下三十丸。

《羚羊角丸》治妇人脚气上冲，喘急稍促，两脚不仁、连小腹顽痹、头面浮肿时复心闷，便利常涩。

羚羊角屑一两。 汉防己半两。 薏苡仁一两。 牛膝一两、去苗。芎䓖一两。 川大黄一两、剉碎、微炒。 独活半两。 大麻仁半两。 木香半两。 郁李仁一两、汤浸去皮、微炒。 枳实一两、麦炒微黄。

右件药捣罗为末，炼蜜和捣五七百杵，丸如梧桐子大，每于食前，温酒下三十丸。

《崔氏产孱方·地黄散》专治妇人血气不顺、脚肿、骨节内痛、不可忍者。

玄胡索炒。 当归酒浸。 蒲黄 京芎 干地黄酒炒。 赤芍药 泽兰 天麻 地榆 蓬莪术 肉桂不见火，已上各一两。 滑石一两。

右为细末，每服一大钱，空心用酒调下。食压之，若用炒姜酒，或薄荷茶调下亦可。

《郭弥明方便集·小细辛当归半丸半散法》华阴细辛二两、去叶。

羌活一两。 雀头 川芎一两。 木瓜一两。 生干地黄一两，洗。 黄芩三钱。 赤芍药一两。 防风一两。 川当归二两、洗。 甘草半两。 香附子半两。 防己半两。 川牛膝一两半。

右为细末，匀和分作二分，一半每服三钱，水一盏，入姜三片，煎温服，酒调尤佳，乃酒行四肢也。一半醋煮糊为丸，如梧桐子大，每服三十丸，空心温酒下。一日各一服散

子，无时候。

陈自明《大全良方·四白散》治男子、妇人血虚发热、夜多盗汗、不进饮食、四肢羸瘦、骨立拘挛，脚痛不能行。

黄耆　厚朴　益智仁　藿香　白术　白扁豆　陈皮各一两。　半夏　白茯苓　人参　白豆蔻仁　天台乌药　甘草各半两。　京南芍药一两半。　檀香　沉香各一分。

右为细末，每服三钱，水一盏，姜三片枣子一个，煎至七分，温服，自后诸症退。只有脚挛痛，不能行。以苍木丸治之，效此药，大治干湿脚气，筋脉拘挛疼痛不能行履，兼补下部。

《苍术丸方》

乳香　没药各二钱，别研。　川牛膝　青盐各半两、研。　熟艾四钱。　川乌三钱。　全蝎一钱、炒。

右除研药为细末，人研药令停，以木瓜一个大者，切一头留作盖，去瓤。入上件药于木瓜内，将盖黑定，安木瓜于签豆中蒸，令极烂，取出去皮，连药研成膏。却入生苍术末拌，令得所丸，如梧桐子大。每服五十丸，空心用木瓜汤下，或温盐酒亦得。一日三服，忌血与蒜。乙巳年罗安人，病发热自汗心烦，身体骨立足痛，拘挛不能屈伸，饮食不进，虽老医亦不能疗。召仆治之。六脉弦弱，仆曰："虽脉似劳实非劳也，似脚气而非止脚气。但当调脾生血，其热必退，然后攻足，则可望安。"遍寻诸方，皆无对症之药，遂处四白散子与服，不半剂，热退能食，又处苍术丸继之。筋脉伸，足能行而愈。

《危亦林得效方治脚赤肿》：荆芥、石膏、地龙炒。　薄荷、右剉散，姜三片，蜜少许煎服。

中华传世藏书

永乐大典

精华本

泰

初九，拔茅茹以其汇，征吉。

《程子传》

初以阳爻居下，是有刚明之才而在下者也。时之否，则君子退而穷处。时既泰，则志在上进也。君子之进，必与其朋类相牵援，如茅之根然。拔其一，则牵连而起矣。茹，根之相牵连者，故以为象汇类也。贤者以其类进，同志以行其道，是以吉也。君子之进，必以其类，不唯志在相先。乐于与，实乃相赖以济。故君子、小人，未有能独立不赖朋类之助者也。自古君子得位，则天下之贤萃于朝廷，同志协力以成天下之泰。小人在位，则不肖者并进，然后其党胜，而天下否矣。盖各从其类也。

《朱子本义》

三阳在下，相连而进。拔茅连茹之象，征行之吉也。占者阳刚，其征吉矣。

郭璞《洞林》

读至汇字绝句，下卦仿此。赵与迥《易遗说》：《朱子语录·泰初九》云："占者阳刚，则其征吉矣。"当云："占者阳刚，而得其类，则征吉矣。"以其汇，亦占辞，曰以其汇属上文，尝见郭璞易林亦如此做句。便是那时人已自恁地读了。盖拔茅茹者，物象也。以其汇者，人也。

王弼

杨道夫录

《王弼注》：茅之为物，拔其根而相牵引者也。茹，相牵引之貌也。三阳同志，俱志在外，初为类首。已举则从，若茅茹也。上顺而应，不为违距，进皆得志，故以其类征吉。拔，蒲八反：茅，卯交反，郑音苗。茹，汝据反，那湛同，王肃音如。汇，音谓,类也。李于鬼反。《傅氏注》云:"汇,古伟字,美也。"古文作㝜,董作贲出也。郑云勤也。重言。拔茅茹二本卦否,征吉四泰困归妹。志在外也,三本卦咸涣各一。(陆德明。义见前《王弼注》)

孔颖达《正义》

拔茹者:"初九欲往于上,九二、九三,皆欲上行。已去则从,而似拔茅举其根相牵茹也。以其汇者,汇,类也,以类相从。征吉者,征行也。上坤而顺下应于乾,已去则纳,故征行而吉。"都絜《易变体义》此泰之升也。而爻辞云尔者,升之初六,与上合志,则所谓允升大吉者,在我而已。泰之下体,与上卦有应,当君子道长之时,初九乃与三阳俱应乎上。则同升者众矣,是泰之升也,岂特允升大吉而已哉?故曰'拔茅茹,继之以其汇征。'而夫子释之,曰'志在外也。'

蔡节斋《训解》

茹,根也,谓初也。汇,类也。茅,谓二也。茅之为物,拔之则茹连。二为泰主,二进则初连,故取以为象。

冯椅《辑注》

"初九,拔茅茹,三阳同体,相援牵联而进之象,拔,蒲八反;茅,郑作苗,非。茹,汝据反。耿曰:'如茹牵之茹,谓茅之始生,包其秀可茹者也。'毛曰'根相连也。'以其汇征吉。占汇,古蒙类也,或上声,或作伟,或贲非。三阳以其类往外吉也。"

《赵汝楳辑》

"闻'初九拔茅茹,以其汇征吉。'初为下,所拔者在下,拔之者在上。他草杂生,唯茅丛不杂,有纯卦之象。茹,茅,根也。茅根牵联纠结,拔其一,则旁本连出,有三阳联进之象。汇,类也;征,进也;汇征者,初阳以其类进之义。"初九之阳,首应弓旌之贤也,身犹在下,尚还于君,仅能引类而进。自此群贤翕聚,将可得时行道,吉可知也。此君子一身之泰,未足以泰斯世。姑汾遁叟指龟指世泰,则贤进。一得其进,众贤必从,有如拔茅根土连起。征行上进吉也,以初九先也。方之古人,如燕昭王尊郭隗于黄金台以为贤,然后乐毅、邹衍,从而皆至,是以吉也。

丁易东《象义》

"茹,根也。汇之为言,类也。君子进而其类连之,有拔茅连茹之象。拔其一根,则连茹而起也。"茅之为物,用之则荐于郊庙,不用则槁于山林。君子似之,以犹春秋以某师之以茅上二阳也。茹,初也。征,行也。阳道方亨。引类而进。得行其志,故吉。以象变言之,初九动则成巽而伏震。巽为白,震为萑苇。萑苇之类而洁白者,茅是也。上比九二,互兑伏艮,艮为手拔也。此爻言君子引类而进之义。

《黄氏日抄拔》

茅茹,以其汇。汇字绝句,与茹协韵,而以征吉为占辞。晦庵本《郭璞易》林之说辞义甚明。吴澄《纂言》:"初九,初之尽得九,为泰之升。拔茅茹,以其汇象也,初九变为柔成

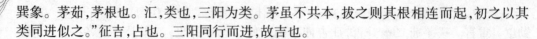

巽象。茅茹，茅根也。汇，类也，三阳为类。茅虽不共本，拔之则其根相连而起，初之以其类同进似之。"征吉，占也。三阳同行而进，故吉也。

吴澄《纂言》

外巽茅：泰初、否初、拔茅茹：大过初藉用白茅，茅，巽象，下根白，象巽下一阴。上苍，象巽中上二阳。泰初九变为柔成巽，否三四五互巽初二与三，皆茅之根。汇，泰初否初以其汇。《俞琰集说》："初九拔茅茹，以其汇征吉。茅，茹，茅之根也。汇，音谓，类也。初进则二三俱进，犹茅根牵连，拔则俱起。故其象为拔茅茹以其汇，而其占为征行之吉。"

胡炳《文通》

拔茅茹，在物为相连而进之象。以其汇，在人为相连而进之占。初曰，以其汇，君子与君子为类也。三阳欲进而以之者在初，四曰以其邻，小人与小人为类也。三阴欲复而以之者在四。四不曰吉，初曰征吉，易为君子谋也。卦言来者，谓天气之下降，爻言征者，谓君子之上行。卦以气交，自上而下，爻以位升，自下而上者也。

董真卿《会通》

双湖先生曰："拔茅茹是象，以其汇是占，征吉亦占。占者观象引类以征，故吉。易取茅象凡三，泰取阳爻，否、大过、取阴爻。泰、否以全体取，亦以有互体震巽也。荀爽谓震为蕃鲜。李鼎祚谓巽为草木。泰互震为茅，三阳为根。否互巽为茅，三阴为根。故拔茹而汇联。初不以阴阳爻拘，亦非谓茅洁白不污为君子象，盖于否泰过有不通矣。若大过藉用白茅，亦是巽体。上有兑金，乃已刘之茅。用以藉地，一阴不可以茹言矣。茹则言拔，藉地不言茹。取象甚明白，亦取巽象。所引耿氏曰，见前《冯椅辑传》。齐履谦本说："征，行也，谓行往求阴而与之交。初九以阳居阳而当泰之初。故发此谊。"

曾贯《易学变通》

泰初九拔茅茹，以其汇征吉。否初六，拔茅茹，以其汇贞吉亨。胡氏以泰互震为茅，三阴为根；否互巽为茅，三阳为根，其说似矣。然以说卦推之。巽曷尝为茅哉！且胡氏自谓周公取象，不可求之说卦。而反覆穿凿，必以说卦为归妹，是何前后之相反邪？且周公系辞之时，震曷尝有蕃鲜之象。今欲以蕃鲜强合乎泰之有震。又引李鼎祚以巽为草木，强合乎否之有巽，是何牵强谬戾，自与前说违耶。盖泰否之茅茹，圣人特以刚柔各有相联之势，故取其邪正各有牵引之象，岂必求之艰深，而自为芜秽哉。但根阴根阳之说，则有以别邪正之类为可取耳。

梁寅《参义》

初九，拔茅茹，以其汇征吉。自全卦言之，则以阴往阳来为吉。自各爻言之，则又以阳之上进为吉。进之与来。虽取义不同，然进而有为，即来而为主者也。初九虽在下，而三阳牵连并进。如拔茅而并其根俱起，此以其同类而进者也。有征行而得是占。则已虽不能帅先以趋事，而有同志之引援，亦获吉矣。

《易纂》

胡氏曰本义于卦辞曰:"占者,有阳刚之德,则吉而亨。"于此则曰:"占者阳刚,其征吉矣。然则阴柔小人而占此,不吉固可知也。程氏曰就拔茅上说治之象,就汇征上说贤者之进,是以治则进一句。作主张,拔茅连茹之意,以喻贤者可用之时。却就汇征说贤者进用,就吉上说贤者为邦家立太平之基之意。夫贤者以类而进,必上之人有以拔之,而后下得以进。然君子惟有独善其身而已,乌睹其为泰之吉哉" 所引毛氏曰,胡氏曰,见前《冯椅辑注》《胡炳文通》。

徐友龙《经义》

以其汇征吉知贤者有并进之意,则知天下有极治之期。尽贤者之生,未尝不视时而进退。而时之治否,亦惟贤者为能逆知之。当泰之初,其在下之贤如初九者,不惟其身之乐于进也。必其以其朋汇相与而上征焉,则夫和平纯懿之休。所以薰陶乎一世者,虽未即著于今日,而其吉固可得而卜矣。何者? 盖贤者治之符,而贤者之并进,则尤极治之符也。泰之初九曰,云云以此。甚矣。贤者之进退,其关于天下之治乱者,为至切也。彼其缊哲谋之质□康济之资。一旦而立乎人之本朝,则将言听谏行。而膏泽以下,如其白驹也。而在谷,荷华也;而在险,则天下将不得以蒙其泽矣。虽然,是未足以见其关于治乱者之为至切也。何者? 天下治乱之机,不在于已治已乱之后,而贤者进退之意,每见于欲治欲乱之初。一贤者之退,未足忧也。彼必有所畏而往则可忧已,而况其相师而远逐乎? 一贤者之进,未足喜也。彼必有所慕而来则可喜已,而况其相招而并用乎? 然则泰之所以为吉,吾固于初九之汇征而观之矣。且泰之初,泰和之治虽兆而未形也。为初九者,匪惟曰洋洋其心,于于而来而已,更相称誉,更相汲进,必将率天下之善类。以同观王国之光华,合吾党之英才,以并膺天子之任使而无有独善自私之意焉。夫岂苟于自售而然哉。何世不生才何才不世用? 苟其见几而作,远引而去,则固有大不得已焉者。今而嘉会方新,正涂方辟,太平之运可必,太和之治可期。兹其所以乐,于得时而急于引类也。作易圣人,因初九之汇征,而断之以吉之一辞,然则天下之极治,岂不于贤者之并进而可卜哉! 象以系于爻。曰拔茅征吉,必继之曰志在外。盖贤者之志,在外而不在内。在民而不在已。则天下之治,断可知矣,此圣人所以拳拳于泰之初,而遽子之以吉。其嘉之也,夫抑亦望之也夫。虽然,治乱之机在天下,进退之义在贤者。而用舍之权则在人君与大臣,泰何如君哉? 中以行愿之君也。泰何如臣哉? 得尚中行之臣也。君以中道而下临,臣以中道而上应。明良会遇,众正路开,兹所以能基泰和之盛治,而致贤者之汇征欤吁。欲观泰初九之义者,盍亦参诸此也。

周震龙《经义》

题同前:"君子当始进之时,不可有独进之心。大抵君子之出处,未有独立者也。时适乎泰,正类复兴,君子道长之时也。当是之时为君子者,虽可骤于有进,然必惟以其朋汇而征。则同心相济,庶乎可以获行道之吉也。不然,天下之贤,苟非并萃于朝廷之上,则亦犹有可忧者矣。圣人之明泰,何其忧君子之深也耶。此泰之初九。所以曰云云,其旨如此,天下之治,非一人之所能成。君子出而用于斯世,亦非一已之所能独立也。邪正之分,夫各从其类而已耳。故自古君子得位,则天下之贤,必并进于上,而后可以同心叶

力，以成天下之泰。使其正类虽复兴，君子之道虽长，而号为有意斯世者，不知拔茅连茹，而轻于自进。则朋类之未盛，而小人者或间于其中。吾道之行，亦害有可虑者矣。此圣人所以拳拳致戒也。谓夫泰之时，小往而大来。君子道长，小人道消，贤才之进。此其时矣。然而可喜也，而亦可惧也。初九居一卦之初，当始进之时，虽三阳之盛，志在上进，而初之在下。必如拔茅之茹，而以其汇征可也。初不可以独进，而必类进。则夫，峨然而冠，于然而来，谏行言听。同此一心，佐君泽民。同此一志，相与叶力以致天下之泰。其为吉孰大于此哉。然则作易圣人，其戒君子之切者，所以爱君子之深也。吁，舜之八元八恺，武王之十乱，所以致虞周之盛者，皆其以类而并进也。自后世为朋党之论，始以君子小人之同类者并言之。不知夫小人无朋，而君子则有之。小人之朋，其暂为同利者，伪也。惟君子则以同道为朋，所同者道。则宜其泰之时，以汇征为吉也，敢并辨之。

曹珏《经义》

题同前："贤者以类而进于君，故天下因贤而蒙其福。盖贤者之进退，实基于天下之治乱。而泰之初九，则致治之始也。于致治之始而贤者引类而进焉，则非特贤者一身之吉，而天下国家之吉矣。贤者之有益于天下也如此。泰之初九曰云云。尝谓风气有淳漓，故真元不常会，天下之治乱，疑若非人力之所能为者。然尝考古今之变，盖用一君子则治，用一小人则乱。其效昭然不可诬者，此无他。用一君子，则以类而进者皆君子。用一小人，则以类而进者皆小人。此固治乱之所由分也。圣人于《易》，复则曰朋来，坤则曰得朋。盖未有不以类应者，况于治泰之初乎？且泰初九之君子，当致泰之初，以汇而征，非爵禄富贵之所能招徕也，非朋党比周之所为偏尚也。时乎未泰，则陟彼北山，言采其薇，宁与草木俱腐矣。时乎既泰，则翘翘错薪，言刈其楚，不忍为天地之弃才矣。以贤者汇进，如拔茅而连茹，则养贤以及民。将见治天职者皆正人，代天工者皆吉士，曰民、曰物，均被其泽。举天下之大，咸归于泰和之域矣。其为吉也，孰御？尝以否观之，否泰之对也。泰之初曰汇征，否之初曰汇正。拔茅之辞同，而征正则异者。盖使贤者退而家处，以自守其正。此岂天地生贤之意哉？孰若贤者汇征于上之为吉哉，一否一泰，其机在此，不可忽也。昔者尧举一舜而得十六舜，舜举一禹而得九禹。迄至于野无遗贤，而万邦咸宁，益信汇征之贤。盖雷出地奋而风云毕会，六龙御天而万物咸睹。有非偶然，后世言泰和者，必以唐虞为首称。舍是，吾将安考？

傅贵全《经义》

泰初九曰："拔茅茹，以其汇征吉。否初六曰，拔茅茹，以其汇贞吉亨。其辞同，而占何以有征吉，贞吉亨之异？泰否之初爻，其辞之同者，以三阳三阴上进之志同也。其占之异者，以泰否之时异，而阴阳所居之位亦异也。且夫泰之时何时耶？天地交而万物通之进也，君子道长而小人道消之时也，下三阳有牵连而进之象焉。故圣人于初而系之以拔茅茹，以其汇之辞，所以象三阳之时也。而当泰之时，以九居初，处得其正，故其占为征吉。谓其时可心往而得吉也，盖所以劝君子也。否之时何时耶？天地不交而万物不通之时也，小人道长而君子道消之时也，下三阴亦有牵连而进之象焉。故圣人于初而系以拔茅茹，以其汇之辞，所以象三阴之进也。而当否之时，以六居初，处不得正。然以在物染恶未深，犹可变而为善。故其占为贞吉亨，谓必尽贞正之道，乃可吉而亨也，盖所以戒小人也。大抵阴阳上进之象同，故圣人所系之爻辞同，美恶不嫌其为同辞也，阴阳所居之时

位异，而所系之占辞亦异，劝戒固当异其辞也。虽然，泰初九拔茅征吉，圣人固有以劝君子矣。然九三无平不陂，君子之艰贞不可无也。否初六拔茅贞吉，圣人固有以戒小人矣。然六二包承小人之吉，亦所当虑也。时也，有九五大人致休否之吉，又有九二大臣全处泰之功。吾何幸身亲见之？"

吴适《经义》

同前题："愚于泰之初九，否之初六，而见圣人扶阳抑阴之义矣。天贤者在下，蕴阳刚之德，而未能为时之用。其济时行道之心，曷尝一日忘天下哉？而况于泰之时乎？故与其朋类，咸愿登进于王朝，以康济天下为心，若拔茅之根然，拔其一，则牵连而起矣。圣人于泰之初爻，特以征吉言者，明贤者处泰而在下，往则可以有为而获吉，所以劝之也。圣人扶阳之义见矣，否之时，小人亦以其类而进，虽其尚在嫩弱，其党邪害正之心，固未尝忘也。圣人得不为之戒乎。故于否之初爻，为之辞曰，拔茅茹以其汇，言小人与其类同进。君子处泰欲进之心同，然其所以进之志则异矣。故戒凡筮得此爻者，其占则以贞为亨也。盖人处否之初，能不害于正道，而自守以正，则可变而为君子矣。吉而且亨，孰以加此，所以戒之也。圣人抑阴之义明矣。否泰之时不同，君子小人之志亦异，其辞同者，欲进之志同也。其占之异者，圣人所以劝君子而戒小人也。盖尝论之，乾坤交而为泰，不交则为否。乾之初爻，一阳尚微，圣人则告之以勿用，坤之初爻，一阴始长，圣人则戒之以履霜。盖圣人扶阳抑阴之义，尝于其初而谨之。所以参天地而赞化育者，其旨微矣。敢并及之。吴说之疑问泰之时。三阳在内，则君子道长，拔茅连茹，而反曰志在外也。何故？逍遥公曰：'君子在内，举类拔萃，常恐在外者举之未尽。所以其志常在外也。'使君子在内而无在外之志，则天下之贤者何所望耶？"

陈至复《辨疑》

泰："之初九，拔茅连茹。以其汇，征吉。否之初六，拔茅连茹，以其汇，贞吉亨。何一言征吉，一言贞吉？亨泰之初九，君子汇进，言其征行而皆吉。否之初六，小人汇进，戒其能贞则吉亨。夫当泰之时，君子道长。初九以阳刚居下，与上二阳相连而进。故有拔茅连茹之象，以其引贤类升，乃征行之吉也。君子同志，其道行矣。当否之时，小人道长。初九以阴柔居下，与上二阴相连而进。亦为拔茅连茹之象。然小人之初，其恶未形，故戒其贞则吉亨。小人则能变而为君子矣，盖人性本善。自其局于气、成于习，于是有君子小人善恶之分。原其初，则未尝不善也，是以圣人作易于君子当泰之初，言其征吉，所以成其朋汇，兼善之初志。于小人当否之初，戒以贞吉，所以发其党类本善之初心。"

象曰："拔茅征吉、志在外也《程子传》：'时将泰，则群贤皆欲上进。三阳之志，欲进同也。故取茅茹汇征之象。志在外，上进也。'"

《卜子夏传》

初九拔茅茹："止志在外也，拔茅而连出也。君子道长，上下交志，以其类征吉。离内以之外，志求其成也。"孔颖达正义曰："志在外者，释拔茅征吉之义。以其三阳志意，皆在于外，已行则从。而似拔茅，往行而得吉。此假外物以明义也。"

《李鼎祚集解》

虞翻曰："否泰反其类，否巽为茅。茹茅，根，艮为手。汇，类也。初应四，故拔茅茹以汇震为征，得位应四。征吉，志在外。外，谓四也。"

杨龟山《经说》

初九止在外也，茅之为物至洁。而其用重，拔之则连茹而出。君子以其汇征之象也。否之时，不能无君子；泰之时，不能无小人。泰之初，上下始交也。小人未尽往，则岂一君子之力独能伸哉！故以其汇征乃吉。

陈了斋说

熟而后可用，拔则必茹，二类所同。我而人，人而天也。其征、其贞，各以其汇。泰初之志君子也，咸五之志圣人也。内而外，本而末，同患也。

《张紫岩传》

初九拔茅茹，止志在外也。何取于茅？以况君子有洁白正直之德，而可以通神明也。君子不后时以缩，在泰必类而进，为道为天下也。曰志在外，且上有柔中之君，下有同志之贤。进必合，合必泽加于人。曰吉亨，坤初变巽为茅，三阳连进，为拔茅，为汇，初应四而二刚俱上应，曰以其汇征。

《郭雍解》

君子、小人，各从其类，不能相入也。故言拔茅茹，汇征则得志，故吉。志在外者，君子以独善为内，而以泽加于民为外也。昔尧用舜而野无遗贤者，其拔茅茹之谓乎。

李光《读易详说》

初九，最处乾下，为健之始。阳虽长而未盛，阴方退而未远。圣贤君子，欲有所为，非一人之力能独济也。必当拔用贤才，引其朋类，同心同德，萃于朝廷。然后太平之功可得而成也。孔子曰："茅之为物薄，而用可重也。可羞于王公，可荐于神明。"以象贤者有洁白之质也。茹者，根也，茅之生也。根相牵连。汇者，类也。征者，进也。进必以正，故曰征也。君子小人各有其类，拔其一，则皆相连而起，有茹之象。君子进，则所引拔者皆君子。君子众多，则生民必被其利，宗社必蒙其福。故曰以其汇征吉也。象曰拔茅征吉，志在外者，小人得路，志于得君而已；君子得路，必搜访于外，以尽天下之贤才，使野无遗贤。故曰志在外也。抑君子之进常出于不得已，彼其于世未数数然也。故虽享厚禄，握重权，而其志未尝不惕然以颠覆为惧，而思退身之乐也。岂与贪得患失者同日语哉。

《朱汉上传》

茅，上柔下刚而洁白，君子之象也。拔其一，则其根牵引连茹而起，君子引类之象也。茹，根也。三阳同志，外有应。初九，上应四，四来援之成巽，初往成震。震为蕃鲜，巽为白。茹者，初九之刚也。初往则二三同类，牵连而进。伏艮为手，拔茅连茹，以其汇征也。征，正行也。利于正行，故吉。君子在上，必引其类，将以合君子之类。并天下之力，以济其道于泰。不然，小人以朋比而强。君子以寡助而弱，亦何由泰哉？

李衡《义海撮要》

乾，刚直之德。能屈其刚而俯于下，用柔也。又复其道而顺焉，故以柔明其象，此高明柔克者也。牧贤人在上，则思引其类。聚之于朝。在下位，则思与其类俱进。吉者，君子道长也。石志在外者，可出之时也。介方与六四相应，己欲达而达人，故与二九同行。刘纬 所引王弼注见前

郑刚中《窥余论》

语曰："譬诸草木，区以别矣。盖草木之生，必以区自别。茅之为草，其根相连。拔其一，则根茹相牵以起。与它草之各有区者，不同也。故以象三阳之进。"《系辞》曰："茅之为物薄，而用可重也。初九，阳爻之始，士之有德而未有位者如之，士有位。则戒于朋比，初方始进，不嫌于引类。汇者，类也。善类偕进，安得不吉？大抵治乱非一君子，一小人，所能独成。必协力同心，共济其事，然后治乱各随效以著也。"或曰："泰既内君子而外小人。今拔茅汇征，又曰志在外。何也？"曰此谓出处非象所谓内外也。进非其时，则君子入而处时之交泰，则君子出而仕。又三阳外各有应，入处为内，则仕进为外矣。天地相交，万物犹奋出。孰谓君子而欲入处乎。虞翻曰："巽为茅，艮为手。"又曰："震为征，得位应四，故征吉。谓有巽艮者，盖以否言。为否泰反其类也。"

《杨万里传》

一茅拔，众根随。一贤举，众后归。泰之初，惟一阳首进，则三阳类进矣欲退群小，固非一君子之力。欲进群贤，固不可无一君子之力。尧举一舜，乃得十六舜；舜举一禹，乃得九禹，吉孰大焉。君子之志在天下，不在一身，故曰志在外也。

林粟《集解》

初九："乾也，以阳居刚。而在下卦之下，应乎六四之坤，而连于九三之震，故曰拔茅茹。以其汇征。震为萑苇，故有茅象。五体艮，艮为手，有拔之之象。茅之为物，洁白而丛生者也。可以缩酒，共祭天地；可以包土，锡命诸侯。生于山林薮泽之中，而用于宗庙朝廷之上。贤人君子之譬也。拔茅者，舍短而取长，人君举贤之譬也。茹茅之秀者，以其可茹，故谓之茹。汇，犹类也。以其丛生，故谓之汇。拔其茹，则其根牵引成丛而起。君子见用，则引其类而升之，譬也。六五为艮，下连于三，九三为震。下连于初，五之所拔，及三而已。而茹之所连，遂及于初，盖三阳同志而升。初九与九三，同体乎乾故也。或曰，泰以上下交为义。六四者，初九之配也。六五者，九二之配也。言初九而不及六四，言六五而不及九二。乃以九三言其义，何也？曰：泰之言通也，六爻以相通为义者也。六五者，泰之君也，使五之接止于九二。而九三、初六各从其配，何以为泰乎？六四者，五之近臣也，使初之从止于六四，而六五上六各分其应。是君臣俱有党也。何以为泰乎？故曰"天地交而万物通也。上下交而其志同也。三阳同志而上升，三阴同志而下接。六爻同志而相与，所以为泰之时也。故于阳进之始，取诸拔茅以为之象焉。以明三阳同志而升故也。三之言众也。举一贤，则众贤萃于朝，斯之谓泰矣，故曰吉。子曰：'拔茅征吉，志在外也。'言三阳在内而其志在外，故以其类而征吉也。"

《杨慈湖传》

善人自有善人之类,恶人自有恶人之类。为善不同,同归于治。为恶不同,同归于乱。善与善亲,恶与恶亲,不假纳约,不召而应,何也?善人知善人,必我与。恶人知恶人,必不我与。水流湿,火就燥。同声相应,同气相求,故君子小人,率不相能,君子之不与小人,非私乎已也。小人为不正,为利,为乱,义不得不远之也。小人之不与君子,非心恶之也。知其非吾类,必不我与,非己之利,故必去之也。汇,类也,拔茅连茹,牵连而至,三阳以类而进之象。初九,君子之类也。泰之时,天下有道,君子之类当进。征,进也。象曰志在外。志于出,不志于处也。孔子曰:'邦有道,贫且贱焉耻也。此道之正也。'君子由正道而行,无私乎己之心也。以私乎已之心而往者,小人也。

李谦斋《详解》

外即《春秋传》所谓同外楚也。茅之为物薄,而用可重。以其纯洁,故祭祀用之,君子之象也。君子引类而进,如拔茅焉。拔其一,则根茹相连而起,故以进而吉。进而吉,是进之以正者也。然君子之外小人,岂诚有心于外之哉?以类相从,君子之党胜,则小人之党孤。虽非外之,乃所以深外之也。禹逊于稷契皋陶,而四凶之恶无能为,狄仁杰引五王于朝,而二张之奸不足虑。君子引类以外小人,其事如此。

蔡节斋《训解》

象曰:"拔茅征吉,志在外也。在外谓应,阴也。阴为民,君子在内,则思泽乎民。"

冯椅《辑注》

拔茅征吉,初九象占,志在外也。泰三阴三阳,以交为义,不为二三阳爻所隔,与四相应,志于上复。故曰在外。

冯椅《辑传》

初九,拔茅茹,以其汇征吉,赞曰:'拔茅征吉,志在外也。'王辅嗣曰:'初为类先'杨中立曰:'泰之初,上下始交也。小者未尽往,则岂一君子之力独能信哉?故以其汇征乃吉。三阳本上,今在于下,必复于上。'程正叔曰:'君子小人,未有能独立不赖朋类之助者也。自古君子得位,天下之贤,萃于朝廷。同志协力以成天下之泰。小人在位,则不肖者并进,然后其党胜。而天下否矣。盖各从其类也。'袁氏曰:'不谓之往吉,而谓之征吉。盖凡言征者,必以正行之。'右明象占冯当可曰:'三阳在下,而上有其应,其进而征,莫之能御。进而征者阳之性,有其应者,君子之时。盖时者,上之所为也。为人上而欲致泰者,元它,应君子而已。'林黄中曰:'六爻以相通为义,三阳同志而上胜,三阴同志而下接。所以为泰之时。'李子思曰:'乾本在上而居下,坤本在下而居上,卦则借象以示交泰也。乾三爻皆上征,坤三爻皆下复。爻则辨分以正阴阳也。卦言来者,谓天气之下降。爻言征者,谓君子之上亨。使天气下降之象一定而不易,则阴阳无乃失位乎?'又曰:'卦以气交,自上而下者也。爻以位升,自下而上者也。'右明爻义

田畴《学易蹊径》

乾变为巽，乾为直，巽为入。为肤为白，肤直而白，于下者。茅茹之象，震为出，拔茅之象。汇，类也。阳之类也。二三皆初之类，汇之象。征，进也，上有　　　震卦。震为行，征之象。兑说"巽顺，吉之象，巽为入志也。上卦为外初征而之上。志在外之象。初九，拔茅茹。止志在外也，或者以茅茹，为茅之根非也。"方书中所言菖茹、竹茹，是菖竹之肤壳耳。茅之为物薄，而茹为茅之肤壳，则尤其薄之甚者，拔之则易折。在泰则喻君子难进而易退，在否则喻小人难全而易伤。汇者，类也。征者，进也。君子引类，譬如拔茅之茹，必以其类而征者。盖以泰非吾一身能自致之，须待善类偕进，然后可以获吉。是以九之刚阳，居泰之初，变为柔巽。举类拔萃，其志常拳拳于在外之君子，而未尝萌专已自用之心。惟恐所举之本尽，故其志常在于外也。若外之君子皆在于内，则庶几野无遗贤。可以成泰之治，而副其志矣。使在内之君子，而无在外之志，则天下未达之贤者，何所望耶？尧举一舜，而得八恺八元。成王任一周公，而十夫予翼。唐虞成周之泰和实基于此。卦变为升泰之初，君子引类而升之时也。

魏了翁《集义》

"先生问时举，看易如何？时举云：'只看程易，见其只就人事上说。无非日用常行底道理。'先生曰：'易最难看，须要识圣人当初作易之意。且如泰之初九，拔茅茹，以其汇，征吉。谓其引贤类进，而云拔茅何耶？如此之类，要须思量。某之启蒙，自说得分晓。且试去看。因某少看文字时。凡见有说得合道理底，须旁搜远取，必要看得他透。今之学者，多不如是如何？'时举退省启蒙，晚往侍坐。时举云：'向者看程易，只就说注解上生议论，却不曾靠得易看，所以不见得圣人作易之本意。今日看启蒙，方见得圣人一部易，皆是假借虚设之辞。盖缘天下之理，若正说出，便只作一件用，为以象言，则当卜筮之时。看是甚事？都来应得。如泰之初九，若正作引贤类进说，则便只作得引贤类进用。唯以拔茅茹之象言之，则其它事类此者，皆可应也。《启蒙警学篇》云：'理定既实，事来尚虚，用应始有，体谈本无。便见得易只是虚设之辞，看事如何应耳。未知如此见得否？'先生然之。"东莱吕氏曰："初九，伊川说虽是，但有未尽意。当泰之初，贤人汇征。人君不能遍识，必首先用一大贤，则天下之贤人自然牵连而进。如舜之选于众，举皋陶，则八元八恺皆进；汤选于众，举伊尹，则旁招俊义，如仲虺之徒皆进。象曰，志在外也，谓上三爻是外卦。初言在外者，盖否之时，敛志在内。今时既泰，所志在外。将以行其志也。"所引龟山杨氏曰、'汉上朱氏曰，见前《杨阳龟山经说·朱汉上传》。

郑汝谐《翼传》

茅之用可重，拔于下而荐于上，故君子之类取象焉。余从《程氏》。赵以《夫易》："通初用而柔。茅，柔草也。茹，茅之肤也。地中生木，柔以时升，秀拔而出也。然初当泰长之时，不宜为柔。汇者，三阳同类也。征者，复还其刚。则柔往矣。当位有应，何吉如之？志在外者，心乎四之孚也。升之初六，允升大吉，用为此爻也。茅茹，与蒄茹、竹茹同义。《易被总义》、郭璞《同林》读至汇字绝句，否卦初六同。"初以一阳在下卦之下，二阳在上，牵联而进，拔茅茹，以其汇之象。汇，类也。释尔雅者。以茹为今之蒨，乃茅之类，当是时

也。二阳引类，上有正应，可以行志，君子志在于外，所以征吉。

杨瀛《四尚易通》

"愚得之师曰：'初爻泰之升，升曰元亨，利见大人，勿恤南征吉，拔茅征吉之义备矣，地中生木升，木类茅，志在外。言志在天下，非计一身之利达也。'愚曰：'初与二为地象，茅生于地，为物至洁，初本乾体，乾为草木之大。赤茅草之心赤者，泰初一阳进，则三阳类升，有拔茅连茹之象。若大过初六，藉用白茅，盖下本乾体变巽，巽为白。'所引李子思曰。见前《冯椅辑传》《赵汝楳辑闻》拔茅，征吉，志在外也。在外，犹言出事公卿，盖家食为处、为内，委质为出、为外。然不云志在君者，君子之仕也。合则留，不合则去。初方应聘而出，得君与否？禾可知也，故止言在外，谓初之引类。其志上于在外，不必志于得君。徐相直说：'初九，拔茅茹，止志在外也。初以阳居下，是有刚明之才而在下也。汇，类也。当泰之时，天下喜与其类同进。如拔茅然，其根相牵连也。以况君子相资并进，以行其道也。象曰拔茅征吉，志在外也，言志欲上进也。张应珍：茅，在下也。茹，根也。汇，类也。泰之世，君子道长，欲使在外之小人，皆化为君子。九三前进，九二初九，以其同气类而偕往。有拔茅连茹之象，是故征吉。"

苏起翁《读易记》

泰以用贤而致，初九，泰之始，贤之在下者也。上有举贤之君，犹拔茅连茹，以其汇类而征进。则众贤聚朝、野，皆无遗，以此致泰。吉孰大焉。盖泰之时，贤者之志，亦可出以见于用外。上，出也。五位在外卦，志在于君。外也，卦变升上进也。茹，茅根也。初九变为巽白也，巽伏震萑苇也。萑苇之类洁白非茅乎？

丁易东《象义》

拔茅征吉："志在外也。此以下释泰六爻象辞。初九，志在外，外，谓外卦阳欲上进也。或曰，子于爻辞之象。既以四为五妹而归于二，则初无正应，安得进于外，而云志在外哉？曰：易随时取义不同，初与二同德，相与以进于君者也。按言，象者，多以志为坎。今本爻无坎，似难强取，盖有以坎取者，故但言卦之情者，不可利拘也。或曰初之五，则上体有坎为志，但初五非应耳。邓锜图说初九，拔茅茹，止志在外也。否泰之体，上下皆应。初与四应，变而为恒，故恒。象曰刚上而柔下，以应初九，以其汇征吉也。二与五应，变为既济。故象曰刚柔正而当位也，以应九二，包荒得尚于中行也。三与上应，变而为损。象曰损下益上，其道上行，以应九三。无平不陂，无往不复。故圣人言爻者，言乎变者也，不可不察。否变咸，未济益亦然。夫初与四应，变成恒体，谓天地交泰之道，恒久而不已也。坤之东北丧朋，乃终有庆是也。恒巽在初为洁白之柔草者，茅也。故大过初六，藉用白茅，圣人象言柔在下也。夫大过之茅，初即巽之阴柔，故只言茅而无茹。茹，根蒂也。今泰之初九，乃是乾之阳刚。地下为草之阳刚者，根茹也。为初与四应而成恒体。刚上柔下，故曰拔茅茹，以其汇征吉。汇，类也。泰体乾坤，天地之大父母也。初与四应，乃乾坤初爻相交，而成恒之震巽，长男、长女而为复姤之小父母也。故曰以其汇类而征行，此为初九之吉也。故圣人立象曰拔茅征吉，志在外也，谓乾坤大父母。将乾巽柔草之根，上为坤震反生之物，其志在于复姤之外，而生万物也。故曰拔茅征吉，志在外也。凡说易者，似此一爻解之，无有不贯通其义理者也。盖各有道存乎其中矣。吴澄《纂言》：'在外

谓应四。'"所引泰氏曰见前《蔡节斋训解》

俞琰《集说》

象曰:"拔茅征吉,志在外也。志在外,谓君子未出仕之时,其身虽处草菜,而其志则在廊庙也。象传云:内君子而外小人。以朝廷为内,野为外。爻传云:志在外,则以家为内。出仕于国为外。志在外,与咸初六,涣六三,凡三言之,皆以外卦为好。《保八原旨》:'初九,刚阳在下,泰之始也。拔茅茹,刚健之才,志在上进。以其内三爻,与外三爻,皆应初九。与其类,并进故也。拔茅茹者,茅之为物,拔一根,则众根相连而起。以其汇,汇,类也。谓一阳进,则三阳类进也。征吉,占者有所征行甚吉。夫子曰志在外也,谓内外志应也。象曰拔茅征吉,志在外也。君子体而用之,当以荐举同志之贤能,以行其道。"

胡震《衍义》

初九,拔茅茹,止志在外也。茅,上刚下柔而洁白,君子之象也。至洁而其用至重。茹,根也。汇,类也。初九,以阳爻居下,是有刚明之才而在下位也。时之,否则君子退而穷处。时既泰,则君子志在上进。合同道之才,以遂行道之志。喻之以拔茅连茹者,非曰植党与私畴类,志在相先也。有格君之道德,有励俗之节操,有华国之文章,有御侮之谋略者,皆与之联事合治。如茅之根,拔其一,则牵连而起。必能致君泽民,开启太平,致泰道之极,其吉固宜也。昔者傅说之旁招俊义,子文之同升诸公,得拔茅连茹之意。居州之独居王所。不足以为善,文仲之不立下惠,未免于窃位。若此者,是蔽贤也,是嫉能也。孤立寡助,焉足以致泰道之盛? 夫子以志在外释之,君子以独善为内,以泽民为外,见君子之志在天下,不在一身。故曰志在外也。后世此义不明,小人之更相援引者,既以朋党目之。君子之更相援引者,亦以朋党少之。不思夫小人以功利为朋,诚可绝也。君子以道义为朋,何可疑也? 使是非不察,而一以朋党诬天下。则舜之举十六,相为一朋,周之三千人为一朋,岂可以朋党而弃之乎? 为泰之人君,当鉴于兹。

张清子《集注》

象曰拔茅征吉,志在外也。愚谓茅者,丛生之物,三阳同体相连象。茹者,根也。初在下象。汇,类也。上二阳象。以者,初以之也。泰下三阳,初为之首。拔其初,则二三阳类牵引而进。如拔一茅,则众茹牵连而起,以其汇之象也。二三者,初之汇,茹者,茅之汇;拔则连之。故以上征为吉。君子在内,而志在外者,阳欲上进也。泰否之初,皆曰拔茅茹以其汇,信乎君子小人,未有不资朋类之牵引而能进者也。所引汉上曰见前《朱汉上传》

赵珪

解初九拔茅茹止志在外也,致泰道者。乾三阳初其一也,刚健乘时而进,其势如拔茅相连其茹。茹,茅根也,汇,类也。必以汇类同征进则获吉。大抵人皆有类,君子有类,小人亦有类。君子之类进,小人之类退矣,象云志在外,以卦体言,则下卦为内,上卦为外,谓其志在上进于外也。陈应润《爻变易缊》:"拔,攻而举之也"。《书》曰:'包匦菁茅,祭祀藉用白茅',取其洁也。《楚辞》以兰茝比君子。茅,兰之类也。茹,根之连也。汇,类也。征,升也。君子逢泰之时,苟得进用,必连引其朋类以进,如拔茅之连根也。王制曰:'升于司徒,不征于乡,升于学,不征于司徒;征则吉,甚言贤者之不苟进也。志在外者,我

既升矣。恐在外之君子不得进用。引类而升，欲使野无遗贤也。初九，变阴通卦为升，升进之说无疑矣。如吕望申公之老，亦待人君徵聘而后升，不肯苟进也。'"

解蒙《精蕴大义》

先儒曰"乾下坤上卦，借象以示交泰也。乾皆上征，坤皆下复，爻辨位以正阴阳也。卦言来者，谓天气之下降。爻言征者，谓君子之上亨。蒙谓知贤者有并进之象，则知贤者有出治之心，以此所以成天下之泰也。"

吕好义《经义》

拔茅征吉，志在外也。论贤者之并用，固能全天下之福。要贤者之由用，必有为天下之心。甚矣贤者当以天下为心也。使此心所存不过为独善计，则孰与维持世道，而致天下国家之福哉？且茅者，物之洁者也，群贤实似之。惟贤者以类拔类，咸进于王，则休运有开，吉孰大焉。然国以得贤为吉，必贤者不以家食为吉者也。盖贤之志在于外，而不在于内；在于天下，而不在于一身，则其不悢然忘情于斯世也宜哉。欲知天下之福在贤者，当知贤者之心在天下，此野无遗贤。所以为泰和之盛欤。泰初九之象曰云云。人皆曰恬退之操可尚也，而媚时千禄者非所称，穷约之风可励也，而枉道求合者非所宜，故为轩冕而朋来。不若固守于山林之乐，睨名位而簪盍，不若安居于岩穴之贵也。殊不知心乎人爵者，非也。心于康济者，岂容怀琬琰而就煨尘，心乎势利者，非也。心于经纶者，岂容抱栋梁而困沟壑，是故兆民允殖，汤之治何吉也。耕于莘野，而志于尧舜君民，有敷求哲人之伊尹在。商邦嘉靖、高宗之治何吉也。筑于传岩，而志于齐美阿衡。有旁招俊彦之传说在，向使傲世以为高，绝物以为能，弹冠之美不闻，括囊之誉是务。则其志之所存者可知矣，果何益于天下国家也哉！且以泰之贤处泰之时，生逢圣主，则云龙之会，不容自弃也。身遇明君，则风虎之期，不容自暴也。矧吾操之洁，如茅之洁，其可退处于丘园。吾党之盛，如茅之盛，其可屏迹于涧阿。由是台莱之才，洋洋然动其心；杞梓之彦，峨峨然缨其冠，聚之而为朝廷之福，散之而为天下之福，其为吉也，孰大焉？然贤者抑何其汲汲而乐用哉，亦惟吾志在天下耳。盖人生天地间，当为天地间用。在心为志，其所主端在是乎。故时乎未泰，则此心所存，必欲开天下之泰。时乎既泰，则此心所存，必欲保天下之泰。生民未济，吾志于船楫之，而非有肥逐之志也。群生未安，吾志于袵席之，而非有家食之志也。贤者求用之志如此。则天下安有不享用贤之福者哉？吁？此所以为君子道长之候也，此所以为帝乙元吉之懿也，此所以为三阳交泰之盛际也。虽然，复之一阳方长，而亦曰朋来；坤之六阴俱盛，而乃曰丧朋者。何哉？盖阴阳虽各有其类，圣人每每喜阳而恶阴。进阳而退阴，正以阳为君子，而阴为小人也；正以小人专于为己，而君子专于为天下国家也。彼否之为卦，泰之反也。拔茅虽同，而有曰征，曰正之异，其志不同，而有在君在外之别。又岂非君子之类进。则当征以行其道，小人之类进，则当退而守其正；君子之类进，则贤者之志固不忘乎天下，小人之类进，则贤者之志，犹不忍一时而忘君上也，使时适泰矣；则贤者之类，岂不志伊尹之所志。

九二、包荒、用冯河、不遐遗、朋亡、得尚于中行《程子传》："二以阳刚得中，上应于五，五以柔顺得中下应于二。"君臣同德是以刚中之才，为上所专任。故二虽居臣位，主治泰者也。所谓上下交而其志同也。故治泰之道，主二而言，包荒用冯河，不遐遗。朋亡，四者处泰之道也。人情安肆，则政舒缓而法度废弛。庶事元节，治之之道，必有包含荒秽之

量。则其施为宽裕详密，弊革事理，而人安之。若无舍弘之度，有忿疾之心，则无深远之虑，有暴扰之患。深弊未去，而近患已生矣，故在包荒也。用冯河泰宁之世，人情习于久安，安于守常，惰于因循，惮于更变，非有冯河之勇不能有为于斯时也。冯河，谓其刚果足以济深越险也。自古泰治之世，必渐至于衰替，盖由狃习安逸因循而然。自非刚断之君，英烈之辅，不能挺特奋发以革其弊也。故曰用冯河，或疑上云包荒，则是包含宽。此云用冯河，则是奋发改革，似相反也，不知以含容之量，施刚果之用，乃圣贤之为也。不遐遗泰宁之时，人心狃于泰，则苟安逸而已。乌能复深思远虑及于遐远之事哉。治夫泰者，当周及庶事虽遐远不可遗，若事之微隐，贤才之在僻陋，皆遐远者也，时泰则固遗之矣。朋亡，夫时之既泰，则人习于安，其情肆而失节，将约而正之。非绝去其朋与之私则不能也，故云朋亡。自古立法制事，牵于人情，卒不能行者多矣。若夫禁奢侈，则害于近戚限田产，则妨于贵家。如此之类，既不能断以大公而必行，则是牵于朋比也。治泰不能朋亡，则为之难矣。治泰之道，有此四者，则能合于九二之德，故曰得尚于中行，言能配合中行之义也。尚，配也。

卷之一万五千九百五十 九震

运 _{元漕运二}

《经世大典》岁运粮数

　　至元二十年，该运粮四万六千五十石。运到四万二千一百七十二石二斗二升五合。事故粮八百七十七石七斗五合。至元二十一年，该运粮二十九万五百石。运到二十七万五千六百一十石。事故粮一万四千八百九十石。至元二十二年，运粮一十万石。已运到粮九万七百七十一石五斗五升。事故粮九千二百二十八石四斗五升。至元二十三年，运粮五十七万八千五百三十石。已运到粮四十三万三千九百五石四斗。事故粮一十四万四千六百一十四石六斗。至元二十四年，运粮三十万石。已运到粮二十九万七千五百四十六石七斗。事故粮二千四百五十三石三斗。至元二十五年，运粮四十万石。已运到粮三十九万七千六百五十五石八斗六升。事故粮二千三百四十四石一斗四升。至元二十六年，该运粮九十三万五千石。已运到九十一万九千九百四十三石。事故粮一万五千五十七石。至元二十七年，该运粮一百五十九万五千石。已运到粮一百五十一万三千八百五十六石八斗。事故粮八万一千一百四十三石二斗。至元二十八年，该运粮一百五十二万七千二百五十石。运到粮一百二十八万一千六百一十五石。事故粮二十四万五千六百三十五石。至元二十九年，该运粮一百四十万七千四百石。已运到粮一百三十六万一千五百一十三石六斗八升。事故粮四万五千八百八十六石三斗二升。至元三十年，该运粮九十万八千石。已运到粮八十八万七千五百九十一石五斗。事故粮二万四百八石五斗。至元三十一年，该运粮五十一万四千五百三十三石。已运到粮五十万三千五百三十四石。事故粮一万九千九百九十九石。元贞元年，该运粮三十四万五百石。俱到元贞二年，该运粮三十四万五百石。已运到粮三十三万七千二十六石六斗。事故粮三千四百七十三石四斗。大德元年，该运粮六十五万八千三百石。已运到六十四万八千一百三十六石九斗五升。事故粮一万一百六十三石五斗。大德二年，该运粮七十四万二千七百五十一石。已运到粮七十万五千九百五十四石五斗。事故粮三万六千七百九十六石五斗。大德三年，该运粮七十九万四千五百石，俱到。大德四年，该运粮七十九万五千五百石。已运到粮七十八万八千九百一十八石二斗七升。事故粮六千五百八十一石七斗三升。大德五年，该运粮七十九万六千五百二十八石。已运到粮七十六万九千六百五十石。事故粮二万六千八百七十八石。大德六年，该运粮一百三十八万三千八百八十三石六斗三升。已到粮一百三十二万九千一百四十八石一斗。事故粮五万四千七百三十五石五斗三升。大德七年，该运粮一百六五万九千四百九十一石三斗二升。已运到粮一百六十二万八千五百八石八斗七升。事故粮三万九百八十二石四斗五升。大德八年，该运粮一百六十七万二千九百九石八斗六升四合。已运到粮一百六十六万三千三百一十三石五斗九合。事故粮九千五百九十六石三斗五升五合。大德九年该,运粮一百八十四万三千三石九斗。已运到粮一百七十九万五千三百四十七石一斗一升六合二勺。事故粮四万七千六百五十六石七斗八升三合八勺。大德十年,该运粮一百八十万八千一百九十九石五斗。已运到粮一百七十九万七千七十八石三斗七升五合二勺。事故粮一万一千一百二十一石一斗二升二合八勺。大德十一年,该运粮一百六十六万五千四百二十二石八斗五升五合三勺。已运到粮一百六十四万四千六百七十九石一斗七升八勺。事故粮二万七百四十三石六斗七升七合五勺。至大元年,该运粮一百二十四万一百四十八石四斗八升八合七勺。已运到粮一百二十万二千五百三石四斗七升三合九勺。事故粮三万七千六百四十五石一升四合八勺。至大二年,该运粮二百四十六万四千二百四石八斗。已运到粮二百三十八万六千三百石四斗八升一合。事故粮七万七千九百四石三斗一升九合。至大三年,该运粮二百九十二万六千五百三十三石六斗四升九合。已运到粮二百七十一万六千九百一十三石九斗九升五合,事故粮二十万九千六百一十九石六斗五升三合四勺。至大四年,该运粮二百八十七万三千二百一十二石一斗。已运到粮二百七十七万三千一百六十六石一斗九升六合。事故粮九万九千九百四十五石九斗四合。皇庆元年,该运粮二百八万三千五百五石四斗七合。已运到粮二百六万七千六百七十二石八斗六升七合。事故粮一万五千八百三十二石五斗四升。皇庆二年,该运粮二百三十一万七千二百二十八石八升四合。已运到粮六十五万四千三十六石一升五合。事故粮一十五万八千五百四十三石一斗一合。《食货志》至者,二百一十五万八千六百八十五石。延祐元年,该运粮二百四十万三千二百六十四石四斗三升四合。已运到粮二百三十五万六千六百六石一斗二升二合。事故粮四万六千六百五十八石三斗一升二合。延祐二年,该运粮二百四十三万五千六百八十五石九斗九升八合。运到粮二百四十二万二千五百五石一斗九升二合。事故粮一万三千一百八十石八斗六合。延祐三年,该运粮二百四十五万八千五百一十四石一斗八升五合。已运到粮二百五十三万七千七百四十一石一斗八升五合。事故粮一万七百七十三石。延祐四年,该运粮二百三十七万五千三百四十五石四斗三合。已运到粮二百三十六万八千一百一十九石六斗四升二合。事故粮七千二百二十五石七斗六升一合。延祐五年,该运粮二百五十五万三千七百一十四石三斗一合。已运到粮二百五十四万三千六百一十一石五斗四升一合。事故粮一万一百二石七斗六升。延祐六年,该运粮三百二万一千五百八十五石八斗八升九合。已运到粮二百九十八万六千七百一十七石九斗七升八合。事故粮三万四千八百九十一石九斗一升一合。延祐七年,该运粮三百二十六万四千六石五斗六升七合。已运到粮三百二十四万七千九百二十八石一斗六升二合。事故粮一万六千七十八石四斗四合八勺。至治元年,该运粮三百二十六万九千四百五十一石五斗六升四合。已运到粮三百二十三万八千七百六十五石九斗一升九合八抄五撮。事故粮三万六百八十五石六斗四升四合九勺一抄五撮。至治二年,该运粮三百二十五万一千一百四十石,及带起附余香白糯米一万八千九百四十二石六斗一升二合。已运到粮三百二十四万六千四百八十三石一斗五升七合。事故粮二万三千五百九十九石四斗五升五合。至治三年,该运粮二百八十一万一千七百八十六石九斗三升七合。已运到粮二百七十九万八千六百一十三石九斗六升三合。事故粮一万三千一百七十二石九斗七升四合。泰定元年,该运粮二百八万七千二百三十一石七斗八升九合。已运到粮二百七万七千二百七十八石三斗六升九合。事故粮九千九百五十三。四斗二升。

泰定二年,该运粮二百六十七万一千一百八十四石六升。已运到粮二百六十三万七千七百五十一石八斗九升四合。事故粮三万三千四百三十二石七斗五升。泰定三年,该运粮三百三十七万五千七百八十四石二斗八升。已运到粮三百三十五万一千三百六十二石三斗六升。事故粮二万四千四百二十一石九斗二升。泰定四年,该运粮三百一十五万二千八百二十石六斗六升。已运到粮三百一十三万七千五百三十二石七斗七升。事故粮一万五千二百八十七石八斗九升。天历元年,该运粮三百二十五万五千二百二十石四斗四升。已运到粮三百二十一万五千四百二十四石三斗。事故粮三万九千七百九十六石四斗一升。天历二年,该运粮三百五十二万二千一百六十三石一斗。已运到粮三百三十四万三百六石二斗。事故粮一十八万一千八百五十六石九斗。

收江南粮鼠耗则例

至元二十二年十月,中书户部呈。依奉省劄,照依江南民田税石。拟合依例每石带收鼠耗,分例七升,内除养赡仓官斗脚一升。外六升与正粮一体收贮。如有短折数目,拟依腹里折耗。例以五年为则,准除四升。初年一升二合,次年二升,三年二升,四年三升四合,五年共报四升。余上不尽数目,追徵还官。若有不及所破折耗,从实准算。无得因而作弊,多破官粮。外据官田带收鼠耗分例。若依行省所拟,比民田减半,每石止收三升五合。却缘前项所破正粮,拟合每石带鼠耗分例五升。似为允当,呈乞照详。议得除民田税石,依准户部所拟外据官田拟依行省所咨,减半收受。都省移文江浙等处行中书省,照验定拟。

南粮比粮耗例

至元二十五年十月,省臣奏准。南粮每石带耗一斗四升,比粮七升。定到省仓、马头仓、站车、坝河船运,各各合该数目,劄付户部去讫。近据省仓、马头仓、官人等告称,见定破耗,委实不敷。不惟仓官破家艰辛,官司称累悬欠数多。公私不便,今都堂再行圆议,闻奏过下项各各合添耗粮例。开例于后。南粮元破每石带耗一斗四升。海运至直沽每石四升。直沽每石一升三合。船运至河西务每石七合。河西务每石一升三合。船运至通州每石七合。通州每石一升三合。坝河运至大都每石一升,站车运至大都每石七合。省仓每石三升。今议每石带耗一斗七升五合。除元破外添三升五合。

依旧破耗

海运至直沽,每石破四升。直沽一升三合。添破耗粮搬运直沽至河西务每石一升二合,元破七合,添破五合。河西务破耗二升,元破一升三合,添破七合。船运河西务至通州,每石破耗一升五合,元破一升三合,添破七合。船运河西务至通州,每石破耗一升五合,元破七合,添破八合。通州仓二升,元破一升二合,添破七合。坝河、站车,运至大都,每石破耗一升五合,元破一升,添破五合。省仓每石四升,元破三升,添破一升。比粮元破每石运至大都,通破耗米七升,河船运至河西务,每石破五合,河西务每石破一升二合。盘船河西务运至通州,每石破耗三合,通州仓每石破一升三合。站车运至大都,每石五合。坝河运至大都,每石七合,省仓每石二升五合。今议每石带耗八升二合,内除元破,外添一升二合,船运自唐村等处,运至河西务,每石破七合,元破五合,添破二合。河西务仓,每石破一升五合。元破一升二合,添破三合。船运河西务至通州每石破五合,元破三

合，添破二合。通州仓每石破一升五合。坝河、站车运至大都，每石破耗一升，元破七合，添破三合。省仓每石破三升，元破二升五合，添破五合。

南北仓添鼠耗则例

至元二十六年，闰十月，省臣奏各仓官员。告称：往岁定到鼠耗分例数少，仓官陪偿，破其家产，鬻其妻小者有之，因此多欠粮数。臣等圆议去年奏添南粮。自直沽里运至河西务每石元破七合，今添五合。河西务运至通州，每石元破七合，今添八合。河西务仓内每石元破一升三合，今添七合。通州仓内每石元破一升三合，今添七合。坝河、站车运至大都，每石元破一升，今添五合。省仓内每石元破三升，今添一升。比粮内自唐村等处运至河西务，每石元破五合，今添二合。河西务仓每石元破一升二合，今添三合。河西务船运至通州，每石元破三合，今添二合。通州仓每石元破一升三合，今添二合。坝河、站车运至大都，每石元破七合，今添三合。省仓每石元破二升五合，今添五合。奏可省臣奏准。

再定南北粮鼠耗则例

至元二十九年八月，完泽丞相等奏，通州河西务仓官告说，各仓收粮。前省官定拟鼠耗分例数少，至有鬻其妻子家产，尚陪纳不完，至今辛苦。臣等议得前省官所定鼠耗分例不均。如今南北耗，各年分例，比在先斟酌再定之。上曰："如卿所奏，虽然亦合用心。雀鼠待食用多少？休因此教导人作弊，为盗欺诈。依旧听耗。唐村等处船运至河西务，北粮每石破七合。直沽船运至河西务，南粮每石破一升二合。河西务船运至通州李二寺，南粮每石一升五合，北粮每石五合。坝河、站车运至大都省仓，南粮每石一升五合，北粮每石一升。今议拟听耗例，大都省仓。元定破耗，南粮每石四升，北粮每石三升。今议拟限年听耗。初年听耗，南粮每石二升，北粮每石一升五合。次年听耗，南粮每石三升，北粮每石二升三合。贮经三年已上，依元定听耗，南粮每石四升，北粮每石三升。河西务通州李二寺，元定破耗，南粮每石二升，北粮每石一升五合。今拟限年听耗。初年依元定破耗，南粮每石二升北粮每石一升五合。次年听耗，南粮每石三升，北粮每石二升三合。贮经三年已上听耗。南粮每石四升，北粮每石三升。直沽仓除对船交装不须破耗外，今拟一年，须要支运尽绝。南粮每石听耗二升，元定破一升三合，今拟添七合。"

香糯白粳破耗

大德三年，中书省准户部呈。若依糙米例定夺，缘糙粳米俱各散装。白粳香莎糯米，终用夹布袋盛。以此参详，拟合比附散装糙米破耗定例。三分中量减一分。海运至直沽，每石破耗八合。河西务至通州李二寺，每石破耗一升。如直沽装船，经由通惠河经赴大都交卸，止依至通州李二寺，每石破耗一升八合。

排年海运水脚价钞

至元十九年，钦奉圣旨，创开海道，不给脚钞，就用系官海船。官司召雇水手，起运粮储，至杨村马头交卸，讲究水程。自开洋上海等处，至杨村马头计一万三千三百五十里。至元二十一年，依验千斤百里脚价，每石该支脚钱中统钞八两五钱九分。令近海有力人户，自行造船，顾募稍水。依已定拟，每石支钞八两五钱。至元二十九年，减作每石七两

五钱。元贞元年十二月二十八日奏，朱张海运粮，在先每石脚钱八两五钱，减为七两五钱。如今粮食诸物比之在先甚贱，脚钱亦合减。若不减，恐亏官，臣等议每石宜减去一两，为六两五钱。奏可。本年为头糙白粳米，就直沽交卸，每石支中统钞六两五钱。香糯直赴大都醴源仓交纳，每石增钞五钱计七两。大德七年，起运稻谷二十万石，每石脚钱中统钞五两。至大元年四月初十日奏过。海运粮脚价每石六两五钱，如今粮食诸物涌贵，量添五钱为七两，已后不与。照依先体例，与六两五钱。至大三年，准尚书省咨该本省咨。至大三年，海运粮斛，差官召雇到海船，即目诸物涌贵。春运脚价，每石添作至元钞一两六钱。必是海道府先令本管船只装运。所据召顾海船，俱系福建浙东等处召顾。至平江太仓刘家港装运处所，比附海道旧官船户，先去一二千里之远。日用口粮盘费，偏负生受，量添脚价，官民两便。照得先咨运粮脚价，费用不敷。春运粮米，每石量添至元钞三钱，通该至元钞一两六钱。夏运，粮斛，止依旧例，不须添支。移咨依上施行，今夏运船户，依准所拟，照依春运例，每石添支至元钞三钱。咨请照验，本年脚价糙白粳每石至元钞一两六钱，香糯每石至元钞一两七钱。至大四年，准中书省咨。该尚书省准本省咨，请究拯治海运。至大三年十月二十九日，奏准运粮脚价，每一石支至元钞一两六钱，如今添为二两。稻谷一石元支至元钞一两，如今添为一两四钱。至元钞本年为头脚价，糙白粮每石至元钞二两，香糯每石至元钞二两八钱，稻谷每石一两四钱。延祐元年二月初六日，海道府奉中书户部符文，备奉中书省劄付。皇庆二年十月二十五日，奏准。斟酌地里远近，比元价之上，添与脚钱。本年为头粮斛脚价，内福建远船运糙粳，每石一十三两。温台庆元船运糙粳，每石一十一两五钱，香糯每石一十一两五钱。绍兴浙西船每石一十一两，白粮价同稻谷，每石八两，黑豆每石依糙白粮例支钞一十一两。已后年分至今起运糙、白粳、香糯、稻谷，依前支价。年例预支每岁八九月间。海道府权依上年运粮额数为则，扣算先支六分脚价，差官赴省关拨，管押前去，平江庆元温台官库寄收。候都省坐到粮数，委定提调省官职名，或十月十一月内。海道府差官，禀请省官亲临平江路，提调给散，除庆绍温台两浙合该脚价。海道府差官前去，与各路所委官一同给散外，本省提调官，或有事故，改委左右司官前去。仅及一月散讫还省。海道府分派定春夏二运粮数，差官赴省开拨贴支四分脚价。次年正月间，咨请提调官亲诣海道府装发粮斛，给散贴支脚价。直至五六月间，夏运开洋了，毕还省。据天历二年，海运正粮三百万石，脚价不等。散过中统钞六十四万九千七百二十八定二十八两五钱。并增运附余香白糯正粮，三千四百七石三斗六升九合，钞七百八十三定三十四两七钱四分三厘，通计支散脚价钞六十五万五百一十二定一十三两二钱四分三厘。

漕运水程

　　至元十九年，创开海运，每岁粮船于平江路刘家港等处聚篠，经由扬州路、通州海门县、黄连沙头万里长滩开洋。沿山捉噢，使於淮安路、盐城县、历西海州海宁府、东海县、密州、胶州界、放灵山。洋投东北，取成山路多有浅沙，行月余才抵成山。罗璧、朱清、张瑄讲究水程。自上海等处开洋，至杨村马头下卸处，经过地名山川，径直多少迂回，计一万三千三百五十里。至元二十九年，朱清等建言，此路险恶。踏开生路自刘家港开洋，遇东南风疾，一日可至撑脚沙。彼有浅沙，日行夜泊，守伺西南便风，转过沙嘴，一日到於三沙洋子江；再过西南风色一日，至匾担眨沙大洪抛泊。来朝探洪行驾一日，可过万里长滩。透深才方开放大洋。先得西南顺风一昼夜，约行一千馀里，到青水洋；得值东风三昼

漕运图

夜,过黑水洋,望见沿津岛大山;再得东南风一日夜,可至成山;一日夜至刘岛;又一日夜至芝果岛;再一日夜至沙门岛;守得东南便风,可放莱州大洋三日三夜,方到界河前后俱系便风,径直水程,约半月可达。如风水不便,迂回盘折,或至一月四十日之上,方能到彼。倘值非常风阻,难度程限。明年又以粮船自刘家开洋,过黄连沙转西行,使至胶西投东北,取成山亦为不便。继委千户殷明略踏开生路。自刘家港开洋,至崇明州三沙,放洋望东行,使入黑水大洋,取成山转西至刘家岛聚艖取薪水毕,到登州沙门岛,於莱州大洋入界河。至今为便。皆行北道,风水险恶。至元十九年为始年,例粮船聚於刘家港入海,由黄大郎嘴、白茆撑脚、唐浦等处一带率皆沙浅,其洪道阔,却无千丈长之潮。两向俱有白水,潮退皆露沙地。候得西南风顺过匾担沙,东南大洪过万里长滩,透深开放大洋,至青水洋,内泾陆家等沙。下接长山、并西南盐城一带,赵铁沙嘴及半洋沙、响沙、匾担等沙浅,及至苏州洋,又有三沽洋山、下八山、补陀山到於黑水大洋,过成山北面一带并芝果岛、登州一路木极岛等处,近沙门岛山,或铁山嘴开放莱州大洋,又有三山、茅头嘴、大姑河、小姑河、两头河等滩,及北有曹婆沙、梁河沙,南有刘姑蒲滩,至界河海口,复有滩浅,狭洪沙硬,潮汛长落不常。但遇东南风,本处船聚稠密,则有妨碍之虞。上项所由,各各险恶去处,设遇风涛,不甚猛恶。可以预为转调躲闪,或收入山岛藏避,守伺风平浪少,然后行使。若值不测:骤风急雨、巨飓涌浪、危险之时,或白昼迷雾、黄夜昏黑、皆赖圣朝洪福,天地神明护祐,非人力所及。延祐三年正月,海道都府据庆元绍兴所申。绍兴路三江陡门,至下盖山一带沙浅。一百余里,名铁板沙,潮汛猛恶。温台船只尖底,食水深浚,船户捎水不识三江水脉,避怕险恶。直至四月中旬,尚于烈港等处停泊,不敢前来。差人搜究断罪催赶,顾觅剥船般剥。缘剥船数少,卒急不能寻顾。尚于海岸屯贮,委实靠损船户不便。据绍兴六路下年海运粮斛。如蒙照依皇庆二年例,就用本路船料装发。若有不敷,於庆元路摽拨小料海运贴装。其温台福建船只,起发刘家港交割。依旧於平江路仓装粮,官民两便。又准本府副万户,抄儿赤目击艰难。必须改拟。若台州有装官粮,先尽本路船只。不敷。於温州船内贴拨。绍兴路粮亦用本路船只,装发不敷,用庆元路小料海船贴装。其庆元府港深阔,临近路仓脚夫,径直担米上船,就将舶船并温台所用不尽船料支装。倘有剩下船料,及庆元路船只,差官押发刘家港交割。装粮两便。

已经准拟摽拨外

据福建舶船依已行於庆元路支装,记摽指浅。至大四年十二月,海道府据常熟州船户苏显陈言,立摽指浅事。再行会集老旧运粮千户殷忠显、黄忠翊等,讲究得每岁粮船,到于刘家港聚齐起发甘草等。沙浅水暗,素于粮船为害。不知水脉之人,多於此上揍阁。排年损坏船粮。淹死人命为数不少。今苏显备已船二只,抛泊西暗沙嘴二处竖立旗缨,

指领粮船出浅,诚为可采。今尽到图本,备榜太仓周泾桥、路、漕、宫,前聚船处所晓谕。运粮船户,起发粮船,务要于暗沙东,苏显鱼船偏南正西行使。于所立号船西边经过,往北转东,落水行使至黄连沙嘴抛泊,候风开洋。如是潮退,号上桅上不立旗缨,粮船止许抛住,不许行使。若有不依指约,因而凑浅,损失官粮之人,船主判院痛行断罪。所陷官粮,临事斟酌着落陪还。以苏显所言,于官有益,于民有便,例应升擢。申奉省府,出给劄付:"令苏显祗受充指浅提领,依上施行。"延祐元年七月,据常熟江阴千户所申,为江阴州界杨子江、内巫子门等处,沙浅损坏粮船。唤到本处住坐船户,袁源、汤璵,讲究得江阴州。管下夏港至君山,直开沙浅至马驮、沙南一带,至彭公山、石牌山、浮山、巫子门、镇山石头港、雷沟、陈沟九处,约有一百余里,俱有沙浅暗焦。江潮冲流险恶,潮长则一概俱没,潮落微露沙春。迟年支装上江宁国等处粮船,为不知各处浅沙暗焦,中间多有损坏。宜从这司差拨附近小料船只,设立诸知水势之人,于每岁装粮之际,驾船于沙浅处立标。常川在彼指引粮船过浅,不致疏虞。为是江东各路船户顾文宽、林德明等粮船,俱於巫子门等处着落浅淳没,其馀不及枚数。据袁源等所言,实为官民便益。申奉省府给降劄付,令袁源等充指浅提领。照依议到事理,预备船只旗缨,依上指浅施行。延祐四年十二月,海道府承奉江浙行省劄付,准中书省咨送户部,呈奉省判御史台,备监察御史呈。每年春夏二次海运粮储,万里海程,渺无边际,皆以成山为标准。俱各定北行使,得至成山转放沙门岛、莱州等洋,约量可到直沽海口,为无卓望,不能入河,多有沙涌淤泥去处,损坏船只。合准所言,设立标望。於龙山庙前,高筑土堆,四傍石砌,以布为旛。每年四月十五日为始,有司差夫添力竖起,日间於上悬布旛,夜则悬点火灯。庶几运粮海船得以瞻望。部议合准监察御史所言:令江浙行省,计料成造旛竿绳索、布旛、灯笼、蜡烛趁迭来春运粮时月,发付海道万户府顺带至直沽,交付有司收管,於海门龙山庙前竖立。昼由悬标夜则挂烛。伺候春夏二运粮船齐足,方许倒卸。责付看庙僧人,如法收掌。次年趁时复立,依上悬点。如有损坏短少,预为申索相应。都省准拟咨请,依上施行。"测候潮汛应验,海道都漕运万户府,前照磨徐泰亨,曾经下海押粮,赴北交卸,本官纪录。切见万里海洋,涉无际涯。阴晴风雨,出於不测。惟凭针路定向行船,仰观天象,以卜明晦。故船主高价召募惯熟捎工,使司其事。凡在船官粮人命,皆所击马,少有差失,为害甚大。泰亨因而询访得潮汛、风信、观象、略节次第。虽是俗说,屡验皆应。不避讥哂,缀成

口诀

以期便记诵尔。潮汛:前月起水二十五,二十八日大汛至。次月初五是下岸,潮汛不曾差今古。次月初十是起水,十三大汛必然理。二十还逢下岸潮,只隔七日循环尔。风信:春后雪花落不止,四个月日有风水。二月十八潘婆飓,三月十八一般起。四月十八打麻风,六月十九日彭祖忌。秋前十日风水生,秋后十日亦须至。八月十八潮诞生,次日须宜预防避。白露前后风水生,白露后头亦未已。霜降时候须作信,此是阴阳一定理。九月二十七无风,十月初五决有矣。每月初三飓若无,初四行般难指拟。如遇庚日不变更,来到壬癸也须避。观象:日落生耳於南北,必起风雨莫疑惑,落日犹如糖饼红,无雨必须忌风伯。日没观色如胭脂,三日之中风作厄。若还接日有乌云,隔日必然风雨逼。乌云接日却露白,晴明天象便分得。对日有垢雨可期,不到已申要盈尺。雨馀晚垢横在空,来日晴明须可克。北辰之下闪电光,三日之间事难测。大雨若无风水生,阴阳可以为定则,东南海门闪电光,五日之内云泼黑。纵然无雨不为奇,必作风水大便息。东北海门闪电

光，三日须防云如织。否则风水必为优，屡尝试验无差忒。行船迟了一潮搭一汛，挫了一线隔一山。十日滩头坐，一日过九滩。艘数装泊，艘数泊所。

年例以船料多少数目

湾泊何处？自何处开洋？合用船只依验，岁运粮数湾泊去处。随户所居家步，缘户计消长。迁移不常。粮额增减无定。况船有损旧，必须修拆，或以小船三五只，拆卸并造改作一二只，或因大料一船不堪，却将三二小船抵运。因此艘数泊所，俱无定籍。今已至顺元年为率，用船总计一千八百只。昆山州太仓刘家港一带，六百一十三只。崇明州东西三沙，一百八十六只，海监澉浦一十二只，杭州江岸一带五十一只，嘉定州沙头浦官桥等处，一百七十三只。上海浦等处，一十九只。常熟白茅港一带，一百七十三只，江阴通州蔡港等处七只。平阴瑞安州飞云渡等港，七十四只。永嘉县外沙港一十四只。乐清白溪沙屿等处二百四十二只。黄岩州石塘等处一十一只。烈港一带三十四只。绍兴三江陡门三十九只。慈溪定海象山鄞县桃花等渡，大山高堰头慈嶴等处，一百四只。临海宁海严嶴铁场等港二十三只。奉化揭崎昌国秀山等嶴一带，二十三只。皇庆元年五月，海道都府承奉江浙行省劄付。为庆绍千户所，官集众讲究得。庆元地居东南，既於本处装讫粮米，于入刘家港取齐。多有沙险去处，若就

定海港口放洋

径赴直沽交卸，实为便益。省府照得海运粮储，最为重事。浙东庆元绍典路粮斛，既已讲定，就於定海开洋。本府正官理合亲临督併起发。仰即便摘委廉干府官一员，速诣彼中点视完备，趁时迭风汛开洋，毋致失误。具差定官职名，起程日期飞申。延祐元年六月，庆元绍兴千户范承直呈：温台庆绍两浙粮数，前来刘家港交割装粮。今岁二月使至汇上港口。多为春运，重载相妨？踏逐得常熟州白茆港水深，内外堪可湾泊。都府行据常熟江阴所申，移准千户忽林失，奉议将带指浅提领苏显，相视得白茆港。合依年例。令松江粮船，自本港口上墩，南至包桥一带抛泊。却令温台庆绍两所粮船，於包桥上塘一带着泊。开洋时分，先令本处沿江船只，领艂出港。照依指浅船只，开洋顺便。

浙西平江路刘家港开洋

一千六百五十三只。浙东庆元路烈港开洋，一百四十七只。支装粮船浅海皆知险恶。其於装粮江河，多有艰危去处，亦不为易。今捱问到上江里河支装粮斛，远近里路，安危地向如后。上江装良海船，自平江路、嘉定州、刘家港开船，经由扬子江，逆行使经由各处沙浅，常损粮船。平江路常熟州地面，甘草等沙水浅，委苏显指引江阴州地面。浅沙暗焦九处，约一百余里，夏港至君山直开，马驮沙面一带至彭公山、石牌、山浮、山巫子门、铁积沙、镇山石头港、雷沟、陈沟，委袁源、汤屿指引真州、泊水湾交装。江西湖、广粮自刘家港至彼，约六百六十五里。江东各路自真州以上，江西狭窄，水势紧急，及芜湖采石一带山矶峡险。每船一只小者，亦用三五十人，登山入水，攀橼水石，打号尽力一声，方牵一步。延祐二年为始，申覆省府，并提调官劄付各路。如遇江狭矶浅、湍急去处，差倩人夫，添力牵运船只。集庆路仓，自刘家港至彼，约九百十里，至太平路，一百八十里，共一千一百二十里。至宁国路水阳仓，三百六十里，共一千四百八十里。以上三路，每岁海船，可以抵岸支装。延祐六年四月二十日，据昆山崇明所千户郭奉议申，船户驾使海船至黄池、

芜湖港口，为是各船料大，溪河浅沚，不敢抵仓。约离三五十里，移准宁国路提调官总管宋中大夫等牒，差官前去本路河岸，及漂水州建平县地面，将应有船只，作急前来短搬，外合支水脚钱钞，今户就便支给。本府移牒宁国路，添力剥载池州路一百八十里，共一千六百六十里。在前年分本处短剥官粮，至太平芜湖江口交割，水程三百五十里。延祐四年，奉省剗海船径抵仓门。满浦装粮海船。自扬州、崇明州，三沙黄连沙。投西过地名料角等处一带，沙浅连属千里。潮长则海水弥漫，浅深莫测。潮落则仅存一沟，寸步万险。若船科稍大，必致靠损难计里路。

浙西装粮路分

皆是船户雇觅河船。短剥粮解船、上海船。今以昆山州太仓聚船去处。至九路仓分。平江路一百八十里，无锡州一百九十八里，常州路二百八十八里。内三仓系在城置立，河道浅狭，用小料河船，逐旋般至城外，装入剥船。海盐州三百四十里，湖州路三百一十八里，松江府三百六十里。海船至花泾塘湾泊，离仓约一十二里。小船般剥乌泥泾，四百八十六里。海船于黄浦口湾泊，离仓约七里。用小船般剥，江阴州四百五十里。海船於黄田港湾泊，离仓约三里。用小船般剥，镇江路六百八十里。糙米仓在香糯仓之北，用小车般运，约二三里。至鳝鱼港坝头，用小船剥上海船，香糯仓之南，用小车运至河船，约三二里。到鳝鱼港坝头，用小船剥上海船，转摺生受。

浙东装粮路分

绍兴路、三江陟门至下盖山一带，河浅，一百余里。名为铁板沙，必用本路谙知地势海船。并庆元路小料船只，装运本路官仓，至海船湾泊处。三江陟门有小河，水程一十八里，顾觅河船短剥。台州路、长田港沙浅，用本路海船支装官仓至南门外泊船处，约离三里，脚夫挑担上船。庆元路府港深阔临近，路约一里，脚夫挑担上船。天妃灵感详庙宇《苏州志》漕运之法，自秦罢侯置郡以来，天下飞刍挽粟，以三十钟为率，仅得一石可谓艰矣。宋置淮南两浙江湖路发运使，岁漕数百万石。行转搬之法，东南六路转运真泗间，劳民尤甚。由海道而运，则未有也。兄既平宋。

漕江南粮以河运弗便

至元十九年，用丞相伯颜言，初通海道漕运，抵直姑以达京城。立运粮万户府三於姑苏，以南人朱清、张瑄、罗璧为之。初岁以官船运粮四万余石。八月於刘家港聚会，由通州、海门县、黄连沙，万里长滩开洋。沿山堤嶴至盐城县，历西海州、密胶等州界，涉灵山洋东北行，使月余才至成山，次年三月方抵直姑。至元二十一年，定议官支脚价。令近海有力人户，自行造船，雇募稍水运粮。依验十斤百里，每石脚价八两五钱。当年运粮二十九万五千石。二十二年，运一十万石。二十三年，改立海道运粮，万户二处运粮五十七万八千余石。二十四年添设万户府二处，通前设四万户府，立行泉州府司以辖之，运粮三十万石。又行并运辽东粮三万石。二十五年四十万石。二十六年，九十三万五千石。二十七年，一百五十九万五千石。二十八年，合并四万户府，设立海道都漕运万户府二处，除授达鲁花赤教化的副达鲁花赤脱铂，与淮东宣尉使张瑄，江东宣慰使朱清，分任其事。于平江路置司，运粮一百五十二万七千二百五十石。二十九年，一百三十九万七千四百石。朱张四六分运，脚价七两五钱。三十年，千户殷明踏开生路，自刘家港至三沙放洋，望东

使入黑水大洋，收成山转西至刘家岛，聚薪取柴。登州沙门岛放业周年入界河，不日而抵沽口。当年运粮九十万八千石。自后悉由此路，甚为便益。千户殷明亦以此而升叙。三十一年，监察御史言海道不便，权行住运，照依上都和中粮及用盐引折粜。朝廷以自至元十九年以来，海道运粮多方惜划，始得成效。若拟盐引中粮，久而盐法必坏；用钞买粜，久而钞法必虚。海道且宜存设。当年运粮五十一万四千五百三十三石。元贞元年，两万户府均运三十四万五百。二年，朱张停运，脚价减作六两五钱。大德以来，岁运不下百万石。自朱张废罢，大德七年，并立海道都漕运万户府，改设达鲁花赤正万户各一员，副万户四员，各降虎符，首领管三员。八年，给降银印，辖千户所一十一处，镇抚所一处。委用千户六十七员，各降金牌，交辖前万户府。旧海船一百二五万料，当运粮一百六十七万二千九百九石。有畸，朝给赏赐官吏表里段匹有差，定为岁例。九年十年十一年，所运累增及一百八十八万余石。至大元年，万户孛罗帖木儿，升中书省右丞，佩三珠虎符，提调海运，运粮一百二十九万六百四十八石。二年，孛罗帖木儿，改江浙行省平章，提调整治，岁运三百四十六万石。三年，行省丞相答失蛮，平章孛罗帖木儿，平章孛罗帖木儿，提调添力成就，万户阿散忽都鲁张文质讲究，更张一十三车脚价添作海石至元钞一两六钱，香糯一两七钱，运粮二百九十三万六千五百三十三石。四年，中书奏：委行省张间平章。高参政昉提调与本府官，并朱张旧运粮头目讲究远规。是年并一十所为七所。昆山崇明所、松江嘉定所、台州杭州嘉兴所、常熟江阴所、庆诏所、香糯所、时正万户王柔，由杭州路总管改授，厚重有谋，命其整治，条具上陈。其目有五，曰：固本、作气、去扰、辨事、得人。其盖谓漕以舟为本，舟以民力为本。今海居之民，财匮货翔，煦妪覆护之不动。则本实先拨为经远谋，必固本为先。首以固本为提纲，终以得人为急务。二者相须，众目毕举朝廷是之。户漕简载著，为海漕久行良法。其论悉采郡人周文英所言。文英，宋吏部尚书，武仲七世孙也。又当陈杭州钞法，三兴水利，具载泽物彙皇庆元年，运粮二百八万三千五百五石。二年，春夏，二运漕值风飓，省府提调官右丞高资，善讲究便益事宜。本府提控按牍，无承发架合徐泰亨，条陈漕运之弊，更张十事。万户郝中议赴都省告禀，准用其七。当年泰亨给脚价，每石一十三两。徐泰亨，余杭人，当著《海运纪原》七卷，行于时。自是以后，岁运三百余万石。第以风信不时，或遭沙浅，或厄风浪，以致失滔。由此运到数目不等，然亦不减二三百万石。燕都内外官府，大小吏士，至于细民，无不仰给焉。至正十九年，至二十三年，张士诚所运每岁仅一十余万石焉。《元成宪纲要》至元三年，钦奉呈旨：

据运粮牵船头匹

"除海青使臣，应付铺马头口外，其余过往宣使军马人等，并不得夺要头匹。"至元二十五年，"钦奉条划，节该漕运司常切厘勒仓官人等，并不得收管不堪支持粮斛。在仓粮数时常点视，无致发变损坏。"至元二十八年七月，中书省咨。随处粮斛，皆系人户已纳干圆洁净好粮；儻运仓官、斗脚、船户、押纲人等，作弊侵盗食用。因而插和糠粃，或水拌抵数欺官。请行下合属，如遇起送，即令各仓用印封里。内一里本仓收贮，一里呈解本省。咨发前来，二里分付押粮官，卖赴直沽等处。收粮仓分，存留一里备照，开拆对样交收。若有湿润糠土不净粮数，定是根挨究治。"大德六年，御史台奉中书省剳付。"各路元拨船户军夫，除免差税。官给船只，专一漕运粮斛，别无余事。近年已来，纲官头目，中间作弊，齐敛钱物放富差贫，及自行代替。本管上司，亦不点视关防究问。以致如此，今后若有违犯，许诸人首告。收问是实，痛行追断。本管上司失检举者，亦行治罪。仰严加体察

施行。"至大三年正月，钦奉圣旨："节该各路达鲁花赤。管总提调，成就者，提调官收粮时分；好生的整治者，依体例乾源好米收者，湿润浥变休送纳者，这海道都漕运万户府官人，每依体例好米交送纳者，别了的官吏人等有罪过者。"至大四年二月，钦奉圣旨"节该海道都漕运万户府。运粮的时分，诸衙门不拣是谁，他每的勾当，其间休入去者。休沮坏者，修理船只，所用的木植，不拣甚么出产的地面里。收买的时分，管地面的民官，每添气力收买者，水脚钱依时尽数散到者。克减要肚皮的，监察廉访司官体察者。更运粮的官人，每自其间不提调管民官每不用心，好生体覆呵；有罪过者，委付来的万户千户百户官人，每好生谨慎，成就勾当呵，更添与名分赏与也者。不干济坏了勾当，要了罪过罢了者。"延祐四年九月，钦奉呈旨"节该海道都漕运万户府。江浙省官提调从长，召顾规划船只，斟酌地理远近与脚价。将合运的粮，依数起运到直沽里呵，转收运的人。每疾忙交送纳者，迟慢浥变的人每，有罪过者。旧运粮来的船户，使见识趁避不肯运粮呵，有司官添气力者。沿海地面官司如遭风船只，淊没了粮斛告呵，用心从实体勘者。运粮官吏船户每，船只遭风淊没了粮斛也，么道休说谎。使见识者，似这般的濒海委付来的州县官，好生用心根问虚实者，休只凭他每的文字破除数目者。"至治元年八月，钦奉条画"节该临清御河直沽运粮等军。近年逃亡所抛粮数，令见在军人包运，筋力疲乏。沪户下合该朵泛差役，并倚除免通制。"元真二年五月，圣旨："节该中书省奏。都漕运使司所管沿河仓分，随路部粮官吏与仓官人等，通同作弊。收受糠粃米粟，结揽轻卖，虚出通关，致有短少官粮，又收粮其间。各处官司，辄将仓官纲官人等，勾摄搅扰，沮坏漕运事。准奏仰漕运司官，各路部粮正官仓官人等，毋得似前通同作弊，收运粮斛其间。诸衙门不得妄生事端、勾扰沮坏。违者照依累降圣旨条画断罪。"至元二十五年三月，尚书省契勘大都居民："所用粮斛，全藉客旅兴贩供给。体知漕运司押纲头目，并船户人等，指装运官粮为名，将御河上下与贩物斛客旅，非理搔扰。及将在船物货强行剥卸，阻滞贩卖。以致京师物斛添价。都省议得拟令都漕运使司，严加禁约押纲头目船户人等。毋致似前搔扰客旅、阻滞船只。非奉都省明文，不得擅自拘雇"大德七年，河南省咨江陵路：偿运播州米粮，不行查照。尾文册，致令司县将近上田多人户，不曾点笔，却将无地消乏下户，监勒一概差遣。都省议得荆湖北道宣慰使你只儿嵬、同知不兀歹等，各罚俸一月没官，经历贾信决一十七下；都事崔祉、李真各决二十七，江陵路达鲁花赤忽鲁海牙、总管外德基各决一十七下，府判赵藏器、推官崔鐉、张从裕、经历知事王毅等，各决二十七下，提控按牍黄履道决三十七下，其馀司县正官比例各决三十七下。标附过名皇庆二年四月，江浙有咨。本省提调海运官咨："海运岁供京师所击甚重往往诈称风水，盗棐官粮。除已督责合属，委自廉幹正官於濒海去处，常切用心巡视体问。若有运粮船只无故沿海停泊，就将船主取招究治，画时催赶起发前赴直沽等处交卸，不得停留。本地面里正社长主首人等，容令湾泊，盗棐官粮作弊，一体坐罪。如果有遭风船只，随即根问虚实，体覆明白。依例施行外，切恐各处官司恃不统摄，看为泛常。合令山东沿海去处官司，严切戒谕，庶肯遵守。都省准拟。"皇庆元年，刑部呈准

弓兵本以巡警

差拨护送，实妨巡捕。除进呈宝货、金银、钞锭、丝绵、匹帛、贵理物货，依例止差弓兵其余粗重物货，不须防送。或押运人等，敢有违例占骑弓手马匹，各处官司就便究问。至元十七年七月初五日，枢密院奏："镇守军人，不时有诸投下及行钱做买卖等。赍着呈旨；

令旨各处官人,每文字便要差军防送,委是军人生受。奉呈旨今后休交防送者。"至元十七年二月,行省体知:各处递运官物,多差蒙古汉军骑坐出征马防送,靠损马匹,深击利害。今后递运诸物,必合防送,差拨步军。大德四年,都省咨:"议得行省应起运赴都诸物,当该提调正官互所委押运官眼同点检足备,如法打角。除金银、宝钞、贵细物货、丝绵匹帛,依例轮差州县,以次官、宣使管押。其余木绵、土布、造作等项、鹿重物件,止差宣使,将到元经手并库子人等解纳外。据诸项军器,须差色目官员与局官押运。其常课布匹,亦差宣使与局官起纳。却不得因而别差无俸及求仕人等押运。"大德四年三月,户部呈:江南起纳钱物,既有元差长押人员,各处又有防护军官人等。其州县伴送正官,合行革去。都省准呈。大德六年十月,中书省咨:如遇官物到于某处,指定端的,可到前路日期,于关上书写某日时到来,某日起程前去,行移前路官司,迎运防送。如不行指定实到日期,致令前路守候者,随即将元发关文官吏,取招断罪。至大四年,刑部呈准:各处行省并诸衙门起运官物。不分贵细粗重,俱要弓兵防送,皆由起发官司之弊。今后如必合防送之物,从地头官司于差劄上该写弓兵定数。如有滥给,从初判署官吏责罚相应。至治元年刑部呈准:除大都路见今头目押送外头四省。今后

合发出军流囚

不限月日,以寡就众,如及十名作一运。次差有役能干惯熟之人管押,直至辽阳行省交割,各取明白收管照用。外据河南、陕西、湖广、江西、岭北所辖去处,并腹里路分,亦合依上发遣。至治三年,刑部呈准:各处遇有合发流囚,本处差人管押,行移前路。巡尉官司接割,转发前去,取各处印信收管。元差长押直抵所指去处,取明白收管回还。若有疏虞着落拘,该地面官兵追捕。长押人员并巡防人等,验事轻重,断罪为例。遵守都省准拟。国朝典章至元十七年九月,御史台承中书省劄付:"据各处起运官物。其所差押运人员,往往不肯随逐车辆用心关防。或令车辆先行,自后根赶;及或越程前去安歇等候;复有径到地讫,往经十日、或半月之上,车辆才行来到。以此多致所押物货,沿路疏失损坏。私下着落站户唱车人等,陪偿不惟损失官物,耽误公事,实为滋引词讼不便。今后但有起运官物,就取押运人等甘结文状,须要亲为根逐押运,昼夜用心关防,毋致疏失损失。都省仰依上施行。"至元二十一年七月,御史台承奉中书省劄付:"据南京等路宣慰司呈。据襄阳路申:切见本路经过云南、四川诸部蛮夷官员,管押进呈马匹诸物,于内多有得替。或因事赴上官员,将带梯已马匹等物,别赍把解,发明文俱,称进呈为名,擅与前路官司呈状。或关牒倒行前路,于随处取要人员饮食、马匹草料、枮物、牵马人夫,恣意侵凌官司于所至之处。为是进呈之物,不敢违误;其所押物货,未知是否进上;例支破官钱,动摇于民。如此蒙蔽上下,俱无可见,至甚未便。今后遇有进呈等物,若今始自本处官司,明给申覆上司文解。并押运人员,差劄前路文字,开坐数目,今经过去处。依验应付饮食、草料、合用人夫。赴上亦凭元解,领纳所进之物,似不枉负官物,庶使于民各得其益。申乞照验。"本司看详襄阳路所申,若令行省等衙门差劄。明白开写。合运官物,应付脚力实为允当。具呈中书省照详。都省议得依准所呈:"今后遇有进呈物件,本处官司打角了毕,点数箱^装包篋,称见斤重。于押官差劄并关文上明白开写,行移前路应付脚力人夫。迎运前来,所司验数收受,外据饮食草料。依例施行。"至元三十年七月,行御史台准御史台咨:据监察御史呈,因公差至陕州胡城站,西路逢押纲葡萄酒驮色目人员通起马,一百一十一匹。内驮酒马六十二匹,押运官乘骑并驮行李马一十四匹,兀剌赤骑坐三十五匹。

本站马数不敷，与前站相并，又有打过上站马匹，应付去讫。又体知得陕西汉中道庶访司察知使臣兀里纳铺马上夹带水银，本司见行取问，单职照得大都至安西各站铺马，多寡不一。据实驮酒马六十二匹，押运官行李回马四十九匹，如此多冒，盖因元起发官司，于起马关文内不行明白开写实起马匹纵令押运官中间恣意稍带诸物。其各处所设脱脱禾孙，止凭前站关文，即行应付，并不盘当，习成此弊。奉中书省剳付：都省议得今后各处运系官诸物，自起程官司将物货盘称见数，如法打合封记，备细数目，于押物人。若剳内明白开写，验实起数目，可起马匹。并元刺赤斟酌缓急，分作运次庆付经过。脱脱禾孙更为点视照勘差剳，不致夹带余物。如有犯之人，同元起发官司一体治罪，及脱脱禾孙不为用心分间，亦为严加罪责。除外仰照验依上施行。皇庆元年九月，江西行省准中书省咨。刑部呈济宁路备济州申。任城县准捕盗官牒：照得江南各省押运到官物人员，各赍行省剳付。粗重物价，并要防送，动将捕盗官吏打骂，及将弓兵人等吊拷剥脱衣服。都省照得先为递运系官诸物，除金银、宝钞、贵细物货，合用防送弓兵，照依路关文，随即应付，多者不过一十五名。押运人员，不合多余差占，及不得须要捕盗官防送。外据粗重物货可人窥图之物不防送。又照得多有海外诸番进呈狮、象、虎、豹、汉马、犀牛、猿猴，并江浙四省押运到年例支持皮货、糟姜、添器、桐油等物，并海道屯田迎运粮斛、饵子、园米、鱼货、小料船只，并赴任回还官员老小自己船只，及纸经、板经文、茶货、甘橘、药物、木瓜、铜器、心红，拘刷到相扑人等到来本镇。有押运人员，止凭前路关文，便要正马弓兵及正官防送，实是生受，合行备申，乞照详施行得此。本部议得弓兵之设，本以巡警盗贼。其各处起纳诸物，不分贵细粗重，一概差发官兵护送，实妨巡捕。事击利害，以此参详。如蒙都省再咨各处行省。除进呈茶货金银钞锭丝绵匹帛贵细物货，依例上差弓兵，其物粗重，不须防送。照会本部禁治相应，具是照详都省，请依上施行。大德典章大德五年十月二十四日，江西行省准中书省咨：兵部呈奉省判本部呈伯颜签省言

扰民不便事

内一件东平路起运诸物，元定千斤百里中统钞一十两，草料涌贵，官支脚价不敷。自今街下雇脚，千斤百里，该钞一十七两，若依街下脚价中统钞一十七两。顾觅不致扰民。曹州申，今后千斤百里脚价例量添一倍。河间路申，如蒙照依街市两平和顾相应。河南行省咨。河南府申，和顾脚力元定千斤百里山路一十二两，平川一十两，近年诸物涌贵，其得脚价不敷，合无照依自今各路车杖，实该价钱预为支发。两平和顾，似不扰民。至元二十九年，靳黄运粮，下水千斤百里，脚钱中统钞六钱，别无上水定例，议得上水比下水增倍作一两二钱，旱脚价钱亦合比元定之上量添加五，本部议得山路脚钱一十二两，平川一十两。虽是在先已定通例，却缘比年诸物涌贵迎运类数，止循旧例，实是亏民。参详除大都至上都，并五台脚价外，其余路分。今后应有递运诸物水脚价钱。比附行省所拟，上水添作一两，下水止依旧例六钱，旱脚山路作一十五两，平川一十二两，于不以是何钱内随帅放支相应。奉都堂钩旨，运送兵部照勘明白。议拟通例，连呈奉此照得。至元二十五年四月，本部与户部讲究定各都起诸物，千斤百里，平川支中统钞一十两，山路一十二两，水路六钱。又於大都路倒除水脚，卷内照得千斤百里，下水支钞七钱，上水八钱，为不见几年分定例行。据大都路备通州申，官雇水脚。于大德三年，为江西省钞本和雇到水脚价例系蒙省委倒除官定拟到，上水八钱，下水七钱。到今依此例和顾外。据和顾水脚即与官顾例同，旱路平川和顾脚价钱二十两，山路和顾驰运五台帖货拟支钞三十六两，开

申乞照验。及照得元真二年六月，承奉中书省劄付江浙省备杭州路申，约量定拟里河千斤百里，支中统钞六钱，外江上水七钱，下水六钱，移咨本省，更为可否相应，依上施行。又照得大德四年七月二十九日，承奉中书省劄付本部呈高唐州申，迎运官物，差拨百姓车牛生受。都省议得起运官物，已有定例程限，今后各处行省应起诸物，趁河水通流，分运起遣。若遇河水结冻地面，官司将紧用细物，秤盘实有斤重，官为两平和顾快便脚力，直至前路总管府交割。合该脚价，于本路不以是何系官钱内，即便应付等事，除外仰遍行合属，依上施行。奉此除遵依外，今奉前因，本部议得迎运脚力，若从诸路两平和顾，先行放支脚价。虑恐各路为无定例，冒破官钱，将来倒除。倘有争悬各言彼处体例如此，似难关防，以此参详。除大都至上都并五台脚价外，其余路分，比附各处所拟千斤百里添，中统钞为则。量添旱脚山路作一十五两，平川一十二两。江南腹里河道水脚，上水作八钱，下水七钱；江黄河上水一两，下水七钱。验实有斤重，于不以是何官钱内，即便放支和雇迎运相应，具呈照详得此。都省议得除下水脚价，拟依旧例六钱外，余准部拟。除外咨请照验，依上施行。大德六年七月日，袁州路奉江西行省劄付据南康路申，准饶州路关、准信州路关、准衢州路关。照得大德五年十二月初二日，据常山水步站申，有福建闽庆南剑汀泉饶信等路，起解金银段匹等项，纲运从本路经过，或三扛五扛，先差长押官并库官库子管押，续后或两次三次，又差库官库子人等，管押根赶元委长押官，并要站船装载，每长押官库官库子人等依准前路文字不问五扛之？上十扛之下例要迎运船一只，站船二只。今后起解物件，如四扛之上十扛之下，莫若令所委人员，就坐迎运船只，免用站船。四扛之下，所委人就坐站船，免用迎运船只。如此似望两得其便，乞照详得此申覆通政院照详去后大德六年四月初四日，承奉通政院劄付，该准申施行。奉此关请依奉通政院劄付事理施行准此申乞照验，省府仰依上施行。

状 谢状三

《唐刘宾客集·汝州上后谢宰相状》

朝议大夫、使持节汝州诸军事、守汝州刺史、兼御史中丞、充本州防御使上柱国、赐紫金鱼袋刘某，右某。自领吴郡，仍岁天灾。上禀诏条，下求人瘼。地苞薮泽，俗尚剽轻。悉心抚绥，用法擒捶。事繁才短，常积忧虞。忽蒙天恩，稍移近郡。家本荣上，籍占洛阳。病辞江干，老见乡树。荣感之至，实倍常情。印绶所拘，不获拜谢。瞻望德宇，精诚坐驰。无任感恋之至。

《苏州上后谢宰相状》

朝议大夫使持节苏州诸军事、守苏州刺史、上柱国刘某，右某，今月六日到州上讫某山东一书生，潦倒疏阔，在少壮日，犹不逮人。况今衰迟，智力愈短。相公哀怜不遇，擢授名邦，实荷弘奖，惭非器使。伏以当州籛大寖之后，物力萧然，饥寒殒仆，相枕于野。誓当悉心条理。续具奏论。才术素空，忧劳方始，惧无闻问。忝负恩知，不任瞻望恳迫之至。

《宋钱塘韦骧集·到任谢监司状》

右某言念叨奉恩除。误膺郡寄，涓辰惟谨。始视事以厉精，冒庇云初，窃抚躬而知幸。兹焉依仰，至矣情诚。恭惟某官，德量渊宏，材规高远。副九重之柬擢，振二浙之风声。持节此方，其尽光华之实。旌能不日，仁跻清近之班。某尸职海濒，驰心节下。未遂参承之愿，且通悃愊之勤。倾向攸深，叙陈罔既。谨具状谢。谨状。

滁倅到任谢监司状

右某伏奉敕差前件差遣，已于今月十八日到任讫。非材佐郡，方虞视事之初。高位钧仁，固识托庥之幸。恭惟某官，聪明坐照，德谊内充。表仪群吏之端，振举百城之治。某乍颛职守，仰奉声辉。未能听教于门阑，第用驰诚于音驿。

谢省主韩端明状

縻躯漕局，旷迹计庭。望德兹深，一时浸永。方贡诚而未几，遽拜教于不图。荣慰虽多，跂瞻愈切。伏惟经画余暇，福休迭来。恭以某官，识洞渊源，器函方格，奋身胄族之贵，平步鼎科之雄。公忠久荷于倚毗，材术累更于践历。剸烦曩日，肃天邑之浩穰。任重此时，瞻邦财之用调。未遂钧衡之用，尚淹廊庙之资。而某凤被奖知，日蒙庇赖。既贯行

于戒命,且善颂于聪明。愿观当轴之荣跻,以快舆情之窃议。伏望上为邦社,精调寝兴。

转屯田谢监司状

右某:伏蒙恩授前件官。累日序迁,公朝之必信。非材冒进,志士之所羞。自惟拜命之初,深积省躬之愧。反思所及,推致有由。此盖伏遇某官,盛德兼容,深仁均暨。远俾污疏之品,坐逃逭旷之愆。遂忝陟明,可非惊宠。惧于虚受,愿充称服之为。勉在益恭,窃慕循墙之戒。庶几补报,仰答吹嘘。

谢运判奉议状

右某。叨奉纶言,误参漕计。已涓辰而视事,幸联职以依仁。恭以某官,器业渊宏,材猷高迈。早致身于朊仕,暂持节于远方。积粟阜财,一归于善画宽民来吏,久著于休声。仁膺不次之恩,少惬至公之论。某束装兼道不日趋风,方图驰恳之勤,遽辱飞文之贶。感惭弥甚,敷谕奚周。

谢提刑朝议状

右某。叨奉恩纶,误参漕计。视事刚辰之吉,窃辉华使之余。恭以某官植操端方,秉心冲厚。以学术济通识,以德量持高材。远方尝赖于宣风,要部复繁于刬剧。此时闽粤,暂烦揽辔之清。不日朝廷,即有封轺之召。某依仁兹始,通谒未繇。方驰恳款之勤,遽辱缄题之贶。其为感怍,曷罄指陈。

谢泉州知州陈大夫状

右某叨奉恩纶,误参漕计。涓辰视事,犹在于兼行。走介枉书,遽承于厚意。伏以某官,学穷道奥,识照几先。久播休声,番膺遴选。荣持使节,已丰湖外之财。远剖州符,暂抚泉南之俗。尚稽通谒,第切倾风,更冀保调,以符瞻祝。

谢诸州知通状

右某。误膺宸命,叨贰漕权。虽瞻觌之尚赊,在诚情而预慰。伏惟某官,忧恂固守,谦厚自持。先形诲牍之勤,如挹风规之茂。感惭弥甚,敷谕奚周,谨奉状谢。谨状。

谢泸南毕抚句状

右某。比者御命之官,涓辰视事。方窃依于邻庇,尚稽致于邮书。先承翰墨之华,愈重情诚之愧。伏惟某官,受材通敏,执节端平。久参使幕之雄,行迓延恩之渥。仁期还驭,即款高标。更丐珍顾,以符善祷,谨奉状谢。

贺谢梓州路运使秦朝散状

右某。伏审光膺宸诏,荣领使台。宣扬王休,慰释民望。恭以运使朝散,材猷高远,术学宏深。累更委寄之劳,久著声华之盛。再烦杖节,出临左蜀之雄。即听封轺,入践清途之要。顾惟哀迹,幸迩高风。在驰庆以未遑,遽贶音之先及。感惭弥甚,敷叙奚周。

谢新兴元知府蒲大夫状

右某伏审光膺诏检,出领藩条。千里传闻,同辞相庆。伏惟某官,材猷高远,器度博深。尝持节于此邦,率御遗惠。惭承流于盛府,尽恹先声。在驰庆以尚稽,遽睨音之首及。感惭固甚,敷谕奚周。

谢益宪庄朝奉状

右某。比者叨奉宸恩,误膺使指。揣薄材而非扰,涉远道以徒劳。夫何天幸之深,获迩邻光之盛。况眷存之有素,在向往以无穷。方图驰悬以上尘,敢谓贻书之先及。悚若芒背,泚然汗颜。恭以某官,德性宏深,诚心纯固。涵养粹和之气,从容澄按之余。念旧物而不遗,诱愚衰而加勉。飞章论笃,已御昔日之恩。诎礼见容,更荷此时之赐。伏谒既拘于营职,瞻风第切于驰情。伏望上为庙朝,精调寝馈。

谢前海门徐主薄状

右某。久阔绪言,积瞻思而无算。向缘同事,忻际遇之有涯。旋审见星之行,遂虚披雾之愿。弦朔易改,音邮莫传。幸单介之遽来,荷尺书之远及。伏承俯就礼制,载安寝兴。宿学周才,虽久淹于栖隐。修途清贯,行仰听于飞翔。会晤尚赊,保调是请。

谢成都许龙图状

右某。比者叨奉宸俞,误膺使指。跂辉光而甚迩,图谒伏而未缘。方驰向仰之情,遽拜诲音之辱。恭以钤辖知府内翰,材包经济,学极渊源。高文首出于时英,伟业久淹于法从。出持旌节,虽安远俗之心。入秉钧衡,始慰四方之望。不日伫承于趋召,惟时当遂于走迎。伏祈上为庙朝,精调寝馈。

谢雨钤辖状

右某。叨奉宸恩,误膺使指。想风规而甚迩,图谒候以未缘。伏惟钤辖皇城,材略素高,谦勤自损。枉缄縢而先及,荷诚意以弥深。悚刻不忘,叙陈奚既。

谢秦凤宪喻朝奉状

右某。叨被宸俞,滥膺使指。虽获邻于部境,尚阻造于门墙。先辱诲音,倍钦睠意。感惭固甚,敷谕奚周。

谢权梁山王朝奉状

伏审涓辰,已谐视事。辱长笺之见及,荷勤意以弥多。知郡朝奉,术学素深,材猷兼茂。临事肯违于中道,长民必惬于舆情。伫聆惠政之传,以慰鄙怀之俟。尚遥觐晤,更祝保调。谨奉状谢。

谢贺王安抚转遥刺再任状

右某。伏审光膺宸命,重绾使权。显矣遥麾之荣,优哉连任之寄。愧驰诚之尚缓,荷贻翰之特先。伏惟安抚钤辖作坊，材器素高，声华凤振。投笔盖当于遴选，拥旌静镇于遐方。俄治誉之蔼闻，致恩辉之被及。轻裘缓带，风威颇类于祭军。增秩赐金，宠异果符于汉表。未缘谒庆，但切忻愉。谨奉状陈贺兼谢。谨状。

谢新知全州王左藏状

右某。伏审光膺宸命，荣绾郡章。伏惟庆慰，窃以知郡左藏，学通儒术，智达兵机。久摅将领之能，果陟承宣之任。方图驰庆，先辱枉书。欣感尤深，指陈莫究。

谢高丽国王送遗状

特损缄题，曲垂惠贶。文犀饰带，知远物之可珍。宝匣将仪，见深诚之相契。勉受勤渠之意，益境感怍之情。

谢监司状

比者恩纶从请，符竹叨荣。方只命以就途，遽涓辰而视事。幸亲高庇，殊惬深□。伏以某官，器识渊宏，材猷超远。出领外台之寄，上分旰食之忧。总治有方，均被列城之福。陟明伊迩，伫闻三节之招。图修谒以未缘，第钦风而弥极。伏祈为国自寿，副人所瞻。

谢转司农上提转状代陈少卿。

卿官立贰，居者固难其才。帝泽优贤，得之尤足以贵。俯伏拜命，惊惶失图。何则？朝廷清明，国家闲暇。正臣当轴，端士告猷。台阁聚精神，轩墀多謇谔。爵禄之器，安有假人。车服以庸，未尝滥赏。或越等伦，而擢其事业。或累岁月，而不及显高。灼然黜陟之行，甚若丹青之著。侥求者罪，所以激贪夫。恬守者荣，所以嘉清节。尽出至公之道，复还治古之风。在冠冕之班班，宜忠良之一一。而某衰迟晚节，偾俯外藩。分符积年，剸剧无效。昨代归于泗水，因得请于光山。腹背之毛，分不增于远翮。口耳之学，聊自养于微躯。咫尺乡闾，优游物局。作疏闲之身计，期终毕于天年。岂谓望圣睠尚回，周行引重。不使废去，未谐私谋。旋领职于富川，仍迁曹于右棘。而况司农系乎重寄？历代谓之大官。窃省匪能，曷臻斯地。此盖某官，借名特甚，推庇殊深。天幸虽至，而不敢自盈。官责愈高，而第知加惧。戒存肺腑，何必循墙。事极虑思，愿忘闭阁。仰答生成之赐，俯全按举之威。恳款所潜，指陈奚究。

廷评谢授官状

右某启，伏蒙圣恩授前件官。仰明宠灵，就安里落。皆自吹嘘之力，载华衰朽之踪。愧荷所深，指名奚究。

《清江三孔集·到任谢执政状》

越从支郡，更刺大州。受任踰涯，抚躬知惧，伏念某志虽好古，才不逮人。偶于患难之余，获从英俊之后。叨尘近列，愧负明恩。屡请为藩，亦图自效。寻上宣城之绶，稍扬章浦之舲。尽涉江圻，值秋澜之涨溢。少休官舍，当岁事之丰穰。已与吏民，共安职业。此盖某官，以研几致用之学，辅继圣配天之功。甄叙众贤，一于公义。顾瞻雅俗，临以从官。遂令不敏之资，亦冒长人之寄。器有小大，方惧于颠踣。政贵中和，亦期于勉强。誓

殚蹇浅，仰答陶琛。

代太守谢许推官状

窃审令似，妙年射策。精选中科，欢动家庭。美腾士论，某官潜心于学，饰吏以文。及时欲立于功名，教子不忘于诗礼。余风及后，已成新美之才。便殿传名，遂预后贤之第。仕将道，禄亦逮亲。足明经术之修，不负义方之训。首承推借，良切感藏。

谢得解秀才状

尝谓方今之士类最盛，诸郡之岁贡甚廉。掩之以仓猝之成，落者有纷纭之众。负材而黜，则自足收后效。无艺而中，则何以弭群言？是非赴举者之重轻，实系主文者之荣辱。故夫端毫定次，盥手剥封。见一有望之人，以为亡涯之喜。如得在已，相庆以言。伏惟某人，以勤劳之心，辅明敏之性。浩乎学问之积，萃矣议论之高。如某荒薄之资，何以当考校之柄。惟其自励不敢少轻，譬弋者之张弓。忽连鸿鹄，犹钓夫之垂饵。遽获鲸鲵，出于偶然，非其力也。而蒙曲垂谦德，首赐长缄。归功于不肖之躯，用何报甚盛之意。春官覆实，天陛程能。冀余勇之必先，当大敌而不衂。玛玛被采，卞和免刖足之忧。骐骥见收，伯乐无失鉴之诮。实心所望，指日以须。

《文同丹渊集·谢运使按巡状》

右某。近烦使节，远按州麾，薄领狠丛，纲条梦弛。重劳检诘，悉免讥诃。岂惟不肖之蒙休，抑亦群僚之甚幸。此盖运使少卿，宽于临下，诚以接人。念其间有所未周，盖于理实亦可恕。使新后效，与霁严威。高轩遽还，畏途正炽，计神明之所祐，想福履之尤佳。某限守郡符，阻趋宾闼。其诸感佩，莫尽宣言。谨奉状起居兼谢，谨录状上。

谢成都运判太博状

右某。伏审被宸扆之褒章，领簿台之副节。岷领之下，岂独幸提封之吏民。涪江以东，实大慰同党之亲友。用才而当，闻命皆欢。伏惟运判太博，夙有令名，共推远器。学问淹博，才谋敏明。归按新书，已驰平允之誉。上陈美绩，果委将输之权。恩除初行，众望殊快。何未遗于鄙朴？忽先辱于音题。佩服谦辞，铭藏陋府。未皇瞻晤，徒切倾依。谨奉状贺兼谢。谨录状上。

谢凤州都监供奉状

右某。去国十年，守蜀三郡。居常渴德，坐失为书。比奉疾邮之来，忽承累幅之惠。过蒙存录，深负悚惶。伏惟都监供奉，才辩而文，性和以毅。向闻讵误，偶滞骞翔。赖昭洒之既明，当选抡之甚迩。勉期善养，用对优恩。瞻晤未皇，企延徒切。谨奉状谢。

谢西乡西县中舍状

右某。近被中除，狠迁前列。岂谓眷存之厚？特形庆贺之深。感佩良多，擿裁罔既，谨奉状谢。

谢庆州焦推官状

右某。伏审较能省部，赞画戎藩。修礼未皇，飞文见及。蒙此厚眷，亟于鄙□。伏以推官，秘惕儒术，通明吏事。强敏叠伏，士论尚淹。宾筵曙事云初，先书以觌。过相存录，深用感铭。未遂瞻依，所期将护。谨奉状贺兼谢。

谢三泉知县赞善状

右某。比者只膺朝检，移领郡章。已试薄才，辄临庶务。方驰诚而往谢，忽遣介以见存。伏惟某官，出忠孝之家，禀礼义之教。夙诚懿德，休有令名。尚绾邑符，固淹舆论。下眷僻藩之守，特修邻土之欢。佩荷惟深，纪铭曷尽。谨奉状谢。

曾巩《元丰类稿·到任谢职司诸官员状》

右巩。比者只命守邦，涓辰视事。维是孤蒙之质，幸依庇冒之余。窃念巩，材不逮人，学多泥古。久备官于田府，徒窃食于累朝。兹假便藩，实缘私请。伏遇某官，体仁为任，充美在躬。素自结于主知，方出宣于使指。

曾巩

敛时利泽，播在东南。籍甚休声，洽于中外。顾忝属城之任，实谐德宇之依。尚阻参承，但深欣拚。

《强祠部集·代谢运使工部保举状》

某，自少也贱，是今之愚。学弗名家，力徒稽古。一窃科籍，久靡禄钟。间关四纪之余，忝数州之寄。唯临淮之陋壤，乃讼汴之要区。自领一麾，仅弥期岁。事敝未革，民瘼尚留。日虞官瘝，以底吏责。岂谓某官，曲矜懦介，特赐甄杨。掩其疏短之才，谓可剧繁之使，亲形封奏，上达冕旒。感积于中，望逾于始。昔者楚谚珍季氏之诺，不啻得金。鲁经尊仲尼之褒，有逾赠衮。窃较幸会。迥越旧闻。敢不佩服攸箴，周旋乃事。天幸虽至，而不云之喜。官局是专，而靡营其它。永矢捐躯，仰酬知已。

代谢施待制状

昨以它郡寓家，便涂只任。子居虔命之署，冷甚广文之官。岂谓曲谅愚衰？过垂恩恻。俾泛台牒，往促漕舟。阶缘公为，协膀私欲。获挈贱累，尽归巨麻。此盖某官，尽物以诚，任仁于已。永言感服，曷究指名。

代谢二司状

某。到郡累旬，监州无状，薄书弗整，管库少严。制锦致伤，虽强学而安可？血指为断，盖不能之使然，承揽瞀之按临，欲望风而引去。不时斥罢，尽出优怜。知无不为，力图拙者之效。死而后已，誓答仁人之恩。近阻高明，谅臻禧福，伏望顺节自寿，协时所瞻。

代谢两府状

被恩至渥，冒职如初。俯伏拜嘉，兢惭失措。伏念某，早缘曲艺，窃缀茂科。逢辰寡资，累日取进。向领漕权之重，往当河朔之雄。方殚鄙才，思称繁使。而所属列郡，非良长人。致狂仟之不咸，婴孤诚而自守。不能虑事而先挺，徒尔倾忠于已萌。赖庙算之万全，破寇巢于一举。私心俟黜，恩典从宽。止夺使麾，尚叨守级。虽频年易郡，未始满期。而南服按刑，仅谐累月。岂图明命，复眷孤踪。就改外台，俾还旧物。盖使过者欲功之勉，尝失者知得之荣。靖言忝尘，厥有缘自。此盖伏遇某官，代天敷化，当轴均仁。匠物谓无于可捐，器人容有于不备。卒令驽猥，仍玷龙光。敢不究悉事权，激昂志尚。少图拙者之效，庶答大钧之私。

代到任谢两府状

右某，比者就蒙细札，移领善邦。望阙非遥，假麾何幸。窃念某，本由平进，亲遘盛期。累日而取官资，固无它术。应宿而居郎位，诚玷茂恩。而复频更左符，率迩乔木。唯泗封之故郡，实淮服之会区。曷称哀迟，辄当繁要。此盖伏遇某官，代天敷化，与物终仁。异分外补之荣，曲尽大钧之赐。敢不周旋乃职，黾勉在公。永矢捐躯，仰酬知已。某下情无任，感惧激切之至。

代谢诸官状

兹以短才，猥当烦使。丛然财赋之供亿，乘以簿书之冗纷。徒耳倾风，未由奉记。岂图情烟，首觊音滕。意在远而弥亲，礼由谦而益厚。仰衔勤抑第切铭藏，歆溽云初，标仪尚邈，勉绥寝悚，前对宠荣。

代谢转官状

帝飨告成，德音申谕。泛均洪泽，施及冗员。被宠匪叨，拜嘉知愧。伏念某，本緜曲艺，进冒茂科。早缘幕廷，寝践闺藉。止图累日之效，以致积星之联。岂谓礼讫总章？庆覃列位。或讲求旷典之旧，或侍从严祠之劳。此而例迁，固匪虚授。若兹忝据，良自贪缘。此盖伏遇某官，素最霄期，致阶荣渐。卒今驽猥，亦玷龙光。敢不加慎操修，益思树立。上酬天造，次答己知，舍是而它，不知所措。

代谢二司状

露章易郡，得请还朝。获遂私诚，将违公庇。怔惶承命，喜恋装怀。伏念某，荏苒外麾，徘徊末路。力图为政之效，日抱瘝官之虞。重以迎侍安舆，阻遥故里。虽竭晨昏之奉，殊乖羞膳之宜。然君父之命已行，弗宜数改。而人子之心未尽，因用上陈。岂谓睿慈？俯从愚款，此盖伏遇某官，素推大惠，曲轸孤踪。赞行终物之仁，使就养亲之便。永惟感幸，曷究指名。

代谢两提刑及王工部状

近值崇车，出临属部。俯惟迟暮之景，守在会冲之邦。处事弗精，瘝官是惧。尚繄宽假，不汝苛批。去德未遥，佩恩良极。仰惟福履，举集休祺。恭以某官，才为吏师，名重物论。行甄风绩，骤被褒华。

代得替谢上司状

术短事丛，地卑郡要。加廷闱之奉养，有风土之乖殊。弗便旨甘，膀形恳请。愿除便郡，以就私诚。露章方闻，论诏随下。矧迩更书之代，将违荫宇之酿。得免官瘵，卒以理去。靖言所自，厥有繇然。此盖伏遇某官，早借题评，俯矜朴直。靡尤庶务之旷，曲示兼容之优。获解守麾，俯行舻之人觐。回瞻恩馆，惕感涕之无从。

代谢提刑状

近以露章宸冕，卜兆亲茔。因缘尽室之还，将就乘舟之便。为谋弗熟，引日固多。值使之按行，呼篙工而诘问。仍移牒命，俾述事端。虽勉开陈，尚虞举劾。岂谓靡充既往之过？特寝必行之文。此盖某官，量极兼容，仁推再造。念效官四纪，粗守于谨廉。使窃宠一麾，获全于荣幸。欲报知已，敢辞捐躯。

两制谢状

只奉明缗，就叨宠寄。京畿近服，邦漕重司。并集茂恩，骤加庸品。窃以为国领计，须官得人。愧输中都，不腹民而厚上。澄序庶位，不简贤而附权。具是兼长，乃名宜职。苟容窃吹？曷弭公言。某效局无堪，瘵官有素。江淮易任，曾靡宁居。金谷主谋，悦迷旧习。岂谓浩繁之委，不遗孤冗之踪。此盖伏遇某官，言味借优，褒华引重。振拂污滞，矜怜介愚。寖闻当宸之聪，遽复外台之命。敢不周旋乃事，恪慎厥修。永矢捐躯，仰酬知已。

代谢王舍人状

逖阻风猷，寖更年所。日为簿领之关掌，坐致音膝之阔稀。方切倾贤，遽蒙占教。感与抃会，情钧礼优。恭以某官，凤练善经，荐扬肬仕。沈毅有略，不废壶歌之欢。啸聚自潜，已绝萑蒲之警。果凝显烈，骤陟荣班。

代谢许发运状

某一窃科籍，久縻禄钟。累日而取官资，固微他术。应宿而居郎位，诚玷茂恩。向叨郡绂之荣，越隶使台之属。馨殚拙效，讫乏最称。逮秩满以还朝，仍便麾而假守。靖言忝冒，厥有阶繇。此盖某官，为容有先，增价之倍。卒令驽猥，亦被龙光。敢不佩服攸箴？周旋乃事。庶几一得，云补万分。永矢捐躯，仰酬知已。

谢经过诸处官员状

近沿台牒，获道治封。上谒宾除屡遘贤规之粹，讲欢宴俎过蒙主礼之优。还局而来，息肩未暇。复往推于诏狱因旷奉于音膝。尚赖宽明，弗以庇吝。伏惟歆炎贯，序福履餐和。谘款寖辽，倾詹曷既。益绥燕起，前对褒升。

代谢王副枢答书状

近者伏闻某官，光胙徽册，参掌繁机。增天子得贤之称，副大臣行道之实。幅员亿

姓，咸托于钧陶。藩翰下寮，窃形于距跃。因倾愚悃上浼台光，岂谓公辅量宽？庙堂政暇，自忘绝礼。回贶钧函，拜读以还。兢荣失据，伏惟缉熙帝载。翕受天祺，恭以某官。王佐伟才，民灵先觉。高文大册蚤冠于隽科，华贯严途荐扬于圣世。备纾贤业，自结主知。密侍清光，益隆体貌。禁局视草，久屈将明之资。枢幄畅谋，聊分宥密之奇。行明缗之登进，职上衮之凝严。副国倚毗，协时瞻属。

代谢许州相公状

倾在三川，屡为属吏。第疲驽而自守，微铢两之足甄。伏蒙矜怜介愚，终始振拂。预郎垣而窃宠，忝侯阃之亚麾。讫赖曲成，敢云自致。孤生之幸，怅论报之无堦。仲氏之愚，复托踪而得地。出入材馆，贸迁岁筒。辞艺荒芜，滥肩下客之列。礼遇优厚，率荷上台之仁。会还印于宰廷，方建麾于京辅。首录门下之贱，俾缀仕阶之荣。露章上闻，谕命随降。弗由稽古之效，遽有进身之基。靖言战惟，厥有攸自。此盖伏遇某官，大钧播冶，煦律吹枯。匠物谓无于可捐，器人容有盍不备。是令茂渥，辄及鳏儒。棠棣微生，尽沾雨露之泽。鹡鸰翾品，皆缘卵翼之恩。永矢縻躯，仰酬知已。

代谢中书状

滥被恩俞，出司宪职。语能且薄，荷贵惟忧。窃以国家，忧尚至仁，哀矜庶狱。治刑之吏，或舞于深文，抵罪之氓，间罹于密网，因重按章之选，俾澄滥罚之源。宜得敏材，以当繁使。伏念某，肖灵非粹，学古不优。早从朝弁之华，寝冒书林之目。以至分守符之宠寄，备王府之泛员。馨竭鄙才，讫微善状。优游一郡，思全懒放之怀。董按列城，本非平素之望。靖言尘玷，厥有阶繇。此盖伏遇某官，翼亮天工，运平帝绎。器人容有于不备，匠物谓无于可捐。坦然至公，施及无意。敢不周旋乃事，恪慎厥修。誓殚一介之勤。少答大钧之赐。

代谢李兵部状

比缘厚幸，得备属官。向因愚悃之倾，辄黩使威之重。岂图乘转给之丰暇？忘爵德之通尊。俯顾下僚，特还谆诲。仰佩一谦之美，第增三复之勤。恭以某官，元精所生，盛德之后。早跻缨绂之贵，自结矿疏之知。总漕节之剧司，方图显效。复相门之远躅，行被茂恩。

谢蔡学士状

蠢冥亡状，汩没于时。向补狱官，尝备掾属。辕驹局趣，曾建议之弗明。市狗悲号，或赏音之问及。泊冗曹之满岁，会卓马之还朝。无何孤踪，亦旅上国。天铨待次，殆困东方之饥。酒正乏员，遽叨北海之荐。靖言驽狠，曷称甄扬。此盖伏遇某官，兴劝官能，助开公道。不遗簪履之旧，力提管库之微。敢不佩服攸箴，周旋乃事。谨材六物，寅守于旧闻。第课三年，庶成于微效。

谢范阳军司理状

官舍接疆，日詹高矩。客车过郡，时剽美声。思清晤以未厓，遽珍题之为贶。恭以某官，才猷肤敏，方格淳修。一命开荣，尚淹于远躅。上台交荐，行蹈于亨涂。倍倾节宣，少

平颂愿。

代谢文相公答书状

　　蚤以孤单，素叨奖遇。迄被大钧之赐，浸贰外麾之荣。旋去门墙，漫逾岁月。一身御感，因罄叙于悃。兼幅渎尊，惧自贻于罪戾。岂谓王公之量？曲惟犬马之情。弗关摈遗，亲形诲谕。拜嘉至渥。论幸无涯。伏惟静镇大邦，具膺景福。恭以某官，天元间气，王佐伟才，以忠谊结主知，以道德为己任。画一之歌既作，休有成规。太平之策略行，翕臻至治。俄还宰印，出剖使符。幅员苍生，望晋公之再入。旦夕徽册，副周尹之具瞻。

代谢两宪状

　　某天资底滞，胄系霸平。早挟片文，脱尘一第。脱略名场之困，间关仕路之荣。旋贰方州，适居要地。鲜尝坐局，多所抗尘。间参决于簿书，迄无裨于课最。恧廉自信，单琐谁容。岂图经世之才，方重按章之选。夙夜重寄，品裁庶官。随器而任人，市骨而图骏。以某，外弗修于边幅，内粗守于廉隅。谅其介愚，谓可甄拔。特程露奏，上达邃旒，坦然至公，施及无意。靖言惟度，厥有阶缘。此盖伏遇某官，乐育兴怀，兼容成德。轻于慰荐，录此孱庸。敢不持前所存，觊后有立。糜躯以报，知己难酬。

代谢何龙图状

　　伏蒙特抗辟书，俾从藩服。匪才被奖，日度于何胜？成命未行，预虞于弗称。惟治朝之故事，付帅府之要权。得举贤材，以备官属。眷乃题舆之请，最居推毂之先。替行教条，关决政务。讲兵民之利疚，考风俗之便宜。当取经通之流，以光慰荐之首。如某者，胄从寒薄，性得颟愚。局若辕驹，固逮明之无所。欣如蛰蛰，第窃抃之为多。伏遇某官，为本先容，采荙下体。将令驽猥。亦玷龙光。傥夗翼生，获绿于恩馆。则顶踵酬报，不后于众人。

府推谢学士状

　　自去京都，亟来淮服。驰心翘馆之下，回首长安之遥。仰企高风，倍增劳臆。恭以某官，德宏业巨。行洁文醇，由妙年而取甲科，不累日而践华贯。早被温书之召，入登秘馆之游。赞剧治于神几，势非久次。畅辰猷于禁署，议所同归。愿辅粹襟，行光宠数。俯惟琐亚，倍百他伦。

谢李兵部状

　　近以骤远崇威，惧遗孤迹。愧向重知之地，尚怀未满之心。因贡笺函，仰通凡格。绿诚计之迫遽，致言词之诪张。谓尘将命之严，必冒渎尊之咎。终朝自省，悸魄难安。曷图大漕之崇，弗间冗曹之细。益恢全度，曲究下情。谓夫以贱干贵者，盖有欲言。由初及末者，方能成物。特宽罪斥，亲占教音。事绝旧闻，幸逾始望。惕焉拜赐，藏以为荣。兼审顺履时暄，诞膺景福。恭以某官，早纾贤业，自结主知。言施当世而可行，名揭本朝而甚白。连更重柄，未尝坐席之温。方总外台，行被诏函之趣。还台衡之旧柄，光史册之新书。庶俾孱庸，迄絷埏冶。

代谢二漕状

换县于兹,字人未几。官薄弗整,民瘼尚留。与锦使裁,虽强学而安可。血指为斗,诚不能之使然,闻揽辔之按临。欲望风而引去,不时警斥。尽出优怜,究悉寸心。誓殚拙者之效,周旋巨庇。庶免官瘝之虞,方远使威。第驰愚悃,恭以某官。才兼数器,名重本朝。纲纪列城之风,暂光主寄。发挥当世之务,行畅贤图。伏望上为邦家,精调寝饩。恭以运使舍人,直清不倚,庄重自居。名耸荐绅,道东当展。然外台烦使,诚曰籍才之司。而严署词臣,决非久次之地。

代谢举陟陟状

尸官下邑,才微分寸之长。被荐上台,恩甚丘山之重。事逾望表,感剧愚衷。伏念某,孤平之踪,汩没亡状。语能分齿于俗吏,行已恐羞于古人。一窃禄钟,偶逃于官旷。再污县绂,复避于亲嫌。向从淮服之遐,易宰江滨之陋。而且岁穰相接,民讼几稀。鞭扑牒诉之罕关怀,赋租科敛之易为力。顾何治绩?足称褒章。此盖伏遇某官,兴劝官能,助开公道。谅其懦介,谓可甄扬。特屈知人之明,猥形踸等之举。敢不周旋乃职,佩服攸箴。永矢糜躯,仰酬知己。

谢知府少卿状

长无寸才,寒有余地。百里自效,职颇惮于不修。二天误知,众遂疑其可取。近具版谒,前从府趋。詹棨戟之甚严,觉筋骸之如束。伏蒙甫宽苛礼,为霁严颜。损邦侯之达尊,加国士之优遇。以至均惠公庖之品,许陪燕俎之欢。千骑雍容,下临所舍,十目骇愕,相昨为荣,事信越于旧闻,心第藏于厚赐。下邑归去,尚恋卿云之浓。终朝度思,益知恩地之重。恭以某官,禀气间杰,为时老成。朝廷渴贤,方念元龟之旧。廊庙虚位,伫增显爵之光。孤生马依,四海金属。

谢通判国博状

某托庇岁余,发踪门下。散木成器,繄公输之光容。驽马为良,始伯乐之回首。近白吏事,往趋恩闼。方守阍之通名,已倒屣而垂接,敛板长揖,为寝阶堰之常。虚襟相容,不知州县之贱。以至燕觞延劳,驺御枉临。泥涂生光,僚友改观。守在民社,未几告还。詹言轩墙,犹有余恋。伏惟协班宽诏,坐拥繁禧。恭以通判国博,器完道醇,性洁文妙。雍容倅乘之任,岂曰尽才。颉颃书林之游,此其宜职。伏望为国自寿,以时考祥。

谢越州知府待制状

早听诸公之论,窃伏盛德之光。位貌间殊,情礼疏绝。怅自进之亡路,第仰高之有年。遽被上台之符,俾论会府之秀。虽殚愚效,曷裨劝驾之勤。比讫事经,方适拜尘之愿。而大贤不自贵重,一介亦加采收。以至燕俎将恩,钱壶申况。退铭盛遇,增剧丹□。伏惟讼俎昼空,道环天粹。恭以某官,器龉刚实,才贯几深。允蹈古人之直清,喜言当世之利疢。旋跻延阁之秘,自结严宸之知。东南请麾,已谐均佚之尚。旦夕被诏,亟对登庸之休。四海马依,孤生非佞。

谢杨直讲状

近并诸君，谬程多士。曾是辞才之短，介于孟季之间。而甘辛好殊，臧否锋起。人执一见，谁将适从。是实繁定鉴之精，与决群言之惑。卒多彼彦之在选，获谊有司之弗明。终朝度思，受赐深矣。复缘贱子之迹，尝出先公之门。掩其顽蒙，阴有怜奖。逮单车之亟引，素翘馆以增劳。伏惟替行宽条，翕受纯福。恭以某官，荐绅硕望，名世伟才。学造圣贤之微，文经邦国之要。贰东南之巨屏，犹郁群瞻。陟左右之严涂，乃云宜职。伏望为国自寿，副时所倾。

谢陈秀才状

发诏罗□，命乡辨材。伏审一摅妙文，旋中异等。远蹠此始，私心窃欢。首贻长笺，尤识厚谊。陈君即先辈，气得秀粹，学探本原。谅切禄钟之荣，勉从贡部之式。华岁方威，致身其时。青云在前，举足可到。永言钦颂。

谢通判国傅季点状

降屈贰车之尊，按临属邑之陋。若乃簿领之失谨日，门榜之成阙文庾吏。有斗升之差，馆人愆什物之备，过在为令，责将任谁？岂图为霁风霜之威，更开河海之量。掩而弗问，许其退思。方荫宇之马依，会行麾之亟引。再惟单贱之迹，最荷煦濡之恩。藐如婴儿，骤夺慈母。系 若疲马，敢忘故轩。属严气之作寒，愿顺序而自重。

谢富丞相状

比者只被恩书，与持计节。宠几于冒，分失其安。伏念某，偶席世资，闾通时用。介愚既定于所禀，矫揉虽劳而莫移。划策足于冗涂，固绝心于要路。向会高明之当国，一随长短以取人。缘是孤屏，亦叨奖拔。承财闾之官乏，何所建明。佐神甸之治经，终然暗拙，恳求外补，止觊小廛。曷图造物之仁，弗顾假人之议。遂以烦使，属之短才。既假漕台之剧权，又分淮服之近地。无桂玉之窘，足以致举家之温饱。有海陆之产，足以奉偏亲之旨甘。是私怀之便安，第官责之深重。按列城之吏状，要在澄清。笼一道之地财，抑资干济。当竭愚虑，以酬误恩。载惟单迹之生成，率自大钧之终始。即具舟楫，益遥门墙。叙感臆以无从，企台光而增恋。恭惟某官，器包民极，勋济玉涂。挟重计以尊本朝，履正德以仪庶位。三辰以轨，百化其凝。公路倚平，畅伟谋于当世。亲闱弃养，缠巨痛于终天。愈隆注意之私，屡降夺情之召。虽力祈终制，靡循方进之故常。而久黉具瞻，深跂晋公之再入。伏望节哀顺变，眠履考祥。上副庙朝之依，下平海寓之愿。云云。

谢筌赐酒食状

仆马瘏劳，暂遂宁居之适。酒看丰旨，兼蒙饫赐之加。戢感良深，谕言悲悉。

谢馆燕状

窃冒使华肃将君命，属征骖之税鞅，即候馆以肆筵。祇服恩勤，第增感真。

谢合食酒果状

邦家修睦,庆岁籥之履端。肴核优宾,参壶浆而申觎。仰承嘉惠,增戢愚衷。

谢春盘幡胜状

岁功遹起,春物滋荣。制妙飞幡,动镂花于剪彩。珍聚多品,错丝菜于雕盘。并此拜嘉,惕然萃感。

谢生饩状

车马少休,方谐定馆。饩牵并赐,迥越授餐。匪颁之礼既优,荷戢之怀良剧。

谢射弓御筵状

燕仪示惠,过蒙折俎之私。射礼序宾,曾乏主皮之善。其为愧幸,无谕感铭。

谢饯筵状

轻轺战饬,将事于征。嘉豆旅陈,遽叨式宴。良厚使禋之眷,特加祖軷之勤。祗佩弗忘,敷论罔既。

燕京谢酒果状

远驾单车,甫经别甸。特念行人之至,重烦使者之临。均沾玉斗之清酤,兼杂秀林之珍实。仰承优觊,增戢鄙怀。

谢两制状

谬被恩缛,出提宪扃。材轻责重,宠至忧深。窃惟庶狱之原,动系生民之命。虽诏条所约,深慎于吏文。而州县之间,或违于上意。因精使者之选,以董刑哉之难。必得周才,乃名宜职。窃念某,职非经远,品不及中。袭铅椠之遗芬,粗求寸效。究简书之深意,都懵旧闻。就领僻官,尚虞隳职。矧在淮州之剧,尤称犴狱之繁。此而按章,诚曰假宠。靖循忝冒,厥有阶缘,此盖伏遇某官,言味借优,褒华引重。振揣污滞,矜怜介遇。寝闻当宸之听,俾预外台之寄。敢不持存平允,考察滥冤。永矢糜躯,上酬知已。

谢燕王召赴筵状

适假便涂,甫休定馆,辱枉占书之况,俾参置醴之欢。感篆并怀,文陈非谕。

副使

出持瑞节,来舍畿都。猥辱温函,许陪盛集。祗承佳命,增刻鄙怀。

谢燕王饯筵状

凤驾单车,荐经会府。特置饯觞之礼,曲为行驭之辉。厚意所加,愧怀尤剧。

副使

六辔载驰，适首涂而云迈。百壶申，钱复供帐以加勤。诚匪名言，可论感愧。

回谢中京留守状

才廑远道，甫庋中畿。首蒙尺牍之诒，良极寸襟之感。永言欣慰，奚究指云。

副使

行人将命，方托于后车。管记占书，很加于末介。感铭之剧，谈悉非终。

谢中京留守召赴筵状

使辒入境，窃听于风声。主道优宾，首诒于音诲。俾参高会，并戢下怀。

副使

幸繇治境，甫舍征骓。很蒙海牍之临，俾预燕觞之集。仰御厚意，第刻毋衷。

谢中京留守饯筵状

甫就征堡，敢念驰驱之役。特开饯帐，以为行迈之辉。祗佩勤私，不忘中戢。

副使

即驰行驭，很肆饯筵。曲轸道涂之劳，弥增原隰之耀。仰承勤眷，内置真感□。

谢中京留守攀迎状

敛擅复命，假道言归。遽辱荣缄，备形勤意。其为感篆，莫罄敷论。

副使

比讫庆仪，复驱归传。适次封圻之近，很烦缄牍之先。感戢以还，悚惶良切。

谢诸州攀迎状

出疆已事，驱傅云归。存历治封，首颁诲检。仰服谦勤之意，愈深铭著之怀。

副使

聘节成仪，归骖假道。首纾温教，备认谦怀。感幸兼深，文陈奚究。

谢请赴筵状

握节还朝，休车就馆。遽蒙珍教，特抗佳招。感篆攸深，指名悲悉。

副使

出参使华，归复君命。方临近境，首损珍函。祗佩殊私，曷胜毋恫。

《龚茂良集·除洪帅谢陶宪》

蒙恩出使，未补毫分。被命为藩，遽叨甄擢。即原隰驱驰之地，抚江湖襟带之邦。避免无从，怔营失据。余论蔼其借重，孤踪恃以为安。适此颁条，居然仰德。共惟某官，渊微独得，正直自将。考古验今，叹张华之博物。律贪激懦，畏杨绾之清石。乘轺久滞于嵩南，持节促临于江右。公曰庶止，民胥翕然。高廷尉之间，将流芳于后裔。第甘泉之颂，即入侍于明庭。眷此非才，每蒙异顾。十连有率，未知称塞之方。千里牧民，正在察廉之下。

《范太史集·谢两府状》

祗奉命书，获解宫钥。恩容就第，宠冠在庭。虽辞兼镇之隆，尚忝维师之拜。缙绅耸叹，闾里光荣。窃念某，被遇三朝，服劳累纪。迭居二府，历拜五公。骈珪组以褒崇，惭鼎彝之勋伐。自纵心而请老，无虚岁以告归。荷异礼之眷留，示至仁之厚赐。诏书盈几，轺轩接途。以及耄期，始谐夙志。天惟从欲，俯矜一物之诚。相亦有终，遂继前人之美。极臣邻之荣遇，实今古之罕伦。此盖某官，登翼皇猷。布昭元化人惟求旧。义不忘劳，纡廊庙之矢谟，赞圣神之轸虑。闵其哀笃，许遂佚休。猥以华颠，应兹殊渥。方栖僻陋，退屏尘纷。荷德至深，诵言奚既。

谢访及状

伏蒙尊慈，特垂宠访。拙疾为梗，造谒未遑。感悚之深，不任下恳。

《金正叔集·代人谢王学正状》

窃以宪上帝图书之府，为天子礼乐之司。罗猎英豪，笙篁坟典。自汉延熹而下，迄唐开元以来，真主代生，誉髦间出。有文德文林之盛，森厥群书。有集仙集贤之名，号为清选。逮夫周季革戈铤之暇，圣朝腾日月之光。若稽尧舜之典章，沛举汉唐之风懿。得人以富，视古为优。惟其贤才，任以文事。恭以某官，发挥灵气，泮涣而有其文。修饰令仪，柔嘉而继其则。非凤祥麟之族，则丛著朱草之英。瑞我圣辰，媚于王国。蚤自副宸衷之亲选，取天下之显名。官联廷尉之平，任居刺史之责。治最岁上，诏言天临。入告大猷，不亵小务。尚书给札，大夫之志可观。藏室绅书，文士之荣固重。行见光辉贤业，藻润帝谟。反是俗醨而之醇，使斯文粹而不剥。天衷是简，时望攸归。通贺记之未皇，俄飞文而先及。仰荷一谦之益，弥周十读之恭。藏去为荣，镂铭何斁。

代人谢两府省主中丞状

窃念某，绪风奇薄，器范疏微。早达吉于圣辰，偶滥肩于仕缀。甘心水藿，居怀百谪之虞。勉力驽铅，近效一官之智。旋进膺于烦使，获经赞于外司。徒施将辖之劳，安出阜民之策。弹挈瓶之小智，曷济于远谋。掇画地之虚声，已浮于实效。敢谓朝言孚允，天命涣临。遽加使节之光华，仍领计台之事任。循涯溢幸，揣己知归。此盖伏遇某官，独运鸿钧，导扬和气。旅庭备物，细何间于羽皮。考室抡材，一无遗于榛楠。致兹屏品，亦被均恩。谨当益励愚冥，勉图锱撮。上补乾坤之造，次酽坏冶之仁。

代人谢欧阳龙图状

伏念某,气不甚灵,智亦非卓。窃名乡品之末,从事宾筵之初。仕也未优,学其将落。徒欲企踵贤人之事业,莫知所裁。潜心夫子之文章,庶几有立。近以被符计漕,假道化封。殆接浙以及郊,愿闻名于将命。幸偶某官,方以邹鲁之道,大于洙泗之间。动惟名教以周旋,思得英材而乐育。及阶与进,许侍于坐隅。为豆有知,饫承于均礼。属奔趋于吏后,遽邀越于宾荣。仍锡诲言,以圬朽素。拜贶之辱,在谦则鸣。伏惟坐棠阴而改成,对秋饶而体裕。丘轲圣哲,偕见忌于逸锋。尧舜聪明,独俯回于民听。即膺诏节,归秉国钧。某远阻师承,徒飞黩魂。惟祈为国宝尚,以时节宣。

代人谢林学士状

窃惟讨六经之大源,得五帝之至要。作而为事业,言而为文章。见用于时,坐进此道。则可以美教化而移风俗,安社稷而序民人。与之太宁,跻此鸿业。历代所以劳于谘访,宠以详延。若崇文丽正之庭,天禄石渠之阁。在此选者,时惟贤哉。方今得人,监古为盛。返视皇质,追还唐文。不有大方之家,尽登华毴之贯。恭以某官,言辩而古,德华而新。造天人事物之渊,知礼乐情文之际。飞步亨际,策名上科。秩宗之旷典未修,载紧雅识。史氏之遗文可校,雅属怀才。时方图贤,议者悦德。某远蒙麻庇,弥耸翘依。不图损德之愈光,俄以长笺而为遗。涕观及再,藏去为荣。仰祈副中外之金言,重起居而享福。

谢昭文相公状

伏念某,志虽自劳,才实难强。若渐鸿之无应,未始安栖。同渫并之不汗,谁其见恻。凄然寒宦,蔑尔先游。岂有致身冢宰之尊,论道岩廊之暇。枉海函而驰贶,被钧宠以过优。开激尘蒙,辉光囊橐。黄钟之应,既先于幽潜。宝璧之来,可消于灾孽。此盖昭文相公,协赞勋华之际,周回伊吕之间。秉钧陶民,使皆成君子之器。诎已待士,惟恐失天下之贤。顾虽介善之微,亦被一言之赐。窃惟疏拙,无补涓埃。徒坚励钝之心,有望神知之地。戴恩之重,仰止高山。图报之诚,有如皦日。

谢定州部署李防御状

伏念凄然寒宦,仰止恩闲。自远德辉,寖逾弦胐。向归宁于亲里,承方走于边亭。以于役之惮劳,尚未驰于谢恩。敢期钧瞩,远损珍滕。仰荷谦光,悚铭心蕴。恭以某官,英声飚动,盛德日隆。朝廷倚重于才谟,天下想闻其风采。尚淹俊望,出镇列藩。仁膺召节之来,别迂斋坛之拜。惟兹孤蹇,永誓依归。

谢铃辖太保状

伏审荣被宸编,物司戎律,伏惟庆慰。恭以某官,壮猷开济,妙略渊通。屡奏肤公,喧闻于声绩。荐膺宠数,进重于事权。适修庆之未遑,俄飞文而先及。悚名忻抃,交集于中。

谢黄河都太李崇班状

向者窃审宠被俞思，就迁要任。走穷边而鲜暇，驰庆削以未遑。不谓谦光，首贻缄襞。载惟诚照，徒剧心铭。恭以某官，沉毅舍章，端良植操。暂领河防之重，伫闻岁最之成。别迓宠光，用符瞻颂。

谢府界提点赵舍人状

伏念邈违贤范，俄易岁箭。不图谦德之光，密损珍滕之贶。喜闻履道，无爽天和。恭以某官，植操端良，虚襟澄粹。屡更要任，蔼著休声。即膺谘访之俞，别迓宠荣之寄。更祈宝辅，庸副翘瞻。

谢瀛洲机宜殊状

窃伏声华，未亲贤范。不图巽德，枉被珍滕。承受署之云初，惟对时而享福。怀铭兹剧，忻慕殊深。恭以某官，逢辰淑清，毓德明茂。冠俊游于茂府，允藉才谋。驰庆誉于朝端，别迎晖渥。敢祈宠卫，庸副翘瞻。

谢州县诸官状

向承惠问，特荷勤渠。裁谢后时，悚惭增剧。迩惟履道，无爽天和。更觊龙珍，前迓荣渥。

谢信安军通判冯国博状

近偶缇舆，过从关垒。绪言开激，尘慊豁清。遽尔违仁，俄而浃日。岂图损德之重，特枉好音之贶。承郡政之优余，宝哲躬而庆裕。忻瞻愧荷，交集于中。

谢通判职方状

伏念岩岩之表，久郁隃瞻。恳恳之诚，旷马修问。不图挝抑，犹赐齿存，枉珍襞之见诚，若话言之入耳。拜贶之辱，置怀敢忘。恭以某官，量引百川，材兼数器。远民蒙福，喧驰敏政之声。清议推高，行副急才之召。萧辰柔落，福履粹和。尤觊宠珍，以需荣渥。

谢瀛洲钤辖礼宾状

伏审祗膺宸眷，荣惣戎权，伏惟欢慰。恭以某官，风声悚时，才智周物。素号诗书之将，众推帷幄之谋。屡奏肤公，已腾于隽望。惣司师律，允籍于通才。果被俞恩，宠陞要任。方图修庆，遽枉飞文。悚荷忻瞻，牢凝尘慊。

谢瀛洲王总管状

窃高盛名，殆兹有日。钦挹俊表，邈马无阶。方从事于塞垣，幸蒙麻于戎府。敢图挝抑，密损笺封。荷隆礼之过勤，镂蒙襟而增愧。恭以某官，忠贯金石，望高嵩衡。才出千人之英，世号一时之杰。运筹决胜，素韬堂上之奇。投壶雅歌，自有军中之乐。伫升边最，别奉恩俞。敢觊宠珍，用符瞻颂。

谢知原州朱六宅状

向自边亭之别，俄惊岁籥之迈。修问几稀，翘心徒切。敢谓劳谦之德，荐贻炙简之文。仰服勤渠，第增愧悚。恭以某官，忠贯金石，望重嵩衡。出守名藩，茂凝于风绩。入敫边最，行被于恩华。敢觊珍顾，用符钦祷。

谢邻近知州状

早游仕途，素高于硕望。窃伏邻壤，未觇于光仪。矧托荫之甚秾，第素风而增慕。恭以某官，才宏器博，义峻仁温。帝所宠嘉，实庙中之宝镇。时方倚重，为天下之金城。行奏最于严宸，别跻荣于要任。敢祈珍宠，前迓荣光。

代人谢王待制状

蓑尔沉踪，恓然寒宦。自窃名于仕缀，早闻谊于朝端。伏况盛德日隆，英声飚动。逢辰结主，朝野共高其才谟。奖善育材，士人争识其风采。孤危无似，忻慕徒深。然附骥以驰，无因而致。执鞭而事，犹谓之荣。幸尔寅缘，适于愿望。近获趋于乐壤，得侍谒于精光。赍然谦德之鸣，煦以善言之煖。宠加钧盼，感极愚衷。违离之日未多，向往之心已甚。

谢曹比部状

向趋乐国，获奉精光。遽然而南，俄已弥月。虽密亲于壤制，阻前侍于宾荣。恭惟顺宅高明，招来莆禄。伏况某官，美化之渐，振起于疲氓。和风之翔，均休于远俗。顾惟愚暗，实在恩麻。向往之心，瞻依莫及。

谢杜寺丞状

伏审锡命枫宸，跻荣棘寺，伏惟欢庆。恭以某官，政有违惠，行无小疵，升闻最绩之成，俄被懋官之宠。庇之大邑，可尽通才。先辱飞文，岂胜感抱。

谢运使王司勋状

伏念越去恩宇，屡更岁籥。婴吏局之阻途，上记文而寖阙。敢图拯抑，犹赐齿存。飞教见贻，悚铭何戢。恭惟某官，道方器博，义峻仁温。跻郎署之荣，历揽计台之重。足兵足食，密赞于邦经。来旬来宣，一苏于民瘼。亿闻骑召，别迓龙光。某远此庇身，无阶省侍。惟祈上体宸春，宝绥哲躬。

谢知郡状

伏念某，近缘吏役之间，经从乐壤。伏谒宾荣之下，密奉愉颜。赍然谦德之鸣，煦以善言之暖。隆礼斯及，实怀敢忘。逮越去于坐隅，早淹移于弦胐。钦怀贤范，镇愁愍□。伏惟某官，表峙轻淮，刀投余地。坐棠阴而讼息，顺秋饶而气宁。金论已同，召节非晚。愿宝福履，以迎天晖。从诵归依，弗谖诚素。

谢邻郡得替知州状

窃伏邻封，获庇贤人之德。遽闻诏节，入承天子之光。瞻淑旆之启行，惭劳心而如疢。不图巽德，密损遒函。依恋既深，悚铭增极。

代人谢知谏院余舍人状

窃以舜臣九人，称重纳言之任。周官六太，序分司谏之联。盖言旷其职，则无以襄帝谟。谏缺其人，则不能闻过事。系贤是赖，监古而然。况复惟命是宣，将以为天下法。有关则补，然后见忠臣心。苟非哲人，曷副深简。恭惟某官，量硕且俨，德华而温。气凌虹蜺，名动朝野。游文经术之际，剧谈王教之端。入告大猷，不亵小务。矧主知之固厚，果召节之密颁。入对龙光，荣升省署。郡望悦德，上心简能。演如纶如丝之言，盖资远识。领司聪司明之寄，仍藉通才。某介守离藩，庆闻宠擢。大厦成而燕贺，实慰于瞻依。雕虎啸而风生，憎忤于气类。不图巽德，首坠珍滕。言推实而镇浮，诚发中而形外。敢不拜贶，永以置怀。为颂之勤，遽数奚悉。

谢祈州马会议禁状

洵违标峙，绵易候筩。方傃德之增深，辱飞文而先及。钦详蜿意，弥慰翘诚。迩惟釐干局以优详，总计储而丰茂。克绥宝履，庸迓天光。冬序正严，风期邈阻。倾瞻之素，宣绎奚周。

代人谢李端明状

鸿仪清远，久此遐瞻。漏驿迂疏，旷马修问。兴怀自视，觑目宜多。岂图府政优余，谦光垂照。梁炙筲之秀牍，副刊琰之新文。发自温诚，惠然来及。拜嘉已往，藏去为荣。恭以某官，腾日月之贵名，抱珪璋之全德。朝家宝器，儒者宗英。伫当天心，入副柄用。愿加重爱，少副颂言。

谢浮梁知县状

久饮芬兰，未亲岩峙。不图损德之重，先枉置函之音。灿若诚辞，藏诸主心蕴。复聆缇轼，将戒梓封。当拜德之有期，预素风而增扑。方兹炎燠，宜在局调。延咏所深，薄削奚罄。

《潘良贵默成居士集·谢王运使落致仕访及状》

伏审光奉宸恩，载通仕籍，疆而后可，虽高志之少违。用之则行，稽金言而大慰。伏惟某官，温恭立德，耿介持身。视富贵如浮云之轻，于出处得断金之义。曩求致事，慷慨不谋于亲交。今复入官，论荐悉由于禁从。惟是进退，可为表仪。某待尽倚庐，钦闻成命。既庆朝廷有用贤之举，又喜君子得行道之时。敢意谦冲，先垂临访。念阻趋于墙仞，徒坐摇于心旌。伏几高明，俯赐鉴察。

《张守毗陵集·谢土物状》

伏以暂偃旌旟，获展郊迎之礼。遽颁箱筐，分沾庭实之余，祇沐多仪，益知厚意。兹

为铭佩,曷既敷陈。伏以辂轩授馆,弥使节之光华。聘币造庭,分土毛之珍厚。愧无以报,义不获辞。感悚之诚,名言曷谕。

回谢请大排状

伏以贡琛远届,良多冲涉之勤。宴豆肆陈,敢后献酬之礼。祗修薄具,少奉清尘。愧率尔以伸辞,辱惠然而肯顾。更贻尺牍,弥激寸心。

又

伏以航海奉琛,仰使华之劳勚。候邦致馆,接燕语之从容。特枉高轩,祗惭菲具。更蒙谦德,曲示华缄。荷意良深,喻言罔既。

周益公《大全集·致仕谢守倅寄居状》

特勤枉驾,俯庆垂车。俶挂衣冠,阻趋启战。余官作屏著其为愧感,罔既敷宣。

谢赵守门送上冢状

窃以兵牧下车,将礼神而凤驾。州民上冢,乃飞盖于晨门。佩谦德之加隆,激懦衷而增愧。

又

岁时扫墓,是为野老之常。车骑塞涂,乃屈邦君之重。不皇拜辱,但剧怀惭。

庆礼赐粟帛谢太守状

特枉前躯,教宣上赐。昭二圣交欢之庆,示九重优老之恩。荣幸良深,敷陈罔既。

复少傅谢监司状

某祗奉新纶,宠还旧秩。赦过宥罪,仰自圣君之仁。嘘枯吹生,外由肤使之助。缄书先暨,感臆增深。

益国夫人襄奉谢守倅状

自顷悼亡,迨兹送往。叠勤刍奠,仍制薤歌。前驱远出于郊关,厚礼倍光于阡陌。永言感怆,难尽敷云。

谢林尉秀状

郊居甚僻,宾谒犹稽。礼尚往来,既先辱高轩之过。出无仆马,复未皇下泽之乘。惟愧感之交怀,非名方之可尽。

谢寄居通判状

老而不死,方永慨于劬劳。爱之欲生,乃曲形于褒惜。穆清风而作诵,祈黄耇之维

祺。粲群玉于西崑,病眸空拭。锵大镛于东序,俗耳弥惊。愧感交怀,敷宣罔既。

谢路铃路分状

生我劬劳,方切蓼莪之感。锡公纯嘏,过勤黄发之祈。高谊重于丘山,正声谐于金石。穆清风之诵,固知鸿笔之有余。投明月之珠,所愧衰踪之弗称。但深铭佩,莫究叙陈。

谢赣守状

老逢初度,弥追感于亲庭。谊笃邻居,乃宠贻于乐府。粲然新句,贲比衰踪。诵周雅之清风,永怀何已。歌楚人之白雪,寡和固宜。

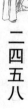

黑釉刻花玉壶春瓶

谢太守杨秘书方初到访及状

窃以启戟初临,身骤栖于德宇。衣冠已挂,迹义扫于公门。敢期贵老之仁,不责致恭之礼。柱旌旗于严尹,实惭杜甫之才。置薤水于汉阳,空效任棠之意。其为愧感,罔既敷宣。

太守初到任谢访及状

窃以箪壶填道,步骞刺史之帷。輈盖及门,首访野人之室。荷捄谦之有甚,念往拜之无从。愧悚交怀,敷宣罔既。

谢传宣抚问并赐银合茶药状

右臣伏蒙圣慈,特降申使传宣抚问并赐臣银合茶药者。尧陵送往,魏阙劳还。宠之尉藉之言,贰以珍良之赐。拜恩深厚,揣分兢惭。伏念臣,祗率故常,暂从行役。繄懋隆于圣孝,致昭格于天心。况亲贤宣总护之劳,且郡邑励恪承之志。礼无违者,臣何力焉?伏遇皇帝陛下,至德奉先,深仁待下。既克襄于钜典,庸加惠于庶工。不遗尸素之臣,亦溥龙光之施。莫知报塞,惟誓麋捐。臣无任感,天荷圣,激切屏营之至。谨录奏谢以闻。谨奏。

谢庆礼支赐奏状

右臣承吉州遵奉,今年八月二十六日庆礼。诏书致仕文武官七十以上,依格支赐羊酒粟帛,曾任太中大夫以上,仍与倍赐。长吏致礼,差官就赐。臣已望阙祗受讫。

《臣无任赵孟坚奖斋文编·谢安吉史·君黄寺丞先生京状》

孟坚伏准照帖,举孟坚明敏有文强毅不挠,充改官亲民任使者。京洛识韩,一见已蒙于厚顾。辅藩荐祢,三生即信于良缘。恩惠弥天,谢诚蹈地。伏念孟坚,最为好直,只欠学圆。独奋孤寒,颇历风霜于早岁。自期节义,愿为砥柱于颓波。凡是素心,不入时样。

微如字画,犹考偏旁。寓在吟哦,亦关风教。以此移于吏事,断乎不敢私心。当绣使之行台,借阶抗议。劝大家之发粟,力救时荒。甘食蘖以守廉,束湿薪而驭吏。兰薰同臭,谓湮殊流。不图末路之荣,获遇知音之举。载惟合颖,尤重常员。判分京选于天渊,顿生功名之羽翼。矧陈力之未久,便刮目以误知。概被寻常,谁其特达。兹盖恭遇某官,超然远览,卓尔达权。自专衡鉴之公,取于尺度之外。属方建府,首急杨材。第惭借誉之言,几于许可之过。斐狂有作,正虞所择之未精。操守无移,或病执古之太甚。文乎何有?敏又安能?被宠兢兢,持心惕惕。在春风之下,同桃李之无言。历岁寒而观,期松筠之劲节。

谢发运权宪节斋先生京状

孟坚伏准照帖,举孟坚志尚博雅,才能卓异,靖共自勉。职业可期,改官亲民任使者。历事霜台,夙蒙鉴赏。一封露剡,迄藉吹扬。终昭衡鉴之公,倍感孤寒之迹。况光宠于临发,申勉砺于将来。示意玉成,戴恩天大。窃以脱选,须五奏剡。在今号甫登科,属吏百十员。谁无冀望,间岁一二举,得甚艰难,于常员已自不轻。矧职司所系尤重,合淮浙而分部。盖英俊之如林,求者非止一人之恳祈。得之可定半生之荣悴,允非细事。岂易畀人,如孟坚者。涉世殊疏,信书过甚,孤分独立,凄其寡鹤之无群。周张费词,几于画蛇之添足。粉饰修治,了无时样。巉岩屼峛,惟有古心。出手辩冤狱之诬,活数命于垂死。历阶抗部使之议,获一顾以回荣。是皆拙计之劳身,第招冷笑之冰齿。谁分鼠璞,自晦龟藏。沟木忽被于丹青,爨桐获调于律吕。兹盖恭遇某官,道德纯一,识见昭融。礼乐诗书,容止可度。文学政事,体用兼该,挠不浊而澄不清,言有法而行有则。作屏壮维城之势,飞著腾槽之谣。虽游刃之恢恢,惜寸阴而亹亹。粟贱已歌李岘,众既倾心。逅衡行相姬公,即归调鼎。猥收搜琐,预备使令。嗟人心好尚之殊,有众口咸酸之异。不随爱恶以石转,重增感激而涕零。重念孟坚奋身艰勤,立志警荣。龆年家事,窭垂罄之屡空。子夜书声,惟短檠之相守。雕镂肝肺,收践科名。掺心素危,行已应谨。弟为任直而蘁□,不觉或越乎准绳。仰冀包荒,少加容养。庶畿展布,有所报酬。孟坚敢不策骞忘疲,磨缁尚白。期无行已之玷,上负知人之明。史君忽敬其朽株,几于轻予。忠臣盖彰于劲草,请验将来。

谢安吉谢史君养浩先生京状

伏准照帖,举孟坚吏事敏强,风猷清雅,明于折狱。多所平反,充改官亲民任使者。古心雅尚,素云臭味之同。春首荐员,不由分绍而得。自知历历,叙谢拳拳。伏念孟坚,朴甚不华,直而无倚。秖招讥诮于流俗,敢望荣达于今时。第贪便亲,来厕猥掾。我心不转,恨未学圆。横目何如?乌能识直。忽遭逢于旧识,来牧守于辅藩。预知屈蠖之得伸,曾作荐鹗之忘想。然谳议论难,如谏净而争是非。而听受春容,若父子之相唯诺。已多宽假,况望明扬。虽尝持筳扣钟,敢必取齐下体。春风委曲,亦到山家。寒谷暄和,顿有生意。亶兹寅幸,信有原由。兹盖恭遇某官,见与世殊,道同古契。高飞远举,宁同燕雀之啾啾。表端开祥,即振凤鸾之翩翩。有大用之斯在,岂小试之足纡。宋角兼收,规模甚广。坐令么麽,亦窃生成。敏事安能,正恐囊锥之嫌露。清猷知慕,惭向蛾眉而效颦。孟坚敢不力守恪诚,永坚报效。斟椒花之酒,已欣逢岁历之新。入药笼之储,今的在门生之列。

谢泉使贾秋壑先生京状

伏准照帖，举孟坚持身廉谨，治狱详明，充改官亲民任使者。干荐崇台，蠹谤施于测海。奏员未掾，蛙遽辱于投金。不烦介绍，以知己之深。预定揄扬，故先期而与。念孤寒而备至，感恩纪以尤多。窃以知人惟难，当熟察于平时。荐士有权，贵自决于独见。故圣门特著听言观行之训，在近世始有因人成事之讥。匪移集以权势之临，则假借于交朋之助。甚至未尝觌面，若何尽识操心？举之者非所乐为，受之者貌不知自。取与已乖于理义，报酬何有于功名？此举世以皆然，独先生而不尔。烧玉三日满，历验量才。拔茅连征，皆由定见。如孟坚，太支末裔，苦节癯儒。面墙独学于穷乡，艰卒备至。食蘗自清于宦路，纯白无缁。凡著微勤，夙蒙洞鉴。鸳湖诗社，蚤怜蠡蠡之鸣。畿漕幕评，旁照蓬生之直。薄知采下体于葑菲，敢为撼大水之蜉蝣。一干荐涂，辄被衮宇。是谓岁寒有高节，宛见春风不世情。众称公举之无私，孰识知音之有素。兹盖恭遇某官，心同古契，见与世殊，视富贵如浮云。惟崇勋绩，拔才猷于脱颖，共赴功名。开明堂之丕基，取朽木之寸料。圜府已恢于国用，化钧行运于台司。臧否素昭，陶琛应伟。第膺过誉，弥切厚颜。孟坚敢不佩训如规，因褒知戒。守廉愈谨。畏杨震之四知。谳辟加详，重唐宗之三覆。誓终如始，报德与恩。苹末起秋风，行快苍鹰之骞逝。梅边问春信，果占鸿造之无私。

谢仓使吴荆溪先生京状

伏准照帖，举孟圣文学自将，智能兼茂，充改官亲民任使者。上介充寮，曾微纤助。首秋荐颔，仅为合尖。宁遗平昔之心知，特了孤寒之身事。弥天恩大，局地谢深。窃以五剡固重于攒花，寸禄充难于及成。待远次者，动涉数岁。非势援者，则坐过千帆。未闻辟置于连月之间，便即缠裹其脱选之事。况无介绍，自出生成。信为卵翼之恩，殆多覆帱之造。兹为幸遇，奚既颂称。孟坚直无盖藏，朴不沾饰。信情而往，几挺埴以冥行。矢口而谈，不瞻前而顾虑。累参寮于幕画，每取诮于时流。几欲揉裁，终然率卤。拳曲拥肿，可怜难入于准绳。容受包荒，卒从下采于葑菲。得于冀望之表，倍增感激之私。兹盖恭遇某官，哲鉴覃昭，公衡平一。来从蓬苑，益振文风。肃驾纲轮，凛苏吏习。为矜鸟哺之至，念蚤飞鹑，荐以先成。惠挽西风而驰，主由东道者力。矧崇褒诩，更侈品题。独学面墙，文何由进？无能守朴，智又奚长。孟坚敢不力勉，修为事，加警省，期于有立。飞负隆知，悠悠斾旌，少缓朝天之阔步，阴阴桃李庶，畿指日以成蹊。剩有轮囷之情，尚嗣再三之谢。

《孙烛湖先生集·谢留丞相到任状》

观阙岩巍，望吴天其已远。江山重复，知蜀道之信难。身许国以奚辞，用逾涯而自惧。若为毫发，可报陶钧。伏念某，本起书生，久名俗吏。遇清明之首政，蒙汲引之公言。骤有列于高华，迄无功于献纳。田园归老，方图遂于初心。岳牧用人，忽滥将于隆指。惟益梁之重地，实江汉之上游，古称富饶，今可叹息。法张弓而不弛，书制肘而难工。况夫弄兵之变，甫宁求灾之事。方急匦资强，济莫释顾。忧云何衰病之余，误此光华之遣。兹盖伏遇某官，法诏八柄，虑周四方。有其全而受人才之偏，为于静以制天下之动。谓出力事世，宜不择于内外。而视邦选侯，适莫重于西南。不忘父老当时之法恩，欲宣圣明在上之德意。特加鞭策，俾效驰驱。某敢不仰企前规，精恩本务。受牛羊、求刍牧，尚惟廊庙之主盟。为保障、非兰丝，庶亦国家之后利。少安孤迹，当丐余龄。

谢执政状

立朝无补，方深止足之思。奉使非才，猥玷光华之选。驱驰万里，涉历三时。初布诏条，少安官次。伏念某，质本下下，意徒区区。老更忧患之余，分绝功名之想。蒙上简拔，致身清华。献纳论思，已孤中外之责望。咨询谋度，更寄西南之顾忧。临遣以来，回皇自失。厥惟蜀道，最远君门。号名虽重于中权，体统似乖于本旨。图于无事，既常制肘而难为。虑及未然，不亦寒心而可畏。矧往凶之新定，复赈救之急先。谅非有威风，知大体之人，岂称命将帅卫中国之意。若为勉竭，不负吹嘘。兹盖伏遇某官，文武宪邦，忠嘉锡帝。主盟公论，推毂群才。不遗千虑一得之愚，谓堪五属十连之用。谂于渊听，加此误恩。某敢不率义而行，量力所至。或容只手少，裨天地之全功。仰恃寸心，素辱庙堂之异奖。过此以往，未知所裁。

《慕容彦逢摛文堂集·谢小官状》

右某。载驱长道，已及近封。辱枉华缄，良钦厚意。

谢本路监司书状

右某。乡风有素，承教未缘。兹假守符，获遂亲依之幸。遥瞻使节，敢伸祝颂之诚。恭惟某官，宇量恢崇，猷为宏远。凤扬贤业，寖结主知，凛然高世之规，卓尔佐时之望。百城兼刺，共瞻原隰之华。三节遄归，别迓丝纶之宠。某尚迟觏止，辄叙愿言。伏冀仁慈，特垂照察。乡风有素，承教未缘。拜违已久，驰仰增荣。

《洪适盘洲集·谢人投所业状》

比辱光临，宠诒雅制。抽琴命操，讵知山水之音。下笔成章，有觇琼琚之报。

站赤丹墀独对站赤

《孟子》曰"速于置邮而传命。"《注》曰邮,驰也。即今之驿马也。如汉五里一置也。《左传》:楚子乘驲会师,如汉以枸酱天马,而征羌夷。唐以荔枝而通岭海之贡。传车之交,且若星火是也。元设立水站、马站。其马匹船只,皆依品从。非理乘驿者有禁。应合给驿者有程。正官宿顿,分例,米一升,麦一斤,羊肉一斤,酒一升,柴一束,油盐杂支钞三分,从人每米一升。经过皆减半。

选保站官,长官提调,法至良也。照刷祗应体覆消乏,意至美也。天历诏站户消乏仰廉访司依例体覆明白,随即补签。诸衙门营私驰驿就使纠治。佛家奴策,世祖龙兴,为驿传不可不讲,遂有站赤之置。其设法也有马站。有水站,有车站,有江船站,水站、马站,则通客旅。车站、江站,则通货。则签马一匹。则为田三千亩。水站、江站半之。北方诸站,则验挈畜之多者应之。南方诸站,则验田亩签之。每十五里为一邮亭。每六十里为一候馆。上有通政以挈其纲,下有郡县以赞其力。而又有脱脱禾孙以验使命之真伪。北方诸站则置驿令,南方诸站则设提领。九百户人夫,库子,庖丁,厮养,俱有定额。寝处则备于帐、幄。器什则急于匕筴。际留谷粟,滋生鸡、鹅以为使官之供。上都大都,大驾经行,每过巡幸,则先给官资,未尝不为站户惜也。

《元史兵志·站赤》

元制,站赤者,驿传之译名也。盖以通达边情,布宣号令,古人所谓置邮而传命,未有重于此者焉。凡站,陆则以马以牛,或以驴,或以车,而水则以舟。其给驿传玺书谓之铺马。圣旨遇军务之急,则又以金字圆符为信,银字者次之。内则掌之天府,外则国人之为长官者主之。其官有驿令,有提领。又置脱脱禾孙于关会之地以司辨诘,皆总之于通政院,及中书兵部。而站户阙乏、逃亡,则又以时金补,且如赈血焉。于是四方往来之使,止则有馆舍,顿则有供帐,饥渴则有饮食,而梯航毕达,海宇会同。元之天下,视前代所以为极盛也。今故著其驿政之大者,然后纪各省水陆凡若干站,而辽东狗站亦因以附见云。

太宗元年十一月,敕诸牛铺马站,每一百户置汉车一十具。各站俱置米仓,站户每年一牌内纳米一石,令百户一人掌之。北使臣每日支肉一斤,麦一斤,米一升,酒一瓶。四年五月,谕随路官员,并站赤人等使臣无牌面文字,始给马之驿官。及元官皆罪之。有文字牌面而不给驿马者,亦论罪。若系军情急速及送纳颜色,丝线酒食米粟、段匹、鹰准但系御用诸物,虽无牌面文字,亦验数应付车牛。

世祖中统四年三月中书省定议,乘坐驿马、长行马使臣、从人、及下文字曳剌解子人等,分例乘驿。使臣换马处,正使臣支粥食、解渴酒。从人支粥,宿顿处,正使臣白米一升,麦一斤,酒一升,油盐杂支钞一十文。冬月,一行日支炭五斤,十月一日为始,正月三十日终。住支,从人白米一升。面一斤。长行马使臣赍圣旨令旨及省部文字干当官事者

其一二居长人员，支宿顿分例。次人与粥饭仍支，给马一匹，草一十二斤，料五升。十月为始，至三月三十日终止。白米一升，麦一斤，油盐杂用钞一十文。投呈公文，曳剌解子。依部拟宿顿处批支。五月，云州设站户，取迤南州城站户籍内。选堪中上户应当。马站户，马一匹。牛站户，牛二只。于各户选堪当站役之人，不问亲躯，每户取二丁及家属，于站站去处安置。

元太宗

五年八月，诏站户贫富不等，每户限四顷，除免税石以供铺马只应。已上地亩，全纳地税。

至元六年二月，诏各道宪司如总管府例，每道给铺马札子三道。七年正月，省部官定议，各路总府在城驿，设官二员，于见役人员内选用。州县驿，设头目二名，如见役人。即是相应站户，就令依上任事。不系站户，则就本站马户内，别行选用。除脱脱禾孙，依旧存设。随路见设总站官，罢之。十一月，立诸站都统领使司。往来使臣，令脱脱禾孙盘问。

八年正月，中书省议铺马札子，初用蒙古字，各处站赤，未能画识。宜绘尽马匹数目。复以省印覆之，庶无疑惑。因命令后各处取给铺马。标附文籍，其马匹数，付驿吏房书写毕，就左右司用墨印印给马数目，省印印讫，别行附籍发行，墨印左右司封掌。

九年八月，诸站都统领使司言朝省诸司局院，及外路诸官府，应差驰驿使臣，所赍札子从脱脱禾孙辨诘。无脱脱禾孙之处，令总管府验之。

十一年十月，命随处站赤直隶各路总管府，其站户家属，令元籍州县管领。

十三年正月，改诸站都统领使司，为通政院，命降铸印信。

十七年二月，诏江淮诸路增置水站，除海青使臣。及事干军务者，方许驰驿。余者自济州水站为始，并令乘船往来。

十八年闰八月，诏除上都榆林迤北站赤外，随路官钱，不须支给，验其闲剧，量增站户，协力自备首思当站。

十九年四月诏，给各处行省，铺马。圣旨，杨州行省，鄂州行省，泉州行省，隆兴行省，占城行省，安西行省，四川行省，西夏行省，甘州行省，每省五道。南方验田粮及七十石者。准当站马一匹。九月，通政院臣言随路站赤，三五户共当正马一匹，十三户供车一。自备一切什物公用，近年以来，多为诸王、公主及正宫太子位下头目，识认招收，或冒入役下户计者，遂致站赤损弊。乞换补站户。从之。十月，增给各省铺马圣旨。西川、京兆、泉州，十道。甘州、中兴，各五道。

二十年二月，和林宣慰司，给铺马圣旨二道，江淮行省，增给十道，都省遣使繁多，亦增二十道给之。七月免站户，和顾和买，一切杂泛差役，仍令自备首思。十一月增给某州行省铺马圣旨十道，总之为二十道。十二月，增各省及转运司、宣慰司，铺马圣旨三十五道，江淮行省十道，四川行省十道，安西转运司分司二道，荆湖行省所辖湖南宣慰司三道，福建行省十道。

二十一年二月，增给各处铺马札子。荆湖占城等处本省一十道。荆湖北道宣慰司二道，所辖路分一十六处，每处二道。山东运司二道，河间运司七道，宣德府三道，江西行省

五道，福建行省所辖路分七处，每处二道。司农司五道，四川行省所辖顺元路宣慰司三道，思州播州两处宣抚司各三道，都省二十道。四月定，增使臣分例。正使宿顿，支米一升，麦一斤，羊肉一斤，酒一升，柴一束，油盐杂支增钞二分，通作三分。经过减半。从者每名支米一升，经过减半。九月，给阿里海牙所治之省铺马圣旨十道，所辖宣慰司二处。各三道。

二十二年四月，给陕西行省、并各处宣慰司、行工部等处铺马札子一百二十六道。

二十三年四月，福建东京两行省，各给圆牌二面。奥鲁赤出使交趾，先给圆牌二面，令再增二面，于脱欢太子位下给发。南京行省起马三十匹。给圆牌二面，并立三处宣慰司给札子，起马三十匹。

二十四年四月，增给尚书省铺马圣旨一百五十道，并先给降一百五十道，共三百道。五月，杨州省言徐州至扬州，水马站两各分置，夏月水潦，使臣劳苦，请从马站附并水站，一处安置，驰驿者，白日马行，夜则经由水路，况站户皆是水滨居止者，庶几官民两使，从之。七月，给中兴路，陕西省，广东宣慰司，沙不丁等官铺马圣旨一十三道。

二十五年正月，腹里路分三十八处，年销祗应钱不敷。增给钞三千九百八十一锭。并元额七千一百六十九锭。总中统钞一万一千一百五十锭。分上下半年给降。二月命南方站户，以粮七十石出马工一匹为则，或十石之下，八九户共之。或二三十石之上，两三户共之，惟求税粮仅足，当站之数不至多余，却免其一切杂泛差役。若有纳粮百石之下，七十石之上，自请独当站马一匹者，听之。《世祖纪》：至元二十五年二月己卯。以江南站户贫富不均，命有司料简合户。税至七十石当马一匹。并免杂徭独户税无七十石。愿入站者听合户税不得过十户，独户税无上百石。五月增给辽阳行省铺马札子六道。

二十六年正月，给光禄寺铺马札子四道。二月从沿海镇守官蔡泽言，以旧有水军二千人于海道置立水站。《世祖纪》：至元二十六年三月丙寅，尚书省臣言行泉府，所统海船万五千艘，以新附人驾之，缓急殊不可用，宜招集乃颜及胜纳合儿流散户为军，自泉州至杭州立道为便，从之。三月给海道运粮万户府铺马圣旨五道，四月，四川绍庆路给铺马札子二道，成都府六道。龙兴行省增给铺马圣旨五道，太原府宣慰司及储峙提举司，给降二道。八月，给辽东宣慰司铺马圣旨五道，大理金齿宣慰司四道。九月，增给西京宣慰司铺马札子五道，江淮行省所辖浙东道宣慰司三道。绍兴路总管府给降二道。甘肃行省所辖亦集乃总管府沙州肃州三路给六道。

十一月，增给甘肃行省铺马圣旨七道。二十七年正月，增给陕西行省铺马圣旨五道。二月，都省增给铺马圣旨一百五十道，江淮行省一十五道。六月，给营田提举司铺马圣旨二道。九月，江淮行省所辖徽州路水道不通，给司铺马圣旨二道。

二十八年六月，随处设站官二员，大都至上都置司吏三名，余设二名。只应头目攒典，各一名，站户及百者，设百户一名。七月，诏各路府州县达鲁花赤长官，依军户例兼管站赤，奥鲁非奉通政院明文，不得擅科差役。十二月，增给省除之，任官司铺马圣旨三百五十道。

二十九年三月，命通政院分官四员于江南四省整理站赤，给印与之。

三十年正月，南丹州洞蛮来朝，立安抚司于其地。给司铺马圣旨二道。三月，两淮都转运盐使司，增给司铺马圣旨，起马五匹。五月，给淘金运司铺马圣旨，起马五匹。大司农司，起马二十匹。六月江浙行省言各路迎运站船，若止以六户供船一艘，除苗不过十四五石。力寡不能当役，请令各路，除苗不过元额二十四石。自六户之上或至十户通融金拨。从之。八月，给刘二拔都儿圆牌三面司，铺马圣旨一十五道。十月，增给济南府盐运

司铺马圣旨一道。

三十一年六月，给福建运司司铺马圣旨起马五匹。

成宗大德八年正月，御史台臣言各处站赤，合用只应官钱，多不依时拨降，又或数少不给，遂令站户轮当库子，陪备应办。莫若验使臣起数，实支官钱，所在官司，依时拨降。令各站提领收掌只待，毋得科配小民，似为便益。诏都省定议行之。

十年，从江浙省言，命站官仍领只待，选站户之有余粮者以充库子，止设一名。上下半年更代。就准本户里正主首身役。

武宗至大三年五月，给嘉兴、松江、瑞州三路及汴梁等处官民总管府铺马圣旨各三道。

四年三月，诏拘收各衙门铺马圣旨，命中书省定议以闻。省臣言始者站赤，隶兵部，后属通政院。今通政院怠于整治，站赤消乏，合依旧命兵部领之，制可。四月，中书省臣又言，昨奉旨以站赤属兵部，今右丞相铁木迭儿等，议汉地之驿命，兵部领之。其铁烈干纳邻末邻等处蒙古站赤，仍付通政院。帝曰："何必如此，但今罢通政院悉隶兵部可也。"闰七月，复立通政院领蒙古站赤。八月，诏大都至上都每站除设驿令丞，外设提领三员，司吏三名。腹里路分冲要，水陆站赤设提领二员，司吏二名。其余闲慢驿分，止设提领一员，司吏一名。如无驿令，量拟提领二员，每一百户，设百户一名。从拘该路府州县提调正官，于站户内选用，三岁为满。凡滥设官吏头目人等，尽罢之。十一月，给中政院铺马圣旨二十道。

仁宗皇庆二年四月，增给陕西行台铺马圣旨八道。六月中书省臣言，典瑞监掌金字圆牌及司铺马圣旨三百余道。至大四年，凡圣旨皆纳之于翰林院，以金字圆牌不敷，增置五十面。盖圆牌遗使，初为军情大事而设，不宜滥给。自今求给牌面，不经中书省、枢密院者，宜勿与从之。

延祐元年十月，沙瓜州立屯储总管万户府，给铺马圣旨六道。

五年十月，中书兵部言各站设置提领，止受部札，行九品印职专车马之役，所领站赤，多者三二千，少者五七百户。此之军民，体非轻细，奈何俸禄不给，三年一更，贪邪得以自纵。今拟各处馆驿，除令丞外见役提领。不许交换。从之。

七年四月，诏蒙古汉人站，依世祖旧制，悉归之通政院。十一月从通政院官请，诏腹里、江南、汉地站赤，依旧制命各路达鲁花赤总管，提调州县官勿得预。

泰定元年三月，遣官赈给帖里干木怜纳怜等一百一十九站钞二十一万三千三百锭，粮七万六千二百四十四石八斗。北方站赤，每加津济，至此为最盛。四川行中书省所辖，陆站四十八处，马九百八十六匹，牛一百五十头。水站八十四处，船六百五十四只，牛七十六头。云南诸路行中书省所辖站赤七十八处，马站七十四处，马二千三百四十五匹，牛三十只。水站四处，船二十四只。甘肃行中书省所辖三路，脱脱禾孙马站六处，马四百九十一匹，牛一百四十九头，驴一百七十一头，羊六百五十口。

《经世大典》

站赤者，国朝驿传之名也。凡站，旧书作蘸陆则以马，以牛，或以驴，或以引车，水则以舟。其应给驿者皆以玺书，而军务大事之急者，又以金字圆符为信，银字者次之。其符信皆天府掌之，其出给在外者，皆国人之为官长者主之，他官不得与也。马数多寡，视官品高下，公事大小。止则有馆舍，顿则有供帐，饥渴则有饮食。事毕则以符信归诸所受之

府，不敢三日稽也。祖宗之法，至如今守之。其官为驿令，小者皆设提领。又置脱脱禾孙于都会关要之地，以诘其奸伪。总之以通政院、中书兵部。站户有阙乏逃亡者，则以时而佥完周卹之。我国家疆理之大，东渐西被，暨于朔南。凡在属国皆置驿传，星罗棋布，脉络通通，朝令夕至，声闻毕达，此又总纲挈维之大机也。辽东犬站，亦附见云。

太宗皇帝元年己丑，十一月十五日圣旨，戒饬诸牛铺马站，大意若曰：若有起驿马者，验之。如无牌面文字，其始初给马之驿官，徒二年，杖七十，元差官断按答奚罪。有文字牌面而不给马者，驿官亦坐罪。除颜色系线酒米官中段匹，系官物外，不得与驿马事件。每一百户站，置汉车一十具。各站俱起米仓，站户每年一牌内纳米一石，专令百户一人，用车牛送与商买作客之人，勿骑驿马。违者断按答奚罪。如有送系线颜勾物料，并外国使臣将礼物段匹，及有急速色当来者，应付铺马，如各驿马牛阙少，本百户规措。是月制曰：上天眷命，锡皇帝之徽名。大蒙古国，众寡小大，罔不朝会。训之曰：一乃心力其无二。凡我国内黎元，其听朕命循先训旧章。绩用弗成者，其罪当死。尔等札汉众官，暨降民凡若干，先来服役，忠贞者有之。谄妄者有之，以宿旧之故，委用信任，一切不须诘问。尔等自以不经诘问，乃谓谄妄者当如是。尔勿存是心，转加恣横。如此明谕，其或不悛，尔等罪衍，何远之有。皇帝训谕下项：一，使臣不经由铺路往来者，断按答奚罪戾。无牌子，有文字往来者，亦断按答奚罪。将带随投下牌子文字往来人等，强要铺马，取要口食者，仰收捉枷禁，擗逐根脚来历，明白端的缘由，至时免放。似此使臣人等，不为收捉，却称彼中骚扰，如此奏告来者，官员亦断按答奚罪。委系朝廷差去使命，有牌子文字者，若不听从之人，亦断按答奚罪戾，仍处死。一，使臣人等，每人日支肉一斤、麦一斤，米一升，酒一瓶。仰如数支破。州城官员人等，为系使臣，如自愿馈献些小礼物者，听。不得附余多索，仍不得强行乞取。如违者，断按答奚罪戾。据上项物件，不得于系官课程税石科差内支破。其差去使臣，若依理勾当，乃日朝廷约量给赏。

四年壬辰五月二十五日圣旨，谕随路官员并站赤人等，如使臣无牌面文字，为始给马之驿官，徒二年，杖七十，元差官断按答奚罪。有文字牌面而不给马，亦徒二年，杖七十。若军情急速事件，及进纳颜色系线酒食米粟段匹鹰隼，但系御用诸物，虽无牌面文字，亦仰验数应付铺马车牛。如不应付，亦依上断罪。六月十六日，圣旨节该西京下水弘州三处，置立马站。仰各站不得令来往驰驿使客，因而将随站马匹打过，如有过越者，仰各站当管官司陪偿马匹，据三站合用马匹。仰照依本路见在户计，一例科着，无得分毫违错。

五年癸巳二月五日圣旨据太原路达鲁花赤、塔塔不花等奏太原府内，见有达鲁花赤，并久住使客、诸投下人等取酒内米麦数多。每年该羊一千四百余头。塔塔不花等，情愿自备粮食，不关只应等物，如此百姓似为容易，准奏。宣谕太原路：旧尝有旨，令课税所官二员支粮，余官不曾令支。今后往来使臣，依先例应付。余者尽行罢支，其管民管匠。达鲁花赤若有已身粮食者放支。如无，每人日支米一升。如有依前乱行取酒内、米麦之人，并断按答奚罪。仰塔塔不花等抄录御宝文字，差人赍擎，就便行移十路，依上一体施行。

七年乙未三月二十四日，圣旨谕管站乞里合台、并随处站赤，若曰：据边关急速公事使臣，尔辈何故有健马不与，令其乘车。今后不得如此。若依前给车，迟误公事，定是断罪，可令诸站驿人知悉。六月十七日圣旨，据燕京咸得不奏告，每年进呈御酒，沿路官司，为无御宝文字，不肯疾早应付铺牛，以致迟滞到阙事。今降御酒，沿路官司，为无御宝文字，仰元来送酒人石抹神撒堆刺儿等收此，仍仰经过去处。即便应付与铺头口者，不得迟滞，若因别事起要头口，并断按答奚罪戾。九月六日圣旨，据济南府张荣奏告，经过使臣，不肯令验降去御宝文字,即取铺马准奏。如圣旨到日,除军期急速事物,并进呈诸物人等依验物件应付外,不以是何使臣。若不令看过元降文字,即取铺马者,开具姓名,闻奏治罪。若看狗不验,辄给驿马者亦罪之。　二十一日奉旨,阔出太子军前使来,沿路驿站断绝。令忒末儿赤剌温等往谕西京、应州、崞县、忻州、太原及太原至潞州酌中地,又潞州椀子城,怀州各立一站,马各二十匹。黄河岸令刘甫立一站,马三十匹。西京应州。令埚端躬往建立。太原州城八哥,潞州椀子城秀才,怀州合思迷里,各躬往建立黄河渡口刘甫,专一勾当上项站马,别用火印烙记。此令阔出太子军前使臣骑坐,其余并不得应付。如有别使欲骑,给者受者,并断按答奚死罪。每站须管立,有心力能干官一员,提领勾当,如法养饲,不得死损。如死逐,旋补数若上项。委官差故,仰各人名下见在官员准上勾当。若有违慢,并断按答奚罪。军前来使,若遇不选是何作商买回回人等,可夺马驰驿不与者,亦断按答奚罪。

　　九年丁酉八月二十三日,奉圣旨。若曰:闻各路往来使臣,在城别无公事。不经站路走递。称有牌札,索取祇应,有公事使臣到城走马二匹,或三匹,却领不干碍十人,二十人,及牵私已马匹取祇应草料,应付猪牛马鞑靼等肉,不肯食用,须要羊肉,纵与羊肉,却又称瘦。回回使臣到城,多称不食死肉,须要活羊。又不肯于馆驿内安下,止欲于达鲁花赤管民官家内止宿,如此刁蹬。公事了毕,推称事故,不肯起发。除正使臣应付与铺马外,其余亲随,铺驴车牛迎送,须要铺马。若到前路站赤,又不交替迎送,及有长行车具到城,又要倒换新车,及取绳索,如此骚扰。圣旨到日,今后如有朝廷差去使臣赍把御宝文字之人,依分例。日支米一升、麦一斤、肉一斤、酒一瓶。其余亲随并随投下诸衙门差去人催粮丝线颜色官吏人员支米一升。如无牌札,不得应付。公事了毕,若得铺马,不得称瘦倒换。若到前路站赤,即便交替,及不得倒换长行车具,取要绳索。无事不得入城。若有多索酒食、活羊、马匹、草料之人,仰达鲁花赤管民官差人一同前去。断事官折证治罪。施行。仰宣德州达鲁花赤管民官收附遍行诸路,一体施行。

　　十年戊戌六月二日圣旨谕:札鲁花赤大官人胡都虎塔鲁虎解讹鲁不等节该目,今诸路应有丝官诸物及诸投下宣赐系线匹段,并由燕京宣德西京经过。其三路铺头口,难以迭辨,今验紧慢定立铺头口数目。验天下户数,通行科定,协济三路。通该旧户二百一十七户,四分着马一匹。新户四百三十四户,八分着马一匹。旧户一百六十九户,二分着牛一头。新户三百三十八户,四分着牛一头。圣旨到日,仰就差人与各路差去人。一同前去所指路分着紧催促验数,分付各路收管者。见得以南路分马匹牛畜艰难。今约量定立,到每马一匹价银三十两,每牛一头,价银二十两,仰各处皆验燕京,酌中时估,折纳轻赍匹段纱罗系绵绢布等物,用铺头口转迎交付。却令三路置库收贮,明附文历支销回易诸物。于迤北民户内,逐旋倒换头口用度。若各种自愿计置头口分付者,听从民便。不得因而刁蹬抑勒。多要轻赍,只令一次诸路协济,已后止令三路逐旋补数。其各铺所置头匹,仰三路各差本处州府司县官一员专一提控。转差官一员,专一管勾其草料,于三路各验民户多寡均科应付。若非理死损,并勒提控官亲管,勾当官均陪。若因病倒死,即仰作急货卖皮肉,逐旋补买,不得阙数。若使臣非理骑坐死损者,仰依条令使臣陪偿。若蹉程死损者,每三次罚马一匹,与被蹉之铺充辅马用度。除各路另给御宝文字外,据协济路分,仰钦依作急应付。施行。

　　十一年己亥十月十五日奉旨,驿传勿给怀驹牝马。如违,给者乘者,各杖五十。使臣若无急事,令乘牛车。

十二年庚子，十一月二十三日奉圣旨，据燕京路达鲁花赤、秃鲁别迭儿、管民官钢疙瘩奏，过往使臣多有无牌札，及增乘驿马，多索分例祇应草料之人，乞禁约事。准奏。仰秃鲁别迭儿疙瘩等委人辨验过往使臣有无牌札，增乘驿马。及不合起马之人，并据合得分例祇应，照依已降分例支遣，兼有长行马匹草料，自十月一日草枯时为始放支。至向前四月一日住支，每马一匹，依准大军体例支料三升，草一秤。若十匹以上不得支遣。本处如有官中勾当，公事使臣，依例祇应。如无勾当，许令应付一日，次日不得支遣。如违，照依大札撒。将犯人枷锁前来断罪。出军之人，不在此限。十二月十三日圣旨，据孛利解都鲁班等奏告前来，奉降札撒据运酒米中站内，诸人不得经行。今来却有不合经行人等，于站内经行及射野物事，圣旨到日，仰将射野物人等，随逐塔海欠不出军者。若不曾射野物，于中站经行人等，据应有头口内，各断一半没官。

甲辰年三月，朝命节该据东平府路，万户总管军民长官严忠济奏随城郭居住。别投下开铺营运之家，不肯协济本路祇应。准奏。仰照依元降大札撒协济祇应。如违，治罪。

世祖皇帝中统元年五月奉圣旨，于望云立一站，又于榆林望支之间酌中处立一站。五月二十一日，中书省官忽都不花奉旨，缙山至望云，速取径道，立海青站者，中书议差断事官亦捏哥等，赴宣德州置缙山、静边、望云，三驿，拨榆林站肥马五十匹与缙山，雷家店站马四十匹与静边，宣德州站马四十匹与望云。就令各站头目马主，备马脚涩子使臣饮食等具，近者二日期，远者三日期，达于新站。当役违者，以失误军期论罪。仍从宣德州，择能干官一员，充脱脱禾孙。除迎传诸侯王哈必赤来使外，余不得给。其榆林、雷家店、宣德州三站增补马各二十五匹，每匹支价钞元宝钞二十贯，总计三十定买备讫。是月奉圣旨，今后使臣官员，除军情急速公事，有海青牌入望云站，直截前来。其余使臣，仰榆林站官杨孛栾解询问，如无急速公事，海青牌者，不得纵令纵由望云。止令入大站。如违，治罪。七月，刘天麟奏告：故刘权府元受先帝圣旨，赛典赤处关钞一千锭，规运利息，专与燕京置买。在城使臣骑坐小铺马，除已纳讫，乞换授事。准奏，给降圣旨付天麟，照依已前体例，从长规划，不得违错。

二年二月，奉旨大名等路宣抚司，所管州城诸色人匠织造到系官段匹，杂造到应用生活，并采捕到皮货、翎毛、鹰鹘，及年例应有进呈等物，起发来时，依例合应付脚力者，仰宣抚司照依旧例斟酌物件轻重，即出给铺头口文面，不得迟住。今后若无宣抚司文面，州城站赤不得一面应付脚力。违者治罪。据出给入站文面回程时，却令赴本司缴纳。若各管头目已有奉到许令入站圣旨，并各投下令旨亦仰经由宣抚司照依各得体例应付与铺车头口。如有不应，开具缘由，申省闻奏，仍下所属去处照会。四月中书省奏：宣抚司若遇紧要并机密公事，须当赴朝省计禀，即乘坐铺马走迎。如是寻常公事，止令入迎转发，除降去起马札子外，本司不得别给。宣抚使起马五匹，副使四匹，委差官令吏等三匹。又宣抚司官，及颁俸以来，权依使臣分例批支。五月十九日奉圣旨，节该南合奏也里海牙所辖州城宣使军马，多索祇应，民户至甚苦之。定到分例，每人日支肉一斤、面一斤、米一升、酒一瓶，乞降圣旨事。准奏。令后无得分外取索骚扰。违者治罪。十二月圣旨，谕济南滨益都路宣抚司，节该已前体例，随路管军官、管民官，朝见来时，俱各骑坐自己马匹往来，今官员有朝廷勾当，将引一行人吏，不计匹数。尽行骑坐铺马以致站赤困乏。今后除有圣旨宣召人员，自有定去铺马数目外，据朝见官员须合来者，仰计禀过本路宣抚司，骑坐自己长行马匹前来。不得乘骑铺马。

三年三月，中书省奉旨，今后但发铺马札子，皆从蒙古文字。已经钦依给降及追收各

处汉字札子,凡迎运验物重轻应付头匹押运之官物少者,起马一匹,酌中者二匹,多者不过三匹。外又为西京等路宣慰司铺马疲劳,拟令押运官坐车骑驴奏。奉圣旨,今后随路车运官物,止令押运官坐车骑驴,不须给马。都省钦依遍行照会。四月圣旨谕:开平路达鲁花赤管民官,并榆林管站官。节该令后,但有骑坐铺马使臣人等,仰照依已降圣旨,不得于望云取,直道上经行夺要铺马。止令经由抚州宣德府正站,若有军情急速公事、海青使臣径直望云鹧,窝路上经行若元骑铺马困乏。依例倒换,如马不乏,并不得强夺人马,因而骚扰百姓及过往客旅。七日,中书省奏:蒲元圭镇戍边城,凡有急务遣使赴朝,乞给降海青圆牌、铺马札子。奉旨可,与海青牌一面,铺马札子一道。十日中书省奏兰州路当冲要,又是边城,当站头口劳毙,百姓逃徙,诚可矜悯。乞给孳畜白金以振其民。奉旨可,委陕西行省斟酌与之。十二日圣旨谕:元帅阿术据管下应管军官元关海青牌面,令差官前去拘收。如到,除阿术元帅府,许存留海青牌三面外,据管下军官在前应关讫。海青牌面并仰收拾尽数分付差去官收管前来线纳,毋得漏落。万户怯烈二面。也速觯儿二面。兴元、成都、潼川路都元帅铁的等牌三面。阆蓬、广安、顺庆、夔府等路都元帅钦察三面。

二十日圣旨谕:各路宣慰司,节该据管下总管府,先为计禀军情紧急勾当,俱有关降海青牌面,铺马札子,即目军民分豁,凡有民间公事,委付宣慰司,通行管领。已后仰就便申覆宣慰司。据元关海青牌面铺马札子。今差官前去拘收,如到,除将宣慰司先关讫,铺马札子,许令存留。若有海青牌面,尽数分付差去官外,其余管民总管府,应有海青牌面铺马札子,亦仰尽数分付差去官,收管前来缴纳,毋得漏落顺天、真定、大名、河间等路,陕西行省,东平、济南等路, 北京开元等路,西京、平阳等路。河南路,山东路。

四年三月中书省定拟乘坐驿马,长行马使臣从人及下文字曳剌解子人等分例札付左三部遍行遵守,乘驿使臣换马处,正使臣支粥食,解渴酒,从人支粥,宿顿处正使臣白米一升,面一斤,酒一升,油盐杂支钞一十文。冬月一行日支炭五斤,十月一日为始,正月三十日终住支,从人白米一升,麦一斤。长马行使臣如赍圣旨令旨,及省部文字,干当官事者,其一二居长人员,支宿顿分例次人与粥饭,仍支给马一匹、草一十二斤、料五升,十月为始,至三月三十日终止,白米一升、面一斤、油盐杂用钞一十文。授呈公文曳剌解子依部拟分例,宿顿处批支。四月二十八日圣旨,谕:中书省节该来奏开平站路断绝,有碍使臣客旅行程。乞安置事,今令此中讲究到立站去处并合该户计牛马数目,开写前去,所据站户或令随路减下。牛站、人户充当或于附站邻近州城摽拨,速为从长拟定。令差去霍木海即便安置。仍仰本省亦差能干官一员,与霍木海一同勾当,钦此。外据合用走迎牛马,若令新拨站户,便行并置,唯恐生受迟滞。除已别行定夺,令岁不令出备。候至新年正月内,照依各站已定数目,全要置买入站走迎。帖里站,南口牛站一处,二百五十户,牛五百只,为新店地近,设置马站。北口牛站一处,二百五十户,牛五百只。土墓牛站一处,二百五十户,牛五百只,为榆林近下,不设立马站。枪杆岭一站,五百户内。马站二百五十户,每二户半养正马一匹,贴马一匹,共计二百匹。内将雷家店马站,存留一半雷家店走递,摽拨一半马匹并户计枪杆岭走递。余上不敷,帖拨就数。所有牛站,依旧应当。牛站二百五十户,牛五百只,鹧窝站一处五百户,内马站二百五十户,正贴马共计二百匹。牛站二百五十户,牛五百只。下顷七站,依鹧窝站一体设立。暇墓岭、赤城、河察儿八眼、撒赤古、桓州、孛老站九处,专一搬运段匹杂造皮货等物。每一站一百五十户,内马户五十户,正贴马共计四十匹,牛户一百户,牛二百只。宣平一站,于宣德州见设马站,内摽拨正马二十匹,并合该户计。入宣平站走递,牛站依旧应当外,据宣平新增牛站,依数摽拨。其

余递站，照依今定户，计牛马数目，差拨安置。五月十七日，圣旨谕：随路宣慰司，节该上都以西、隆兴府道立孛老站，上都以南，望云道立车站，并马站，隆兴府以南望云道，偏岭以南至燕京汉地，合设站赤，令汉人站户应当。西路隆兴府以北及南路，偏岭以北至上都，令达达贴户应当，汉民津贴。据偏岭以南，隆兴府以南，起移前来，立站户三千七百户。今差断事官阿昔铁木儿，宣使纪忙兀解前去与宣慰司一同于随路马站内验中书省坐去均定，合起户数，揭照各站。籍定文册依验丁多及富强户内，选拣堪中上户，其外数目仰于步站内亦依上例选拣堪中上户。马站户马一匹，车站户牛二只，于各户下选择堪以当站好人，不问亲躯，每户止取二丁，同来人家属起移前来，于指定立站去处，安置住坐。仍就于各站元设官吏内，亦行选拣堪充站户。官吏管押前来，据选拣到户数定立到头目，并其余不该起移津贴步站人户，各另开坐花名丁口事产呈省闻奏。河东西路、西京等路。十月十一日圣旨谕：中书省节该据随路到隆兴府云州道上迤南立站人户。今起盖房舍，准备来年当站，除依例应付站铺头口首思外，仰经过使臣军马人等，毋得于站户处非理骚扰，取要饮食，及夺要一切物件。各住地面所属官司，亦不得分毫骚扰。如有违犯之人，其各站头目于总管随路站赤达鲁花赤、霍木海处说知，令转行申省究治外，有站户元住处家属仰各路宣慰司严行禁约。管民官司及元管头目既是各家前来，应当站赤身役，并不得科取钱物，侵扰不安，违者治罪。五年五月七日，枢密院据成都四川等路行枢密院参政呈剑关系田元帅所管地，面乞于州剑置司摘军，看守剑门，更于人头山添设驿站，庶省铺马不致失误事。情奏，奉圣旨准。八月九日中书丞相线真等奏站户贫富不等，每户可限四顷。除免税石以供铺马，祗应用度，已上地亩令全纳地税上之。是月圣旨谕：中书省节该所奏随处汉地站驿宜属州府亲管，其使臣起数铺马强弱，合无令霍木海提领事。准奏。据随路站赤仰照依已前体例，止令各处管民官亲行管领。使臣起数铺马强弱，霍木海常切提领子细询问往来使臣人等。除依例合得铺马首思外，无得分外取要饮食诸物。霍木海各站内并不得添差头目。如已有委付之人，并行革罢。管民官亦不得于站户处擅便科差，侵扰不安。仍仰点视铺马，加意喂养，须管肥壮，不惧走递。

　　至元二年正月六日中书丞相线真塔察儿平章阿合马等奏云州见设站户，乃迤南州城远来之人，别无田产，宜令近县人户交换。应当乞召集各州县官吏齐民户见当包银、丁口、鼠尾、文册，前来品答定夺。上曰"此辈何可委付。其令来此。从卿等区处可也。"闰五月六日中书、兵、刑部据西京路总管府申浑源弘州等处不系立站驿，程顺天、真定、德兴等路使臣往来，背道经行，索换铺马，乞照验本部，申奉中书省札付行下各处站官。令兀刺赤等今后引送往来使臣，止由正站走递。毋得径行不立站驿之处，倒换铺马。是日管领诸路蒙古、汉人甲匠阿昔寒言路额造皮铁衣甲应期送纳。及关拨物料，俱各给驿，庶免迟误。省部准拟遍行诸路。如遇阿昔寒所管局分送纳衣甲，及关拨造甲物料往来验数迎运，仍给押运人铺马。二十三日，丞相塔察儿等奏奉圣旨：四川铺马祗应从行省从长规划，今后遇有往来使臣，止用鸡、猪、鱼、鸭祗应。开具四川定立站马匹祗应等如后。四川总四十一站。旧有二十五站。新增一十六站。马站二十九。驴站一十二。马一千八十八匹。牛二百五十七头。种田及驰驭用驴一千一十三头。祗应和买猪鸡鸭钞七十二定，三十五两，长生孳畜，就支每月造酒麦，米麦二百九十八石。是月大明等路工匠府言起运常课，只孙段匹。至洺州路总管府不应付押运官铺马，乞明降事，都省议令兵、刑部下随路照会。如遇各局送纳系官段匹，照依旧例，应付押运人铺马二匹。

中华传世藏书

永乐大典

精华本

站　站赤六

《经世大典》

延祐元年，二月十一日，同知通政院事燕，铁木儿兀鲁思不花奏，乃者木怜等三十二站消乏，故议遣使赈给钞二千锭，米二千石。今闻阔阔出扫怜之外，六站困乏尤甚，贫户之粮，力不能致。乞令站户之有牛驼者为之运送。奉圣旨准。都省给降钞米，从通政院遣使给散去讫。二十五日，中书省奏阔阔觯传旨，先立中政院时，曾与铺马圣旨，在后革罢中政院其圣旨尽行拘收，寻改立典内院。复给起马圣旨。今中政院既复立可将典内院铺马圣旨，于都省送纳，以前时拘收圣旨，回付中政院。钦此。窃照先立中政院，计与一百一十三匹，共四十道圣旨。典内院减半。给与五十六匹，二十道圣旨，今将典内院名字所与者，拘收创写中政院名字八十匹圣旨与之，若何。奉圣旨准。是月，保定路，言定兴等驿，至柏乡，皇庆二年旱灾，人民至食木皮草叶。路当南北冲要，使客繁多，车力不敷。铺马损毙，站户当役不前，逃窜者众。若不补换赈济，诚恐隳废站赤。都省议得良乡至柏乡，马站一十二所，车站六所，每马一匹，支刍粟钱中统钞三锭车一辆，支钞六锭，总支六千三百锭以赈之。奏准圣旨，差官驰驿。同各处正官点视各站实有车马数目。钦依给散。所据在逃人户，督勒合属招谕复业。驰钞脚力。依例应付。三月十五日，中书兵部，准提调印经官关钦奉圣旨，已印经文，选速古儿赤王安童宝儿赤脱火赤等，前去江西、江浙等处散施，请给驿事，又都功德使司关，奏准杭州所进品次录等经文委毛法师徒弟二人送至李王朝、汉河西僧寺，合用站车铺马。省部应副都省照拟，去年差官诸路送经者四十余起，犹有未回。保定等站，因值水旱之灾，人户逃徙，其送经人员，多因还家营私。既非公选，必扰僧俗。一则郡县迎接，妨废公务，二则出无定处，恣其所向，三则事无程期，经年不返。站赤消乏，皆由于此。二十七日奏，间者遣使，降香念经，所过行省路府州县迎接。科敛僧寺钱物，以此之故，尝奏所差者，每至城邑，与行省官开经焚香才毕即回。及将印讫经文，就命各处行省来，使因便附去。今提调印经官复奏专，使前去，臣等议得各处似此送经者太多。又蹈迎接科敛之弊，今后宜令提调官，明具经数所散何寺，从中书省公差有职后之人送至行省。转迎散施，似为便益，奉圣旨准，都省钦依送兵部施行。闰三月二日崇祥院使野讷等奏，所管平江、镇江两路常住钱粮各设提举司干办，每处请给常行铺马二匹，站船二艘，奉圣旨铺马令翰林院书写圣旨给与。站船取于江浙行省本院钦依先咨江浙行省，及翰林院出给站船铺马札子。后关兵部照验，本部呈上项提举司，系外路五品，未有给降铺马站船札子通例。似难议拟。宜从都省移咨江浙行省，并札付崇祥院拘收照会翰林院钦依禁止相应都省检会诸衙门不得隔越中书省奏事之制。送兵部钦依施行。六日中书省奏，宽彻言塔失之城立站，去年奏准支给骆驼一百只。马三百匹，以充转送。随有使臣自哈儿班答来进豹子者，尽数起发铺马，其时马驼方从远来，膘力未充过川，其间毙者太半，未免将军人马匹当站今存者又无几矣。臣等议谓死损铺马。不可不补置之。如令行省官验其倒毙之数，给价和买补置，庶几便当。上从之。又奏哈儿班答也先不花等，使臣进送葡萄酒来者实频，驿传劳费。乞谕典酒之官，今后如何较量供送，与都护府官议奏裁处。奉圣旨准。是月江浙等处行中书省，言本省总摄两浙江东福建四道，地广且重，使客频繁。近据杭州路照勘到在城马站，见在使臣五十三起，日支分例计中统钞八锭，一十五两有余。皆是各位下差来印经盖寺，成造供器，催征田粮等事。每起给马三五匹，驿舍充满。僦赁民居，动经年余不还。日乘小铺马一百二十余匹，常支羊肉分例，马无停闲，户多死徙，盖是各位下及在内官府，不经都省，径直遣使给驿，以致斯弊。又有于所起马内，转移摘拨，换易关文，或创增兀剌赤等马匹，因循不便。宜从都省立法关防给驿，优恤站赤。省部议得各位下，及诸官府，除军情钱粮急务，量事给驿。禁约出使人不得于所起马内，转行摘拨创添兀剌赤马匹。行移徽政院，及合属依上检察禁治施行。又大都驿，及旧运粮提举司步站所言，各站驴、马倒死，人户逃窜。今年旱涝阙食，乞接济事，都省以大都之驿繁剧，甚于他处。量拟每马一匹，日支陈红粟五升，旧运粮提举司步站所拽车驴，每头日支粟二升，接济两月，大都驿马九百八十八匹，每匹日支粟五升，两个月粟二千九百六十四石，驴二十头。每头日支粟二升，两个月粟二十四石。旧运粮提举司，车五百八十九辆，每辆驴七头，计四千一百二十三头。日支粟一升，两月支粟二千四百七十三石八斗。步站所，车一百九十四辆，每辆驴八头，计一千五百五十二头。两月支粟九百三十一石二斗。四月三日，中书省奏给中统宝钞一万锭，赈济西番站赤。初皇庆二年，十二月搠思班武靖王令旨，言于宣政院，谓乌思藏、朵甘思、朵思麻，三路站赤，近年以来，马匹病死，人户贫乏。请闻奏赈济事。本院启奉皇太后懿旨，令与都省同议赈济之宜，检会得至元二十九年，元贞二年。小只爱亦伯朵甘思乌思藏等站，经值寇攘，中书亦尝给降马牛宝钞，差官接济。今乌思藏等，除小站七所勿论。其大站二十八处，迎送西番布施，来往之使实繁人户数少。驿程近者不下三五百里，年深未曾给惠，省院公议，依例接济。又为在京钱物不敷，定拟二十八站，各给中统钞三百锭，总计八千四百锭。若或不足，就于宣政院所辖西番课程钱物内，斟酌增给。都省官启奉皇太后懿旨。宣政院官暗普等言，前站重困，非增多赈济不可。宜支钞一万锭以与之，至如西番出产物货，及供奉于我者，亦可增与整治站赤，敬此，奏奉圣旨。准上给降赈济去旋。七日中书省奏，通政院言脱忽脱大王位下，拨出铁里干站，自阔斡秃至小只几一十驿，今春值风雪沙土，铺马多倒死，站户乏粮支应。无从所出，若不少加接济，愈见困乏。今议每站各与白米百石，中统钞百锭。令上都留守司，通政院差官给散之。上曰"可"。

五月八日，中书省奏功德使司言，奉旨遣答里马失里等，前诣杭州仙灵等寺降香，请给铺马，臣等议得，五岳四渎，名山大川，岁时降香，固当乘传将命。其余小寺院，或所不宜。合无罢行。上曰"答里马失里勿去，省差宣使一人可也"。对曰："此等寺院非大刹，上位如此致香，恐不宜。"上曰"朕实命之，但勿令僧可遣使，从尔差宣使赍行。今后似此令人降香。尔再奏者。"又奏杭州所进八藏经文，前者月鲁铁木儿奏，令送至河西之地，移文省部逐旋发去。今又奉旨复送六藏经文前去。所虑大都迤西驿传，运送西番僧人舍利。往返频数，困乏莫甚。请停六藏经，俟秋收之后，徐议发去。奉旨今姑止之。后收量各站气力。遂旋遣送。十七日，中书左丞相阿散等奏，保定真定二路，所辖定兴至柏乡十

站。去岁值灾，田禾不收，站户贫乏，逃徙者多有之。若不整治，诚恐隳废。风宪有司，屡尝陈说。今拟至大四年已前逃亡消乏站户，于相应民户内金补，委真定路总管马思忽，保定路总管教化二人提调。毋令动众，其在皇庆元年已后逃徙者。招诱复业。

六月十二日，中书省奏，御史台言，奏准行台及廉访司官之任。今后不以远近，往回咸许给驿，其去也则从此给降起马圣旨，回时验所受宣敕。但令所受宣敕。但令所司依元去驿马数目给据应副，臣等议得远方地面之任。回还合与驿马船只，已有定例。乞只依先例行之，奉圣旨准。

二十二日中书省奏，在前典瑞监，除掌金字圆牌外，复有铺马圣旨三百余道。至大四年，将此圣旨纳于翰林院，以此金字圆牌遣发不敷，续已奏请增置五十面。自去年以来，但干细务，并商价之事，皆佩圆牌而行。至今未收入者有之，盖圆牌遣使初为军情大事而设，岂可滥给。自今余事求给牌面，不经中书省、枢密院者，宜勿与。上曰"卿等先取勘数目，安有此理。今后只令军情公事差使者"。

二十三日，中书省奏，先为西边过川两界，军人马匹传送频数，物力消乏。已尝奏准，各与马三百匹，骆驼一百只，以当站役。寻值风雪劳苦，丧马一百九十九匹，骆驼二十四只。今甘肃行省来请补置。臣谓彼方川石之地，马、驼之毙可知。若不补置，必损军力。宜令行省随所阙者补之。不敷之数，却用军人马匹添助，上曰"可"。

七月十八日，中书省奏，前者以西边川地，军人当站消乏。奏准令甘肃行省买马驼应副支遣，仍追复蒙古站户当役。今本省回咨，钦遵上命。追究元当站瓮吉剌准行哈等户，仍令复役。及于曲尤沙州瓜州上户内，金补一百户。以充察巴站役，既而诸王纳忽里执把圣旨，云属本位下种田户，有司不得侵犯。于所金站户内，指择位下户计者取去，咨请照详。臣等谓元降圣旨，止以百姓数目属之。岂可不令当站，合依元金民户。仍复其役。奏圣旨准。

是月中书省奏迤者议将元金站户。发遣答失城当站，数内有四枝灭吉怜民。或称属阿八赤，昔宝赤。因以避役者，据诸王南忽里来文，称当时百姓众多，故充阿八赤，昔宝赤。今百姓数少，合令当站。此议诚然，又灭吉怜民有散居各处者。宜从彼省与南忽里差人收聚，悉令当站，奉圣旨准。

十月十九日，中书省奏，整治迤北军力。今闻铁里干站地草生，计时合给戍军钱物须籍站力迎运。公议自大都至李陵台，漠地之站，各与钞一百锭。铁里干至和林蒙古站，各与钞二百五十锭。桓州滦阳两站，各与钞七十五锭。总支钞一万锭。前去给散上曰可。

二十四日，中书省据御史台，备西台监察御史言，甘肃纳怜驿，系蒙古军人应当。专备军情急务。其余非关紧要，但悬金银圆牌，往往取便经行。若不禁止不可。下兵部通政院议，今后除悬带金银字牌面。通报军情机密重事使臣，使行纳怜站道。其余一切出使人员，俱合兀鲁思两道。汉站迎送。及葡萄酒，依在前年分令骆驼般运至汉站接迎赴都。诚为便益。都省准呈。

二十七日，中书省奏，乃颜叛乱时，水达达、女直等站皆废。续为进呈海青，故收聚旧来站户。及金拨开元路编民乃颜户计，同当站役，已经奏准。世祖皇帝圣旨，但是已当定站户诸人毋得替换，今辽阳行省来言，开元路官以王雪儿等，驿程遥远。拟于水达达万户内，拨一十五户。更代王雪儿等，共当站役。盖缘前站乃世祖皇帝定制，毋得替换。是则水达达户内不当差拨，止合王雪儿等，依旧当站奉圣旨准。

是日中书省又奏，西番僧乞剌思八班等六人，元起铺马十一匹赴都，今欲回还。止有

三人,复索元来马数。兵部止给八匹,驼驮过重,行至涿州为监察所劾,每参称斤一百七十,事下刑部词伏。拟杖六十七。宣政院官俺普言于上曰:是僧远来,所将囊橐,乃上所赐物也。以此过重,请增铺马三匹,速令回去。奉旨准。

又奏西番僧人驮子定制,一百斤之上,勿令负戴。今所驮过制,多索铺马三匹。罪当六十七。臣等以为僧人权拟免罪。多索铺马不可复给。若有御赐之物,则从驿传。每驮不过一百斤,其余馈赆之货,不得以官力行。上曰"可"。

又奏沙瓜州立屯储总管万户府,掌莅屯田公事,请给差使铺马圣旨,内起马二匹者二道,一匹者四道,奉圣旨与之。都省送兵部,行移翰林院,钦依译写给发施行。

是月,兵部呈为保定,中出真定等处站户消乏。西僧给驿繁数,人马被害,宜从都省札付宣政院。行下土番宣慰司都元帅府移咨陕西行省,令临洮府等处脱脱禾孙,钦依累降诏书分拣禁约,毋致泛滥重载。及令御史台照会廉访司查勘各站迎运,使臣纠其非违。都省准拟施行。

十一月二十六日翰林承旨灭怯秃等奏,诸枝官,各枝遣,使先定铺马,赍别里哥来索起马圣旨,从之则为数过多。不与则惧违上命,今后乞依都省定例随其品秩,出给铺马,无品级怯薛人员给马四匹,以下本院议书。四品以上者奏,又其余官府,不经都省照会求起马圣旨者,亦乞止之。奉旨若曰"卿言是也,可移文都省。遍行诸官府知之"。

十二月三日,中书省奏,通政院言纳怜一道二十三站,人户阙食。请接济事。臣等议得当站之人,各与三月口粮。近仓者给以米粟,去仓远者,量价给钞。上曰"可"。都省遣使与甘肃省委官。亲诣二十三站取勘户数,每户五口为则,少者从实。大口月支二斗,小口月支一斗,接济三月口粮。就于各处附近仓分见在粮内支给。去仓远者,照依时值准支官钱。支讫米三千七百六十七石四斗。钞五千二百七十三锭二十两。

是年冬,通政院准也可扎鲁花赤口干,金通政院事那怀言,木怜站迤里苦监泊至札哈站,今岁天旱,禾苗不发,户口饥馑,铺马羸损。凡有使客,靡不失悟。所以赈济人马刍粮者,院官其图之,又据兴和路脱脱禾孙申,苦监泊至燕只哥赤斤等四站,经值霜雹。阿察火都至宽迭怜不剌等五站。自春至秋,旱暵无雨,禾草不生,站户消乏尤甚,皆请接济粮料。本院关兵部照九站实有户口马匹,接济米粟,似望不致废断。本部以前站,即与川中察罕憨赤海等一十七站接运,彼既接济,此亦一体。具呈中书省区处,都省奏准。每站各与粮一百五十石。令通政院差官同河东宣慰司官,前去体勘。分别端的。贫下站户,就与附近官仓支付。去仓远者,验时价给钞赈之。

二年正月,翰林院钦奉圣旨,换写诸王沙蓝常川起马四匹圣旨,除钦遵外,录连汉字检目呈省,都省寻议拘收。行据本投下。随路民匠总管府申,年例五户丝于大都关支。其陕西奉元路所设打捕鹰房民匠总管府,掌莅怯怜口户。办纳军器皮货物色,及河南府路,人户赋税,每年差官钦赍起马四匹圣旨。前去各处催征,于八月内特奉圣旨,令沙蓝大王赴迤北称海住冬去讫,即目春首,方当催办。如蒙照依前例给降铺马四匹圣旨备用,似不失误。今赍元降起马四匹,圣旨一道,回纳省库收贮。省部议得本位下元给起马圣旨,既以拘收。今后果有合行差使铺马,从本府申部呈省应副。

二月二十四日,宣政院奏,诸出使西番者,自京兆临洮府,附带碧甸子、铜器、碗碟、靴履装、驮铺以营市利。如此冗滥,合令京兆临洮府,泥河所,设脱脱禾孙提调检察,果有商贩之物来使科罪。其货没官,奉旨准。

是日,中书右丞相铁木迭儿等奏,诸王公主、驸马频数遣使前赴西番之地。以故站赤

困乏。若不奏闻，恐宣政院隔越中书遣使，乞令省约，奉旨可。委临洮府能干脱脱禾孙一员提调。

二十七日中书省奏，前者翰林院奏奉圣旨，今后依都省定便，随品秩出给铺马无品秩怯薛人员，给马四匹以下，本院区处四匹以上奏。臣等已准来文，今议依先例，诸王、附马，并蒙古各千户，合给铺马圣旨。翰林院议之，除此之外，诸官府庶务遣使。乞依旧制。令白于中书。然后行之。制"可"。

是日中书省又奏，去年典瑞监，为差使金字圆牌不敷，增造五十面，当时曾奉圣旨追究，往前已发未纳之数，且谓今后非军情事，不得差使，未几典瑞取勘初置圆牌，总二百七十二面。自至元十五年以后，给付诸人未纳，及值诸王失列吉要木忽儿等叛乱，赍带前去。或为兀鲁思隐占行使者有之，难以穷究。以此世祖皇帝，不用旧来牌面，创置此项圆牌。及造小图书铃印马数以为记验。今请依前旨。金字圆牌，除军情大事外，不令差使似为便益。奉旨是也。宜令追之。都省钦依行。移各处照会施行。

是月岭北行省咨任回官员脚力，止依品级应副站车，边方酷寒重地，实比云南、福建，风土不同。若依旧制应副元来铺马站车回还，庶见优恤。省部照拟元行旧例。职官依验元去铺马站车数目应副，令译史宣使人等，元给铺马二匹，内量减一匹，邻就站车一辆，回还相应。回咨岭北行省。依上施行。

三月二十四日，通政院准木怜阿失不剌察罕忽鲁浑察罕憨赤海三站，言从壬子年至今天旱，刍草不生，去年迎运军器，虽曾给散钞物，皆以销用。自冬徂春，连值大雪，黑风飘散积草，铺马缺食倒毙，所存不过二三十匹，以供走迎。大率嬴瘠，亦将死损，驰驿者既已失误迎运，又且住滞。站户及妻子往往饥饿丧亡。乞救济事。本院关部。议得川中阿失不剌等三站，接连岭北一道，通报军情紧急重事，拟合斟酌接济。具呈中书省。议得每站增给马五十匹，准支价钱中统钞三百锭。从通政院委官关领前去。同河东宣慰司官，给付各站买马当役，仍接济米粮各一百石，以给贫下站户，就于静州等处仓内放支。其去仓远者，验时直准钞与之。于四月十七日。奏奉旨准。

二十六日，中书右丞相钻木迭儿，左丞相阿散等，启于皇太后，行幸之时，沿途纳钵，常令准备车辆，或先期一月之前，膏车秣马俟候。致令头匹损瘦，又夺农时，臣等今议起发之时，各枝合与车辆，就此应副。其沿途纳钵增索之数，不须与之。已奉圣旨准奏，故再启请。奉懿旨勿与可也。都省敬此，送兵部依上施行。

是月江浙等处行中书省言，平江路站赤，多有各投下差来使臣，催征拨赐田粮，日乘铺马，坐食分例，动经半载不去。其田既有差设庄官，合无定拟，不须差官，就令庄官将收到粮斛变钞起解。实省铺马祗应。请区处事，省部议得，所言出使人员，乃在都徽政院等官府所遣。而各处俱有所属之司，回咨江浙行省。照勘差去官，委有所属司存，照依定例。大事应付首思铺马八日，小事三日，余外不许支给。其无所属。及各投下人员督责。有司钦依至元新格程限。早完其事。发遣以行。

五月武备寺言，蒙古行营甲匠成造到皇庆二年皮甲一十九副，照依年例于保定路取给铺马一匹，站车一辆，本路教化总管为押运人。别无钦赍圣旨，不准应付。有碍起纳，本寺乡阔阔出等奏，奉圣旨军器乃大事也，何故阻之。可移文都省。下各路今后纳皮甲铺马，毋得阻当。请钦依施行。兵部以武备寺隔越中书奏事，干系政务，上项皮甲，即系年额之物，若押运人员。钦赍圣旨。依例应副铺马，如无则以快便脚力起发，以此议得。今复军情急务，起发军器等物，押运人员，果合乘驿者，于本路已降差使圣旨内，就便给发相应。呈蒙都省准拟，连送兵部依上施行。仍关武备寺回奏。

六月二十日，中书省奉旨，遣朵儿也先帖木儿亦纳失里往五台散莽斋，给铺马一十五匹，又遣阔儿鲁班丹等至五台山开读藏经。给马八匹。钦此。拟给金字圆牌二面，左丞相阿散，以为旧制金字圆牌，乃军情大事所用，今读藏经，散莽斋，恐不宜给。二十二日，尚书乞塔，以其言奏闻。奉旨权宜令去，今后军情公事外，其余毋得行用。中书省送兵部钦依施行。

二十五日，平章察乃，通政院使寒食等奏，哈思哈那秃一十四站废绝，奉圣旨，每站各与马一百匹，每匹价钞六锭，计钞八千四百锭。都省钦依给降，委通政院判帖木儿不花。前赴各站给散讫。

是年冬，湖广行省，备兴国路判官朱承直言，江南赴任，及任回官员，宜令镇守军官，巡尉捕盗官，相参防送。所至于官舍宿泊，量给粥食，庶便往来。且免盗贼劫掠之患。中书兵刑部议得，镇守巡尉司弓兵，本以御贼盗，若令防送往来官员，有妨警捕。加之各处年销钱粮不敷，难议供给粥食。宜令所在官司，验所授宣敕文凭。止宿官舍相应。都省准拟。

三年，正月十四日，都功德使辇真乞剌思站班奏，奉圣旨，搠思罗师父门徒唆南监藏者，欲回朵甘思之地。本僧每年率三十众，为朕起建具送好事一月。其令省部斟酌应副铺马以行。兵部议得，所索铺马，别无钦赍御宝圣旨。具呈都省给降。

四月十二日，丞相阿散，平章李道复兀伯都剌等奏，班吉斡节儿讲主之下，三丹讲主有疾。奉旨令同辇真乞剌思师父回还西番，三丹及其徒共四人，起铺马四匹。又搠思罗师父徒弟唆南监藏等六人，起马六匹。都省见存铺马圣旨不敷，若与此僧，亦难拘收。合无定拟西番回僧。令翰林院斟酌撙节译写圣旨与之奉旨准，都省钦依施行。

二十六日，通政院言，纳怜二十三站消乏。除晃忽儿月良九站已济刍粟外，哈温至东胜一十四站，未有与甘肃行省非奉都省明文，率不津济。今每站有马二百匹。去年天旱无草，靡不羸瘠，设有军情给驿，岂不失误。都省遣本院通事彻里，前去甘肃省等处给散料粟七千九百九十六石七斗。

二月二十二日，武备寺言于中书省，本寺统领各处局院，催督军器。旧制上都大都。各给铺马圣旨八道。去年拘收入省，尝以军器公事为重。奏奉圣旨，累次移文兵部请给不至，今来军器趣起。难俟兵部取发，请依已降圣旨。早赐给降事，都省送兵部，照得皇庆二年七月二日，已经奏准圣旨。除枢密院、御史台、宣政院、徽政院也可札鲁花赤外，其余衙门铺马圣旨，皆令拘收。若议再与，似成偏负。如武备寺果有差遣，移文都省给驿。除饮遵外。合令武备寺，依上施行。

六月十一日，将作院使哈撒不花，传奉圣旨，朕闻诸王、驸马，各枝儿遣使至五台降香，及西番僧人，指以降香游五台为名，乘占小铺马站车。多取分例。使坚州、台州两处官司，百姓被扰，其令殊祥院分栋各枝来使僧人，有事者，量给铺马分例。无事者，三日之外不得给。从彼赴都之人，亦分可否给驿。中书省、宣政院、功德使司，皆令移文照会。钦此。殊祥院移关兵部依上施行。

九月，湖广行省，备广西道宣慰司言，远方之任官员，父母亡没，奔丧丁忧，因病作阙，却令自备脚力，跋涉江河，苦贫薄无力，留滞边远，有失亲丧。诚可怜悯。兵部参详，合准行省所拟，照依已定品级，陆路长行马匹刍粟。水路斟酌应副站船出还相应。都省议得见任远方官员。因病作阙，难准所拟，奔丧丁忧人员，照依任满得代。一体应副脚力出

还。移咨行省。及下兵部依上施行。

是月，江浙行省咨，差拨祗应库子，令各路照勘正贴户。实有余粮，除下户外，下至十石，多者积算，通融计日应当，周岁轮流一次。请照验事，都省准拟，回咨依上施行。

十月，卫辉路言于河南道奉使宣抚，及本道廉访司，本路车站正当冲要，所设车一十五辆。迎运不敷。窃照邻郡彰德路，宜沟站，额置车二十辆。即与本路一体。兼本路水站置船三十艘，人丁二百五名，虽备而少用，奉使与廉访司公议。摘除站船一十艘，人丁六十名，每船二艘，丁一十二名，改设站车一辆。总增五辆以备迎运。官民皆便。呈省请区处事，省部议得。既经奉使宣抚，及本道廉访司。定论准拟，依上施行。

四年，正月九日，通政院使末吉等奏，苦盐泊至迭连不剌九站，消乏，数内宽迭连不剌喃塔儿两站。马户为叛户所夺。来请接济，臣等议得彼处答吉仓见贮官粮，其间七站，乞各与米一百石，可自取之。宽迭连不剌喃塔儿两站。各与一百五十石，就令答吉仓佃户送致之。仍委都事完者帖木儿给散，奉旨准。总计给米一千石。

元代青花缠枝莲八宝纹瓶

二月一日，通政院使塔海忽都鲁，太仆寺丞，翰罗思奉使回奏整治帖里干站赤，自阿兰至小只一十六站，给散马五百八匹，驼二百五十五只。先是上命翰罗思驰驿拘刷民间马匹，以给帖里干站。如无，则与系官马驼，及于阿木哥扫兀阿思罕慭剌哈儿等。断没驼马数内支给，至是返命。既而太师中书右丞相帖木迭儿、平章政事兀伯都剌拜住等。又奏。前者以帖里干站消乏，故遣塔海忽都鲁接济马驼。今闻各站头匹又复瘦损，太后懿旨。尝令整治之。请就上都库，支钞五千锭，遣通政院使撒台乞儿海牙二人。前去买马接济。奉旨准。都省给降钞五千锭，买马八百三十四匹，分给帖里干三十站当役讫。

十四日，御史台奏，行省官之任，除合给铺马又复应副车辆脚力。今西台赴任官，合依前例铺马之外，大夫给车三辆，中丞侍御二辆，治书一辆，以后为例。奉旨可移文都省施行。都省照议行省之任官。除合起铺马外，丞相平章，例给站车二辆；左右丞、参政，车一辆。今次御史台，奏准行台之官，站车俱为通例不同。札付本台就便回奏。下兵部依例应副施行。

是月中书兵部，照得辽阳行省，懿州不应支过皇庆二年使臣上马分例钞四十七锭，三十二两六钱四分。已拟减驳追理。今本省咨谓出使人员上马分例，拟合减半支付，所据前钞系延祐二年十一月二十七日已前减驳之数。伏请钦依革拨，已后减驳数目。着落追征。本部议得出使人员经过止宿已有祗应通例。既已上马又需当日分例，似涉重复。合咨辽阳行省，更为照勘减驳支过分例。如委系延祐二年十一月二十七日诏赦已前事理，依准所拟。钦依革拨。已后不应支过数目，着落当设人员。追征还官相应，呈奉省准依上施行。

九月大都路，良乡驿，言自闰正月二十五日，涿州驿，送到晋王位下来使锁秃等四人，又西番大师加尾藏卜等七人到驿，各索走骟马匹，提领百户，皆被鞭捶，越次选取骟马。

供给二月一日，复有西番僧短木察罕不花八哈失等二十一人，起正马三十二匹，回马十匹。需求走骒马匹，捶挞站赤，恃威选马。无所控诉。窃照本驿置于辇毂之下，南北冲要，供给浩繁，似此被害，何以堪命。乞禁治事。省部照拟得国家设置驿传，所以通边情，备急务。近年以来，诸官府给驿繁数，站民匮乏。至于今岁尤甚。且大都南北六道站赤，比之各省，又重苦之。朝廷每加优恤。今此所陈，良可哀悯。若不严行禁约，诚恐逼临站户逃窜废绝站赤，深为未便。都省出榜诸站，及下各路依上施行。仍咨行省一体禁治。

十月，甘肃行省言，本省地在极边，往来经涉沙漠，官吏人等之任，已蒙给驿，任回则备已力，人稀路迥。所过艰险，比之岭北荒恶尤甚。如准已拟。除所辖居住人员，不须应付。其得代出境者。照依岭北省例。官为给驿回还，使庶官得受均惠。无回顾之忧，诚为合义。兵部参详本省道逄不通舟楫，如准所拟，本处土居人员，不须应副。其余任回官员脚力，照依岭北省例。职官验元去铺马站车应副，令译史宣，使人等。止给铺马一匹，站车一辆，身故家属，一体应副回还相应。都省议得。甘肃行省任回官吏。除犯赃解任者不给外，余人并依元去脚力回还。余准部拟，移咨甘肃行省依上施行。

是年中书兵部，言各站设置提领，止受部札，行九品印，职专车马之役，所领站户多者三二千，少者五七百，比之军民，体非轻细。得其人则户安事集，非其人则民困事隳。奈何俸禄不给，三年一更，贪邪得以纵私。廉能无以激厉，站赤消乏。职此之由，今拟各处馆驿，除令丞外，见役提领，不许交换。败事者依例追断停罢。廉能者虽历三载，听民举留。庶望所任尽职，站赤相安。都省准拟。连送兵部依上施行。

五年，二月十五日，中书省奏，帖里干站赤，老温哈剌，至察罕，曲律阿答出等一十站，马施损毙。今议各站给与骆驼二十只，每只价钱中统钞二十五锭。委官前去收买，给散各站相应。奉旨准。都省差通政院经历伯都前去买给骆驼二百七十二只。

十二月，二十六日，通政院使察乃失剌脱端，金通政院事八的儿等奏，世祖皇帝时，给发圆牌圣旨，验差札起与铺马，今来官府书立印信案验，方准给马。致急使住滞，失误公事。奉旨可依旧制给与使臣圆牌圣旨。各驿差札起与铺马，不须立案。

六年，正月十日，宣政院使月鲁帖木儿八剌脱因答儿麻失里等奏，乌思藏纳怜速古儿赤宣慰司言，往者乌思藏等，站赤消乏。尝奉上命每站与马一百二十匹。准支价钱。今来各驿消乏尤甚。虽议于鲁瓦富民之家，抽分马匹应副，恐不能济。乞津济物力，又奉帝师法旨，乌思藏撒思加答笼宋都思赤思答四站无营盘数年田禾不收。头匹倒死。至甚消乏。藏卜八国师等，并宣慰司，数次移文上言，在先世祖皇帝，成宗皇帝时，以此数站消乏，曾令官给物力。今宜依先例济之，臣等议今不赈济，直至断绝。邮行创立，愈见费力。乞依先例赈给，奉旨准。钦此。本院具呈现都省，于三月四日奏，四站各与五十匹马价，每匹六锭。上从之。总计乌思藏撒思加等四站，每站马五十匹，该价钱中统钞三百锭。计一千二百锭整。撒思加答笼宋都思亦思答。

四月中书兵部，承奉中书省札付、通政院官禀说，帖里干站道内，伯只剌憨赤海两站，头匹倒死，失误走迎。又苟赤人也速答儿，以已马七匹，与伯只剌站添力事。于三月二十九日，参政燕只哥，通政院使秃鲁哈帖木儿等奏，每站各与马五十匹接济。奉旨准。又奏也速答儿，回赐表里。奉圣旨可赐银一锭，以劝后人。钦此。迤北收买骒马，每匹给中统价钞六锭。钦奉前因。都省议得上项马匹，委上都留守司达鲁花赤只儿哈郎，留守贺开府。不妨司事提调，与通政院官照依官定价直，就便从宜钦依收买堪中马匹。责付各站走迎。毋致失误。具收买交付讫马数日期。用过价钱，通行呈省。所据回赐也速答儿银一锭,于系官银内支付。依例除破。

七年,四月四日,参议速速以丞相帖木迭儿之言,上奏,前者为诸王驸马乘驿聚会之故,整治东西两道站赤与讫物力。今诸王欲各归镇地,当此站赤消乏之时,经过征求分例草料。乞各与钞二百锭。奉旨准。

二十九日,参议速速奏,昨奉旨令写进通政院兵部所管站赤缘由沿华来上。今谨进呈。上览毕,曰"世祖皇帝时达,达汉人站系通政院管领。今可依旧制,悉归之通政院"。

五月十一日,中书右丞相帖木迭儿、平章政事拜住等覆奏,上曰"可依前旨,令通政院领之"。

九月十四日,通政院判官伯帖木儿。奉旨赴木怜站取勘贫富站户数目,呈省区处。

十月十七日,奏请接济贫户。上是而从之,都省委官与本院同知不颜前赴木怜三十一站,给散讫中统钞三万八百锭,粮五百石。

十一月,通政院官孛乐斛等奏,奏圣旨,节该世祖皇帝时,腹里江南汉地站赤。例从各路达鲁花赤总管提调。近年令州县管领,似此站赤受害。今可依前例。皆令各路达鲁花赤总管提调。州县官勿得预。省部钦依遍行。照英宗皇帝至治元年,十一月二十九日,纳怜道哈剌兀孙脱脱禾孙,客灭拙斛言。哈剌温至哈必儿哈不剌一十四站,初无田土可耕,自薛禅皇帝时,官给马匹草料,站户口粮。延祐七年,八月以来,雪重草死。官无刍粟,以致马匹瘦弱,迟误驿传。请接济事。都省差通政院宣使朵儿赤,赴甘肃行省,河东宣尉司,给散讫粟料三千五百六十四石。

二年通政院言,近年诸官府遣使皆执圣旨,及差札起马,中间泛滥,无凭稽考。今后除枢密院、御史台、也可札鲁花赤、宣政院、徽政院外,其余遣使给驿者,合遵至大四年。已降圣旨事意。经由省部,关会本院应副。省部准拟依上施行。

三年正月一日,中书右丞相拜住,左丞速速等奏,和林之南,沙兰秃等六处马站,连年经值风雪,刍草不生,人马瘠乏。合无差官取勘户数,每户接济中统钞三十锭。奉旨准。都省差同知通政院事亦怜真驰驿。至沙兰秃等站,给散讫钞六千二百锭,段匹折钞三千一百锭。

泰定元年,三月一日,中书右丞相旭迈杰、左丞相倒剌沙等奏,帖里干木怜纳怜站赤,因诸王驸马,在店薛地聚会,频取物力,以故消乏。臣等以为站赤乃当时之急务,一次整治有法,站户累岁获安。今令通政院,分别贫富等差,其有马驼及二十,羊及五十者,是为有力。余无此数者,官给中统钞五十锭,补买与之。及支半年口粮,下年孳畜蕃息。可为久计。奉旨准。都省钦依委官分道驰驿前去,给散讫,钞二十一万,三千三百锭,粮七万六千一百四十四石八斗。

木怜道三十八站,钞八万四千五十锭,粮一万六千九百三十三石二斗。

纳怜站道二十四站,钞四万一千七百五十锭。粮八千九百二十石八斗。

帖里千五十七站,钞八万七千五百锭,粮五万二百九十石八斗。

三日通政院使察乃脱儿赤颜等奏,世祖皇帝时,汉地站赤,从各路达鲁花赤,总管提调,在后又令州县官领之。既而站户受害,依旧从各路正官提调。州县不预。至治三年,英宗皇帝行幸五台之时,左丞速速、同知不颜复奏,令州县提调站赤,今站户告言,既隶通政院,又属州县官,于已诚有不便。臣与右丞相旭迈杰等共议,但凡政事并依世祖皇帝定制。已尝诏告天下。今次站赤,止合从各路达鲁花赤总督提调。毋令州县官领之。奉旨准。

六月十日，诏书内一款，军国之务，站赤为先。除达达站户消乏。已令接济外，春秋车驾经行处所。使客比之他处繁多。大都上都，自备首思者。每站给中统钞二千锭。兴和、宣德、拘该汉站，各一千锭。验户接济。仍仰中外诸司，各务撙节。不许滥行给驿，违者，依条治罪。中书省下兵部通政院，照勘到合接济一十六站，给降中统钞二万九千锭，遣尚乘寺丞脱脱。通政院都事哈剌章支散讫。

上都至大都昌平等一十三站，支钞二万六千锭。

兴和路三站，支留钞三千锭。

二十一日，通政院合察乃等奏，春秋往来上都，各供帐内马驼有阙。全仰站车以行，随驾官府，及各枝人员，每年起发铺车，站户苦之。今将起离上都。回还大都，各供帐所须铺车。欲乞矜悯住罢。令中书省应副车辆头匹，其余各枝官员，悉令自备物力起行。可否取裁。奉旨准。

二年六月，兵部侍郎刘秉德言，诸王、驸马，各投下。给驿实繁。及随朝诸官府，多有未拘铺马圣旨。凡遇遣使，假公行私，径赴通政院给驿。拟合从新分拣，诸王、驸马，各投下铺马札子。撙节与之。不许似前泛滥。除枢密院、御史台、也可札鲁花赤、宣政院、詹事院外，其余官府，应有铺马圣旨。尽数拘收。果有公事给驿，移文省部应副。不经省部者，不得给。从监察御史，廉访司纠察相应，省部准拟施行。

三年，二月二十三日，中书右丞相塔失帖木儿等奏，京畿道奉使宣抚言，昌平县站户差役频数，自备祗应。以故物力消乏，渐致逃徙。臣等详照往年，其地田禾不收，又为路当冲要，驿传倍劳，累尝奏降钞定津济。今国家虽乏钱粮，亦宜赈恤，设若隳废，愈难整治，请发钞二千锭。委官验贫富多寡给散之，奉旨准。

又奉驿传所以通报国家急务。近年以来，西番僧，及工匠之徒，泛滥给驿。是致站赤疲弊。今后此徒，凡有不切之务，乞禁止给驿。事果急速，三分车马之数，应副一分以行。仍准当该官司公文起遣。似为允当。奉旨准。

四年，五月十五日，通政院使脱亦纳失龙灰等奏，上都周遭草地，及各站牧马地内。旧例马牛外来者，执之以供驿传三日，后回付畜主，羊口入禁，没为馆食。今议若畜主不出识认者。合无作不兰奚数收系之。奉旨准。

是年，两浙江东道，奉使宣抚言。站赤消乏，兵部议得，各处水马站赤消乏。例合有保勘不干碍五品官体覆。监察御史，廉访司体察，依例金补。然行移之间，为无所立程限。往复淹延，民受其害。今拟从申举日为始，至监察御史，廉访司体察毕，定期一岁完备。违限者，从监察御史，廉访司纠察，省准遍行。

明宗天历元年，九月，通政院言，方今海宇混一，庶务浩繁，百色所需，全籍铺马辨集。近因迤北军马，将蓟州、夏店、昌平、良乡、涿州、通州、并北口、榆林、洪赞、雷家等站共散，楚创畜产房舍殆尽。今兹平定，诸王驸马，各枝朝贺使客频数，供给日繁，若不拯济，恐致失误。请以各路刷到马匹。量给各驿走迎事，都省准拟，一十站总拨马八百四十七匹，大都驿，马四百一十七匹，良乡马五十四匹，涿州马五十四匹，昌平马五十四匹，榆林马五十四匹，洪赞马五十四匹，雷家马五十四匹，夏店马五十四匹，蓟州马五十四匹，通州马三十匹。

十月二十四日，太保左丞相别不花、郎中牙不忽等。特奉圣旨，河南、江西、湖广三省，打捕天鹅，乘驿进送频并，站赤甚苦。今后斟酌进一两次，其余加意盐淹讫。以驿舟进来。令都省移文谕之。钦此。是月，兵部奉中书省札付，行省腹里，凡起运金银钞锭匹帛诸物。俱有定立程限。近来往往违期不到，以致河水结冻，舟楫不通。却督拘该有司

差倩民车,和雇脚力搬运。不唯破费官钱,重劳民力,其间弊病多端,盖因各处官司,不为用心择人押运,或至站所,不即给船,停滞迁延,于事未便。都省议得起运物色。各处提调正官,首领官,须要照依元定程期已里。差能干人押运到都。如依前违限,定将押运官、库官、库子等痛断。及取当该首领官吏招伏究治。拘该站所。运物至彼,划时给船。若迁调怠慢,刁蹬停滞者,亦行断罪,仰依上施行。

十一月十日,右丞相燕帖木儿、平章政事钦察觰、通政院使寒食等奏,昌平、榆林、洪赞、鹏窝、赤城龙门、独石、失八儿秃、昔宝赤、李陵台、桓州、湾阳、雷家、宣德、西驿白草涧若盐泊小寨儿乞儿撒秃哈儿憨赤忙吉儿秃夏店、苏蓟州、遵化、等二十三站,经值兵戈消乏,使臣频数,站户甚苦。乞赐矜悯,每站各与钞五丰百锭。奉旨准都省钦依委官,同通政院使斡绰、同知通政院事香山,钦依给散讫。

二年,三月九日,中书省奏木怜帖里干,站赤消乏,臣等议消乏甚者。与钞一千锭,次者与五百锭赈济之,奉旨准。数内帖里干。木怜两道,消乏之甚者,亦乞烈等一十六站,每站各与一千锭。其忽兰赤斤七站,各与五百锭。都省委官,同通政院副使出出判官秃帖木儿,驰驿前去散讫。四月十四日,左丞相帖木儿不花亦都护、右丞彻里帖木儿、参知政事王结等奏,通政院言,纳怜四十七站消乏,每站拟乞与钞五百锭。臣等议得消乏甚者,各与钞五百锭,余站四百三百锭与之。奉旨准。都省差官与通政院都事哈散同诣二十四站,给散讫钞一万一千三百锭。哈必儿哈不剌一十八站,每站五百锭,计九千锭。浑秃等五站,每站四百锭,计二千锭。兀迷秃一站三百锭。

十五日,中书省判送兵部,据大都申,大都至上都,一千里路,起运伯亦斡耳朵颜料,并竹地席,和雇车辆脚价斤重。依例支付,覆实司提举杨奉训,体度得大一统志内。大都至上都,止是八百里路。合依典故改正。本部议大都至上都,里路跋涉山岭,险阻崎岖,车程搬运,难同坦途。若依典故一概定论,似涉偏执。况兼此例。循行已久,合依大都路已拟相应。

二十七日,中书省准甘肃省咨,锁南管卜岐王位下,火儿忽秃红城儿两站,与荆王位下,蒙古七站,一路接连。见准都省咨文,接济马料。本投下二站,若蒙依例应副,似不偏负。送兵部拟,合比依前例。官为应副冬季三个月料粟相应,都省准拟。至天历三年正月,兵部别卷内,照得天历二年。六月二十一日,甘肃省言,先为荆王也速不干位下,蒙古七站,求接济。量拟支拨冬季三个月料粟,六千三百石,为无见在。泰定四年折支价钱,致和元年又行呈索依例支付。今照得元奉都省咨文,止是量拟拨泰定四年冬季三个月料粟,即非常例。本位下自有设置仓敖,岁收税石甚多。况荆王位下概管军民最为富庶,若以常例,官为支付马料。实是费耗官钱。本部议上项七站。既甘肃行省言料粟,自世祖皇帝以来,不曾应副,本位下多有钱粮,军民富庶,如遇天灾流行,站赤生受。合依行省所拟,从本投下自行接济相应。都省准拟。今照得锁南管卜岐王位下,火儿忽秃、红城儿两站告求接济。已蒙都省准拟。移咨甘肃行省放支三个月料粟。其本位下与荆王位下站赤,即系一体。既荆王位下,蒙古七站,已经呈准。例从本投下自行接济,其岐王位下两站,元准接济三个月料粟,拟合止当相应宜从都省移咨甘肃行省依例施行。

是月兵部奉中书省札付,中书右丞彻里贴木儿,郎中也孙脱奏,鹰房总管府,言各路打捕户,岁贡天鹅、鹚鹈准备进赴上都。及影堂祭供。兵部自正月不给驿马,今乞自用总管府铺马圣旨差人各路依先例起解。奉圣旨准。钦此。都省仰钦依施行。

六月二十六日,中书右丞阔儿吉思等奏,陕西省言,奉元路在城并临潼同官等二十三

站，四年蝗旱，田禾不收。人自相食。若不接济，即见废绝。每站乞与钞四百锭以赈之，奉旨若曰"百姓消乏至此，微惠何能得济。闻来使之言谓站户饥荒，太半逃亡，于已拟各站四百锭钞之上，议增给之。仍启于皇太子，就彼差人前去接济，然后奏闻"。既而中书复奏，每站增给钞总为五百锭。上从之。都省委官，同通政院金院双台，驰驿至奉元等站给散讫中统钞一万一千五百锭。

八月十三日，右丞相燕帖木儿、平章政事钦察斛、参知政事阿荣赵世安等，特奉圣旨，站赤消乏。省中可与物力整治，闻滥骑铺马者多，若不仔细提调将愈致消乏。今省官内，令阿荣、赵世安两人提调。除中书省，枢密院、御史台，其余大小衙门，不以是何公事，差人乘驿者，令通政院禀过提调官，必合驰驿之事。仔细分拣过省中附簿，斟酌与之。不合驰驿者勿给。通政院每月发马多少。明白开写关部呈省，可遍行文书谕之。钦此。

十一月二十七日，通政院使定住寒食、同知通政院事羊蹄通政院副使出出等奏，八哈赤僧人等，无宣政院文字，自索驿马者多。今乞有宣政院印信文字，合与者，仔细分拣与之。奉旨准。钦此。关兵部转呈都省施行。

是日宣政院使秃坚帖木儿脱因公哥簇吉林伯颜也不干相哥失里，同知宣政院事左吉等奏，诸王、驸马、及各衙门无宣政院文书，于通政院泛滥给驿。差人赴西番者多。以此沿途站赤甚是消乏。今乞无宣政院文书者，不令应副铺马，奉圣旨是矣。拘该衙门，可行与文书。

又奏西番三路宣慰司等官，推称起解讲主咒师大医答鲁赤，亦为私已之事，来者多有。若听其如此，站赤辛苦。若用此辈人，朝廷往取之。今后无圣旨，无宣政院明白文书者，乞不许来上。仍令临洮府、宁河脱脱禾孙，加意提调。如此乘驿来者，勿给驿马。计禀宣慰司官奏来。奉圣旨从之。

三年正月十七日，通政院使寒食言，至元七年，设立诸站都统领使司，十三年改升通政院，管领蒙古汉人水陆站赤，至大四年，以汉站隶兵部，本院止领蒙古站赤。延祐七年，又并董之。大德至大年间，为各处站赤消乏。差官金补，不失元额。又屡奉圣旨整治搏节。迄今六十余年，未尝废弛。去岁兵兴，通政院首先准备补马，钦迎皇帝于江陵，使臣接踵驰驿至都。嗣登大宝，干戈未息，东至千民镇、芦儿岭、北至虎北口、居庸关、西至白羊峪、紫荆关等处隘口。军兵守把，应用军器粮粮等物，并给站车挽运。计用四千余辆，以军情起马一万七千余匹起。洪赞、榆林、雷家三站，于昌平立黄花镇，石槽站，摘马走递，大都驿马纷夺不敷，禀奉都堂钧旨。摘拨良乡、涿州、新城、雄州、河间站赤铺马赴都协济。本院官吏尽夜供给。未尝顷刻辄离，亦无分毫失误。平定之后，站民之家，室庐焚荡，人马丧亡，无聊甚矣。幸承恩命，赈济以宁，略举大都、通州、蓟州、夏店、遵化、昌平、榆林、洪赞、雷家、良乡、涿州、易州、涞水马步等站，并北口蒙古站赤，接济讫中统钞一十五万七千四百六十五锭，粮四千六百四十六石八斗，马一千二百六十匹，驼五百只。

又护都忽皇帝还自朔漠。豫王太平王答剌罕，太师右丞相送宝，本院官吏前去迤北蒙古站赤，排辨铺马，及差官赴陕西奉元路等二十三站赈饥。每站给散中统钞五百锭，计一万一千五百锭，奏乞知之。

二月二日，兵部奉中书省札付，刑部呈，奉省判江浙省咨，宣使阿散起运福建运司盐课银赴中书省交纳。天历二年正月，二十一日，辰时，至保定路雄州驿，令人等俱不在站。久之李驿令张提领等，带酒引百户等二十余人来至，不肯照前站关文应副驮银马匹，牵马人夫。但索差札圣旨辨验，意恐催督，恣行骂詈，拽阿散至州衙，知州首领官，亦不助力成

就。耽误至申时。仍前不肯应副,就令牵马人骑驮银马,起运。至二十三日到富宁库寄收阿散已于天历二年正月二十七日,具呈中书省,省发下通政院取问外本省岁办一应钱粮军器段匹,并计置横造进呈诸物,俱有定立程限,每年不下五六十运,实为繁重。全以宣使押运赴都,设置站赤,专一递运官物。雄州站官不以官物为重,放肆凶暴,凌辱使人。有司不肯助力成就,若不严加惩诫,遍行各处禁约。虑恐已后仿此。看同泛常,阻滞未便。都省送刑部议。上项事理,系在天历二年,八月十五日已前。拟合钦依诏赦革拨,宜令通政院遍行禁治,站官人等,今后敢有违犯,痛行断罪相应,都省准呈。

是月,兵部奉中书省札付,御史台呈,江南行台监察御史言,朝廷设立驿站,陆则乘马,水则备舟,点金籍民俾充站户。具船马,备什物,恐致废弛。今有司亲临提调,廉访司常加点视,此诚良法也。近年以来,各处官司,虽有所孳生钞本,数少不能充用,又差人出使合减省而不减省者有之。不当给驿而滥给者有之,差出之人,搔扰站赤,殴打官吏,需索钱物。有司提调之官,视为泛常,廉访司出巡之际,置于度外。是致站户靠损,马弱船漏,什物废坏。卑职近因公差赴都,窃见河间、保定、南北站赤,多有废弛去处。马尽瘦损,不堪走递。询其所由,盖因两淮起解盐本钞本,一运不下四五十匹,驼驮甚重。如一站马匹不敷,则转递前站,是致靠损。况今使臣往来频并,若不整治,恐遇军情,急事迟误。关系非轻。行台看详诸处站赤消乏,积非一日。况河间、保定、东西会于涿州,直至京师,至为辛苦。泛滥给驿,虽有禁条,然法行自贵近始。当此之际,万宜撙节。今后在都应有给驿,除军情重事外,如有宣唤官员,非朝廷知识急用人才,必合乘驿者,从中书省闻奏减省。庶使站赤稍苏。事关紧切,不致少误。余准监察御史所言相应,御史台具呈照详。本部移准通政院关。立站之由,本以宣布致令,通报军情急事。近年以来,各衙门不体事之缓急,泛滥给驿。及两淮起运盐课钞锭,靠损马匹。今后除军情重事,必合乘驿外,其余缓慢细事,不许泛滥给驿。两淮等处起运盐课,舟楫既通,合依旧例用船递运相应。准此。会验到大元通制。内一款。大德八年七月,中书省照得各处行省,不依都省元行,往往泛给铺马。云南、四川尤甚。中间多有任满得代无禄之人。或因起纳诸物,或指计禀公事为名,驰驿赴都。因而求仕。直至得除。驰驿回还,不唯虚费官司分例,实恐迤渐消乏站赤。深为不便。都省议今后任满得代无禄之人,不许差使赴都,如违定将该首领官究治。移咨各处,及札付御史台体察。又一款,至大四年二月,兵部契勘内外诸司,设立宣使奏差,盖为干办公事,其各处行省宣慰司等衙门,比年不行差遣。故委州县正官,并得代不应差使营干已私之人。或以军情为重,或以钱粮为大,或以贡物为急,验其品职,多起铺马。道途之间,源源不绝。站赤消乏,盖因于此。若不整治,深为未便。拟合遍行各处,今后凡遇押运官物,计禀勾当,应合给驿之事,须遣宣使奏差人员,量立程限,仍取甘罪文状。在都诸衙门,如遇各处起纳官物,计禀公事之人,依期发遣,事无壅滞,省减铺马。都省准呈。今奉前因,本部议拟到逐项事理,具呈照详。本省议得近年以来,各处饥荒,站赤生受,盖因拘该官司,泛滥给驿,使客繁多,中间假公营私,往来沿途住滞,及不详事体缓急,一概走骤,倒死铺马,若不定立程限,从宜撙节,深为未便。今定拟到使臣日行马程里路。禁治事理。仰遍行依上施行。

三月九日,中书兵部,准通政院关,天历二年八月十九日,钦奉诏书,内一款节该站赤消乏,比及金补以来,其令中书省撙节冗滥名件,除中书省、枢察院、御史台,及一切军情紧急重事外,诸衙门应给铺马,必须经由省部通政院。毋得滥行给驿。钦此。本院乃京师辇毂之下,四方会同之所,置邮传命,飞报军情,边关紧急,不为不重。除中书省、枢密

院、御史台，及一切军情紧急重事，钦此给驿外。其余诸王、公主、驸马，行省路府州县，并各处纳物回还者，往往赴院倒给站车船只驿马，别无所守通例。未审合无应副。宜令合干部分定拟明白遵守相应。本部议得，在都诸司应给铺马。除中书省、枢密院、御史台外，其余衙门，并诸王、公主、驸马，钦依诏书。并须经由本部斟酌所办事务，撙节定拟合骑马数，移关通政院应付外，据行省路、府、州、县，各处禀事纳物回程。合给铺马站车船只，如元来差札前站关文。及纳获朱钞，并差委公事，回文明白。于例别无冒滥，争差不应者，从通政院照勘，就便给付相应，呈省准拟。

十四日，太师太平王答剌罕、右丞相燕帖木儿，对通政院官传圣旨，近者奏诏书，除中书省、枢密院、御史台外，其余诸衙门差人，无省部文书，勿给驿。今若候省部文书，公事必至迟误。奉圣旨。今后其余诸衙门，不必经由省部，径直移文通政院给驿。本院子细分拣斟酌与之。钦此。本院关兵部钦依转呈都省照详，连送本部就行钦依施行。

是月，中书省准江浙省咨，监察御史言，江浙、江西、湖广三省，水陆站赤，供给繁重。祗应钱物不敷。以站户余粮内差充库子贴备祗待似为靠损。合照依旧例，于巡慰司见役司吏内差充。二岁升州吏，一岁升县吏，本省看详各处库子。元拟余粮站户内轮日应当尚且失误。今改巡尉小吏管办，关领官钱，中间不无侵渔。委是不便如依旧例相应。送兵部议得。江浙行省水马驿祗待库子，既与腹里事例不同。合准本省所拟余粮站户内差拨，上下半年交替，就准本户里正主首身役相应，呈省准拟。又太师右丞相燕帖木儿、平章政事钦察鞛阿礼海牙、赵世延、右丞撒迪、参知政事和尚蔡文渊、参议中书省事忽都海牙等奏，兵部言，以站赤消乏之故。不应给驿者，省官分拣。见于皇帝登宝位之诏。在前赐田收谷身故送丧之人，不曾给驿，令各衙门官员，为营私事，不肯遵守法度，搬取家属，收拾子粒，迁葬娶妻。送灵嫁女，泛滥给驿。以致站赤消乏。臣等谓站赤本为转达国家政令，通报边境军情而设。今后似此，但凡私事，奏乞驿马者禁革，一切不应给驿者。依诏书体例分拣为宜。奉圣旨。卿言是矣。可移文各处。勿令泛滥给驿。钦此都省遍行照会。

集文集名十三

《王深父文集》

《文献通考·王深父文集》，二十卷。王回深父，福州侯官人，举进士中第。为毫州卫真县主簿，卒于治平二年。年四十三。西麓周氏曰："王深父学于欧阳公，与王介甫、曾子固、刘原甫游。其文出欧阳体，而尤纯淡。序事曲折不穷，特壮伟不及也。至于摘经传语以为赋，词短而意深，有味其言哉。文章自汉魏以来，体益下。至唐中世，韩柳作兴之，习俗相沿，未遽尽革。加以五代乱离，死生于矛载中。而文章丧矣。国初渐欲修复古文，天圣明道以后，欧阳公与穆伯长、尹师鲁、石守道数君子，以大手笔倡之。流传于后，遂以欧阳公为宗。文章高下，固自有时哉。以吾观之，数君子之功，诚不可泯没。然其离合盛衰，关于世道，似亦非偶然者。古诗逮齐梁，浮靡不振。唐自陈子昂氏以前，犹未数也。开元、天宝之盛，李杜之光燄始长矣。同时王摩诘、孟浩然、韦苏州，片言只字，皆不入俗。惜无李杜诗，不得不变也。王深父、鲁子固，不遇欧阳公，亦岂作落霞孤鹜等语哉。"水心叶氏曰："闻之吕氏读王深父文字，使人长一格。事君责难，爱人抱关诸赋，可以熟玩。自王安石王回，始有幽远遗俗之思。异于他人，而回不志于利，能充其言，非安石所能及。少假不死，及安石之用，未知与曾巩常秩何如。士之出处，固难言也。"宋曾巩《元丰类藁·王深父集序》：深父吾友也，姓王氏讳回。当先王之迹熄，六艺残缺，道术衰微，天下学者无所折衷。深甫于是时，奋然独起。因先王之遗文以求其意，得之于心，行之于己。其动止语默，必考于法度。而穷达得丧，不易其志也。文集二十卷。其辞反复辨达，有所开阐。其卒盖将归于简也。其破去百家传注，推散缺不全之经，以明圣人之道于千载之后。所以振斯文于将坠。回学者于既溺，可谓道德之要言，非世之别集而已也。后之潜心于圣人者，将必由是而有得。则其于世教，岂小补之而已哉？呜呼！深父其志方强，其德方进而不幸死矣。故其泽不加于天下，而其言止于此。然观其所可考者，岂非孟子所谓名世者欤？其文有片言半简，非大义所存。皆附而不去者，所以明深父之于其细行，皆可传于世也。深父福州候官县人，今家于颖常。举进士中其科。为毫州卫真县主簿。未一岁弃去，遂不复仕。卒于治平二年之七月二十八日。年四十有三。天子尝以某一作忠武军节度推官知陈州南顿县事，就其家命之。而深父既卒矣。

《王子直文集》

《文献通考》：王向子直，深父之弟。西麓周氏曰："子直之于深父，犹颖滨之于东坡也。芝兰之丛，无不香者。然子直之有英气，而能力自蟠屈以就法度，可谓有意于文章也。"宋曾巩《元丰类藁·王子直集序》：至治之极，教化既成。道德同而风俗一。言理者虽异人殊世，未尝不同其指。何则？理当故无二也。是以诗书之文，自唐虞以来，至秦鲁之际，其相去千余岁，其作者非一人。至于其间，尝更衰乱，然学者尚蒙余泽，其文虽迈，而其所发明，更相表里。如一人之说，不知时世之远，作者之众也。呜呼！上下之间，渐磨陶冶至于如此。岂非盛哉？自三代教养之法废，先王之泽熄，学者人人异见，而诸子各自为家。岂其固相反哉。不当于理，故不能一也。由汉以来，益远于治。故学者虽有魁奇拔出之材，而其文能驰骋上下，伟丽可喜者甚众，然是非取舍不当于圣人之意者，亦已多矣。故其说未尝一，而圣人之道未尝明也。士之生于是时，其言能当于理者，亦可谓难矣。由是观之，则文章之得失，其不系于治乱哉。长乐王向，字子直，自少已著文数万言。与其兄弟，俱名闻天下。可谓魁奇拔出之材。而其文能驰骋上下，伟丽可喜者也。读其书，知其与汉以来，名能文者，俱列于作者之林。未知其孰先孰后。考其意，不当于理者亦少矣。然子直晚自以为不足，而悔其少作。更欲穷探力取，极圣人之指要，盛行则欲发而见之事业。穷居则欲推而托之于文章，将与诗书之作者并。而又未知其孰先孰后也。然不幸早逝。故虽有难得之材，独立之志，而不得及其成就。此吾徒与子直之兄，回字深父，所以深恨于斯人也。子直官世行治。深父已为之铭。而书其数万言者，属予乌序。予观子直之所自见者，已足暴于世矣。故特为之序其志云。

《王容季文集》

《文献通考》：王同容季，子直之弟。宋曾巩《元丰类藁·王季容集序》：叙事莫如书。其在尧典，述命义和。宅土测日暑星候气，揆民缓急，兼蛮夷鸟兽，其财成辅相备，三才万物之理。以治百官，授万民，兴众功，可谓博矣。然其言不过数十，其于《舜典》则曰："在璿玑玉衡，以齐七政。"盖尧之时，观天以历象，至舜又察之以玑衡。圣人之法，至后世益备也。曰七者，则日月五星。曰政者，则义和之所治无不任一作在焉。其体至大，盖一言而尽，可谓微矣。其言微，故学者所不得不尽心。能尽心，然后能自得之。此所以为经而历千余年。盖能得之者少也。《易》《诗》《礼》《春秋》《论语》皆然。其曰"测之而益深，穷之而益远。"信也。世既衰，能言者益少。承孔子者，孟子而已。承孟子者，扬子而已。扬子之称孟子曰"知言之要，知德之奥。"若扬子，则亦足以几乎此矣。其次能叙事使可行于远者，若子夏、左丘明、司马迁、韩愈，亦可谓拔出之材，其言庶乎有益者也。吾友王氏兄弟曰回深父，曰向子直，曰同容季，皆善属文，长于叙事。深父为尤深，而子直、报季，盖能称其兄者也。皆可谓拔出之材。令其克寿，得就其志则将绍六艺之遗言，其可御哉。余尝叙深父子直之文，铭容季之墓，而容季之兄固子坚，又集容季之遗藁，嘱余序之。余悯俗之愉，朋友故旧道缺，不自知其不能，强次是说，以为容季文集序。熙宁九年冬　　南昌

郡齐又为墓铭曰：容季孝弟纯笃，尤克意学问。自少已能为文章，尤长于叙事。其所为文，出辄惊人。为人自重，不驰骋衔鬻，亦不予予为名。日与其兄讲唐虞孔子之道以求其内，言行出处常择义而动。其靡砻灌养而不止者，吾未能量其所至也。不幸其志未就，其材未试，而短命死矣。初容季之伯兄回深甫，以道义文学退而家居，学者所宗。而仲兄向子直，亦以文学器识，名闻当世。容季又所立如此，学士大夫以谓此三人者，皆世不常有。藉令有之，或出于燕，或出于越，又不可得之一乡一国也，未有同时并出于一家如此之盛。若将使之有为也，而不幸辄死。皆不得志于寿考，以尽其材，是有命矣。按候官三王之文，盖宗师欧公者也。其大家正气当与曾、苏相上下。故南丰推服其文，而深悲其早世。然晁、陈二家书录，并不收入。《四朝国史·艺文志》，仅有《王深父集》，才十卷。则止有曾序所言之半，而子直、容季之文无传焉。亦不能知其卷帙之多少。可惜也。

《胡安定公集》

《宋胡安定公集·胡寅进先公集序》：绍兴十八年闰八月，太常丞臣宁次当轮对奏事殿中，皇帝若曰"惟乃父既纂释《春秋》，当尚有它论著。其具以进。"臣宁走使告其兄臣寅曰"先大夫没十有一载，遗文虽就编缀，然未之出也。学士大夫欲见者已鲜矣。何况天子崇高富贵，日有万机，今主上眷言旧学之臣，久而未慁。其思所以仰称明诏者。"臣寅即取先集，离马门次，缮写以献。惟邹鲁之学，系秦汉隋唐，莫有传授。其间名世大儒，仅如佛家者流，所谓戒律讲论之宗而已。至于言外传心，直超佛地，则未见其人。是以圣道不绝如线。口笔衮衮，异乎身践。其书徒存，犹无书也，逮及我宋熙宁以来，先觉杰立，上继回轲，天下英才，心悦而诚服。然后孔氏术业，浸以光显，《五经》《语》《孟》所载，譬犹逢春之木，有本之澜。生意流形，初非死质，成已成物，始终有序。先臣夙禀大志，闻而知之，以仁为居，以义为用，以身修家齐、国治、而天下平为效。夫记诵训故、辨说、词华之习，一不与焉。其宏纲大用，奥义微辞，既于笔削之书，发挥底蕴。自余因事有作，进则陈之君父，退则语于公卿。或酬酢朋游，或训教子弟，一言一话，犹足以证明往昔，昭迪来今。敢图家藏。遂上　御府。斯文不坠，后裔有荣。然父书精深，而臣以浅粗之言，冠于篇首。君学高远，而臣以毕近之论渎于聪闻。兹荣也，祗所以为愧歉。谨序。《进先公文集表》：臣某言臣弟太常丞宁输对奏事，伏蒙　圣慈宣问乃父既解释《春秋》，尚当有他论著其具以进者。宸里尚旧。故老形思，训释典文，凤简渊深之记，遗余篇翰，更蒙清燕之求。中谢伏念先臣早捐尘事，志希任道，谋不为身，心远地偏，寄陶庐于三径。人忧已乐，甘颜巷于一瓢。吟咏情性，而无彫虫篆刻之为。交际往来，而乏竿牍苞苴之智。中经俶扰，多所散亡。晚获奠居，仅成编秩。精忠皎皎，每提拨乱之纲。庄语谆谆，多阐济时之用。进则倾输于君父，退犹关说于公卿。壮怀投老而益坚，弱齿抱病而弥励。自期有补，终冀一伸。丘木成阴，虽郁《春秋》之志。囊书奏御。何殊旦暮之逢。此盖伏遇　皇帝陛下，典学裕身，崇儒化俗，华衮岂惟于一字，缁衣不间于十年。乃因仲息之对扬，锡以温颜之清问。斯文不坠，多士流传。臣谨以校定舛讹，分成门次。爰从传置，进备览观。函剑有光，既彻斗牛之象。浦珠无类，合供旒冕之须。

《祖龙学文集》

赵体国识：右《祖龙学家集》十六首。典雅韫藉，我国朝太平之文献也，苗裔有居合肥者。颁不给□粥，能保此版。不妄予人，独欣然以归于学。其志可嘉尚已。然版之脱亡二十有九，不能为完书。虽得别本，帤亡羡财，弗克治。故书目仅存其名，体国怀兹久矣。于是誊拔刊补，首秩始备。庶几可以传远。亦先哲之志云，绍定已丑十月既望。郡文学赵体国敬识于卷末。

《华阳集》

《文献通考》：《华阳集》一百卷。晁氏曰"皇朝王珪，禹玉，其先成都人。故号华阳。后居开封。少好学，日诵数千言，及长，博通群书。庆历二年，廷试第二，嘉祐初，入翰林。至熙宁三年，始参大政。凡为学士者十五年。后拜相薨，年六十七。谥"文恭。"陈氏曰："珪典内外制十八年，集中多大典册令。其诗号至宝丹。以其好为富贵语也。在相位，无所建明。人目为三旨。元丰末，命珪本无异论，亦缘其备首相，不能早发大议，依违迁延。以召谗贼云。"宋王珪《华阳集·许光疑序》：大观二年正月甲寅，有诏故相岐国王公之家，以文集来上，臣仲修等表言曰"先臣珪以文翰被遇四朝，辅相神考十有六年。晚膺顾托，首陈上自有子之言，以定储议，不敢自以为功。既没一纪之余，仇怨攘功。架以奇祸，赖哲宗皇帝睿明。阖门得以全度。泊　陛下嗣守大位，予其爵秩，禄其子孙。臣等虽万死，岂足以仰报圣泽之万一。兹承睿旨宣取先臣遗藁。臣等披命，感泣不自胜。谨序，次成一百卷。缮写以进，唯陛下衰怜先帝之旧臣。明其诬谤，而显其余勋，以示天下。不胜幸甚。上览奏，恻然展读嘉叹。既又除罪籍。还赠谥，复绘像，畀其遗恩如故。夫贤者之处世，所可贵于天下者，不过事业文章而已。然鲜或兼之。昔绛侯有诛吕之功，而贻少文之诮。博陆有立宣之绩，而披不学之讥。则事业非不著也。相如以凌云之赋，游金门而无闻。宗元擅作者之称，均司马而贬死。则文章非不工也。岐国王公弱冠，登甲科，不出都城，致位宰相。当熙宁元丰之际，翊戴圣主。此隆尧舜。盖自嘉祐之初，与欧阳永叔，蔡君谟，更直北门，声名振于一时。学者尤所师慕。每一篇出，四方传诵之。后虽当轴处中，朝廷有大典册，心命公为之。则事业文章，可谓兼之矣。公少登显涂，未尝迁谪。故平生著述，多代言应制之文。而无放逐无聊感愤之作。仁宗尝称公文有体。英宗尝谓辅臣学士，唯王珪能草制。神考每有圣作，多令公视草。尝奉诏述高康王卫王碑，天语称以真大手笔。进仁英二帝纪，批诏以比班、马。公薨。垂三十年。后进之士，闻公名想见其风采，思欲诵其遗文而不可得。今家集既奏御，且镂板以传世，将使天下来世，知公之受眷累朝，为时宗工。与古之作者，并驾而齐驱。若延忠精结于上心，谋谟著于廊庙，载在信史，播在公议，此不复书。谨序。宋王仲修《进家集表》：臣仲修等言，窃以在冶之金，以自跃而为耻。韫匵之玉，必待价而乃珍。念父书之久藏，当圣世而难隐。臣仲修等，诚惶诚惧，顿首顿首，恭惟皇帝陛下，英猷天启，睿学日熙，制规二帝之摹，言合《六经》之训。握枢临极，纂承禹绩之嘉。肆笔成书，丕绍尧章之焕。重念先臣，某少缘家学，早中甲科，校天禄之文,才称金马。视淮南之草,名在玉堂。作新两汉之文章,润色三朝之诰命,世有儒宗之誉,史多天奖之词。传诵一时,岂特语言之妙。协成大事,固多翰墨之功。晚受知于裕陵,天登庸于宰路。当廊庙谟谋之暇,犹国家论异之兼,毕声精忠,仰赞格天之业。逮膺顾托,独先定策之言。暨陷驭兜之诬,阻奏东方之牍。方陛下丕扬先烈,追念旧劳,辨销骨之谗,既昭前事,览凌云之作,恨不同时。悉衰平日之遗文,益怆他年之荣遇。启《金滕》之策,不及于生前。上茂陵之书,徒嗟于没后,今有先臣某文集一百卷。并目录十卷。共五十五册,随表上进以闻。臣等无任诚惶诚惧。顿首顿首。谨言。大观二年五月日,朝奉大夫管勾南京鸿庆宫上护军臣王仲修等上表。

《司马文正公传家集》

《文献通考》:晁氏曰皇朝司马光君实,陕州夏县人。初以父阴入官,年二十,举进士甲科。故相宠籍荐除馆阁校理。神宗即位,擢翰林学士御史中丞,后除枢密副使。力辞而去。元祐初,拜门下侍郎,继迁尚书左仆射。卒年六十八。谥文正。好学如饥之嗜食,于学无所不通。音乐、律历、天文、书数,皆极其妙。晚节犹好礼,其文如金玉、穀帛、药石也,必有适于用。无益之文,未尝一语及之。集乃公自编次。公薨,子康又没。晁以道德而藏之中,更禁锢。迨至渡江,幸不失坠。后以授谢克家刘峤刻板上之。今光州有集本。《温公传家集·陈冠序》:右《司马文正公文集》,总八十卷。公平生片文只字,靡不毕载。然公初意止为传家。则天下之士,固有愿见而不可得者。淳熙中,甫板行于泉南,然后其书稍稍间出。历年浸久,刓缺未可知。嘉定癸未,公四世孙遵出守武攸,复以泉本刊于郡斋。课工未及五六一而罢去,事遂中废。是年冬,宝婺应侯谦之实未宣布之暇,阅其故编,喟然叹曰:"文正一代伟人,方其立朝建明论议,皆有开于治乱安危之大端。微而一语一言,亦足以警策后进。"是书也,虽莫为前,吾犹将彰之。况既□其端,其可已乎。于是益鸠木饬匠,严其程式。且俾冠订正其字画之舛讹,始于春仲,迄于冬孟。工告讫事,视旧本加核。自是以往,凡昔之愿见而不可得者,皆可以家藏而人蓄之矣。《诗》云"高山仰止,景行行止。"吾夫子尝赞之曰"诗之好仁如此。"夫推其景行先哲之心,与天下共之,非好仁之笃,能如是乎?然则是书之成,抑足以见侯之志云。甲申日南至,门生文林郎差充武冈军军学教授陈冠谨识。 宋毗陵张守《乞宣取司马温公文集札子》:臣伏见本路提刑司,近得司马光文集,镂板已毕,缘光初被遇神祖,马台谏侍从,启沃居多,所上章疏,具载文集。臣尝窃观其议论忠厚正直,深有补于治道。恭惟陛下圣德日跻,而学不厌。臣愚窃意可以仰资乙夜之观,欲望圣慈,下提刑司宣取,仍乞以副本藏之秘阁。取进止。 宋薛良齐书温公集诗:"不用须藏用即行,未分丘壑与朝廷。声名怅得生来盛,非但潜心醉《六经》。"

《范蜀公集》

《文献通考》:《范蜀公集》一百二十卷,汪玉山序按蜀公墓志云:文集一百卷,谏垣集十卷,内制集二十卷,外制集十卷。正书三卷,乐书三卷。公成都人也,应辰守成都凡三

年。求公文集，虽按访殆遍，来者不一，而竟无全书。盖公之没距今八十年矣。窃意岁月愈久，则虽此不全之书，亦或未易得也。于是以意类次为六十二卷。曰乐议，曰使北录。不见于墓志，亦恐其初文集中未必载也。而乐议或特出于世俗所裒辑，今皆存之。又以谏疏内制外制、正书乐书附之。通为一百十二卷。正书所得止一卷，今分为二。司马温公论正书，其间有云："舜无焚廪浚井之事。"而今之正书无此语。岂亦非全书耶。

《张少愚白云集》

《文献通考》：张少愚《白云集》三十卷。晁氏曰："张俞，字少遇，幼通悟于书。无不该贯。朝廷尝以校书郎召，表乞授其父。隐于岷山之白云溪。凡六被征召，皆不起。为文有西汉风，尝赋洛阳怀古。"苏子美见而叹曰："优游感讽，意不可尽。吾不能也。"

《丹渊集》

《宋史·文同传》同。方口秀眉，以学名世。操韵高洁，善诗文。所著有《丹渊集》四十卷，行于世。《文献通考:丹渊集》四十卷。晁氏曰"文同，字与可，蜀人。进士高第。以文学名。操韵高洁，尽笔尤妙。仕至太常博士、集贤校理。元丰初，出守吴兴。至宛丘驿，忽留不行，沐浴衣冠，正坐而逝。"东坡谓与可有四绝:诗一，楚词二，草书三，书四。世少知者，惟予一见，识其妙处。又有诗云："斯人定何人，游戏得自在。诗鸣草圣余，兼入竹三昧。"他日观其飞白，复恨知与可之不尽也。陈氏曰："东坡与之厚善，墨君堂记，箟篁谷记，皆为同作。司马温公称其襟韵潇洒，如晴云秋月，尘埃不到，其为人可知矣。"《容斋洪氏随笔》曰："今人但能知文与可之竹石，惟东坡公称其诗，骚人表出'美人却扇坐，羞落庭下花'之句，予尝恨不见其全。比得蜀本石室先生《丹渊集》，盖其遗文也。于乐府杂咏，有《秦王卷·衣篇》曰:'咸阳秦王家，宫阙明晓霞。丹文映碧镂，光彩相钩加。铜螭逐银貎，压屋惊蟠拏。洞户琐日月，其中光景赊。春风动珠箔，鸾额金窠斜。美人却扇坐，羞落庭下花。闲弄玉指环，轻水抱红牙。君王顾之笑，为驻七宝车。自卷金缕衣，龙鸾蔚纷葩。持以赠所爱，结欢其无涯。'其语意深大骚人阃域。又有《王昭君三绝句》云:'绝艳生殊域，芳年入内庭。谁知金屋宠，只是信丹青'，几岁复宫尘，今朝绝国春。君王重恩信，不欲遣他人。''极目胡尘满，伤心汉月圆。一生埋没恨，长入四条弦。'令人读之，缥缥然感慨无已也。宋《项安世诗·读文与可集》，效其体，送新邛州范宗丞。苏字季少'邛州官多书，大字宜眵昏。中有与可集，瑶琨贮金盆。王郎以赠我，读之泪纷纷。每到和苏作，姓诡字亦谖。多称苏子平，或号胡使君。家侯为之谱，其事盖有云。是时党祸起，无敢交苏门。子孙抱遗蘽，涂改仍窜焚。至今集中字，舛驳难具论。最怜黄楼赋，一字今不存。里哉谁作俑，见此伤人魂。君今当清时，往驾刺史辕。万一布宣暇，再三修此文。'

《玉堂集》

《吴郡志》:元绛,字厚之,居带城桥。天圣五年进士,屡典大藩,以文章政誉名一时。神宗欲选翰苑之才,王荆公曰:"有真翰林学士,恐不能用尔。"遂自外召入翰林,未几参知政事,详在国史,后以太子少保致仕,还吴中,与程公辟诸公为九老会。乡人号其居曰"衮绣坊。"卒年七十余。有《玉堂集》三十卷。《文献通考》:陈氏曰"参政钱塘元绛厚之撰,绛之诅德昭。相吴越。本姓危氏,唐末危全讽,其伯父也。父曰仔倡,兵败,自临川奔杭州。易姓元,至今建昌抚州。邵武多危姓。绛能文辞。晚岁以王介甫荐入翰林,甚称职。遂柄用。"晁氏曰"绛镶厅中进士第,为翰林学士参知政事,立朝无特操。晚入翰林,谄事王安石。及其子弟,时论鄙之。工文辞。为流辈所推许。卒时年七十六。"许应龙《东涧集·玉堂集》序:文章经国之大业,政化之黼黻。其所系盖甚重也,然辞尚体要,不惟好异,奏议宜雅,书论宜理。诗绮靡,而颂炳蔚,铭温润,而箴顿挫,其体固自不侔。乃若制诰,则又所以导达德意,使万民和悦。而正王面言必洪雅。辞必温丽,坦然明白。不匿厥旨,然后足以鼓天下之动。句辞尚艰深,意或隐晦。则何以使癃老之夫,扶杖而愿观,武夫悍卒感泣而思奋哉。翰苑之职,昔人谓非文章不可为。然居其选者最艰其人,必纯厚明切,如元稹。体要典丽,如裴度;辞旨丰美,得中和之气,如景先。庶可追典诰之风,而当系纶之任。少师陈公,其有得于此乎?学广闻多,才高识远,研精覃思。于宏博之科,一发中的。繇是而膺玉堂之选。作为词章,动合典则,纯乎若圭璧之无瑕,铿然如商□之中节。播告之辞,则深切著明。曲尽事情,除拜之制,则温润典雅。默寓规戒,表疏宣答之类,则其事实,其意婉。丰不余而约不失。今观先皇帝践祚之初,发号施令,罔有不减,耸动一时之观听。而丕应溪志者,岂非斯文之力欤。然文章特公之余事耳,盖有德者必有言。公外宽而内明,气和而心正,修身践行,则中而不倚。好贤乐善,则休焉有容。以一念之真诚,结九重之简眷。可谓上不负天子,下不负所学矣。岂非盛德之至者乎?故形诸著述,粹然一出于正。兹又有以见公之全美,殆不止于词章而已。吁德盛者,其后必大。端明元枢以奥学雄文,得隽词科。联辉接萼,而代言鳌禁。复世其官,使两朝之号令文章,前后辉映。固足为北门之伟观基。命宥密协赞庙谟,行将偃武修文,以化成天下。功业日新少,师益有光焉。某窃窥杰作,如获拱壁,不敢秘藏。刊于风城,俾广其傅,以为天下之模楷。张方平《玉堂集·序》:某在仁宗朝,庆历初知制诰,时夏戎绎骚,兵难连岁不解,奉使谋帅,多出西垣。迁除更践,鲜得安其职者。某白于朝,请得专典辞命,执政者亦欲见留。故系纶之地,演润独多历。二年召入翰林充学士,寻改御史中丞。未几,复以禁职充三司使,久之,免邦计得请。遂还禁林,后改端明侍读、龙图阁学士。十易藩镇。英宗治平中,复召充学士承旨,辞不得命。又还内禁,居玉堂东阁。翰林咸事著玉堂。东阁谓之承旨阁自惟孤陋,三入承明这庐。暇日阅两禁辞册,因俾两院史缮录前后,所当内外制告命令书诏,及禁中诸辞语,类次为二十卷。虽思致荒浅,不足为文章风体,然国家典册号令,至于史牍所载,亦有美教化、厚风俗、示劝戒者。非徒为之空文而已也。玉堂者,太宗皇帝神笔飞白大书"玉堂之署"四字。揭于中楹,备于翰林旧志。故以命篇云。刘莘老序宣徽南院使,太子少师致仕张公,谓河间刘某曰方平,知庆历制诏也。是时王师问罪夏戎,选使命帅,多辍西掖,尝以病白于朝。蒙留专典辞命。故当直演润,视辈行为多,逾年

入翰林为学士。旋改御史中丞，复以内职充三司使。久之，辞使还职。治平中，又自外官召充学士承旨。熙宁某年乃罢，暇日追惟荣遇。凡历内外制通若干年。因录其文为二十卷。昔者太宗皇帝飞白"玉堂之署"，赐院揭于堂上。方平实居堂之承旨阁，于是假以名集，而子宜为叙其说，某退而读公之文，稽载籍之传。而叹曰："擅乎甚哉，辞之不可以已也。夫万事异理，非言弗命。四方异情，非辞弗通。诗不云乎：辞之辑矣，民之洽矣。传亦有之。子产有辞，诸侯赖之。是以君天下者，必使其臣赞为辞而后出之。周御史掌赞书，汉尚书作诏文。此其官之见于古者，历代因之。其任逾重，夫以堂宁之一言，行乎四方万理之外。不高深简严，不足以重王体。又欲其诚之宣，不优柔曲折，不足以究民听。又欲其言之约，三代而上，经圣人所是，不可尚已。三代而下，作者汗隆，隋世屡变，其间承平之时，训辞深厚，号令温雅。有古风列。而倾侧之际，书诏所下，武夫悍卒。挥涕感动，终于享好治之誉。建持危之功，则润色之效"岂小补哉"。自庆历至于熙宁，维仁祖恭俭宽大，英祖克笃前烈，主上长驾远驭，略不世出。三朝政绩，巍巍焕焕，非寻常耳目所能听观。而于斯时，典册诰命，多出公手。上之仁心德意，国之威福所指，明布谕下，昭如日星。学士大夫、都邑野人，莫不晓然知治道之所以然。虽政绩固自卓越，而述作之妙，良有助哉。至于供奉歌诵，祠祝赞戒，勒之金石，播之乐府，多者千百少，数十言，体制纷然，各得其度。众人不给。我独赢余。又何其高也。而公犹曰："是鸟足录者，顾以国家典章政令，数十年间，错见是书。因不敢废。"呜呼。是故公之心也。公行事阀阅，章章在人，当备国史。此弗论著，独记公之言。推广其意而为之序。元丰六年十月二十九日，尚书右司郎中刘某序。

《蒲左丞集》

《文献通考》：《蒲左丞集》十卷：晁氏曰："皇朝蒲宗孟，字传正，阆州新井人。皇祐五年进士。曾公亮荐除馆职。"神宗谓宰相曰："宗孟有史才。乃同修国史，入为翰林学士。除尚书左丞，卒年六十六。为人酷暴奢侈。"苏子瞻尝规　云："一曰慈，二曰俭。世以为中其膏肓之疾。"

《赵懿简集》

《文献通考》：《赵懿简集》三十卷。晁氏曰"皇朝赵瞻，字大观，周至人。少善为古文。庆历五年登进士第。治中为侍御史。论濮邸事，及贬元祐中。终于同知枢密院。谥懿简。学《春秋》，著书十卷。其他文不皆奇也。"

《鲜于谏议集》

《文献通考》：《鲜于谏议集》三卷。晁氏曰"皇朝鲜于侁，字子骏，阆中人。景祐中登进士乙科。神宗初上书，上爱其文，以为不减王陶。元祐中，仕至谏议大夫。优治经术，有法论著，多出新意。晚年为诗与楚辞尤精。世以为有屈宋风。族姓之武，编次有序。"东坡苏氏曰"鲜于子骏九诵，友屈宋于千载，上尧祠舜祠二章。气格高古，东汉以来鲜及。"少游秦氏曰"公晚年为诗与楚辞尤精。苏翰林读公八咏，自谓欲作而不可得。读九诵，以为有屈宋之风。"石林叶氏曰："晁无咎尝云，顷以诸生子见鲜于谏议。子骏教之为文，曰：'文章但取简易和缓，不必奇险，妒诗言维北有斗，不可以挹酒浆。'此岂不甚平，后人因之，乃曰'援北斗兮酌酒浆，一变虽奇；以北斗为酌，无已夸乎。'其甚遂有言上天揭取北斗柄。辞至于此，则已弊矣。极以其言为然。子骏在前辈，诗文亦高右。初世未有为骚者，自子骏与文与可发之。后遂有相继。得其味者也"

《吕正献公集》

《文献通考》：《吕正献公集》二十卷。　陈氏曰"承相东莱吕公著晦叔撰，宋汪玉山集《吕正献公集·序》：应辰顷知成都，始得申国正献吕公集。盖散逸之余，良辑补缀，非当时全书矣。然见所未见，亦不为少。其杂以他人所作者什三四，既而以授公之曾孙金部员外郎企中。金部又属其兄子大麟，大虬。考订刊剟为二十卷。方全盛时，士大夫家集之藏，未必轻出。中更党禁，愈益闷匿，故一旦纷扰，遂不复见。而此虽残缺不全，未易得也。金部恻然念之，欲以所得锲板，庶几广其传焉。应辰方侍罪太史，论次熙宁元丰以来，公卿大夫事实，虽前修盛德，盖有不待言论风旨而可知者。然而传信垂后，不可以无证。诏求遗书，将以补史氏之阙。久之无送官者，每为之阁笔而叹也。使故家子孙，皆能如金部用心。则其为斯文之颉。岂不厚哉。乾道五年六月既望玉山汪某书。

《杨元素集》

《文献通考》：《杨元素集》四十卷。　晁氏曰："杨绘，字元素，汉州绵竹人。幼警敏，读书一过辄诵，至老不忘。皇祐初擢进士第二人。累擢翰林学士。沈存中为三司使，暴其所鹿王永年事。因贬官，终于天章阁待制知杭州。居无为山。号无为子。为文立就。"

《刘状元东归集》

《文献通考》：《刘状元集》十卷。　陈氏曰："大理评事鈆山刘辉之道撰。辉嘉祐四年进士第一人，尧舜性仁赋，至今所传诵。始在场屋有声，文体奇涩，欧阳公恶之下第。及是在殿庐，得其赋大喜。既唱名，乃辉也。公为之愕然。盖与前所试文如出二人手。可谓速化矣。仕止于郡幕。年三十六以卒。世传辉既见出于欧阳公，怨愤造谤，为猥亵之词。今观杨杰志辉墓，称其祖母死，虽有诸叔，援古谊以嫡孙解官承重。又尝买田数百亩以聚其族而饷给之。盖笃厚之士也。肯以一试之淹，而为此俭薄之事哉。"徐禖埜《集

跋刘状元集后》:公读书之清风峡,岩窦幽间,非人间世。真与胸次丘壑相料理。曩次对赵公不遏子临江太守善部,心目开明,于峡之阴,筑宫以祠公。星移物换之后,乃孙定海少仙汝漾将辟旧址增饰之,慨公之文,散落讹驳,订正重刻,请识其后。愚惟念往尝陟峡吊公,于公之文,惟知王邑士马达州温宿松序跋而已。盖未知玉山汪先生。已为公吐气久矣。一日会汪君朝仪伯羽念其曾大父国器,从玉山游者也。手抄斯集,先生亲笔所跋,一旦启秘得之,喜而忘其僭。嗟乎。文特士之细耳,善论士者,取其大而略其细。士别三日,刮目相待。况少壮之相去,渠可以一时论,公之所志,亦非温饱。方其试艺三舍,角售寸长,诚不免乎才气之累。迨夫名与时显,学随年进。驰竞之情,遣公非西昆时矣。今观性仁一赋,既有见动静之指,又以叹二典光华,尽万物而不足报。其他著述,卓乎自有见趣。至若念祖箴起俗既平水庙等作,又皆阐正义以正人心。粤少孤,事祖母,生则择地以便养,死则解官以终丧。信史笔之自我作。古异时授,徒有塾,赈歉有廪,济旱有陂。至今里曰"义荣之里。"使人犹为之激昂。愚尝叹夫汉之大儒,著书立言伟矣,甘心为美新语。公浩然刚大,发于石井,联句有曰"润如周孔教,清比夷齐节。我欲断谀佞,汲比洗剑血。"壮哉是诗。有为而发。玉山服其高义至行,称其未至失身匪人。良以此欤。昔苏文忠公精劲大节,词咏善谑,或者病之。是欲以小害大得手。世人谓士工于文,雕肝琢贤,鲜以寿终。故王杨卢骆,俱不得其死。吁。此非文之罪也。徒文无实,生死何加损焉。公好学,亦颜之徒。颜可死,而有不死者存。愚于是益信玉山之许予。非以文论,学者当知刘之集为此邦重。注之跋。为此集重。伯羽出此跋者也。少仙传此集者也。斯文于是不朽矣。诗曰"高山仰止,景行行止。"振兹峡之清风,企玉山之君子。愿相与勉之。

《古灵集》

《文通献集》《古灵集》二十五卷　陈氏曰:"枢密直学士长乐陈襄述古撰,襄在经筵。荐司马光而丁三十三人。皆显于时。绍兴初,诏旨布之天下。集序李忠定纲作。"宋《李忠定公集古灵集·序》:唐史论文章,谓天之付与。于君子小人无常分。惟能者得之,信哉斯言也。虽然,天之付与,固无常分。而君子小人之文,则有辨矣。君子之文务本,渊源根柢于道德仁义,粹然一出于正。其高者裨补造化,黼黻大猷,如星辰丽天,而光彩下烛;山川出云,而风雨时至;英茎韶护之皆神人;菽粟布帛之能济人之饥寒。此所谓有德者,必有言也。小人之文务末,雕虫篆刻,缔章绘句,以祈悦人之耳目。其甚者朋奸饰伪,中害善良,如以丹青而被粪土,以锦绣而覆陷井,羊质而虎皮,凤鸣而鸷翰。此所谓有言者,不必有德也。君子既自以功业行实,光明于时,而其余事,发为文章。后世读者,想望而不可及。此岂特其文之高哉。人足仰也。小人乃专以利口巧言,鼓簧当世,既不足以取信于人,而恃才傲物,以致祸败者多矣。由是言之,文以德为主,德以文为辅。德文兼备,与夫无德而有文者,此君子小人之辨也。窃观古灵陈公所著文章,殆所谓有德之言,而君子之文欤。初公未仕,刻意于学,得乡土陈烈、周希孟、郑穆相与为友。以古道鸣于海隅。人初惊笑,其后相卒信而从之。四先生名动天下,既登第,累官剧邑。推其所学以治民,利必兴,害必除;听讼决狱,庭无留事。所至修学校,率邑之子弟。身为横经讲说,士风翕然。民俗丕变。已而守列郡,典大藩,益推此而广之。治绩尤著。虽古循吏不能过也。嘉祐中,富郑公入相,首以文学政事荐公。寝被知遇,历事三朝,郁为名臣。判郎

曹，则执法而不挠。使虏庭，则守节而不屈。任谏省，则以忠说补主阙。处台端，则以公正斗官邪。位侍从，则竭论思之忠。侍经筵，则尽劝讲之益。上为人主之所钦响，下为士大夫之所宗师。其功业行实，光明如此。而所为文章，温厚深纯。根千义理，精金美玉。不假雕琢，自习贵重，大羹元酒，不假滋味。自有典则质翰立，而枝叶不繁，音韵古，而节奏必简。非有德君子，孰能与此。故尝评之，其诗篇平淡如韦应物，其文辞高古如韩退之，其论事明白激切如陆贽，其性理之学。庶几子思、孟轲。非近世区区缀缉章句，务为应用之文者，所能髣髴也。嗣子绍夫良集公文章，得古律诗赋杂文，凡若干篇。冠以绍兴手诏。经筵荐士章疏，而行状志铭。附于其后，合为二十有六卷。集成来谒，求为之序。某告之曰"太上有立德，其次有立功，其次有立言。如古灵先生三者兼备，又得诏书良称，推贤扬善之美如此。可谓盛矣。若其平生行事，则有行状志铭可考，诵其诗，读其书者，可以想见其人。又何以序。"为绍夫曰"先公虽进不极任，而蒙累朝之眷特深，谏行言听，不为无补于时。今即世逾五十年，遭遇圣主，因览荐士疏藁。所以旌宠之者甚厚。辙敢刊行遗文，用图不朽，愿丐一言以发明之。"某义不得辞，勉副其意。因论君子小人之文，所以不同者，昔孔子告子夏曰"女为君子儒，母为小人儒。"夫儒之道，通天地人，使小人为之，则将有托儒以为奸者，而况于文乎。经纬天地曰文，虽周公之才之美，谥不过文。而小人假文以为利，则与夫儒以《诗》《礼》发家者同科。自古文士多陷浮薄，而为弄笔生，无足怪也。如公功业行实，推贤扬善之美如此，而其文章浑全博雅又如此。宜乎被累朝之眷遇，齐圣主之良崇。士林尊仰，推为天下君子长者，而不敢有异议也。然则有余力以学文者，可不景慕而知所趣响哉。公讳襄，字述古。官至左司郎中枢密直学士。赠给事中。国史有传云。绍兴五年闰月朔谨序。《陈古灵集·陈公辅跋》：公辅为儿童时，闻陈公密学先生名，今四十年。始遇其长嗣中散来官临海，得公遗文而观焉。方熙宁间，新法用事，大臣以权利笼取天下士，而一时沽荣希进之徒，争相倾附，公独忠愤激发，忘身许国，与君实献可，诸公出力排之。公于青苗疏论尤详。知此法一行，骚动天下，胎祸之端，自此始。使当时从其言，岂复有今日事哉。虽然，宣和、靖康以来，变故极矣。民力匮竭，邦财耗散，夷狄侵陵，国势危迫，纪纲紊乱，礼义廉耻消亡。望祖宗盛时，邈不可见。推原其本，心有所自。议者犹不以为然。况在当日言之，宜乎不见信也。公于他文章，皆浑全博雅，不为纤巧浮伪，片言只字，无非至诚择善。先义后利，出入乎子思、孟轲之说。真所谓古之君子也。呜呼。富贵易图，名节难保。以公之道德才猷，遭遇人主，而其爵位，终不至辅相。然高名伟节，则昭然独著；万世不可，掩亦安取夫富贵哉。建炎二年九月旦，右司谏陈公辅谨跋。四世从祖密学公，平日所为文章。不知其几，厥后裒缀为卷者，仅二十有五。目曰古灵先生文集，以圣天子诏冠之，预有荣焉。里人大夫徐君世昌，尝摹刻于家，而其间颇有舛讹。历岁斯久，且将漫漶。辉窃有意于校正，固仍未遑，每以为恨。冢来章贡属数僚士恭校亥揭，因命仲子晔推次年谱。并镂之木。庶几有以慰子孙瞻慕之心也。绍兴三十一年，十月既望，孙右朝请大夫直秘阁知赣州军州，主管学事，兼官内劝农营田事提举，南安军南雄州兵甲司公事江南西路兵钤辖辉谨题。

《李诚之集》

《文献通考》：《李诚之集》三卷。晁氏曰："李师中，字诚之，中进士科。仁宗朝权广

《陈都官集》

《文献通考》:《陈都官集》三十卷。陈氏曰"都官员外郎嘉禾陈舜俞令举撰。舜俞令举撰。舜俞庆历六年进士。嘉祐四年,制科以言新法谪官南康。与刘凝之骑牛游庐山,诗尽皆传于世。舜俞居苏秀境上,初从安定胡先生学。熙宁中六客其一也。其墓在城南之苏湾,子孙犹宅于乌镇。"陈都官集蒋之奇序:嘉祐四年,仁宗皇帝临轩策贤良方正,能直言极谏之士,而以陈侯令举为第一。方是时,令举已用进士乙科矣,而复中是选故令举之。文章声名,赫然出人上。识与不识,莫不愿慕而爱仰之。士大夫之所期望以为公卿,可平步至也。既以光禄承签书寿州判官事,又移宰越之山阴,秩满,当召试馆职。会朝廷方作新庶务,变更诸法,而令举以议论,不合于执政,遂摈不用,乃得以其暇日而驰骋于文字之乐。宛穿古今,抽索秘粹,几英咀华,扼秀哀芳。日有所为,月有所增。沉涵演迤,卒以大肆。上追古作者为伴,而下顾骚赋不足多也。圣天子图治,自熙宁以迄于元丰之间,修起百王之坠典,补完万世之阔规,占微弊者靡不更,语纤便者罔不兴。凡朝廷之所施行,与令举制策之所开陈,大略相合。然后知令举深识治乱之根柢,博达沿革之源流。使令举一逢时命,而措于朝廷之上,推其所闻以辅太平之政。则岂小补而已哉。此余所以惜令举之才不遇也。虽然,令举雅志之所学,昔席之所谈,以谓为道而不为利者,此学者之所当守而不失。仕者之所当遵而不变者也。若夫平日之论,高出于夔禹之上,而至其趋时之事,乃卑出于管晏之下者,此固令举之所鄙也。仲尼在鲁,弦歌道德,而三千弟子未尝言利。子贡货殖,则以为不受命。冉求聚敛以附益季氏之富,则以为可鸣鼓而攻也。梁惠王问利国,而孟子对以仁义。宋轻以利说秦楚之君,孟子以为不若说以仁义为可以王,而何必曰利。则凡令举之志顾岂不善,而卒无以自见于世。且不幸而死。此余所以伤令举之志不就也。传曰"辞达而已矣。"此言文者所以传道,而辞非所尚也。自天子王侯中国言六艺者,折里于夫子。其文章可谓至矣。然岂尚辞哉。自建武以还,迄于梁陈之间,缀文之士,刻彫篆组,甚者至绣其声悦,则辞非不华也。然体制衰落,质翰不完,缺然于道,何取焉。令举之文,太者则以经世务,极时变,小者犹足以咏情性,畅幽郁,盖其于道如此。而其辞亦不足道也。令举少徒学于安定先生为高弟,以名称于辈流间。已而自立,卓然如此。可谓不负所学矣。自令举以直言极谏登科,其后此科亦遂废。盖汉之举贤良方正之士,本以延问炎异,使朝廷由此警戒,以恐惧修省,思过而改之。求善而为之,则不为无益,而比年乃先试三千言于秘阁,中者乃得奉对于大庭,则有言之士,或不得以自见。此固在所应改而遂废其科。则朝廷因复不得以闻直言,为可惜也。令举之卒若干年,而其壻周君开祖,乃类聚其文为三十卷。属余为序。开祖有学问,通义理,痛令举之不幸。而纂其遗文,哉以传于后世,而顾以见透。以余之不削,言不足以取信,则岂足以张令举之美,而慰开祖之意哉。特以余少时举进士于有司,而令举适当文衡,见擢为第一。于知奖为最深者,既惜其才之不遇,又伤其志之不就,不可使斯文无述也。故作序以纪其略云。楼钥序制置使陈公由地官贰卿,出镇四明,政成暇日,以家藏曾祖都官文集,刻之郡庠,属钥为序。谢不敢。且曰"蒋鲁公之序详矣,何敢赘,既不得命,敬题于复。"曰"高哉都官之节也,鲁公称公之学曰'雅志之所学,以谓为道而不为利者。此学者之所当

守,仕者之所当遵,而不变者也。若夫平日之论,高出于夔高之上,而至其趋时之事,乃卑出于管晏之下者。此固令举之所鄙也。'称公之文曰'大者则以经世务,极时变,小者犹足以咏情性,畅幽郁,盖其于道如此,而其辞亦不足道也。'可谓备矣。然犹若有所畏避而不敢尽言。钥不佞,敢补其所未言者。尝二复公之遗文,而得其为人。抱负素,已不群,本之忠义,充以学问。以安定胡先生为师。所友自东坡先生而降,皆天下士。渊源又如此,万言之策,经济之规抚定矣。自以亲结昭陵之知,身虽在外,遇事辄发,书论炎异,言尤激烈。三上英宗书,又皆人所难言。迨神宗作兴锐意治功,王文公得君用事,法度更新。诸老大臣,争不能得,抵戏取爵位之人,不可胜数。风俗为之大变,至有远在蜀万里外,官为偏州滕奏于朝,盛称青苗新法之美,而捷取胝仕者。公方宰山险,既尝中大科,例以秩满登馆阁,小忍不言,岂不足以平进。而抗章力辩,缴纳召试堂扎,自取窜责而不悔,大且优游庐山,与刘公凝之骑牛松下,穷幽寻胜以自娱适。呜呼。非凝之不足以当欧阳公之庐山高,非公不足以侣凝之之贤也。使当时以公一言而寤君,相之意,安有后日之纷纷哉。公既穷老以死,具子许冤,又重得罪。然其后再傅而得秘丞。刚定二公三传,而二卿出,陈氏益大矣。天之报施何如哉。读公之文者,能以是求之,然后知公元高风大节,独将廉顽立懦于百世之下,毋徒玩其华藻而已也。庆元六年孟秋丙子,郡人楼钥书。"陈杞曰曾祖都官以庆历六年,贾滂登进士第。嘉祐四年,与钱公藻同中,材识兼茂,明于体用科,实为举首。熙宁中,知越之山阴县,会新法行,上书极论其害,遂贬监南康军酒税。累年竟不仕以没。杞无以冯籍先世遗烈,叨蹋从班,惟知竞惧以保门户。光考刚定实藏都官遗文,杞顷为闽中常平使者,尝刻之版。未成,而移漕广右,委之寮属,尚多差舛,每以愧恨,洎来此邦,念都官本以明州观察推官试大科。欲考陈迹则相去百四十余年。不可得知。集中自言十五年间,再官于天台四明之二州,犹有郑县镇国院记等文存焉。因再加雠校,而缺其不可知者,属郡博士郡从事刊之以广其传。仰惟曾祖,风节峻厉,凛然如生,不肖孙曾恃有公论,不敢赘辞云。广元六年十月望日曾孙太中大夫徽猷阁待制。知庆元军府事,兼沿海制置使杞谨书。

《吴田曹集》

宋《杨龟山集》:吴田曹集序:吾郡审律先生集,录其先君田曹遗文数百篇。以书属余为序。田曹吾不及见其人,因得诵其诗,论其世,稽其行事,得其所以。修之身,刑之家,施诸有政者为详焉。而后益知嘉祐其行事,得其所以。修之身,刑之家,施诸有政者为详焉。而后益知嘉祐、治平之间,泽之入人深矣。当是时,学士大夫达而位乎朝,则著之事业,光明硕大,追配前哲,其不显而在下,则载之空文,犹足以私淑诸人。如公之徒是也。孟子曰"王者之迹熄,而《诗》亡。《诗》亡然后《春秋》作。"诗之存亡,关时之盛衰。岂不信矣哉。公之仕不充其志,而用不究其末,故末老而归。其平居暇日,有动于中,而形诸外者。一见于诗,其偶俪应用之文,亦皆有典。则其辞直而文,质而不俚。优游自适,有高人逸士之气。故其流风余韵,足以遗其子孙,化其乡人。皆可见也。今其子弟之贤者多隐德,不求闻达,而卒以文行知名朝廷者二人焉。审律其一也,审律名仪。去年以遗逸被召,相君说之,除大晟府审验音律。已而非其好也,浩然有归志。盖有公之遗风也。公之诗文,足以自表于世。无待于余言。至其所以遗子孙者,世或未之知也。故详著之,使

夫禾道义之善者与闻焉。公姓吴，讳辅。字鼎臣。

《张文叔集》

《文献通考》《张文叔集》四十卷。袁州判官张彦博文叔撰宋曾巩《元丰类稿·陈文叔集》序：文叔姓张氏，讳彦博，蔡州汝阳人。庆历三年为抚州司法参军。余为之铭其父碑，文叔又治其寝。得婴儿秃秃之遗骸葬之。余为之志其事，是时文叔年未三十。喜从余问道理，学为文章，因与之游。至其为司法代去。其后又三遇焉。至今二十有六年矣。文叔为袁州判官以死，其子仲伟集其遗文为四十卷。自斩春走京师，属余序之。余读其书，知文叔虽久穷，而讲道益明，属文益工。其辞精深雅赡，有过人者。而比三遇之，盖未尝为余出也。又知文叔自进为甚强，自待为甚重，皆可嘉也。虽其遇于命者，不至于富贵，然比于富贵而功德不足以堪之，姑为说以自恕者，则文叔虽久穷，亦何恨哉。仲伟居抚时八九岁，未卯，始读书就笔砚。今仪冠甚伟，文辞甚工。有子复能读书就笔砚矣，则余其能不老乎。既为之评其文而序之，又辱道其父子事，又复如此者。所以致余情于故旧。而又以见余之老也。熙宁元年十二月十七日序。

《濂溪集》

《文献通考·濂溪集》七卷。陈氏曰："广东提刑营道周敦颐茂叔，撰遗文才数篇为一卷，余皆附录也。本名敦实，避英宗旧名改焉。其仕以舅郑向任，晚年以疾。求知南康军，因家庐山，前有溪取营道，故居'濂溪'名之。二程所从学也。又本并太极图为一卷。遗事行状附焉。"《周濂溪集·度正书濂溪目录后》：正往在富沙，先生语及周子在吾乡，时遂宁传耆伯成从之游。且后尝以始说同人寄之。先生乃属令寻访，后书又及之正于是偏求周子之姻族。与夫当时从游于其门者之子孙，始得其与李才元漕江西时慰疏于才元之孙。又得其贺传伯成登第手谒于伯成之孙，其后又得所序彭推官诗文于重庆之温泉寺。

莲浦松吟荫图

最后又得其在吾乡时，所与传伯成手书于序。见其所以推尊前辈，于书见其所以启发后学，于谒于疏又见其所以荐于朋友庆弟之谊。故列之遗文之末。文得其同时人往还之书，唱和之诗，与夫送别之序，同游山水之记，亦可以想像其一时切磋琢磨之益。笑谈吟咏之乐,登临游赏之胜,故复收之附录之后。而他书有载其遗事者,亦复增之。如近世诸老先生崇尚其学,而祠之学校,且记其本末。推明其造人之序,以示后世者。今亦并述之焉,正窃惟周子之学,根极至理,在于太极一图,而充之以修身齐家治国平天下,则在通书。吾先生既已发明其不传之秘,不言之秒,无复余蕴矣。其余若非学者之所急,然洙泗门人,记夫子微言奥义,皆具载于《论语》。而夫子平日出处粗迹,则亦见于《家语》《孔丛子》等书而不废。正今之备录此篇,其意亦犹是尔。学者其亦谨择之哉。嘉定十四年六月二十有八日后学山阳度正记。

《程氏文集》

《文献通考》:《程氏文集》十二卷。陈氏曰:"二程共为一集,建宁所刻本,《明道集》四卷。遗文一卷。监察御史河南程颢伯淳,撰三司使羽之后也,其父曰珦。"颢之殁,文潞公题其墓曰:"明道先生伊川集二十卷。"晁氏曰:"崇政殿说书程颐正叔撰,珦之子也。少与其兄颢从汝南周茂叔学。元祐初,司马温公荐于朝,自布衣擢说书。未几,罢绍圣中,尝谪涪陵。颢务读经明道,深斥辞章之学。从其游者多知名于世。《朱晦庵集·与张钦夫论程集改字》:伏家垂谕,向论程集之误,定性书,辞官表,两处已蒙收录。其他亦多见纳。用此见高明择善而从,初无适莫,而小人向者,妄发之过也。然所谓不必改,不当改者,反复求之。又似未能不感于心。辙复条陈以丐指喻。夫所谓不必改者,岂以为文句之间,小小同异,无所系于义理之得失。而不必改耶,熹所论出于已意,则用此说可也。今此乃是集诸本而证之,按其旧文,然后刊正。虽或不能一一尽同,亦是类会数说,而求其文势语脉,所趋之便除。所谓疑当作某一例之外,未尝敢妄以意更定一点尽也。此其合于先生当日本文无疑。今若有尊敬重正,而不敢忽易之心,则当一循其旧,不容复有毫发苟且迁就于其间,乃为尽善。惟其不尔,故字义迁逾晦者,必承误疆说而后通。如"遵"误作"尊",今便强说为尊其所闻之类是也。语句刊阙者,须以意属读然后备。如尝食絮羹叱止之无皆字,则不成文之类是也。此等不惟于文字有害,反求诸心,则隐微之间,得无未免于自欺耶。且如吾辈秉笔书事,唯务明白,其肯故舍所宜用之字,而更用他字,使人强说而后通耶?其肯故为刊阙之句,使人属读而后备耶?人情不大相远,有以知其必不然矣。改之不过印本字数稀密不匀,不为观美。而他无所害,然则胡为而不改也。卷子内如此处,已悉用朱圈其上。复以上呈,然所未圈者,似亦不无可取。方执笔时,不能不小有嫌避之私,故不能尽此心。今人又来督书,不容再阅矣。更乞详之可也。所谓不当改者,岂谓富谢书春秋序之属。而书中所喻沿喻沿派犹子二说,又不当改之尤者耶。以熹观之,所谓尤不当改者,乃所以为尤当改也。大抵熹之愚意,正是不欲专辄改易前贤文字,稍存谦退敬让人心耳。若圣贤成书,稍有不惬已意处,便率情奋笔恣行涂改。恐此气象,亦自不佳。盖虽所改尽善,犹启末流轻肆自大之弊。况未必尽善乎?伊川先生尝语学者,病其于已之言有所不合。则置不复思,所以终不能合,答杨迪及门人二书见集。今熹观此等改字处,窃恐先生之意,尚有不可不思者。而改者未之思也,盖非持已不之思,又使后人不复得见先生手笔之本文。虽欲思之,以达于先生之意,亦不可得。此其为害,岂不甚哉。夫以言乎已,则失其恭敬退让之心。以言乎人,则启其轻肆妄作之弊。以言乎先生之意,则恐犹有未尽者而绝人之思。姑无问其所改之得失,而以是三者论之,其不可已晓然矣。老兄试

中华传世藏书

永乐大典

精华本

二五〇〇

思前圣人太庙"每事问"存气羊。"谨阙文""述而不作,信而好古",深戒不知而作,教人多闻阙疑之心。为如何,而视今纷更专辄之意象,又为如何?审此,则于此宜亦无待乎。熹之言而决。且知熹之所以再三冒渎,贡其所不乐闻者,岂好已之说胜,得已而不已者哉。熹请复论沿派犹子之说,以实前议。夫改沿为派之说,熹亦窃闻之矣。如此晓破,不为无力,然所以不可改者,盖先生之言,垂世已久,此字又无大害义理。若不以文辞害其指意,则只为沿字,而以因字寻字循字之属训之,于文似无所害,而意亦颇宽舒,必欲改为派字,虽不无一至之得,然其气象,却殊迫急。似有疆探力取之弊。疑先生所以不用此字之意,或出于此。不然,夫岂不知沿派之别而有此谬哉?盖古书沿字,亦不皆为顺流而下之字也。荀子云:反鈆察之。注云:鈆与沿同循也。惜乎当时莫或疑而扣之,以祛后人之惑,后之疑者,反不能阙而遽改之。是以先生之意,终已不明。而举世之人,亦莫之思也。大抵古书有未安处,随事论著,使人知之可矣。若遽改之以没其实,则安知其果无未尽之意耶。汉儒释经,有欲改易处,但云某当作某,后世犹或非之。况遽改乎。且非特汉儒而已。孔子删书"血流漂杵"之文,因而不改。孟子继之亦曰:"吾于《武成》取二三策而已。终不刊去此文,以从已意之便也。然熹又窃料改此字者,当时之意,亦但欲使人知有此意,未必不若孟子之于《武成》。但后人崇信太过,便凭此语涂改旧文。自为失耳。愚窃以为此字,决当从旧。尤所当改。若老兄必欲存之,以见派字之有力,则请正文只作沿字,而注其下云。亲人沿当作派,不则云胡本沿作沂不则但云或人可也。如此两存,使读者知用力之方。改者无专辄之咎。而先生之微音余韵,后世尚有默而识之者。岂不两全其适而无所伤乎。犹子之称,谓不当改,亦所未喻。盖来教但云姪,止是相沿称之。而未见其害义不可称之意云。称犹子尚庶几焉,亦未见其所以庶几之说。是以愚曾未能卒,晓然以书传考之,则亦有所自来。盖《尔雅》云:"女子谓兄弟之子为姪,注引右氏侄其从姑以释之。而反复考寻,终不言男子谓兄弟之子为何也。以汉书考之二疏,乃今世所谓叔姪。而传以文子称之。则是古人直谓之子。虽汉人犹然也。盖古人淳质不以为嫌,故是称之,自以为安。降及后世,则心有以为不可不辨者。于是假其所以自名于姑者而称焉,虽非古制,然亦得别嫌明征之意,而伯父、叔父与夫所谓姑者,又皆吾父之同气也。亦何害于亲亲之义哉。今若俗从古,则直称子而已。若且从俗,则伊川、横渠二先生者,皆尝称之。"伊川尝言"礼从宜,使从俗,有大害于义理处。则须改之。"夫以其言如此,而犹称姪云者,是必以为无大害于义理故也,故其遗文出于其家,而其子序之以行于世,举无所谓,犹子云者,而胡本特然称之。是必出于家庭之所笔削无疑也。若曰,何故他处不改,盖有不可改者。如祭文则有对偶之类是也。若以称姪为非而改之为是,亦当存其旧文,而附以新意。况本无害理而可遽改之乎。今所改者,出于《檀弓》之文,而彼文止为丧服兄弟之子,与己子同,故曰:"兄弟之子,犹子也。"与下文"嫂叔之无服也,姑娣妹之薄也"之文同耳。岂以为亲属之定名哉。犹即如也,其义系于上文,不可殊绝明矣。若单称之,即与世俗歇后之语无异。若平居假借称之犹之可也,岂可指为亲属之定名乎。若必以为是,则自我作古,别为一家之俗。夫亦孰能止之,似不必强挽前达使之同已,以起后世之惑也。故愚于此,亦以为尤所当改,以从其旧者。若必欲存之,则请亦用前例正文作姪注云,胡本作犹子则亦可矣。《春秋序》富谢书,其说略具卷中。不知是否,更欲细论以求可否。此人行速,屡来督书,不暇及矣,若犹以为疑,则亦且注其下云,元本有某某若干字。庶几读者既见当时言意之实,又不掩后贤删削之功。其他亦多类此,幸赐详观。既见区区非有偏主必胜之私,但欲此集早成完书。不误后学耳。计老兄之意,岂异于此。但恐见理太明,故于文意琐细之间，不无阔略之处。用心太刚，故于一时意见所安，必欲主张到底。所以纷纷未能卒定。如熹则浅暗迟钝，一生在文义上做窠窟，苟所见未明，实不敢妄为主宰。农马智专，所以于此等处不敢便承诲谕。而不自知其僭易也。伏惟少赐宽假，使得尽愚将来改定新本。便中幸白。共父寄两本来，容更参定，笺注求教。所以俗两本者盖欲留得一本作底。以备后复有所稽考也。傥蒙矜恕，不录其过而留听焉，不胜幸甚幸甚。胡宿《诗览·海东相公伊川集》："将相文章主篇臣，风流曾冠玉堂人。梦回方丈停批凤，句就伊川止获麟。洛下胜游空绿野，郢中高调绝阳春。犹欣正始遗音在，二复能还旧观神。"

《张横渠崇文集》

《文献通考》：《张横渠崇文集》十卷　晁氏曰"张载，字厚之。京师人。后居凤翔之横渠镇。学者称曰'横渠先生。'吕晦叔荐之于朝，命校书崇文。未几，诏按狱浙东。既归。卒。"

《直讲集》

《文献通考》："《王直讲集序》十五卷。陈氏曰'天台县令南城王无咎补撰。无咎嘉祐二年进曾巩之妹夫。从王安石游最久，将用为国子学官，未及而卒。为之志墓，曾肇序。其集云二十卷。今惟十五卷。《王直讲集·南丰鲁肇序》：补之殁二十有八年，二子细缊既壮。乃克辑其遗文，以授其舅南丰曾肇，且泣而请曰"先世君不幸早逝，文字散逸，今其存者，才若干篇，离为二十卷，愿有以发明先世于其篇首，予不得辞。"盖宋兴百年，文章始盛于天下。自庐陵欧阳文忠公，临川王文公，长乐王公深父，及我伯氏中书公，同时并出，其所矢言，皆以尊皇极，斥异端，阐明先王道德之意。为海内宗之。于时学者能自力以追数公之后，卒成其名者相望，补之其一也。补之始起穷约之中，未有知者，我伯氏一见异之。归以其妹。其后历抵数公，而从王文公游最久。至弃官，积年不去。以迫于卒。今其见于集者，质疑问辨，于数公为多。考其言，可以知其学也。补之之于斯文，非苟然而已。盖其于书无所不读，读无不记，于圣人微言奥旨，精思力索，必极其至；于诸子百家、历代史记、历代史记，是非得失之理，必详稽而谨择之。本茂华鞟，源深流驶。故其为文，贯穿古今，反复辨博，而卒归于典要，非持驰骋虚词而已。充补之之志，盖将着书立言，以羽翼六经。而不幸死矣。独尝解《论语》十卷行于世。补之南城人，姓王氏，讳无咎。补之字也，平生喜饮。遇酒辄醉。稍醒，虽暮夜众人熟寝，必自起吹灯，读书达旦。终身常然。不为寒暑辍也，盖其勤苦自奋，故能成就如此。二子能世其学者也。补之之葬，王文公为之志云。宋汪应辰跋：南城王补之，世指其为王荆公之学者也。其乡人传次道，又掇取补之之言。所以与荆公异者，表而出之。以明其和而不同。余谓荆公所学者仁义，所尊者孔孟。而文章议论，又足以润饰而发扬之。贫富贵贱，不以动其心。进退取舍，必欲行其志。天下之士，其慕望爱说之者，岂特补之哉。及其得志行政，急功利，崇管商咈人心，复公论，于是其素所厚善如品晦叔、韩持国、孙萃老、李公择，相继不合，或以得罪。其所慕而友之，以为同学，如曾子固、孙正之，虽不闻显有所忤，然亦不用也。补之没

于熙宁二年。使其少须暇之,尽见荆公之所为,未必相与如初也。补之之孙植,持其家集仅存者以示余。即其书以推其心。盖切切然以圣人为准,以谋道为务。志其位之毕,身之穷也。则其于荆公,岂苟然者哉。隆兴二年五月日玉山汪。　书

　　按:初　亭与此不同。其略云:荆公平日以尊孔孟,学《六经》自任。士亦往往尊之以为孔孟之徒。然而仁人者,正其义,不谋其利。以微子为利而不正。则三仁之评可改矣。人无有不善,水无有不下,以性为有善有恶,则性善之训可废矣。诚者天之道,以诚为可以为善为恶,则中庸之学讹矣。有欲明乎善以诚其身,则将安所去取于此哉。然则补之名,为从荆公游者也。而荆公名为尊孔孟者也。次道视补之为乡先生,固不可不为之辨。孔孟万世师也,则有蒙其所而实皆之者。门生弟子既不能辨,又从而尊之。是独何哉。

命 诸家星命百二十六

前定数目录诸家序。检数起例,假如六甲生人,见甲子时,则于甲甲内取子。时或六乙生人,见甲子时,则于乙甲内寻子,时馀皆仿此男女。

甲甲、甲乙、甲丙、甲丁、甲戊、甲已、甲庚、甲辛、甲壬、甲癸、乙甲、乙乙、乙丙、乙丁、乙戊、乙已、乙庚、乙辛、乙壬、乙癸、丙甲、丙乙、丙丙、丙丁、丙戊、丙已、丙庚、丙辛、丙壬、丙癸、丁甲、丁乙、丁丙、丁丁、丁戊、丁已、丁庚、丁辛、丁壬、丁癸、戊甲、戊乙、戊丙、戊丁、戊戊、戊已、戊庚、戊辛、戊壬、戊癸、已甲、已乙、已丙、已丁、已戊、已已、已庚、已辛、已壬、已癸、庚甲、庚乙、庚丙、庚丁、庚戊、庚已、庚庚、庚辛、庚壬、庚癸、辛甲、辛乙、辛丙、辛丁、辛戊、辛已、辛庚、辛辛、辛壬、辛癸、

壬甲、壬乙、壬丙、壬丁、壬戊、壬已、壬庚、壬辛、壬壬、壬癸、癸甲、癸乙、癸丙、癸丁、癸戊、癸已、癸庚、癸辛、癸壬、癸癸。　　易衍东方朔书附后。

《诸家序》　鬼谷子《分定经》序。《分定经》,鬼谷子先生之所作也,以年时为主,遂成一卦一卦之中,而有三宿照临之端,以定其格,虽千万之世,亿兆之众,造化之机,分定之理,照然可考,犹如明镜,睹物妍丑可见,可谓玄之又玄也。

《康节前定数》序。先翁康节夫子,学探连山,龟藏周易之颐,心游葛天之妙义,黄之上三十六宫在方册者,即在其方寸者也。尝撰经世一书,语其大也。天地之运,古今之变,不能外。文作《易数》一书,天根月窟,闲相来往,元会运世,递相兄弟,其自然乎。自昔者谁为之,有数焉。苟数焉,则大块间事,高高

东方朔

下下,有千万也。形形色色,变千万也,一数之自然。而然,诿之适然畴之,其可语其小也。一民物贵,贱寿夭之,所以然,不能遗,则经世者,固与易相表里,而《易数》者,又与经世相经纬。先翁作是书,不为无言,盖以栖人间世,而为人阳埏阴殖,天戴地履,其生也。有自来,虽蕴尧舜君民之学,非尧舜君民之命,诿曰其出有间为谁其竟之。先翁深於易者也,此所以不任有数焉。绍兴二十六年十一月既望,嗣孙博拜手敬书《序》:心好命又好,富贵常暖饱,心好命不好,天地也相保;命好心不好,衣禄折寿早。命心都不好,饥寒直到老。闲时检点平生事,静坐思量日所为。但把寸心行正道,自然天地不相亏。要知前世因,今生受者是。要知后世因,今生积者是。陈希夷,

预定生限,隐奥、贵贱、消息。天干年月见此根,阴阳无论一般论。时师若遇斯文诀,造化玄机度与人。《四字经》序。夫人生天地之间,造化纯由於命数。八字超群,不贵则当大富。五行衰绝,非贫则愚夭危。是以先贤定其数,分其推详,四字校正。阴阳包含造化,草木分於四季,内有荣枯。日月分其昼夜,内有盈亏,或风或云或雪。禽兽舟航自宜区别,对景者荣,当时者吉。吉中有凶,凶中有吉,不可一途而取例,不可一理而推言。内有同时共数者,有富有贵,有寿有夭。殊不知刻差时别。且子丑寅亥四个时辰,难以推分,古经云天阴雨露时难定,便是神仙也有差。但夕将月建长短而推言,万无一失矣。知命君子,自宜参详。苟非其人,切莫传矣。似会玄中趣,言谈义理精,一机含造化,四字见平生。美恶应难晓,荣枯只在呈。不须多计较,定数已先成。郭璞数序。此一部玄文者,乃璞翁郭仙传定宝也。内外六十四之卦象中,按二十四之节气,奇偶格局,皆莫逃乎河洛之书也。字之数者,四万四千四百四十四字。诗之数者,五言七字,长短句法,共一千三百三十三首。言言锦绣,字字珠玑。后之学者,所宜宝之。上祖留心,训后昆青。囊九卷灿天文。乾坤旋转,星辰运。河洛纵横造化分,寿夭穷通皆定数,功名富贵尽通津,道行得意重新录。留此家传,益子孙道行师传诗也。

《甲甲鬼谷分定经　震卦　雷霆远震格》　长天忽震雷霆响,凛凛帷中独有威。惊散雁鸿飞塞远,狂风飘散落花枝。山南山北乡关阔,家住潇湘东复西。借问百年堪结子,一条毡棒引孩儿。天鸾、金雀、天贵,此星照,命风霜,早历奔驰,度量高,胸次远,手段大,机谋深,心慕高,人见事敢做。亲君子,远小人,退神重重多,奸疑多,恩虑不骄傲。恬淡只因立志不一,性乱难拘,所作於人,不足头女末男,便是这个五行所注。初年未称意,末限方成。述云过水,自有人相接,提我登云别有梯。康节前定数,名水上浮萍格诗与前分定经同〔中〕。箭遇弓方举,乘云富贵家。黄金因水发,见才始生涯。〔末〕智略虽高未得荣,此身淹屈且藏形。中末幸得身方显,才见平生志气新。男命《前定易数》:震　子　重围虎豹跳身躯,一去前程脱旧危。贵客相逢无不泰,利名直许有相宜。雁行飞散重山远,花树重开傍槛垂。堪笑此生人事定,却于危处立镃基。寅　震雷百里起威声,云密南郊雨未晴。德润浸苏群物秀,清馀开发百花声。江边孤雁应添恨,月下愁琴不忍听。晚节回头在何处,江山迢递水云清。辰　立计固非承祖荫,经营生计自成人。孤身立处终归晚,黄菊开时不在春。孤雁浦边鸣失侣,芳花槛畔发重新。莫疑鸡犬灾须遁,直把身心待卯寅。午　得道莫论人有志,遇时须假贵人携。狐疑俗事前生理,悦怀身心日后提。花落旧枝存果少,雁飞空塞各东西。金鸡玉兔如消忧,迤里腾身步玉墀。申　长嗟旧处事如何,摆脱尘缘待贵过。愁绪始知消遣得,利名方见又蹉跎。庭花莫使先成果,群雁分飞侣不和。大抵镃基理如是,老来福分复喽罗。戌　孤处旧家非我计,更谋新业始无忧。交情杜绝皆非侣,冗虑多端辛未休。过雁逆风群已散,花开着雨谢还羞。浮云暗度天边月,羊虎光辉复故楼。女命《前定易数》:乾　子　幽闺跳出千重网,一去前程脱旧危。犬贵相扶终得地,良人入晚必相宜。窗前兀坐如游梦,幛里施威倚我儿。驰驿屯身虽遂志,却于危处立根基。寅　独成独立莫蹉跎,须问前程日日过。堪叹平身多嵚峻,唯言果结不成多。虎犬势前成子后,鼠猪时至福相磨。不妨稳步登楼望,梦里成仙意若何。辰　幸遇身离险,时当福禄随。鼠鸡终不失,虎兔脱灾危。良客来相问,宜还早及时。重山一跃出,稳守凤凰池。午　身事心谋两不同,六亲姑舅各西东。良人逐虎来岩上,骥子随羊入野中。幽闺稳享千般禄,绿幨相思九里翁。平生衣饭随时足,莫向山前一个公。申　福禄相随不致亏,门荣户显共相持。一生自有男儿志,立马无由淑女施。贵客来寻终

自早，贤人成立必当时。重重险难因风扫，过去无危享寿眉。戌　离失身多险，逢羊渐渐衰。中年方得稳，终虑是和非。骐骥难同倚，鸳鸯各自飞。若何前定事，除非望月归。《四字经》：寅披云对月。辰，丛林采薪。午，牛眠春草。申，石泉遇雨。戌，月出楼台。子，秧针遇旱。《郭璞数》：阳局　日云中屋上有旗拳。福有石有皮增进田地一文书。一枷，性朴实清孤一行征雁影成形，一段因缘福分轻。一枕情孤孤寡合，一榴开花怕霜侵。平生经历几多般，世道风波只自谙。万里长江天一样，孤舟短棹出寒潭。为人口直廉而俭，只恐惺惺生妒恨。征鸿字字不成行，家道兴隆谁不羡。一桃李一松椿，别了亲情正自荣。何须，烦恼成愁苦，此去荣华有令名。雪里苍松数，心地清高，俭且廉，只因口直被人嫌。平生件件亲经历事，济惺惺自志坚。至爱亲情却刻薄，生涯活计转增添。春风桃李桑榆景，晚看春桃挂玉蟾。流年虚惊一人立，非后自前运打睡，道未亨睡向前莫理。冤胜旧年气数，今年宜打睡。谋为进退多成败，莺声巧啭不成腔。百事休论且争奈，今年喜笑惹人疑。闲挠干连棘挂衣，百里有言君莫去。双川有语半跷蹊，一场好，一场恶。风舞海棠花早落，村南村北有牵连。船在浪中牢把看，一人唱，一人舞，到头事事皆辛苦。佳人笑折腊梅花。消瘦夜吟谁是侣。星可禳，斗可投，免灾厄，解忧愁。凶星可禳度，善福可修祈。免得生啾唧，官灾与是非。阴局　数逢奇画好前程，只恨孤星一点阴。回首乾坤云半岭，家山雁序失佳音。为人性巧爱伶俐，志气掀腾仍不鄙。熏熏暗锁柳绵花，独把琴归愁不语。一花东园开，一人移去栽。鸳鸯重见喜，镜拭又防埃。天厨贵禄人犹羡，子贵孙贤心愿谐。女流年　忧喜相逢叠有疑，杜鹃啼处鹧鸪啼。寂寥春水无桥渡，雨打梨花空泪垂。一花开，一花落，一鸾台，一帘幙。白头门外暗伤情，艾虎才郎泪滴襟。磨腹磨心攻眼目，秋风菊节事来临。

《甲乙鬼谷分定经常卦　泊水鸳鸯格》　群群雁过远离塞，雨打鸳鸯各自飞。纵有海风吹不断，也须相守自相宜。满树花残留一叶，好逢前发马头时。若见子宫须发禄，牛首牵弓必射之。寿命齐松柏，天龄不待时。鳌鱼游水远，平步上云梯。此命造化，性格恬淡，气宇风骚，胸襟磊落。言语刚强，放荡所为，不会深思远虑，从前吃误两三翻方才省觉。滋润处不滋润，安闲处不安闲。广孝不记，心力不足。初年件件爱好，中年事事懒惰。凡事要一翻，做两翻，头子难。招妻宜两硬，交友水炭。多成多败，述云一翻，风雨足方始见生涯。康节前定数名雁孤昌福格　群群雁入沙汀网，雨过鸳鸯逐阵飞。纵有海风吹不断，也须先首自相离。鼠头有口君须发，牛首张弓不待时。满树花残遗一果，权衡身称马头奇。〔中〕　寿命齐松柏，天龄不待时，网鱼须透水，平地立云梯。〔末〕　金光宝鉴本分明，埋没中年暗昧伸。今遇贵人重拂拭，利名称意遂心情。男命《前定易数》：恒青云去路亦非遥，自有知音把手招。阳至寒灰吹律管，何疑人事困箪瓢。去飞云外秋孤雁，落尽庭花艳冶桃。猴兔安荣聊可许，未应长叹过良宵。卯　生涯立向天涯畔，身计如何巧计多。劳得愁怀肠断续，前途名利又蹉跎。篱边重结花难实，天际孤飞雁若何。萧索残秋甚时节，又兼霜折半枝荷。已　脱危省慎能消忧，争奈人心未肯休。直待此心成逸乐，较其分定莫刚求。桃李一家何处是，渭泾双派不同流。利名未必能为福，才得斯人卧土丘。未　出身幽意伴酸辛，老至愁多道见迍。事事可堪求上客，利途穷处遇通津。花枝雨洗新红换，雁阵风飞哀怨频。牛兔过时方息虑，鼠蛇行处越人伦。酉　潇潇江上雁儿飞，借问潇湘景不知。山远水深沙岸远，伤怀足塞路岐危。鸳鸯两只分飞早，世事一生如乱丝。莫谓东阳多瘦损，思量君子亦如斯。亥　成身自有人推荐，生计因兹立异功。节志不教成鄙吝，长怀何足叹途穷。鸳鸯飞遂双翻浪，鸿雁飞空叫暮风。吉兆依稀来入梦，

骑蛇乘鼠入仙宫。女命《前定易数》：遭丑幽恨终难决，平生无所有。操持虽得意，节我伤情厚。败破防寅已，团乐见申酉。春色三分艳，空到溪边柳。卯　借问寅初年少时，开颜欢笑意多疑。亲眷萧疏伤目断，心怀闷闷事难知。双双鸿雁随风去，对对鸳鸯带雨飞。且看鼠羊成立后，桃花烂熳必当时。已　命塞时多滞，夫和必见违。沉疴为幼积，迤里问良医。何日天边雁，先求雪里猩。贵人来借问，安乐得何时。未　因祸方成福，逢危必见亨。木边人借力，荣合过平生。配偶自天得，荣华在丙庚。不须烦恼与冗，我禄胜前程。酉　粉郎别后路滔滔，鸿雁来时信息牢。欲问故园当日事，东风依旧笑红桃。前程自有荣华福，此日先虞塞滞遭。一去鼠牛无一事，亦知步步上楼高。亥　平步蓬莱客，何劳陇上人。一心能作善，万事必精神。阆苑堪游赏，名园且问津。不知名与利，贵客拂红尘。四字金卯，病龙行雨。已，缘木求鱼。未，掘沙取金。酉，破扇停秋。亥，金盘堆果。丑，杨花化萍。郭璞数　阳局　足不足，刑骨肉。性炎凉，不受触。□愁云晦滞未违，多学少成。雁一雁入网，一雁高飞，□斧斤嗟已失，宝鉴已衔山。孤雁一飞远，鸳鸯一只还。平日心怀一轮镜，双山名利有无间。一段因缘休不休，几年积恨惹心头。平生多少不平事，野草闲花满地愁。只为平生性急多，至今凡事尚蹉跎。追思巧计徒劳力，事不如心君奈何。一点刑星来作祸，堂上双亲须克破。天边征雁不成行，独对孤灯愁夜坐。好段生涯别一天，他人未到我知先。莫言未满平生志，此去英名到处传。铁铸银盘数　本是耕耘钓客人，拳拳何喜事难新。今年家道成还破，近岁生涯别有因。妆点一生成梦幻，岁寒三友耐元辰。与他耕了儿孙计，千里梅花雪里清。男流年文书　望子喜喜疑满载，归事更新愈光辉。疑鱼吞钓饵收头晚。蝇落胶盆掣脚迟。今年气数胜如前，望事求名事事全。桃李故园春色晚，禄兴马旺福悠然。中间只怕满不满，闺中又怕人长短。子规声切鹿眠山，芳草寂寥行步懒。泰道重亨喜自来，后忧先喜两徘徊。门庭谨慎羊猴月，人口尤防不测灾。一场气象，一惊惘怅，一事无疑，一谋可望。望事求谋可向前，户庭更改尽光鲜。得便宜处宜回头，恐惹闲言火一川。宜谨慎免事，竞早收头莫做尽。阴局　锦鳞出穴便超凡，变化天池不等闲。可惜女人生反数，男儿衣锦到官班。只因带得孤星重，骨肉亲姻如一梦。荣华卓立自支吾，整顿门庭足财用。艰难世事历经过，水冷鸳孤半沼荷。春去红稀三月暮，故园桃李绿阴多。路向双山去，谋为还合意，百事可如心，残年终富贵。女流年闺中和气自欣然，进喜添丁二事圆。子舍增盈财谷聚。四时佳景庆增骈。春残子舍一人疑，天水茫茫入户时。琴韵忽然声哽咽，牛郎含笑菊东篱。

　　《甲丙鬼谷分定经丰卦　马瘦长川格》　遥遥千里见波涛，独有心机志气高。故国岂无根叶在，争名图利自萧条。青山雁侣双双远，岁寒松柏枝枝青。君今莫问荣枯事，晚景终为富贵豪。生涯未遇平生志，总使身闲心未闲。酉进辰年龙在水，无忧人在水归山。天滞、天嚣、天说，此星照命技艺工巧之星，学术多能之士。清闲秀丽，险处无虑，凶中反吉，临危有救。见善不欺，君子成持，小人欺罔，为人性快。使人欺能有纪网，自在中寻出不自在，要好处乐得一场愁，雁行有侣，有妻妾各难老。凡事虑心，且宜戒酒。述云孤中孤不尽，一世见凶危。康节前定数名老松茂盛格　诗与分定经同。中　淹留岁月为功名，役志劳心叹谩然。求名求利奈多阻，幸然拙处遇成全。末　着意求谋事莫猜，二心三意却和谐。成身事美羊蛇会，满身终计乐幽哉。男命《前定易数》：丰　子　生事纷纷吉事迟，拟将心胆待成地。息心许汝归羊首，荣计教君问虎儿。三雁高飞分远处，两枝花发傍疏篱。一条去路应无险，遇贵相邀至玉墀。寅　天禄何年称所为，虎头羊首遇良知。馨香力势回天意，荣达身名播世奇。有雁必分四五只，逢花应折两三枝。利名既足身先

退,莫使翻成笑得悲。辰　出身孤苦事堪嗟,自向危楼立旧家。一轴文章荣赤鼠,两重名利耀青蛇。目断分飞天外雁,情伤飘落槛前花。料想此君仙骨薄,休将心胆跨灵槎。午　半明半暗云中月,重失重成立事人。乐取利名归虎尾,破除忧虑履龙鳞。一行鸣雁悲深夜,两树芳花发晚春。至老心身闲未得,桃源归路已荆榛。申　却将生计立危楼,始得开颜又变愁。大抵利名才入手,几多闲恼白于头。一声消息鸿悲夜,半树馨花香落秋。借问斯人基业处,空遗江水绕堤流。戌　莫嗟人事乏梯媒,且把愁怀恋酒盃。示子直须探虎穴,令君坦步上高台。孤鸿别队云中去,花朵妖娆雨里开。回首乡关魂梦断,一帆风送入蓬莱。女命《前定易数》:逭子立计若能,遗母早成家。必定异常人,孤踪方保归。终老黄菊开,时不见春。良人立定蒲花岸,后子须攀桂月津。莫怪犬羊灾自挠,且修阴骘待寅申。寅　使尽心机巧,权谋胜大儒。利名宜有得,亲厚却成疏。槛畔人来晚,帘前果自无。欲知前去路,有吉莫相乎。辰　却将生计立危楼,犹更开颜望水流。示子且须探虎穴,宜家未白少年头。良人去路应年险,遇贵终须免旧愁。叹息平生无活计,不如寻善过时休。午　虎立山前欲渡江,江边风急势难降。鼠牛不脱灾和祸,羊虎方逢福自祥。且问良人归甚处,不知才子在何乡。举头仰望平生地,兀坐寒闺对夕阳。申　天禄须知羊虎逢,秋去冬来杀气通。借问安身何处好,待于申岁意方融。雁字分飞从远汉,燕巢不失顺来风。鼠蛇重是天门秀,定着虚名立大功。戌　平生立计胜名儒,校定今朝事已疏。成家许汝三重立,把性难移寸胆虚。檐幪半垂风自入,闺房未卷月相须。叶底扶疏从果绽,羊蛇同队赴仙车。四字金寅,蜂入花林。辰,鸣凤栖梧。午,石上金茎。申,浅水行舟。戌,衣锦骑驴。子,井鳞出沼。《郭璞数》:阳局　一喜,一福。月　一人立山上,一卷文书,莫蹰躇。孤刑户庭重整,气象增新。一竹,一木。云卷鸟光暮山衔,兔魄斜雁分南北。去琴断续琵琶气,清高品春满面。平生名利镜中花,少年名利足滔滔。惹起闲愁事若毛,祖业根基且守旧。不须改变更心高,两年来后多不足。当年指望无劳漉,许多萦绊恼人肠。六九限交宜享福,断弦何事续琵琶。回首堂前月影斜,秋雁过空声杳杳。孤鸾失序入芦花,莫道平生无快活。此去荣华增福好,芝兰堪喜四时春。一段荣华非草草,交情眷在几场悲。孤雁天边健羽衣,平日风波曾历涉。几多好景对斜晖。岩谷青松数。石隙寒岩生紫芝,巍巍南岭鹤南飞。箕裘祖业重新建,水雪胸襟别有机。蓼岸凄凉鸳侣冷,芦花吹尽雁行稀。清河东海人相遇,移去仙桃种紫薇。男流年　田土喜不喜,空不美。绿杨枝,生桃李。望好向前,君莫懒。谋望好急向前,妇人有产,厄田土有勾牵。杜宇榴花意惨凄,更防阴小皱双眉。孔张坐上,愁先破白雪杨花衬马蹄。一梅落叶,一灯半灭。一镜生尘,一琴鸣咽。一鹿久困,一山才隔。双双燕子往来忙,唤醒愁人语画梁。挽望喜回春满面,免教今岁断人肠。秋末冬前喜事喧,传高人,接引好,事周圆。阴局　性孤心雅偏宜静,梅映竹帘一般影。夫荣子贵尤等闲,米烂钱留手头紧。云行雨施两山头,女数人逢回不倖,况值五行纯粹处,平生衣禄不须愁。鸳侣怕分张琴声,有损伤时遇朱明。景愁闻菡萏香,莫教运限入模糊。事别伤心叹影孤,独倚栏杆偷滴泪。几年家火自支吾,莫言都不足晚景。享大福,富贵得双全。金银钞,满屋畔。二山一跃问,恁时食尽平生禄。女流年　今年气数半凶吉,杜宇声中恨啾唧。菊花憔悴满东篱,三烟火动人怨寂。一花雨中开,一出天上来。一喜财先到,一人寄早梅。烛　出　小舟覆。

猪血财灾　病人　贼　鬼

《甲丁鬼谷分定经豫卦　春暖鹃啼格》　祖计纷纷东又西,绿杨深处子规啼,山空雾润,猿声切涧远林。深鸟倦飞,雁宿野花岩。岁月鸳鸯,雨打不分离。终知意在逍遥外,

争奈尘心染是非。积岁多迍蹇如今,渐渐通年老春色。好花枝一丛丛。天拗　天慵　天执此星照,命眉宇清秀,性格高标,凡事见快珍珑,见识知高,下识尊卑,只缘志大心高,立志不定,紧慢不均,大宽小急,多学少成,忘前失后,有始无终,会施为能,妆饰无下,口不吃饭,无衣冠不出门,财帛聚散,假小心,多卤莽,虽然遍历风霜,却喜危中有救,恶星出,限末主无疑。述云:若要心身定,末主始荣昌。康节前定数花落花开格　败成成败未为祥,性格从来热肺肠。只为平生艰阻重,几回无事惹灾殃。离居离祖妻强对,泰来否极事难量。如交此限龙蛇地,卓立根基话更长。中　窠巢倾覆有灾乖,谨慎求祈免讼庭。若遇马行千里外,方然吉庆喜临门。末　凡事忒惺惺,诸亲气不平。一生多过虑,独自更忧荣。性直水清洁,心如镜样明,芙蓉映秋水,明月送归程。男命《前定易数》:豫　丑　亲朋连故旧,田面得心稀。他日当名异,如今计是非。汀头孤雁远,槛外落花飞。意在逍遥外,淹留未肯归。卯　水生春沼鱼和乐,花发秋林果却衰。假使利名非我计,深惭过咎是为谁。江山万里思归雁,世事百年如乱丝。莫道芙蓉枝袅娜,前程霜雪与伊危。巳　巨舟泛处钓灵鳌,又遇东风趁晚潮。浪稳波平如雅意,天开云薄露仙桥。雁飞江上一行远,花放庭前几朵娇。莫使斯人愧荣宠,凤凰楼上解吹箫。未　久滞起嗟呀,时危屈壮图。交情知已少,守分志无渝。雁过江山远,花开风雨殂。几多财利事,足意老江湖。酉　有志辜财朴,无情不定居。门庭还冷落,亲旧自萧疏。雁过孤飞远,花开根地虚。生涯且依倚,老计必胜初。亥　堪言出处不胜哀,名俟东流衮衮来。幸得身心无疑虑,莫将怀抱又徘徊。飞鸿二只侣还失,枯树一枝花再开。柳绿桃红无恨好,不堪烟雨锁春台。女命《前定易数》:丰丑　青目两相顾,多知立性聪。只缘逢败禄,难保少年翁。富贵终须立,空帏且守踪。六孤皆克陷,到老略兴隆。卯　幽闺寂寞几多年,作事须还强占先。使令人怨多招失,何况机深百事前。有疾方能安我命,无灾兼主不安然。良客远来相顾问,资财终自胜于前。巳　井内安身不自由,早离父母免悲忧。勤劳且问羊和犬,安乐须求鸡与猴,玉殿高宾相顾问,金谐俊子自来求。福禄两全终不失,利名辐辏不须愁。未　红帏绿幙静安身,立柄施权荣到老。但将意气近清高,自有声名须贵早。子息生缘来此顺,夫宫福寿双齐保。老得庚申都脱离,不须碌碌多烦恼。酉　一身孤跪立多辛,更有惊忧过几春。若不勤劳防自己,后来财禄旺他门。为人俊巧心难测,作事操持性自新。上方不怕无归客,久后须遭大贵人。亥　祸去福来必自由,幽帏稳守几春秋。鼠兔必逢佳客问,羊猴终有上宾求。鸳鸯泛水离凭托,骐骥乘云恐有忧。若问前程荣遇处,年中到喜老年愁。四字金丑,浮萍遇露。卯,残菊逢露。巳,金瓶牡丹。未,瓮里鸣琴。酉,空岫寻云。亥,浅润纳流。《郭璞数》:阳局心不足,多折福。惺惺了了,得场烦恼孤,镜分刑。月缺花残笑林中闷。性爱惺惺,得烦恼。兔啰哤,咸焦躁。不足垒　一贵人,山上立,风事接线。一只鸳鸯惊失伴,一张琴瑟愁绞断。一轮残月被云遮,一段好音天缘远。两声枕上滴芭蕉,绞断琵琶肠寸断。夜深风雨早回来,莫待佳人生怨恨。家山一地人长短,会弄机谋都占断。年来岁去尚无凭,几度谋为必未满。菱镜鸾台尘莫铺,荷盘雨急走流珠。亲情缘分何刑克,独对黄花谁与娱。五六年来快活人,一阵东风花满径。平生心志此时看,跳出困乡谁道醒。丹桂晚香数　心明内识太高强,秋月阴云未放光。肌骨持奸因过虑,亲情纸薄转参商。鸳鸯如梦华香短,松柏盈枝岁月长。直待运行方遇贵,芙蓉丹桂散秋芳。男流年　事多烦恼惹场忧,顺风荆棘闷来啾唧。　讼凶一人怕手笑,笑件事紧要。病失可惜家中生寂寞,杜鹃啼处火头川。一官二病三闲挠,血盅无端也事连。急水滩头人不渡,久雨泥深防脚污。棘林尤忌挂人衣,好事不成到贪误。春回柳上好音传,气象更新胜

旧年。桃李园中铺锦绣,文书飞上九重天。可笑又可怪,为小却失大。报道是公言,无钱把田卖。高人有意别相携,谋事难成所作非。蒲柳拂开荆棘路,有钱买酒笑颜归。添丁进喜在秋风,说事商量却乃功。猪见鼠来添喜气,虎逢犬位逞英雄。阴局 气象逢丰大可人,五音扶合好前程。莫言未遂平生志,吉曜来临便富荣。生平清澈骨肌莹,神色惺惺还巧性。四八年中复旧愁,落花满地迷香迳。迟迟春日占春光,分外精神体态强。计较多能谋计好,田蚕倍获满仓箱。此命好末年,下稍好结果。重添锦上花。财谷堆上坐。更有荣华在五宫,恁时享福人称贺。女流年 欣欣气数可今年,夫妇身康喜金圆。月桂一枝今在手,满堂人看土牛眠。秋风动起客心凄,三人去后一人归。更即眼前眦子事,须防箭射缘杨枝。

《甲戌鬼谷分定经小过 渔父收纶格》 渔父归庄利禄名,旗横随后诏宣城。年来塞外思乡国。游水中心逐浪平。生计必从前定立,运时应待百年荣天边孤雁高飞处花落岩前月满庭带禄牵牛归路时马猴消息应天时。庭前早有文书至,何必自心尽皱眉。天晦、天淹、天贵,此星照,命乃慵懒暗昧之宿。作事退晦,行坐踌躇,不会俯仰人,不会拘束人,衣禄自然丰厚。大利改更不静,在祖宅难为,六亲兄弟水炭,只宜离祖过房,行赀远方求财,不利家为,人无私曲,情性宽紧不调,从来凶险多经历,只得凶中有救。述云子午才来时,应泰龙蛇地上,必深财。康节先生前定数名鱼跳龙门格诗与分定经同中 富贵功名得路时,马羊消息遇天墀。庭前幸有弓和箭,只恐伤人不用之。末 惆怅利名何太晚,机谋费尽身心懒。清风忽起入幽窗,惊起从前贪睡眼。男命《前定易数》:小过子 朗朗高怀未称情,韬光密密奔前程。如临羊马群中日,却喜门阑旺气清。一阵雁儿飞几只,两枝花朵艳多馨。枯荣亘古寻常事,不必攒眉作叹声。寅 家声如未济,只得且潜鳞。时临羊虎地,立取利名身。雁字休言侣,花枝别有春。几多愁喜事,成业在重云。辰 身处逍遥地,心归富贵乡。得时须跨马,全意待骑羊。有雁亲孤只,低花栽两场。更深幽显路,别有好思量。午 拟欲隐高名,殷勤赴诏徵。片心如野鸟,轻禄似浮云。生计从空立,利名羊马成。天边雁飞阵,花朵若为情。申 渔父归庄拟遁名,旌旗随后诏归城。将军塞外思乡国,游子心中逐水萍。飞雁必随风势去,芳花又遂雨飘轻。骑羊跨马真消息,更有光华暮地成。戌 危途生计自操持,高洁身名待遇时。伫俟马羊消息近,几多名利后希奇。空中鸿雁飞三只,水际鸳鸯浴晚池。庭前幸有弓和箭,却好乘机再用之。女命《前定易数》:否子 金钟玉鼎欲施权,肝胆操持物又坚槛。畔鹊声鸣报喜冈。中蝶梦事无全料。知心事如云卷自,得枝头映日鲜。鼠羊终遇良人望,福禄双全享百年。寅 生计从前处世难,成家许汝涉重山。亲疏我薄谁怜念,情少恩深忆故颜。蝴蝶满园双舞去,娇莺高柳独绵蛮。堪叹一生无活计,不防深守绣帏间。辰 箕箒堂前不失时,要君主领过东篱。羊犬相逢须遇泰,虎牛深计自分离。双双乳燕声何怨,对对娇莺语自悲。晚年福至强初景,方见吹嘘享福基。午 画堂银烛影荧煌,贵客融和宴玉筋。佳人举目微微笑,老妇施权隐隐强。前程自有归身日,立计无疑福自昌。龙头蛇尾终须在,名利兼全待俊良。申 重山重水立身危,孤害双亲定别离。早托良人归计后,终修善事得儿持。正恨根基如叶薄,堪嗟孤失笑梅枝。若有东风来拂处,依然荣显守镋基。戌 前生修得在时今,尽好常持吉善心。福到命和通大道,身疑性辨浅和深。莫令破失招孤克,须守心田祸不侵。羊牛才近终无损,依然富贵屋藏金。四字金 寅,旱井逢霖。辰,衣锦夜行。午,石上栽花。申,十月梅花。戌,路上平坡。子,盐车骧足。《郭璞数》:阳局 性风流慷慨,般般皆爱。相识如麻,相逢倾盖。望 一人骑马,望上有险。名,走似乘船,名利堑然。一官人眼相觑,顾之青听之音。一屋不足,蓝田生玉。财一刀破了财,破来还又来。一毫若不拔,虚花风落梅。愁闲非常惹得,闭口深藏舌。名努力向前,自有天缘。秋风万里,荐鹗于天。平生多少萦心事,迤过数场心正闲。一鹿卧重山,一马过蓝关。一机缘会早,一纸早叩还。春空雁遇两三行,春暖鸳鸯早结双。春动家山新气象,春风满面喜洋洋。性巧惺惺口更灵,清风格调自精神。不忧家事心宽活,气味人间别一真。三鸿来往分高下,到底双龙有真假。因缘缘分少年心,结得蟠桃枝上寡。莫怨利名心未如,平生好读五车书。看看跃出龙门去,变化金鳞不是虚。仙鹿归山数 檐头财帛檐头书,教演家风乐有馀。别是一般清意味,如何烦恼未消除。听风沐雨随缘过,负水登山足可居。争奈红尘猜已至,未容归去结茅庐。男流年 有场愁恼,杀人一事,反覆多,生计未如意,奏星辰,求神明,恼人心,腹费心神,方称遂。一文书进,一望箭穿,一屋烟起,一火顶川。门户多忧困,行藏惹是非。疑心反覆处,失意皱双眉。是非终日有,不听自然无。虽然天大事,却喜会支吾。反反覆覆,事势催促,留得财宝,破眦米谷。一望自今来,目下有眦财。进财进外喜,可折一重灾。劳心劳力未成功,叹恨来年运未通。幸有故园桃李在,东风借力满园红。天边日初被云遮,槛内梅花雪又加。半笑半悲堂上客,雁声嘹泪滴朱花。风里安灯事莫凭,无遮无蔽恐难明。杜鹃啼落关山月,一阵杨花糁客程。阴局 几年春色到桃源,到得桃源别一天。正好共寻刘阮约,岂知迷路自茫然。迁延可惜时来晚,对酒当歌莫趁懒。从容长计少年春,勤苦立家莫怨叹。奏一场,看一场,前程风景转非常。花街骑马辉红烛。拍掌嘻嘻虎逐羊。只防一事心不足,琴调不齐弦换曲。芦花飞雪又迷踪,且喜春兰胜秋菊。女流年 久否相将见泰来,洞房佳瑞月徘徊。蟠桃一颗真难得,那更东风两树开。春光老怨七宫人,好把菱花为拂尘。一女抱儿门外立,旧时风景又重新。鸾凤和鸣顾始终,添财进喜在残冬。文书重叠生丰美,只怕花残一夜风。凶吉 喜鹊重山 喜 险 马无足 灾光 日 月 墓旧新 畜损

《甲已鬼谷分定经丰卦 凤宿春林格》 凤凰池上钓连鳌,风卷长沙逐浪涛。雁过碧天群失队,违亲背祖奋身高。花开两打枝头损,果结风吹实不牢。北畔是家南畔立,晚年须遇贵人豪。遇犬边添翼,逢牛角畔刀。限随羊马发,身上碧云霄。天曜、天章、紫微,此星照命吉利之星。祥瑞之宿静办处,反成啾唧尴尬处。却有救神,一生巧中成拙,是处成非此命,是非多惹,才得自然。朋辈如同亲眷,骨肉恰似路人。妻是瓜皮搭李树,李树搭皮。儿兄弟不和,合子息不能全。目下啾唧,有贵人举目。迷云贵人来举目,何愁不称心。康节前定数名鹤飞伤箭格诗与分定经同 中 遇犬添头翼,逢牛角半刀。马头春色里,箭射碧天高。末急浪孤舟起水高,莫疑根脚不坚牢。安乐莫谓何来晚,财帛丰隆志气豪。男命《前定易数》:豫丑 家居北畔立南边,身欲孤飞被累牵。堪恨年来长似醉,争如往日事连绵。夕阳雁过归飞急,晓两催花坠色鲜。好笑利名将入手,不期分定祸因缘。卯 生事太烦难,纷弩心未关。利名频得失,新旧渐烂珊。去雁分,难并异。花开复悭,归身何处,好旅寄两重山。已 韶华九十日,媚景大逡巡。花绽风和两,枝荣秋复春。晓寒莺啭懒,霜重雁声频。鸡兔殊光色,中年迈等伦。未 尘土埋贤士,闾阎长小人。自知身分定,何必叹酸辛。空雁群飞去,芳花谩发新。隐居云外道,浊富不胜贫。酉 有财有识难荣显,图利图名谩使能。欲把生涯依托过,料知人意未堪凭。桃花飘散愁空结,旅雁空飞恨旧增。落魄精神羁不得,不如高隐伴闲僧。亥 区区祖道因身续,挺挺生涯独自存。财利去时非可险,家缘成处终因劝。残花片片飞篱落,去雁嗷嗷叫暮曛。但谓此中真有意,争如庭下乱纷纷。女命《前定易数》:豫丑 防身有厄免灾危,望中羊鸡早出篱。

且向前程修善果，方知命里享耆颐。果缀高枝风欲撼，兰芳晚节两颁滋。不怕雪霜来冻折，时来稳守立镃基。卯　年来只好修心守，且莫离家问别庐。直待鼠羊时到日，不妨衣禄赋夫车。院落纷纷黄叶坠，波间隐隐缘萍敷。试问当来能称意，始知今日且成居。已　云散收残雨，湖舟惧恶风。生涯多险难，好事未从容。月桂香传久，霜枝果结红。平生有瑕玷，龙马始成功。未　黄金屋上霜堆积，不解平生意向迷。叠叠忧煎空度日，纷纷苦计守幽闺。良人一去无消息，果实重收各自违。借问东君何日在，安心稳守鼠和鸡。酉　几翻忧去又忧来，绣幌低垂好事回。且把身心待鸡鼠，自然立计脱尘埃。东君来问枝头果，旧客相寻眼自开。堪笑世间平日事，不知龙兔惹浮灾。亥　欲上危楼去，难登梯自斜。劝双常守节，遇发立生涯。一果来相引，全家福步余。马牛当此景，蜂蝶报新衙。四字金丑，霖月飞云。卯，渴马饮泉，已，浅水求鱼。未，尘剑埋光。酉，冻月寻莲。亥，衰草逢牛。《郭璞数》：断男命与前甲丁同

阴局　玉骨冰肌体态娇，性灵机巧自妖娆。济人利物多慈爱，闲事闲非暗重招。家山一地多长短，心地玲珑多改变。只伤五命带刑孤，骨肉亲情生怨恨。良人刑大重，有语隔山河。寂寞兰房里，良宵恨却多。可怜无分因，缘浅逝水东流怎奈何一龟快活游一鹤长生舞忧愁过了出樊笼整顿家风还复否。女流年　家道斯年大吉昌，夫荣子贵足风光。文书进益添和悦，一点台星照洞房，烂漫闺门喜色新，牛郎织女会佳姻，嫩笋成竿风不折，拂开鸾镜照佳人。

《甲庚鬼谷分定经归妹卦　花遇残愁格》　女嫁男婚寡与鳏，心灵机巧性居闲。江边雁伴飞南北，百岁荣华醉梦间。绕树落花存果少，可怜香径蝶蜂还。路遥行里知音绝，限遇猴狼必称颜。逆水行舟体不安，好于舟内把鱼竿。庚辛自应身危险，壬癸相逢始好看。云雨、天嚣、天机，此星照命作事刚柔，所为平品，凡事劳心，未达要高，未高要显，未显立志不一。外观有馀，内看不足，弄巧成拙，近处无缘，远处钦慕，骨肉无分，子息见迟，螟蛉庶出，赘婿之类。眼前一件事，心下万般量。只是虚名薄利，未到风光。寅申运气里，好事立成。述云目下心不足，后有贵人成。康节前定数，名逢花泛水格诗与分定经同中　顺水行舟遇鼠安，船头人把钓鱼竿。庚辛自虑多危险，壬癸儿童更好看。未　福禄新添减旧忧，命逢贵禄不须愁。门庭瑞气腾腾起，从此无灾过百秋。男命《前定易数》：归妹子

莫问尘寰事，烟萝自好居。泛舟逢异宝，执钓得鳌鱼。心慕重山喜，眼观双雁飞。庚辛身遇险，壬癸又欢娱。寅　得禄在中年，重山更可迁。利名休虚薄，福禄却双全。雁侣声空闹，华开色不坚。庚辛须遇险，壬癸喜依然。辰　雅量自操持，机谋用有馀。尘埃多恼处，潇洒称幽居。鸿雁声何远，鸳鸯喜必疏。虽然逢险道，过后复欢娱。午　身安须弃祖，空地发镃基。异岁才逢贵，高怀始得时。有雁天边阔，求偶意宜迟。获利须壬癸，庚辛却险危。申　意恋重山好，身安志未通。利名随处立，生计遂时丰。天际飞鸿雁，庭前随卉丛。身逢金鼠险，财向水窠浓。戌　蔚蔚胸中滞，逢龙始展眉。利名壬癸地，基业险中为。莫为鳞鸿远，还须花朵希。重山堪驻足，彷佛事希奇。女命《前定易数》：观子　翻身跳出千里网，展转家资必定无。命里迍遭何日免，更逢亲眷破还孤。良人远望情难近，贵客相寻意暂图。若得芝兰新挺秀，不妨安享得相扶。寅　虎穴安身虽遇险，龙窠出入必无危。名权自有终身立，财立翻成在祸施。果在梅稍危处结，客来檐畔解新疑。成立必须勤苦得，比和依旧立镃基。辰　此身未可托高人，且向时中守本真。若要衣财求未得，奈何灾厄不离尘。前程终有升腾路，破败多伤怙恃身。若至鼠牛方得意，福回付命渐精神。午　伤亲克已有何因，大败从来不可陈。早出元基方倚靠，晚离祖业许重姻。有

中华传世藏书

永乐大典

精华本

子不从衰老债，虚心且自祝天真。欲到荣华平稳地，垂檐下幪待寅中。申　天赋荣华出世间，且永安青捧慈颜。黄金户内迎仙子，白玉堂前忆鲁般。垂幪试妆红粉面，掩扉任掠绿云鬟。贵人忽自擎拳哭，不觉迎来出汉关。戌　青云有路步天衢，素手随行志气虚。一阵香风来引接，两重吉耗播前途。佳客空中琴自绝，贵人深处酒相呼。龙蛇出穴登云阁，终身稳稳享安居。四字金，子，云头望月。寅，雨里开花。午，葫芦浮水。申，雪里樵影。辰，积玉成墟。戌，泥中走马。郭璞数阳局拳　福　酒座上客常满，尊中酒不空。八仙公凑九，脸映夕阳红。一屋之事尽经营事。出出重山，似幽关。真不易，直是难。出浅水，入长河。成双处，风浪多。孤兄弟真难得，一家人南北。风月有馀情，四海多和悦。万里秋风一鹗飞，万重山色一云齐。万人头上寻生计，万福归来日已西。有成有败本前缘，气象清新别一般。吹彻梅花头上角，不须恼恨叹辛酸。双鸿分字秋风里，雪里鸳鸯连旧侣。孤舟短棹挂征帆，别祖两重山外水。闲看浮云出岫时，无心天外自依稀。莫言未作甘霖客，遇着雷声龙便飞。岭外青松怕晓风，榴花吹过隔园红。征鸿离岸高飞去，回首白云迷取踪。秋天芦鹗数一重山复一重水，只为平生好成毁。扁舟独向五湖游，短棹自分三限里。适然事去却无心，谈笑之中遇知已。势如鹏鹗在秋天，一举高超三万里。鸾台镜丹桂香开，明月共风光，更防外孝，其事反覆，睡过一年，前程丰足，荷香菊绽，才称人心。一条好路不须猜，跳出重山喜自倍。山上有人高着眼，风云际会有安排。阴局　双双桃李笑春风，一鹿叼花卧槛中。唤醒五更残梦断，家山回首又云浓。结发夫妻愿谐老，隔角灾星临命早。琴调失韵实伤心，重理弦音缘分好。依然分付水东流，闲是闲非一连休。惹起东邻西舍恼，无情无绪锁眉头。一事悲，一事喜。燕子归来寻旧垒。芳心卓立又荣昌，且看秋风生贵子。女流年　门前一鹿困花山，川火堂前春书闲。喜字不圆愁字动，小舟浪里上沙滩。心切切，气啾啾，恢恢情，兴满怀，忧妆台，空对圆明镜。雪里江梅愁白头，牛郎笑，客登高，风中烛，雨中桃，向冬防惊觉，有寿恐难逃。贵人　忠人　才人　僧人　道人　农　财喜　财忧　小口　外孝　田土进退

《甲辛鬼谷分定经大壮卦　月远云霄格》　金鸟明处蟾蜍黑，高山险处不须行。雁过长江波浪急，平生活计破中成。好似电光风里烛，花开花落不堪论。晚景到来须享福，百年喜气一身盈。思虑不曾闲，身闲心不闲。饶君多计较，虽有也忧煎。金凤、玉壶、凤关，此星照命如鹊巢生凤，似蚌长明珠，作事先难后易，只宜别祖离宗，过房异姓，入赘迁居，克陷六亲，兄弟不睦，机深志远，作事刚柔，口直心慈，不受触，不藏事，口伤人，招人相怪，大宽小急，作事猖狂，妻命两敌，免克可保到头。述云七九年来收孝子，纵横好用自家风。康节前定数名福孤孤财格　金鸟明处蟾蜍黑，云影长空心默默。高峰驻足望家山，杜鹃怨思乡关急。到处花开我未开，我花开便君先摘。百年杖上半青黄，可惜三春桃李色。中　猛虎开颜啸，逢蛇笑靠天。猴儿逢犬逐，遇丑是丰年。末　禄健身强是福基，命逢得运运逢时。休嗟龃龉多迍塞，目下风光自有奇。男命《前定易数》：大壮丑　花开岂负青春色，细雨奚伤气自气。人事天时定相得，交知亲旧未堪闻。眼前莺燕伤春老，目底鸿飞又失群。堪笑碧桃枝又谢，外边结果寄留君。卯　危危立计似春水，劳苦身心怯利名。志气漫高人事薄，交情虽厚有何荣。花开雨压枝稍重，雁过风飘羽翼轻。欲把鸣琴寻大曲，偶然弦断不成声。已　宝鉴团圆拂旧瑕，尘消方始应清华。须知力出高人手，赖得身成福有涯。鸿雁离群归远塞，鸳鸯分队卧汀沙。大都甘味只如此，虚口何须食瓠瓜。未　贵人执箭立云程，稳意非常禄渐成。何恨祖家怜寂寞，可凭人事有峥嵘。雁飞天外一行远，花发庭前满树馨。牛犬头边非横起，蛇鸡足下立功名。酉　方圆曲直从绳墨，器用

功成藉斧斤。立业必须成大过,将行还许断为轮。孤鸿影落沉秋水,花木情娇笑倚春,莫说中间人去处,生涯大半随迷津。亥　鼠口蛇心岂可猜,蜗名蝇利不须哀。亨途奋发艰难脱,天意相同喜禄来。旅雁横斜沙际远,家花零落野花开。鸡猴得脱重重难,迤□腾光达上台。女命《前定易数》:大壮丑　否极泰来终不失,只缘亲眷难凭觅。甘心仁义自悠然,守已性情多朴直。鼠头财食可昌隆,蛇尾终身自当立。衰时不动前程事,若遇良人荣井邑。卯　拂柳步高楼,守节有机谋。立身终大贵,处志遇公侯。衰景虽获福,利旺永无忧。平生悠涉远,宴乐值新秋。已花貌俨然尊,形神必自端。立身终自在,量度性怀宽。鼠兔多啾唧,猪羊有乐欢。贵人高着眼,到老也须安。未　坐守危岩上,休生志气高。设能与变日,也被横灾遭。孤直尤多福,欺心害莫逃。纵然亲贵客,终是不坚牢。酉　远望秦楼上,笙歌鼎沸中。低垂红绣幔,迤逦贵人逢。欢笑和新洽,团乐向日融。前程终不失,稳步玉堂中。亥　破禄重重有,前程立计难。在牛尘渐脱,为马祸相关。虽有身微福,深虞命里悭。满凭龙虎日,终得送来还。四字金丑,游鱼依藻。卯,旱田桔秆。已,掘藏逢金。未,路傍栽菊。酉,炎天种粟。亥,狐假虎威。郭璞数阳局　一官捧寿字,绛县老人子。八千春与秋,重山遇绯紫。羡此一鹤,为善最乐。福寿双全,由人做作。刑非亲是亲,亲如水炭。性执拗跷蹊,暗合是非。摆柳之性,应变知机。书笔落惊风两三,场文足用。诗成泣鬼神,七步彼何人。破镜人人捧镜,一鸣惊人。骂雨呵风,气摇山岳。二三千里,别是家春。自和相映,声振乾坤。君有前程,一呼百诺。出人头地,离祖基地。雁云中四雁分飞,个个各逞声威也。有风花雪月,也有诗酒琴棋。睚过重山禄旺钱,闲入鬼门关,月桂可攀。一使传书远,一钩秋月明。一车推曲巷,一水野舟横。存得松篁坚节贵,枉教浦柳减秋霜。鸳鸯池上梦跷蹊,鸿雁沙边宿半稀。杨柳岸傍春色好,锦鳞桃浪化龙飞。平生作事藉前人,历涉艰难度几春。性不耐烦休懊恨,只用拗执费精神。亲情怕到中年克,虽喜包笼总虚设。支撑门户要光劳,劳力劳心劳口颊。莫愁家计尚茫然,人在荣华一对仙。山外一重山色好,云端有路上青天。石岩老桧数性直,不奈烦事,势多招怨。从前身不牢,口也喃喃遍。内外要通变,人情却不见。幸喜福因缘,人老保长健。男流年此身辛苦,耕田耕土,不喜遍耕,凡事依古。半忧半祸,家生不足,事向维持,晚年享福。大小事莫强为,他非变作,自家疑门。外伤情门,内喜子规。啼罢雁声悲,一文书,一炷香,一人醉,两人忙。鹿眠芳草里,杜宇叫春忙。官莫望,休思想,重山上,人偶傥。好将短事去求长,秋去冬来财利旺。桥危马瘦路难前,进退忧疑自惨然。虎逐羊奔猫见鼠,鸡飞人赶入汤盆。阴局庭院舒迟日月长,槛花芬馥媚春光。芳容艳冶多娇态,惹得游蜂粉蝶忙。平生作事多执拗,闲是闲非常满口。招人怨恨反无情,一段福来还在后。色荒内外皆安好,莫把忧怀空懊恼。笑得佳人有下稍,结果收身非细好。家内一人看一人,看看紫燕画堂深。向人说尽艰辛话,到底荣华事称心。女流年　一云掩日意惶惶,尘暗妆台实可伤。杜宇一声人寂寂,落花流水断人肠。半风半雨网缠鱼,闺阁无言泪暗垂。子结枝头花不实,牛郎愁见菊东篱。更祈福,莫教迟。春前苦,秋后疑。

《甲壬鬼谷分定经解卦　芳草逢春格》　春来芳草依依绿,雪散纷纷见枯竹。空中群雁各东西,伤情独向滩边宿。雨里桃花风里烛,平生到此心未足。树头花发两三枝,一朵枝头红似玉。陆地行舟水未来,空将心事委兰埃。逢牛渐渐登云阁,跨马骑牛大路开。金鸾、天印、科名,此照命乃福禄之星,科名之宿,如珠之命。自立规矩,自创门庭。比如大海之舟,又似水中萍。梗有三般,早当家,早忧虑,早历事。早有三般迟,发禄迟,妻子迟,享福迟。只得命中有,退神重重。若要名成利就,除非丑午年多学少成,忘前失后。

述云:龙蛇过了逢牛马,别有提携一贵人。康节前定数名。深山虎困格诗与分定经同中陆地行舟水未来,何须劳力用机谋。逢牛渐渐登云阁,骑马骑牛大路开。末 萍迹生涯莫怨天,只缘禄马被相牵。功名喜遂胸襟志,方得佳声旺晚年。男命《前定易数》:解子成身志气通霄汉,何自徒劳得丧分。堪恨亲知非我有,莫问名利若何论。雁行空有分飞远,花树虽芳果不存。始向危楼觅长计,天涯一梦断人魂。寅 论来天禄虚名分,料想尘劳屈壮图。立事苟非人计巧,为君争奈命多孤。新鸿天际飞三只,老树庭前果一株。来往区区身未稳,推身实许问头颅。辰 器业轩昂播异时,从来蛊蠹谩猜疑。升仙自有高人荐,处事新成少旧知。雁阵分飞沙塞远,花开再绽槛前垂。云霄幸遇归程路,好向空门问所为。午 春花虽艳易零落,奇果难成秋上枝。问着利名荣未实,向言牛虎始为奇。鸳鸯铺翅情何极,群雁高飞侣欲离。正好清音歌一曲,离人何事笑成悲。申 碧天云散月重明,挚鼓鸣琴遇识听。曲变调高情慷慨,愁高遣闷意凄清。鸳鸯两两飞来往,鸿雁双双别队鸣。流水高山方得趣,偶遭弦断不成声。戌 言行相逢志不宁,成家初计甚竛竮。亲疏交绝知无是,望福趋时意未醒。两两鸳鸯背飞去,双双鸿雁别群鸣。莫嫌因熟情多

荷塘鸳鸯图

困,时有清风入户庭。女命《前定易数》:剥子 望断行人事转虚,相逢陌上却成疏。当初许我平生计,及到终时不似初。鸳鸯对对游新水,蛱蝶双双入故庐。且问前程安乐日,寅申自有贵人呼。寅 受宠还思辱,安居合虑危。三冬能守度,百岁永无亏。贵客来相接,良人问好时。若兴忠与信,曾得免疏离。辰 先时招悔后时凶,振动乘新得始终。莺燕来时花烂熳,鸳鸯游处喜从容。从前自有非常福,今日何知客自东。一阵香风归故里,双双依旧又相逢。午 立计平生多险难,操志终须冠出伦。成家许汝依君立,享福还他傍子孙。绣阁坐时防外挠,朱帘低卷露微身。前程虽有收成计,修善方逃横祸迍。申 怅望家何远,生涯半未成。天时定相得,亲旧是非荣。果结枝头熟,荷衣画里荣。把琴寻旧曲,弦断不成声。戌 宝鉴久横陈,时时拂乱尘。有若韦彬产,许汝立前程。莫道家难守,还应福自新。羊牛才塞脱,依旧发精神。四字金子,雪天求笋。寅,寒潭下钓。辰,旱田成霖。午,蚕食叶空。申,花筵点烛。戌,月照寒潭。《郭璞数》:断男与前甲乙同阴局 盈虚消息顺时行,静里偷闲身自安。休道早年眉刷翠,鸡声唱彻玉阑干。陇头探得稍梅在,玉骨水肌强祖代。如何造化尚在悭,阻滞精神不亨泰。青云过雁一声悲,骨肉亲情恨别离。独自支吾心性巧,把家单立有成持。数克剥命,跷蹊因缘,何太浅,鸳侣又分飞。到头好事依然在,莫怨平生成就迟。女流年 剥旧更新四季康,闺门从此荫田桑。

芝兰叶长阶前茂,庭桂秋风叶里香。春传夏信喜盈盈,东北文书一轴成。桃李枝头成实早,拂开尘镜照人明。只恐牛郎作事虚,老忧少灯闷嗟吁。愁怀事伴萦心腹,月在天边一半亏。失落途中迹洞房,珠泪滴醉里问前程。青天闻霹雳　马困　牛倒　六畜损　退财　是非　阴小忧　鬼怪事田土事、心不定

《甲癸鬼谷分定经小畜卦　白玉离尘格》　年光迅速催人老,风过潇湘春又秋。雁过碧天沙塞远,两残花败果难收。知君颇得高人用,喜慰安然禄自攸。欲问平生何处好,南迁京国渡扬州。苦处还逢乐,身高又欲危。犬头人发箭,戌遇虎生威。天福、天星、文贵,此星照命禀五行之气,福居百顺之祥。声闻震屋之雷气,达刚柔之象,情性机谋深,作事忘前失后,多学少成,件件向前,般般费力,划船人少,距立人多,相成者少,相败者多,性直口毒,招人相怪,男女生多收少,妻宫两硬无伤,目下未得安宁,除是子寅路通。述云牛羊若得鸡声唱,便是安闲享福人。康节前定数名,香花稀实格诗与分定经同中　苦处须逢乐,身安虑险危。犬头人箭发,成遇虎生威。末　金埋土里石藏玉,至今未有人能识。蓦然一日遇良工,去却沙泥金玉出。男命《前定易数》:小过丑　　处世劳烦莫叹嗟,成身有路实非赊。犬羊群里空施设,虎兔年中悦可加。声远不须寻侣雁,命招一果缀残花。随时且乐无烦恼,重水重山度岁华。卯　时光虽迅速,兴废亦逶巡。已立根基大,荣归喜气新。鸳鸯来往薄,鸿雁不成群。度脱蛇羊事,雍容乐几春。巳　生来未得仁人荐,才到中年百事奇。涯绪必须逢虎犬,成身终是见羊儿。空中雁叫声何远,槛外花敷果亦稀。不若寄身居物外,终教名誉自光辉。未　莫便言他势力微,终身洁已且观时。羊犬途中消息好,虎蛇窟里自光辉。雁声寂寂归天未,花朵菲菲逐雨衰。若要此生无嵚岖,碧云深处可相依。酉渐渐年交泰,方欣脱苦辛。虎羊名利立,鸡犬事犹新。鸿雁多中少,鸳鸯薄处亲。云山深处好,方始乐长春。亥　年光迅速催人老,风物萧条春又秋。雁叫碧空沙塞远,花残春苑两枝头。知君苦处须逢乐,到底身高事始优。欲问平生何处好,南迁京阙度扬州。女命《前定易数》:解丑　　新出桃园早,花开槛外容。有人徒自顾,遇客远相逢。蹇滞当羊鼠,亨通恰犬龙。前程归计立,终久寿仁风。卯　岭峻当楼阁,帘风摇撼中。凝情图独步,进退使心空。美貌令人惜,朱光整粉容。禄贵无遇贵,枉费几时工。已　费弛前生足,今朝不在。疑坚心,当积善,守节立操持。雁落西山去,鱼游曲沼迟。幸逢新日暖,方得享良时。未　折拦由天不在人,福在须臾不离身。马牛走后方为吉,羊犬当时事必新。一莺语切前程话,双蝶飞来陌上尘。拂拭风前当面立,东西贵客冠新巾。酉　欲问前程心里事,奈何节我且如常。性刚意别谁相问,志捍机深且自狂。孤山不立良家子,远水难逢破业娘。不然归去深闺里,及早师尼直殿堂。亥　金钱满地没人行,直待云山深处藏。且问因何凝望久,止缘年分有馀殃。鼠牛方许荣华地,鸡犬相逢福禄场。名利两全无比并,不妨稳步上高堂。四字金丑,桃花夹竹。卯,春兰秋菊。巳,枯木待春。未,晚节黄花。酉,池鱼脱网。亥,竹杖化龙。郭璞数断男前与甲乙同　阴局　命悭岁数,好根基,雨露天教,稳稳滋春到震宫,方发动,一声雷,震泄天机,为人眼巧,更性善可解,千般巧机变人前,低目学疏,通整顿家风,有门面,两年荣华添,四九气象更新,好胜旧芝兰,砌下有馀茅,钱流地上人,长久,有一说高一节。好事来时人看月,月照人前犬鼠忙,一人笑把梅花折。女流年　鹿马倾危数几年,俄然一火起三烟。断桥春水鸳鸯散,风涌长江汲钓船。恶毒牛郎虎兔猴,半忧半喜得人愁。三更月挂梅稍上好,景教人不住留。喜　忧　病牛羊灾　马犬　灾　远

《乙甲鬼谷分定经益卦　行稳梅林格》　日月分明照太阳,一身孤节最高强。空中雁

阵东西远,南北鸳鸯逐水长。有禄遇羊头上发,树头枝叶暮秋残。知君心有尘劳外,不被尘劳不奋扬。生计从来未委泥,早年兄弟见分离。龙蛇若遇还通泰,虎上高山意便奇。禄存、天感、天聪,此星照命事业艰辛,幼年见成之规模,空费万般之心力,三思进退,百种盈亏破祖业,财帛难聚,有险难之处,喜得救神,行眦好事,翻成怨恨,近处无缘,远方人喜,危难立个家,计无心中,遇个因缘,子息见多难存头,子须是唤爷作伯,呼母为姑,方可若,到猴鸡必能自成自立。述云从来磨难多劳力,今日淘沙始见金。康节前定数名透水红莲格　日月齐天不并明,一身孤节最高清。空中雁阵东西阔,南北鸳鸯逐水盟。遇禄有羊须上马,利名终不负前程。草头带水人相引,此命方宜向晚耕。中　生计从来未遇时,平生手足自分离。龙蛇变在江湖外,虎到深山彻上飞。末诗与前中诗同男命《前定易数》益子　未遇春功变化时,潜身虽待上天时。一声雷动重云布,万里滂沱润雨施。惊散雁行归远塞,分飞鸳侣入栖迟。台星照处光辉渥,朱履相邀玩玉堰。寅　荣耀春华千里光挺身忽雨遇仙,乡常年须滞危中道日后推迁福再扬芦苇风吹孤鸿雁,芰荷两散两鸳鸯。老来慎静防忧虑,恰觅山居理药囊。辰　凋丧宗亲道自兴,岂为险难独无成。大来小往散中得,年过时通自必宁。花朵正荣防雨谢,孤鸿将起失群惊。始能跨入安闲地,又见风残灭尽灯。午　存名立行为终始,好事来时道自通。不待知音千里箭,自然生计两重功。花开灼灼半衰雨,雁叫邕邕各逐风。劳得此生踪迹倦,始知松柏岁寒中。申　筑岩钓渭待天时,久负斯文未合宜。遇鼠却教青眼顾,逢羊方见赤心知。鲜花槛外开还谢,鸿雁天边叫侣悲。莫讶老时多缩手,神光重照旧屏帏。戌　别祖疏亲作义人,年来旧计却成新。何须苦苦思危险,自是巍巍越等伦。零花一枝花再结,分飞两雁意难驯。利名终恐成高地,翻作危危横祝迤。女命《前定易数》:剥子　平生志气何时立,直遇龙蛇方有禄。须凭良匠来琢磨,方成有奇昆玉。雨洗红芳心自苦,霜摧白发色难续。劝君须是身修善,时至何疑有翻覆。寅　是非窟里岂能伸,刚决机谋事未成。莫怪初年多不利,须知他日禄来迎。空中贵客声何远,幔里奇花香气清。身心且守安闲地,龙马宜生福庆荣。辰　施力劳心有许难,如将拙蠢处人寰。脱逢鼠兔回身看。便是平生得意间。枝上果成风屡撼,闺中心静月长闲。惟到龙蛇高着眼,有子从君取次攀。午　心计未宁定,身危碎事萦。虎羊逢贵客,猴兔振家声。清风吹异果,明月不关情。若问前程事,安心有后荣。申　守节在孤帏,难辛未遇时。成家须虎尾,安乐问羊儿。玉貌虽寥落,良人不讶迟。更能多积善,方始得便宜。戌　料其祸福应难测,须守身心莫自悲。玉貌不期多寂寞,恩情未许到头宜。空闺寂寂花容削,虚室迢迢空泪垂。往来经过休闲语,终竟安心作一尼。四字金子,大旱甘雨。寅,猛虎出林。辰,竿头挂瓶。午,林柏经霖。申,黄锺入律。戌,霖月栽桑。《郭璞数》阳局　乾父　坤,母天地皮,石在少年时。棠　鹡鸰分飞,独立门扉。六亲隔角不浅性知机识变。有疑,即问著了不著,几人钦羡。生平历涉艰辛苦后甜前,一飞千里,一鸣惊人,一兰声名扬,一菊晚节香。历涉艰难满眼休,几多忧虑在心头。平生多少襟怀事,野草闲花满地愁。莫叹平生不遇时,何须苦苦皱双眉。故园桃李春犹在,一夜东风花满枝。谋为莫道心中懒,谁知大器成特晚。几翻成败漫茫茫,此去荣华景无限。可惜亲情分不缘,营谋虑意不周全。炎凉世态全谙尽,喜有芝兰趁晚鲜。险阻艰难已备尝,随缘随分度时光。不羞老圃秋容淡,好向黄花晚节香。一府朱楼风动旗,一山叼月白云飞。一双桂子秋香晚,一贵双山名利归。曲梯望云行数　行尽平生曲曲梯,虽然奸计惧心机。花开花落根基耐,多败多成虑不低。食寮心肠尽谙识,分孤亲爱谩东西。近来泊没重萦甚,直待龙猴获宝归。男流年　望事有成,亨通吉利,蚕财又生,买卖称遂,一事

若疑,仔细施为,一贵到凶,得好今年,气数胜如前,身老安康福禄全。有望重山福禄聚,滔滔谋事得团圆。一花雨中开一镜,照颜回嫩笋篱边。出文书,叠叠来,高楼一旗,黄花报喜,一事圆成,方知得意,杜鹃川火血光疑,静里烧香祸可除。驿使暗传消息近,故人重有寄书来。阴局　与前甲壬同

卷之一万八千七百六十五 十九敬

命 诸家星命百二十七

《乙乙鬼谷分定经巽卦　鸿雁潇湘格》　遇贵还须得意时，平生刚志与松齐。登山履险云山远，绿树逢春发旧枝。鸿雁过溪双远影，百岁荣华见一儿。更问双蛇平地起，牛羊两路必登梯。雪落纷纷三十九，天晴日暖双蛇走。长安路远遇危桥，劝君莫饮春前酒。天蛊、天毒、紫宸，此星照命退晦淹留之宿，安闲自在之星。凡有凶危，龙头蛇尾，好事多磨，凶中有救，贵人遇，如不遇，财禄秀而不实，学堂虽有多学少成，也不会恶人，也不会救人，退神重重，使钱如风，撰钱如雨，有钱会使，无钱会耐，成财不一，中年合带暗疾，凋青破肉，可以延年，要安稳直待辰寅。述云：直待一声雷奋发，管教一跃入青云。康节前定数孤舟近岸格诗与分定经同　　中　雪落纷纷三十九，天晴日上双蛇走。长空路远雁飞桥，劝君休饮花前酒。末　高堂巨室此时荣，命分应当遇福星。人口咸安财进益，乖争帖息处平宁。男命《前定易数》：巽丑　　区区荆棘路中寻，祸尔前途忽遇金。莫谓因循人久处，终忧事结祸重侵。绕树晚芳花异色，遥天孤只雁离群。吾亲凋丧天然耳，终久移巢就别林。卯　重山叠叠宜君去，旧计纷纷汝莫为。鹿去鹿来人自虑，家成家破合知时。雁行一半分飞去，花树双枝带果稀。白鼠鸟鸡多不利，尔时生计自分攋。巳　苦劳心胆营生计，生计年来年上费。费时还自有成时，船遇鼠猴方得济。一声雁叫断肠空，两朵花红当碧砌。莫问前程短与长，不觉中途自倾逝。未　伤情弃业自纷纷，分定教君别处存。鼠走鼠行人必喜，龙吟鸡唱祸临门。春庭牢落花重吐，秋塞萧条雁失群。借问何时惊浪息，暮天晴月水无痕。酉　蒿叶森森艾叶昌，内中理没异兰香。上林春苑闻君态，艾削蒿除是汝芳。雁飞月夜悲声急，鸳戏春塘羽翼长。玉兔金鸡应得失，斯人不复到东堂。亥　平生志气齐云汉，纵使身荣又若何。百事纷纭空鼠过，几般灾害入蛇窠。庭前两朵花应吐，塞上孤飞雁不多。为语斯人寻计路，柴门半掩傍云萝。女命《前定易数》：晋丑　堪叹前程事，多因病塞离。有家家必破，作事事非宜。客路难相问，乘家欲泪垂。许多前后事，且托一孤儿。卯　立身还见两家荣，莫折枯枝不遇春。安危事势如翻掌，生计因缘似日新。音信难凭云外客，恩情还向月中人。巫山寂寂空云雨，寅未指出陇头云。巳　有诚守节为终始，好事来时进自通。不待远乘千里箭，自然生计两成功。云外良人高拂手，闺中玉女自舒容。若逢兔马成人后，坚心且守岁寒中。未　孤失幽闺守，安身外立家。江山重淡薄，风月自光华。懊恨云中客，乖离雨下瓜。孙阳青眼拂，重整旧生涯。酉　天意无私曲，人心自不同。情浓多反覆，家计不成中。山外声方寄，仙人信又逢。晚年荣合处，卜宅立高峰。亥　久滞方苏变，云横月被遮。交情少知己，守节必成家。小善宜先作，息多岂可夸。若逢佳客后，老计岂能赊。四字金丑，败荷逢雨。卯，浮萍增水。巳，斜雁天际。未，腊草逢霜。酉，神剑化龙。亥，珠玉藏泥。郭璞数阳局　一雁　一屋支吾辛苦刑妻因缘不足六亲要哭姓真假过房花木　孤马荣禄清似梅，孤似尼福三田上石皮，三山上卓立。心敏捷记问记问之学本相担阁。旗望　一雁孤飞远，一心云外摇。一园瓜子乱，一景好萧条。成终有败多翻覆，回首黄花满路饶。利禄前程遇贵人，利名两字一翻新。不知好处成虚誉，回首梅花见早春。初年自觉有成全，办着心高敢向前。历过人间多少事，谁知今日尚茫然。祖基自是因缘浅，片片浮云空里乱。雁行天阔字难成，燕子惊飞怕人赶。莫恨平生成就难，宁心出外一重山。梅花江上春归晚，待得时来事不难。点石化金数　祖传基业难安保，便见初年自用心。名利春成秋已败，路深须是再三寻。双鸣栖凰随年落，白犬黄鸡怕晓沉。山下火明平地上，遇仙点石化为金。男流年　一喜到，一喜来。一声笑，一声哀。大大破财，折病折灾，事到了，没分晓。是非一喜，犬头猪尾，睁过今年，家道安然。一事跷蹊，口舌相欺。凡事呕气，半喜半悲。忧事相煎祸亦连，妻孥分上早修缘。小船浪里宜轻载，步踏危桥客莫前。他人烦恼自家忧，棘路迢迢苦不休。官府有言公莫去，栽培宜忍事无忧。桑柘空时防一泪，喜欢变做心不意。雁行伤箭月侵云，又恐家人灾祸起。几年埋没渐光辉，望事求谋未合宜。高人得意两和合，滔滔福禄却相随。阴局男儿此数早营科，女命逢之贵亦多。可惜孤刑生克害，一生人事不安和。生来鲠直心头火，卓立经营有结果。心灵性巧自惶惶，福后黄花秋后朵。猿啼岭上月昏黄，自觉精神望夕阳。双雁分飞云汉阙，孤鸾惊舞夜来霜。一株桃，一株李，还好重新多布植，荣华重换旧家风，早为永远儿孙计。女流年　白头掩面少年悲，杜宇声中话别离。半苦半忧心哽咽，夕阳芳草断肠时。榴火生烟入洞房，佳人无意有才郎。破才夫妇生憔悴，白雪杨花舞一场。有花终不实，花残枝又枯。岁中好一梦，醉客自相扶。犬儿逢猛虎，猛虎也遭迍。宜待秋将近，方逢救苦人。官贵　远书至　一炷香　堂上灾　堂下忧　三烟　浪里船　虚惊　歌　悲　财刀

《乙丙鬼谷分定经家人卦　日月重明格》　日月交光色渐明，重楼天大两重明。天边雁叫芦花远，池沼鸳鸯忆出群。生来未发应鱼马，名利成时待虎年。借问桃花成几果，雨中风送一残灯。借问何为业，龙蛇水畔僧。马牛逢荐举，更上楼一层。天佑、天礼、天挥，此命星如凤生鹊巢，龙长蛇腹，性繁多谋，常怀不足，作事踌躇，所为进退自在中出，苦辛安闲处，惹是非，尽心竭力，似春花逢夜雨，秋月被浮云，会趁钱不如省用度，一似门楼前狮子，草屋下珠檐，强施设硬追陪。述云：贵人轻借力，又立一翻新。康节前定数名花发瓶中格诗与分定经同中　意去谋前事，心犹有旧图。寅中宜省息，丑未入亨衢。未　命中五行多反覆，贵禄相扶始为福一朝思沛自天来，方许平生心颇足。男命《前定易数》：家人子　玉堂有路去何难，异日乘轩到故关。马上遥看风景别，意中犹在水云闲。飞鸿只只寻孤友，花朵枝枝结果怪。宝鼎虽安防折足，避逃天难鼠鸡间。寅　家道年来渐见隆，衣冠革变越先宗。马蛇头上君须发，猴鼠途中祸必重。飘泊旅鸿归塞远，凋疏庭树漫花红。横舟独倚沉孤月，凄惨愁肠万事空。辰　旧巢倾覆终难理，新业仍将逐旋营。料想忧愁须遣去，终知名利晚方成。庭花且看双成果，塞雁堪伤一阵鸣。更遇紫衣施二箭，终教人事立成名。午　阴会阳生吉自分，莫疑玉石事俱焚，前程顾昒凭青目，生计浮游似彩云。雁过横斜天际远，花枝疏放槛前芬。但看灾祸上中事，此外非君可得门。申　尘意酣酣醉不醒，清风猴鼠豁幽情。蓬莱梦觉虚名事，南海舟行顺水程。望远天涯飞雁急，回看江岸野花荣。与君说着来生事，尘俗区区老怨声。戌　孤苦何须叹命迍，都缘分定不由人。将来必得亨衢道，此去身须脱冗尘。孤雁皆飞千里远，旁花再绽一枝春。晚年必使身心乐，堪笑生涯两处新。女命《前定易数》：离子　孤处成家非久计，更谋外邑始无

忧。息情杜绝皆非是，勤苦多端卒未休。若得安时须自慎，才当荣处合包羞。到头晚景仍安泰，羊虎光辉复故楼。寅　论来福禄自虚名，命里相逢未脱尘。守性即非非计巧，开花还见木重新。江上万里期归客，玉貌娇羞自遇人。莫道迍遭无显日，安心遇兔越精神。辰　莫问尘劳事，财多祸必侵。平生宜独立，身事却关心。燕语新梁巧，莺啼乔木新。任人嗤冷淡，得趣乐天真。午　禄重身须异，名荣有贵人。身居安享地，命显脱凡尘。粉态如荷吐，娇眉似柳颦。逍遥有真乐，修种积前因。申　身幼孤遗又有惊，却因险处得成身。可怜淡薄幽闺内，每叹勤劳未脱尘。更兼狼藉遭风雨，红粉虽多貌不匀。晚景休夸有奇特，只缘命里苦多迍。戌　此身立在高峰畔，望看平波水自清。忽跳几阵金鳞现，惊起孤飞紫燕鸣。时来当脱凡尘外，必得安然见太平。若欲春风回暖日，直须马首福相迎。四字金子，高楼望月。寅，蜂房结蜜。辰，飞萤放光。午，垂堤杨柳。申，篱菊逢春。戌，春兰秋菊。郭璞数阳局　孤六亲刑一身兄弟不和，儿女有损，自卓立虚，得实。旗上远望，利名惆怅。异路沾恩，莫妄思相。足不足，刑骨肉，莫团乐，许福禄。性　不惹是非，谁益谁欺。清风明月，人间时节。好段因缘，无人共说，惨惨堂前，月半曛阳。台去后不归，云征鸿失伴。成孤影一盏，寒灯满夜分。一段因缘未可欺，闲草野花莫相思。东风吹觉巫山梦，喜见梅花绽一枝。莫道艰难险阻多，早年世道尚风波。祖基有分终须在，异路荣华事事和。命带孤辰休叹息，孔怀相克难为力。元来独立正优游，明月清风总相识。此去滔滔路可前，支撑着力尽无亨。两重山外贵人看，指引金阶万里行。寒枝发荣数　自从龙舍立终身，我辈群中便不群。只为五行妨害重，至今凡事苦辛勤。弟兄父母孤神破，祖业艰难苦自经。异日龙蛇交限后，寒枝冻木又重荣。男流年　有场灾孝，激得气爆。神道取愿，医巫取钞。进亦忧，退亦忧，如人有难灾须受，今年事恼心财破又灾临，谨慎三烟火，堂前客自惊。雁几年成双，今日分张。更长嘹唳雁声悲，人对菱花意惨凄。西南二尾牛行走，回首重山月又西。阴局　鹿藏花里卧青春，体态轻盈美貌人。快性只多偏晓了，许多心事暗伤神。潇湘夜雨窗儿外，愁心滴得芭蕉碎。一池鸥鹭叹分飞。因缘好处难成对。资财杨柳岸头风，换叶移根三两重。堂上有人堪救济，莫教漂泊自西东。岭头征雁分飞远，独抱琵琶调新曲。撑出烟波一叶舟，到头享受平生福。女流年一船过海遇风狂，进退五宫空断肠。洞里有琴弦再续，妆台无镜对鸾凤。梨花夜雨泪汪汪，黄菊秋风暗恼肠。晚喜不圆忧却有，手中珠走失明光。散　散呈　以散火，散才圆，损血财。

《乙丁鬼谷分定经观卦　鱼游清波格》你亲非我我非亲，家外荣身隔故人。与废想应前分定，利名还要待终人。高峰顶上群离雁，渭水河边钓锦鳞。借问花残莺舌老，禁烟春色柳青青。头枕山前鹿，心思水上财。骑牛须遇虎，方有贵人来。天嚣、天禄、孤虚，此星照命困干宿，虚名之星。人命值之，无见成之福，独拳自立，理要分明，作事自是，气高性直，口毒心慈，亲眷无缘，朋友少义，知心者少，妒害者多，只喜凶中有救，用心多历事，早要静办，未静办要，安闲不安闲，却有晚景好且待之。述云：长安道上花闲尽，谁信山边有彩云。康节前定数燕语尽梁格诗与分定经同中　身就山前鹿，心欢妻子奇。骑牛如逐虎，逢兔乐安居。末　造化镃基出众伦，峥嵘举止弄精神。前程忽遇佳期节，到此丰隆有别情。男命《前定易数》：观丑　荣家家外立，兴废事须知。幽意高难剖，成身必有时。雁声空呖呖，花朵绽菲菲。弃鼎无轮具，方知奇处奇。卯　凭鹿难逢鹿，无危身自危。亲知终隔涉，动止易猜疑。雁过秋天阔，花开春景迟。如何问名利，才得祸微亏。已　功名豹变遂君猷，必解前生心上愁。料想此来微至着，莫将向去直为钩。汀洲雁起留沙迹，院落春归舞絮毡。佳致回头看未尽，徘徊移步上朱楼。未　相逢气味呼他姓，未决行藏且待

时。才得鼠猴方显贵，果成斯计也真奇。高峰顶上离群雁，小径丛中落叶枝。借问此身荣业事，半成半失半何为。酉　客疏亲少苦身心，纵有才能未出尘。财利从前狂计觅，是非终始有来因。雁飞江上悲孤月，花谢庭前怨暮春。拟看晚年成器业，白头依旧两眉颦。亥　利名消息期何晚，不用将心向早求。凡事定招非与是，亲交常见义为仇。不堪江上鸿悲月，惟恨园中花委秋。谓语此身安稳处，定当生计向田畴。女命《前定易数》:恒丑　夜月遇云开，情怀喜后才。娇羞终得地，荣合信奇哉。阵阵家传馥，双双鱼动腮。若逢馀难脱，好笑福重来。卯　天然分定是良因，守节成家自立身。若问前程荣遇日，必来寅地脱灾迍。东君有意来相问，故主施恩改贵新。万事终须重整顿，春苑花苑别精神。已　干蛊有奇功，离乡别祖宗。性怀多异志，亨泰甲寅中。有客情何远，梅开雪压红。生涯欲共乐，把酒问山童。未　庚鹿含书至，传闻玉殿声。粉腮逢丽日，美貌显奇星。举步登云稳，乘梯指月明。欲知荣显处，蹑足入蓬瀛。酉　早晚尘凡里，须逢逐步人。望风名利就，对月性情新。得果经霜圃，攀槐傍水滨。风心疑虑尽，笑语自殷勤。亥　玉堂有路终须去，异日相期入故庐。马上郎君回首顾，樽前笑语不为虚。桂堂匪远香盈袖，结子当仍显旧间。宝鼎自安何足虑，终须温饱乐安居。四字金丑，深潭下钓。卯，衰柳逢春。已，春兰秋菊。未，萤附草光。酉，樵薪深谷。亥，鼠入仓廪。郭璞数阳局　辛人大富贵　鹿叼花孤，一日出云。琴剑生涯，好不潦草，人立云中，利名暗滞。目今宁耐，身上暗昧。过后主福，却得自在。春江禄水映孤鸿，春酒赏花醉梦中。春满家山新气象，春风桃李又成丛。一书千里外，一事早回头。一鹿叼花卧，一文星到头。头上插花归去马，醉中撑出浪浮舟。卓立支吾自起家，千般巧计尚无涯。翻翻覆覆许多事，悲去愁来锦上花。寒梅冷落谁孤并，月上沙窗照孤影。芝兰渐喜四时新，别有荣华无尽景。诗书名誉少年期，几度欢娱几度悲。多少荣心不平事，落花风雨暗颦眉。寒江雁影数，向度忧疑几度愁。一生名利逐东流，孤鸿影落寒江冷。独木逢秋不自由，壹气渐逢成羽翼，奈何方喜足机谋。碧桃一颗新堪折，好事连绵天尽头。男流年　跷蹊干连，官事破钱，秽宅谋事未就，君心莫懒。事今年去，莫埋冤。睅两年，胜如前。打睅加连累财　喜庆谋望，今年须称期。半忧半喜，半生疑，无端忽地人惊恐，闲是闲非惹满衣。一旅高标，一信天远，一段愁来。一弓断，绞兔寻杜宇入杨花。马跃林中化作蛇，惨惨凄凄愁恨切。胡僧指语两笼花，这两耳，莫埋冤，事未就，惹忧煎，土田横进在东西，得意开怀不用疑。桃李故园成实早，秋风一鹗快高飞。高人无定文书进，喜跳过今年，前程吉利，逢春景色自荣华，枯木生枝再发花。此去亨衢人享福，重重喜气乐无涯。阴局　五行入局数和平，造化相扶别一春。可惜当来缘分浅，朱楼翠阁未容身。为人性格天然异，东涂西株更雅丽。海棠春睡足娇姿，独自本根还得地。几翻进退尚踌躇，独倚阑干泪滴珠。重拭菱花新照面，户门变化又新奇。弄穷一会打睅一睅，跳过一坑，福来还大，秋风桂子有馀香，到头依旧荣华在。女流年　云散天边月影辉，蔼然和气满门楣。盈门桃李风光好，那更东风绽一枝。一卷经一事明，一凤舞一琴声，秋风起处笑颜开，庭菊飘香入户来。从此夫妻皆获庆，文书交易进添才。见　进田土才石披　莲石上　喜　忧　天书到　独损　失灾　门户事　散

　　《乙戊鬼谷分定经渐卦　鹤立松林格》　生同出处鹤离巢，上青松立树梢。学问不成终是去，盖根遮叶未能抛。空中二雁争群队，池内鸳鸯颈不交。姑舅六亲虽共处，成败艰辛命里招。种果须宜时，花开发旧枝，一朝身立奋，成凤附瑶池。天休、天霞、天权，此星照命如仙女种田，天桥车水，安闲中寻出辛苦，享福处不得安闲。为人慷慨，见识高明，平生性格如泉击石，区区心力，成三四处之规模，衮衮平生，做两三场之活计，件件自向前，

般般自费力,有福不会享,有事不能藏,性直无私,恩爱中反招不足。述云:莫恨春迟花落早,秋来犹有一枝芳。康节前定数夫子穿珠格　松篁出谷鹤离巢,飞过青山上树梢。莫恨不成终岁事,盖缘枝叶未相　抛。空中群雁相离别,池沼鸳鸯颈不交。有树有花终结子,中末成名显富豪。中　龙斗波翻雪,山藏虎有威。一逢猪与犬,平地起风雷。末　废兴自古当如此,却叹年来不称心。得过危桥遇平地,方许春风送好音。男命《前定易数》:渐子　论其基业必从低,自有高人赐玉梯。只为此来名利显,岂知身后寿难齐。芳花再放庭前树,孤雁离群沙上栖。莫使逆他天道用,无情江水背流西。寅　前程有路向青天,沙里淘金志必坚。如遇鼠猴好施业,必于鼠尾定荣迁。两行去雁翻朝雨,一朵梨花敛晚烟。既得锦标来入手,好归觅取钓鱼船。辰　立业孤无辅,纷拏事不宁。只因财得破,方见满还倾。二雁东西远,双花枝果荣。不如寻物外,云散水流清。午　平生志气高难测,且把生涯傍贵人。名利乍成还乍破,心留尘外不离尘。沙汀雁起双飞失,庭下花开两树春。犬马行时人在难,网中飞鸟鼎中鳞。申　鸟云飘散月辉华,举事营生渐有涯。时入鼠头人自吉,运临猴上我成家。双飞鸿雁离秋渚,一对鸳鸯卧暖沙。借问仙乡何日到,蓬瀛渡处泛灵槎。戌　独成独立苦蹉跎,才遇荣时福又过。堪笑地虚花自盛,谁言枝结果无多。鸿孤别队花飞雨,鸳侣同来舞绿波。驰骤此身虽遂志,天涯一梦事如何。女命《前定易数》:大有子　灯前说尽平生事,由如一梦入园游。早知幽室孤遗失,宜向朱扉静过休。活计专修心下业,前程须待苦中求。桂子传香轻拂鼻,须逢明月向中秋。寅　枯枝发达遇春时,纵见狂风自不衰。示汝前程当遇禄,还他依旧享镃基。良人对槛相分付,奇果来传我是儿。玉堂级级宜高步,拱听欢声捧玉卮。辰　我有平生志气高,幽闺不惹祸煎熬。亲疏族远随龙走,福至身尊自鼠牢。问我利名荣贵事,还须遇主是英豪。一生立事多奇怪,出离家乡始可褒。午　满酌金盃酒,花开二月春。鹿随羊入岭,虎逐雁归云。乳燕当檐语,良驹傍水驯。不管金钗坠,笑倩问东君。申　孤苦多端事有亏,清闲心地反生疑。守帏终免多非厄,侍奉支持度险危。欲问前程何日立,宜当寅马贵人提。且敛玉容收粉泪,断如晚景享安颐。戌　春到山林景物新,秀闺风景自精神。亲疏孤薄当勤早,苦厄灾危必离身。平生只喜情怀善,晚景当须福禄匀。但问虎牛终大吉,安心乐意守高人。四字金子,栋材出谷。寅,走马花街。午,萤附秋草。申,沙地栽葵。辰,枯莲得露。戌,荷叶浮龟。《郭璞数》阳局　一贵人,一日一月,云遮三,雁各飞,一镜不圆,刑五宫不足。孔怀不睦心,性聪明了了。一日月不圆,一浮云遮天。一事空切切,一霜倒池莲。一舟破浪重山外,独对孤灯怨恨牵。两对征雁一对飞,两只鸳鸯一只惊。两伴沙鸥山外远,两翻喜事一翻成。踏破浮云几阵晴,拏云手段仿难成。尽教平地风波起,禄重权高可立身。几度支撑真不易,三次向前两次避。高人着眼尚差池,君莫忧心终有遇。闲看浮云出岫时,无心天外自高低。好风吹过归岸畔,雷动云行雨,未施稳把卓,莫成错局面,翻腾难下着。车行马路恐差池,到底输赢先一着。金补破钟数　神补撑持未得休,几年天际好归舟。高人先约成蹊迳,亲戚交游尚不周。三级楼台晖晓日,一檐松柏茂新秋。寒灰豆爆君知否,更立寒矶下钓钩。流年　朱门未达,着力维持。事忽有惊喜事,猴羊口舌来。远年晦气未伸舒,渐渐忧消福禄归。更改求谋凡事好,云开见月又星辉。劳力劳神枉用心,今年谋事恐难成。虽然好段因缘计,只恐君心自不明。谨防卯酉月,自身值灾节。更防女人上,烦恼心中切。黄花斜插向东篱,和气氤氲遍里间。从此名高并利厚,芝兰呈瑞五宫奇。阴局　梅花月影上窗西,半吐清香被雪欺。无分有刑刑太重,移桃换叶却新奇。山头不觉沉西日,孤月照人愁寂寂。归鸿云滩自高飞,谁向家山寄消息。前程

好数福星来，莫把闲愁自恼怀。退步思量长久计，经营钱米自成堆。一水渐生绿，一花两重厄。一喜圆不圆，一段重山福。女流年　赏花相映喜嘻嘻，泪粉匀开满镜辉。进喜添丁蒲酒熟，两重喜事映朱扉。疑事羡七宫，忙寂寞愁观。雁字长二尾，牛生猴见鼠。门前双口犬声长，谨慎得中失忧防。喜内生赤牛，行虎路门外。九重惊晓日，相将照锦溪。重重喜色蔼朱扉，蟠桃一颗真堪得，何况东风第一枝。

《乙巳鬼谷分定经谦卦　篱外海棠格》重台遥望仰天高，风卷长沙起浪涛。莫问平生荣与辱，身成上马指龙毛。潇湘雁过离踪迹，吴越相持奋气豪。由恨此生根叶好，不坚牢处也坚牢。意欲谋前路，心怀未肯行。马羊逢举力，方始得通亨。天柱、天极、天□，此星照命，乃是凿山取路之星，掘石没泉之宿。有心胆，有机谋，有措置，会施为，知轻重，识高低，别贵贱，有威仪，如不击之舟，若初生之月，为人慷慨，禀性特达，只因运未至，且戒且忍，晚年发积，无心中遇个贵人，无意中遇项财物，荣身润已，称平生之志矣。述云：正好求谋安乐计，忽然日暖动蛇乡。康节前定数名暴雨雷震格诗与分定经同中　心欲奔前程，怀疑不敢行。马逢前暮景，方始觉通亨。未　造化机谋善用筹，风波重整钓鳌钩。紫衣贵客垂青目，享福优游到白头。男命《前定易数》：观丑　一身孤苦困蒿蓬，两处成家始见功。望断岭云桑梓远，回观流水恨何穷。林深花朵泣衰雨，塞远新鸿叫暮风。得意秋江光景别，沙渊寒月渐朦胧。卯　新园春色又无功，旧树枝头叶已空。设遇荣花将结果，须遭疾雨与狂风。迟迟无绪雁声急，寂寂伤情琴韵穷。决定生涯多反覆，孤舟烟浪各西东。已　好事多离折，无心却有功。前来多暗昧，向后定穷通。雁去空群队，花枝不合丛。问他家住处，生计两高峰。未　云中鸿雁群飞去，独尔离群立远沙。欲去留连情不足，翱翔相引宿荐霞。湖山莫羡多光景，生计须知旺异家。到底居尘多患虑。岂知休足寄云霞。酉　平生要作威名福，必竟终身未可夸。福去祸来终不错，凶销吉至始成家。空中呖呖飞鸿雁，槛外纷纷艳冶花。山际云横头已白，那堪又是夕阳斜。亥　寒尽阴衰事可愁，只观春色不知秋。料知万事皆前定，决定声名向后优。空里双双归雁远，槛前朵朵落花柔。前程却也多明处，回首蟾光下北楼。女命《前定易数》：恒丑　孤厄脱蒿蓬，成家有定踪。时来无败失，立计必亨通。果缀危枝表，身安绿幕中。兔羊宜遇贵，福至脱灾凶。卯　守静居家吉，奢华许有盈。贵人观损益，玉树屡枯荣。绝命多凶险，愁心带疾明。欲从千里客，晓景许安宁。已　志气冲天立，身心两不由。虽然孤苦脱，终不免忧愁。未主当寻木，危枝缀果柔。朱容妆粉泪，荣显步高楼。未　早离祖亲乡，前程必自亨。侍君当显著，改井定相生。月照罗帏静，风飘绣幕轻。安然无一事，榆景许康宁。酉　破杀重重带，相欺身未安。须当三向立，方得一心宽。燕语呢喃巧，鱼游急水滩。可怜孤苦厄，终老戏眉端。亥　背祖孤亲立，双眉每暗颦。侍人方免厄，守节必生迍。三果当风缀，双鱼跃水滨。问君前路事，当显在寅申。四字金丑，浪里乘槎。卯，风前点烛。已，乘槎浪海。未，月照寒潭。酉，尘剑磨光。亥，病龙行雨。《郭璞数》阳局　喜子　田　日云中　鹿山一瓶酒好饮。性繁楼聪明晓，了孤刑。根基自家卓立，改换门风。田土宜守。事事寸心倜傥更希高行雁双飞字不牢一定箭穿防不足一人算寿死难逃一鹿叼花卧夕阳，一炉尤自有馀香。一生财绿如心愿，一富荣华享寿康。一点孤星照临，亲亲莫恨少人情。竹梅相并萧疏处，时对岁寒犹更清。生来敏性多聪惠，莫倚阑干暗垂泪。休言作事尚蹉跎，睟过前程有济遇。不在镃基祖业财，异时门户自安排。风云际会人夸说，平步青云路共侪。雪里竹梅数　自喜芝兰格气新，岁寒松竹更精神。明心惠性天资异，气味如心事可平。他日身为一户计，命中亲眷苦无情。莫嫌春色成来晚，桃李成林相对荣。流

年　运睽重轮事称心，前程好，胜如今。一人不足，一事反覆。一段死厄，一场屈曲。一丸杨花白，一钩新月圆。一琴重韵美，一藕出双莲。两年渐喜解愁眉，坦道扬鞭步不危。得意前程名俊伟，绿杨堤上马频嘶。好将好事去经求，莫把痴心日日忧。有望文书劳计虑，欣欣出去遂图谋。得意橙黄菊绿时，好风吹送一对书。掀腾送上青云去，名利掀张振里间。阴局与前乙戌同

　　《乙庚鬼谷分定经中孚卦　幸遇金门　格》　　玉殿金门到不难，一心重度两重山。空中雁叫飞二只，一岁儿童一日闲。鹿在远乡归故里，箭随风月过云间。谁知性恋逍遥外，争奈身闲心未闲。秉志刚柔足，机谋出众群。资财盈白首，无意遂功名。天福、天机、括舌，此星照命，金银斗秤之星，福禄簿书之宿。件件劳心，般般费力，机谋深密，性劣心高，会驱驾，能担当，假小心，喝大采，劝烧香念佛，有救人心，无伤人意，要使大钱，会吃大饭，结识人，尴尬处，能分理，险难处，会脱身，猴鼠相逢，必能发奋，目下时运不衬，淹留示能显达。述云：花正开时遭雨打，月当圆处被云遮。康节前定数名游蜂□翅格诗与分定经同中秉志刚柔足，权机出众情。资财荣白首，必主有功名。未　阴人相爱有成功，前来迤塞一时通。名利两全身渐大，因他借力必丰隆。男命《前定易数》：中孚子　　天将财禄与斯人，先使身心历甚辛。推倒日轮当兔尾，得成新业见猴唇。一双鸿雁飞鸣夜，两树芳花笑倚春。泛泛五湖舟自稳，陶朱相引作比邻。寅　斯人事业孰能知，拟到蛇猴始发辉。吉禄自兹成远大，仁人因此更投机。一双鸿雁天边别，二只鸳鸯池畔飞。休道月轮常皎皎，无情云物有相遗。辰　丧亲失计泪偷垂，为告斯人莫怨咨。名利再成凶险地，生涯须是贵成持。落花一树重开发，鸿雁两行相别离。三炉金方见宝，要为成器假钳锤。午　心事何人细得知，收来放去费尘机。兔来入得山前鹿，猴会方开眼上眉。一半雁行何寂寞，重荣花艳想芳菲。林间风月真潇洒，付与斯人作计为。申　贵人与我通消息，准拟鼠猴方见功。开发几多濡滞事，成时一段旧家风。鸳鸯情美重交颈，鸿雁群疏两不容。堪谓平生有坚志，青松不没雪霜中。戌　超越祖宗成独立，追思新旧可悲伤。云程坦坦天门路，举步悠悠名利昌。鸿雁群飞终独只，鸳鸯双舞意何长。飘零莫恨秋风动，落蕊枝头缀旧香。女命《前定易数》：节子　　偏亲疏我爱疏亲，生计虽难必未贫。情性每招非与是，身心常被喜中嗔。东家缭绕思难合，秋圃离披果不新。好在身闲心守节，鼠头出冗必精神。寅　平生有用如无足，及欲成家是破家。月过中秋圆又缺，树枝新发未抽芽。临景鸳鸯服别浦，长波鱼阵跳平沙。前程消息君须记，重乐重荣结苦瓜。辰　龙楼凤阁壮皇州，却许斯人入里游。池没碧莲呈越样，沼深曲水是风流。鲜果经霜多秀实，鸳鸯戏水自沉浮。且问平生安乐处，贵人须更渡扁舟。午　古镜重开匣，殷勤拂薄尘。幽闺频照顾，知物不知心。果缀窗前实，鱼游月下沉。前程艰苦事，脱却别调音。申　休将情性苦搜求，使尽心机未肯休。本来晚景终须吉，到老时来不自由。漪波鱼阵空跳跃，名园莺语自优游。欲问前程何处事，当老生计立高秋。

　　戌　生计萧条独立家，一身还见两交加。几多更变因风散，却把身心伴月斜。鱼水相逢秋色去，鸳鸯堪笑也成赊。鼠猴时至终须吉，渐愧荣华富我家。四字金子，红炉煨酒。寅，柳柏逢春。辰，淘沙取金。戌，春日花园。午，冬檐梅花。申，饥鸟投林。郭璞数阳局　雁三雁飞，有高低。多谋多虑忧心不住。一炷香布福，非空也，念经一贵　云中卓立足不足，刑骨肉。心多谋虑，性叫唤乾坤半岭白云闲，鸿雁高飞出外山。独自支持多少事，到头经历叹艰难。一路青云上，一危前面望。一人把火烧，一舟出风浪。浪静风恬独棹归，秋水长天同一样。亲情眷属几酸悲，孤雁云边奋翼飞。平日风波多历涉，扁舟喜遇

出晴晖。清高可拟夷齐志，梗直敢言无忌讳。浮生劳碌谩咨嗟，自有前程荣显处。翻来覆去至于今，家道营谋自有成。马出蓝关平步去，绿杨堤上快嘶声。石下古松数

平昔崎岖事错多，知他经过几风波。生涯好个梁间燕，骨肉因如秋后荷。性直口多真御史，如今变化是维摩。晚年正好兴莲杜，月照松前映绿萝。流年　事　旺　财　事勾迟，勿疑虑。渐亨通，前程遇。今年气数好乖张，荷绽榴花乱一场。平地推车来撞缺，芝兰花好不禁霜。川火逢牛生二尾，一个白头堂上睡。花开黄叶满疏林，闲事勾加防失意。得一拳，着一口，雁过芦花声悄悄，夕阳西去水东流。落花满地无人扫，防避小人欺，作事讨烦恼。阴局　春风桃李绿阴成，静处偷闲对景吟。雷动云飞施雨露，五行符合福尤深。为人巧性多机变，世事炎凉多历遍。家风整顿要光辉，反胜丈夫心不倦。稳稳平平睡两年，此宫限出别为天。谩做谩成财谷旺，优游享福有闲钱。时运到老收拾早，莫管是非闲事挠。愿祝长生享福龄，伫看儿孙贪最好。　女流年　　　鱼吞香饵雀逢罗，到此方知惹祸多。寂寞寻花花已落，鸾基菱镜想难磨。喜前忧忧复喜凄。惨麻衣颠倒起雁。声嘹唳过秋天惊，起鸳鸯，离绿水，一牛伏地生双尾，一禽在网忧惊起。一对鸳鸯各自飞，一心挂着两头缕。喜　一颗珠，一人灾，一破财，田土事。文书　拮挠

《乙辛鬼谷分定经涣卦　海底明珠格》　明珠海底隐寒光，用意成时却有伤。孤雁叫天离塞远，双龙吟雨更苍忙。田中祖业更新主，境外荣身立旧庄。借问百年成甚事，枝头花果一双双。卧虎相将起，人眼醉渐忙。猴蛇终见喜，卓立自相当。天贵、天梁、天统，此星照命，为人有调度，有机谋，胸襟磊落，志气刚强，生来只缘磨难多，却得凶中有救星，贵人遇如不遇，亲眷亲之不亲，懒中忽然豁达，用事却有迂回，妻宜亲上成亲，却宜在外经营，不利在家作活，命中合带暗疾，雕青斩指，延寿和平，觑事发出，话来招人相怪兄弟，如无父母，过容百事，会裨补，能主张，若遇龙猪方始通泰。述云：莫嗟时未至，暗乏又还明。

康节前定数名鹤弄青云格诗与分定经同中　龙卧看时起人眼得渐醒晚年成命禄卓立在公乡　未天霄云开白画长拔茅连茹总亨光。数逢中气身荣显，蛇化为龙入贵乡。

男命《前定易数》：小畜丑　应扬志气心肠狡，恃势喧轰逞刚瓜。终见雄飞伤羽毛，堪羡此身闲暖饱。雁因雨急别群飞，花遇风和舒艳巧。行乐东园春未浅，回首报道归身早。卯　岭云出岫本无心，月放清光特地阴。立业此时多损益，人情平日觉浮沉。关山叫雁添愁恨，园苑莺啼空好音。借问前程荣计路，云泉去处好相寻。已　借问成身身未成，待身成处在寅申。斯时意向方舒畅，此日生涯立计新。天际雁飞空有侣，槛前花发易为春。中间脱得翻身祸，再整凶人作吉人。未　劳机营业人多失，本是还非亲又离。猴子到家财始聚，鼠儿入户贵相随。花枝槛畔果成少，鸿雁天边各自飞。梅上一声羌管别，莫将牧笛等闲吹。酉　使尽心谋费尽机，成家消息未当时。情怀春去村花落，魂断秋残旅雁悲。命在中年财盛有，身当早岁苦无依。想君有意如无意，月落西楼叫子规。亥　匣藏宝镜有埃尘，拂拭重新藉主人。对面直须分美恶，成模镕铸有辛勤。江天雁阵悲明月，水槛花枝怨暮春。借问桃源人去处，回头牛马路荆榛。女命《前定易数》：决丑　守已绣帏中，前从立性聪。宜离亲出侧，早向少年翁。富贵终须显，儿童立大功。前程不须问，马首必昌隆。卯　分定在天理，兴衰时自还。罗裙风阵卷，青髻雨声残。点点珠铺额，重重苦被潺。身心何所待，直至虎来安。已　孤害在姑娘，重移别异乡。身多逢苦厄，性别岂非良。奇子来相遇，良人福至昌。晚年安立计，不失鼠和羊。未　美貌娇容逞，罗帏守桂香。一身终稳立，晚福自荣昌。莺对窗前语，琴调月下商。前程无一事，云散月重光。酉　疑心未决未知机，枉用身心苦设施。临水渡头逢险处，推心度已立镃基。迁移井邑方

为吉，改换门闾不必宜。何况贵人相顾后，鼠牛依旧有施为。戌　节义非常事立新，恩深积行守吾身。欲爱不思无我子，情怀和穆有恩人。雨湿孤灯光不透，月来绣幌影侵君。喜吉重重相映处，不妨福禄两俱真。四字金丑，狼饥虎食。卯，晚节黄花。未，破扇秋残。酉，石上燃灯。亥，帐里鸣琴。巳，破屋重修。郭璞数阳局　先贫后富，文书识了。旗望声名，祖屋无福雁　刑　参商　荣华异路，是假是真，涉历南北，俗僧皆得。一身云外客，一名书内得。一桂两山头，一家分南北。荣华有路别，一般水浅香。清梅映月，双凤冲天。怕一空，两轮日月果朦胧。双山名利前途远，才艺施为胜祖宗。历涉风霜在早年，机关用尽也徒然。手头财谷名成败，祖业如同浪里船。自卓立好，亦无烦恼，一山一人，立秋心门。内心一场离别恨，空里暗伤情，鸳鸯并凤侣，薄倖太无情。堂前惨淡云遮日，孤月照人人寂寂。孤鸿失伴不成行，独对菱花问消息。此去相逢青眼人，行看平地跃龙津。前程万里风云会，跳过龙门变此身。流年　事生疑，胡莫为。老实做，弄跷蹊。重叠享福，只保六畜，田土动，文书用，若进时，打卖弄。今年气数渐非常，家道安和百事昌。谋望亨通人享福，前程一路转风光。榴花满川火，是非两起祸。双凤竹林梅，一雁空中过。龙蟠泥土已经春，且喜风云渐出伦。跳出桃花三月浪，禹门得意上天津。一段山，一段田，一春动，一忧煎。鸡见猴时好事回，其人说事事和谐。琴调韵雅人欢笑，葭管飞灰喜又来。阴局　孤鹜齐飞衬落霞，亲姻颠倒谩咨嗟。勤心向上期家富，成败相随运未佳。机关用尽多奇巧，莫怨劳心多计较。口快心灵语过人，志尚高人不潦草。龙蛇相会看中年，衮衮家流地上钱。桂子兰孙齐秀茂，恁时享福又依然。前程气数促这数，年不足安心睡，向前终是有晚福。女流年　此数逢之大吉昌，门庭改换足风光。梨花带雨人才喜，蜀鸟催春景渐忙。三烟火起海棠红，小小傍徨步踏空。空外无人门外客，寒风新雁喜匆匆。谨守行藏福自绵，重重喜气旺冬前。秋来茅舍三更月，半照人圆半不圆。事反覆生，不足睡过。危仍享福，夫虑妻灾，子悲父哭。

《乙壬鬼谷分定经小畜卦　雁过长江格》　密云不雨空雷响，闪电流光震不威。雁叫空中飞去急，岁寒松柏绿依依。能将心胆分南北，解用刚刀断是非。满树花开存一果，更随掣电耀光辉。胆气合天心，狂风摆旧林。年来新事到，花树再鲜荣。天暗、天奔，此星照命，乃刚纪之星，权衡之宿。人命值之有便业之谋，无享祖之福，刚柔相济，为人见识，作事自是，气高性紧，口直心慈，生经风浪，早独权独立，省力处翻成费力，安闲处不得安闲，见不平事要断理直才去，沾惹反成不足。述云：春去秋来多少恨，才逢羊马得平安。康节前定数名花发阳台格诗与分定经同中　胆志合天心，狂风摆树林。乙辛蛇马丑，财赋水中寻。末　平生劳漉许多般，几度求安未得安。金水高人来助力，满山风月称君颜。男命《前定易数》：涣子　分定在时君莫叹，命当滞处不须呵。弓开箭发何忧戾。名立功成莫厌多。雁阵高飞群半失，花枝低放色难和。前头虽有贵人力，鸡免须防祸折磨。寅　桂林一片昆山玉，预告斯人成晚禄。鹿在免傍知不知，贵立蛇边足未足。邕邕鸣雁天际飞，菲菲花木槛前簇。定汝高名不要多，巨舟飘泊归南北。辰　自古高人耕钓来，何忧吾道困尘埃。鼠猴时至忧心释，风月相辉恨眼开。鸿雁秋天声渐呖，鸳鸯春沼意徘徊。前程必定终无险，心火从前冷似灰。午　天地阳来群物生，织芽才植得敷荣。思量人计几时泰，拟向鼠羊成利名，借问飞鸿群已失，待看鸳侣独多情。布衣粝食君之分，才要盈馀寿必倾。申　豹变功名在鼠猴，因人助力事方周。桃源终得青云路，凤阁须逢旧侣游。群雁排空难自得，芳花盈槛态何愁。老时幸得归田里，倚杖登临玩十洲。戌　猴鼠年中方睡觉，困眼因兹识贵人。抛弃旧时沉说省，得换新业计重成。嘹呖雁声悲自远，芳菲花

树落成尘。此身一入安闲地，岁久还知老树春。女命《前定易数》：泰子　　心事如丝搅，难分世上几。只凭清直性，终自强开眉。朱户低云漠，高人对论基。眼高舒特着，各各觅便宜。寅　将身翻作男儿志，志巧心灵被外欺。设使千般奇异巧，不免一身灾过危。娇容半笑心头口，美貌含羞目上眉。晚来厄退须逢吉，却主良人共运持。辰　开颜望见碧山青，危路迢迢十里程。飞雁侵天声自远，游鱼跃水影无形。心思自有安身地，口语难言有唤声。虽然福至当牛尾，也被无端灾不宁。午　云散日重辉，时来灾不危。安心守幽室，立性享镃基。贵客来相问，良人岂自私。羊头当有显，必自捧金扈。申　随守心田立，平生能运机。形容宜鼠变，福禄在羊施。绣幌当轩卷，朱扉露日辉。此时终有吉，坐定免鬟眉。戌　几年淹滞绣帏中，今朝暮地问仙翁。福来祸去当此际，时亨厄退喜无凶。生来有恶无如小，立事恩深自不同。但问虎儿归径后，再整朱唇与粉容。四字金子，岩头步马。寅，大船遇海。辰，种草生崖。午，水网求鱼。申，花林莺蝶。戌，鸣绿柳影。《郭璞数》：阳局　门空心莫忧煎，且宁奈。双雁心思云外路，羽弱倦难飞。一人立　拳　一书云中一事桃，一事李半，真假方，贺喜名。识破浮云几处情，经纶手段独难成，若教平地风波起，禄大名高自有权。平生磊落有精神，志气清高问要津。用尽机关尤渺漠，几多生计向浮云。数交中限亦不足，祖业消磨眉谩蹙。因缘好处向关情，落花满地伤心曲。晚年一枕故人风，喜得桃源有路通。菱镜展开重照喜，芝兰一径禄阴浓。两重山水君宁奈，好事向前依旧在。那时心愿满平生，门里木头谁不爱。一去清高人莫疑，一事铺张空见

桃李园图

美。一人冷落倚阑干，一杨枝上生桃李。兰蕙杂蒿数　整顿身心便慕高，有如兰蕙出蓬蒿。中年家道重荣贵，旧日根苗气象豪。事济规模须好看，功名挈力不辞劳。朱门自有人存顾，终得扶摇上九皋。流年　一事　一喜　一外孝足不足，有反覆，喜庆来，人满屋。一磬桃开睡眼，忽有一悲。谋事吹嘘有贵提，欣欣喜色又光辉。前程自有亨通兆，雁过秋风怕一悲。变泰今年气像高，有名有利足滔滔。鹏程万里风云便，一钓长江得巨鳌。桃花乱落如红雨，燕子叼泥来报喜。佳人含笑倚朱门。绿杨枝上生桃李。一封文字达，一堆宝花光。月升偏皎洁，酌酒度昏黄。只防闲事变成非，堂上人惊白雪狮。事去事来君可慎，更忧阴小有灾危。阴局　家计升腾气象高，惜乎气象入阳爻。初年未达多辛苦，检点持家不惮劳。家资随分守安平，莫要忧怀只管撑。一跃龙门终变化，运交此去转光亨。孤不孤时足不足，雁过两三声疾速。踌躇尤恨困孤帏，傍人冷听梅花曲。女流年　添丁进喜在今春，春去秋来福可迤。嫩笋穿篱成好竹，芝兰庭下叶森森。一株绿，一株青，一

镜掩,一鸾鸣。红叶诗　重山　文书　喜　患　财　秋冬无事不须忧,东北文书自外州。小小彷徨奴仆事,满堂惊有马成牛。

《乙癸鬼谷分定经渐卦　松竹同荣格》　平生艰阻多翻覆,费力劳心半松竹。雁行中路见分离,夫妻伤刑多反目。月移花影当心触,月到天中云雾簇。树上花枝两朵荣,百年未称今朝福。俊俏有规模,声名播道途。欲求天外事,须下死功夫。天吉、天祚、天晚,此星照命,多招诽谤,口直心慈,不受人欺,凡百之事,所为进退,钱财失散,好事难成,妻迟子晚,只宜头女头子难招,所为有头无尾,鸡鸣犬吠,相逢这须远大前程。述云:历过几多危险处,如今舟稳始无风。康节前定数名青松无土格　根基祖业多翻覆,独奋刚强若松竹。兄弟朝露见阳和,日到中天云雾角。中　文畔财当手,声名与众殊。欲知身贵禄,须是学文书。未　重山有路不须忧,命蹇时迍目下愁。中岁渐能成大事,休将志气等闲谋。男命《前定易数》:渐丑　欲立生涯计未成,登危涉险苦奔腾。禄在兔窠尤未是,贵当猴首却堪凭。孤飞塞雁还空去,重结庭花晚果荣。试问终身几多事,许将甚业见胡僧。卯　着意多谋少见功,欲求成立鼠羊中。腊梅枝绽偎霜雪,玉蕊花开阻雨风。鸿雁双双飞上下,鸳鸯两两各西东。生涯莫欢多翻覆,必见移家三两重。已　立志从来暗复明,思量计策几时成。逢猴遇得高人荐,见鼠方知百事荣。二只鸳鸯飞上下,一双鸿雁已悲鸣。前程事势君知否,飒飒西风叶满庭。未　孤子成身几许难,成来失去意阑珊。寒沙淘后金方见,去路行过险复安。天外高飞双雁远,槛前摇落一枝残。尘中只作虚名客,物外留心任饱食。酉　分定于天不在尘,恰如枯木再逢春。鼠头必使忧心息,龙尾方知喜绝纯。鸿雁一行分散去,鸳鸯两只逐飞驯。教君得志须防失,休被时人笑破唇。亥　厌身欲向险中迁,何事区区怨命淹。春入枯枝花自放,人当荣处福须便。一双鸿雁空飞远,两只鸳鸯颈渐联。一段灾殃在何处,马牛相见有何言。女命《前定易数》:既济丑　镜里仙人问我因,有口无言心暗陈。高楼着眼来相顾,拂袖殷勤待故人。鸳鸯两两游波面,鸿雁双双逐海津。虎鸡一至无疑处,对镜思情笑语频。卯　生涯煎苦不逢时,如理新丝上旧机。贵人远望含微笑,良骥荣华显绿扉。燕子呢喃归故里,鱼儿队队跃芳池。前程改鼠当逢虎,不虑灾殃守绣帏。已　孤遗早弃两重亲,立志施心向去人。若变故居终有失,不如侍奉整朱唇。重山重水寻云雁,一喜一悲脱两裙。好把身心思进退,依垂绣幄养精神。未　一点英容不可轻,机谋作事解蝉形。绣幄低偎能守志,朱颜不改旧时名。芳心难测情怀耐,绿鬓轻梳蝉翼明。楼前贵客频开眼,拍手相邀自在行。酉　福至宜修善,成身兔再迁。乘龙遇险水,跃马上遥天。晚景安闲趣,生涯不苦煎。六旬休用问,兀守待天然。亥　还须行上待兔鸡,莫使心斜乱性迷。重重山水双鸿去,颗颗桃枝缀叶低。侍奉留心终不失,生涯守节出云泥。居尘终自还成败,早见东君向日西。四字金丑,秋莺迁木。卯,雪天梅花。已,蟾宫走兔。未,淘沙取金。酉,刻木求剑。亥,宝船游浪。

《郭璞数》:断男命与前乙戊同阴局　蛰龙久困未逢春,才得雷声使震惊。可惜五行不符数,早年淹滞未敷荣。孤星入命多刑克,骨肉亲姻自南北。几回整理尚差池,莫怨平生苦劳力。知苦知酸不惮烦,营家涉历几曾安。青春未至愁中喜,焉得花红锦绣看。莫埋冤,且宁奈。睅向前程福星快,桂子风飘月殿香,天禄优游真可爱。女流年　云开天外月光辉。四季闱门庆有馀。从此身康多获福,庭花和月凑将归。秋进文书冬进财,展开古镜照颜回。旧愁新恨都忘了,一对鸳鸯舞去来。一财贵喜人　一吉身凶　一病妇人死　一灾家福主　一畜牛猪损　损　一香鬼纸祖　一进一水土物田　一祖日月堂

《丙甲鬼谷分定经大有卦　池内双莲格》　赤脚堂前履玉墀,莲花出水不沾泥。天然

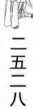

定注安闲福,富贵奔驰事业迟。远雁分飞烟水阔,鸳鸯戏水各分离。君家若问平生事,向道登云自有梯。积善延君寿,行慈护子孙。喜逢猪合处,骑鹿上天门。天恩,天赦,天柜,此星照命,出现众星朗然,君臣和合,风雪济会,奸佞不生,胸襟莹彻,赏罚必信,事业似燕营巢,独居自处,生来好静,主性不一,易盈亏,多反覆,伤妻害子,好事难全,大门楼好妆点,外观须好里面槎,牙成中有破,喜处多忧,晚年财禄自成,前程远大。述云:从前难处多经历,牛马相逢事便奇。康节前定数开花结实格诗与分定经同中 积善延君寿,行慈遇子孙。得逢猪合处,孤禄贵门庭。末 劳心用力险于前云,海头边一叶船。衣禄贵人来助力,拂开云雾见青天。男命《前定易数》:噬嗑子 名利终未然,成身自奋拳,勤劳忘昔日,烜赫胜常年。雁过天边远,琴调月下弦。吉凶君莫虑,人事尽由天。寅 几年辛苦得幽闲,不觉心宽转见难。得路暮年长稳步,荣时犹未解愁颜。长空雁度声将远,骤雨花开色半残。借问君家何处是,遥观云锁两重山。辰 凡知灾福有来由,莫谓身荣利尽求。空自花繁惟木盛,不禁风雨岂经秋。雁声嘹呖归南塞,燕语呢喃过别楼。泛泛舟人何处去,空遗青草乱汀洲。午 堪叹初来事,身潜道未通。马前名不着,鼠子业须隆。有雁非吾友,逢花谢嫩红。儿童双当日,鼓吹尽堂中。申 用尽机谋事,言清行岂乎。利深时有害,亲厚却成疏。地僻花应薄,天寒雁自孤。欲知前去路,半吉半危途。戌 兀兀前途远,飘飘意气多。施为终见显,立业必相和。鸿雁悲霜冷,鸳鸯浴水波。欲知堪笑处,莺夺燕儿窠。

女命《前定易数》:鼎子 阴雨蔽日落长空,黑气交加不见踪。恰似行人迷却路,从今孤失虑灾凶。早脱尘埃从吉土,终须福至遇王公。叶遮奇果高张眼,依然荣遇坐堂中。寅 恍惚从来反覆深,为人性快事难明。前程终有无涯福,异日频沾有竟名。千里传书乘一箭,一人嘱付守长庚。龙虎来时当改旧,留心立计福非轻。辰 投胎误了平生事,欲逞英雄恨女身。娇羞厌滴檐前雨,艳冶徒沾屋内尘。几时能守登云客,此世终成带色人。且问时今安乐处,福至须当子亥申。午 不行虚伪少灾迍,谨守孤帏福转新。得适良人时节至,如期荣合不闲身。远观绿水因何阔,遥望青山又更真。当时非是元初意,因业深牵作此人。申 堪言出处不胜衰,守在东家又北来。自苦身心无定日,漫将情性尽徘徊。孤子孤亲还又失,重婚重适主衰灾。若问安和在何日,直途明月照秋台。戌 得意岂论人有意,遇时终有贵提携。孤冠世事无端的,整顿身心自倚栖。夫伍正嫌春色暮,意宫仍向日光西。金鸡玉兔如无叠,终自差身步玉梯。四字金子,游鱼出网。寅,飞萤放光。辰,落花遇雨。午,水深鱼乐。申,秋蝉鸣柳。戌,春草牛眠。《郭璞数》:阳局 千钟酒,寻花柳。二山宜,有东西。艺手段改换,性刚毅谨直,古朴真实。孤有子如无,把家到底,似有似无,自忧自喜。垒增置一女子拨琵琶,五六年前分不孤。有财有喜快心图,蟠桃双颗秋深熟。到底生涯漫叹吁,月镜半边,光须教见,一场到头谁是侣,接得野花香。寒夜月伤心切,雪里江梅景异常。为人梗直性情孤,历尽风波与险途。可惜五行刑克重,到头凡事自支吾。双双雁字离群远,独倚阑干空恨怨。菱花飞动水禽惊,尤恐琵琶催别院。高人有意在年中,莫恨蓬莱路不通。此去扁舟宜稳泛,吹嘘万里一帆风。梅影穿窗数 立志清高真梗直,辛酸酿淡都经历。紫燕移窠别整巢,鸿雁离群自成立。梯媒因遇水边人,未容罗帐栖泉石。画堂明月映纱窗,此时好个真消息。男流年 颐中有物,有喜可折。言公无凭,反覆无成。忌多口舌,血光重临。闲事损财,堂上人叹。云中一鹿叼书走,才向石皮人不晓。醉客醺醺不肯醒,寂寞家庭空一笑。一卷文书动鬼神,一炉香袅告天真。一重好事一重喜,两朵红莲一朵新。一火顶川,一事相缠。如瓶守口,恐有干连。他人烦恼不须为,百里伤财怨阿谁。堂上一惊宜照顾,免教惹起旧愁悲。阴局　飞帆逐浪出烟波，偏向杨垂注小河。停棹暗思今世事，只愁孤克太阳多。深院人闻笑语喧，口多性快要争先。鸳鸯何似分飞早，留得鸾胶再续弦。平生谋望每乖张，暗里踌躇空断肠。艰苦酸辛都历遍，一身两处孰为强。蓉花娅姹子难留，五宫缘浅有离愁。莫教乳燕飞华屋，羽翼成时向外州。女流年　秋风动处客愁多，恰似扁舟渡海波。蜀鸟不催春自去，黄花牛女事如何。愁愁耿耿问残冬，堂上人人三个空。更把心香祈福力，鸳鸯方免散西东。

《丙乙鬼谷分定经鼎卦　鹤宿春林格》　尘埃渐脱步云梯，花发庭前正及时。若得东君眦子力，太阳何处不光辉。有限自然成绿位，雁横秋水远相离。若问生涯何处足，明蟾一点照希夷。欲谋千里事，登明陟险难。伏心劳费力，善地觅安闲。科名，词馆，凤阁，此星照命，如玉如珠，贵人皆仰，民族皆欢，能为钟鼎之器，可作栋梁之材，只缘退神重重，好事迂回，利名反覆，劳而无功，秀而不实，机深虑远，事无十全，性刚强，不俯仰，不谦让，妻宜亲上成亲，长子难招，却要唤爷作伯，虽是口毒心平，与人不足，救人无恩，中初两主驳杂，却称晚年。述云：桑榆晚景镪基别，目下生涯事未圆。《康节前定数》名鹤独卓群格火石随波至，秋空见一轮。雁横烟塞远，花落杏头春。守洞岩前鹤，游山岭畔云。儿童何日在，一子送归程。〔中〕鹿走穿花过，弓张一寸机。皇都春色里，须到凤凰池。〔末〕劳心劳力尚虚声，几度根枯几度荣。得遇紫衣人借禄，桑榆始可问前程。男命《前定易数》：鼎丑　牛角安刀灾塞空，何须苦叹旧家风。心忙不得傍人荐，利禄无心自见功。烟塞雁横群失侣，春庭花放半青红。几多吉事因凶致，终久因人吉道通。卯　破鼎重修器复成，云开皎月几翻明。其间碎事来还去，身后成名必自荣。岭畔声声鸿雁远，槛前朵朵好花红。功名若也抽身早，免被浮云没几程。已　纷□尘事多虚意，言志相违或是非。池中别队鸳求侣，岭畔鸿雁各自飞。兀兀前程遇知己，纷纷冗计自光辉。大抵三春如一梦，江头寂寂柳依依。未　凡事知几不陷危，思量应是好新为。东南如有仁人荐，西北还知祸害亏。鸣雁起飞沙浦远，繁花开处被风吹。休嗟孤失疏亲侣，且喜中年得意时。酉　退居无计进无媒，操意落然心自灰。未识生涯长若是，犹宜名利去还来。雁鸿过处鸣沙塞，花朵重开艳古台。最好寻幽上山寺，免教流落险途灾。亥　立业成身贵早圆，天衢有路自超然。幽情何必伸嘘叹，芳意休疑俗事牵。摇落庭花双结果，孤飞塞雁两高悬。羊头鼠尾如逢得，便好归乘范蠡船。女命《前定易数》：复丑　欲上危楼去，丹梯跨水边。登高疑险峻，漂泊谩忧煎。晚岁家何在，前程福未坚。幽闺宜有难，鼠尾却安然。卯　万物遇春风，东君亦不同。自知根本固，不欢祸灾冲。凤阁卷无极，龙楼乐自通。荣华从此得，回首意冲冲。已　展眼向前行，黄金满地生。高人相向事，女福自须亨。空有无名报，终归守土耕。良驹称自得，平地忽轩轰。未　内亲丧又新，惆怅命中迍。劳神更劳力，操意又操心。骑马随山鹿，乘牛逐野禽。鹿行禽又散，侧耳听声音。酉　心箭暗中施，千般百计危。前程皆未定，人事若支持。骨肉却分散，心怀又若衰。老来人又娶，花发遇残枝。亥　险路是生涯，朱唇口带霞。前程谁借力，入众岂堪夸。灯下牵红缕，窗前望野花。觉来无一事，惊起事堪嗟。四字金丑，春燕归梁。卯，

丰年问栗。已，炎天破扇。未，雨里摘花。酉，随星落月。亥，烟柳鸣蝉。阳局富比石棠，孤如伯道。心性蹊蹊蹊蹊，占尽便宜，一头克子，一头克妻。三山三田，生朱尽，好禄足中心不足。一福一日，门三户四，蹊蹊呕气。却会支吾，利官近贵。刑自身六亲。事独自支吾、似石崇自身道立好家风。一生历涉波涛险，自此亨衢事事通。两重山色两重新，无限风光尽可人。桂子风高香不见，偏宜别种自精神。平生谋事每乖张，暗里踌躇空断肠。祖业根基宜守

旧，前程名利尚茫茫。堂前日日徵西照，雁字成行桂子香。万事不由人计较，更休打鸭恐鸳鸯。三十年前浪得闲，时光虚度几千般，少年成败多翻覆，到底荣华山外山。孤雁斜飞数　　拗执偏生性气华，孤飞雁字趁风斜。旧财旧产都休说，新利新名未有涯。父母在时容易过，亲亡便觉使人嗟。孤撑小艇江湖里，历尽风霜始见花。流年一场口舌，莫乱胡说。官事曷绞莫进步，财财富两散，君且细辩，横事来重，破财可宜，打睡莫道，人怀自家人半亲，邻笑是鬼喜是嗔。宁耐今年莫出尖，是非荆棘暗相连。求谋望事皆消散，虎遂羊行马不前。十丑女掩面，鸾镜暗生尘。无事一场愁，田土不由人。雨打芭蕉恨，一声喜中蓦地暗生惊。是非闲挠伤心处，旧去新来又一新。莫笑他人身自忙，七官生出五宫殃。营谋喜近三冬景，败叶凋零乱一场。目下心忙事未谐，吹嘘不遇且徘徊。春泥雨露行须速，一段荣华户外来。阴局　生身本是一花枝，生在东园移向西。开向西园蜂蝶戏，对窗夜月锁双眉。心意玲珑迪出群，惯欢惯笑自精神。是非非是知多少，整顿东风又一新。心多计较善支持，门户峥嵘定不虚。亲戚往来情话悦，春风和气蔼门阁。冷如清水七宫强，多少荣华对夕阳。凤兔龙蛇终是伴，到头依旧福非常。女流年有一着莫教错，仔细寻思复斟酌。自然天禄寿星高，三杯便教齐天乐。《丙丙鬼谷分定经离卦　虎困松林格》　生身本在垂杨下，恰正成阴志不闲。雁过碧波照影见，林中哮吼待归山。若问生涯随分过，命中险难隔幽关。六亲险难应难守，飘蓬因得贵人看。冗冗心无用，区区未肯闲。假若心事好，命不与时争。紫气，天瑞，天官，此星照命，乃爵禄之星，利禄之宿。自合名利两全，争奈运气未至，屈曲处会忍耐，不俭约会，安排，懒子俯仰，只是于人不足，兄弟不和，亲不是亲，非亲却亲，五迟五早之命，当家早，历事早，吃力早，辛苦早，破祖早，妻招迟，儿女迟，成身迟，享福迟，财禄迟。述云：若要风云相济会，除非添了水边人。《康节前定数　寂静守常格》　从生身在垂杨下，恰正乘阴志不闲。过雁碧空波照影，林中老虎待归山。青山陌上花应发，九夏园中果半残。事系只缘人竟究，争如身在白云间。　遇虎乘舟险，逢猪忌犬来。见牛枊上立，鼠至望天开。末每到忧中方有救，畿回花谢又逢春。造物晚年成吉遂，峥嵘气象志舒伸。男命《前定易数》：离子　独上危楼计渐隆，风清雪散月当空。斯人始觉幽情爽，几度萧条叹计穷。处处春来花自折，飘飘风送雁西东。脱身得跨青云路，争奈人缘路不中。　寅　鹏鹊惊，人飞鸣燕鹊事业所知深。从前隐昧难明事，始见光辉吉福临。远塞雁飞群队失，高楼燕语有新音。利名未足君之意，云水相知去客心。　辰　生来本是他乡客，及早成身别处圆。水远山危空怅望，忧消利聚觉心宽。花枝照眼还应结，鸿雁腾飞书未传。犬尾兔头身有险，马来方出火中连。　午　天日当空影不斜，乱云何处起相遮。清清无语因明失，黯黯伤情起暗嗟。江上寂风吹去雁，窗前疏雨湿犁花。蛇猴得处错基变，鼠兔群中虎退牙。申　依依树外晓莺声，把捉生涯取次登。莫讶利名成就晚，定当财禄渐升腾。双双鸿雁远千里，只只鸳鸯带两情。蛇鼠群中逢吉禄，兔鸡途里困飞鹏。戌　意气成时火内羊，营家立业计偏长。操心只待成终始，到底谋成梦一场。目断只涯飞雁远，情欢槛外野花香。年来月往多颠倒，无限愁心不可量。女命《前定易数》：离子　天工不负前程事，细语轻言少自由。福到禄来终一吉，家成还破再重求。粉黛重增年少日，笙歌拥泛闹声幽。身心未定须抛弃，佳客相招出外游。　寅　娉媒绝色谁家女，二八青春正少年。蛾眉未展如初月，蝉鬓新梳似淡烟。贵客徘徊何所似，娇娥顾盼暗相怜。楼上笙箫歌一曲，音声认得乍神仙。　辰　利名事业两重连，生计人心意未专。机权弄巧终成拙，情性温和福自全。花开果结含红色，叶落桃生映日鲜。鼠兔成家箕帚客，心施孝行感于天。　午　初涉波涛几度空，如今再立始无凶。休疑目下非无

是，且喜年来路渐通。终喜贵人相接引，可怜骨肉各西东。到头生计今无难，晚景真如一梦中。　申　上平难测安身计，稳守幽闺特上人。祸散福生终吉庆，名扬利合两俱真，花落果垂凝望久，鱼沉水浅意重新。虎羊立处生涯定，终喜心安始出尘。戌　为人烈性立筹机，争奈身心不可为。操意成家无一失，修心守节绝闲非。才子吟诗传步意，东君养物过良时。红腮映日真如许，福寿双全岂不奇。子，稳岁仓箱。寅，酒阑对月。辰，宝船入海，午，秋堤杨柳。申，秋月芙蓉。戌　雪里盆葵。《郭璞数》：阳局　火心炎炎叫唤吃辞难按仔细一着莫两担，阔衣禄福，足一屋内，权公气盎然二山上下做成十样。妻子不足，刑七宫不定，死难两姓。事为事翻覆，孤沙爬谷，莫闲关防侮弄一枝花。花木瓜历涉几千事，五行着命使。劝君早觉悟，急为生活路。平生磨难苦心多，平昔心怀水上波。平地花开又花落，一生忍耐奈君何。历涉风波与险途，吁嗟几事自支吾。利头未得安闲处，独对灯花不足孤。翻翻风雨惹离愁，苦难平生不自休。作事才成成又败，亲姻骨肉露华秋。祖业缘轻，姻亲缘薄。二月水石皮，见后自经营。回头不觉伤心起，流水桃花太薄情。更怜菊绽霜来早，虑有一惊空懊恼。龙蛇变化庆风云，利禄前程非草草。花落花开数　破成成破以为常，性格从来热肺肠。磨难自知都历遍，几回无事惹灾殃。离祖离宗妻会散，花开花落事难量。直须此际亲经历，前面根基活计长。流年　人离财散，事急早办。有疑即问，减恨忍愤。前程有望，谋财暗撞。今年气数尽平平，说尽交□未得成。进步惹疑心不足，寂寥茅店月黄昏。算君一件事有笑，其年虎尾犬双口。一家门内寸心横，马困鹿哀眠芳草，桃花乱落水东西，蜀鸟伤春劝早归。嫩笋不禁风雨恶，老梅那被雪霜欺。暗退一重财，折得一重灾。人添一喜子，历得事和谐。风解梅梢雪，春光渐渐回。阴局与前乙丙同

　　○《丙丁鬼谷分定经晋卦　燕夺莺巢格》　平生注定马头荣，事业区区总未成。西畔有家东畔立，南边有辱北边荣。孤飞雁叫湘江水，燕夺莺巢两处鸣。借问此身何处是，云收月皎正当庭。运气合迍塞，生涯日日新。问君前程事，要是虎头人。天魁，天驷，天英，此星照命，生来近贵，须沾雨露之恩，命合遇天财，争奈五行驳杂，还了许多。俗债有事不会岁，有事不会耐，弄巧成拙，恩中生怨，撰钱来如风雨，去似飞沙，虽是名播四方声，杨间里比如干缬，桃花好看不结实，兄弟虎羊，件件自当心，自理会，命中惹带暗疾，雕青破肉，可免伤妻害子。述云：一生心多事翻覆，猴鼠相逢事业成。康节前定数诗兴分定经同中　遇鼠多惊险，逢蛇必见安。江鱼来倚岸，好放一长竿。　末　路逢前遇风光别，尚且艰危问治全。利禄轮中滋味好，一天晚景始方亨。男命《前定易数》：晋丑立身凤见两头荣，莫谓枯枝不遇春。到底区区疑不散，思量兀兀始离尘。孤飞雨两雁儿远，疏放花枝朵朵新。料想无人知此意，为君指出陇头人。卯　明窗绣户非公志，绿水青山许汝看。驰骤一身犹未稳，荣劳万事意何安。鸿飞雁去双分远，燕垒莺窠两处欢。借问前程何处乐，逍遥尘土不相干。巳　头角成时过禹浪，一声雷震脱泥蟠。成身必遂登云路，回首欣然笑四虹。雁起一行分散去，花开两树果成坚。由来意气终成昧，可愧从前祖计残。未　雨去云收天渐碧，风清水静月团圆，从来隐昧皆消散，向后光辉禄又迁。群队分飞孤雁远，声音终调断琴弦。可怜蛇马忻名利，一段灾危在破田。酉　音书一轴寄高人，相遇前程事业新。风物旧家真可笑，利名求处计相亲。水边花下多情意，天外鸿飞少侣宾。正是中年好荣业，奈何人路入荆榛。亥　役志生前渐立涯，重兴基业事堪夸。几年施设难成吉，十载那堪祸且加。花朵菲菲荣色重，孤鸿只只逆风斜。虽然夸得成身地，蛇鼠相侵又破家。女命《前定易数》：家人丑克害重重有，姑娘永别离。自身逢苦死，命薄未当时。败失良人业，安宁奇子基。晚年归日计，终不免颜衰。　卯　祸去福来当此时，心伶性巧

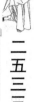

有操持。虽能卓立成家计,争奈孤遗主别离。危楼远望离莺语,绣幙幽闻乳燕啼。但看鼠牛逢吉兆,断然福利不相亏。已　平生作事类遭迍,守志聪明立性纯。闺房显耀多成日,亲故矜怜恩自荣。雁杳鱼沉心汩没,云取雨散事重新。晚来不失前程事,龙虎相逢近贵人。未　命里遭迍福未施,忧煎度日不舒眉。处已不和当折挫,离家必早保头著。良人远望山头月,佳果低垂霜下枝。龙虎不妨开旧眼,自然和顺享良时。酉　处世非为吉,居家必变更。辛勤方得地,安乐定灾生。有雁徒为侣,游鱼也不亨。前程无路入,只好问前庚。亥　懊恼时未晚,双亲早入山。孤遗何所似,灾塞劫相关。绣阁灯添影,高堂立已难。不然修善妙,早入九泉间。四字金丑,雪中竹影。卯,顺潮行舟。巳,路入平坡。未,锦盖行舟。本,杨柳着霜。亥,泥水关兽。郭璞数阳局　三雁飞,一日云中,一屋倒。

性机变多能,奉权人立山上。文书云中。林塘风月好,进步莫迟疑。一月照凤池,一声孤雁飞。一家自水炭,一木发枯枝。东风吹地惊心事,利禄双双遂意迟。一动西湖去语催,一封消息自天来。一人携手趋前进,五彩云中声震雷。祖业规模素有成,几多欢喜在青春。雁行又喜成君早,荣禄如今有十分。大椿堂上愁云锁,斜月黄昏独照我。只愁六六限中危,切忌秋心川下火。青云得路去何难,再整箕裘指顾问。万里吹嘘人借力,荣华去处是重山。日出风吹三尺水,秋深雁叫一天霞。分瓜亲爱炉消雪,食蓼心肠眼眩花。箕裘再整家虽立,寒木枯枝叶再花。宝殿玉阶人晚遇,夜深梅影透窗纱。流年　一文书,八刀有龙喜合,相迎事,意未通,财喜半空有事头着计谋,防火烛,慎忧愁,忧疑项,恼祸多临,布福修来免有惊。磨腹磨心声哽咽,白头人看少年人。嫩笋怯霜雪,七宫人杳茫。夕阳无限好,可惜近昏黄。半醒如半醉,灯被猛风吹,新船行浅水,万里步跷蹊。重山屈曲事艰难,浪涌孤舟遇急滩。雪压梅花呈瑞气,去除灾障始平安。秋去冬来傍贵荣,华有一疑防一老。阁内佳人空笑到,子归声里雁南归,非是是非生懊恼。阴局　天生此数实为奇,女命逢之五福齐。玉骨冰肌人貌美,起家卓立有成持。机谋辛苦成家早,学事施为非草草。他年运到福尤高,积谷堆钱有金宝。结发夫妻是宿缘,花开只恐子难全。移桃梅李根基稳,莫使风吹泪眼穿。前程好事龙骑马,发福旺夫灾祸寡。户门清显庆双双,百岁优游居大厦。女流年　白头云起少年忙,喜又成忧空断肠。风舞海棠花落后,鹧鸪啼处月昏黄。一蛇呈瑞,一珠暗投。一人洗镜,末喜先忧。急急速速,早宜修福。雁叫一声,人愁满屋。新啼痕压旧啼痕,掩面佳人愁对菊。

○《丙戌鬼谷分定经旅卦　雁逐鸾飞格》　重山高耸拂云端,孤雁高飞逐凤鸾。久复资财应满屋,白头方得贵人看。生因志气如松竹,立志清高耐岁寒。借问西园花结果,一枝春色倚阑干。初荣中亦破,禄在晚年成。见猪登剑阁,遇鼠即身荣,天休,天禄,天焕,此星照命,胸襟磊落,满面春风,见识察秋毫之末,谋事有冲天之志,虑远机深,胸襟澄澈,明明如烛,量长较短,知轻识重,善斟酌,会周折,意慈悲,不怒恨,临危涉险,自能主张,五行孤,不尽犹如草,屋下挂珠帘,匣中藏宝剑,凶事如水见,日好事未免,迂回松柏长,青风霜久历,若带暗疾,可免刑伤。述云:功名未过天家禄,试向难窗苦用心。康节前定数名如花半开格诗与分定经同中　自有成中破,还从破复成。逢猪登剑阁,遇鼠渐香馨。未　历尽风波家始成,几翻衰败复重生。等闲机会非常别,莫道镆基叹脱荣。男命《前定易数》:旅子　月在中秋云散时,幽人得志切须知。利名消息微成着,骨肉因缘聚复离。雁阵一行中道失,鸳鸯两只并头飞。岁寒问我园林事,节操凝霜一果枝。寅　依岁抵润老松枝,直不凌云曲不垂。堪笑此生知己少,唯言吾道得人稀。秋江去雁群别离,春苑芳花结果迟。终有一条归计路,亦无名利亦无非。辰　孤立孤成事莫陈,年来年去费精神。

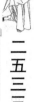

君知借问名和利,终是生涯破复成。去雁秋江孤影远,落花春圃旧香馨。区区到老心难足,赢得交情喜色新。午 基业未宜埋鄙俚,荣来终是渐光辉。欢心好事来终始,逆目傍人论是非。雁影倒斜况远塞,花枝零落傍疏篱。马行鼠走何堪说,回首秦楼玉泪垂。中 欲问生涯要的真,生涯不若问离尘。劳神劳力当如是,趋利趋名实有因。鸿雁双双飞渐远,鸳鸯对对意犹勤。当年暗种多因力,得遂枯枝耐几春。戌 井外黄金逐处生,拟将生计向前行。蛇龙昂首登高漠,猪犬争群入困乡。一阵落花经雨早,两行归雁逆风张。到头如问欣荣事,无限春光向夕阳。女命《前定易数》:旅子 成心生有安闲地,不料前程路未亨。若到鼠猴传吉耗,宜当福禄享高堂。荣贵相扶无一事,两儿特发桂枝香。优游度日宜修善,灾塞无生福自昌。寅 青云得路向行街,得贵扶身百事谐。吁嗟孤苦遗亲旧,可惜辛勤守性怀。立计尽宜成自立,前程必有晚奢华。纵然灾塞难来折,福至身安是可夸。辰 胭脂油腻染其身,万事何时得自新。展转去来谁与解,殷勤嘱付脱红尘。年来且过寅中后,日去须逢亥子春。远子贵人高着眼,更凭刀斧傍斯人。午 尘世何时脱,昏迷过几春。红花须结实,绿柳指江滨。得路凭人接,前程遇禄新。幽闺当早弃,全用赖东君。申 绿水远迢迢,青山路必遥。更逢亲故别,须见父兄凋。世事全难托,生平立计牢。有人思叹早,终不坠蓬蒿。戌 雁自南来报,终身欲出尘。须当龙虎尾,得立福缘新。隔水悠悠去,重山杳杳巡。中途逢一贵,荣显保其身。四字金子,雨帘自酌。寅,雪天望月,辰,渴马饮泉。午,炎天种栗。申,大暑得霜。戌,黄花晚节。郭璞数阳局方衣乃僧,而非客也。拳名显远,双山宜出贵人 云中暗里相逢一文书 田有进益添物力青云有路,白屋留心。功名富贵,为国之琛。词源三峡,笔阵千军。胸次兵甲,无问不答。泪没禄中禄,施为山外山。进屋增力,成名不日。是非多不足,半荣半受辱。一雁分空字字分,一生好事向人心,一名显重知我重,一屋人孤独自吟。红映夕阳山,烟连明月关。荆湖春正好,高折桂枝还。回头好景添新丽,赢得珠玑满斛归。态度威仪尽作家,半文半武自生涯。圆明一点心中镜,宁耐经营莫怨嗟。五行只是多刑克,亲义谁知自南北。雁行相伴往来飞,到头终不成行列。看看此去渐从容,出入经谋事事通。莫恨如今无快事,前程风景愈丰隆。翠竹书窗数 活计为谋,定足生涯。花落花开,雁过西风。庭院碧桃,庭外重栽。亲戚如水同炭心,无一点尘埃。水畔木边人遇,更向无心得来。鹤唳青松未晚,斜阳一点楼台。流年 乌焚其巢,退不宜进。防有官非,可宜谨慎。天阔云高雁字横,一双飞去又留连。衔书又报金莲喜,可惜今年喜未圆。满酒熏熏喜气生,双林杨柳岸头烟。佳人冷笑谁先醉,斜插黄花傍采筵。杜鹃声老忧心悄悄,闲是闲非,暗伤怀抱。进一段喜,来一段愁。夕阳景偏好,明月照高楼。一契西南进,一珠呈彩光。一枝兰菊茂,一树桂花香。喜内生忧,得中防失。暗昧小人,非水边人独立。阴局 柳色摇金映日迟,五凤十雨锁愁眉。危楼独倚人何处,羞对孤灯泪满衣。千机万巧多机变,自会支吾心不倦。不里乌纱是丈夫,门户当官动州县。改换家风气象高,清闲风月向花梢。蟠桃未熟心先软,尤虑萦心事一遭。前程自有机关大,胸次如今未可赛。芝兰移向菊花傍;晚节看着好舒快。 女流年和气悠悠入书堂,闺庭喜信尚茫茫。满园桃李花开过,又见珠来掌上光。两个中秋心切切,一事堂中分两节。云中月色暗光辉,满树梅花香皎洁。

中华传世藏书

永乐大典 精华本

命 诸家星命百二十八

○《丙巳<鬼谷分定经>晋卦·失侣孤鸿格》羽翼初生且待时,开笼展翅自高飞。谁期失侣分南北,嘹唳衡阳日易西。远雁过山群失队,白云深处杜鹃啼。争知意在尘埃外,因在尘埃涉是非。满院桃花带雨开,东风吹绽一枝梅。逢牛兔上枝枝发,一箭成功事事谐。天妒、三合、天忧,此星照命不喜俗事,有冠世之材,心地好,行忠孝,作事闲中不静,只好闹中取静,僧不僧,道不道,俗不俗,孤不孤,拿东篱补西障,度日身心不定,早年喜得庇荫下,中年不好末主始成,若不破祖,定是异居,合带暗疾可免伤克,根基应在水边成立,目下未达。述云:几多辛苦皆经历,自有桑榆寿晚年。　　康节前定数如禽出笼格:羽翼新成必待飞,峥嵘欲胜旧门间。纷纷祖地归何处,省觉诸余发兮亏。远雁过沙群队失,更忧孤老见伤悲。终知志在尘埃外,中限区区末景奇。

中满院桃花带雨开,东风吹绽一枝梅。牛寻兔上看看发,一子清和送老回。未志识求谋始遂心,犹如花谢又逢春。灯前窗下休相叹,美事来临在晚。欣男命《前定易数》:晋

丑　沙头有雁孤飞,井外居家是奇。白玉不除瑕玷,人生岂少镒基。猴鼠终身多利,兔猪必有织危。好笑花开无实,果成借我一枝。

卯　利名于我何艰阻,及至成身便见危。百事料知非是智,一身终见苦无依。庭花谩自荣春色,塞雁空过冬夜悲。遍历艰难事无尽,不如林下任天时。

巳　连城白玉出蓝田,丹凤翱翔上碧天。蕴器中年成事业,立身初计尽萧然。花枝春色飘蹊下,雁叫秋声落汉边。更问老时多伟事,待看华屋尽神仙。

未　一生孤苦事艰难,费尽心机意未闲。圆月亏时还有满,人缘灾处必能安。离群雁入芦花宿,巧啭莺穿柳絮残。夜半鲈鱼双跃水,江边何必守长秆。

酉　平生立志重山外,好整衣冠见贵人。名利渐成成又失,身心才乐乐还迍。高飞雁侣穿云去,低放花枝带雨新。欲识巍巍鸡兔上,高高百尺路逶巡。

亥　金门有路终须在,冗路多非久自消。蛇马当途名誉显,仁人相会福基饶。花枝重结难成实,鸿雁分群飞更遥。到底利名多后患,江山迢递困渔樵

女命《前定易数》:睽

丑　名处安身未足奇,春去花开已失时。娇容本是园中杏,笑脸频妆粉上脂。龙蛇变化镒基立,牛羊相逐祸灾亏。及早修心并念善,不到终年见别离。

卯　几翻欢笑几番愁,最苦身心不自由。春到鱼游春水活,秋来雁杳塞垣幽。槛边凝望寻消息,帘下低垂觅鼠牛。高人问我谁家女,相约前程叹小楼。

巳　塞雁传消息,佳期立虎牛。前程无阻滞,守节处优游。果结高枝上,君攀碍屋头。荣华当此发,终是见王侯。

　　未　几阵春风入绣帏，方知桂子已当时。如今留我传芳客，去后疑君带宝归。数年阻滞今翻脱，一日荣迁在福基。猴儿富贵双全到，低意殷勤捧玉卮。

　　酉　鹤埠鸣春雨，莺巢啭暖风。榴花含笑日，福禄两和同。莫使无稽住，当存艳冶容。时来修善果，名利必亨通。

　　亥　灯下传神未是真，须教纤手拂红尘。一幅丹青全着意，寸心留恋待高人。雁声不绝唤为侣，鱼队同游喜自亲。马羊并立当时至，祸去增添福已臻。

　　四字金　丑，掘藏逢金。卯，稿苗得雨。巳，蓝田种玉。未，凶虎过山。酉，秋蝉鸣柳。亥，井底观天。

　　《郭璞数》：断男命与丙丁同

　　阴局玉骨冰肌体态殊，天然巧性有圆机。施张手段高人处，福至心灵事可为。寂寞愁肠伤意绪，梨花一枝春带雨。只因缘浅有参商，顿教惊散鸳鸯侣。孤舟短棹出烟波，重把妆台古镜磨。分付旧愁作新喜，再圆明月又高歌。女流年：吉少出多数可疑，厌厌如破要扶持。寂寥春月生憔悴，梅子黄时恐别离。言公门内事彷徨，嫩笋风摇有损伤。早用福田祈善力，菊花斜插看牛郎。疑疑网缠鱼不见，一天福，一场忧，未了回首人眉蹙。

　　○《丙庚<鬼谷分定经>睽卦天际孤鸿格》百尺竿头进步难，纷纷祖业有循环。云中雁阵飞程远，槛内奇花一点斑。若问前程荣显事，白云犹自恋孤山。平生志气应无失，只恐当年事不闲。　生涯心未定，遇虎方荣盛。进退有两般，弟兄应不顺。右史，天营，天柄，此星照命性格不常，易喜易嗔，早年福禄志略，操持心机，迟要省力，早越见心下不安。虽然一个好根基，过了许多磨难，虽北辰有拱星之拱，常明台辅之，前高而不危，满而不溢，会主张，历事早。成败知多少，忧煎过几番。若逢申巳岁，必遇贵人钦。述云运气未来君且守，晚年一个称心人。

　　《康节前定数》：名寿比松椿格诗与分定经同

　　幼岁立身还未举白头，犹自弄权机平生。智度应无失且喜，天年得寿齐。

　　中　生计未能成，见鼠心方称。树上一员僧，金水人相应。

　　末　南北安身尚未牢，轻舟历尽几波涛。前逢得遇阴人贵，弃了鱼虾钓巨鳌。

　　男命《前定易数》：睽

　　子　财利因循事业新，未为人许必长荣。喧轰志气空高望，劳弄机权志不宁。花朵乍闲成簿态，群鸿远去已亡形。君如借问根基事，好处当如一寿星。

　　寅　因循梦入仙源路，寻访桃溪未遇人。跨马骑牛人事变，成名得利福基新。雁群一阵相飞远，花放双枝结果匀。到底利名终有失，只宜林下任天真。

　　辰　成家不负平生志，积辱怀愁少自由。福去福来终一理，利成欲破再求。不忧鸿雁离群去，须见花枝异果收。好把身心抛弃去，异山相拉两山游。

　　午　平生要问英雄事，争奈时乖不可为。操志遂知天道用，成来终是有光辉。双飞两雁归云侣，重结双花带雨枝。赖得高人好消息，利名方享又成悲。

　　申　初涉惊忧事几重，前程再立始无出。莫疑眼下非和是，且喜中年塞路通。花谢再荣新果结，雁行须见各西东。到头所计难成实，老境真如一梦中。

　　戌　弃祖疏亲复自荣，劳神费力事辛勤。利名直向蛇猴上，灾挠还移在丑寅。莫恨异花成实密，也知浅雁别因循。生涯要向云梯立，直待门开问主人。

　　女命《前定易数》：噬嗑

　　子　花盛果收奇异时，欣遇良君立凤池。娇姿不失灵英态，欢悦红颜开黛眉。携手

相邀登玉殿,含羞独步捧金卮,会看出离灾远日,脱却蛇皮任意移。

　　寅　分明误入桃源去,方入桃源未遇仙。若遇马牛俱事变,欲营生计未推欢。天边鸿雁声声远,雨外鸳鸯只只鲜。试问一生何活路,只宜林下保安然。

　　辰　志气英雄得意时,平生不负少年姿。否去泰来终作善,利名破聚好扶持。雁行失侣穿云去,果结成林带雨垂。才得贵人添志气,门阑多有喜盈眉。

　　午　求名求利事方新,未必斯人富汝身。独奋机权称我有,欲伸志气屈还伸。双果累累垂槛外,群雁呖呖过天滨。到底生平只如此,皤然白发享灵椿。

　　申　惊疑几度事重重,欲立生涯未立功,莫论眼前非与是,若谋活路始年终。鸳侣再荣新意思,雁行惟见各西东。借问老来归计事,坚心且守岁寒中。

　　戌　天然容貌好乖张,无限春光不可量。回首绣帏多显赫,到头成业户庭昌。塞鸿只只离横浦,梁燕双双语画堂。寄语斯人多慷慨,晚年尤自福无疆。

　　四字金　子,蕚径逢春。寅,枯莲得露。辰,秋堤杨柳。

　　午,待风驾帆。申,风里杨花。戌,层水见日。

　　《郭璞数》:阳局四雁各飞,南北东西,一人骑马上山。一族一日云中,支吾屠沽前程好,休烦恼,有荣华,非少少,小可,孤雁孤刑一担,妻子有隔。　日落西山月影孤,雁飞南北去从无。鹿眠山后伤心事,争奈山高景象疏。一马出蓝关,一旗风雨间。一人相别去,一贵水中环。房中鬼弄灯花灭只恐因缘好处悭。稳当根基好五行,眼前谋望自通亨。如何造化尤多隔,尚有闲云秦岭横。事到极中生不足,平生运用多劳漉。孤星临命照亲姻,惹起闲愁多反覆。　此限福星来,家门喜气回。前程须快活,直待笑颜开。梅映尽帘数。东君何事尚徘徊,雨散云收十月雷。无限风光愁里发,狂风吹落几残梅。半生烦冗能容易,莫道亲情冷似灰。月上西窗照孤影,夜阑方可好金杯。流年死数,事事　心蹺蹊,事皱眉。一场喜,一场怨。非是　垒财耗开怀静坐过,今年南北东西语。莫前但向静中求,一福急须怀度免。忧煎病羊逢老虎,大风事难苦谋运。未圆成劝君莫强,做半忧半喜眼前人户。四门三恼乱频,杜宇啼残孤。枕梦鹧鸪愁,听两三声。人哄哄时客凄凄,鹿行芳草马行泥。满堂风舞杨花白,门内伤心问阿谁。布福早祈禳进喜,免一殃官事重,退财也可折灾障。

　　江流尤有不平声,是是非非喜又惊。更忌丙丁惆怅处,倚门愁听杜鹃鸣。

　　阴局五行扶数富贵声知巧,人中第一名稳当。根基前面好玉容,花映艳阳春。凶伤早岁多刑尅,夜静无人对明月。知难知易惯营家,指日荣华乐金关。社燕归来整旧巢,沙欧移动过汀头。秋风吹醒重阳梦,回首黄花满地愁。家声一变,门风一乱。悲喜一场,水流心转。独立阑干,懊恨谁莫道,泪痕如雨线。　女流年　天边月出被云笼,槛内花残兰桂空。半喜半忧添哽咽,鸳鸯分散各西东。　明珠长贵凤群离,灯焰消残风又吹。他人烦恼他人事,莫管他人是与非。小喜非　火　病　灾

　　○《丙辛鬼谷分定经大有卦　鹤立青松格》青松百尺岭头寒,白鹤飞来立晚滩。气直雪霜欺不得,石崖岩下立根盘。纷纷叶落春光语,百岁儿童一梦间。借问生涯何处发,才逢犬马始安然。长安路坦然,不用苦相煎。前程名与利,直遇马牛边。　天台,天退,天懒,此星照命有规模有丰度,能驾驭,会撑绊。只因多破少成,秀而不实,豪气冲天,胆志拖地,不能俯仰人,会支吾,能处分,会妆点,善摆布,却因福薄恩深,多翻多覆,独权自立之命,只得根基固实,出中有救,灾害难侵,晚年方有贵人举用。述云:遇尽许多危与险,直须且待晚年成。

　　《康节前定数》:名松柏凌霜格诗与分定经同

　　中　长安路上行,帝京三百里。水牛见一龙,珊瑚生水底。

　　末莫用初年只用中,从前迍塞未通亨。平生险阻皆经过,赋分根涯晚岁耕。

男命《前定易数》：大有

丑　甘心多得失，怀抱巧能才。天命何淹滞，人情有虑猜。庭花飘馥郁，匣镜拂尘埃。回首逢奇景，心聪豁地开。

卯　月色渐朦胧，前程道未通。情怀多梗塞，新旧不和容。芦雁归飞雪，杨花旋舞风。白头成复破，生计倚西东。

巳　役役尘劳里，区区驰骤中。前途频得失，亲旧各西东。杂树花娇日，孤飞雁叫风。桃源光景别，随步入仙宫。

未　渺渺江天鹤，孤飞鸣九皋。翱翔犹得意，举翅健霜毛。结果花应对，财丰心正劳。何如早防虑，伤指悔操刀。

《梅花易数》书影

酉　春色花荣国，秋风叶陨林。生涯依倚得，人物强多能。亲族半途少，浮名何处寻。西江无限好，不与夕阳沉。

亥　春光好景空虚度，浩气刚肠必自能。淹淹未许荣身计，早得还应晚岁荣。有志必招群雁失，因缘不折异花声。莫言三十年前事，说着教君涕泪零。

女命《前定易数》：革

丑　台星照处身将发，玉女何愁命太迟。试问羊猪消息近，方知福禄事嘉奇。一条金咱瑶疑脱，几里瑶台逐步移。若得根基当若此，难将残害折良时。

卯　莫叹多灾塞，身荣子午中。亲人终自逆，贵客却心□。何况情尤薄，归事不见踪。生前几多事，如觉梦魂空。

巳　一段风流事，羊猴渐渐成。因缘家外立，福寿晚年亨。亲散终难合，扶持晚体轻。前程休问失，且守兔羊迎。

未　生计两荣苦，孤闲性自聪。成时百事失，如在梦魂中。鼠兔红颜改，羊牛晚景通。忽逢佳客去，桃杏笑春风。

酉　新月当空照，情怀暗地通。精神频改变，福禄渐从容。鱼阵游春水，枝疏果骤风。侍居休强逞，守节处和同。

亥　心机费尽平生志，绣幏闺中守旧居。待得猴儿登峻岭，正宜姜女达沙衢。月下瑟琴弦再续，云间鱼雁耗音疏。若至马牛羊尾日，依然计问更南图。

四字金　丑，明月梅花。卯，败珠逢火。巳，风前点烛。未，秋天独雁。酉，纸船入海。亥，藻鱼波涸。

《郭璞数》阳局跷蹊，叫唤笙箪事事人笨，亲子难为，假子方吉。心多机关会营谋。日暗伤心宜着力，黑云开后方见日。烦恼重渐亨通，宿疾　两字利名一字美，两只鸳鸯惊散起。两行雁字趁风斜，两段佳期重见喜。历涉风波险地来，险中跳出棘林开。前途尤有人为阱，马立蓝关酒半杯。六六年来事未亨，奔波经历谩劳神。东南西北都游见，好景谁知在暮春。云起萱堂人已失，斜月照人愁寂寂。抱琴一曲薤歌终，鸾镜再圆重拂拭。雁行孤处不成孤，到底双双又似无。尤喜芝兰生砌下，老来还得彩衣娱。垂杨夜院数　菊傍桃花更借春，岁寒独自有松筠。风霜烟雨欺难尽，湿得根株不苦辛。紫燕巢移伤旧旅，琵琶弦断调重新。谁知阶玉光门户，收拾明珠达此身。流年人不足，事反覆，一贵人立事，一鹤高飞,一事生疑。

　　事一关愁里梦息,愁来防脱弄。　准拟谋东又复西,白头人喜福丰肥。要将好事为生意,直待金鸡唱晚时。文书有望谋心计,闲事相荣君早避。画堂懒听曲歌声,正在忧疑逢一贵。　曲巷推车望直途,倚门暗想望征夫。片云遮月心如醉,春去秋来酒一壶。蟠桃一颗喷清香,又见珠来掌上光,螓子连丝忧字走,重山一鹿卧斜阳。　一花红灼灼,一屋人冷落。一炷好香烧,一喜生寂寞。一险堂上亲,一病更忧心。回首春风里,云开月复明。阴局阴人逢此数,偏宜,格局非常福禄随。只是命孤刑克重,亲姻骨肉两分离。生来快性多机变,卓立把家心不倦。有成有败付前缘,劳力劳心休怨恨。家山一片白云飞,堂上人孤恨惨凄。月照花栏相映处,秋来双雁一声悲。到头好事终须在,一颗蟠桃加保爱。他年变化上天池,官禄荣封堂上拜。女流年　喜后忧先春暮天,百花寂寞怨啼鹃。眉儿懒画初生月,鸾镜朦胧影半边。夏月秋期事事宜,桃源有语客心迷。暗室悲风生白雪,杨花飞絮马蹄归。

　　○《丙壬鬼谷分定经　未济卦　山顶鸾栖格》　祖业纷纷晚可成,山深隐雪见猴星。孤飞雁南南来伴,渭水河边钓锦鳞。若问生涯多进退,劳心费力晚年荣。牛马运来应见禄,从前事业未堪凭。白玉黄金贵,清门早赴期。琼林花要发,牛角长新枝。　大常天府,炎炎此星,照命有火星难,独犯多头,多绪多疑感,多屡愁,多是非,口直性紧,自是自直勤烧香懒念佛,多忧虑志远机深。安闲中见生受,省力易,费力难,虽是能措置,会施为,却缘命中凡百蹭蹬,好事迂回,早年宜异姓,隔胞改更离祖。如乳燕营巢,自立计,方可若守祖业,诚恐难招。晚年自有贵人提携,无心中遇一项财禄。述云:头上安头心不足,已亥才逢有贵人。

　　《康节前定数》:月清如水格
　　夜半纷纷雪,山深月照猿。雁南回北地,燕北却还南。远岸投羁客,三更等晚船。落花春尽处,一朵送终年。中黄金白玉贵,青门早赴朝,琼林花浪里,牛角上生刀。未举措威仪势有权,施为大器自安然。平生不是尘中客,名利高迁誉播传。

　　男命《前定易数》:未济
　　子　立业惟忧挫一毫,此身跳跃出蓬蒿。马头一道光辉起,猪口三刀志气高。二只秋声嘹呖雁,一枝春色艳芳桃,因缘定汝成中失,老计区区莫怨劳。
　　寅　道德奚疑未济时,骑蛇逢鼠立镃基。重迁紫绶人抬手,莫讶青羊改虎皮。鸿雁一行飞散乱,鸳鸯两只戏涟漪。中天日色阴云散,风卷云肖月再辉。
　　辰　一条钩距挂山头,两座高峰作计留。才到纷纷须失兔,身心安乐且逢猴。当空雁阵两头散,倚槛花枝一果收。好把生涯空作立,堪嗟祖业事应休。
　　午　笑语藏刀岂可猜,刚心拟欲摆尘埃。利名但觉成非久,家道中间兴复衰,鸿雁秋声嘹沥去,花枝春色艳方回。一言为报君消息,火尽烟消不作灰。
　　申　提笔留心器未成,不然还许富前程。蛇儿动处人骑鹿,猴子行时富荐名。鸿雁一来还一去,鸳鸯伤侣又伤情。残花脱叶秋林里,收拾梢头两果营。
　　戌　生涯家外是因缘,回首追思涕泪涟。一段光华辉马脑,两重财禄耀猪肩。雁儿两两群双失,花树枝枝果一联。堪笑治生多改变,荷翻珠露碎还圆。
　　女命《前定易数》:未齐
　　子　疑心用事未知机,进退多忧又有知。临水涯头逢损处,虚劳神用立镃基。垂垂改变方为稳,兀守安居定主离。若得贵人成就后,兔鸡依旧有施为。
　　寅　禄运乖张莫强求,但行正道却无忧。鼠犬相逢方有吉,猪鸡会合向前谋。福贵

中华传世藏书

永乐大典

精华本

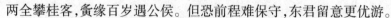

两全攀桂客,夤缘百岁遇公侯。但恐前程难保守,东君留意更优游。

辰 东风习习入罗帏,贵客擎鹰立钓矶。云开日照朱帘里,射出娇容步玉墀。一双蝴蝶来迎喜,几对雏莺逐燕儿。试向前程如许显,不须忧虑出镃基。

午 节义非常有,因心固守身。登云寻桂客,涉水见高人。雨洒孤灯暗,风吹绣幕新。拟看白首日,福寿两俱真。

申 志气虽然有,冠梳强立身。更逢三尺绢,若压万千人。淹滞粉脂客,须亲楼殿宾。前程何所似,立计意殷勤。

戌 强作前程事,何缘未得时。亲孤兼克损,福浅又灾危。鼠去牛来问,羊更虎作威。生涯当晚景,依旧贵成持。

四字金 子,鼠眠红腐。寅,种栗成林。辰,秋莺出宿。午,岩头夜宿。申,莺蝶穿花。戌,飞龙在天。

《郭璞数》:阳局雁三雁同飞,各散东西,异根易别蕊,,送老齐眉。神一香炉乐道乎。出离祖换宅,改变牌。额田自置田庄,难受祖业。

羊生烦冗几难辛,半日思量几断魂。半面亲情几人好,半双孤雁几翻分。根基休道不如今,膏雨如春问祖音。犹自出来声望远,名高福厚喜尤深。初年自觉费精神,命带孤刑少弟兄。莫叹根苗凋克尽,春风借力又敷荣。碌碌劳劳不记年,谋为何事未通亨。锦衣未遇终须遇,万里吹嘘借一鞭。休道如今尚赛屯,看看此去步平津。利名好处西山景,旧日江山依旧春。

《杏花带雨数》春草青青春水禄,梨花带雨飘香玉。风屡雨愁命中招,骨肉恩情生断续。初年便得贵人钦,晚景飞腾金满屋。不忧福禄不忧财,只恐后昆生不足。流年 镜一镜半明 一事成,宜知足。莫强为谋事半辛苦,着心终须有。家内有灾危,虔心须告,斗几度,淹滞畦,过忧疑,看君变化,一跃天池。绿杨枝上莺声巧,今年谁知春色早。文书喜逐彩云飞,禄向西南音信好。阳台旧说前程事合,喜上眉来,文书报捷,看看此去事如心,只怕闲非恼杀人。火起三烟防怨恨,更须谨慎免眉颦。急急有一危如车,轮凑缺磨肚更磨心。白头人哽咽。艾虎杯前一事嘻,黄花时节醉东篱。一人门内观星斗,门外言公事不危。

阴局梅枝月照暗横斜,碎影随风上碧纱。映得东窗佳景在,逢春依旧亨荣华。几年冻岭春容嫩,碌碌劳劳未得闲。好事一翻成恶事,七宫难保寿须悭。寿星一点照人孤,留得兰孙向后娱,回首断云斜日暮,西山叠叠看征夫。足不足,太孤独,平平稳稳过几年,跳出樊笼方受福。

女流年皎月当天喜正中,今年气数少灾凶。闺门坐亨闲无事,子贵夫荣秋又冬。只疑牛女步登高,恶毒惊来未可逃。桃李故园成实早,珠安掌上恐难牢。

伐柯 利市 破财 损六畜

○《丙癸鬼谷分定经旅卦 雁唳云霄格》 撼动高山力不加,根深连海接天涯。雁飞江外无消息,拆散鸳鸯便不来。春风是处园林好,秋月扬明逐岁华。借问平生何处是,到头三结半枝花。遇马多应险,逢牛迤旎安。此时方得意,喜得贵人看。天辅,天破,天鸾,此星照命是穿山透石之星,经风涉浪之宿,人命犯之施行,雨露掌握山河。容貌清,寿骨格,胸襟磊落,所为进作,操持即缘性刚,弄巧成拙,多招是非,撰钱来如风雨。述云:过了危难处,龙蛇始称心。

《康节前定数》:风月相当格

欲上高山力不加,根深连海路天涯。雁飞远岫无踪迹,空对江边芦荻花。春风到处园林绿,秋月萧条独几家。借问治生须苦节,到头只结半枝芽。

中 遇马多经险,逢难迤旎安。到牛方渐喜,临水下长竿。未幸逢阴贵助成谋,万顷波间可下钩。一钩六鳌端自有,几多功绩彼时收。

男命《前定易数》:旅

丑 登山涉水几多难,立业成家向晚还。未信枯根埋雪里,必开春叶向青山。鸿离雁远情悲急,祖远亲疏人自闲。借问园林谁是主,秋来一果老枝间。

卯 外美内伤君道理,先荣后否子宜知。马头渐见灾消息,猪首方隆计业奇。雁度远空飞上下,花开幽径谩芳菲。水寒月冷更深夜,空把长竿下钓矶。

巳 志高天外许蹉跎,准拟生荣待贵过。一入羊群藉知己,更求牛队利名多。雁来雁去空相侣,花落花开果奈何。进退存亡切须识,还思渔父沧浪歌。

未 南成北败盖天然,先取其方后自园。回首旧家空寂寞,举头新业免迤遭。一双鸿雁悲秋去,两树新花带妍。待得暗消名欲显,雨收云散月当天。

酉 台星照处名须显,稚子何疑命太迟。但问龙蛇好消息,方逢鼠子事稀奇。一行归雁高飞去,两树红花果必垂。幸得根基堪把捉,不期残害寿终时。

亥 磊落衣冠异祖风,不由人事复西东。也应遇祸翻成福,唯见生涯藉祖翁。鸿雁高飞群半失,花枝重发色添红。为君指断前程事,一段因缘在大中。

女命《前定易数》:渐

丑 潜身帏幕守灾迍,只恨生来立性昏。唯是用心常不足,堪嗟成败更休论。有子皆兼妙孝义,离乡终是害慈亲。若得破家重立计,必然回意感君恩。

卯 危险长流水,潜身早自谋。为人多塞滞,立意每忧愁。托主微修善,低心度几秋。假饶生运遇,直待鼠和牛。

巳 望月被云遮,心宽必怀恶。任汝立前程,如今致零落。见险免灾危,安闲遭塞剥。若要望荣华,全然不可托。

未 忠良立我身,平生性中直。生计自丰盈,前程贵成立。若要好安宁,非远寻相识。福来时自圣,财禄却俱集。

酉 红帏守妾身,惊忧度几春。勤求唯俭己,财食旺他门。猥懒成人拙,哆啰惹祸迍前程遭虎兔,方得贵人成。

亥 前程暗似漆,丰福天然足。牛前随分过,果熟立庭屋。作事巧心机,为人性和睦。离乡兼早侍,到老亨天禄。

四字金 丑,春堤杨柳。卯,寒潭下钓。巳,饥鸟投林。

未,破纲捕鱼。酉,高楼望月。亥,苔铺遇雨。

《郭璞数》:断男命与前丙戊同

阴局平生自得缘窗闲,占断青春二月欢。命好更悭财禄遂,双眉长对四时攒。画堂人寂空惆怅,愁去欢来堪指望。根基稳当不须疑,莫道劳神财未旺。施恩深处害尤深,至受亲情反不亲。事有到头皆脱了,谁知由命不由人。前程好事近渐入荣华径,更宜昐,两年田土文书进,自此身荣福有馀,恁时贵禄家声振。女流年 云开月皎转清辉,财喜悠悠福有馀。夫妇烧香齐祝寿,百年更愿没盈亏。秋益文书冬进财,言公须有贵人抬。更忧嫩笋风摇竹,虚度时光少惜哉。

《丁甲鬼谷分定经复卦 枯木逢春格》

春来万物长新枝,枯木寒风灰火随。因向暗中逢巨烛,月残素色渐光辉。

芦花雁过溪边白,柳絮莺声是处啼。桃花满园人不摘,霜林花放柳塘堤。

鱼入大江中,山林虎啸风。命逢寅午位,箭发马蹄中。天权,天冲,天秤,此星照命美中不美,好事多磨,始荣终辱,先难后易之兆。好事迂回,钱财蹭蹬恩中成怨,好事乖张,离祖辞亲,移南就北,多翻多覆之命。潇洒中不安闲,端正处要喎斜,心闲心未定,运至心安然。述云:堪恨年来无限事,马头逢着有恩人。

《康节前定数》:诗与分定经同

中　　龙斗鱼伤损,山深虎奋威。命随牛首发,箭中马头时。

未胆气精神志气刚,从今尤喜少灾殃。聪明智慧文星照,天贵临身庆画堂。

男命《前定易数》:复

子　　蓬莱三岛古今闻,岂待时人取次登。巨舟驾处禹门峻,鸡马来时仙骨成。

乱山重叠鸿飞远,遥树凋残花落深。玉屋光华星斗焕,化龙归去藉知音。

寅　　高秋清肃胜前昌,天外蟾圆桂发香。隐落丹台千尺峻,奔腾云路一身长。

孤飞雁远隔云水,花杏青松带雪霜。不独利名双有享,许君更占寿时康。

辰　　幽谷杉松茂,峥嵘大厦新。　必从斤斧用,未负雪霜身。

江上雁飞远,庭前花再春。　谁知荣贵地,邂逅变荆榛。

午　　沧浪之水清且碧,水有浅深人莫测。较之世事出於天,休谓利名断消息。

孤鸿千里唳秋声,花朵满园媚春色。欲识中途得意时,直上云霄探月窟。

申　　天际云飞日,芝兰发秀时。　况逢元吉事,终见福新知。

有雁飞三只,逢花折两枝。　寰中名利客,天外玉麟儿。

戌　　背祖孤立营家业,荣处那知又有悲。莫谓困危身若此,定知猴鼠利名奇。

高空雁阵飞三只,晓树桃花见两枝。若把从前堪爱事,弃闲身后复垂离。

女命《前定易数》:剥

子　　几年滞阻事难言,抱义施恩反似冤。若问前程何处立,欲知牛兔必安然。

心怀闷闷闻啼鸟,情意融融逐去鸳。有疾方能当永寿,更持晚福果荣迁。

寅　　修心且立前程事,莫向迤遭守旧缘。济物须当增禄算,带疾终防免外囗。

鼠牛虽得存衣禄,羊犬相逢足苦煎。若问高人同处立,方知身后得恩然。

辰　　早向恩门立,前程尽有缘。更修情性善,且保寿龄延。

宠爱非今日,安荣守岁年。枝高缀奇果,福禄永双全。

午　　幕罩幽闺久,因风入绣门。时来将显遇,贵客问来因。

鱼水两相得,莺花遇意勤。不须忧立计,安享脱灾迍。

申　　举意登楼望远山,仙梯折足步艰难。虽立英雄无限志,一时弃守少年颜。

虎马乘来终有计,燕儿语彻意相关。但问当来无此景,时今枉费使心悭。

戌　　花容自少怨风狂,今若披衰果又芳。虽然早出江山景,但向朱门发桂香。

生平谨守幽闺内,欢曲施情喜气扬。从今侍奉楼前客,头白相看福未央。

四字金　子,雪天行影。　寅,逆水驾风。　辰,浪里淘金。

午,天晓燃灯。　申,蛇入龙窟。　戌,大旱甘雨。

《郭璞数》:阳局　心谋高爱自说,多学少成。二山千里,恐怕做不得有头无尾,几多欢喜。事事事事事冗而又冗,君被人薰。百尺竿头须进步,一身着懒终身悞。势气势英雄,利贵近公得又吃亏,几多惶恐。

月月在堂中几多暗昧。酒一饮百川肚皮思量。灵根不减岁时青,残月云遮不肯明。一对鸳鸯戏春水,一生名利自天成。心地清如水,水壶不染尘。梅花一枝雪,遇贵又更新。东风若借吹,嘘力万里风云肯步津。五行入局富家声多,学多能,事少成,只有惊忧愁处险,有财有利,不成名。堂前自有高人福,多少亲情足不足。心高羽弱未冲天,存得松篁秋后绿。鹿走重山喜气新,迢迢千里路相亲。前程风景犹奇特,未遇亨衢眉莫颦。

伤水逢春数一斧伤木,今喜逢春。自强生气谩夸能,多学徒劳事少成。自是别为门户计,水边际遇立名声。逢蛇见鼠如何合,有斧无斤相似倾。肤体毁伤犹未免,东南有路别经营。流年事去事来失脱些财,莫怨恨时,未晚,自支吾,心性懒。雁声昨夜过天衢,紫府恩深赐卷书。今日困龙头角耸,跃从沧海献明珠。啼鸟一声春,园林锦绣新。桃花三级浪,六六快金鳞。一段青山秀,一溪流水清。一堆钱有气,一束好红绫。忧字去了喜字归,言公荆棘不沾衣。一竿嫩笋墙头出,他日停鸾待凤栖。能知足,招福禄,前程好,仓陈粟。今年气数有忧疑,啾唧家庭喜变悲。堂上家人先笑倒,惹君父子皱双眉。几年生意久淹尘,雨慆风僝未出伦。睚得桃花三二月,禹门变化跃龙津。

阴局断与前甲壬同

《丁乙鬼谷分定经升卦　月透浮云格》　平地升腾上碧霄,乌云散处有仙桥。每将心事重更变,禄食千锺福自招。天边雁叫空留影,南北家乡万里遥。坟前借问谁为主,风送孤帆出海潮。久缺看看满,经年镜再明。江南与江北,花落虎头人。天库,天仓,天楼,此星照命监官提携之宿,气宇朗然,机谋智略,作事好胜,财帛要多,心常不足,人虽钦仰,作事迂回,重檐有肩,无人可替,高人见喜,小辈无缘,口直伤人,多招不足,怜贫敬老,难触心慈,中主渐强,末主最好,命中合遇。金贵水贵等人。述云:从来事业成乌有,晚景生涯始可夸。

《康节前定数》:平地登霄格诗与分定经同

〔中〕　　　久滞看时发　经年事在明　　　江南与北地　花发虎头荣

〔末〕气爽神清骨格奇,五行从闰好根基。不作文才清要职,也为师范使威仪。

男命《前定易数》:升

丑　此生隔变几重山,势迹巍巍不易攀。莫顾我家亲与旧,且教他日冗成闲。
芳花开处枝重接,孤雁飞归去不还。大抵生涯老时立,何须惆怅念艰难。

卯　营谋生理忽思危,弃就中间事渐奇。直待岭头人借力,此时弦上箭方施。
雍雍雁过天边远,灼灼花残槛畔垂。为语斯人早防虑,高台千仞福为基。

巳　　　论汝镃基事,成家亦未然。　　身心多动静,名利每亏圆。
过雁平沙远,花开少果联。　　中途滋味别,温饱老天年。

未　何事区区革变多,一成一失事呵呵。马头到处生涯立,猪足摇时喜气过。
鸿雁群飞空有侣,鸳鸯失伴谩相和。凤凰展翼空飞去,岂得将身入网罗。

酉　一条去路隔重云,欲立巍巍不易论。若解心心泉上石,免教碌碌祸危纷。
槛前花朵重新折,塞外飞鸿半失群。半喜半忧非为是,老来一誉四方闻。

亥　锋神剑埋尘土,牛斗光侵近可分。却为前来太淹阻,幸逢今日驾劳勤。
芳花谢后空收果,去雁分飞别两群。可惜芳园少光景,潇潇暮雨湿阴云。

女命《前定易数》:升

丑　垂帘卷幕守闺中,气量宽洪智慧聪。生平务大难藏隐,刚烈无私意不同。
作事操持全不失,为人孤介未相逢。鼠穴还须从犬贵,满堂和气自冲冲。

卯　登山涉水见漂摇,水远山深路又遥。不然兀坐红窗下,且守良时过玉桥。

风来绣户时相拂,雪积危梢果不牢。奈何孤失堂如此,望断桃源魂自销。

已 生平不负成家志,积闷怀忧不自由。福来祸去终须吉,破后成时断不忧。

莺声睍睆呼雏切,花放娇羞结果柔。早把身心牢守节,易衣随贵步瀛洲。

未 多端孤苦事难成,羊鼠时来事便兴。更看造物逐时变,不若随身有奉承。

纷纷花缀幽庭上,隐隐云迷峻岭横。未信前程尽如此,琴台客许吾登。

酉 生前分定不由人,积善温和且守身。莫笑淹留多寂静,忽教荣遇改精神。

梁间乳燕呢喃语,枝上娇莺睍睆声。且守几时终自得,贵人摇手拂红尘。

亥 　欲步金莲地,前因未遇时。　但教凡冗立,不放笑开眉。

濒水人擎手,登山折桂枝。　兔来相举处,必遇贵人持。

四字金　　丑,蟾宫捉兔。　卯,月照莲渠。　已,掘土逢金。

未,沼鳞入海。　酉,月照寒潭。　亥,岩头走马。

《郭璞数》:阳局　好门风,籍祖宗,牢把定,有兴隆。　雷一日被云遮,爷也是冤家。刑孤三雁入芦花,各自奔生涯。马平地奔,荣华食,劳碌做成家。夕阳当晚景,斜月照残红,雁字刑成鼎,鸳鸯古渡风。半生整顿规模在,回首荣华富贵中。双山好,无烦恼,有钱趁有食,讨一出云中。　拳

隐隐雷声云满天,凤池春早柳含烟。绿衣青眼来相顾,利重名高掌握权。自觉舒怀日月长,根基深喜自承当。踌躇莫恨成材晚,覆去翻来睡两场。风高雁过离群散,日出鸳鸯池沼畔。采莲歌唱断人肠,惊起双双飞失伴。一叶扁舟天际归,贵人相会自堪依。商山分外风光好,一上云端见紫微。叶落根荣数　祖业根基本自成,且须整顿自经营。虽然事势多翻覆,幸得镟基破又成。云雁失群秋水碧,琵琶别院晓风清。水边衣锦公侯力,结得仙桃玉树荣。流年□门户宜谨,官事勾引。吐田土事,可仔细照顾他笑是鬼。意意欲进心,不休防,不足一场忧。折桂蟾宫云路远,求珠海底水源深。推车过岭多艰阻,用尽心机事不成。半门半户半田土,忽地小人时相侮。求谋望事要机关,更忌家人生疾苦。一芦白,一榴红,一舟风雨,一月云笼。杜鹃啼处人烦恼,一件事忧心悄悄。更宜布福早修禳,免得灾来难计较。

阴局但觉舒怀日月长,惯欢惯笑过时光。几多息誓盟山海,无限愁心恼肚肠。一个孤星临命位,平日欢颜成一泪。夫妻指望百年欢,分散鸳鸯成两处。根基稳堂福重来,跳出孤刑一段灾。此限相逢成喜合,东风吹散旧尘埃。性巧相,福禄旺,好团圆,鸳鸯样。女流年寂寞花残减却春,妆台有镜暗生尘。愁闻孤雁云中叫,艾虎逢牛不见人。明珠夜暗,飞凤离群,喜不喜,忧更随,可把凶星斗下禳,灾忧且睡,菊花黄,玉蟾户内安排了,雪月风花空断肠。事事名　□　阴灾　林泉　田土　香　　　　　　利
病　血才　　□花

《丁丙鬼谷分定经明夷卦　张弓待箭格》

雁过前山影渐孤,家乡天际立江湖。张弓待箭逢牛虎,鸡兔相逢是事图。月下瑗花三结子,日高红照隔天衢。借问安身何处好,不妨迅步到皇都。犁在田中未遇牛,小童湖上泛轻舟。青钱再得逢朱紫,须信中年事不虚。天阶,天贵,天策,此星照命有见识,有操持,机谋胆量,出众超群,心性刚直,志识远大,易嗔易喜,退神重,临危不危,遇险不险,成中有破,莫信小人,初年有福,中限便强,未限尤佳。述云:拟待张弓施一箭,百步穿杨也不难。

《康节前定易数》:雁过重山格诗与分定经同

耕向田中未过牛,小童湖上戏轻舟。青铜再见逢珠玉,此去今年春又秋。
未碌碌奔驰福未全,生涯活计尚荣年。艰中有昧否中泰,向晚成谋别有天。
男命《前定易数》:明夷
子　有禄有名非久计,无依无辅自生涯。侧身未必长如此,回首应知去路赊。
雁过旧山应断侣,树临空槛过新花。年来半百成何事,颜巷凄凄发叹嗟。
寅　风云合处形容异,名利成时碎事除。莫向杜门追往事,好来朱户阅新书。
鸳鸯两只成难久,鸿雁双飞意自疏。借问鼠羊年里事,危如火鼎路游鱼。
辰　孤活成家向外居,分其名利止微馀。追非猜是多无实,弃旧从新不似初。
鸿雁一行空里去,鸳鸯两只意中疏。当时虚负平生志,梦破幽窗百事无。
午　桂荣蟾皎与秋光,禄重长成事已昌。正好成身荣别业,不知归计恐成殃。
一鸿飞入青山去,半树花开带雨芳。才到鼠蛇头上立,斯人因自又猖狂。
申　磨弓错箭待时用,及至时来弦已亡。万事岂由人作闹,一身还是梦魂长。
有妻有子非成望,如弟如兄各有伤。何似平生依倚过,不如还去礼空王。
戌　纵饶心计如钩距,到底谋成反自伤。破散旧家归别业,脱除斜路入愁乡。
花枝重折难如旧,鸿雁分飞不可量。待得夕阳无限好,回头不觉近昏黄。
女命《前程定易数》:遘
子　　　执钓长江鲤,宽心守线竿。　时来须遇着,福至岂无缘。
绣幕优游久,朱颜色转鲜。　马头无一事,温饱享天年。
寅　　　早把君门立,生涯尽有成。　更推仁义重,须向福田荣。
有害兼孤失,无灾主自刑。　鼠羊当显处,方可得安宁。
辰　　　月影印窗纱,平生立性奢。　勤持男子志,逞作富豪家。
且守心中节,休贪目下花。　楼前调管签,平地发荣华。
午　　　倚槛望云飞,狂风卷绣帏。　兀然无一语,蓦地变灾危。
鸿雁声尤远,平生似乱缲。　东君情意厚,不久乐追随。
申　禀性刚强志气高,当生不任避风潮。重重处事如陂量,兀兀栽培苦地遥。
果缀高枝被岩雪,鱼游春水化洪涛。若积善心能守耐,免逢困厄主坚牢。
戌　踌蹰欲进又思量,争奈红罗锦绣香。为性妖娆在年少,聪明操胆自高强。
可惜春花留不住,反来鸡鼠有灾殃。不若修心寻立计,乘时乐处赞君王。
四字金　子,浪里乘槎。　寅,更残赏月。辰,冻月寻莲。
午,雪里盆葵。　申,老虎换牙。戌,岩头驾阁。
《郭璞数》:阳局一人撑舟,一人立舟中,中流一叶怕遇风波。二山离祖
贵人立车上,福在他乡,阻山隔水。性惺惺乖丽。惺惺好处别情乖,日月双双照孔怀。等
得有缘谐凤侣,免教愁见菊花开。满目江山新气象,渐开宝匣出尘埃。稳泛灵槎一贵来,
银河无浪却萦回。收因富贵丝锦好,禄重权高棘路开。几度无端荆棘生,祖宗基业少前
缘。魁梧清伟多豪富,强夺双权敢向前。秋高云外孤飞雁,字不成行云外看。因缘有分
到桃源。回首荣华生赞叹。春园移得碧桃枝,名利双双喜上眉。别馆东风未有语,春风
自取胜前时。鹤立青松数　平生只力为双拳,气贯虹霓更向前。破尽祖财方始整,家风
从此得周圆。雁飞碧落惊秋水,鹤立青松过晓烟。移得蟠桃来月窟,变为名利步天边。
流年　财石皮勾加　□是非喜暗疑迟,半忧喜。川火　水泛船高忽遇滩,一重湾过一重湾。
数年好事翻成恶,车马崎岖又遇山。筵逢蒲艾醉醺醺,憔悴忧疑似病人。磨腹抚胸空哽

咽,半忧半喜洞房春。火起三烟实可防,门庭人事忌参商。杜鹃啼入榴花去,憔悴淹延暗断肠。风飘黄叶落,忽然生寂寞。退了一拳财,鼠走入牛角。事去事来好细为,闲非荆棘暗沾衣。善缘早布休迟滞,变祸成祥福自归。

　　阴局　　　　断与前丁乙同
　　丁丁　　　　坤卦　　　耕锄获宝格
耕锄偶尔得金珠,牵牛遇虎雁相疏。花残一果荣君寿,欲学相如却未如。
夹道相牵仍隔水,鸳鸯孤只戏双鱼。终知事业青松下,留取生涯伴老躯。
受禄须乘马,逢鸡路渐通。虎头寻兔尾,当遇主人翁。天非,天妒,天舌,此星照命平生气宇,草屋上兽头羊质,虎皮要妆,点要好看,要施为能,近上却缘运气,未利虚名,虚利苗而不秀,秀而不实,知道理尊卑,思远大,见识高,明凶中有吉,不犯官刑,要闲管招是非,於人不足,未主钱财兴旺,不求自至,无心中遇个贵人,忽然中得段财禄,伤妻克子,破祖离宗之命。述云:此身成立处,须仗贵人扶。
　　《康节前定数》:青松耐久格诗与分定经同
　　中　禄寿须逢马,逢鸡始路通。　　　虎头寻兔尾,破相自常存。
未险阻忧经过在前,孤权独立自天然。灰懒身心休要退,盖缘命运有升迁。
　　男命《前定易数》:坤
　　丑　竹栽蒿里被蒿高,得到秋来竹异蒿。柳木结桃为异果,鸳鸯受浴待新潮。
园林绿尊涧疏久,沙里淘金不惮劳。但把身心前后去,一钩钓得海中鳌。
　　卯　休将志气与时争,用尽机关意未阑。本欲晚年成利用,到头诸事转艰难。
长江雁叫空嘹呖,秋树花残果亦残。试问君家何处是,终为生计两重山。
　　巳　龙楼凤开壮皇州,却许斯人入里游。莲透池心超秽恶,水流玉沼出凡流。
鸳鸯被雨情分散,鲜果经霜实在秋。借问平生踪迹处,莼鲈相送老扁舟。
　　未　邹莺初出飞幽谷,别迁乔木立巢窠。始觉羽毛成长大,拟教声叫语言多。
雁阵分飞三两只,桃花枝接一梅柯。莫道轻舟长隐去,须防前路遇风波。
　　酉　当年盛事莫能加,豹变南山换瓜牙。花欲绽时防雨阻,日当明处被云遮。
沙头雁入芦花宿,云水浮游是我家。欲问斯人中道日,鼠儿鸡子起呼嗟。
　　亥　枯池雨入暂时绿,欢酒笑歌何日足。立计终须获外财,进身不遇承天禄。
雨散鸳鸯各自飞,浪打扁舟尽翻覆。借问春残花若何,大半那堪风雨触。
　　女命《前定易数》:巽
　　丑　忧去忧来无定期,绣帏可且守良时。莫把心怀疑虑苦,自然生计脱孤遗。
春风渐有穿帏喜,佳客相寻拂故枝。寅申墓地佳音至,不觉芳心展翠眉。
　　卯　浓云却被风驱散,有难时人福比同。云收风静无忧挠,祸去福来有势逢。
淑女闺帏名守立,良人顾盼意中浓。但恨初来家已破,从今向去自昌隆。
　　巳　安身立命在何时,且待东风来顾之。若任心狂终有失,不知命里有乖离。
辰　虽然宜吉兆,鸡猪必可立镃基。如要安时问良客,当修已足捧金卮。
　　未　　　寂寞幽窗下,留神守绣帏。　　　娇莺来哢语,乳燕入衔泥。
情性多良善,亲知苦别离。　　重山问消息,须向粉郎归。
　　酉　早离家山向外山,良人特意暗相关。拟图安佚无他事,争奈孤疏立险艰。
雁杳鱼沉无吉耗,莺啼燕语自绵蛮。如逢虎尾蛇头上,依旧含容展笑颜。
　　亥　　　贵人楼上相招,此时名誉滋饶。老来欲知吉耗,扁舟却渡波涛。

果缀枝头红艳,雁鱼深处飘飘。试问息情何在,宽心且度良宵。

四字金　丑,掘地逢金。　卯,旱田桔槔。　已,月照楼台。

未,黄莺出谷。　申,枯松栖鹤。　亥,月下子规。

《郭璞数》:阳局二雁各飞也,有分离,游南游北,自东自西。望云中性心灵智巧事,多计较,心机关晓了,名禄不少。刑一家好处,到底无缘,移州补县螟蛉续纹,名名中有望,故得官禄。寿绛县老人,四百甲子。权堂上一呼,阶下百喏。金乌烁烁怕云朦,贯朽堂中懊恨空。双雁分飞山色远,一生名利有无中。功名书捧两三重,一半浮云一半封。却喜喜临忧不见,画堂春色自从容。一生心直性无刚,好事营求福自昌。莫怨所为尤未遂,前程利禄总辉光。天边雁字一双影,暇日把盃还自醒。家人无侣向谁愁,落尽残花惜芳景。初年未遂空劳碌,五五出头君有福。春风桃浪快金鳞,变化禹门三十六。芝兰出草数好似,新枝出草来一茎。只放一花开紫香,秀色谁能比疑是。后来仙子栽天幸,平生非短折岂宜。祖业有愁衰自来。地步三年别,先有名时后有才。流年莫轻用,惹一讼,险一险,掩一掩,谨防谨防,莫强施张,迟迟阻滞,且宜闪避,破人退,唻与闟,倒看它,羞了脸,门户激,挠引惹官方依理施行,莫惹人议。金乌烁烁照空中,尤怕浮云忽地蒙。回首无言空懊恼,牡丹花发遇狂风。酌酒嘻嘻笑一场,三烟火动事彷徨。言公忍耐休争斗,棘路迢迢百里长。哭不是哭,心足不足,掩面佳人,当风秉烛。上屋人忙下屋惊,东邻有事乱西邻。黄猴赶起鸡儿去,燕子衔泥寻主人。多年指望福星增,指望欣欣喜气生。谁道酒醒人尚醉,到头仍似梦中行。

　　阴局陇上人归无好音,暗香先占一枝春。阳和借到寒梢上,到得东风一雁新。不入寻常等闲调,百巧千能多计较。七宫田土石皮生,运未通时生懊恼。亲姻骨肉有如无,自立门庭也是孤。雁过秋空声杳杳,家山寂寞免嗟吁。一重山外一重山,看看跳过雪蓝关。前程好景君休问,满意开怀任醉颜。女流年　醉鱼吞饵禽遭网,今日安知事转多。寂寞春归花已老,妆台古镜不堪磨。梅黄艾虎虎岩前,一事未离一事连。麻衣颠倒牛郎笑,吾宫不见泪涟涟。

　　丁戊鬼谷分定经　谦卦　桃李同荣格

黄河天水相连济,自古从今不断流。月在碧霄云汉阔,雁飞天外两惊秋。

黄河天水图

每听猿声山涧远,利名福禄自然周。借问花残留几果,桃源雨打落花忧。

天车,天轰,天辇,此星照命自成自立,心地坦然,不免劳心,费力,未能成家,不得六亲兄弟之力,骨肉相疏,忧愁多,巧中成拙,失了还来,心平口直,发出话来,招人相怪,颠破处有救神,危难中立家计,凶险处做个门庭,比似一块生铁炼成一块真钢,还是成器费力,尤多须待晚景。述云:

炼铁成钢为美器,财利荣身也不难。

《康节前定数》:月在碧天格诗与分定经同

中　身在危城下,移居到凤楼。箭随牛首发,见兔月为钩。

未铸锤几度方成器,石上栽松方觉易。自前险阻俱经过,晚年方得营家计。

男命《前定易数》:谦

子　黄河天水通交际,亘古从今不断流。月在碧空是汉阔,雁飞天外两经秋。

须知身在砖城下,不日移居到凤楼。直待鼠牛窠里发,花残结果两枝头。

寅　森森清江水,潜流触处通。　牛羊乘鹿地,遇鼠始成丰。

鸿雁飞空阔,芳花艳异丛。些儿闲虑及,过后却无凶。

辰　浩浩波清不断流,日来月往事方周。如逢鼠兔镃基异,更待猴鸡名利优。

鸿雁一双声渐远,鸳鸯两只意绸缪。君还舍得身中宝,处处留心始到头。

午　黄河天际水,从古自交流。名利得时重,家风振未休。

雁飞三只远,花折两枝柔。　纵遇时难改,难逢事必周。

申　一条天水通黄河,亘古群流不异过。得志莫辞名利薄,为生依旧是非多。

雁飞天末空留影,花放庭前果在柯。行止莫疑枝叶弱,才逢雨露更婆娑。

戌　直道无今古,长江不断流。　利名常浩浩,业计自悠悠。

晚日鸿声乱,青春花朵柔。　半愁还半乐,不觉白斑头。

女命《前定易数》:明夷

子　笑语自融融,情怀处性聪。　前生多暗昧,去后定昌隆。

燕子来寻垒,莺儿立古松。　栽培在羊虎,依旧整娇容。

寅　借问平生受业时,朱楼稳步自无疑。粉脂不畏炎炎日,善性低偎爵爵眉。

几阵桂香从外入,一双奇果缀枯枝。犬羊相遇终须吉,慷慨安然守旧基。

辰　心事细难知,从来费尽机。　兔来收拾鹿,猴至强开眉。

绣幕低垂户,朱门半掩扉。东君问所自,只恨运来迟。

午　半掩朱扉下,低垂绣幕中。　情怀多闷闷,性意苦匆匆。

雁影空沉水,枝枯苦被风。　良人逢兔穴,举手拂幽宫。

申　花盛果收奇异,时来结个红桃。鼠牛方知吉耗,龙虎营运滋饶。

借问从来何若,凄凉空度良宵。翻身自涉危艇,贵客滩头又招。

戌　仙种逢时花未残,将身翻却男子强。可怜入在红尘里,何日能离苦海航。

粉脂任意重添色,娇态留心试淡妆。蓦地仙姑来一问,不妨向我到南阳。

四字金　　　子,乔松栖鹤。　寅,溪流入海。辰,高楼闻笛。

午　点铁成金。　申,借潮行舟。　戌,掘井求泉。

《郭璞数》:阳局谋富几巧,此心足饱,青云有路,春不再遇,限行遇卯有些闲挠,儒冠不误,日莫虚度。书一堆文书通一堆良田,不买即蓄畜,子不知耕,妇不知织,天荒地老,是诗书力舌耕笔,未纸为田,不耕而食,衣纯绵,劝君好向前,此事莫忧煎。财红尘太仓粟,万贯更缠腰。性英雄豪杰,那般迷惑心。莫埋冤到底,终得。刑妻子六亲宁,免难成业,与兰桂异种,却数荣旺。足不足,美不美,仿得些,却是喜。诗礼家声在衣冠袭世新有恩沾雨露满屋尽生春,他年机会相逢处,万里青云去路伸。休言名利尚无涯,再整箕裘又起家。着力向前还有遇,免教事业两咨嗟。菱歌唱彻水禽飞,到底因缘如未遇。独倚阑干柳絮轻,待得东风已暮春。移得翠条阴影处,此时和气喜津津。不在祖财并祖业,自整箕裘云路活。回头眷属落花空,自折南山枝上叶。气

贯虹霓数　磨穿铁砚奋双拳，气贯虹霓尚勉旃。世业诗书重整顿，家风笔墨可周旋。谦和上善仁如水，逐暴阴奸义又传。移得桂来栽月窟，老来花柳缆随船。流年一人立相忧忆，引起事，无了日，放下心相逃逸。早宜觉，莫教错，怕是非，宜稳着，有口舌，人来说，莫听它，是鬼贼。事一事，到冒时，好破你些财与宝。别人之事莫去保，引得粘身讨烦恼。风云未遇叹辛酸，准拟身安却未安。七倒八颠烦恼处，愁愁喜喜两三般。堪恨年来意不如，半愁半恨未伸舒。东窗忽老翻思处，指望安闲揔是罳。天边自有青云路，跳过重山向前做。既然运限有参差，也须坦道扬鞭去。雁遇秋风喜快翔，欣欣喜色遇重阳。行年复有文书动，缺月重圆皎洁光。

阴局沉沉庭院锁黄昏，静对梅花独掩门。数带孤星刑骨肉，厌厌成疾谩伤魂。为人狼虎支持好，整顿家风不料早。生来计较更多谋，福禄根基还稳厚。荣华有分富贵来，增田进土积钱财。五宫修得因缘好，他时有路上天台。女流年气数今年否吉祥，扁舟过海虎逢羊。血光血刃生憔悴，啼尽花残春去忙。夫悲子闷意啾啾，羞见孤灯恨外愁。共共白头堂上老，阳关一曲梦中忧。　　财　　灾　　病死　　香纸愿

《丁巳鬼谷分定经　坎卦　乘槎渡海格》

黄河湘水水相同，水港微渠路也通。松茂节高侵碧汉，争知蓬岛有仙翁。

雁飞云外无踪迹，必是年深事业隆。夭桃花发枝枝秀，羊虎才逢喜气浓。

羊马即亨通，贵客更相逢。箭随弦上发，钱财喜气中。天轮，天戈，天锋，此星照命陷害六亲，迁居改正，孤独自成，心闲身未闲，身闲心似火，意懒气如虹，当权早历事早。百丈竿头进步，千重浪底翻身，多磨难，只得凶中有救破。尽还来，却在晚年发禄，如井泉水之造化，用之不竭，贮之不满，成中有破，破了还成，却在晚年。述云：要知向去生涯事，羊马群中事鼎新。

《康节前定数》：黄河连天格

黄河天水相连接，水港溪深流不住。松筠高节直冲云，终作弯槎乘仙志。

雁飞江上无踪迹，必竟年深断消息。树头花发两枝春，水上紫衣人助力。

中　轩昂心志事，名望转迁权。　箭随猪上发，逢鼠禄升天。

末梁间燕子整新巢，鹤立青松志气高。贵客相逢须得意，此时方许钓鱼鳌。

男命《前定易数》：坤

丑　雨过新凉枝叶盛，长松节操不凋秋。镃基别得家重植，身计如安且恁休。
雁逐断云悲海峤，鸳随深浪入汀洲。若还要识平生事，失却还须再聚头。

卯　历尽高山险在前，平生负重不离肩。飞遥孤雁重山去，飘落残花果又乾。
能将胆志存终始，争奈根基不十全。东向是家西向立，天然教你两边圆。

巳　芳园蒿艾离兰芝，枝叶兴衰各有时。更遇东君回暖律，再施馥郁始人知。
孤雁忘群悲夜月，鸳鸯失侣独栖池。前程自显成身术，莫道生来遇利迟。

未　欲上危楼路不遥，猪儿逢鹿马头高。前程渐渐生涯立，去后纷纷祖计消。
一树落花香瘦削，半行归雁叫何劳。虽然更有终身福，自合名彰好弃瓢。

酉　贵客垂钩吉事休，井中休怨禄难求。成身必到安闲地，荣业须超杂冗流。
果结高枝绝花已谢，孤飞高塞雁寻俦。中间一段难明事，争奈天然不自由。

亥　萧索园林景物衰，东君一旦遣春回。枝头始觉花消息，霜雪不期相趁衰。
才有利名还半失，将高禄位恐难陪。倦怀休与时人论，笑傲云泉归去来。

女命《前定易数》：益

丑　娇态施情问鼠牛,前程百事不须忧。但闻云边孤飞雁,不愁灾厄度春秋。
侍奉且徒慈善立,殷勤家计早拘留。开怀渐使身心乐,何用奔波苦苦求。
卯　衣披玉体假男妆,缓步平平到寿阳。休问行人路何远,却缘汝辈福难量。
不须回首归衣子,只可留心守绣房。鼠牛时至终须在,新景移来上玉堂。
已　情性刚强立志豪,作事操持心性高。前程母虑成家计,但恨年来果不牢。
鱼雁相逢无间断,鸳鸯得意喜波涛。更遇贵人先自宠,同宫相守尽逍遥。
未　亲眷凋疏转见衰,终身重改福胎来。贵人举首无私意,后苑枯枝花自开。
强缀果红不长久,情怀深远意难猜。龙蛇窟里问消息,朱颜依旧笑香腮。
酉　志气刚强最难测,早把生涯在贵人。立业乍成还乍破,守己留心不主身。
鸳鸯对对游新水,乳燕双双遇早春。福回依旧精神变,须待时来脱乱尘。
亥　铁砚磨成和绣针,低偎闺内守芳心。欲步金莲图脱化,奈何衰厄尽相侵。
槛畔良人开眼望,窗前佳果缀平林。试问前程有何所,静心侧耳听佳音。
四字金　　丑,种竹成林。卯,惊鱼浴藻。　已,春日桃花。
未,明月梅花。酉,甕里春风。亥,披月观云。
《郭璞数》:断男命与前丁丁同
阴局柳眼逢春展翠条,奈缘风雨送人愁。一身未得安闲处,劳力劳心不遂谋。时运
淹留空怨恨,依对东风凝泪眼。前程好景在夫宫,富贵来时应未晚。恁时酌酒大开怀,显
贵门庭事事谐。只是有些刑克重,六亲内外叹离乖。几度声调琴瑟美,梢头花落秋风起。
伤心心怨怨何人,曲曲阑干时独倚。　女流年枯木逢春发故枝,开怀端坐向深闺。五宫
佳节兰房里,琴瑟和鸣分不亏。文书夏月自西东,进喜添丁却在冬。只恐喜中生患难,牛
郎时节恨忡忡。出外买卖花一树红,花落惊喜远信文书。
。丁庚鬼谷分定经　颐卦　画楼独倚格
高楼画阁终非久,独倚阑干望远天。一上小舟音信隔,芦花深处有风颠。
邻家户口三千万,咫尺长安一水间。借问白头坟畔立,四隅相送海隅间。
四海名声远风帆,驾远舟,逢寅亲,马尾明月照中秋。天刑,天耗,天虚,此星照命做
事迁回,巧中成拙,是处还非,倾心吐胆於人,翻成不足,兄弟无分,独立自成财,似岭头
云,聚散不一,福如秋夜月,明暗不常,家不久缺,眉头不曾开,亲戚难靠,朋友少知心,子
未得力,担未息肩,鬓白如霜,犹负重担,目下虽安心未彻,枯木若逢春,蟠桃终是结。
述云:
寅马才逢泰,枯枝也遇春。是非还自戒,切莫听小人。
《康节前定数》:仙人看月格　诗与分定经同
中　阴妇期招客,风帆驾远舟。　庚随亲马虎,明月照中秋。
末寻问几载身未退,衮衮生涯事越攀。艰辛遍历中年过,恬淡须当晚景间。
男命《前定易数》:临
子　　立业难终始,斯人两苦前。贵乘猴鹿立,人逐虎灾缠。
雁去忧分散,花开恨不联。虽为云外客,心事在亏图。
寅　心如钩距计如丝,休把忧闲镇锁眉。羊火誉传知虎子,禾刀得入待龙儿。
飞鸿两两东西去,旧树枝枝果又衰。若得仁人启尖嘴,便随春色到皇墀。
辰　身事心谋两不同,可伤亲旧各西东。贵人逐鼠过茅舍,山鹿随羊入野丛。
群雁行飞还失侣,残花枝上又新红。平生衣食随时足,不作清闲白首翁。

午　平生虽有青云志，偶被弓伤落羽毛。虎口开时迎喜色，猴头起处射秋毫。
一行雁起空沙迹，二只鸳鸯舞绿涛。莫遣斯人盈满去，便东随逐浪滔滔。
申　机谋多变事多知，千贵趋名计总非。虚禄谩成於马首，成身安立向猪见。
二株花木无成果，一对孤鸿南向飞。可惜平生情性悦，此身不幸寿无亏。
戌　只斧斤何断，孤身事两家。　时当成破处，情到喜中嗟。
呖呖飞鸿雁，枝枝艳冶花。　夜深风雨暗，特地逞光华。
女命《前定易数》：临
子　　　风景自萧条，亲疏情分凋。　槛前游蝶喜，花内乱风飘。
有意收生计，无心守寂寥。　重山寻故客，方可保身牢。
寅　　　立计多迍蹇，聪明特异人。　只知淹苦久，难免福重新。
燕语情堪许，鱼游共水滨。　欲辞灾化吉，且更待寅申。
辰　　　美貌随风改，心情介且孤。　幽闺多坎坷，绣幕却清虚。
马首须知吉，羊见不惮迁。　后来荣遇日，当得守残躯。
午　　　业重修身苦，从来不自由。　情怀常欝欝，生计自悠悠。
佳果虽含实，红梅反遇秋。　半愁还半乐，终白此生头。
申　　　造化元来是祸胎，分来福去又还灾。立身当尽平生债，处性难教美貌开。
重重孤失何能脱，闷闷情怀岂可猜。路人忽地寻消息，不若低偎觅果栽。
戌　朱颜不改少年容，步步金莲入洞中。时来福至无些挠，早待良人立大功。
一只娇莺窗外语中，成双粉蝶逐清风。堪笑前程荣遇处，成家立计必亨通。
四字金　子，衰颜对镜。　寅，寒潭下钓。　辰，秋燕营巢。
午，破舟载宝。　申，春堤杨柳。　戌，晚日登途。
《郭璞数》：阳局性性多心直，刑骨肉寡合，非亲是亲，移桃接李，半假半真，手足妻子，
财一堆钱。眼前莫怨终须一变，苦后甜来先欠后见。一家人不合，一恩施无音，一官人不
语，一辛苦在心。心事未如休怨恨，看看荣显莫沉吟。一生性直口偏饶，一屋人孤恨寂
寥。一雁高飞趁双伴，一心山外更飘飘。计谋百出喜施为，弄巧翻成拙有馀。却喜支撑
心不倦，是非多处更防危。孤刑命值何端的，骨肉虽和宜自立。恩波到处揔成虚，只好闲
中消白日。燕移旧垒画堂深，一卷诗书好立身。有喜有忧还自快，片云和雨过天津。拆
车造屋数，铁砚磨穿，心未倦，性直，口多招惹玷，六亲骨肉有如无，几多恩情人反怨。绿
窗之外结新桃，金屋檐前移旧燕。相逢鸡鼠正维时，松竹春风应不变。流年　事一段生
愁，谁知不觉，喜腾前喜信，好事临门，性且宁耐，有一事翻覆，有一件虚惊，莫跷蹊，有来
并，有去斡，事须老成。回头犬吠夕阳西，空谷伤心怨阿谁。曲槛花开连夜雨，疏窗红烛
被风吹。白头人看少年愁，仁义交加不息休。得意之中防失意，一场欢喜一场忧。十丑
女掩面，二尾一牛行。言公宜忍耐，善保过今年。橙黄橘绿喜重阳，祸去祥来福在冬。解
使岭梅传信好，一枝春赠主人翁。一门好事忽然逢，今年好事眉开锁。一任更张无不可，
前程快活不须疑。目下尤防一川火。

阴局绿窗静坐意沉吟，蝉噪风清送好音。欻尔秋来生寂寞，谁知孤负少年心。为人
性不耐忧煎，说着营生便惨然。巧计机谋多运用，一成一败付前缘。有一喜，有一悲，秋
风桂子兰凄凄。莫言未遂平生志，指日荣华富贵齐。　女流年扁舟逐浪遇狂风，狼虎逢
牛步踏空。夫妇偶然添哽咽，夕阳西去水流东。百花有恨暮春愁，榴开一火起川头。秋
风动处添凄惨，儿女彷徨事不侔。

《丁辛鬼谷分定经　泰卦　月影浮云格》

自古兴隆泰渐通,因逢除夜月朦胧。如今暗地逢明烛,随照流光却向空。

寒塞雾烟莺燕少,雁飞沙塞也西东。知君意在青松下,堪笑桃花满树红。

如禽添羽翼,侣虎奔深山。便风舟到岸,何用苦摇撑。天井,天台,右班,此星照命作事迂回,所为进退,历尽崎岖,舟行未稳,嘲风咏月,潇洒胸襟,吃不得亏,受不得思,出外高人见喜,在家小辈无缘,命中退神重重,奈缘事运,皆未能成器,才到午酉,件件称心。

述云:

目下小人相忌妒,自有高人举用时。

康节前定数满地桃花格诗与分定经同

中　知禽翼未齐,似鹿角方生。　便风船到岸,何用苦摇撑。

末平生才说又逢忧,独立峥嵘有变谋。安然姑待桑榆景,利禄资财不用求。

男命《前定易数》:泰

丑　　心乱丝千系,家繁势八刀。亲知情见少,志气自空高。

杳杳沙头雁,芬芬槛畔桃。　天然身若此,何必叹空劳。

卯　闹里成身出等闲,休嗟祖业有艰难。哀情番作风情恨,不意俄成得意间。

鸣雁孤飞晓归去,花枝重结晚来悭。利名堪笑多难守,才足逢忧闷破颜。

已　　水涸鱼无乐,春来草自荣。　利名空怅望,情绪若无宜。

雁叫愁人意,莺啼愧耳听。　白头堪羡慕,风月谩留停。

未　　业计渐凋零,衣冠愧不称。　人情空往复,志气谩堪能。

塞雁群飞去,墙鸟每起憎。　安危孰可料,高意看风灯。

酉　有意荣枯江上草,无情出没岭头云。是非消息渐多口,亲旧因缘恨不分。

园中桃杏须摇落,塞上鸳鸯必失群。借问枝头存几朵,花残一果已留君。

亥　　无限园林好,安然乐几秋。　节坚庭畔竹,情逸水东流。

花放雨惊散,鸿雁霜冷愁。　云程终得路,胡为此淹留。

女命《前定易数》:蛊

丑　一身早离亲门去,改易成家未见踪。败失重重堪立计,孤遗闷闷喜亨隆。

日下徒妆红粉面,风前难展少年容。若是良人从此得,不知不觉各西东。

卯　春色融融发旧枝,绣幕低偎守吉时。莫教槛外东风起,依旧闺中笑貌迷。

云间鸿雁情欢洽,月里婆娑忽自披。借问生涯何所以,留心对坐着仙棋。

已　克已伤亲出世间,且宜安首整云鬟。早出元基方可脱,抛离祖计失慈颜。

有果不收霜后实,无心且自访青山。欲问荣华平稳日,时来命发脱重关。

未　花容异日别千般,忧闷情怀不自宽。且恨生来无此厄,不知去后有新欢。

得果来迎陪一笑,贵客相招入峻峦。待得鼠头回吉耗,依然有意免眉攒。

酉　孤雁依云展翅飞,修身兀坐绣衣犀。虽自衣财时聚散,只知命分有乖离。

贵客相从当此显,花容妖媚逞娇姿。前程终自无忧虑,祸去还须晚福随。

亥　翻身且脱垂丝纲,一透朱门遂雁飞。良人前定非今日,莫用辛勤守绣帏。

寅子时来无阻隔,卯申命发定镃基。且问前程何日立,守心专待采郎归。

四字金　丑,岩头夜宿。　卯,浅水行舟。　已,凿井求泉。

未,坐井观天。　酉,帐里抛球。　亥,大旱甘雨。

《郭璞数》:阳局　性机变有能有艺

娶凶哭半哭，一段因缘圆不圆。一生名利两茫然，一行归雁斜飞处，一朵桃花春后鲜。气数安排何足猜，眼前疑虑不成灾。文书叠叠生财喜，万里风云一快哉。心欲谋时未待汝，时来自如意，谋高喜就休憔悴，风筝高向白云飞，跳出重山人遇贵。祖基缘浅莫咨嗟，换骨抽胎龙是蛇。只下月孤灯，风雨落残花。曲道行车数眼前，情虑不须忧一片。尽路头，情未止见成，门户更宜修，三思戒慎防轻失。初娶墨池开口笑，却逢白兔泪盈眸。流年半惊半喜趁得遂。福更改后见光辉更变，有喜满栽归，笑颜嘻。象高前程，利禄足滔滔，推车坦道，知无阻，半触光明，一官掩面，一静听琴。门外捷旗飞书报，你东南，空碌碌。添丁进口馥郁，一轮明月又升东。几年有风月胜吹嘘，借力便冲飞，会须一遇东风，便万心久六，亲好处惹阳疑有。

命 诸家星命百二十九

《丁壬鬼谷分定经师卦　鼠守陈仓格》　仓积陈粮食有馀,半归食鼠半归厨空中雁字飞相远天赐聪明岂在书有限足招云外庆危中却有贵人扶。百年大限中庸好,心巧机灵压众愚。立志能刚勇,心聪见识明。六亲虽倚靠,举意合天,真子箭思牛斗骑。龙上碧云逢蛇多,称意遇马得荣身。天铃,天缺,天螟,此星照命机深胆略,志巧心灵,生来执道,不会悬客,有操持,会施为,能支撑,会伏众,却缘磨难早,六亲不得力,当心自争坐,退神重重,相识无义,骨肉相疏,好处翻,成不足,妻迟子晚,好事多磨。

述云　　好笑几翻天大事,危中却有贵人扶。

康节前定数野鹤营巢格　仓廪陈粮积有馀,半归雀鼠半归厨。空中雁阵飞三只,天赐聪明亦在书。有限定招身险虑,多愁尚恐暗有虞。花开却被多风雨,老树庭前只一株。

中　子前思牛角,骑龙上碧霄。　　逢蛇方得地,跨马步仙桥。

末勤苦须用独撑持,度岭穿山遇石崎。紫袍贵客人相会,异时平步蹑天梯。

男命《前定易数》:师

子　前程计业渐光荣,艰苦逢羊路渐平。胆志每招危险外,言辞若涉是非声。

空中鸿雁飞三只,池畔鸳鸯遂两情。莫虑花开多暮雨,枝枝结果自然成。

寅　否中还泰又须通,困尽危中道再隆。立业必超黄阁贵,利名终到白头翁。

庭花生艳遭春雨,塞雁联群起朔风。旧发蛟龙行雨露,不教尘土泊英雄。

辰　疏亲背祖身还寡,惹是招非险又艰。每见福身还又薄,如逢难事却无难。

长天寂寂悲鸣雁,晚景幽幽眼綵鸾。春去秋来荣不彻,孤标独立效僧蛮。

午　趋名趋利何时足,多滞多愁少解颜。道在险中能遇福,人情美处揔成闲。

异花开发荣新朵,去雁遥飞隔故关。欲识平生名利事,东倾西积去仍还。

申　当年却自南山竹,移入庭前待凤来。节操不随秋色变,根茎堪使识音栽。

雁飞一阵天边别,花谢垂芳槛畔开。要看前程凶吉事,兔鸡如脱步高台。

戌　雏莺出谷迁乔木,日渐飞腾羽翼齐。飞啭好音如自乐,窠巢故处却嫌低。

晓天孤雁归南塞,晚树桃花发旧枝。闻道利名前路去,回头水畔上危梯。

女命《前定易数》:涣

子　心怀豁达气流霞,慷慨荣华特地嘉。游鱼快乐逢春水,得时定主富豪家。

自招眷属逢安逸,长守闺房并逞夸。殷勤箕箒无多难,处世相看意必佳。

寅　风流立意自宽怀,生计从前□涯操。持值此俱荣达权,柄门庭足显华

安□□堂身自稳,施为处世福来加。左右前后无一事,众人加顶共堪夸

辰　　心聪志巧能,立计常防伪。　怀虑少灾迍,居常多称意。

有疾免刑危，无灾却不利。若鼠得安宁，牛羊须见贵。

午　　　异日花容别，施必常歇灭。　隔水却荣华，离乡乃超越。
居身不能安，是非休要说。　鼠尾有忧煎，贵人有提挈。

申　　　立计精神好，身田向善缘。　情怀宜积行，衣禄得安然。
小心归侍奉，有贵自周全。　更有前程事，福至自骈骈。

戌　　　鸿雁半空飞，孤身入绣帏。　荧然财禄厚，友主贵相依。
不出门庭去，长存花阃宜。　羊猴当一变，奇果缀金枝。

四字金　子，薰柳鸣蝉。　寅，宝马金鞍。　辰，高楼暮锺。
午，囊萤照路。　申，石上栽莲。　戌，娇莺出谷。

《郭璞数》：断男与前乙壬同，阴局蹭蹬，平生家事多，心闲身苦，不安和，水云隔断家山远。四意三心怎奈何。命带孤星早刑克，回头不见天边月。几回骨肉露华秋，心事接成三四节。生来机巧意还饶，把捉家风事事牢。手段玲珑多计较，中年利禄足滔滔。一庭两柱芝兰秀，晚香扶植为长久。恁时晚景尽堪夸，福禄双全为大有。女流年皎洁长空月影光，闺门四序保安康。资财进益佳人喜，静地宜烧一炷香。秋来添喜气，冬用进文书。有人求匹耦。和气蔼庭除。

《丁癸〔鬼谷分定经〕谦卦　云开见月格》　君子垂钩坐钓台，鸟云吹散碧天开。从今渐有升腾志，好把身心自忖裁。此时得运潇湘客，月影梅花明照雪。蛇猴相会济风云，荒圃凋枝杏花发。得意成家业，时至福峥嵘。蛇猴相会处，福禄自然通，天厨，天驰，天料，此星照命如孤鸿塞，只鹤乘风，志在四方，宦游他处，不守祖居立业，只宜出外救神，有求财如泉井满而不溢，三两次改换基址，四五翻成立家缘，在俗还孤，出家不净，磨难多，成败多，心在间地，身落火玩，尽是天驰星所注。述云：君今若问真消息，只好桑榆度晚年。

《康节前定数》：月照梅花格诗与分定经同
中大隐逢时力渐成，天晴云月转分明。桃花树上生松子，得见牛羊禄马升。
末卓立根基未见成，谁知命里主艰辛。无端事业多事叠，每遇风波得救神。

男命《前定易数》：谦
丑　云散中天月未圆，操心用意只如前。牛羊窠里灾频挠，名利丛中事不全。
雁去雁来声渐远，花开花谢色难坚。须知分定厌厌地，不必临流叹逝川。

卯　有志有谋仍遇贵，得时犹自积重山。牛羊窠里方离塞，名利途中身未闲。
雁阵纵横三两只，鸳鸯聚散易成难。双枝竖起门庭秀，云上仁人伴往还。

已　见君近日渐离愁，犹喜时时贵可投。若问时来营计业，许君一钓在鳌头。
雁儿几只空中别，鸳侣一双宜再求。却喜枝头存两果，他时名利荐龙楼。

未　临流得趣且垂钩，钓得双鳌且待牛。此景此时真得意，如兄如弟尽同谋。
好问雁行声自远，更看花朵意何愁。若要门庭知嗣续，残花结果两枝头。

酉　推量尤宜坐钓台，月圆风扫乱云开。豁然渐立营生志，更喜牛乘名利来。
雁字声声飞渐远，鸳鸯对对意还猜。他时双果光辉盛，羊虎当年始称怀。

亥　君子垂钩坐钓台，乌云散处碧天开。从今渐立平生志，绕到中年吉事来。
烟混雁离江岸远，鸳鸯和雨压莲栽。桃花树上生松子，蓦见牛羊禄自来。

女命《前定易数》：萃
丑　荆钗衣禄逢祥兆，荣显名臣立大功。早岁亨荣居犬鼠，逢君作意逞娇容。

枝缀果红傲霜雪,池跃金鱼倚藻丛。门阁改易因添口,鸡兔时中福又通。

卯　秋风渐历卷罗衣,云雨绸缪不得时。鸳鸯两两浮新水,菡萏含羞冒绿池。
操持嫌比情怀恶,活计驱驰理ума疑。龙蛇出穴良君助,名利兼全享福基。

已　逢君恣逞娇容态,月镜重明得意人。绣帏不拒风来卷,朱户常能日照身。
大贵相投何虑苦,前程得此有缘因。不知今日非常喜,到底荣华脱外尘。

未　三星在户为佳兆,放下心平待贵生。只知性格情怀烈,抬把操持事事明。
出世不足非常态,今日相逢水样清。回首远看君盼盼,不妨莲步上莲瀛。

酉　福至心灵不被欺,精神改观已多时。绣帏拥出一轮月,玉步优游果不奇。
只嫌时命灾危苦,不脱亲疏有别离。试问生来有何恃,羊头依旧节郎归。

亥　金梭促织机中锦,机损空投织未成。佳期未至宜安守,不用忧煎作恨声。
奇果垂披未成实,娇莺睍睆语声清。时来就织回文句,必向前程享太平。

四字金　丑,细流归海。　卯,金盘堆果。　已,楼头望月。

未,鱼丛下钓。　酉,开云望月。　亥,深潭下钓。

《郭璞数》:断男命与前丁戊同　　断女命与前壬戊同

《戊甲鬼谷分定经颐卦　仙鹤腾云格》　大化无非小化成,身齐松柏复坚青。安居待
命须时发,养性逍遥自称情。天远雁飞三四只,水边云际望俱平。君还若问前程事,百岁
花如半日荣。遇犬逢辛禄,逢牛箭自来。兔龙应奋发,羊马上高台。天船,天昌,天南,此
星照命心性刚直,所作详明,其性坦然,并无私曲,三寸刚舌,一片佛心,却只于人不足,恩
中生怨,交游无终始,件件自当心,般般自费力,移桃结李,几度家成又败,末主方兴五行
之所注。述云:从前磨难皆劳力,今日方知举步高。

《康节前定数》:顺水行船格诗与分定经同

中　遇犬重新禄,逢猪箭自来。兔龙牛地发,羊马上高台。

末平生进退少舒伸,所图事业恨因循。前程有遇擎天手,扫退阴云万里明。

男命《前定易数》:颐

子　策马登高险在前,路遥驰骋懒蹄酸。如逢坦路心方稳,切莫操情急着鞭。
去雁分飞三两只,残花结果一双鲜。区区长似悲秋意,呖呖枝头叫杜鹃。

寅　名利飞来岂是荣,危舟飘浪势防倾。蛇儿得脱危疑事,鼠子须期计业成。
去雁空飞音信绝,双鸳波浴羽毛轻。君家借问将来事,云上仁人荐异名。

辰　休论亲知与祖基,平生坚志自成持。此身必出重围网,幽意常如紊乱丝。
岭外音书孤雁绝,槛前情意落花迟,年来岁去浑如梦,梦觉思量百事非。

午　当年得意乱施张,百发中当百箭强。只谓弓开还的中,奈何弦断反身伤。
天寒雁叫西风急,春暖花敷带露芳。欲识此生身作计,只将兹事拟东阳。

申　云梯咫尺可跻攀,欲上危难意又阑。再把身心成别用,他时名利又重还。
寒江有雁分飞去,春苑芳芳结果悭。直待马牛方息虑,望中再立两重山。

戌　离亲离祖独营家,渐渐谋成事有涯。胸次多能须自屈,朋交无分是非加。
双双目断归南雁,朵朵情伤墨雨花。料想此君仙骨薄,休将心胆跨云槎。

女命《前定易数》:小过

子　望君低幕指朱衣,对面谁知心下非。千花百媚三春景,娇态妖容正得时。
乘风顺使归荣地,入鼠成功世罕知。福至终须逢此兆,生平衣禄自亨期。

寅　一轮明月照孤舟,人静催行不自由。但见重山与重水,何知赋定自优游。

一只雁声声呖呖，几双蝶舞舞悠悠。借问前程当若此，收心守已度春秋。

辰　　　情绪如丝乱，无心得理情。情怀徒闷闷，业计立平生。

雁度长汀远，萤灯别浦明。一身何所立，孤失势难凭。

午　　　衣禄虽未全，身闲心不安。操持徒自逞，分足遇忧煎。

何况孤离早，难依势力缘。待猴消息至，又恐祸相连。

申　生来情性多□恶，不耐荣华岂可攀。假使能怀千计巧，如何可得一时闲。

须当破祖并破禄，便逢奇果又收难。更看前程坚固力，犬儿到此恐衰残。

戌　离禄一去问前程，前程衣禄自然荣。鼠牛成失虽伤己，猴犬仍前有誉名。

莫向和风时拂动，山前忽地望夫迎。安心且享崇高福，不顾亲疏得众成。

四字金　子，岩头走马。　寅，扁舟下海。　辰，谷雨栽花。

午，墙头走马。　申，腰钱骑鹤。　戌，鸣弦柳影。

《郭璞数》：阳局　一屋中石皮命招更怨，离祖田，并父屋不受，一些儿。

性性豪强，做得香，架上文书。心心高不足，莫使急性，注禄羊官，使斗把秤，一枝花花损心，一壶酒酒里语。闲花野草，一场烦恼。一鹿眠山一龟鹤，一点寿星还早落。一家风景又重新，一屋人孤看寂寞。英雄手段少年心，语大谋深要出群。紫诏九重天外至，峥嵘头角愈精神。日照堂前影正圆，秋风雁字趁双联。绿杨枝上鸳鸯侣，有分成双过少年。一重文字谁人识，一段因缘巧成拙。一生撑立费精神，一事如今搃虚设。春风桃浪透龙门，鼠子随波也跃津。变化金鳞三十六，恁时风景又重新。

曲径寻珠数莺啼，花下龙归海鹊噪。檐前鼠走时不是，一牛生二尾元来。

造化却宜迟闲人，问我重重喜自此。家风渐渐辉何虑，身中犹进退龙蛇。

出舍脱忧疑　流年望可成防有病　谋事今年有做作，只忧家宅多萧索。猿啼流水看花来，愁绪连绵人寂寞。可笑又可怪，为小却失大。菊后早梅开，钱财恐尴尬。闲是闲非有参商，愁去愁来阒一场。忍奈宁心休要急，自然福禄有辉光。厌厌憔悴对黄花，花正浓时雪又遮。半气半风半如醉，重重叠叠有□加。事宁奈且要睲睲，得赢福方大。

阴局雷在山头小过春，几多生意满乾坤。碧桃花压阃千画，庭院沉沉独掩门。妖娆体态压群芳，性巧心灵更异常。百会丛中夸好手，只伤好梦到高堂。有分因缘百岁齐，池边鸥鹭看分飞。门阃整顿家风好，花锦争先对落晖。女流年马过危桥又断桥，数逢此地得人愁。春花秋月并人恨，芳草斜阳景不留。

《戊乙鬼谷分定经蛊卦　鹤立青松格》

鹤立青松栖不成，无言终日谩劳神。刚柔自定成身计，金满斯箱酒满瓶。雁叫碧天空接水，桃花雨后始鲜明。堪爱利名频得失，争似山居静掩门。

得遇阴人发，乘猪喜渐通。龙蛇当有庆，羊马笑颜红。天绮，天并，天穀，此星照命凶处成吉，忧处有喜，件件自劳心，般般重费力，朋友淡薄，亲戚相疏，伶俐自然，风流天赋，于人不足，翻成是非，只得救神，在命三五处失脚，吃□处人，扶妻宫，有破祖业，消磨命带，暗疾可免，刑伤亦能延寿，宜戒五荤三厌。述云：平生历遍难危处，如上青山得片云。

《康节前定数》：瓶酒满樽格　诗与分定经同

〔中〕逢见阴人发，乘猪喜渐来。　兔龙当美命，羊马望天开。

〔末〕万顷波涛一叶舟，处身烟浪未能休。金水贵人轻借力，此时平地跨鳌头。

男命《前定易数》：蛊

丑。　刚心能自奋，操意每多危。　利禄成难久，亲交必见遗。

中华传世藏书

永乐大典

精华本

有花应两折,闻雁必孤飞。　要识前程事,元君又梦龟。

卯。　春色到时皆奋发,枯根槁木尽新枝。身计定期名与利,人情任议是和非。
云山叠叠空愁雁,莺燕喃喃各带儿。去后朱门好冲挚,其中还有福磉基。

巳。　区区冗路莫辞劳,丹凤应须脱草蒿。奋翼直须翔物外,拟身真与利名高。
连天秋水空横雁,遍暮狂风摆落桃。得趣更知云水兴,飘飘雅志自风骚。

未。　　堪笑当年事,为缘父母孤。　资财成破处,祖业倒难扶。
雁去一双远,花开三两株。　纵然不倾陷,不免走危途。

酉。青云非汝暗,生计多劳苦。前生一梦中,成身百事负　雁飞江外遥,花傍篱边
吐。　若问可荣身,不敢轻相许。

亥。　云程万里君须去,必显当年出众才。惊破高人青眼顾,安荣生计白眉开。
水波埋却鸳鸯队,田野分飞鸿雁哀。空叹中间荣又谢,斯人何自泪尘埃。

女命《前定易数》:履

丑。　前程自有荣华地,何不安心向绣帏。辛勤立计虽操略,作事机权莫惹非。
贵客相寻通吉兆,佳期无阻遇良时。生平得意广缘定,不决天然享福基。

卯。　一去家山问有谁,忖量测度意中危,中途忽遇擎鸢手,却问当初是我见。
怪讶去年娇态女,因何有子在途亏。元来出世相分定,今日夤缘自旧时。

巳。　辛勤一世几时休,止恨迍遭不自由。必能施设千般巧,不遇风光几样愁。
衣禄虽然随分后,反为便失走蛇猴。不如早早心修善,去近名贤免苦求。

未。　几翻朗月缺还圆,处世情怀不肯宽。命里虽然无大害,心中不足受欺瞒。
得逢富贵时时喜,乐处居游事事安。勤俭主施人世事,自然衣禄得骈骈。

酉。　闺房秀丽几春秋,槛外风流惹我愁。娇容不改经年貌,粉面频垂香泪流。
思感当时荣贵处,不知今日苦中求。六亲疏散留踪迹,欲托高人守白头。

亥。　胆大心□立纪纲,机谋操略胜儿郎。只缘漂泊情堪失,争奈孤疏意未长。
幸得高人相举手,何虑他时命不昌。安心干运衣和食,鼠子来时福自强。

四字金　丑,松柏凌霜。　卯,春日花开。　巳,鸣凤栖竹。
未,寒日印水。　酉,空盘下箸。　亥,花园排宴。

《郭璞数》:阳局盅能干堂能算。□自立目造一新方好,性喜美奇伟。

禄有禄且守,孤刑支撑刑克激激沚沚,一人船中,支撑门风,历历涉涉,萦而不歇。垒
东皋南亩,不如华叟,成败。出二山相随,名利无奇钱,塘风月求名时节。几多刑克命中
迍,几度风波去涉津。几遍无端烦恼恼,几回怨恨慢劳神。钱塘风月景难穷,权重名高路
路通。可惜英雄心易老,林泉到底是家风。往往来来作不成,几翻进退暗关心。平生历
尽多磨折,万里风波水上萍。为人倜傥多机巧,作事轩昂不潦草。雁行两字鼎成形,独自
向前权柄好。一枝花,好人家,一门中生木,安闲却有福。一人立重山,卓立费机关。睚
过惊危数渐牢,声名嘻笑出蓬蒿。前程自有知音兆,万里风云着着高。树静风摇数烟波,
万顷海中船燕集。危巢事未圆只为,平生历难重几回。无事讨忧煎身心,未许偎摧坐领
袖。兵权别有缘点水,紫衣人得力看君。平步上青天　流年三虫食皿,有子干盅,疮疥瘫
□,无毁无誉。毗田土两段有进可换。事是进亦忧,一则以喜,着甚来由,人财两利。今
岁忧疑忌丙丁,堂前人醉未曾醒。闲非反覆相疑挠,谨慎平心免祸侵。猴儿红袖舞,榴花
雪里香。冬来还得意,好事又相将。此去滔滔利有馀,有财有喜不须疑。年来红入桃花
嫩,嘻笑绵绵得意归,一堆钱,一簿书,双山莫强做,做成反退步。四宫添喜,稳借吹嘘。

龙归深洞,箭中一鸡。

阴局　断与前戊甲同

《戊丙鬼谷分定经　贲卦　鸿雁失群格》

如今家富未为富,他日身贫未是贫。根脚浅来心地广,荣身好事未能成。

雁飞天外空寻侣,里外三千烟水云。借问芳菲成风朵,满园留得一枝春。

身计未能安,区区雁阵寒。利名须见马,方得贵人看。天牛,天雍,天空,此星照命如芝兰秀於山谷,松柏茂于岩崖,出处幽微,根苗固实,虽然祖父根基,独自能与保守,六亲无分,弟兄相疏,好个创业规模,却欠安闲之福,如甜瓜命,香从辛苦里来。述云:已午年中成事业,桑榆晚景乐馀年。康节前定数　明烛当风格　诗与分定经同

定窑白釉盘口壶

中　身自未能安,区区何曾闲。　利名须见马,临水下钓竿。

末历尽风霜始得安,云收雨散月登天。贵人相遇来助力,金波玉沼映芳莲。

男命《前定易数》:贲

子　此身平地入青云,回首相逢天上人。历尽重山乡故远,将谐吉事福基新。孤鸿别队空相忆,花朵重枝插醉巾。跨鹿定应已个事,岁寒方见老灵椿。

寅　变化机权未遇时,年来好事又差池。蛇羊挚出千重网,遇鼠还应百事奇。天际雁行何寂寞,槛前花朵见离披。知君向后成身处,贵客相期到玉墀。

辰　堪恨生来多坎坷,较之命分不须忧。此身不作他家嗣,还好清闲作道流。月满花开空怅望,鸿飞雁去不堪留。琴中幸有知音听,流水高山一曲休。

午　贪名好进多无益,多志多能意不深。无限闲愁消未尽,中年财利喜相临。长天渺渺云浮雁,秋雨萧萧叶阴林。好把身心思进退,前程灾祸免相侵。

申　凡游巨海凭舟楫,缅想青云必有梯。惟恨前来常苦楚,焉知他日有提携。孤飞雁起沙汀远,零落桃花迳路迷。守得利名才入手,奈何天命不相齐。

戌　此身未许成身处,幽意常如不意中。生计空教图异趣,新交须见逆心哀。残花几朵衰阴雨,去雁一行悲暮风。始遇江南好行路,鹧鸪啼处水西东。

女命《前定易数》:井

子　生来寂苦费心机,却主多招是与非。若使无刑虽见寿,须防带疾免灾危。得在鸡羊荣贵地,必然亲眷定分飞。良人隔水传消息,且放心怀守几时。

寅　春兰秋菊正当时,何用劳心苦叹迟。空使神仙传妙术,难期贵客称心机。时来终有青云路,福至须当玉露滋。犬羊不敢轻相许,劳心还享晚镒基。

辰　　性烈诚难测,心聪岂可欺。　玉容能好恶,粉态足稀奇。箕箒无违礼,温凉不失时。　世间无此物,终遇八仙栖。

午　　时势真更变,英雄烈女持。　作家宜历事,立计遇良时。巧弱檐前影,娇莺槛外飞。　前程终不失,勉力守雄儿。

申　　志气虽然烈,于心积善缘。　中年衣禄聚,休论是非前。

鱼雁情尤净,鸳鸯意自坚。　安身终有地,荣达福田连。

戌　　立计必艰难,斯人多苦煎。　贵成当免立,时显恐灾缠。

蝶扰忧分散,花衰果不联。　生平多坎坷,事业每亏圆。

四字金　子,顺风挂帆。　寅,瓮里鸣琴。　辰,月下鸣琴。

午,衣锦夜行。　申,炎天破扇。　戌,石上燃膏。

《郭璞数》:阳局雁足不足,刑骨肉,财上鼠,立手头,耗不管冒。一人舟中风波一叶舟,半生多劳碌。田土辛辛苦苦,买田买土。刑刑克命孤,鸳鸯分散,六亲难合,风吹孤雁。一叶扁舟浪里行,一身历涉几千般。一家骨肉相刑克,一段因缘分又悭。胸中磊落几多般,计智营谋省事端。跋涉几重山与水,艰难暗尽几辛酸。几谋费尽人心懒,事务茫然心怨叹。二亲无分不双全,飘零何异孤飞雁。琴调韵雅曲凄然,愁到菱花旧恨牵。好过两生山外去,吹嘘万里遇高贤。限交此去重增福,睚过此时心自足。荣华得处快图谋,更喜后庭秀兰玉。玉盂石盘数繁难,历尽千千斛春后。碧桃花似绿六亲,无分命中招。骨肉之中生不足。重金重紫贵人提。书中自有黄金屋,饶君富贵两皆全。石作盘兮盂作玉。流年添土成坟。睚一悲一喜,闲事满耳。运晦滞悲喜相半。运未至,莫呕气,流年气数涉忧疑。雨露生泥马步迟,喜未到时先惹祸,无谋无绪皱双眉。一客岭上,一官远望,一事如麻,一星自旺。旺气重重气象佳,看看喜色到君家。天涯身有青云路,只恐当年着脚差。祗望身安却未安,年来悲喜两三翻。七颠八倒变愁事,秋雁一声方解颜。欣欣喜事到朱门,桃李芳菲发故园。一轴文书飞入宅,两重好事尽团圆。

阴局孤鹤山头悲月明,落花风雨暗伤心。多闲未得安闲处,覆去翻来自不禁。只伤逢否未逢泰,对酒当歌送娇态。炎凉历过世人情,骨肉温存防克败。跳出重山有路通,船轻浪静遇帆风。看看浪入桃源去,满眼荣华夕照中。有一喜,有一悲,有一疑,尤防风弄房中烛,冷看梅花笑阿谁。女流年云开天外有清辉,四时端正度清闺。一荣一喜添财禄,又见枯杨发旧枝。只疑门外白头惊,闺阃无情半损情。笋嫩风狂难久固,除非荑酒醉愁醒。　阴小　哭　惊　鹊亚　文书事

　才刃　□　卞　从　喜　　□

戊丁鬼谷分定经　剥卦　夜雨翻桃花格

桃花夜雨春残落,柳绿莺声绕树枝。寄我一身须远祖,芦花深处雁南飞。真文必遂金门棣,晚赴舟墀莫叹迟。家住五湖明月夜,儿童相送步云梯。

寒雁江天晚,昏铜再琢磨。箭从寅午发,牛鼠亦颜和。右辅、天蓬、积宝,此星照命气宇精神,胸襟洒落,成几处事,立几处家,风衮衮平生,区区名利,披星带月,惹是招非,高人见喜,小辈相欺,近处无缘,远传令德,只喜不犯官刑,仍主晚年秀气。述云:从前历遍崎岖道,若要心闲待晚年。

《康节前定数》:清风明月格　诗与分定经同

中　蹇滞为时发,昏铜再琢磨。　命逢寅上达,猪见鼠相和。

末平生好处屡蹉跎,才到成时挫折多。紫衣贵人重情处,此时鼓腹醉高歌。

男命《前定易数》:剥

丑　芳菲半谢莺将老,声唪高林宿外枝。祖业定应财共破,人情中道可堪依。

孤云雁过江山远,得意人逢景物奇。论着利名难入处,不如林下问绯衣。

卯　利名才足便言失,业计将成又复衰。亲眷凄凉肠更断,心怀疑恨事难期。

双双旅雁随云去,朵朵鲜花带雨垂。只道伊家无会解,不言天数与天时。

已 黄金盈室酒盈樽，不解平生意闷昏。蝶蝶忧煎空度日，纷纷活计尽眉攒。
江天雁过群应失，池沼鸳鸯各自蹲。借问花残枝结果，环奇一子耀君门。

未 卑跃登云路，施张偶见功。 异花重结果，孤雁各西东。
财禄当时盛，生涯过祖风。 栽培根无力，春去恐成空。

酉 见君初计甚丰隆，日往时来渐不中。山上有山全不顾，福中望福返为凶。
离沙雁去秋将冷，满岛花残春已空。寂寞阑干人不倚，空遗明月与清风。

亥 借问成功受泰时，云梯直步更无疑。飘然已见形骸异，偶尔将成计业奇。
空碧云飞江带影，小堤花落翠添枝。功名洗耳归林下，松竹交加乐战棋。

女命《前定易数》：震

丑 枯木逢时花自开，玉容粉态滴香腮。自恨疏乖情义薄，长忧困苦阿生猜。
立计虽然有成日，生涯依旧待春回。争奈命缘有如此，笑傲山林归去来。

卯 望断高人险在前，生平立志岂虚然。良人山下徒相失，有果经霜不自坚。
能操胆志依然在，争奈根基没十全。东面为家西面去，天教娘子两亏圆。

已 贵客重年钓海鱼，水边休怨禄难图。成家欲要清闲处，立业须教旧日居。
果缀高枝荣自立，孤飞小燕入新庐。终有难言一段事，必然年禄又还孤。

未 骨肉分离隔远山，生平踪迹守孤单。财食终须相副合，因缘未至放心宽。
琴意正浓弹别鹤，情深且守结飞鸾。桃花春色浓如酒，许我时来改别颜。

酉 昔日今时事不同，莫言昔日有奇功。园林春至花容改，帷幌秋残果色红。
风撼危枝难结实，月明良夜问三公。休说时今无限景，马头回首福从容。

亥 生平志气何时足，守至羊猴方近禄。良客相逢事事通，终见衣鲜颜似玉。
月照纱窗踪影横，风吹奇果枝难续。安心静守不须狂，时到忧危任翻覆。

四字金 丑，秋莺迁木。 卯，瓮里栽松。 已，炎天破扇。
未，瓶里牡丹。 酉，高山凿井。 亥，松柏逢春。

《郭璞数》：阳局文名利性，甲乙人，天才多，孤晓了。双雁一人推车独运效到里弄镜，莫怨无成，福至心灵孤，道孤不孤，名利模糊负名。一剑
一琴前程有望心高。一对堂前人，失伴一对，碧桃移李换一对，鸳鸯两岸飞，一对征鸿云外看。一卷文书整整新，前程云外遇知音。一封消息吹嘘便，快我秋风万里心。一团和气拍怀浓，莫恨初年运未通。跳过锦鳞三十六，桃花浪里变蛟龙。而今休把双眉锁，世事艰难却历过。青云不语必登高，人看菊花霜后朵。可惜双亲分不全，别离弦管画堂前。鸾台有恨尘生镜，土斧重修月又圆。猿度寒山数巍巍，气宇特过人造化。如何不显明雁叫，西风侵碧汉鹤鸣。夜月照蓬瀛，移桃接李根，重秀浪芷浮花果。未成点水紫衣人，借力梅花开向雪中荣。流年宅一屋学人闱闱三四月，谋人动。有灾节怜人怀，空自焦。喜杜宇来，榴花开，忧不成，愁不是。

意疑心懒两迟迟，作事迍遭未遇时。正欲经营无意就，闲非闲是皱双眉。
万里平堤快着鞭，滔滔此去胜如前。名高利厚身荣贵，回首家山戏翠钿。
登山逢虎易无聊，户内人忙户外愁。嘻笑满堂人闱闹，杨花飞雪入高楼。
一破财，一卷文书梦中期。约醉里吟诗，一事跷蹊，一女歌笑，一人皱眉。

喜不喜，居无语，白云落，春堂落花逐流水，营谋不遂且宁心，睚过今年前面喜。阴局喽囉伶俐更惺惺，口直心灵迥不群。可惜数中刑克重，六亲眷属总浮云。平生历尽艰难事，费尽心机事不偝。克陷滔，滔星数恶，支撑得好福悠悠。多思多虑几曾安，营运家庭

不喜欢。翻去覆来心未已,到头云拥月光寒。一枝花秋芳,一枝兰秀发。一禄马趋庭,一菱花出匣。一人酌酒问春风,回首故园桃李月。女流年曲径推车断桥,鸟啼花落景萧条。血光血蛊毒中毒,鸳影俄然大恨愁。烧香布福保残年,呕气伤财子位言。白雪杨花妆户内,磨心磨腹气留连。才喜人秋下心非下心门内心惊枷锁言公财失一人病一人土

《戊戌鬼谷分定经 艮卦 独妇倚门格》

岩前风雨正依依,独倚紫门关掩扉。贞洁沉吟凝泪眼,儿夫别后未回归。

天边雁阵空违侣,槛内无花借一枝。莫恨晚年成败事,休论昔日是和非。

休夸得意深,莫怨彼无情。欲进独难进,别有好知音。天决,天说,天文,此星照命外好看,内槎槎,牙牙叶茂花繁秀,而不实,密云不雨,忧中有喜,险处有救神,有于人意,无酷毒,心头绪,多少记着。成而又破,破了又成,妻宫有克子宜见迟。述云:君知欲问前程事,只好空心待丑蛇。

《康节前定数》:孤燕呢喃格诗与分定经同

中　虎啸山前响,龙吟水渐高。　　马头春色里,到此作英豪。

末头角峥嵘已出尘,车轮得就可安身。如今随在风雷化,便觉青云天上人。

男命《前定易数》:艮

子　风月辉辉照玉扉,偶然贵客得相依。自兹更革忧成喜,莫使身心向是非。

分散鸳鸯何可奈,利名蛇鼠许荣归。当年飘泊江波外,老把丝竿下钓矶。

寅　几翻忧去又忧来,怀抱何时得好开。直把身心待羊鼠,自然生计脱尘埃。

庭前摇落花无果,天外分飞雁不回。堪叹老时多役志,却将微福惹愁灾。

辰　孤子成身险又危,莫言名利众相离。奔移空使身多事,待望须还向晚时。

沙雁分飞四五只,庭花须谢两三枝。柴门尽掩无尘事,好向其中立所为。

午　虎豹丛中应我居,许多艰险许多虞。挺身欲脱千般滞,立业须逢一轴书。

秋雁横空群必失,春花摇落树应疏。只知我计长无患,争奈天时寿不殊。

申　衣冠荣处脱埃尘,举步悠扬上碧云。干禄定教膺厚福,为君终不丧斯文。

鸳鸯池畔无双侣,鸿雁天边独自群。绕树花残春色老,枝头双果送东君。

戌　旧家台馆渐阑珊,再整生涯又未安。玉兔才升身入喜,青猪相会事无难。

庭花开处悭成果,群雁分飞侣不还。借问前程何路入,鳌头起处下长竿。

女命《前定易数》:艮

子　萧条秋景崄艰难,施心立计势如山。窗前燕语失群侣,花内无梅强自攀。

风卷高松声历历,孤遗珠老水潺潺,孤遗到老成何事,不若留心看福缘。

寅　园林春到花争放,唯我枝头尚寂然。只为东君不为主,自将身占雪寒天。

鱼队同游新水跃,李花果缀一枝鲜。亲知骨肉应难分,果待贤君外处圆。

辰　华屋高堂风自凉,偶遇良君入贵乡。虽是前生缘已定,岂知今日福难量。

燕飞墙上难留语,花放梢头不吐香。守已安然头自享,莫将玉貌乱施张。

午　立业疏亲不可言,祸去灾来事万千。欲向绣帏安守志,时来立计独持权。

槛外鱼雁音难托,池畔鸳鸯颈自联。莫恨年乖太多事,福尽尤兼苦又煎。

申　处世艰难事不佳,良人何苦怨无涯。多愁须向无愁日,无意翻成得意家。

檐前燕自呢喃语,槛外一枝含笑花。镃基试问重山计,别立根源福更奢。

戌　生平事业高天外,一半成真一半虚。立计须知马头转,成家终自欲如鱼。

飞蝶双双群自失,残梅露落果应疏。报道前程何处立,不如早自改新居。

四字金　子,夏月凉风。　寅,衰菊逢霜。　辰,垂簾独酌。

午,采薪遇虎。　申,大海入流。　戌,扁舟下钓。

《郭璞数》:阳局甲丙生,人主刑,夭一人,立山上。骨肉飞花飞雨,一望前程双雁要蹭蹬,好更新。覆载感乾坤,镃基藉祖宗。门庭重改换,整理旧家风。生意从容谋望外,江山收拾画图中,一过重山事却疑,一双鸿雁独高飞。一家孤处闲心事。一点圆明人莫欺。生来平稳好根基,莫道谋为遂意迟。眷属只伤刑克重,雁行未免有差池。雪满春堂萱砌白,寂寥茅舍三更月。半照人圆半不圆,芝兰叶嫩难禁雪。遇此崎岖险阻山,归来头白鬓毛斑。夕阳好景黄昏近,到底身心换不闲。好个晚年,打睡向前,终须结果,有分随缘。桃花间竹数,阴德元来到祖宗,六亲孤克一场空。桃花不问开多少,竹外一枝青且红。深喜平生心性好,灵台一点自圆通。因前灾滞犹迍蹇,运气须交此阻中。流年凶先喜后可笑可怪,为小失大,事莫担头,免得灾害,榴花笑,防阴小。疑疑闲挠事相连,路过双山君莫言。得意早时须退步,莫教好事爱成冤。春雪满屋,事磨心腹憔悴多忧,足中不足。杜鹃啼处景萧条,燕子吃呢整旧巢。一事跷蹊人不足,且宜回避免生愁。一喜未圆,一闷相连。家人寂寞,四大当前。善缘早布,免得忧煎。烧香布福免灾危,祸去祥来脱是非。清净善缘宜预作,秋冬谋事却相宜。

阴局平生稳稳好镃基,数到时来有福迟。为性玲珑多手段,把家卓立有成持。担辛负苦几多事,做个家风真不易。只防亲眷有刑伤,接物待人多喜气。因缘分定七宫排,还了平生心愿谐。永远双双为比翼,齐眉百岁称人怀。前程尽好自然宜,利好段匹头十分。难处甲乙年来时,运至壮观,家山添喜气。女流年群羊逢虎路崎岖,过海船沉有险危。春事未忙人事乱,取财生祸又相疑。直待榴花菊绽金,断桥人过便逢舟。麻衣颠倒人何切,月在西山水去悠。远行　新坟古墓　门下铁符　咒咀鬼　行阻　破财

官贵　醮祸道佛神愿　徒灾　血财损　病人

《戊已鬼谷分定经剥卦　击破连环格》

连环挈破愁萦腹,松桧盘槎鹤必栖。雁过远山飞断目,鸳鸯雨打各分离。

平生志气应难敌,争奈从来未遇时。借问晚年何处是,桃花林下好围棋。

天愁,天皮,锁眉,此星照命口能舌辩,出语不常。作事多疑,为人奸狡,生来有四迟四早,辛勤早,历仕早,卓立早,事业早;妻妾迟,子息迟,享福迟,安闲迟。若是离祖,隔胞庶出,异姓最得地,不然则女迟子晚,遍历风霜,攒钱来如风雨,去若飞沙,正是花巧得花巧,破财是更残。漏尽灯。述云:从前是处却未是,只得桑榆可瞻身。

《康节前定数》:花开值雨格诗与分定经同

中　龙接羊生角,骑牛入凤城。　百年云雨会,天水送归程。

末赋分平生易变闲,人情恩爱又为难。异日高人来托引,成身只在半时间。

男命《前定易数》:剥

丑　弃亲家外立,毁誉本无非。　莫道财难守,还应禄向迟。

花枝双结果,鸿雁两头飞。　争似云居好,闲吟画掩扉。

卯　杂好无成就,多知恩义辜。　刚心空有恨,操意谩多图。

鸿雁群飞别,鸳鸯两意殊。　逢春堪赏玩,台树已荒芜。

已　日出东方正显光,休疑云物有相妨。桃花遇浪应难测,桂蕊施香岂易量。

得意莫忘归雁远,伤心再喜异花香。荣登好事人归去,卧对幽窗任短长。

未　性执心多事,区区老不知。　花开空娲态,结果必秋期。

鸿雁双双远，鸳鸯对对飞。　中年家富足，得谷假牛犁。

酉　猜虑人情过不思，平生交结负心知。利名许有成还破，事业虽存吉且危。

去雁横斜空里见，芳花开谢槛前时。君还要识荣归事，至老心安任所为。

亥　　身世渐峥嵘，冲天丹凤翔。　箪瓢君已弃，百里道何长。

花落秋林静，雁飞南岭傍。　白头心未足，生计又凄凉。

女命《前定易数》：蒙

丑　生涯自有安荣处，分定相成不自由。马兔才来逢吉耗，鼠蛇相会免灾忧。

空中积雪寒尤极，庭畔残花果不收。欲得成家坚固日，当思改貌遇公侯。

卯　天然分定不由人，石上栽花却遇春。衣食虽从艰险得，情怀舒展似劳神。

群飞莺燕情难洽，交颈鸳鸯意未驯。莫使灾危困贤女，不须兴叹逐凡尘。

已　　性气才成立，营家福自来。　鱼游春水绿，花向晚园开。

有果终须结，逢危不见灾。　开怀逐良客，稳步上高台。

未　生平志虑全无定，一度欢来一度愁。常怀情性随佳客，才到时来禄自优。

鼠犬相逢当显立，牛羊终是果全收。生前孤苦皆为吉，自整梳钗入凤楼。

酉　从前立业孤无倚，劳力劳心结是非。守节红帏今日事，开颜强笑少年机。

梨花带雨情堪叹，紫燕随风各自飞。借问前程有舒畅，中天云月显光辉。

亥　倚门无语笑东风，百计千谋不见功。须待鼠头成立计，相逢贵客显家丰。

江头紫燕声声远，闺内朱唇点点红。欲问平生荣显处，南柯拂拭梦魂中。

四字金　丑，梅月自酌。　卯，顺风流舟。　已，春园蝴蝶。

未，腐草化萤。　酉，云开望月。　亥，淡月秋蟾。

《郭璞数》：断男命与前戊丁同

阴局日出东方不等闲，男儿当主上天关。阴爻伤破阳爻杂，女子逢之定惨颜。经营家事日多少，分外反争偏有挠。刑星入命莫容嗟，花暗月明空悄悄。可惜缘分不由人，做作威仪态度轻。夜静王琴三五弄，凄凄无计叫乡乡。前限防一跳，照顾云遮月。有分再图圆，只愁春去切。

女流年进得牛田起库仓，一年如意脱灾殃。好信春蚕多喜气，一枝花发透春光。艾虎牛郎笑菊篱，门庭改过换威仪。七宫愁看五宫闷，磨腹磨心膈信期。　酉　鹿　卧

文书事　病

《戊庚鬼谷分定经损卦　岩前古桧格》　立志先须用琢磨，荒凉陆地起风波。孤飞雁度云霄远，乳燕飞来垒旧窠。花发园林存一果，从来事业也蹉跎。君还问我平生事，喜得连绵寿数多。独坐围棋为乐情，水东轩宇水西亭，如今箭在行人手，牛角乘龙上玉京。天郝，天忧，天商，此星照命枯木未春，旱苗未雨，为人热心肠，赌事理直口直，发出话招人相怪，是亲不亲，非亲却亲，外人如手足，兄弟不和睦，身在江东，心在江北，凶中有救，不犯官刑。生来只被天忧星所恼，欢喜未来愁先到。钱财聚处又成空，初中限驳杂末主，方佳。述云：梅花还谢了，结实在枝头。

《康节前定数》：仙鹤高飞格

立器先须用琢磨，荒原平地起风波。孤飞雁影烟波碧，百岁身闲心绪多。

远浦鸳鸯飞两只，江边渔父摘香荷。君家更问儿童理，带梢折得一枝柯。

中独立溪边自乐情，水东驿舍水西亭。须知箭在行人手，牛虎逢龙上玉京。

男命《前定易数》：损

子　天拥云高孤雁飞，动人无限事如丝。不愁浓雾淹延久，自有清风拂掠时。
一树早芳迟结果，平生欢少意多疑。烟波去路一相会，满目黄金好展眉。
寅　晚节秋光胜却春，桂芬蟾满气清新。南枝必入高人手，北户将开老鹿驯。
飞雁远看空有月，花枝垂折满簪巾。君还脱得中间事，一去安荣寿九旬。
辰　不图虚利立生涯，得意归来笑旧家。无个亲知休叹息，有馀生计惜奢华。
孤鸿只雁难寻侣，旧木枯枝又长花。老懒安闲眠坐兴，半轮残月照窗纱。
午　风多艰险何时脱，百岁营谋散聚多。强笑强歌看未足，劳神劳力事如何。
半途鸿雁分飞去，一树花枝折旧柯。弃得那边惊险地，迷头何事入天罗。
申　生涯随分向前程，平日心功事不成。借问时来营计事，定应午后有虚名。
天寒鸿雁皆飞远，沙暖鸳鸯各遂情。灉曲江头人旧恨，想知流水作哀声。
戌　忘机散志不胜休，独把身心向后求。运未何须劳早虑，年来方喜老无忧。
飞鸿只只离沙去，花朵枝枝异果收。度得牛羊消息后，一般美事有谁俦。
女命《前定易数》：蒙
良田万顷欲相随，不是镃基谩施。但且安心登粉阁，何思立计守良时。
前程自有人相顾，幽室宜当拥蓍箕。青云有路从今始，莫问当初灾祸亏。
寅　　昔日真难说，　时今自可知。　满堂和气溢，　立计再扬辉。
雨洗梨花落，　风轻燕子飞。　不须思虑重，　享谏受耆颐。
辰　　桃李喜重开，　秋回春后来。　时荣宜立计，　鼠马发枯英。
莺啭枝头雨，　鱼惊沼内苔。　万般皆变化，　终久遇贤才。
午　　云电相逢遇，　甘雨在知时。　枯根当再发，　旧禄改新基。
情性当坚守，　牛羊免别离。　若能如此变，　美貌保无亏。
申　　锦账风来卷，　情怀不放间。　未能心下定，　终久事艰难。
鱼尾沉秋水，　君山隔故关。　下堪云里月，　回首落深山。
戌　梨花重洗娇容减，堤畔垂杨风自吟。佳人自觉情怀失，意里尤如困睡沉。
冬景萧条增夜思，雁声嘹唳碎秋心。幽闺寂寞无人问，空对青山皓月临。
四字金　子，浮云蔽日。　寅，黄菊满篱。　辰，云头生月。
午，旱田桔槔。　申，昏帘风雨。　戌，腊木待风。
郭璞数　阳局孤刑一人撑舟，几度风波险，历尽始平康，梅花开，雪月春，榜占春光。
事事变一鹿上福字。植立一身历尽几艰难，一斧遗斤月影闲。一雁高飞分上下，一生刑
克眷缘悭。根基植立也难为，莫遣闲愁上两眉。此去春风宜借便，一帆快稳莫生疑。识
破炎凉几是非，平生心意只狐疑。馀堂恨惜同人散，孤鹜残霞且共飞。三十六年容易过，
富贵浮云眉尚锁。事去事来费心神，百里风波牢把拖。重山风景多如意，老圃黄花更奇
异。他年龙化跃天池，那时方显男儿志。石壁拨嶉数惺惺，积累自成家历尽。风波涉岁
华基业，做成眉自皱亲情。历尽脚生花两年，识破空闲懒近世。生涯事转加蒲柳，春花心
未伏，紫芝眉宇有馀遐。
　　流年事非横州　　县　心疑一惊紧要，一场好笑。
百事营谋福自然，才临身喜有成全。行年只虑三烟火，闒闒惊人醉里眠。
春虑堂前老梅兰，空懊恼门外事喧。天休把少年道　疑事未就，喜事未成，子规啼
血，焰火烧心。闒过今年时运泰，前头好景自然新。
阴局男儿此数为朝贵，女命逢之也非细，他年花诰早，对来天禄优游荣。

显处　家山早别恨悠悠,历尽艰辛几度秋。独自支吾门户事,夫妻立志向营谋。两颗明珠堂上圆,有刑有克寿难全,落花有意随流水,片片流来古道边　一局棋,有好着,子细为,莫教错。女流年那更芝兰叶叶生,可人清景近黄昏。静中星斗宜先布,免得临期惹怨声。小口血光愁不少,秋来冬去殃不走。白头门外人彷徨,堂上忧惊心悄悄。

《戊辛鬼谷分定经大畜卦　负薪登险格》
负薪涉险过长林,半路行来却遇金。休道资财前分定,也须回首谢知音。
空中雁叫双双远,喜得年高却称心。为向桃花留几果,树头独有一枝春。
莫怨荣身晚,枯木再逢春。见猪方得地,月到五更明。天懒,天晦,天暗,此星照命心□志巧,智广机深,从容出众,作事退悔,多学少成,早年不能奋迅,中年始可立成,天懒慵惰,天暗不明,移南就北,革故鼎新。亲是瓜皮搭柳树,兄弟恩犹如羊虎。商量一件事,管取闹一场。述云:生来磨难处,晚得贵人成。

《康节前定数》:暗月云遮格
负薪过险前村里,半路行逢忽遇金。拟待折腰乘宝马,犹疑管力不堪任。
空中群雁双双影,及至年高始奋心。借问花残留几朵,晚来枯木再生荣。
中莫恨从来未遂情,晚年荣茂胜前因。逢猪渐渐新踪迹,月到更深展转明。
末嶒阻艰难几经历,巧妙机关颠倒失。夤缘际会草门庭,自有贵人来助力。

男命《前定易数》:大畜
丑　枯根虽则遇春阳,纵见花敷艳不芳。示汝荣枝易零落,拟还结果事非常。
双鸳分散情应去,孤雁悲鸣事可伤。如要此生居止好,翠云深处锁云房。
卯　千里相逢天上人,满怀志气屈须伸。好把当年营计事,再须茸整旧成新。
分飞鸿雁归云远,交颈鸳鸯卧水滨。牛足过时前路险,猪羊方见出埃尘。
已　蛇猴有吉过猪边,更有牛时不必言。美酒正浓樽已竭,良驹足损步难前。
落花飘趁东风远,去雁飞时紫塞联。借问玉瓶宫里事,颠狂一鼠自天然。
未　立身未定为鳏寡,名利成来有异功。独奋机权心役事,拟成吉事反成凶。
双双过雁断云碧,朵朵飘花落雨红。欲要腾身翔物外,到头依旧入樊笼。
西　潇湘一片清虚景,北去南来事未由。举手欲成生计事,寸心犹自未消愁。
窗前带雨花枝瘦,塞外凌寒雁韵秋。借问扁舟何处去,萧萧风雨白苹洲。
亥　浑金璞玉内藏美,雕琢方圆巧匠心。侣镜鉴人言行失,为真别伪是非侵。
枝花重结情何极,雁阵双飞意亦深。身势既成名利事,示君回首楚歌吟。

女命《前定易数》:损
丑　独立危楼欲步梯,艰难方免意忧危。回头望看前山路,昂首低思不敢移。
重生险峻如此苦,累累忧疑谁得知。若要心安并自在,直须蛇尾化龙儿。
卯　早脱家乡面外居,终途即见客同车。衣冠整整宜新样,中掷频频得自如。
进退方能身自陷,忧煎不觉意将舒。鼠年相保无疑虑,新水如同队队鱼。
已　一条仙路绝埃尘,可吉成身福久新。忽遇大才终路引,便知昔日结良因。
鸳鸯对对争欢洽,燕雀双双不离群。当问平生因此吉,重修美貌越精神。
未　美貌如桃色,红颜似杏匀。　一身终自稳,晚福越精神。
富贵从兹起,荣华近贵人。　莫教春气盛,依旧果扶身。
西　堪笑平生事,东更北又来。　身心如此寒,情性与谁猜。
孤失还成破,愁颜却自开。　重重无遇处,终是困尘埃。

亥　福来宜作善尤佳,枯木逢春却有花。且得安和宜静守,施心庆善乐生涯。

东君顾盼知机日,良马优游自立家。晚来红日后山坠,便得浓云来拥遮。

四字金　丑,夜静观月。　卯,冻鹊喧晴。　巳,岩头走马。

未,瓮里鸣琴。　酉,浪里扁舟。　亥,旧镜生尘。

《郭璞数》:阳局三雁一人立钱上,一云遮一月,镜半明。计较不足心道闲不闲,历尽关间。一轮孤月隐残霞,一半夕阳西已斜。一镜怕生尘关掩,一双鸿雁落平沙。一生自经历,一门事丛积,一人看信通,一春飞桃李。也有百花江上开,浮云过尽秋空日。根基稳当好前程,只怕孤星一点明。日月半愁云雾锁,竹梅潇洒隔疏林。池塘露冷鸳鸯戏,骨肉相刑空叹气。从来凡事费心机,莫道年来不如意。山外重山景更佳,迢迢云路去程赊。生涯谋事宜加力,休叹家筵事若麻。石上松柏数石上栽,松柏根基立脚牢。宝财宜运用杂事,苦煎熬阴小啾啾。闹门庭,事若毛,西风荣贵子,有路抱银袍。流年出入主有疾,一钱一马一望求,谋有遂□,满屋祸买木。一舟浪里事偏宜荆棘,迢迢马步泥流水。落花人似醉夕阳,好景又临西堂前。人忌雁声悲杜宇,声催客皱眉嘻嘻。家人嘻笑处那知,暗里忽生疑望事,美君不喜,一事好桃生李。谨慎今年秋与冬,少年人看白头翁。闲非多少伤心事。皮石人财有一凶。所为半喜,作事蹭蹬,睚过今年,看君一变。

阴局闲把心肠弄几般,到头共饮话辛酸。少年早历家庭事,指望成家未得安。许多活计多翻覆,满眼亲姻多不足。雁儿江上看孤飞,笑折岭梅看幽独。春回寒谷变阳和,才得身闲事又多。四九八年人享福,几人来叫有钱婆。一愁旧去新欢至,看取儿孙福禄随。画堂戏綵有馀闲,细把黄花篱下醉。女流年有分因缘百岁齐,池边鸳鹭各齐飞。闺门整顿乾坤好,花锦争妍对落晖。一凤衔书至,秋风生桂枝。一炉香篆袅,一喜叩门归。二宫佳起坐上人,喜鹿眠山起龙跃天池。　文书　　　横财

醉中事　外来凶　孝服　家才圆　脱　血财　牛二尾病内

《戊壬〔鬼谷分定经〕惚卦　芳草芝兰格》

黄金非我终身宝,毕竟芝兰异芳草。家住潇湘东又西。身向山南山北老。

枝头春色枝枝早,傍人称意知音少。百岁荣华不必忧,福禄双全还自好。

暑往更寒来,终是有资财。马龙施一箭,莫与外人猜。天禄,天轰,天福,此星照命,为人正直,谨言语,有救人之心,无伤人之意,高人见喜,小辈无情,同居合家做活,凡事弄巧成拙,退神重重不克,有两座禄星在命,衣禄自然。述云:从来事业皆未定,必竟收因在晚年。

《康节前定数》:凿山开山格

黄金非我直身宝,毕竟芝兰异芳草。家住潇湘东又西,反向山南山北好。

老树春来晚枝茂,行人与说虚名早。百岁坟前一蕊秋,白头丰足无烦恼。

中　碌碌春复秋,　区区何日歇。　箭中马头时,寒光映秋月。

末根基如菊绽金英,早岁萧条晚始成。得遇贵人相助力,许君平步上天庭。

男命《前定易数》:蒙

子　空愁空恼意凄凄,革改生涯东又西。休怨此生长失意,又还他日到云霄。

树头消息归春晚,水畔佳人立未笋。借问君家成业计,晚来江上钓钮犁。

寅　灵芝发秀蕙兰馨,直干青松定插云。拟待身心成大计,何忧鸿雁又离群。

龙门有意君应入,尘俗无仁子莫分。兔儿犬子如逃得,老坐高堂福永春。

辰　虬枝坚操倚岩松,势似龙蟠气自锺。堪恨逢春无旧发,尽教霜雪不凋丛。

燕宿莺巢身两处，鸿离雁往各西东。莫道治生多苦楚，留心长啸白云中。

午　年来活计几时成，独立于家闷此情。财利每招成复破，生涯又见鼠羊荣。
雁飞只只穿云去，花树枝枝映月明。借问他时名与利，滔滔晚岁渐东倾。

申　身名初计似秋萤，飞入高堂效景星。鸿雁飘飘各何往，亲朋泛泛未堪凭。
休嗟旧日长如暗，还见中年醉始醒。借问枝头存结果，花残一果自香馨。

戌　人生莫道有镃基，虽有镃基也待时。惆怅命迍多聚散，艰难世事不胜悲。
花放岭头经雨谢，雁横塞外被风吹。何时丰足盈高意，直向重山立所为。

女命《前定易数》：咸

子　凤钗垂发发如云，鸾髻高昂压众人。聪明谁敌心怀爽，权柄能持作事新。
更得衣中求作士，不妨笔墨业嘉宾。鼠羊福禄重重吉，一段风流不可陈。

寅　家外营家方可立，前头兴废事须知。唯恐无心修积后，终须立计必因时。
海上孤鸾情未稳，枝头仙桂蕊芳菲。鼠去牛来衣禄宾，方知好处出为奇。

辰　情性操持欲立基，成就无危心自危。只恨亲知终间隔，若还动止莫猜疑。
双双雁去秋天远，朵朵花开春景迟。良人问我因何晚，缘是幽闺未遇时。

午　娇容粉态自优游，缘分还迟不自由。料想屯身当在晚，莫将一日笑颜收。
海天雁绝佳音至，庭院春归柳衮毬。吉耗未回徒盼盼，方才有便步朱楼。

申　相逢贵客呼为侣，未剖行藏还此时。始知羊角方称室，更喜良驹也是奇。
殷勤荣显图中画，欢曲情怀意下思。试问此生荣显事，半成半失不为奇。

戌　身边消息期何晚，不用劳心苦向求。情性足招非与是，亲知却结义为雠。
幽闺兀坐窗前月，守志相逢槛外秋。时来终有安身稳，生计还当向鼠牛。

四字金　子，晚晴谷雨。　寅，芙蓉锦帐。　辰，盆葵向日。
午，浅水行舟。　申，飞堂放光。　戌，晴夜逢灯。

《郭璞数》：阳局重厚刚介，自言自大，一个书生，终无大败。缘恶因缘，非偶然雁二雁别飞，骨肉东西。孤刑孤一，行刑手足。祖坟穴如无疑，别有新奇，地灵人杰，山朝水维。名莫道模糊，自足欢娱。待时待时，卓立维持。兔欺老虎，龙困深池。乾坤天外白云飞风，散孤鸿去不归。别祖一重山色好，贵人相会自知几。一名书外贵，一功名显处，一禄早回来，一喜无由避。南枝消息看春风，莫待催花连夜雨。性巧为人磊落生，春风座上喜声喧。雁行分散双飞去，来到潇湘别一天。月老有书缘分早，鸳鸯离合方偕老。整顿门庭别一新，此去家风非草草。自家卓立自支吾，骨肉相刑命里孤。却喜五宫人有福，下梢富贵足欢娱。紫燕营巢数造化从来蹇滞多，才成合处又蹉跎。身心未遂生烦恼，人事方安又不和。至爱亲情反成怨，成持小辈却成痾。而今只说安巢后，燕子衔泥始垒窠。流年谋为忌惊，先败后成。蓦地撞着，真个恼人。几年未遇，今日称遂。扬鞭东去怕生泥，举力冲天气力微。心欲进时身又退，有谋难遂费心机。一事有头，一事无尾，一场烦恼，一场欢喜。东邻哄哄北邻疑，火顶川头对子规。堂上老忧堂下小，槛中花发怯风吹。鼠子拖钱走，胡僧指路行。一蛙鸣井里，一客醉堂前。进一拳喜，退一个丁，吁嗟不见洞房人。牛生二尾犬双口，门掩黄昏有一心。风波历尽几千重，往事浑如一梦中。且说旧年风景好，黄花时节听云鸿。

阴局淡淡烟笼翠柳间，东风吹暖笑开颜。扶持自有前人力，稳当根基岁岁闲。惺惺伶俐更轻盈，不染东风陌上尘。好段因缘来作合，合谋同力起家人。一愁已去一喜来，好风吹散旧尘埃。荣华有分前程远，进口添田更旺财。女流年枯木逢春又一新，今年又胜

去年春。添财进喜梨花月，琴瑟调和遇贵人。橘红菊绽好风光，牛女嘻嘻在洞房。更有明珠离蚌去，只愁江路野梅香。

《戊癸鬼谷分定经艮卦　沙里藏金格》

生涯不可谩咨嗟，石在玄精金在沙。去石真圭方显得，淘沙金块各无瑕。

雁离衡阳无伴侣，鸳鸯戏沼隐莲花。须知禄向龙头得，财宝逢牛自有涯。

未遂平生志，猪寻子上雄。春残花未落，一朵伴春风。天机，天柱，天败，此星照命为人机巧，有操持，审法度，知高下，别贤愚小人，无缘高人见喜，依本分，利名头，风霜早磨难，早几度，吃□蹼，皆是天败星在命，只得天柱星在命，且得凶中不凶，妻宫不得力，儿女主迟。述云：牛龙须遇贵，枯木再逢春。

《康节前定数》：社燕营巢格

玉隐玄精金在沙，晚年高木入烟霞。去石碧玉方成琢，淘沙金出始荣华。

雁过远山飞不反，鸳鸯亏水逐莲花。终须禄在龙蛇发，财宝逢牛自得涯。

中山前凿石最英雄，背面鸳鸯触水中。绕树落花花又落，常留一叶伴春风。

末休将望想太劳心，赋分贪缘凤昔寻。但将正已行公道，终许鸣琴遇知音。

男命《前定易数》：艮

丑　好事多磨杂事煎，欲成基业兔龙前。信知名利来还去，又见亲疏义似冤。

孤雁过飞群已失，芳花开处果双联。平生好似天边月，几度亏来几度圆。

卯　重山高处立君家，旧叶堪时是落花。好向虎头施事业，休来猪口立生涯。

鸳鸯两两飞寒浦，鸿雁双双过远沙。休道利名成我晚，映增光显寿应赊。

已　一条云路上天门，争奈幽人意自昏。且向鼠蛇施事业，才逢鸡兔道难存。

雁飞江上应孤只，花放庭前果不论。好向中年寻去计，利名兴处断人魂。

未　志气久磨管计业，年来终被是非缠。疏亲背祖知前定，遇贵因时必立权。

两雁背飞乡故远，双枝花发果难鲜。自将微福求深福，翻取凶危莫怨天。

酉　论汝平生心事忙，利名成处反成殃。几多愁恼何时脱，有底机谋不可量。

鸿雁过时空有侣，花枝开处果须伤。前程若问归身计，只好存心礼梵王。

亥　几年涵养还施设，终得仁人与举扬。名利自兹因赞立，镃基方觉变成祥。

雁行去处空留影，花朵荣时色不芳。莫怪行云有遮障，中天依旧月辉光。

女命《前定易数》：归妹

丑　思量旧事好思为，今日知机已险危。西北有如行客举，东南还是祸无亏。

幽窗兀兀孤灯冷，守节淹淹被雨澌，休叹始初成失事，不如早向九泉归。

卯　孤身困苦入蒿蓬，两处重成望远峰。月出云遮明未露，山高水落恨何穷。

窗前多破斜晖月，幕内时嫌通冷风。得意君来相庇护，不妨兀守夜灯红。

已　好事多磨折，　无心望远山。　生来多暗昧，　去后不摧残。

燕去无消息，　愁心不解颜。　欲知今日事，　且待福来还。

未　天意岂无私，　人心自不知。　情怀多反覆，　家业谩盈亏。

燕向深秋语，　琴调雨外丝。　何堪营立计，　只被苦来催。

酉　谯鼓声声急，　因缘已失时。　有君当路问，　何处好施机。

外口相扶合，　安家不足奇。　前生多定分，　今日特迟疑。

亥　命运未离迍，　时人枉意勤。　虎鸡归我后，　衣禄自然新。

身似天边月，　心如户内尘。　东君来着力，　留意得殷勤。

四字金　丑,缺月重圆。　卯,晚节黄花。　已,浪里行舟。
未,寒蝉泣柳。　酉,寒月照窗。　亥,登舟渡水。

《郭璞数》:断男命与前戊戌同

阴局家在蓬莱紫府间,善缘清净忽思凡。谪来尘世生欢喜,长伴风花雪月闲。伶伶俐俐好精神,和气春风别一真。鸥鹭分飞刑克重,此生端的守闺门。

女流年今岁忧消喜又圆,花芳依旧胜常年。洞房晓夜琴声雅,又见蟠桃两颗全。一蛇呈端,一雁衔书。一客弹琴,一花在亭。

小小彷徨忧及愁,堂前川火闹啾啾。血光血毒并头脚,好把心香福早修。

命 诸家星命百三十

《已甲鬼谷分定经复卦　池长碧莲格》　平生未遇衣和禄,藕在青泥长碧莲。鱼戏池中还自乐,雁飞远汉度长川。尽道功名难入手,却缘事业晚因缘。借问桃源消息好,牛羊归去好耕田。凿井通泉水,枯木长新枝。君应施一箭,且待马牛时。天隆,天晚,天禄,此星照命,乃广行之星,为人梗直,作事忠良,心灵志巧,见识远谋,妻宫有破,子息难招,只宜出外求财,在家不利,六亲水炭,骨肉无情,有贵人遇如不遇,有衣禄秀而不实,外观有馀,内看不足,结识相知,临难不救,攀陪亲眷,冷淡相看,这五行独权自立,秋花晚秀之命。述云:时运到时成大器,休怨苑天且待时。〔康节前定数〕池沼莲花格　平生本遇依金马,藕压清泥透碧莲。鱼在清池停渺水,衔珠相戏鑑中天。遥望孤雁声声急,树放三花长一竿。借问仙源消息好,马牛归去好安然。

碧莲鸳鸯图

〔中〕凿井穿泉透海涯,春残枯木长新芽。劝君莫问终身事,遇马骑牛自到家。

〔末〕见识聪明志气高,根基喜吉不波涛。数中龙马为荣贵,迤□轩腾自渐超。

男命《前定易数》:复子　金鼎立时权印重,玉蟾辉处利名奇。胸襟不昧尘中事,肝胆还操物外机。羽翮轻飞天际雁,根茎疏发槛前枝。料知秋色凋春草,畏命应须早退归。寅。　枯松将老逢春色,疏发枝条嫩色韶。幸得依依蒙雨润,终还渐渐被风凋。汀沙鸿雁分飞散,池内鸳鸯颈暂交。去后生涯成复破,前程危险路赊遥。辰。　一身孤卓立,斯事岂堪言。用尽机谋巧,翻成拙万千,双飞鸿雁远,两朵异花鳞。无限园林好,那遭风雨

天。午。　长天隐隐震雷霆，喧轰百里播威声。青蛇自此生麟角，紫雾氤氲通去程。鸿雁飞时烟雨重，花枝开处暖风轻。拟看紫府门庭峻，独步轩昂事业精。申。　凡欲登高必自低，心高操作别云泥。桃花春色正娇媚，得到于中径路迷。琴意正浓弹别调，雁行才起各东西。君尘到底成还破，山水风寒任杖藜。戌。　骨肉因缘且莫嗟，平生踪迹自荣华。利名一事终须有，闲扰千般冗莫加。天际空看飞去雁，槛前无语落残花。重山覆水繁华地，传语斯人福自赊。

女命《前定易数》：复子。　变泰时常有疾迟，不如无事亦无为。若问安心宜善用，莫教邪物有相亏。亲眷凄凉肠欲断，心怀疑恨事难期。室家气会重重立，解使时来免别离。寅。　几阵香风入绣帏，东君消息许先知。敛容出问从来事，细语相闻且待时。檐燕间关情自洽，园蜂缭绕意何疑。如到马牛相会日，必能称意少灾危。辰。　平生未遂身心志，且防近日有微灾。直至中年方得脱，却加晚福暗中来。身有贵人相举引，心思奇果发新英。试问前程潇洒处，不妨逐贵步高台。午。　对月闲思心里明，暗中忘却旧时情。槛前鹊噪传消息，窗外蛩吟懊恼声。性烈尤嫌无足态，怀忧空问宿醒醒。且把身心平淡度，恐防蓦地祸非轻。申。　平生自有好镃基，虽得镃基未得时。须得寅头终一变，也妨好事惹闲非。雨洗枝头残实果，风吹江畔野驴儿。不知何日丰盈足，直待时来问所为。戌。　空对孤灯心转悲，亲疏改革各东西。休恨我身长蹇剥，管逢他日出尘泥。果缀枝头沾露落，鱼游江面被风吹。借问平生何善处，晚来自有福熙熙。四字金子，天衢策马。寅，枯苗遇旱。辰，雪里梅花。午，高楼鸣钟。申，月照寒潭。戌，寒鱼依藻。《郭璞数》断男命与前丁甲同。断女命与前丙乙同。

《己乙鬼谷分定经升卦　云散月明格》　百计千方作养生，风吹云散月生明。空中雁影飞三只，祖代根盘在一耕。远树落花三四朵，秋风结子一枝荣。心怀志气无人敌，莫把聪明与命争。遇乙亲同位，逢寅运渐通。箭先随鼠发，虎跳出朦胧。天进，天蛊，天禄，此星照命，为性刚，有胆略，有操持，亲枝不得力，有事自当心，做事十步九计，恩爱处落得辛勤，恩中成怨，好事多磨，不欺贫，不妒富，退神重重，不发达者，尽被天蛊星所恼，将来还遇一贵人举用。述云：施恩成怨处，却有贵人扶。〔康节前定数〕云散风清格　诗与分定经同　〔中〕　遇乙多亲位，逢寅运渐通。箭先发鼠起，跨马出朦胧。〔末〕　聚散惊危今且喜，也宜更变新居止。自得天财下世间，禄马长途头角起。

男命《前定易数》：丑。　身心多被苦萦，弃费尽精神事不圆。浪得人情无久识，才逢鼠马好施拳。一枝飘散一枝续，两阵分飞两不联。借问高名非我有，滋滋生计庆残年。卯。　千方百计觅生涯，争奈时乖未立家。跨虎必逢人举手，骑羊还见喜相加。双双飞别孤群雁，朵朵衰残烂漫花。到底斯人临老日，中间虚禄岂堪夸。巳。　欲操生计向前程，转眼疏眉去路晴。腾身步步登艰险，举意般般晚始成。鸿雁天边重唤侣，鸳鸯池畔别含情。利名借问何时至，侧耳遥听牛马声。未。　始脱泥沙摆旧灾，待期云路自徘徊，漫将志气轩昂用，若得天门迳路开。绕路落花情已失，遥天孤只雁悲哉。中间喜见高人会，名利方成祸又来。酉。　生涯万变劳神力，始得身安祸又来。虎子立时方举手，猴儿行处得眉开。双双鸿雁天边远，两树飞花槛畔栽。堪笑多能天命阻，只堪云水脱尘埃。亥。　诚存志气须高远，莫叹云程路不通。疑虑几多终减削，利名还觅晚成功。孤鸿嘹呖悲无伴，花朵芳菲续旧丛。犬马兔头皆有说，那时方始立家风。

女命《前定易数》：兑。丑。　乱思尘事意多危，情性相成或是非。兀守孤帏恨知已，

纷纷闲闷不能施。池中别队鸳求侣，江头失伴燕孤飞。休嗟漂泊情怀苦，空倚幽窗貌日衰。卯。　笑语融和无可猜，刚中坚欲摆尘埃。前程终自成身计，家道须知散复回。佳客殷勤通的耗，洪恩宽大报时来。一言特地相持定，火尽烟消笑貌开。已。　意气成时火里羊，立身立业计偏长。用心须守当荣显，到底成家自吉昌。望断天边孤恨雁，情欢槛外野花香。终始贵人频倚恃，无限情怀不可量。未。　破禄萦身不可高，吁嗟出事沮心豪。须待虎龙相济遇，方知身已有坚牢。合见重重移井邑，自然兀兀免身劳。隔山涉水知生计，一朵幽兰离苦蒿。酉。　前程禄显当安计，唯恐身微未及时。且愿虎头回显日，终须身后立家基。重重大贵开青眼，叠叠施恩展翠眉。前程不必多疑虑，自有安心享福期。亥。　叹息前程修不全，时今却自守忧煎。一重去后一重至，月落孤山不自圆。岭上贵人音未报，枝头佳果色无鲜。年来日往多翻复，无限愁心甚日迁。四字金丑，锦衣涂炭。卯，高卧云梦。已，夜行待月。未，炎天种树。酉，涸井枯鳞。亥，佩印济鱼。《郭璞数》断男命与前丁乙同。阴局　命好数好格局好，风月光中一花草。闺门整顿好规模，卓立把家处事早。标格丛中别一春，几翻进退几艰辛。性刚不奈人伤触，随分随缘自立身。数内只伤刑克重，骨肉亲姻浑似梦。前程尽自有荣华，主田主福主财用。亲不亲时足不足，一夜雨洒秋院菊。傍人无语对谁愁，冷笑西风破窗烛。女流年　残灯风起事倾危，好把心香襄莫迟。春去鸟啼花早落，羊行大走事暌离。喜前忧后忧前起，寂寞麻衣颠倒尔。雁鸣冬日信难闻，惊起鸳鸯人不美。

《已丙鬼谷分定经明夷卦　秋晚芙蓉格》富贵豪奢意未专，年来年去几多般。须知雁过关山远，花发清秋色亦鲜。立叶成功还已定，成身无咎亦天然。终知得遇同乡友，乘马凌云上碧天。平生未遇亨，举步上青云。兔头兼虎尾，有路坦然平。天破，天灾，天荣，此星照命，磨难风霜，亲不可托，友不可交，劳心只力，独支撑，会施为，能措置，好事多磨，巧中成拙，险处却不险，安闲又不闲，正是一个不静办，五行却不忘恩，亦不狂图也，会守已，好事蹭蹬，成了又破，破了又成，中初两限，不聚财，末限方得地。

述云：新月休言缺，团圆也有时。康节前定数秋花茂实格　诗与分定经同〔中〕平生未当发，中岁上天梯。兔头连马尾，两路赴瑶池。〔末〕初主奔波未有涯，春来枯木放萌芽。堪笑亲疏外祖破，中末荣贵始成家。

男命《前定易数》：明夷子。　信然名利大蹉跎，直意低心福自过。黄卷留心真可许，青云得路不须呵。群飞雁阵排空远，比放花枝接旧柯。借问暮年人事理，羁栖愁恼日来多。寅。　变化机权岂易猜，人生卓立藉梯媒。清凉满目香风急，拂掠漫天愁雾开。鸿雁忘群悲自切，鸳鸯求侣意徘徊。功名莫厌先知晚，一箭须穿七宝归。辰。　初岁生涯有若无，绿云巫峡事应虚。终身立志非为易，大器成时与众殊。鸿雁必分四五只，桃花应见两三株。锦标方得归君子，便可休闲镊白须。午。　一条前路少尘埃，此未成身禄渐来。忽为利名成大咎，用亨时节且防灾。天边去雁群飞失，槛畔枯枝花再开。如到中年人少虑，便将生计付婴孩。申。　尘事纷纷如坐井，偶然贵客独垂钩。开怀渐使情怀爽，随手将谐名利求。空雁背飞乡渐远，残花衰谢果双收。鸣琴始遇知音听，一曲梁州梦里休。戌。　离家然后见通衢，借问前程是处迁。进退未能行不稳，忧烦相锁事来拘。遥天去雁应离队，旧树凋花又再敷。堪恨利名才入手，始能称意又灾苏。

女命《前定易数》：子。　娇莺出谷语绵蛮，闺内情怀意不闲。且问何时消息近，必然兔耳脱尘寰。高台忽地铃声闹，华屋时闻笑语喧。鼠尾蛇头逢吉禄，终是安家破闷颜。

寅。 龙楼欲步脱忧危，争奈其身不遇时。有人勤意相提挈，举动无心玉井移。且守艰难过寒暑，自然福禄长镃基。红幰安神防走兔，清风引入捧金卮。辰。 千谋百计沉多般，命不由人只在天。若得心宽无一事，终须福显自高坚。佳果生花能换户，幽闺守志享乔年。营家立业多心路，虎兔相逢乐意全。午。 心怀闷闷无脱期，生涯多被祸来催。不知成计安闲日，兀守幽闺看月梅。鸳鸯合处情难却，鱼雁相传信未开。若使高超情绪悦，因依高贵酌金盃。申。 情意人难测，机谋意智多。虽然衣食好，争奈命蹉跎。遇虎方相称，逢午又折磨。亲疏鸳鸯散，歌笑对清波。戌。 可爱平生事，心明气杀雄。若行男子志，生计已亨通。有燕情怀恋，逢君乐意浓。百年终改变，花貌色长红。四字金子，云头望月。寅，归帆顺风。辰，岸畔叶飘。午，十月梅花。申。瓮里鸣琴。戌，船上骑马。《郭璞数》断男命与前丁丙同。断女命与前甲乙同。

《已丁鬼谷分定经坤卦 接木逢春格》 日透高峰雪未消，难将桂木接新条。荣身本是天然定，成败皆因命里招。水际鸳鸯和暖夜，天边鸿雁不丹霄。花开正遇阳和节，又恐狂风一旦飘。命逢猪渐发，遇丙却坚牢。平生多蹇滞，方始出尘劳。天轰，天明，天说，此星照命，有机谋，有胆略，有权柄，有操持，自权自立之，命有造化，能全，只因刑杀重，立性重，为人性懒心焦，多奸多疑，会妆点，会施为，能驱驾，会撑持，口直伤人，恩中生怨。伤妻损子，事不十全，初中财不聚，末主方成。述云：钓鳌不得休空叹，自有生涯在晚年。康节前定数春荣枯木格 诗与分定经同 中 从来未遂情，高宫云隐月。逢猪渐吉昌，遇虎心力悦。末 初年迍蹇未成功，晚岁财禄渐兴隆。镃基遇贵方成器，他日荣身定不空。

男命《前定易数》：坤丑 平生有足如无足，及至成家又破家。蟾遇中秋多皎色，枯枝春至长新芽。晚景鸳鸯眠浦下，长天雁阵逐春斜。前程消息君知否，重落重荣雨内花。卯 苦节松篁久复坚，生涯须立半愚贤。莫恨未来终得吉，也须凡事待天然。逆风雁阵飞难进，怯雨鸳鸯颈不联。向说区区多利事，斯人不必苦忧煎。已 问禄须当得，成身散处迁。乘猪过险道，骑马上遥天。雁字群飞散，花枝艳态鲜。五旬人莫问，破艇覆危川。未 出身觅活亲疏侣，生来必被利名迷。呖呖塞鸿分散去，纷纷花朵结枝低。更将行止待猴鼠，唯见生涯破兔鸡。碌碌前程成几事，凄凄红日已含西。酉 有亲疏处渐无亲，生涯须别我长贫。志气每招非与是，人情坐见喜方嗔。东篱缭绕花疏放，秋圃烂珊果一新。终知意在清闲地，争奈心机不出尘。亥 我思古贤厄陈蔡，天理否中还渐泰。拟将生计觅幽闲，不得心宽多恼害。花落黄昏愁不言，雁叫长空忧可奈。枝低心下是知机，生涯去处重山外。

女命《前定易数》：观丑 从前自有冲天志，争奈娇羞未出尘。若遇徘徊紫衣客，便得提携玉女身。前缘分定今朝是，凤世多因遇早春。犬羊相会多衰散，别有荣华福自新。卯 玉貌轻盈志气高，初心帷欲待英豪。逢蛇渐遇人提挈，逐犬骑牛福自牢。鱼水如逢春日暖，鸳鸯浴浦乐滔滔。业计须当相遇及，不妨忧苦受波涛。已 心地如闲绝点尘，情怀阔略守吾身。是非挠处修无益，业计重成得又新。塞雁信传消息近，池鱼队队跃金鳞。恬然一个无心态，幸喜逢牛脱乱尘。未 孤中又见亲疏隔，情理萧然去外居。重山方见成家计，有祖知非是旧庐。乱蝶纷纷迷槛畔，娇莺对对语芳衢。须知善恶前生积，今世遭逢莫怨渠。酉 前生修处非因果，争奈今朝尺不长。虽然美貌过人上，唯恐劳心性不良。当向荣时成别业，回思活计恐成殃。懊恨情怀直如此，有因方当水花香。亥 命苦灾迍未脱离，身惧孤介未应知。因缘始自前生命，寂寞相随何所为。破失双遭难自足，情深难托寸肠思。要过牛来微吉至，奈缘今日未逢时。四字金丑，秋花遇雨。卯，晚节黄花。已，胶船入海。未，秋鸿展翼。酉，噪鸟投林。亥，冻月行舟。郭璞数断男命与前丁丁同，断女命与前甲庚同。

　　《已戊鬼谷分定经谦卦　雁戏长溪格》百岁生涯渐得成，险中重换一翻新。西园春色浓于锦，好向朱门问主人。鸿雁过溪妙羽翼，桃花值雨亦伤情。平生事业休惆怅，羊马相逢却是荣。鸡报更残晚，牛逢鼠渐奇。龙蛇消息好，羊马始成时。天䅣，天将，天福，此星照命，初年攟磕，多忧多虑，劳心费力，不能遂心，蹇滞奔波，骨肉水炭，千方百计，有始无终，兄弟难靠，相识无情，独立自成之命，远处人见喜，近处并无缘，作事劳而无功，名利秀而不实，若要称心，直过五九。述云：名利还自得，羊马遇时荣。康节前定数清静福地格　诗与分定经同　中　鸡报更深晚，牛逢鼠渐奇。龙蛇好消息，羊马载船归。末　莫怪狂风忒杀颠，平生好处未团圆。从前带网相将出，迤逦门庭气宇鲜。

　　男命《前定易数》：谦子　百岁生涯此渐新，险中重换一翻身。得禄莫嫌鸡报晚，逢牛交喜誉声频。越雁过溪妙羽翼，异花当槛有音春。好问龙蛇消息美，直交牛马得求伸。寅　自幼多危又有惊，却因险处得身成。镃基本自非凡杂，名利须知获异声。有雁高飞双翅远，逢花堪折秀枝荣。鼠龙窠里君须发，只恐人心未肯平。辰　出身多险难，营业又差池。牛马灾相遇，龙蛇福渐奇。财成鸡鼠地，家立水边基。雁儿声自远，荣耀达孙枝。午　要知名利事，鼠地更逢牛。遇险身方定，逢危不必忧。雁行忘羽翼，花放果须收。若称平生事，安闲过几秋。申　处世生涯此渐新，险中重换一翻身。江涯春色浓如锦，好向西门问主人。越雁过溪忘羽翼，异花开后两伤神。平生意在繁华地，得遇龙蛇始出尘。戌　幸得身离险，须知名渐成。虽然鸡报晚，牛鼠自安宁。灾息龙蛇地，财丰牛马形。门庭休问雁，奇骨一宁馨。

　　女命《前定易数》：屯子　花容不改少年颜，喜气雍容若可攀。不愁浓露淹延久，自有清风拂面闲。道在险中能遇福，人情美处总阑珊。欲识平生衣禄事，东去西来又复还。寅　几年乖角绣帏中，人自疏违运未通。踪迹莫疑长暗里，身心终是逞英雄。贵客相提终自遇，芳心能展笑花容。借问斯人基业处，重山重水立奇功。辰　生涯一段未堪夸，羊尾牛头福禄加。立计情人因失侣，荣家往日事如麻。天边嘹呖孤飞雁，园内萧条一苦瓜。情怀莫待痴顽甚，临老年时恐不遐。午　鸾镜朱颜改，新花减旧容。前生因分定，立计足穷通。孤雁飞幽道，栖鸾逐晚风。情终怀寂寞，天命不和同。申　万事因心起，枯根发早春。时来终自吉，容老色重新。鸳帐情初洽，鸾衾意已陈。前程无失节，福禄享嘉宾。戌　孤苦早离乡，情知计不长。重山重水绿，隔越已他方。懊恼心何远，依栖已谩忙。晚来收拾后，渐得福微昌。四字金子，放箭穿云。寅，鸾入凤巢。午，林上鸣琴。申，惊鳞脱网。戌，惊鱼依藻。辰，惊蝶穿花。郭璞数断男命与前丁戊同。阴局　数入阳爻又遇阳，男儿命值喜非常。女人遇此真难得，只是孤星恼肚肠。生来元是神仙子，降谪人间寻伴侣。清幽心地命前生，怕惹闲愁无着处。头带鸾钗分不圆，别离丝管画堂前。

　　旧愁分付东流水，新喜何妨续断弦。数交四六八，喜气新荣达。安坐享清闲，从此滔滔发。女流年　一鹿眠山马卧泥，百花开处怨榴葵。犬生二口堂前走，空调琴弦歌续诗。半忧半喜恨秋风，川火临门看五宫。雪里江山梅白早，夕阳西去水流东。切慎行藏效莫轻，虽然机巧戒惺惺。要识前程危险处，恰如风里一灯明。

　　《已己鬼谷分定经坤卦　凿石见王格》凿石尽时逢宝玉，庭树槛外夹修竹。雁飞天

外喉声高,鸥鹭沙汀跷一足。园林处处接桃花,惟我庭前长秋菊。百年枝上果何如,半子半孙相半宿。天退,天晦,天丧,此星照命,机办多疑多思,远虑性直,心高见识,有心机,口毒心慈,聪明中做出卤莽事,机巧处弄出是非来,胸襟磊落,性格巍巍,财利尽,被天晦,星所退,犹如莲,叶上水珠,空中得来,空里去,散时容易聚时难,只得退神重重,逢凶不凶,遇险不险,镒基有气,目下未成,直待末限。述云:几翻得失教经历,晚景将来必称心。康节前定数诗与分定经同　中　箭射重山月,弓开日透红。乘猴当逐鼠,猪到万年春。末　志气鹏抟九万程,休嗟迍蹇末通亨。功名显赫当年盛,得路峥嵘渐次荣。

男命《前定易数》:坤丑　平生意气广生涯,生计还同石上花。纵得枝繁无果结,那堪风触势横斜。鸿雁双行归远塞,白鸥一只立汀沙。若能高洁云泉里,始免尘劳没齿牙。卯　殷勤培种待花红,待得花红苦被风。业计萧条多改变,新枝芳落各西东。雨过远山凝翠色,云收圆月正当空。君还要识终身路,到底方知异始终。已　渊蕴明珠源不涸,匣藏宝剑自辉光。云开赐我天然福,贵客相投必自昌。雁字横飞排远汉,花枝开处艳重芳。君心不足缘财没,人事危难厄在羊。未　春冷山高花发迟,夜深云散月光辉。巢燕喃喃穿柳去,塞雁只只带芦飞。天然注定滋滋福,雷奋声鸣坛凛威。直到老年安乐处,肥鱼美酒若何为。酉　辛勤凿处荆山玉,三献明君遭刖足。自知至宝不遇时,忿恨怀琼江畔哭。雁声嘹呖过南溪,一鸿自向滩头宿。欲将何物比生涯,岁寒看取潇潇竹。亥　鹏鹗秋天一举高,飞扬云外脱蓬蒿。马头方见金门禄,虎首终须达富豪。是处园林春色里,唯留秋果一枝牢。当年莫道人无遇,曾涉危波钓巨鳌。

女命《前定易数》:小过丑　莫恨初来多坎坷,校之命日有何忧。一身方有高明立,千计从兹得自由。月照花梢容不老,燕去莺窠不暂留。高楼有曲琴声彻,及早归依大贵休。卯　此身平地上青云,无端好事自精神。回首相逢着棋客,立意驱驰逐上人。残花不缀枝头果,燕老休归梁上尘。望断江山乡故远,于中吉福事重新。已　离乡必有朱门客,显耀门闾特异常。钗横云鬓青丝润,手执霞衣玉缕长。龙楼潇洒笙歌闹,凤阁清幽粉态香。贵客徘徊情不尽,殷勤时与饮金觞。未　春归好景休闲过,志气刚强必有能。纷纷未见安身早,得得还应晚景荣。有志必随同侣燕,因缘须缀果芳馨。莫说前来勤苦事,时今且守寸心宁。酉　生平立志重山外,好整裙钗待贵人。衣禄渐成安稳地,身心宁静永无迍。高飞紫燕归何处,低缀残枝果不新。且问前缘今日遇,福祥终与兔鸡均。亥　役役尘劳苦,何时得自宁。闺中情得失,晚景事方亨。燕雀檐前语,鸳鸯水上行。西江无限好,着意问长庚。四字金丑,石上栽莲。卯,雨田种粟。已,宝剑藏匣。未,春林宿鹊。酉,冬寒绿竹。亥,瓶里梅花。郭璞数断男命与前丁丁同,断女命与前戊甲同。

《已庚鬼谷分定经临卦　雨打鸳鸯格》　日出阴云光自烁,安然千载喜相期。岁寒但爱存踪迹,莫怨生来未遇时。天外有鸿声叫远,鸳鸯经雨各分飞。桃花阆苑春残处,零落园中一两枝。聚散多今古,荣枯几代前。追思来往事,且乐太平年。天器,天爵,天章,此星照命,孤高品格,秋月精神,六亲不得力。兄弟不比和,口直心慈,闲管处惹是非,于人不足,巧中成拙,好事多磨,无心中做,就家趁共处立成计,先难后易,始辱终荣,中主渐好,末主尤佳。述云:还知世事多颠倒,才到凶年却不危。康节前定数阴崄难从今渐觉,安然十载喜相期。岁寒但耐存踪迹,莫怨长平未遂时。天外有鸿飞远浦,鸳鸯雨打各分飞。桃花阆苑春残处,零落园林一两枝。中　聚散多金玉,荣枯已在前。退思来往事,且乐太平年。末　昔日不成安享地,荣枯还傍挂金貂。晚岁升腾逢贵客,方知名利足高超。

男命《前定易数》:临子　中年身必显,险难须尝遍。安心立事业,财为恩中怨。鸿雁飞程远,鸳鸯情分浅。晚岁得志时,不觉桑田变。寅　出处身多险,逢龙渐渐离。中年名利聚,休虑是和非。鸳鸯情浅薄,鸿雁各高飞。若问宁馨事,园中一两枝。辰　观君容止异,险难早年多。直待云龙会,时中喜气过。鸳鸯重结侣,鸿雁不同窠。安稳成还破,俄然叹逝波。午　前来多坎坷,名利晚方成。有祖成还破,营生浊又清。雁行飞自远,花朵艳如倾。龙猴消息处,鸡犬事难成。申　名利虽未圆,身心险渐安。论君荣计事,养道不全闲。露蕊芳何久,霜鸿飞更难。要知安稳路,应涉两重山。戌　险难初艰恶,逢龙心始乐。荣家业消成,小害须防作。二雁势分飞,双鸳情渐薄。安身何处好,云水真堪托。

女命《前定易数》:惣子　衣禄天然定,何教人苦求。回头无限好,立计自优游。月斧修成器,云刀巧样收。鼠羊终不失,迤□上朱楼。寅　满酌金盃酒,情怀喜自新。问君当饮尽,守志脱灾迍。鸾凤恩非浅,鸳鸯意未驯。远观山水绿,平地展眉颦。辰　幸遇身归路,荣显天教赋。时来无滞淹,资财不计数。怀性自无和,我家业散聚。稳守凤凰洲,立身当大富。午　冠钗重整问高人,报说今朝福再新。若论情怀多豁达,不须事绪但纷纭。双果荣华当改观,一团和气盎如春。山前贵客重相念,回头抖擞旧精神。申　枯英虽则遇春阳,纵使花开果不长。多被狂风来撼落,还知多变定非常。两两鸳鸯惊渡散,双双鱼雁失堪伤。要得此生居处稳,直须携手去他乡。戌　财食要知皆分定,纷纷冗计扰心情。区区兀坐如何守,渐渐相持立计成。旅燕双双背人去,奇花朵朵落枝轻。凤阁龙楼非似贵,悠悠不若望山青。四字金子,春燕归梁。寅,幽林时鹿。辰,倦龙行雨。午,石泉遇雨。申,秋鸣社雁。戌,苔石泉香。郭璞数断男命与前丁庚同。阴局　是数迍遭终不美,女人自此啾啾至。虽然富贵志超群,招惹是非生妒忌。孤刑自恨命中缠,碌碌劳劳不记年。机变为人心地巧,成家终久置庄田。一重山,两重关,跳得过,解愁颜。女流年　喜气将传月渐圆,花开春色正鲜妍。蟠桃露出枝枝秀,琴瑟和鸣虑断纮。田蚕长益子孙荣,新雁来时一箭临。从此夫妻皆享福,虽然有疾也康宁。

《已辛鬼谷分定经既济卦　石上栽松格》　苦节凌霜性恁坚,贤人未决待天然。有志终须成大器,休嗟虚度舜尧年。鸿雁沙汀三四只,鸳鸯独立在江边。谁知树上残秋果,李白桃红寄在前。鹿过重山喜,逢牛始遂心。虎头春色美,龙尾立家荣。天库,天伤,蛊毒,此星照命,竿头上立身,进退未得,海滩上起屋,立柱不牢,磨难风霜,利名未就,空存学识,未免忧心,亲情难靠,兄弟无缘,自成自立,造化难凭,真心待人,未免不足,无心栽柳却又成阴,端止处要祸斜成,就处有破绽,君子相钦,小人怀恨。述云:从来险难牛羊见,待得鸡猴立大功。康节前定数诗与分定经同　中鹿在重山喜,须逢天水通。虎头求美事,龙尾立家风。末　苦涩辛酸过在前,勤劳事业本恬然。须知大器成功晚,遇贵逢贤福禄全。

男命《前定易数》:需丑　暂蹇莫嗟咨,荣家在后时。利名居虎踞,畅意遇龙飞。雁字休贪侣,鸳群惜别离。如逢暂时拙,拙处却成奇。卯　堪羡贞坚节,翱翔岁月赊。操持逢异绩,虎窟却成家。兴在重山外,犹宜恋彩霞。雁喧空寂寂,松子寄桃花。已　且喜身离险,休言业未荣。待归龙虎窟,自有利名成。雁飞三只远,花发两枝轻。信有重山乐,身安誉更清。未　蕴性自风骚,吁嗟势未豪。如逢龙虎会,方觉利名高。鸿雁飞何远,花枝果不牢。重山如可乐,兰蕙出蓬蒿。酉　怜君存苦节,得失且甘心。见虎方成业,逢龙始积金。重山多异果,怀土可安身。鸳鸯根种浅,必竟不相禁。亥　苦节如松贞复坚,禄在

重山喜气联。有志终须超物外,逢龙遇虎宝光全。鸿雁沙汀三两只,长天孤立伴寒烟。孰知秋暮馀奇果,白首欢呼乐胜前。

女命《前定易数》:节丑　前程欲问我因缘,伫守孤帏不自然。料想殷勤多困苦,无缘福禄胜迍遭。雨洗疏桐多淅沥,风吹落果意难坚。不如远山箭子,领我前峰去扫烟。卯

命塞时乖人莫欺,兀坐幽居守困危。莫教鼠尾春风起,依旧莺声绕故枝。天边阵阵孤飞雁,水畔双双鱼阵儿。前程自有终身计,得到还须遇吉期。已　方欲登楼望,须逢禄寿昌。自然平步稳,不患峻梯长。雁自孤山去,情深意莫量。贵君高

着眼《平地锦还乡。未　借问前程事,生来主吉祥。立身多顾遇,福禄自荣昌。守室当逢吉,放心遇善良。贵人荣处乐,时日显声扬。酉　前世足奔波,今朝却福谐。心肠多豁达,情性足宽怀。鼠至当荣遇,羊来接大才,身安无险处,福禄喜双来。亥　立意情难遂,生平性主忧。孤疏亲浅薄,克奔不须求。只好寻山去,休寻贵客游。一生无立计,惟务免煎愁。四字金丑,枯井逢霖。卯,花林栽松。已,高楼望月。未,松里莲阁。酉,鼠入仓廪。亥,乔松栖鹤。郭璞数阳局　性磊落晓事,识此资次。一笑春风,此心如水。有双雁,却分散。买土买田,税贯积千。庞公居士,石崇比望。性喜快。纯雅　是非成败,小能变大。一箭阳和,发得也快,根基旧,规模新,创立。爱又退,成又悔。心狐疑,有挂碍。足不足,君有福。早难成,风催尽。财财上着力,汤浇残雪。痴心太高,沙卷洪涛。历尽难,遇重山。富已至,喜开颜。弓断又重修,幽禽宿树头。有缘安富贵,喜气自相侔。莫言未满心中愿,消遣莺花万斛愁。孤鸿逐伴要双飞,却恨年年怕皱眉。独立东风晓窗里,孤星一点散清辉。诗礼传家世业新规模守旧自安宁。情怀倜傥东风面,生计万宜水上萍。平生历尽事多少,到底惺惺惹烦恼。劳神休叹不如心,前面荣华直到老。桂子高秋风易悲,几回怨恨谩颦眉,春风喜见墙头果,几许东风总一枝。松映晚霞数　几年忧患重,枝叶未经新。叶老至株尾,犹如树再春。禄向晚年达,根株自向荣。日边消息好,名利一家新。流年　丙丁一阕一,事一动事有。艰难浮云满。洞老看少年。心不足一事,去来反更覆。闲非忍耐莫,深争忧事忙。忙门户速一,事正散一事。寻起石上剥,皮财能害己。言公谨守过今年,刊登麻衣苦繁缠。闲中冷落萧条甚,戎贝相侵马赶猿。小喜到来未足喜,祈安求福免灾阻。事见方知是事来,出入营谋方可举。数到今年惹祸殃,桃花乱落两荒忙。佳人堂上生憔悴,川火惊人暗断肠。年来好事反成悲,谋向东边又向西。月缺未圆人可阻,到头好处可蹊蹊。阴局　与前乙庚同

《已壬鬼谷分定经师卦　鸳戏莲池格》戏水鸳鸯满沼莲,朱衣放箭遇阶前。黄金未与君收掌,白玉堂前看古贤。远雁孤飞天外影,鸳鸯两两傍沙眠。君今肯问平生事,松柏同荣寿万年。遇鼠明消息,逢牛喜渐荣。树头空问禄,花向水中寻。天枢,天川,农盎,此星照命,多思远虑,易信易瞒,家业见成,田畴不缺,知进退,识高低,作事沉吟,所为进退,大宽小急,喜怒不常,於人不足,惹是招非,恩爱生烦恼,好事思参差,凶中有救,退神重重。述云:从前多驳杂,中末始平和。康节前定数竿上存心格　诗与分定经同　中　遇鼠多消息,逢牛始称情。树头空问果,花向水中寻。

末　莫怨平生所事难,可怜前限遇重关。因观手执团圆镜,方信成身顷刻间。

男命《前定易数》:师子　前程坎坷不胜悲,此去存身未合宜。天教伶俐何多失,祖道存留也见隳。鸿雁孤飞南岭去,鸳鸯双舞野池时。衣食不止赢馀事,结果枝梢一子儿。寅　几年羁绊费精神,萧索程途愧此身。料想苦愁终渐退,深知碎事有来因。雁飞云岭

随风去,花遇新园再发新。借问老来归计事,利名方享福还迍。辰　春花秋月两相奇,人事亨通岂易知。踪踪莫言高处暗,身名终是有明时。雁飞声断衡阳浦,鱼食钓絲渭水湄。此理此因君可见,何须苦苦兆蓍龟。午　立计施权多不遂,奈何成败係天然。淹留岁月心常抑,羁困身名意未便。花因春去多风雨,雁为秋孤侣不联。莫道春生多苦楚,安分闲分定任林泉。申　世事艰辛肠欲断,六亲孤绝梦魂飞。秋声去雁无消息,春冷芳花发秀枝。收拾利名求虎子,破除闲虑问猴儿。大都好事难长久,不若将心赋式微。戌　生涯成失事堪悲,劳得身心已倦疲。早岁利名马足道,晚年生计欲何为。雁阵空飞四五只,花红飘谢两三枝。君如预识伤心处,百岁填前半个儿。

　　女命《前定易数》:艮子　生平孤苦自难明,处世安身问子平。才向马头终喜脱,须归羊角福当荣。贵客相寻何日出,娇容巧笑暗思情。枝头一果鲜如日,终托前程事事亨。寅　立志惟思出离尘,冠钗重整见贤人。有名有禄情何说,无难无灾福自新。果结高枝风撼落,客来幽室亦纷纭。一生自奋成身计,深知吉事有来因。辰　香风佛佛入罗帏,贵客中途折桂枝。来问前程有荣处,当知今日遇良时。鸾凤双双情自洽,鸳鸯对对尽相依。鼠犬相逢无难险,终日滔滔享福基。午　冠钗荣处脱尘泥,独步悠悠上玉梯。远望贵人施厚福,凝眸重整笑容低。鸳鸯池畔双双立,燕雀檐前两两栖。借问光风何日到,断然羊尾出河西。申论汝前生必有危,难逃今日有灾哀。时入鼠头终自吉,运临牛首必无亏。鹊噪相传闺内喜,花残结果傍窗垂。堪笑平生人事别,却於险处立镃基。戌　重重破失是前缘,立计更移必自坚。但得身心平稳守,母嫌福寿不绵延。绣幔低垂无一语,朱扉半掩客来言。莫忧龙虎相逢日,终得贤君福又迁。四字金子,浪里乘槎。寅,寒蝉悲风。辰,花筵排宴。午,炎天种粟。申,逆水行舟。戌,缘木求鱼。郭璞数阳局　甲乙人富贵。性偶偶倘□,大量不争强,不争上。磊磊落落,笑谈戏谑,接物待人,春风和乐。二山开颜土石皮子后,付之一笑。垒成　刑五宫初不好,不足非草草。风折桂枝倒,假子方可保。好不好三六分。□几年卓立,尽好规模。若尽心图,费尽支吾,书　　　一生心未歇,一身何孤克,一禄宜远求,一香自分别。荣华有分富贵来,桂子风清谁共说。两间朱户还清绝,两事谋为又着跌。两心三意漫茫茫,两字孤刑不堪说。平生蹭蹬多烦恼,碌碌奔波谁得晓。祖财祖业守难成,自立根基方道好。日月堂前景不长,双双鸿雁不成行。春风鸳侣空成伴,秋雨梧桐情更伤。前程好事行将遇,莫道闲愁无着处。一重山外又重山,到此荣华俱称遂。燕垒危巢数　旧垒危巢泥已落,更不问他从头葺。至亲至爱不堪言,万苦千辛再去立。画楼彩阁胜前时,庭户垂杨合飘逸。算来万事谢天公,晚节时人难可及。流年　有一险事跷蹊　惊一度方是路　梅花前后,有事相挠。应有跷蹊恐没分晓。气数今年四季康,静中安乐不须忙。资财进益身清吉,无事宜烧一炷香。一卷文书真气象,一重好事早团圆。两间朱户还幽雅,一簇笙歌在目前。孙连喜子佳人走,月里有人求匹偶。嘻嘻谋事尚西东,玉兔西楼光皎皎。事有长短,石皮才畔。堂上有惊,他人莫管。谨防闲事挠君心,醉客醺醺不得醒。寂寂家人终失笑,西南鸿雁不堪听。阴局　断与前戌戌同。

　　《己癸鬼谷分定经谦卦　花秀秋深格》　禄重须防印与权,财成人恐事连绵。三春鸿雁飞南北,花落秋深叶亦鲜。晚景利名终得遂,平生无限亦安然。家乡本在潇湘外,重遇关山好向前。守直终成福须知,省祸危云离天上。过迍□,见光辉。天丙,猥疾,龙虎,此命造化,见识高明,机谋智惠,是处成非,非中又是,多思多虑,未能遂心,贵人见喜,小辈无缘,口直心慈,运入牛羊自然通泰。述云:傍人尽道成身早,必竟生涯在晚年。康节前

定数提水种花格　诗与分定经同　中　守道胜骄富，谦和要谨廉。云离天上月，迤□透光鲜。末　努力张弓射利名，命中有分不劳神。喜有紫衣人相助，此时一箭中鸿鳞。

男命《前定易数》：谦丑　生计莫烦煎，还君禄与权。清幽真可乐，享志在神全。问雁多疏侣，逢花意自便。家乡归未得，云水每相怜。卯　重禄须持意与权，财多唯恐祸加年。三春鸿雁飞南北，花落秋深果亦然。毕世有名还有利，平生无恨亦无□。家乡本住潇湘外，重水重山在目前。已　身蕴谦和性，机权屈壮国。镦基空处立，声誉自时呼。攀折花悭盛，欢怡雁侣疏。逍遥有真趣，玉轴玩奇书。未　雅意贪幽兴，操权志气多。利名何惮立，生计仰天和。鸿雁相从远，花枝半折磨。身居安乐地，休更问如何。酉　禄重身须异，财多恐祸侵。高峰宜独步，欢喜亦关心。雁阔自多侣，花疏却抱金。任人夸冷淡，得趣没绞琴。亥　斯人心未足，已足便持功。处世喧中静，荣身实处空。雁儿聊见影，花绽谩多红。试问归身地，欢愁恋两峰。

女命《前定易数》：坤丑　云收雨散露青天，水静风清月又圆。立身必向登金路，回首欣然遇大贤。雁去双飞声自远，琴调一曲续新绹。堪笑马头财禄厚，灾危前日谩相煎。卯　频登崄峻未离殃，更遇狂风掣绣堂。凝眸四望云俱合，进退双疑意自狂。美貌施容徒自逞，朱颜弄粉减新妆。暗中终遇贤人顾，不到孤里守洞房。已　厉时又失非今日，前定今朝不必疑。立身须向善行处，守节当归有福时。莺立高枝情自苦，鱼游深水恨无依。若逢鸡犬回头望，终日春风发旧枝。未　折失由天定，人能测料中。於心无积怨，立计必丰隆。山外莺未啭，云中落马空。已知身未稳，兀坐自匆匆。酉　万计立生涯，时乖未立家。逢羊人再举，遇虎喜还佳。雁散云中福，果收雨里花。终知来晚景，依旧事堪夸。亥　得意平生事，争知福未坚。池中鱼有乐，枝上果无鲜。诡计身非稳，机谋意不然。马前虽有气，鼠后却迍邅。四字金丑，蓝田种玉。卯，玉洁水清。已，金盘堆果。未，云开见日。酉，金盘堆果。亥，锦衣夜行。郭璞数断男命与前丁戊同　阴局　男儿此数为朝客，女命逢之也难得。他年花结早荣封，亲戚生辉此时节。生来性燥烈尤刚，好事经营百福昌。体态不凡多计较，惺惺了了识炎凉。莫道初年时运蹇，限到前程愈光显。兰房尤虑鬼吹灯，照顾安生一灾险。跳得过时运便通，夫妻做作好家风。善缘宜把修禳好，人看岁年柏与松。女流年　一鹿困，一马眠。一喜事，一萦牵。夫并妻兮妻并夫，鸾台妆镜照人孤。西风新雁来时节，瘦仆骑驴入画图。

《庚甲鬼谷分定经随卦　渭水垂钩格》　疏屋荒凉燕久居，过桥相遇一封书，持竿上钓鱼相失，反致休来却有鱼。玉树有花难可折，金樱花落果应疏。须知雁过斜阳远，云散庭前树几株，携弓亲射鼠，逐鹿自归林。得遇黄牛首，羊马遂人心。贯索，天绞，天刑，此星照命，志气高，心机大，立性质朴，所为聪明，亲眷无情，朋友无义，作事不凑逗，举用未能成，退神太重，多学少成，若交牛马之乡，别是一家风景。述云：牛马运中方得地，须信荣身在晚年。康节前定数诗与分定经同　中　携弓亲射鼠，惊鹿自归林。箭中鼠羊角，羊马必升名。末　过却初年始到中，花开花谢几回风。移宫换调重收拾，方许烟波学钓翁。

男命《前定易数》：随子　华屋光辉盛，雕梁燕子栖。往来寻故处，鸣语垒新泥。雁字飞空阔，花枝带雨低。晓来何所事，生计恨东西。寅　广谋多计少相谐，独奋机权事可乖。平日深恩成厚怨，鼠猴财帛始相谐。花开满目空兰槛，雁叫伤心长海涯。名利往来虽粗遣，未尝经岁免忧怀。辰　堪与时流异，衣冠易祖风。过楼朱紫客，黄卷荐贤功。鸿

雁云间见,花枝别处逢。清声振闾里,羊犬两相同。午　西北东南路,回头道未分。花开空自谢,果结此时珎。归雁一行远,唯君独出群。举头看进退,犹恐坠梯云。申　金帛箱囊空有馀,平生志意两何如。秋来果落枝枯槁,春到花开长旧株。鸿雁失群归远塞,鸳鸯独只戏江湖。老来始觉虚名器,回首那堪对月孤。戌　名利天然定,不教人苦图。箭加弓上发,偶尔中明珠。害斧斤防失,忧栖未又无。一条前去路,生计立官途。

　　女命《前定易数》:谦子　志气期宏远,操持立性高。忧疑终减削,财食必坚牢,贵客相携就,情意不煎熬。虎头皆可喜,福至遇英豪。寅　营立勿思危,中间自罕奇。岭头人借力,禄吉福方施。莺语情徒洽,枝枯果自哀。平生多虑志,老计必无疑。辰　作计非由已。营生必遇人。孤身终立处,黄菊遇新春。燕语思归急,花残果自新。莫疑候不至,荣显自精神。午　情性乖违谁得知,宜当异果守朱扉。若闻鸡犬相逢处,终遇贤君享福基。鸳鸯两两情虽远,燕雀双双报吉时。前程自有高明见,不致身遭远别离。申　一身向去脱波涛,守志休徒慕远高。设使安心能运变,须防晚景祸灾遭。东君克我由为福,结果虽成害莫逃。出水隔山为立计,辛勤终是不坚牢。戌　一生立意用机关,处世为人性不宽。绣幙立身无自在,幽闺居处少平安。鱼水相逢非美事,鸳鸯各自受孤寒。可怜失景无依倚,随缘不守必艰难。四字金子,社燕归梁。寅,木求鱼,辰,菊生艾园。午,雨帘自酌。申,锦鳞浴井。戌,红日映帘。郭璞数阳局　心雄,难容,性清高,英豪孤　空　刑　克妻不受触身转木名达　寿闲花野草,酒肠烦恼。愁一秋一心,主持权柄。利官近贵。别离烦恼重,引惹暗伤心。半真并半假,方得称人心。野草闲花,也要沾些。且宜仔细,莫引支遮。读一卷书,文士武夫。一日云遮影落西,一轮孤月散清辉。一桃枝上间红杏,一对鸳鸯两岸飞。文字有缘千里力,姓名未达谁能识。红旗摇动半天风,禄在重山间官职。自操略,自劳神,好景安排在暮春。别祖两重山色好,前程变化上天津。为性平生多慷慨,多学少成般般爱。撑出烟波一叶舟,万里征帆风正快。撑出烟波一叶归,雁行乱字失群飞。野桃深处围红杏,笑指菱花心上非。风檐铁凤数　平生慷慨气吞牛,凤阙金门曲己周。移得碧桃开别槛,数声鸣雁识归舟。间关烦冗都经过,多少荣华在后头。整顿琵琶归未晚,月穿花影上西楼。　流年　谋事进退,成了翻悔。有件难为,星辰暗昧。谋望难成遂意迟,他人闲事不须为。谨防皮石家财去,棘路休行暗有亏。年来作事意茫茫,待得三秋桂子香。一箭长空施勇力,吹嘘一举便翱翔。有一喜,有一疑,有一事,小人知。堂中　三春人寂寞,愁听子规啼。阴局　孤舟短棹出烟波,破浪中流费力多。到底风帆一送顺,支撑须会莫蹉跎。为人计虑深沉巧,把卓门庭诸事早。有刑有克莫咨嗟,睚出初年依旧好。女流年　心下凄凄思不明,一重欢喜一重惊。白头掩面春将暮,榴火三烟满户庭。秋风叶落起新愁,琴断朱绒话两头。磨腹磨心伤切切,双头一犬泪交流。

　　《庚乙鬼谷分定经大过卦　莺语东风格》疏却亲情亲却疏,离南往北自安隅。知君本是吾乡友,权寄飘飘江上居。双雁过溪忘羽翼,鸳鸯独戏遶青蒲。黄莺枝上双双语,为报窠中一个雏。桥边逢水客,屋内未亲知。南北东西去,窠中只一儿。天藻,天烦,天懈,此星照命,为人气高,不能俯仰,好一介造物,如锦袋贮糠,草屋安吻,外观有馀,内观不足,劳而无功,秀而不实,密云不雨,空里雷声,钱财聚散,好事迁回,六亲水炭,朋友相疏,妻迟子晚,未得安居。述云:晚年必是成身处,济会风云事未虚。康节前定数弃故旺新格诗与分定经同　中　贵人携我我投人,可惜我居虚度春。幸有五湖江上月,好凭钩线钓鳌鳞。末　初生劳力又劳心,百计千思未得成。嶮阻艰关皆经过,逢财遇禄晚丰盈。

男命《前定易数》：大过丑　亲却成疏怎奈何，却於疏处最亲和。重重名利成而破，历历胸襟少谓多。花谢庭前连雨打，雁飞天外失群过。去程若要知安稳，泛泛孤舟入巨波。卯　劳心出处平生事，疲思伤人福未圆。几度花红空怅望，必应结果子新鲜。翻云去雁空消息，浴水鸳鸯意不联。定向马前多意气，才逢鼠后入迍年。已　料其祸福应难实，虽见入情笑又悲。名利不成翻掌失，清闲未许到头宜。空园寂寂花应落，虚塞迢迢雁翼垂。往事经过休尽语，不堪中道有倾欹。未　利名岂负此生心，他日应期吉事临。亲旧往还情渐薄，祖基牢落祸重侵。鸳鸯美处情分散，鸿雁亡群意不禁。可惜生涯苦中得，行成中道丧黄金。

　　酉　折其东障补西篱，有益思量是损时。准拟晚年成立稳，到头诸事尚乖离。横空去雁分飞阔，倚槛娇花雁压垂。寂寂西山日将暮，不堪回首梦魂飞。亥　雨收云断楚天齐，望处青云路半梯。直向马前舒事业，定骑牛背有提携。萧萧庭树花垂结，呖呖飞鸿各自栖。成遂几多各利事，有华之野任耕犁。

　　女命《前定易数》：大过丑　笑语融融岂可猜，江山拟欲脱尘埃。兀兀前程还守已，纷拏冗计自难栽。槛内春风来拂顾，闺中明月照枯荄。立计当逢云外客，寅申依旧柳眉开。卯　纷纷尘事多繁冗，意气虽高惹是非。前程必遇公侯贵，默指高台是福基。莫问椿松傲霜雪，还知修竹自坚持。良人远望终生意，一点虚心断不移。已　身心劳苦成基业，绣幄低垂情未通。直至鼠来被蛇逐，方知蛇去化为龙。一阵桂香当户入，双双奇果映天红。若施一点英雄志，同助良君立大功。未　井底黄金千尺深，谁人直入往来寻。蛇龙自喜游波面，猪犬成群喜气侵。一阵香风来扑鼻，双枝奇果缀红檎。到头终有名和利，无限恩光个个钦。酉　兀兀幽闺坐，惊忧度几春。若能勤俭己，财禄旺朱门。聪俊招人咎，贪生惹祸逃。宜当常守节，遇贵始欣欣。亥　性理非良善，当生有横灾。情怀多不顺，懒慢意难猜。骨肉多分散，东西或去来。鼠羊时日至，仍旧发衣财。四字金丑，宝船待风。卯，霖雨望情。已，小船入海。未，花园雨晏。酉，开井求泉。亥，秋园牡丹。郭璞数阳局七宫不足。男女背立怨恨，鹿上猫，若二山，名利足，事不难，睚过重山，禄旺身闲，一人舟中。一双鸟兔天衢远，一只□□飞失伴。一家好处又成空，一叶风波千里险。几多好景在前程，离别愁听弦断声。缺月重圆天外喜，菱花相对水禽惊。几多计虑恼人心，历尽风波未遇津。愁对江头花似锦，狂风怪雨自伤神。限交此去五六八，跳过风波无阻隔。沙堤平步上如飞，回首亲情伤害克。休嗟房内见吹灯，笑指菱花背面行。今日风光谁共语，笛声吹彻又残更。画楼花影数　扁舟过海浪翻覆，历涉烟波三万斛。亲情疏处却还亲，事到足中生不足。狂风横雨钱春人，谢尽碧桃空馥郁。虹霓冉冉耀秋光，金盃晓酌东篱菊。流年　日云中灾。正五九雁过箭穿，火起三烟。事喜不成，忧不足，事勾连，怕友覆。田土防呕气，外孝更相累。气数今年忌不祥，堂前人醉客忙忙。公言反覆相欺挠，谨慎身心免祸殃。一溪流水速羊猴，来入浴叠七事。相连心下多不足，败叶飘零一夜风。牛郎犬吠对芙蓉，梅花雪里春来晚，好事重重喜在冬。犬生二口，烛泪何人。半忧半喜，战战兢兢。阴局　与前庚申同。庚丙鬼谷分定经革卦　革故鼎新格　弃故从新待命通，利名还见两三重。雁飞队队迷踪迹，花落溪边间绿红。禄立应随天信志，始觉心闲事事通。借问君子何年顺，龙头一见自身荣。犬上花开色，龙头奋旧身。一心随命举，破屋再重荣。天饶，天车，太乙，此星照命，亲高近贵，性直心慈，亦无克剥，亦不苟求，五行坚实，四柱平和，性如碧潭秋月，情如野鹤栖松，六亲如画饼，骨肉似虚花，凶中有救，喜处还嗔，命

带暗疾，有破相方可以延年。述云：多成多破多翻覆，龙犬绕交显后身。康节前定数红稀减翠格　诗与分定经同　黄金过斗非身富，白玉盈箱未是丰。直待禄随音传发，何曾箭去不因亏。中　火首天光饰，龙头换旧身。一心随命举，破屋觐重新。末　得失荣枯事是常，便言端的莫匆忙。吹嘘自有知音辈，方逞男儿志气张。

男命《前定易数》：革子　生涯半失半成功，幽意狐疑盃里恨。鸡兔利名难可望，牛羊离塞运绕通。高飞去雁群分远，低放花枝一半红。弃故就新人不省，回头珠泪洒西风。寅　群阴去后复阳回，贵客相携过玉台。先见佳名播闾里，安荣生计谢梯楳。鸳鸯两只情慵懒，鸿雁一双空往来。以道退藏宜谨守，不堪人事有悲哀。辰　怅望家乡多隔阔，偶然流滞得通津。屈意莫非渐俗子，提携须是假能仁。鸿雁岂知群有失，花枝焉得果成春。一生自奋成身计，天数兼君福禄臻。午　立计平生蒙昧事，较之邂逅已劳神。成家许汝有财利，操志终须出等伦。孤雁过时秋影远，芳花绽处晚枝新。前途幸有湖山境，遁避身名免祸罩。申前途艰得负平生，浮海乘槎道未行。借问利名相会处，待於中岁事方亨。鸳鸯两只沙头宿，鸿雁一只塞上横。休道凌云多直干，松高尤虑斧丁丁。戌　扶轮拽鼎自成持，莫顾吾家亲与知。两处荣华两处失，一翻风物一翻亏。孤飞去雁东西阔，摇落芳花带果枝。中道危墙复无虑，斯人依旧利名奇。

女命《前定易数》：子　南北恩深两不全，不取其方只取圆。回首安家非寂寞，举头守节晚逶遭。一双奇果连枝缀，两朵枯梢得雨鲜。若得暗传消息到，云收雨散月当天。寅　重山重水几多难，出守红帏向晚安。未信枯根埋雪里，必生新叶倚春山。鸳鸯对对情飞急，鸾凤双双恩爱闲。借问秋来谁作主，园林一果老枝间。辰　欲问生涯里，生涯不在难。只消守已事，何必倚泥山。心处慈祥态，容收狠酷颜。贵人当面立，有意得相攀。午　基业待良时，时来定自奇，始终待好事，休论是和非。枝缀窗前果，情深阁内思。何堪良客问，惹得泪珠垂。申　月向云中暗，幽人得意时。利名消息近，骨肉若分离。燕雁双双散，鸳鸯两两飞。后园生一果，霜里缀高枝。戌　井里黄金色，谁人能得知。遇蓬终一遇，贵发必相持。羊犬传佳兆，鸳鸯自有亏。前程当显达，福凑贵人归。四字金子，破扇停秋。寅，十月梅花。辰，巨鳞泛壑。申，乘槎渡海。午，画虎出林。戌，落花带霜。郭璞数阳局　一人立名利云中，防个脱空。一堆钱，一池莲。□事支吾门户，半喜半愁。堂上人孤叹不圆，对床人两奏篪埙。兰房人喜长喧笑，到底人闲福寿绵。虽然得语青云去，恐怕无缘马不前。福财比石崇，强祖胜宗。一朵莲花香，一人烧夜香。一蜂遶花香，一盃腊酒香。香风吹送人何处，春入园林依旧香。料想东风昨夜回，听更惊起梦难猜。男如崔子寻花柳，云雨巫山复楚台。利名莫叹空劳碌，只为惺惺多不足。画饼充饥花木瓜，任你喽啰不住福。双双雁字排空过，五命带刑星照我。几翻谋计未如心，空诉黄花秋后朵。自有荣华异语新，空劳空望陇头人。高人着眼前程限，此去看看步要津。石壁牡丹数　只为惺惺不受触，利名别孤空劳碌。雁叫寒声过远山，活计一惊已翻覆。六亲早觉履春水，碧桃早结阑干曲。照水朱衣共太原，相逢始遇云中禄。流年　一枝花，一秤，一人立，一川火。喜川下火照，一场好笑。忧一事紧要，春寒料峭。进财运用望亨衢，阻隔身心可恨迟。路坦推车逢曲巷，满园花发旧风吹。榴花枯老景萧条，瘦仆牵驴过竹桥。佳人乞巧翻成拙，空见黄花满地愁。事莫错人不觉照，顾蛇儿来缠鸡脚。文书从此要分明，阃阋言公饶一着。如痴如醉卧窗前，血光暗毒在今年。石畔皮生财退速，空谷伤怀不忍言。重山过了人抬举，喜色津津却入眉。革故鼎新财禄旺，前程发达有操持。阴局　一点孤

中华传世藏书　永乐大典　精华本

星照命身,许多烟雨锁黄昏。做成寂寞门心事,憔悴厌厌独倚门。秋空过雁声嘹唳,月映梅花愁满地。琴声凄切不堪听,两度花楼重见喜。桃枝李干结因缘,依旧栽培胜似前。玉树芝兰争庭秀,荣华富贵享天年。休道眼前不如意,自是运迟难便遂。云开月色正光辉,睚分此宫方得地。宁心忍奈莫咨嗟,荣枯分定决无差。看看变化金龙去,奉贺重添锦上花。女流年　初星高拱照期年,宅舍光辉喜信传。堂上有珠呈彩色,门前女子笑公言。一杏梅,一花开。一重喜,一重财。一琴调雅韵,一水遶亭台。秋月春花分即孤,蛇猴相对喜欢娱。

《庚丁鬼谷分定经萃卦　月照幽轩格》　月华清洁莹如银,世外安身欲染尘。愁虑未消终有待,逍遥偏称等闲人。空中飞雁江边立,日透红霞渐出云。身在五湖归不得,花残果结一枝春。心在繁难外,身居众绪边。马头春色好,云静月当天。飞轮,天蓬,天仓,此星照命,性巧心灵,将无作有,弄假成真,亲如雪中月,财如水上萍,好事多磨,利名进退,凶中有救,不犯官刑,先来破祖,自立自成,,此命是也。述云:扫雪观山山色异,春来还有百花红。〔康节前定数〕月色如银格,诗与分定经同　〔中〕　我在烦难外,身拘重禄边,马头春色里,云散月中天。〔末〕缺

男命《前定易数》:萃丑　潇洒精神应物华,重山正好作生涯。有情却对无情绪,不意翻成得意家。二只雁儿多阻隔,一双鸳侣戏汀沙。拟看马首多春色,月往年来兴未赊。卯　守志乐清虚,艰危未遇时。利名成马首,逸乐问猴儿。鸿雁何疏阔,鸳鸯岂许迟。更能游物外,方始得便宜。已　良夜月华清,幽人意渐平。利名危处立,身势重还轻。有雁飞云阔,逢花别称情。灾危须暂有,白首振家声。未　月华清洁莹如银,高照清秋世外身。尘土易消多虑客,逍遥偏称不羁人。空中有雁离群远,马里逢权景物新。家住五湖归不得,花红一叶倚残春。酉　正对高秋月,蟾光特地新。尘寰虽涉虑,名利不辛勤。雁侣空飞过,花枝谩结春。羁縻闲不得,聊作半孤人。亥　蟾色未全明,初中意不清。利名因马力,家势藉猴声。鸿雁空中见,鸳鸯畅意情。白头留一果,口口道宁馨。

女命《前定易数》:需丑　风卷残云散,平生有势威。立身当守节,积善待佳期。花貌娇娆美,比和福庆随。贵人相举手,荣遇得清奇。卯　凝眸美望天一方,四畔云收月有光。独我平生无限事,先危立业显心良。金鱼对对身依藻,紫燕双双嘴带香。莫教一日东君主,蓦地荣华福禄昌。已　守节非今日,当生却累修。家门宜有显,改户又相投。绣幙风时入,朱扉月自浮。两全当显焕,却在陇前牛。未　立计问前津,孤遗未脱尘。收心当积善,忍性敛精神。龙虎开眉目,猴猪脱苦轮。良人来拂首,陌上已欣欣。酉　误作平生事未新,却逢英雄恨女身。时今莫问安荣至,且自收心守过寅。几时能步青云路,今世安知脱苦轮。娇羞厌见帘前日,艳冶徒夸屋内人。亥　立计非亲旧,荣生遇吉人。孤身何处生,黄菊却开春。鸠唤墙头雨,莺啼陌上尘。欲知灾不挠,须遇丑兼寅。四字金丑,游鱼出水。卯,衣葛御秋。已,登楼望月。未,水清玉洁。酉,娇莺迁水。亥,淡露秋蟾。

郭璞数阳局　有头却无尾,得场偷欢喜。晓事更机关,富贵骄无礼。刑不刑,休靠六亲。财　出二山好,到有讨。破财破财,耗星赶束。财宝中座,撺取成灰。忽然一跌,弄巧成拙。好段因缘,无人共说。书文书成不成,今日却惊人。高山与流水,终是遇知音。骨肉两无缘,孤刑两字缠。自担还自夯,打睚过中年。一生志气不寻常,一鹿衔冤卧夕阳。一对鸳鸯分伴侣,一双鸿雁拆征行。一生机巧性通天,算尽机关度几年。历过风波人未老,劳心劳力谩悬悬。三叹情生足不足,鸿雁信稀字难续。前程好处莫狐疑,跳出樊笼方是

福。东西南北许多愁,家务忧煎不到头。几度醉归明月夜,月移花影上西楼。虚名虚誉久沉吟,禄马当年未见真。拜出御书回首笑,谁知隔路到云津。流年 书文书称望,买卖百般成。凡事向上,财星正逢。旺事一段萦心事,求谋望自新。是非防不足,须觉费精神。婚婚也圆,时事也圆。所为凡事有周全,阳和一点春风动,撰得人间玉宝钱。只防谋事反覆,暗中眉蹙。老实为人,莫惹官狱。田田土激括,不宜交割。纵不向公,也被骂唱。防有忧疑,官孝临头。谋求财运自通,文书动处喜重重。荣华已兆前程福,此去滔滔遇顺风。堂上只愁人寂寞,川火来时防失脚。闲非谨慎不须为,怕有勾连恐君错。谋事成时还不就,月当圆处被云遮。寂寥乱落梨花雨,蒲柳焦枯霜又加。愁里闻飞燕,秦楼梦不成。是非非事挠,白雪满江城。几年劳苦事成非,福到荣华喜自归。跳出重山风景好,前程利禄总光辉。阴局 性格清高早克家,机关晓了足堪夸。只伤缺数逢刑克,每到东风怨落花。克勤克俭耐艰辛,物换星移度几春。占断四时多计较,起家卓立胜前人。好信依稀倚柳梢,风月清闲寿数高。看尽归鸿犹道少,只闻高阁鼓声献。

女流年 带雨梨花不见香,风中秉烛实难当。一重灾火堂前起,一口啾啾一口殃。杜鹃啼后榴加火,牛犬同行相遇虎。喜还未了又忧疑,瘦损香饥为谁苦。

《庚戌鬼谷分定经咸卦 风宿梧桐格》 身心进退多翻覆,且度年华守旧心。若问瑶池东畔立,等闲栖向绿杨阴。远雁坚飞三四只,寒风一点透波深。终身若问归何处,千里黄沙半捻金。得路逢牛首,骑虎渡危桥。平生心胆广,福禄命中招。天参,天孤,天鸾,此星照命,如孤鸾出塞,似野鹤乘风,志在他乡,心思他处,成身异地,立业他乡,东畔栽花西畔发,北园种树南园阴。父母堂前过客,弟兄空里雁行。镃基虽不中,末注渐渐佳。述云:从前事业多成败,直待虎牛身渐成。康节前定数凤凰孤宿格终身进退逢今日,好遂年光且用心。得诏瑶谐东畔立,凤凰西沼绿杨阴。远雁排空三四只,寒光一点透波心。晚年借问归何处,千里黄沙半捻尘。

中 得路逢牛首,骑龙渡峻桥。平生心胆重,时复任相邀。末 明珠生蚌草生芝,造物根基分外奇。此身不是寻常辈,功名际会显男儿。

男命《前定易数》:咸子 修身进德逢今日,好遂年光且用心。得扣瑶阶东畔立,凤凰西沼绿杨阴。远雁排空三四只,花枝虽偶不成林。君还借问归投处,十里黄沙半捻金。寅 立意修身事已谐,年来日往渐离乖。得时称意牛为首,忧险危疑龙入怀。两雁群分飞自得,一双鸳侣老相谐。他时已乐荣华地,失却衣冠杂冗排。辰 操权立计本图荣,却喜年来事渐成。占处牛头堪足意,还逢龙首恨多惊。雁儿分散半行去,鸳侣伤间两处鸣。东畔瑶阶虽粗乐,也劳神思也劳形。午 可享中年乐还君,气毅雄利名成。复散生计塞还通,见雁分飞远,逢花取次红。百年多改变,归计忆初丰。申 积德资身喜有因,利名成处艳长春。机权到底虚成实,业计由来散复新。花朵倒时因雨沃,雁飞起处被风嗔。老来且恁悠悠地,莫苦身心强问人。戌 生世自身孤,惊亲有若无。利名虽粗足,心意尽南图。幸值清幽处,那堪趋向殊。待君无事日,偷暇镊霜须。

女命《前定易数》:坎子 忠节成家早,梳钗易祖风。名传千里客,福遇百年翁。幕卷清风入,簾垂暖日融。前程终有望,福禄大亨通。寅 欲上朱楼去,羊来不见忧。美酒樽中绿,名茶苑内柔。奇果时非异,良人心自留。休问前程事,须将命里求。辰 安身守己自优游,百事从心不自由。若遇鼠羊皆未济,直须牛马免灾忧。清风拂拂吹幽室,明月娟娟照九秋。前程自有收成计,豁达情怀更淑柔。午 良心远望天一涯,雨散云收皎洁时。

遇人迢通迎新福,得果鲜妍结旧枝。幽室操心无一事,成家立计有施为。天边贵客登仙馆,唤我相随上玉墀。申　基业重成旧不循,立计成家拟贵人。一声鹊报无穷喜,几阵香风气味新。凤凰共舞波栖宿,燕雀同窠施屋尘。槛前异果垂枝上,整顿裙衣见圣君。戌　孤影空留绿幕中,无人相顾枉求功。直至鼠羊方可立,必知龙虎始欢容。凤飞雁落孤山去,水激游鱼各散踪。生平衣禄随时定,终待安心守运通。

　　四字金子,宝马金鞍。寅,渴马饮泉。辰,野雪遇风。午,柳堤莺蝶。申,积玉成田。戌,老颜对镜。郭璞数阳局　多愁多虑,几坠多累。半颠半狂,如痴如醉。垒四田相并,主财富命。二山好福,一堆钱,享福仙,愁心上横愁,也是些疑。闹过几场闲挠事,他人烦恼自家忧。宅基祖坟所荫,发子旺户。支吾经营,尽了自得。大大官司,也不须说。二雁双双逐伴飞,一生作事遇嘘吹。一堂人看珠光影,一志经营匪拙为。莫把闲愁事挂心,机谋好处善经营。香边识破浮生事,自喜清幽享寿荣。生来禀性还磊落,才艺精神还不错。根基整顿几翻成,只要后人牢把捉。虽是平生历涉多,看看此去出风波。贵人暗里扶持出,山外青山喜气和。心事东西两处忙,根基稳当尽荣昌。从前卓立儿孙计,福厚名高姓字彰。孤松桂影数　一处心兮两处心,经营辛苦不曾停。做成根脚星辰重,只许儿孙享现成。险阻艰难多历过,烟波风浪几翻经。从前只得香炉力,独影孤松伴鹤程。流年事反覆,多疑卜。百计愁,真劳碌。半忧半喜半生疑,心下秋来意未如。欲进向前人未遇,当初岂望总成虚。流莺窗外啼声巧,火起三烟人失笑。愁闻孤雁一声悲,醉底醺醺没分晓。他人事,莫向前。恐萦绊,惹忧煎。谋事年来好费心,吹嘘无力便劳神,支撑睚向前程去,别有春风在暮春。龙跃天池鹿入林,吹嘘谋望遇高人。槐花菊绽文书动,和气超腾变化身。阴局　片云黯淡锁幽房,一点孤星照夜长,骨肉有刑多不足,落花风雨暗悲伤。为人心志还机巧,道尾知头多计较。早年时运未亨通,是是非非抱烦恼。休道妖娆别一家,春风座上语喧哗。清阴点点多桃李,好事团圆醉菊花。运来只怕蛇逢虎,整顿规模还济楚。益夫旺子定非常,进喜进财进田土。女流年　秋风吹动笑颜开,堂上欣欣入横财。兰蕙芬芳人喜笑,凤鸾相对舞妆台。榴谢嘻嘻叹菊黄,七宫一箭五宫强。残星仍许祈星福,子鼠逢牛更有伤。

命 诸家星命百三十一

《庚已鬼谷分定经萃卦　孤雁传书格》　银花满地椟金车,踏雪归来向五湖。借问长安消息好,唯知孤雁一封书。鸳鸯懒向池中宿。零落花枝独一株。犹恨根基还恁薄,贵人引入好山居。井内霞光射斗,牛平生衣禄。未能周施弓,箭向猪头发。必在功成在此秋。天鉴,天秤,天度,此星照命,禀性玲珑,胸襟磊落,磨难早,翻覆多,亲情有似溪边雪,儿女还如镜里花,疑思重,成败多,经历早,作事蹉跎。述云:名利未成君且待,犬猪才到事皆和。康节前定数诗与分定经同　中缺文末　井内毫光射斗牛,绿衣放箭得香毬。分明指路猪头发,两处门庭畔一舟。

男命《前定易数》:萃丑　赏遍繁华地,归来意气殊。利名成复破,鸳鸯聚还疏。节操非凡猥,行藏运自濡。安然临老景,赖有一枝株。卯　未有休尘虑,争如运自淹。猪行方出网,犬吠始离潜。鸿雁空鸣叫,鸳鸯喜复嫌。有心求利禄,无事且扐谦。已　用意莫辞劳,心劳势始高。兴来随马尾,嘉致逐牛彪。雁叫声飞远,花烦果不牢。平生虽倜傥,失意在麀豪。未　银花满地衬金车,踏雪归来步禁衢。借问长安消息近,唯亲孤雁一封书。鸳鸯懒向池中宿,零落花残果一株。綵衣一箭猪头发,名利双成庆白头。酉　初中频得失,猴犬始成家。独立须超祖,安荣险难加。雁飞声似影,鸳偶色如花。更有安间地,幽居岁月赊。亥　未副劳心日,纵横势万般。如逢安乐地,犹自未能完。雁势随云散,花枝逐雨□。莫疑心不死,名利两相关。

女命《前定易数》:损丑　初心欲待立镃基,但遇艰辛未得时。虽有资财守鼠尾,欲知衣禄问猴儿。燕雀成双寻旧友,鸳鸯分散各归池。孤帏寂寞无依倚,须凭福至定安危。卯　举意成家立事新,奈缘身险有迍遭。难测情怀无定准,徒思恩爱未周全。边浦孤鸿声自怨,雕梁乳燕语留连。时来终有微微福,及早皈寻礼佛缘。已　立身平地入青云,转目相逢天上人。遍历重山乡故远,再求吉事福还新。有厄方能收久计,无危终必惹灾迍。骑羊跨马当成喜,栽培根干待阳春。未　斯人却似江边柳,袅娜娇娆迥异常。若是高人来攀折,便宜福禄自荣昌。空中有雁声嘹泪,枝上娇莺语不忙。更看龙蛇相会处,其间一段喜平康。酉　用尽机谋心未灰,年来争奈事多乖。虎尾骑羊当显盛,猴头立鼠作生涯。鸿雁孤飞聊见影,鸳鸯离散意难谐。衣财终有成时日,计业滋生且慰怀。亥　孤苦情非乐,生平足计谋。基业成多败,资财莫妄图。善缘宜自立,处世必应孤。羊头衣禄足,灾祸始应无。四字金丑,枯木栖鹤。卯,空岫寻云。已,飞蝗入木。未,穷目伸眉。酉,细流入海。亥,寒潭下钓。郭璞数断男命与前庚丁同　断女命与前戊辛同

《庚庚鬼谷分定经兑卦　春花秋叶格》　大泽乘舟泛五湖,区区逐浪不通吴。春花苑

（右侧竖排）中华传世藏书　永乐大典　精华本

圃终难久，才到秋来叶渐疏。水涸山遥飞雁远，天高云杳事难图。知君志在清闲地，好向林泉读佛书。天秋，天都，毛头，此星照命，如芝兰出深谷，似松柏茂幽严，父母镒基难守，兄弟事业如无，独身自立，难靠难凭亲义秋风叶，人情鉴里花，成败多端，利名进退，命中八字，却得时辰得也终，禄在晚年，此命好为僧道。述云：虽然通草做屏风，异日峥嵘骨不同。康节前定数身在五湖格　诗与分定经同　中逢庚见禄心方称，遇丙多因损器财。直待跨龙骑马首，平生喜气自天来。末惠从天降托於人，手握权衡称意。心志禄必应从此始，显身多见步青云。

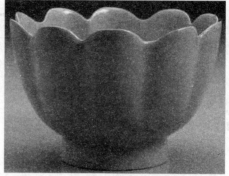

汝窑莲花式温碗

　　男命《前定易数》：兑子　特地移舟泛五湖，飘然踪迹楚归吴。春来陌上花才放，不觉秋间果渐疏。水阔雁飞天外远，山高云雨隔烟芜。终知志在清闲地，醉饮双锺伴老躯。寅　弃吴归楚兴何如，遇丙须防损害隅。待得马儿施阔步，正宜君子达亨衢。天边雁字分三只，槛外芳花谢几株。若至龙蛇窠穴里，许君高志更南图。辰　弃祖荣方得，营家立异乡。马头消息好，龙尾兴何长。雁塞飞天远，鸳联卧雪香。尘埃如可脱，别有好思量。午　未遂身中乐，唯愁眼下灾。中年方脱难，大福逐龙来。鸿雁何喧耳，鸳鸯安在哉。何如潇洒地，独乐醉高台。申　骐骥去长逢，登临不惮污。逢安归马颊，乐业藉龙图。休想云中雁，空珍物外躯。老来直得意，方乐半幽居。戌　干蛊有奇功，成家越祖宗。利名龙马地，康泰甲庚中。有侣雁飞远，逢花雨谢红。云端胜俗累，把酒揖双瞳。

　　女命《前定易数》：随子　机谋多改变，安身处处危。是非随分定，勉强谩施为。过雁情虽浅，娇莺语自知。鼠羊当立处，依旧发枯枝。

　　寅　志高天外去，须应贵客过。生涯方得稳，衣禄不愁多。雁去空伤侣，花衰果奈何。岭头消息近，业障定无磨。辰　一朵娇花对月鲜，时人安敢妄轻言。若非贵客来相问，唯恐贤君谒少年。鸳鸯交颈情难却，鸾凤驰情意自坚。一言远地传消息，整顿同归范禄船。午　一片潇湘景自奢，南来北去事难遮。回首欲成生计立，寸心犹道未繁华。桃杏开时风雨疾，竹松森处雪霜加。乘龙跨马安荣日，渐愧衣财满我家。申　玉貌含羞似去年，轻移莲步稳西川。蓦地人称君有意，趁时整肃讶神仙。凤阁高歌欢自洽，龙楼得意喜双全。弦管相迎多拥从，平生福至是前缘。戌　计业与君前分定，莫言今日命迟延。才遇羊头心自足，更逢鼠冗福团圆。立身非是成家日，出户方知已异前。堪嗟意气多劳苦，久后身心必自安。四字金子，浮萍遇雨。寅，浪逐行舟。辰，雪月寻梅。午，雨簾自酌。申，月夜归鞍。戌，月夜鸣琴。郭璞数阳局谋高劳碌，富人所欲，跷蹊急直，不宜战栗。胆大谋高，敢为斩斥。财上鼠走，财谷不少。早晨一贯，晚边无了。过了陂滩，始用安闲。孤刑手足，积财谷，自支吾，足不足。惯历涉，无休歇。爱人晓事，满眼亲知。偏喜南北，和气拍拍。双轮寒谷白云飞，双凤归来整羽衣。两颗蟠桃相映熟，两山六九利名随。静坐莫思行，穷通自有缘。忧煎还自若，烦恼不成眠。性格喽□复不群，繁华早占陇头春。踌躇自觉因缘浅，几度风波未涉津。从来只为惺惺坏，满目六亲伤克害。心明性直虑何多，独自荣华方自在。祇有堂前月独圆，几多家事柄高权。前程自有荣华分，晚结

蟠桃色更鲜。半生辛苦到头，财富仙鹤惊愁。数 凡事独惺惺，亲情气不平。一生多过虑，独自更忧荣。性直水清洁，心如镜样清。芙蓉映新菊，秋老有金英。流年 财着力维持，阴人口舌。此数当时，宁免有之。善能保守，前程胜旧。妇人虚惊，襄度星辰，轻则口吻，重则官刑。当风秉烛虎逢羊，暗有忧疑事可伤。川大动时心哽咽，菱花风动水禽忙。一蛇入屋行，一鹿赶马走。一事两头来，一犬开双口。老看少年醉酒场，杨花风送满华堂。夕阳景坠西山暮，孤雁天边又失行。年来好段生涯计，可惜福迟尤未遂。这翻劳力再经营，自有前程荣遇处。阴局 孤舟短棹浦烟迷，逐浪随波历惨悽。指日一帆风快顺，江湖万里懒归号。生来为性自音快，追欢打笑生娇态。三刑入命啾唧多，偏主早年生祸害。夜归庭院黯踌躇，月上栏干烟暗垂。再整玉琴三弄处，愁闻声韵不胜悲。空费思量伤怀抱，富贵不来空懊恼。过雁衔书报凤楼，福至心灵生计较。女流年 一重喜罢一重忧，幸得今年胜去秋。窗下拂开鸾镜匣，新容减却旧时愁。黄花牛女笑嘻嘻，天外云开月色辉。夫妇烧香齐祝寿，桃花枝外柳依依。财浴

《庚辛鬼谷分定经夹卦 鳌隐沧浪格》 日到天心影渐高，庚辛金印自风骚。巨舟泛浪多翻覆，浅水回波隐巨鳌。远雁过溪三四只，柳枝一朵伴红桃。平生志气无人识，晚景金门遇贵豪。身心辛勤事未成，碧天云暗几翻明。逢鸡渐有人抬举，跨马骑牛禄渐平。天英、天驰、天破、此星照命，心行正直，赋性平和、能赌是非、无私曲、不茂机、出语毒、易嗔易喜、能荣能辱，如虎之口佛之心，於人不足，亲如千叶桃花，交友如风里秉烛。述云：妻迟子晚君休叹，五九安闲福始来。康节前定数巨舟经浪格诗与分定经同中缺文末 自小殷勤尚未成，青天云路几翻明，逢辛渐遇人相举，跨马骑牛禄自升。

男命《前定易数》：惣丑 旧家门馆见荒芜，新路行时莫虑虚。已兔群中身渐泰，猴羊窟里事堪图。雁飞三只声声远，花绽双枝朵朵荣。晚岁佳声何显似，高居云外镇无云。卯 月朗天心气象骚，庚辛须顺泛洪涛。逢龙渐遇人抬手，跨马骑羊禄自高。远雁飞扬三四只，鸳鸯浴浦一双滔。儿童计业垂杨下，晚岁光阴积富豪。已 家南家北成身处，业计年来渐渐成。遁迹逍遥心计远，安居福处喜非轻。天寒雁侣飞空阔，雨湿花枝见坠零。恬然一个无心客，意次多端志不宁。未 家和万事匪君营，何事区区意不宁。跨马骑羊财渐足，呼鸡逐鼠气犹清。雁儿三只声何远，鸳侣一双重契情。却向东南最佳处，闲中立业显奇声。酉 圆月当空照，斯人意渐通。精神锺气毅，名利越先宗。雁阵当空阔，花枝摆雨风。锋□休逞更，杂冗挠私衷。亥 用尽机谋杂冗排，年来月往事尤乖。马羊背上通心远，猴鼠途中度嶮崖。雁字一行联见影，花枝虽折色难谐。老来尘世诚离却，名利孜孜且慰怀。

女命《前定易数》：讼丑 万物荣枯事，人情乐处愁。灾残逢鼠尾，福至立龙头。对对莺儿语，双双粉蝶游。有君无意问，同我步朱楼。卯 独对孤山坐，情高迹未高。心思安乐地，拟欲待英豪。新故相钦重，公姑不汝劳。但教逢晚景，福庆永坚牢。已 智量多谋略，机深见识殊。初来先侍远，终与六亲疏。且待犬羊至，须当附外居。良君问消息，执钓往南湖。未 春色浓如酒，生涯冷不禁。情怀多散乱，志气少知音。目断云端雁，声催指上琴。平生多恼失，桃杏不成阴。酉 志气天涯远，生平计复成。只因身有厄，以至福还倾。归燕帘前别，残花果不生。莫言终寂寞，残月照西陵。亥 志大空劳役，蹉跎莫计忧，情怀自虚设，意气孰能酬。天道应难测，资财莫强求。花残终结果，风撼几时休。四字金丑，腰钱骑鹤。卯，天街走马。已，骑驴入巷。未，策杖征蛮。酉，月下抛球。亥，破

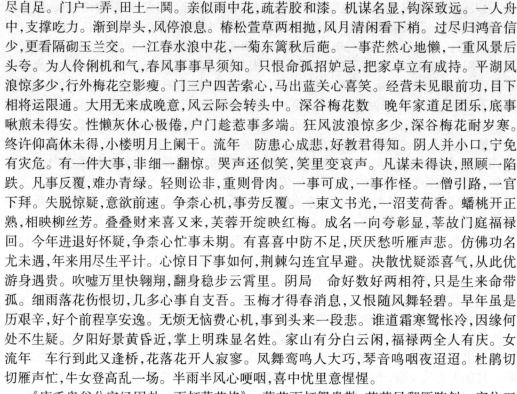

镜生尘。郭璞数阳局计计较较，是般心乐，不要人教，巧趁大钞。一人担担，家火泛滥。财上大夫，许识者鉴。孤一生不足，刑克骨肉。事田土浮沉福九五福，长生禄。贵人命，尽自足。门户一弄，田土一阕。亲似雨中花，疏若胶和漆。机谋名显，钩深致远。一人舟中，支撑吃力。渐到岸头，风停浪息。椿松萱草两相抛，风月清闲看下梢。过尽归鸿音信少，更看隔砌玉兰交。一江春水浪中花，一菊东篱秋后葩。一事茫然心地懒，一重风景后头夸。为人伶俐机和气，春风事事早须知。只恨命孤招妒忌，把家卓立有成持。平湖风浪惊多少，行外梅花空影瘦。门三户四苦索心，马出蓝关心喜笑。经营未见眼前功，目下相将运限通。大用无来成晚意，风云际会转头中。深谷梅花数　晚年家道足团乐，底事啾煎未得安。性懒灰休心极倦，户门趁惹事多端。狂风波浪惊多少，深谷梅花耐岁寒。终许仰高休未得，小楼明月上阑干。流年　防患心成悲，好教君得知。阴人并小口，宁免有灾危。有一件大事，非细一翻惊。哭声还似笑，笑里变哀声。凡谋未得诀，照顾一陷跌。凡事反覆，难办青绿。轻则讼非，重则骨肉。一事可成，一事作怪。一僧引路，一官下拜。失脱惊疑，意欲前速。争奈心机，事劳反覆。一束文书光，一沼芰荷香。蟠桃开正熟，相映柳丝芳。叠叠财来喜又来，芙蓉开绽映红梅。成名一向夸彰显，莘故门庭福禄回。今年进退好怀疑，争奈心忙事未期。有喜喜中防不足，厌厌愁听雁声悲。仿佛功名尤未遇，年来用尽生平计。心惊日下事如何，荆棘勾连宜早避。决散忧疑添喜气，从此优游身遇贵。吹嘘万里快翱翔，翻身稳步云霄里。阴局　命好数好两相符，只是生来命带孤。细雨落花伤恨切，几多心事自支吾。玉梅才得春消息，又恨随风舞轻碧。早年虽是历艰辛，好个前程享安逸。无烦无恼费心机，事到头来一段悲。谁道霜寒鸳怅冷，因缘何处不生疑。夕阳好景黄昏近，掌上明珠显名姓。家山有分白云闲，福禄两全人有庆。女流年　车行到此又逢桥，花落花开人寂寥。凤舞鸾鸣人大巧，琴音呜咽夜迢迢。杜鹃切切雁声忙，牛女登高乱一场。半雨半风心哽咽，喜中忧里意惺惺。

《庚壬鬼谷分定经困卦　雨打荷花格》　荷花雨打鸳鸯散，芦苇风翻雁阵斜。家住五湖思信至，白头尘境自生涯。园林花发存三果，百岁坟前半是他。借问始生须苦节，到头三纪入烟霞。遇犬多惊险，逢牛路渐通。前程还有路，龙马必亨荣。天骑，天马，文昌，此星照命，凶中变吉，好事多磨，见识别，智略多，自能自会不俯仰，性快口直多卤莽。会担当，能支撑，会裨补，夫妻和睦，兄弟镜中花，有贵如不遇。衣禄聚散多。述云：龙马才逢遇，衣禄自亨通。康节前定数雨打鸳鸯格诗与分定经同中　遇犬多惊险，逢牛称遂心。禄财须茂盛，龙马喜神临。末　命逢吉曜好施张，更兼禄贵月中藏。福星照临时日位，不觉成名称贵郎。

男命《前定易数》：困子　立意操谋势未劳，且将心胆委蓬蒿。羡君禄利牛头上，更许名闻虎穴高。雁铁有侣飞三只，鸳帐无情挫一毫。若解留心最幽处，尘劳灾难一时逃。寅　芰荷雨打鸳鸯岸，芦苇风摇雁阵斜。身在犬头多险阻，财当牛虎始荣华。树因花结成三果，身向云中刔一家。龙马群中多喜事，到头出俗入烟霞。辰　着意经营未遂心，不须兴叹苦呻吟。若逢羊虎身须泰，更藉重山利必临。芦苇风摇斜雁阵，枝柯雨沃锁花阴。到头利禄滋滋盛，独虑区区景物侵。午　弃业乐重山，安身登贵坛。利名超当世，生计仰龙颜。三雁喧空阔，方花取次残。虽然多役事，晚景却身安。申　年来碎事萦，心计未安宁。马牛乘禄地，龙虎振家声。长空飞去雁，永夜不关情。试问君归事，此心无不平。戌　倚祖应无望，重山计可施。立身须仰贵，得志马龙时。雁字恩中怨，花枝艳处稀。辛勤

甘作蜜,口口只甜谁。

女命《前定易数》:比子　绿幰红帏尽立身,何须刚志更贪心。自然福至无危虑,不至灾生共祸侵。夜月婵娟空照室,秋风淅沥撼孤林。兀坐窗前同整曲,指弹绦断续新琴。寅　心怀郁郁事悠悠,处世身劳不自由。借问平生何未遇,致逢今日足堪忧。秋风飒飒情无倚,夜月凄凄意未周。举头遥望江山景,且自宽心度几秋。辰　莺花易老晚来春,不整花容越样新。绣幰低垂修已事,自消自遣度闲身。早离劳生归活计,终须荣遇脱红尘。前程且可安心守,不必忧煎与苦辛。午　一轮寒月照朱楼,拟取欢娱喜未休。今朝恰遇登云贵,成计终须福自由。鸾凤同栖芦荻浦,鸳鸯共宿蓼花州。平生自有恩情在,不用忧心度九秋。申　幽情镇坐绣帏中,形役心劳命未通。欲问前程期吉耗,当知兔子得丰隆。情怀美望天边月,衣袂从飘户外风。若得贤人同一处,必然因贵立新功。戌　休嗟世事乱如丝,心下忡忡有旧疑。一条好路无人识,但展愁眉拟立基。花艳满园游蝶喜,果残空树被风吹。成败相仍聊粗遣,不妨碌碌且随时。四字金子,把扇骑牛。寅,登山望月。辰,苔石逢霜。午,宝船顺风。申,秋堤杨柳。戌,蜂房结蜜。郭璞数阳局　心身志高,支吾得巧。无些烦恼,自有元宝。钱一堆钱,在身边。书文书有气,利成名遂。睡一睡,后方泰。刑不足性性虽淳朴,心也糊涂。有贵人扶,禄不愁无,山上有旗,旗有望名。利可成,休妄想。似亲生不足,螟蛉有福。积些阴功,阴禄万锺。双双鸿雁怕分飞,两两鸳鸯恐别离。运拙徒劳心智巧,前程名利几多时。一性本来淳,一官只见音。圆中防有碍,艺术较功深。年来未得儿孙力,成家未说养家心。为人性巧有机谋,只为心高喜不侔。历尽几多酸与苦,如今划地尚生愁。命分生来何太浅,亲因眷属阴中险。秋空雁字不成行,到底参差难得伴。前程有喜贵人扶,山上山高事事图。莫道家声尤蹭蹬,看看此去足欢娱。片玉无瑕数　独鹤性孤高,云雁各飞舞。一片玉无瑕,沉沉光未觌。　心高志未通,名利难双举。骨肉要比和,人人徒暗语。若遇江头人,前程从此去。流年田土事,生疮利。有跷蹊,把做事。过后疑,当前阻。吃拳头,为田土。文书喜,气象新。更改后,得其珍。榴喷火,富贵人。防备他,笑是嗔。谋望　谋望今年好费心,自今气数未舒伸。好将好事寻生计,直待秋冬遇贵人。丙丁惊喜佳人笑,门外白云空懊恼。一场阒阒不堪为,要得平安先叩斗。一家二十口,一云天外走。一江露映云,一人休去走。年年空自锁愁眉,进退营谋未遂时。欲识关山身外事,举头次第好音期。一轴文书忽地惊,吹嘘有便遇高人。彩云秋后光阴足,此去轩腾气象新。阴局　断与前庚戌同

　　《庚癸〔鬼谷分定经〕咸卦　莺宿野林格》　斛里黄金不用量,谁知升斗自相妨。孤飞雁过芦花白,百岁优游玩水傍。莺宿乔林飞散毕,春花枝上有金芳。君家若出中年外,好逐笙歌入画堂。笔砚随身学不成,不思名誉与公卿。江边幸有鲈鱼美,错认长江作帝京。天将,天气,孤恼,此星照命,孤重,性重,退神重,重心高性直,不靠祖财,拳头上做成个基业,竿头上撰出家缘,千层浪里安身,不妨百尺竿头立命,不怕虎穴中,敢去取子,巨浪里也去钓鳌,只得四柱坚牢,所以不能消烁。述云:根基先驳杂,晚景福优游。康节前定数斛里黄金格诗与分定经同中　笔砚随身举未成,不为松栢共公卿。江边喜有鲈鱼美,莫恋长安作帝京。末　险阻艰阒皆经过,前程通达少忧惊。休道风波都见了,逢财遇禄晚丰盈。

　　男命《前定易数》:咸丑　斛里黄金不用量,谁知升斗自相妨。群鸣雁过芦花远,双舞鸳鸯浦渚傍。笔砚随身虽拙学,利名到处足称扬。君家兴在中年外,好逐笙簧乐画堂。

卯　夸子身怀土,谁知秤斗妨。寒寒须衮衮,业计渐穰穰。雁侣何孤只,鸳鸯韻不长。立身更安处,云水兴难量。已　身心萦计不由人,他日安荣遂此身。定许利名随意足,些儿闲虑不须惊。鸿飞二只何堪扦,鸳侣重谐始可亲。试问老来成底事,一翻拈起一翻新。未　笔砚随身学未成,许君中算遂功名。操持雅量虽殊俗,落魄情怀志不轻。几只雁儿飞已远,一双花朵色重新。宁馨必许喧闾里,无限笙歌侧耳听。酉　处身殊未稳,乐业在长途,牛首声尤盛,龙头胆鹿。好花开异圃,孤雁远萍芜。且遂时中乐,将心休外图。亥　休恋前途作帝京,随身笔砚学稀成。黄金满斛妨星量,鸿雁双飞自重轻。入手巨鳌中遂意,起门一果自宁馨。三春花卉随宜折,若报初中势不平。

女命《前定易数》:泰丑　时来一变过于旧,荣显衣钗易祖风。过桥且问朱衣客,黄卷端然立大功。云雨绸缪当此始,鸳鸯出没偶相逢。羊犬传名振闾里,此身终自有亨通。卯　从兹守分去如何,自在优游性更和。但愿安然增福禄,一生焉得受奔波。只恨鸳鸯情素浅,终知奇果结无多。静处家庭安孝义,母嫌岁月去流梭。已　幽怀闷闷几时宽,劳苦身心未得安。处世若施仁义事,为人不致受欺瞒。当收异果身荣贵,相得良君免苦寒。但能闺内安常分,必自逢时有乐欢。未　莫恨成家在晚时,止缘未遇贵人持。芳姿娇媚年来美,百计俱全更有思。传扬吉耗当龙至,荣今奢华倩虎威。如今闺阁常安分,庶着平生不试仪。酉　金帛囊箱亦见虚,生平意气两何如。春归园苑花容艳,秋去枯枝果实疏。燕雀成群寻故垒,鸳鸯犹自泛平湖。老来且得虚名去,回首凄凉对月孤。亥　明月与清风,平和两不同。万般皆会合,一点自然红。结阵吃芹燕,成群采蜜蜂。不知辛苦立,甜处为谁工。四字金丑,大船逆海。卯,月照寒潭。已,寒潭下钓。未,花衢客宴。酉,逆浪网鳞。亥,掘藏逢金。〔郭璞数〕断男命与前庚戊同,断女命与前乙壬同。

《辛甲〔鬼谷分定经〕无妄卦　云罩长椿格》　重云密雾遍天涯,祈雨祈风隔岁华。秋水雁横三四只,岁寒孤立伴寒沙。春晴去处园林绿,冬暖凝霜自不加。借问生涯何处是,骑牛归去老农家。天班,天琼,天囚,此星照命,隐士之星,有道之宿。人命临之,清若秋宵,夜月春沼,虚花不实之兆,名利奔驰,生涯蹭蹬,性直出口伤人,多招不足,亲情有如江上雪,兄弟恰似镜中花,若要身荣,除非牛虎相逢之年。述云:长江波浪急也,也有坦平时。〔录节前定数〕密云不雨格诗与分定经同中　极目无人舍,烟笼与水通。遇蛇心已定,庚会禄经同。末　鸿鹄高飞透碧天,不同燕雀两三联。他年志气轩昂大,禄马扶持有贵权。

男命《前定易数》:无妄子　凡木生仙果,无端风撼摇。逢花生厚怨,见利又还消。只雁孤飞立,芳花叶渐凋。焕然中道理,生计且丰饶。寅　出身难甚利名先,荣耀生涯胜日前。命到中年应有祸,时当猴兔莫缠绵。高飞两两雁鸿远,花放枝枝果巧鲜。借问前程君莫虑,喧轰基业福延年。辰　历历难辛百件差,重山再整立生涯。成身遂志他时节。亲旧交情隔岁华。飞雁一行横远塞,鸳鸯独只睡汀沙。晚年始满生平愿,乐处田园计立家。午　蹄跧之水何通舟,寸木马能出大楼。不揣利名过我愿,常时心计逞刚求。楚天跳望孤鸿远,梁苑歌欢花艳柔。不觉生涯荣又辱,信知财利若东流。申　胆气多为成败事,自家业计却蹉跎。休夸去鹿荣如马,还见危疑势似波。是处雁声空聒耳,满栏春色漫相和。平生名利终成误,一梦南柯自若何。戌　南山修竹北山栽,苦节还疑待凤来。地僻莫嫌枝叶盛,林深终是绝尘埃。雁书一去无消息,花态芳妍带雨开。直过牛羊方息虑,终看生计立高台。

女命《前定易数》：升子　世事多翻覆，情怀晚自宽。立身祖当离，成业子先悭。云中人远问，门内客传欢。前程多异果，不致苦心酸。寅　纫白慈颜喜，今来箕帚难。几家能好恶，一已受辛酸。隔水隔山远，兼风兼雨寒。前程全不吉，要好遇陈韩。辰　独守孤灯坐，悠悠天自明。何当风色劲，更听雁儿鸣。鸡猴征福至，猪鼠晚家成。贵人来顾问，只恐未通亨。午　秋尽枯枝绿，月残空自明。安心无立计，举意改前程。燕老归南去，花摧果不荣。故乡人不见，展鬓有馀情。申　世事纷纷挠，心怀似乱丝。亲疏心自险，福去命当危。心胆如天阔，恩情似露滋。晚年逢贵客，终不福相随。戌　莫忧人老守孤帏，须要前程有所归。贵人接引终当误，家业勤成可自依。云中嘹唳雁声绝，阁里恓惶母训违。当今且守情怀喜，马犬相逢有设施。〔四字金〕子，雪月樵影。寅，井鳞出沼。辰，寒潭下钓。午，更残望月。申，败柳逢霜。戌，月照青松。〔郭璞数阳局〕风流人物，琴碁诗客。多学多能，几多奇特。一喜　一落花　一鹿云中福禄朦陇　田八　计较成就　风吹海上片帆飞，禄厚财高事事宜。桃李故园成实早，东风吹散旧尘泥。一段因缘事不孤，英雄俊伟少年期。鸳鸯含喜青春早，留得梅花一两枝。骨肉情亲反不亲，翻来覆去若眉颦。梦回一对鸳鸯散，自有清风作故人。思量世事知多少，换叶除根春正好。悠悠涌出浪中船，独自归来人已老。老来身转健，此去心如愿。干运施为别，家风重改换。锦上遭霜数美语谆谆意气详，多财干运舍经商。只知锦上添花好，非谓遭霜又雪伤。知己交朋生怨恶，亲姻眷属尽乖张。汝南天水人相遇，从此提携喜倍常。流年　一妇人立，前程长益。有件忧怀，财谷云集。不望求财却有财，行年正遇喜重来，谋为自有荣华兆，别有高人着意推。看看此去如心愿，虑有闲非暗中箭。堂前人看少年人，恍惚三烟空怨恨。莺声切切杜鹃啼，风送杨花满院飞。欢笑罢时生惨意，菱花照破水禽啼。　一火顶山川，一人放醉眠。雨打芭蕉音，风吹浪里船。一刀插元宝，一犬生双口。未喜且先忧，令人心悄悄。多少萦怀叹不平，几多愁恨谩伤神。重重惊过忧疑事，此去方知气象新。

阴局　断与前丁乙同

《辛乙〔鬼谷分定经〕过卦　戏水鸳鸯格》　志气孤高且待时，烟鸿雾雁各分飞。园林花发依依绿，春色须还长嫩枝。山远路遥知马力，鸳鸯戏水不相依。前程幸有知音者，独听残莺晚树啼。遇鼠身逢厄，逢寅遇贵推。龙蛇波浪急，牛马定光辉。天祐，天非，天破，此星照命，无祖业之分，无亲友股肱之力，一双手做成家计，独立个生涯，人性淡薄，骨肉相疏，十分恩爱，好处成非，虽是疑奸，奈何费力，大事不怕，小事不欺，过思远虑，千万百计，过了多少艰难，经了几翻闪撞，皆是天破星所注。述云：几翻浪里风波急，还知也有坦平时。〔康节前定数〕日书天心格　午日身平影不移，烟深鸿雁各分飞。琼林花放依依绿，春暖园林一两枝。山阔路遥知马力，人生岁久辩高低。鸳鸯戏浴涧溪水，独对孤莺晚树啼。中末，命中到鼠身妨厄，许看逢寅遇贵权。直待龙蛇波浪动，一交羊马是丰年。

男命《前定易数》：□丑　疏亲散失不胜言，过尽危疑事万千。欲向新园题故事，偶然生计独操权。天边鸿雁群应别，池畔鸳鸯颈渐联。莫叹中年太多事，履霜未久致水坚。卯　初生乳兔走三亩，情性天教岂自由。猴鼠才行逢伟事，蛇儿相见显家猷。空中有雁分飞远，庭下芳花果不收。既得利名归我后，好思蝴蝶梦庄周。已　生涯立处未为真，石阶栽花硬倚春。逐利迫名人役志，家烦事迫己劳人。离群鸿雁飞无力，逐队鸳鸯意未驯。天使灾危因贤子，不须兴叹泣麒麟。未　天然孤子困尘沙。初岁营谋自未涯，才遇利名翻手失，长将心绪苦咨嗟。鸳鸯两只雨惊散，鸿雁一行风逐斜。若论中身成立事，移南换

北两边家。酉 平生志气高天外，半是真情半是虚。望道守株如待兔，成身缘水欲求鱼。飞鸿去后群须失，花树荣来果自疏。有道前程有明处，片云幽聚称仙居。亥 初涉艰难事可嗟，幽人何土患无涯。多忧须有无忧日，不意翻成得意家。天外分飞双雁远，槛前坠落两枝花。镃基去后须坚固，唯恐灵椿斤斧加。

女命《前定易数》：□丑 未遇春时变化工，藏形且守绣帏中。寅已时来方得地，鼠羊灾脱见王公。槛外一枝生异果，樽前大醉挽长弓。若问亲离家破事，元来命里更多凶。卯 福至心田得自由，将身随尔入瀛洲。当年破杀危中道，日后荣华始免忧。风吹灯灭观明月，雨洗衣垂惹旧愁。若来自守安闲地，得子相扶上风楼。已 别祖离乡作外人，年来灾塞尚缠身。何须苦苦思安处，自得悠悠越众伦。一枝果缀风来撼，两处身存意未驯。唯恐利名难到后，更忧晚景有灾迍。未 堪叹终难事，贤人道未通。鼠来名自显，牛至福当丰。灾病身虽有，虚名定主封。为心修福善，方得享昌隆。酉 守静居家吉，奢华物有盈。贵人观损益，天道迭枯荣。绝命多凶险，愁心带疾生。必从千里客，晚景自和平。戌 成家莫欢离，高人入远关。开颜闻一笑，取意自相攀。得果非奇特，依君契阔间。鼠鸡终一别，福禄遂珊珊。〔四字金〕丑，齐云映日。卯，梨园听乐。已，石上栽花。未，逆浪网鳞。酉，缘木求鱼。亥，枯木遇斧。〔郭璞数〕奇局 甲丙庚辛，人大富贵。前程名望，晚节黄花。双雁 破镜半真半假，弄璋弄瓦。个个能人，之乎者也。一枝花映晓窗红，一对天边雁字空。一叶扁舟五湖泛，一生财禄自亨通。一镜半边光，蛟龙斗一场。锦堂人未醒，水上落花香。一人执伞，克家辛苦。历涉艰难，身心未闲，万水千山。性叫叫唤唤，性触难看。满目浑如快活人，平生志气未安宁。艰难历涉人间事，几许风波未得伸。拳莫叹少年心枉用。尽堂喜有人权重。贵人暗里自扶持，万里鹏程风稳送。财上有力在家财用石边皮，睚过重山喜自归。志气莫言今未满，前程快活莫狐疑。风宿枫林数 凤宿枫林莫怨呼，至亲骨肉有如无。艰难险阻皆经过，名利园林祖不虚。丹桂枝头悬皎月，碧云山下种珊瑚。直须件件亲经历，好把平生作画图。流年 身意如何，事难成。慎半门半户，早宜警悟。事意欲前，心又退。事难成，心懊悔。老不老，人烦恼。好事从今又一新，东风桃李故园春。旧愁新恨多萦系，对景新诗却自吟。嗝嗝家人忌有灾，求谋望事又徘徊。高人接引多亨远，谨慎闲非暗里来。一喜悄悄，一山鹿走。一弓弦断，一事起倒。伤心怯风雨，门户半田土。月缺又还圆，不觉浓云起。雪满山头只两年，寒谷春回还送喜。户门和气四时春，祸散祥生福及身。变化升腾从此达，雍容作个有成人。川头有火暗生疑，荆棘丛中步可迟。仁与不仁其懊恨，得便宜处着便宜。一花雨中开，一树绽红梅。一卷文书动，行人得意回。秋意将违莫空谷，雁字一横人满屋。妆台只有镜生尘，十八子攀门外竹。阴局 断与前丁乙同

《辛丙〔鬼谷分定经〕同人卦 日被云翳格》日画难分影渐斜，成身消息未待时。春归雁叫无踪迹，秋月空梁燕亦归。祖道只因身反破，恩深争奈见分离。春色树浸缘何事，实结枝头一果奇。知道身荣贵，成身却异同。龙牛外虎穴，相会便亨通。天权，天聪，天害，此星照命经风涉浪之星，穿山透石之宿。人命照之，有三早，有三迟，当家早，忧愁早，劳心早，子息迟，心闲迟，享福迟。直待末主成家计。述云：五九才交还得地，桑榆晚景得安闲。〔康节前定数〕画日云遮格诗与分定经同中 根地须荣贵。身成事渐同。井逢龙共虎，八口快刀锋。末 造化缘来进退多，正当成处反蹉跎。得逢衣紫东君客，从此亨通气象和。

男命《前定易数》:同人子　春色人言浓似酒,生涯自料冷如水。利名成破空搔首,志气多能苦识音。目断月明空雁过,情伤风送落花深。平生懒若长江水,无语东流是此心。寅　纵步蟾蜍窟,仰瞻牛斗间。馨香犹未足,荣达事空闲。雨未情何久,霜鸿飞更难。莫言终去路,云雾遶西山。辰　石镜藏金匣,重磨拂旧尘。鉴前难鉴后,物不明心。花落幽园静,鸿飞晓月沉。生涯三径里,桃李自成阴。午　志气冲天外,生涯计复成。只因身废破,方见满还倾。去雁云间见,花飘雨后轻。秋光风景别,残日照西陵。申　春色江山丽,繁华锦绣堆。光华偏应日,功业自奇哉。铺翅鸳鸯卧,张飞鸿雁来。成身消息好,独步上高台。戌　成家立业两边圆,图利图名意未便。劳尽百年心计上,谩施千尽手擎天。白云随雁飞天外,红雨飘花落槛前。晚岁生涯随意足,奈何天付此因缘。

女命《前定易数》:鼎子　莫管身无疾,当初福未坚。高楼人自望,操志欲寻缘。贵客重重喜,东君叠叠言。羊头并鼠尾,消息自来传。寅　满斛黄金映日明,花红柳绿色春生。禄逐马群寻大路,名随兔子立前程。良驹不脱风尘客,紫燕频栖檐栋荣。日斜不展金钗坠,冒雨披衣入汉京。辰　灯前说尽平生事,早上疑如一梦醒。守闺寂寞存心在,垂幙清闲发笑惊。一鸡忽在耳边语,双龙默自调琴声。离家早早前程去,贵客相扶入帝京。午　君臣际会一时中,风云散乱未和同。万里扬威人恐惧,一身立计自亨通。未遇良时自安守,终须奇果渐昌隆。鼠尾相刑终自吉,不须忧虑有疑凶。申　君心未喜意常疏,奈缘孤塞向云居。施心兀坐幽帏里,立计当先离故庐。鸳鸯对对游新水,鸿雁双双过远湖。试问平生有何似,勤心福德有相如。戌　前程尽自立镃基,且忍心怀勿外驰。平生自有微微福,计业终须遇吉期。情性切宜收拾佳,闺中兀会莫招非。待得寅头回顾后,不妨安稳脱忧危。〔四字金〕子,落花流水。寅,蟾宫捉兔。辰,磨镜复藏。午,秋堤杨柳。申,春入花园。戌,雪月寻梅。〔郭璞数阳局〕孤早年刑克,利名难遂。户庭重整,气象重新。田田上山林屋,自立方成福。浪里孤舟,历涉万千。过了今年,此身安然。云掩西山月,天高月未明。孤鸿飞失伴,愁听夜猿声。孤舟撑出风波去,万里征帆一样平。几年有意思云路,几阵秋风双雁舞。几多生意满乾坤,几度支吾自劳苦。为人磊落少年夸,和气春风别一家。祖业无缘难守旧,自为营运尽奢华。日月莫疑堂上缺,雁行难整成孤克。几多亲眷雨中花,一段话头谁共说。风波险阻几千里,历尽风波始达通。无限风波无限好,许君此去化成龙。春木结花数　精勤有意莫非高,春木开花又结桃。栽种便能成秀实,恢张心事旧根高。偶逢此степ龙蛇会,沙地垂杨立不牢。缺月重圆还又缺,东南地位渐增豪。流年　事紧要好场,笑喜未来客。斜峭事事变。入州,县休心怨几回劝。昨夜春雷蛰已惊,禹门头角看峥嵘。翻身跳出三层浪,占得龙头第一名。谋事多成福禄随,名高利厚四时宜。几年有意思云路,今日鹏抟万里飞。一卷文书至,一官掩面归。门庭还改变,和气四时熙。预先积善可修禳,愿祝庄椿日月长。他事莫前宜忍奈,免教人事变参商。〔阴局〕阴命元来数怕阳。阴阳差误不为强。虽然一利前程禄,终是初年未吉昌。为人禀性自仁义,心爽精神爱伶俐。半闲半吉半劳心,孤克相刑亲眷异。菊傍桃花便惜春,移来西院愈精神。七宫真假相因处,独倚栏干眉黛颦。晚岁成家财禄足,看看子弟迁名目。他时车马簇于家,荆棘莫载当路曲。女流年　春风吹动笑颜开,重理鸾胶待镜台。杜宇一声音信喜,牛郎回首雁归来。　文书进益田蚕旺,坐享闺门百事昌。客信嘻嘻闻女子,梅花斜插一枝香。

《辛西〔鬼谷分定经〕观卦　雁过高峰格》　雁过高峰不□飞,岁寒江上理毛衣。犬

头消息应测别，鹿在猪牛奋猛威。中路阴人来举用，绿波深处定虚亏。平□蹇难得后晚，才过蛇羊透玉墀。大树盘根实，年深枝叶残。岁岁江上日，独自照青山。星名缺　此星照命，如风之象，有名无形，作事七颠八倒，弄巧成拙，亲如不亲，恩中生怨，撰钱来如风雨，去若飞沙，虽是镃基巩固，顶寻不定之忧，妻迟子晚，凡事劳心，妻宜命硬，年高方合，婚缘命弱，年小□有相妨，休言发达，应迟末主，自有福利来也。述云：猴兔才相会，事业便光辉。〔康节前定数〕木茂深林格　归雁过山飞不迭，岁寒枝上一光辉。犬头消息君须觉，禄马猪羊虎奋威。中愿阴神齐拱手，绿波深处决无亏。太原天水人相引，遇此方知应晚期。中　大树根盘实，年深枝叶残。江乡秋月上，时照好青山。　末　浅分生来命主艰，难逢经海历难关。逢贤遇贵相携挈，际会风云顷刻间。

男命《前定易数》：否丑　往昔何堪说，当年事可知。满园春色盛，触处月光辉。露浥梨花湿，风轻燕子飞。水南山更好，归计莫栖迟。卯　秋山云水凋残叶，拟待秋来长旧枝。道在困时马足叹，人当荣处事无疑。寒江鸿雁双双远，春沼鸳鸯对对飞。试问终身人事业，前程超越势真奇。巳　红杏枝头春色媚，绿杨堤畔晓风阴。千山自觉形神爽，野树何如困睡沉。花影重重增夜雨，雁声呖呖碎秋心。身成江汉思莼脍，乐在溪山岁月深。未　园苑青春媚，门阑白日闲。未应财久积，终后事艰难。雁影沉秋水，人情隔故关。不堪江上月，回首落青山。酉　云龙相会遇，霈雨在斯须。枯槁含滋秀，荣华与众殊。功名好消息，人意莫踟蹰。若能如越相，永永脱灾虞。亥　桃花谢后杏芳菲，春去秋来未得时。景物循环荣又谢，直逢牛马始相宜。莺鸣雨后声多巧，雁叫秋深意别离。好似年年江上月，阴晴圆缺有盈亏。

女命《前定易数》：解丑　绣幙低垂风自扬，蓦地荣华福禄昌。早向朱门多吉庆，庶除一纪少灾殃。对对鸳鸯时得意，双双鸾凤自呈祥。更遇虎龙从自始，从容富贵不寻常。卯　得见东君宠，无忧喜自新。但缘时遇终自福，中迍处已宜安静。成家脱苦尘，生涯荣又辱，志气满江津。巳　好事多磨难，根基向晚前。自宜登凤阁，亲义断成冤。芳桂君来折，枝高奇果连。平生如一梦，亏了又还圆。未　雕琢昆山玉，方圆巧匠心。须当修内善，莫使外邪侵。真伪为非是，前程福自深。身劳唯在晚，回首楚歌吟。酉　水冷鱼沉底，泥轻燕跃林。闺情何事乐，立志守当今。奇果须成实，东君特地寻。闲中常守节，莫惹是非侵。亥　欲问平生事，聪明立性刚。立身亲巨富，处世近忠良。鱼跳深波急，燕语尽梁藏。无心须走兔，衣禄永安康。〔四字金〕丑，月下赏园。卯，枯枝待春。巳，独坐观莲。未，残花遇风。酉，云龙遇会。亥，明月盈亏。〔郭璞数奇局〕　心平直好，静身劳，苦支吾。孤刑多谋虑，劳心力。有一分喜支吾一人。山上立，功名可望，努力向前。双雁马名望日半云中，有一分暗晦。一对征鸿分碧汉，一对鸳鸯晚失伴。一对沙鸥去又还，一只秋来梁上燕。一生心急慢，一池草枯乾。一藕泥中吐，一人问一官。整顿旧衣重着起，旌旗摇动半边红。蹭蹬身心多不闲，许多繁冗动悲酸。多谋多虑心平直，气概堂堂宇宙宽。绿杨阴里防鸳散，留得红莲一枝绽。几回独立向西风，心惊秋后无归雁。砌下芝兰渐喜宜，荣华未遂莫先悲，坚心守旧还亨达，好对斜阳尤未迟。蒲萄满架数　青松鹤气冲牛斗，鲠直孤标有志谋。好虑财量无尽藏，支撑裨补太何喽。平沙雁影风千里，古渡鸳行月一钩。天上紫衣人荐举，碧桃新折旧枝头。流年　鹿　嘻　财财喜合好维持，睚过后福来。肥川火　文书事重重叠叠，惹场口舌。文书可喜才得遂，气象更新福鼎来。展开铜镜照颜回，文书进益添财喜。万里风云一快哉，东风吹动池塘柳。喜色津津生户牖，只愁云锁月黄昏,掩关寂寞伤心久。川火动时防失脚,风舞杨花还半落。闲愁忽动闹喧喧,石上栽花恐差错。他人事,莫向前。万里语,也相连。先吉后灾得意营谋福自生。文书动处逼高人。前程自有荣华兆,山外逢山事有因。一喜不喜,一愁不愁。一清风小院,一客醉高楼。〔阴局〕 断与前甲癸同

《辛戌鬼谷分定经遁卦 云雾过山格》 平生立志重重险,独拽弯弓力渐施。云路过山多险阻,时来平地上天梯。雁飞天外声声远,雨后桃花片片飞。借问百年成应事,长江春色绿依依。命见羊添角,身逢马迅蹄,杜鹃枝上叫,犹道不如归。天卯,龙马,北辰,此星照命,有操持,有志慧,见喜不喜,财帛不缺,先破后成,会撑绯,会分理,有刚断,却缘退神重重,多学少成,有头无尾,名扬内外,誉蔼乡间,目下未成,四九之后,方可荣身。述云,根深不怕风摇动,五九年来见倍明。〔康节前定数〕春风满院格诗与分定经同中 命遇羊添角,身逢马有蹄。杜鹃枝上语,犹道不如归。 末 几度枝枯几度荣,几翻来复复能明。亲孤破祖皆劳力,却喜前来禄自行。

男命《前定易数》:遁子 仙种逢春花已放,鲲鱼得泽入天池。幸然贵客时推借,及至安荣誉自奇。塞雁双双飞远去,庭花朵朵果成稀。蛇猴得际风云会,牛虎相逢兴转辉。寅 扁舟蓦涉波涛,贵客滩畔相招。此时拟知吉耗,当年名利资饶。花开枝时艳冶,雁鸿去处飘飘。借问老年何若,栖凄空度良宵。辰 历遍危难万仞山,何时平地解愁颜。本图安立无他事,争奈人无半日闲。海燕寄巢栖旧木,塞鸿飞度远乡关。如逢鸡虎蛇头上,陶朱财利满门阑。午 千磨万铼方成宝,大器无疑向晚成。玉兔金鸡闻吉耗,灵槎跨涉入蓬瀛。芳花槛畔迎春色,鸿雁天边唤侣声。寂寂晚年聊自适,全胜尘土受虚名。申 寸松犹有凌霄志,休谓人生不出尘。若遇云程紫衣客,提携冗路是非人。重山山外雁飞绝,丹槛槛前花秀春。牛马相逢灾渐息,兔鸡依旧福重新。戌 志气才成立,门迎宝鼎来。雁飞三只远,花折两枝开。有果终须落,逢危事却谐。正好观新景,移步上高台。

女命《前定易数》:睽子 庆事天来不可知,芳姿得处应佳期。醉醒愁解都无碍,新月方生万里辉。贵客扶持登宝殿,英儿豪杰折金枝。前程自有亨通地,虎兔荣华守福基。寅 守节当亨奋,前程被宠荣。翻身出巨网,奋力到君门。折轴归寅地,操持在鼓盆,只缘无寿禄,何用苦心论。辰 论来天禄是虚名,吹旧尘劳脱祸因。立事任君多计巧,平生有命不由人。高楼遥望红霞散,倚槛闲观风雨纷。来往区区身得稳,修心积善守寅申。午 守节相違志不宁,成家立计且嵘嵘。亲疏义绝知非侣,望福安身意不醒。对对娇莺低巧语,双双乳燕别离声。莫嫌情熟恩名失,本合身心被战兢。申 欲上危楼问若何,贵人拍手笑呵呵。前程自有归身地,何必惊危离鼠窠。福禄自然随玉女,名声终久达西河。若至龙蛇子荣耀,不妨拱手作义蛾。戌 出身立在波涛上,危险重重渡水津。亲疏孤薄今如此,灾衰困厄自难伸。生来只喜幽闺守,晚景依然旧福新。且问鼠羊逢卜吉,放眉乐意问高人。《四字金》子,沼鳞入海。寅,衣锦扁舟。辰,枯木待春。午,远寺晚钟。申,小松栖鹤。戌,秋月芙蓉。郭璞数奇局 性立性刚毅,众称跨龟。一官人身,历过艰难。禄旺身闲,孤自支吾。事功名蹭蹬。金屋官中坐,有公方望。一二心,抛不下。刑檐外珠缫愁雨打,心机费尽入黄昏。基规模宏达。半轮明月照堂前,半照人圆半不圆。半段因缘何大晚,半只鸿雁入云边。文书有分成名早,只恐虚花又不然。一匣菱花尘满铺,一盘荷叶尚流珠。一悲一喜浮云事,一段三刑也是孤。功名蹭蹬未如心,莫把忧愁只管索。祗为惺惺多了了,至今作事已成迍。艰难世事须经过,历尽风波始安卧。东皋南浦事如何,

守旧随缘还较可。可惜平生命里孤，一家骨肉即如无。归鸿云外声嘹唳，几度经寒过字疏。是非非是知多少，苦恨青春惹烦恼。生涯好似画图看，到里闲心抛不了。莫叹少年心枉用，尽堂喜有人权重。高人暗里自扶持，万里前程静中动。晓窗花影数　己身如在烦恼堆，人事烦恼累得灾。满眼都无快活人，几许风流难自在。手段驱驰不自过，是非费用年年破。休言磨折几枝来，禄在金门晚年贺。流年　身不足，事屈曲。杜鹃啼，防一哭。事多事，跷跷蹊蹊。挂着人衣，一喜一悲。杜鹃声催人看人，杨花飞衬马啼轻。旧愁新恨多闲挠，对景新诗各自吟。一处浅林，一弓断弦。一事起倒，两人共言。嫩笋遭风雨，西南牛二尾。月缺又重圆，不觉浓云起。牛郎含笑喜盈盈，风景从前又一新。无意之中添一气，不精神处也精神。添一丁，进一口。一寿山，一鹿走。重川浪起小舟轻，皮石余公怒断情。谨慎贝成相侮弄，磨心磨腹疾荣人。一门和气一翻新，祸散祥生福海深。跳出泥龙方变化，从前好事称人心。阴局　断与前丙己同。

命 诸家星命百三十二

《辛已鬼谷分定经否卦　琢玉圆珠格》　箭飞星斗起寒光,月照长天感上苍。宫羽已开天赐福,目前云幕自高强。黄牛满屋非干职,琢玉须圆取出方。雁过碧天沙塞远,儿童归去一双双。雨润龙生角,山深虎奋威。但交猴鼠上,渐渐见光辉。天贵,天轰,血炉,此星照命,将相扶君之兆。文武侍卫之星。爵禄自然,凶恶不侵,明窗净儿,受业琢磨,有记性,心有操持志,只因心不足,未免多学少成,退神在命,凶中有救,险处人扶,五九才交成,立命享安闲之福。述云:利名未遂心多慕,际会风云自有期。

《康节前定数》:如水有龙格　诗与分定经同

〔中〕有洞龙生角,山深虎奋威。须防猴子上,日月未光辉。

〔末〕平生若此一孤舟,数次连逢浪拍头。晚年福禄君还有,也须荣贵度春秋。

男命《前定易数》:否

丑。　　幽幛终难剖,生涯无作有。能才虽满怀,疏失伤情厚。

祖业谢君扶,庭花飘不久。春色已三分,空对依稀柳。

卯。　　奋身欲举拏云手,争奈时乖命所淹。南北驱驰心未歌,东西更变渐团圆。

清光去雁无消息,深院飞花果不联。午夜子规枝上叫,云山西路月婵娟。

已。　　云散中天静,风清细月圆。桂腾香馥郁,浪涌色潺湲。

去雁何堪叹,凋花亦可怜。会看身后事,归屋画神仙。

未。　　立身非祖荫,别业得家宗。郁郁情怀闷,悠悠志气中。

鸿飞通渚月,花落故园风。鹏海腾身去,昂头云路通。

西。　　东篱缭绕花初放,春色暄妍气味新。始觉春风生我里,便飘红日落成尘。

重山去雁沉孤影,远浦鸳鸯别两程。何幸此身淘大得,好归林下教缁巾。

亥。　　独上危楼上,艰危脱屣空。回头忘故旧,昂首达穷通。

海燕归云外,铜鸾弃土中。恬然荣白发,归计一儿童。

女命《前定易数》:否

丑。　　蛇问重重福,猴惊叠叠灾。美酒樽中竭,奇花苑内栽。

良驹足损步,贵客意中猜。借问前程事,宜将愁眼开。

卯。　　绣幕春风卷,朱簾爱日快。操心母失弃,到底是英雄。

目送孤鸿远,情欢楼上红。年来多倒错,好事不和同。

已。　　计业甚萧条,情深恣意骄。晴风时拂拂,秋雨任飘飘。

闲闷多非是,前生分外招。鼠羊无可挠,享福足逍遥。

未。　　　袁望江滨客,心思意未浓。回头终有益,立计日兴隆。
莺支声何切,蜂儿阵失踪。生平有如是,终久福来逢。
酉。　　　屋角蜘蛛网,千般巧计成。雨来含水滴,风撼卷无形。
孤苦何堪说,平生事不明。回头观峻岭,明月雨开晴。
亥。　　　海水无涯远,人心有准绳。羊来回吉耗,马退得安宁。
有果红枝上,成家望贵迎。谨持忠信语,无禄也丰盈。
四字金　　丑,秋风飘柳。卯,临潭下钓。　已,披云望月。
未,井鳞入海。酉,黄菊耐霜。　亥,登楼望月。
《郭璞数》:断男命与前辛丁同　　断女命与前丙乙同
《辛庚鬼谷分定经履卦　　龙蛇波浪格》　水畔张弓射鹿鱼,龙藏深窟自安居。鸿飞天上声声远,蛟在池中戏月珠。祖业漫将心不足,鸳鸯相背意情陈。知君自有逍遥路,摘取蟾宫第一枝。鹿在高原望,张射斗牛弓。平生何事足,晚景自从容。天刑,天孤,鸾鹤,此星照命,一生劳心费力,般般自向前,件件自理会,别人做过事,须是自要做,不信别人,自是自直作,事持重,言不妄发,安须少,烦恼多,闲中寻静,静处不安闲,命招性拗,妻须命硬,凶中有救,遇险无危。述云:
一生劳心非灿烂,遥空辉晃照天宫。
《康节前定数》:龙池波浪格　　　诗与分定经同
〔中〕鹿上高原望,　行人射斗牛。　平生何足觑,　晚福尽相投。
〔末〕初年蹭蹬多艰阻,中岁雍容却异殊。前程造物多荣贵,准拟扬名好进程。
男命《前定易数》:履
子　初时命运未离屯,行路才通喜色匀。休叹利名归我晚,终须立业旧成新。
鸳鸯沙暖情何困,鸿雁天边叫又频。莫道枯枝难结果,东君留意更殷勤。
寅　节操非因学,聪明岂在书。登云攀月桂,涉海钓鳌鱼。
朔风吹去雁,秋水落芙蕖。拟看白头日,妄然任所居。
辰　　志气强存在,衣冠旧不同。人情随好恶,兄弟各西东。
祖业非身有,生涯倚主翁。前程何处似,雪里独青松。
午　牵弓来射鹿,中正隔江波。莫叹此间失,依然入网罗。
雁声归塞外,花影乱苔沙。骑虎跨猴日,揣愁且乐歌。
申　天意无私覆,人心自不同。利名徒往复,财业堕初中。
鸿雁归飞远,花枝遇别逢。到家荣晚节,卜宅两山峰。
戌　杨柳枝头春色动,高山峻岭雪方消。人心懒处成家苦,马力疲时知路遥。
雁起孤飞南岭外,花枝重结故园娇。翻来覆去何时足,名利如同海上潮。
女命《前定易数》:大畜
子　孤苦多端事,清闲心自明。守闺终有厄,侍母别容情。
借问幽帏事,宜当万里亨。若迎名利客,福禄足双荣。
寅　春至枯枝绿,安心守绣帏。月明闻鹊喜,风静看蜂飞。
贵子终须在,良人胡不归。鼠羊名利事,福禄两相依。
辰　尘事纷纷起,名和利未全。偶逢佳客在,何况贵人牵。
莫使情怀乱,将成英誉传。良驹能骏足,同共入西川。

中华传世藏书

永乐大典

精华本

午　　　孤介不堪叹，危途立旧基。贵人全不问，奇子略相期。
权握惟心巧，生涯在贵持。羊猪当显发，须信福无亏。
申　　　否极泰须通，危途道再隆。当图黄阁贵，须守白头翁。
怙恃宜先弃，恩情断不空。前程何必算，因福逞英雄。
戌　风云合处足英雄，碎事煎熬反覆中。绣帏默坐灾衰挠，情性温和福自逢。
朱户半开佳客望，杜门不掩露人容。借问鼠鸡年里事，人心各自与西东。
四字金子，惊蝶穿花。寅，鱼乐下钓。辰，雪月青松。
申，竟日梅霖。午，帐里鸣琴。戌，雪里围棋。
《郭璞数》:阳局险云　日云中　财喜　事　双雁　花柳　镜　心性性乃了了，是事
便晓。一日云中影落西，一轮孤月散清辉。一池鸥鹭双飞去，一对鸳鸯两岸飞。一阵狂
风带露花，一舡风浪去无涯。一双鸿雁春云去，一树红梅景色佳。莫叹平生志未伸，重山
有路到蓬瀛。成中防败支吾过，万里秋风快去程。为人磊落多机巧，事事遍谙多计较。
交情眷属画图看，识破炎凉回首早。雁行相并斗高低，字映秋空失伴飞。接得蟠桃春后
子，枯枝再喜发芳枝。一贵远望，一鹿回向。好个前程，荣华气象。映水落花数　花落花
开只为风，月当照处被云笼。情知画饼外头好，胸次黄犀内不通。接得蟠桃逢巳月，至秋
松柏傲深冬。直须件件亲经手，收拾春风映晚红。流年履虎，尾咥人凶。谋事难成，半忧
半喜。财莫远出，无利息。求财望事始艰辛，禄向前程遇贵人。川火动时人哽咽，莺啼雁
过醉醺醺。一人捧卷出，门外笑嘻嘻。一钱堆有气，双雁入云飞。闲事莫管，免相牵绊。
喜去忧来，一场闹乱。高人暗里为栽培，两处文书入宅来。鸡逐凤飞随变化，岁寒只见有
江梅。
　　阴局春画空间日月长，桂枝又喜发新芳。数逢弱地终超达，多改多成事不祥。平生
作事多悔怨，付托愁肠损一半。亲姻好处又成疏，多少营为未如愿。运交中数福方来，五
五年中春意回。做作事谋添气象，夫荣子贵主资财。五宫莫叹花枯槁，中限主来非老老。
稳坐人间快活婆，探得那时消息好。女流年数逢绝处早修禳，忽觉身心网内藏。春水断
桥无渡去，百花杜宇一声忙。哽咽意尖啾夫愁子伴忧蒲香榴绽杨花白牛女相看泪暗流
杜鹃啼处乱梅黄，榴菊花开闹一场。蝴蝶梦中分散远，麻衣颠倒意忙忙。
　　《辛辛鬼谷分定经　乾卦　石上芝兰格》顽金煅冶方成器，石上芝兰根脚异。远
塞孤鸿飞不归，群群飞上丹霄际。春来花发满园林，未秀多应时未至。百年枝上半青红，
白头应作蓬莱裔。遇鼠天应禄，逢丁必惹灾。鼠牛羊内发，一举上高台。天荫，天囚，科
秘，此星照命，不受祖业之物，全凭天地之滋。生如日升东，渐丽北海笋。进新芽不久，成
竹鱼游深。水变化非难，好个根基，只缘退神重重，胸襟磊落，作事迁回。述云:
　　桃李花飘处，　　枝头缀果多。
　　康节前定数　　炉冶炼金格
　　中　遇甲承天禄，逢丁必见灾。鼠随牛首发，直上凤凰台。
　　末　平生机变太惺惺，只为孤权少称情。崎岖造物多磨滞，利名中未始方成。
　　男命《前定易数》:乾
　　丑　幽怀志气冲霄汉，争奈人缘命所淹。亲眷半途零落尽，祖基强计不周全。
庭下花枝和雨落，沙头鸿雁自孤眠。借问前程归计路，秋残果熟一枝鲜。
　　卯　平生志愿何时足，直至鼠羊方见鹿。良匠斧斤琢器成，终见昆山有奇玉。

风排雁阵势纵横,雨溅花枝色难续。戒君得志不须贪,财足疑惑恐返覆。

已　晚岁萧条险复难,初时立业势如山。栽花庭畔还开落,逐鹿山头似等闲。

风撼雁声空呖呖,雨添深涧水潺潺。百年太半成何事,不若留心云水间。

未　春来触处花争放,唯我枝头尚寂然。莫道东君思未发,自嗟恰值雪霜天。

雁阵空飞三两只,桃花熟果一枝鲜。亲知骨肉应难料,天使身归别处圆。

酉　高堂华馆镇重墙,偶尔相知入贵乡。唯喜目前人事乐,岂知身后福难量。

鸿飞江上难留迹,花放枝头有味香。志气遇时须待用,莫将弓矢乱施张。

亥　莫言昔日与今时,昔日今时事渐奇。春到园林花烂熳,秋残霜露叶枯枝。

风撼碧波鸳侣失,月明良夜雁孤飞。休言得失浑如梦,合到中年福自亏。

女命《前定易数》:咸

丑　一身孤苦守高蓬,两处成家不见踪。败杀时来当度失,优游无计恨何穷。

枝缀果危经骤雨,身安幔里被狂风。若欲好儿终见兔,依然明月被云笼。

卯　昔与今朝事不期,今朝昔日甚稀奇。春在园林花自发,秋深雨露叶摧衰。

月照幽闺情暗喜,风翻翠幕未休吹。莫言得意浑如梦,直待中年福不亏。

已　志气才高量亦高,机深虑重却波涛。一心恩爱终离别,百计生涯恐不牢。

何况鸣蛩声不乐,遥看乳燕语切切。若遇辛勤免灾苦,平生无乐有煎熬。

未　立计意尤甚,谁人为掩藏。　累曾逢口舌,先虑见官方。

老妇空花貌,娇见无桂香。　羡他桃李色,年少发丛芳。

酉　志气方成立,还逢子午交。　所为多寂寞,行李甚萧条。

内外俱相克,夫妻两不饶。　被人怀少恨,携剑路傍邀。

亥　朱门双掩日光扬,万里恩波福自昌。重重吉事相随逐,兀兀佳期播远方。

枝缀果奇通汉苑,官荣禄显取南商。只愁晚节随时变,孤苦奔驰远离乡。

四字金　丑,画饼充饥。卯,卞和泣玉。已,更残望月。

未,寒潭遇雨。酉,瓶里梅花。亥,春花秋蕊。

《郭璞数》:阳局庚辛人富贵　壬甲饱文学　一人卓立　离祖　执拗　孤　龙登涉

雁　如意莫言未遂,令翻称意。谋望　琵琶断弦　镜破重圆　性　有些急性　自宜把定

莫怨孤长　前程平正　一生心性自清高,一雁孤飞远涉劳。一段因缘几会说,一家春

色绽夭桃。一喜又道疑,一官未遇时。圆中防有阻,乐处又生悲。五行安稳好镃基,劳力

劳心遂意迟。可惜早年孤克重,至今作事尚攒眉。琵琶清冷无人问,秋雨梧桐总赋诗。

平生心性谁能亚,自谓希夷等声价。竹梅林下影萧条,连理枝头缘分寡。芝兰未许早芬

芳,趁得三秋桂子香。蛇化为龙头角现,高人着眼广寒乡。独木逢春数遇贵,相提必有时

平生。刚毅比夷齐山高,步险千千尺,独木逢春地。步移雁叫一,声摇影落鸳。帷难保百

年,期直须蛇马,相逢处使是,青云万里奇。流年□　卓立　财　田土　事不足　灾十丑

女,灾祸至,宅人不足　福早禳　无事一关　田土一弄　正好经营福自然,只防川火两相

煎。堂前人醉梅花月,寂寞朱扉噪晚蝉。忽防不足,恼人心腹。空调鸣琴,弹伤心曲。他

人事,莫向前。荆棘路,恐干连。财在石皮畔,风舞海棠眠。睚过今年灾祸少,一点福星

前面照。满堂和气袭人生,利禄荣华事无了。花带雨,偷眼喜。恨公言,犬双嘴。进些

田,增些钱。善保守,胜常年。一卷文书两翼飞,黄花时节笑嘻嘻。白头有看梅中雪,红

粉佳人望绿衣。云散长空月影西,高衢谋望遇吹嘘。堂前人看炉烟袅,门外垂杨发旧枝。

阴局　　　断与前戊壬同

《辛壬鬼谷分定经　讼卦　层霄月朗格》　骨格轻盈如婀枝，清风满径任教吹。良霄月朗天光碧，在路行人未得归。借问岭头花发未，嚣嚣莺语喜还悲。平生进退多危险，晚景匆匆福自宜。门户庆来时，麻衣换绿衣，马头人着力，应事见光辉。天愕，天锐，天钳，此星照命，乃恶劣之星，人命值之。君子多福，常人带疾，添财减土，成败不常，先忧后喜，破了还成，心性不常，大宽小急，性忒直，心忒焦，妻硬相，宜子迟，到老九五之后，方得立成人家。述云：甜苦重重谙历过，方知晚景禄优游。

《康节前定数》：青霄月朗格　清凉雨过枝嫋娜，空里寒风四野吹。云霄月朗天光碧，去路行人归不归。岭头花落经霜雨，漫有春光花无语。雁鸿江上楚云飞，岁长多是疏亲侣。

中更去前程三五年，一时是一载自安然。骑牛渐觉心间泰，甲午之旬上碧天。
末嵲阻艰辛尽经历，好处机关多拙失。休嗟年少苦撑持，晚景自然成福吉。

男命《前定易数》：讼
子　得则成欢失则悲，年来半痉半如痴。终知损去还成益，料想天公岂有私。
雁去还空飞不及，琴调别韵识音知。春风谩有花如锦，问道秋来果几时。
寅　纷纷春色物鲜华，上苑风光景莫加。豹变南山添羽翼，鲸扬北海换鳞牙。
孤鸿两雨穿云去，旧岁枝枝带雨花。百事到头终一失，早将生计卧烟霞。
辰　砚石藏珍凭匠琢，器成先用立规模。时亨何假人来荐，天赐聪明岂在书。
自嗟鸿雁一无侣，堪叹鸳鸯两不如。莫厌利名迟兴晚，终须温饱乐安居。
午　灰心汩没几经秋，意气情怀未足酬。得兔不由磨铁砚，逢猴何必惧焚舟。
高飞鸿雁一行远，艳色娇花两朵荣。更指贵人相引处，便施阔步上高楼。
申　虚心悒怏生平志，意向须高碎事煎。堪叹利名频得失，料知亲眷不周全。
长天孤雁悲秋去，晚树庭花带雨鲜。借问是家家未是，不知归去隐林泉。
戌　半成半失立生涯，吃苦吞酸力未加。险难重重愁不散，忧危叠叠事堪嗟。
亲知好似天边雁，名利成时雨里花。借问斯人何所似，身归南北两边家。
女命
前定易数　大过
子　孤寒聊邂出群踪，争奈忧烦若两锋。重重喜气须龙至，浑浑光华必鼠通。
朱帘半卷宜安守，绿幕低垂在未中。堪羡立身终有后，鸡牛窟里异形容。
寅　天然缘分事非虚，守节幽闺必自孤。无限眼前来去事，几多福禄有还无。
鼠尾羊头消息好，高楼青眼盼吾躯。阵阵清风时入户，依然晚景发前途。
辰　立身既向江乡远，早晚尘埃入绣帏。箕帚辛勤惟我立，金钗不坠守空闺。
可怜命蹇遭如此，预知它日失提携。好把身心思进退，不如洁己九泉归。
午　举意立前程，孤离恐不成。安心存孝义，晚景略亨荣。
云客舒青眼，因缘结远情。寂寥无一事，杜宇枉哀鸣。
天意无私曲，人心事不同。箕裘多反覆，福禄趁初中。
绣幛风徒卷，朱帘日日红。到头荣晚节，立计在高峰。
堪笑此生荣，机谋日日成，险危知自有，福禄晚来亨。
佳客随云雁，良驹逐老莺。若逢鸡犬至，安享自峥嵘。

四字金　子,帐里梅花。寅,寒谷栽花。辰,屋下藏金。午,枯砚磨烟。申,曲巷推车。戌,破舡载宝。

《郭璞数》：阳局　一□人立　好源流　非客碌
清目清职　士大夫　寿福禄　书
望　名孤　刑仓廪实,府库充。富石崇,贵陶公。一雪堂前映雪光,一舟波浪去茫茫。一翻好事惊人处,一夜寒风果异常。山上重山望故乡,利名尤寄在他方。谁知造化婴见戏,富贵终还有分郎。一半逍遥一半艰,几回惆怅几间关。家庭多少萦心事,独自支吾未得闲。性道清高多质朴,劳心劳力能把卓。回头史见独花开,一屋人孤春寂寞。源流好处水边缘,早有成持遇贵贤。向上规模君稳看,休成失错恨绵绵。停帆待风数,半为艰阻半从容。好事停帆待顺风,别泪未乾重躄踶。心神不定未西东,水边探得源流别。不向区区碌碌中,习气太高休问下,他年造化有难同。流年防算弄,事如梦,谨防他,方进用。事事事,没分晓。成不成,了不了。田土上交加,牵连有支遮。自家事,心未惬。防吃跌,莫漏泄。鸳鸯之事,缧绁之中。数限今年可早禳,舡行浪里事茫茫。羊行虎道猪逢犬,榴花三烟乱一场。暗里隄防二尾牛,行藏谨慎可无忧。春风桃李添新恨,秋雨梧桐惹旧愁。一人酒醉,一人请新。等鸡入笼,怕蛇入井。雁洲冷落,一屋人忙。外事颠倒,门外彷徨。

阴局困龙久蛰未逢时,隐水埋头未得知。一遇雷声惊起处,兴云布雨出天池。平生计虑多翻覆,说着愁人心不足。通亨犹似未亨通,跳出风波方是福。根基莫道不如今,细数行年有好音。三十风光谁共守,移根换叶少知心。来一段喜,去一段愁。香兰满地,福优游,末年须满平生愿,只恐滔滔不到头。女流年夫併妻兮妻併夫,令人如醉要人扶。鸟鸣花落人憔悴,镜对鸾凤亦二孤。心切切,意凄凄。白头堂上雪花飞,牛郎掩面东篱菊,嫩笋风摇竹一枝。喜喜忧忧双口犬,更防二尾一头牛。鸦声非吻事　田土事事　　灾
雁分　　刀砧

《辛癸鬼谷分定经遁卦实剑重磨格》吹毛宝剑金刚样,尘上经年暗未明。合遇贵人重拂拭,雪霜洁利自然新。江边三雁飞沙远,树上花枝果亦成。幸有阴人相接引,春雷绕动马嘶声。无根浓叶满地堆,莲花出水望秋来。逢牛必定成权贵,骑马骑牛大路开。天福,天将,天却,此星照命,乃荣华之宿,富贵之星。生来无苦,衣禄自然,有操权,有智慧,有鑯基,有变豹,有静性,有刚断,作事先难后易,所为十是九非,才逢难免之年,定主妻荣子美述云：一生灾难处,鑯基进益多。

《康节前定数》：重磨古镜格　诗兴分定经同
中无限风霜花未开,池内莲花秋后栽。逢羊必定机权立,□马骑牛息旧灾。末莫笑前欢兴旧愁,月明云卷未全收。等闲扫画无馀障,自有高人引路头。

男命《前定易数》：遁
丑　生计纷纷苦虑休,几回欢喜几回愁。常将吉事成抛弃,继到中年禄始优。鸿雁飞时群偶失,花枝谢后果无收。生前祖计非吾分,自整衣冠入凤楼。
卯　论来业计当迁变,进退休归意不宁。莫谓利名长久处,须知灾祸负前程。旧园花谢新园发,失侣鸳鸯唤侣声。若问根基真渺薄,纷纷柳絮逐风轻。
已　千载蟠桃犹未熟,摘来入手不依时。几年费力无成就,晚岁方宜立所为。鸡鼠同群名可望,鸳鸯二物有分离。若论尘世多成破,只许逍遥脱是非。

未　施权立业孤无辅,劳思索心计是非。饱食安居他日事,当知强识早年时。
槛前花朵何衰谢,天外鸿鸣各自飞。借问晴云有疏豁,天中方见月光辉。
酉　飘飘无倚海中舟,有遇才朋不久留。拙计埋身多逆意,多言伤己谩刚求。
梨花渐落莺将老,孤雁飞时已失俦。立尽斜阳身渐泰,临风泰独自上危楼。
亥　迟迟无语立东风,百计千谋未有功。须待鼠鸡施事业,便於兔上立家风。
江头去雁声声远,槛畔芳花朵朵红。欲决平生身后事,南柯名利梦魂中。
女命《前定易数》:兖
丑　初时命蹇未亨屯,早离家乡景色新。莫赖六亲为外倚,且扶一已过三春。
槛外清风香透鼻,闺中明月影侵身。堪笑果生奇特处,东君留意独殷勤。
卯　守节长潜绣幌身,冠钗不整问何人。聪明岂在淹留久,箕帚终须侍枥巾。
新主归来寻故旅,东君留意拂红尘。一声杜宇啼天外,肠断重牵旧福因。
已　　心胆依然在,　　冠旒旧不同。　　人情能好恶,亲眷各西东。
立计非心有,　　生涯倚个翁。　　若寻荣遇处,直待入龙中。
未　天然分福自前因,守节成家必立身。要必今生为善事,免遭横祸及灾迍。
随时自有修为处,改意终须不惹尘。东君不顾津途远,无水相逢道自新。
酉　天鹿啣书事可求,一生福禄自风流。只缘孤薄难遭遇,遂使前程有不同。
奇果挺然成实后,良人终守落花愁。一条好路如知觅,安坐高堂到白头。
亥　劳心劳力守平生,横禄虚名自改更。重重吉事成还破,扰扰必胸荆棘生。
闺中安稳无危难,望外邀求反险倾,修心度日无他事,启念终须竟不成。
四字金　丑,　泥途走马。　卯,小舡入海。　已,饥鸟投林。
未,　浮云蔽日。　酉,　浪里行舡。　亥,　柳絮飘风。
《郭璞数》:断男命兴前辛戊同　断女命兴前已乙同
壬甲鬼谷分定数迍卦　松透蓬蒿格。蓬蒿直透茂松青,霜雪虽深且固根。雁飞天外
声声远,鸳鸯戏水失其群。桃花满苑从君摘,未逢一个好知音。若逢运到蛇羊地,衣禄安
然必称情。限随羊马发,喜庆自然迎。寿如逢九五,不用问前程。　天禄,天将,天容,此
星照命,主人有机谋,有持,有进济,有财帛,亲如不亲,交友难托,独自向前,难为长子,螟
蛉庶出,方可存留,更遇马牛钱财兴盛。述云:
逢牛遇马方还乐,休道年来不称心。
《康节前定数》:瓶里栽花格。蓬蒿枝节耸云青,气直雪霜固深根。雁飞天上声声咽,
鸳鸯独戏忘其群。桃花落浦从君摘,金子园中尚秋色。陌上行人又不知,傍人知道应
难测。
中寿遇三重甲,安然守百年。限随牛首发,人到虎非天。
末平生事业困淹延,机会无心却有缘。衣锦贵人来接引,拂开云雾见青天。
男命《前定易数》:屯
子　青蛇出水带珠浮,正是飞腾得意秋。莫讶衣冠如故旧,好为生计上层楼。
槛前花朵重开发,塞外群鸿半失俦。名利成时无别虑,西园景物好闲休。
寅　春风谩拂依依柳,烦恼生涯难守。事如成败出天然,料知否极终无咎。
鸿悲塞上失群飞,花落庭前果成后。指出前程事若斯,利名亨处君须朽。
辰　休嗟涸沼困金鳞,竚看腾身定出尘。得遇天河升斗水,化为云雨入龙津。

中华传世藏书

永乐大典 精华本

鸳鸯池畔无双侣，鸿雁天边再命实。赤犬嗷嗷兔何说，区区大路入荆榛。
午　残红换去绿阴成，去后生涯计业荣。平日恩深成愿怨，年来逢贵只虚名。
雁声嘹呖归云外，鸳羽悠扬泛水清。鼠马张弓机发处，定教一箭立前程。
申　草生江畔随春绿，菊绽篱边带雨开。天运四时无失度，人缘何事少梯媒。
亲知好看天边雁，生计何忧落草莱。休问前程荣辱理，利名去后又还来。
戌　玉琴不鼓久埃尘，再续朱弦整韵音。月下欲调稀识听，风前一弄得知心。
长空碧水飞孤雁，午日当空花正阴。得意气时当晚景，一帆风送满舟金。
女命《前定易数》：井
子　当门倚着朱扉望，不顾狂风卷绣衣。掣去半空飞或舞，回思一笑又成悲。
举行步步传虚语，立计纷纷挹泪脂。凤回依就无时处，方许安闲享福基。
寅　兀坐绣帏中，　迷途情未通。　安身修性正，得处使心聪。
假饶时未遇，　仍旧福无穷。　鼠头佳果秀，举目换形容。
辰　望断江山景，　前程去路难。　虽然情自远，还使意中悭。
雁过声嘹呖，　无游几往还。有名终就实，遇犬展花颜。
午　孤苦身非乐，　初年未自由。当春人自喜，遇鼠必风流。
槛畔花徒放，　枝头果不收。奈何风力动，平息始无忧。
申　态态足娇身，　含烟喜色新。故人提挈取，贵客整精神。
堤畔情非乐，　窗前徒自擎。时来方发越，鼠犬遇新春。
戌　生计成时用不轻，前程有分称心情。万事皆由天理定，一身终自享安荣。
绣幕工夫还可遭，朱扉智量喜尤清。试问平生何所似，龙蛇出穴福来迎。
四字金　子，登楼望月。寅，秋堤杨柳。辰，涧井金鳞。
午，残花遇雨。申，牡丹芙蓉。戌，归舟波平。
《郭璞数》：阳局双雁云中　一人重山一拳　　福　贵人　文书　名
二山宫百里有语，双川莫做。疑一事跷蹊，忽然生疑。事有分定，喜欣欣。看亨荣，好前程。刑着力支持，打睄向前，几回望断陇头云，几度伤心洞里人。几度施恩抱虚设，几翻好事到眉擎。一对鸳鸯惊失侣，一双鸿雁飞芳渚。一生名利有无间，一曲琵琶天上语。平生多学事无成，伶俐惺惺处动人。甘苦数当诸世事，间愁空自度青春。五六年中事不美，破财破禄尤未已。十分好处便生疑，黄金到手浑如水。雁行好处不成行，对对飞来天一方。寂寞兰房谁是侣，重磨鸾镜现清光。莫道谋生心意频，元来大器成持晚。春回启蛰一声雷，惊起数年贪睡眼。仙人围棋数世事，仙人一棋局黄金。入手难拘束施恩，几度变成非要好。十分生不足。风清梦转动关山，月明夜半江南曲。一声鸡唱兔回蟾，满堂桂影穿金屋。
流年一人立，谋望吉。忧事起，喜未为。喜先忧有惊。两年气数未为奇，多是多非事暗疑。财到手来皮石去，得场欢喜惹场悲。谋望今年喜不常，只忧家宅未辉光。杨花飞雪人眉皱，怨喜连绵人断肠。他人事，休去管。恐相连，说长短，急急人，速速火。上川光，烧漏屋，雁声嘹唳过天衢，颠倒麻衣不忍哭。静中星斗早禳祈，保过今年始免非。官府有言公莫去，只宜守旧莫胡为。
阴局　　断兴前戊丙同
《壬乙〔鬼谷分定经〕井卦　玉椀盘托格》。白玉藏珍宝，灵沙隐碎金。异香安水际，方始见浮沉。远飞雁千里,鸳鸯戏绿阴。信如花谢后,实子火中寻。满屋乘雨,阴人隐旧情。猪中逢兔子,方始遂安宁。天暗、天成、天赐、此星照命,为清风明月之星,为昏迷朦胧之宿。人命犯之藏机,隐志思远虑深,反覆鏧基,颠倒造化,只宜过房离祖,异姓就赘,妻迟子晚,妻是年高命硬,保守到头,子若螟蛉庶出,相倍到老。述云:猪羊逢兔子,方始得身荣。

《康节前定数》:玉藏堕石格　诗兴分定经同
中末且喜天生屈已伸,机谋除会遇青春。天公不负凌云志,自有高人卓立成。
男命《前定易数》:升
丑　拙养江湖莫魄忧,异时头角出潜流。云程昂首应高远,泥窟成身独可忧。
鸿雁啾啾双去远,鸳鸯对对喜波浮。一身幸有高名立,何虑他时事不同。
卯　春来如暑不如秋,堪笑人生不自由。故计去时终不理,新荣成处许无愁。
鸳鸯莫道长为侣,鸿雁归时已失俦,深悟此生知己少,焉教捕鼠屈骅骝。
已　烜赫荣来已虑枯,人情多誉播当涂。可怜未到东堂上,已报斯人福有馀。
二只飞鸿天际别,双头花朵槛前姐。回头问着家何处,赢得持杯老故庐。
未　侧身东畔却成西,借问前程道又迷。自是利名成已少,何言贵客不相携。
依依柳岸飞残絮,呖呖孤鸿多自栖。生理只教来复去,不如高卧白云齐。
酉　几翻入手几翻捐,艰险重重肯息肩。肝胆直须操物外,岁寒方见耐烦煎。
一行去雁群应失,两树残花果不鲜。堪笑舟人太多咎,捞鱼未得早忘筌。
亥　利禄来时猪马前,斯人何事意悬悬。平生有巧钓肠计,翻被他人笑面穿。
两树落花成果晚,双飞去雁别群喧。书生志气高天外,争奈前生福不全。
女命《前定易数》:困
丑　良人意重问娇娥,花貌因何怨恨多。但见贵人同去处,自知业障尽相磨。
幽闺展转身非稳,绣幕低垂意若何。晚来云雾开明月,一点虚心百事和。
卯　终身自得生涯处,不懼间非间是煎。纵然未遇时人助,不致灾危苦苦缠。
双飞鸿雁来江渚,对舞鸾凰向浦边。且问前程终吉事,骑羊带鹿定荣迁。
已　胆瓶斜插桂枝奸,同坐仙宫取次看。鼠至蓦然登玉殿,牛来平地作神仙。
跨凤终朝享荣贵,乘龙得志袂新联。更见良驹荣遇处,福禄双全果又鲜。
未　红日山前欲影斜,情怀方得脱咨嗟。羊遇鼠宫无欠失,恩深意重必荣华。
鸿雁啾啾回故里,鸳鸯对对浴晴沙。这回不必多疑虑,且自宽心去立家。
酉　贵人来往几徘徊,不见花颜欲自回。幽闺情性情虚空说,缓缓心怀豁远开。
堪笑英雄都占尽,徒夸笑语实难猜。也须时遇方荣贵,若使贪求定见灾。
亥　玉颜花貌映朱唇,衣禄重重近上人。纵使奔驰无大难,还须荣遇立终身。
贵客同行归粉阁,纵怀掀豁步红尘。东君有意何须却,喜气氤氲事事新。
四字金　丑,披云对日。　卯,枯柳逢春。　已,岁寒松柏。
未,漏网张鳞。　酉,风飘杨柳。　亥,岩上走马。
《郭璞数》:阳局心倜傥　性几巧跷蹊　事事　双亲　有跷蹊出二山到底历涉难归,千万机关,休得论说。孤满园瓜子金。收拾说伤心。
一对人间健,一条云路通。一文出外照,一事急匆匆。扁舟经过风波处,推出中流遇顺风。一雁孤飞影落秋,一重山过一山头。一生福禄如心愿,一段因缘惹尽愁。展转寻

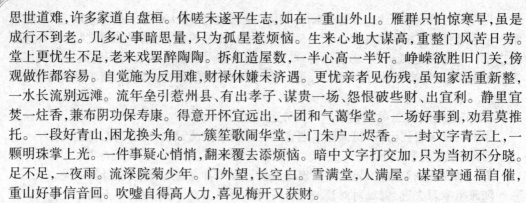

思世道难,许多家道自盘桓。休嗟未遂平生志,如在一重山外山。雁群只怕惊寒早,虽是成行不到老。几多心事暗思量,只为孤星惹烦恼。生来心地大谋高,重整门风苦日劳。堂上更忧生不足,老来戏罢醉陶陶。拆舡造屋数,一半心高一半奸。峥嵘欲胜旧门关,傍观做作都容易。自觉施为反用难,财禄休嫌未济遇。更忧亲者见伤残,虽知家活重新整,一水长流别远滩。流年垒引惹州县、有出孝子、谋贵一场、怨恨破些财、出宜利。静里宜焚一炷香,兼布阴功保寿康。得意开怀宜远出,一团和气蔼华堂。一场好事到,劝君莫推托。一段好青山,困龙换头角。一簇笙歌闹华堂,一门朱户一炷香。一封文字青云上,一颗明珠掌上光。一件事疑心悄悄,翻来覆去添烦恼。暗中文字打交加,只为当初不分晓。足不足,一夜雨。流深院菊少年。门外望,长空白。雪满堂,人满屋。谋望亨通福自催,重山好事信音回。吹嘘自得高人力,喜见梅开又获财。

阴局虎卧荒丘失却威,几年淹困未逢时。直须变态成威势,露瓜张牙未是迟。为人巧相自机关,劳心劳力未得闲。一点寿星高照处,莫垂珠泪倚栏干。一段愁过一段舞,琴调雅音声楚楚。华堂好笑惹愁多,只因儿女磨难苦。乡乡有禄不称遂,堂上欢声自荣贵。东篱好景夕阳西,多少闲心无着处。女流年一人磨镜,一人弹琴。高山望日,门内无心。疑于秋后又疑冬,小小灾殃恨五宫。上有一人人自至,白头烦恼白头翁。

《壬丙鬼谷分定经既济卦　猿戏丛林格》

柱倒人扶起,轮推仗匠圆。雁飞沙塞远,有意合天心。

命有重荣晚,花开两果鲜。马头逢见犬,牛首换弓弦。

地远三千里,扁舟泊小溪。贵人来举用,逢丑上天梯。天厨,天柱,天霞,此星照命,乃游悬之星,犯之志性,乃见远机深,难触犯,不吃亏,易嫌消,不妄相,不利东南得来西北,贵人提携,一段财物,却有寿,作事可,然面前背后,多招不足。述云:名利成就何时晚,只恨初中运不通。

《康节前定数》:逢春接水格　　诗兴分定经同

中地远三千里,　　舟停碧岸边。　　贵人来举荐,　　龙虎上青天。

末十磨九难到今朝,成败劳心用力遥。秀气但知康且健,晚年凡事喜坚牢。

男命《前定易数》:既济

子　生涯一事不香馨,成破多劳意不宁。志气廓然超鼠子,利名偶尔出龙程。

鸳鸯浴水双飞散,鸿雁悲风两处鸣。君寿始终犹不足,尺头区幅短还轻。

寅　无辉幽暗实堪夸,猪尾龙头禄又加。得业斯人因失马,嗟言往日事如麻。

天边呖呖飞鸿雁,槛外菲菲艳冶花。机志莫将乘势使,临时将恐寿无遐。

辰　鸡群丹凤云霄志,冗杂幽人何足悲。鹿入天门成业计,人当地户必迍裹。

一双鸿雁各飞去,两树桃花一果奇。甘味瓠瓜生苦蒂,回头何必怨亲离。

午　生平肝胆用高峰,机志能为心未然。羊子渐成财浩浩,鼠儿终入福绵绵。

鸳鸯戏剧情多合,鸿雁飞时各队喧。待得园林花烂熳,不堪风雨暮春天。

申　前程一段美团圆,好似明蟾耀碧天。销铄几多忧意事,收成无限称心田。

芳花开处果难实,鸿雁飞时侣必喧。借问鼠蛇人去处,风波难济覆危川。

戌　孤迹初来历险辛,前程须信有成身。一生心事求多计,须识怀疑好出尘。

两只雁儿分散去,一枝花朵艳重新。雪埋霜合群枝削,方显庭前老树春。

女命《前定易数》:遁

子　艰劳曾越几层山，不假跻攀步屡难。纵饶便尽千般计，如何能得一时间。
孤失重重离祖业，愚顽处处改愁颜。一生富贵无由见，不若收心曲榭间。

寅　前程未遇贵人乡，且守孤帏度日长。风光易去催人老，时景蹉跎欲断肠。
果枝林托终身计，鸿鹄难凭晚福昌。思量得后浑如梦，早早持斋礼梵王。

辰　百花独让岭头梅，娇态偎香事里栽。春去冬来时未遇，焉知世事暗难猜。
一双蝴蝶空回绕，几对游蜂独往来。羊至鼠窠方得地，愁眉旧锁一齐开。

午　冠钗重整少年容，稳步金莲綵绣茸。山前大贵来迎接，心下详思时运通。
殷勤作礼传消息，荣显无灾立异功。凤楼半卷珠帘静，远望金钗锦帐中。

申　经年关掩绣帏衣，当面施卷心下思。花容减尽少年貌，美态娇娆正得时。
终竟荣归安静地，遇犬雍容事可知。福至自然衣绿厚，安心稳步践佳期。

戌　　　牧心守洞房，立已保时常。　改图当喜气，　重整却荣昌。
牛马时还遇，衣资在外乡。　东君相顾处，　平地见安康。
四字金　子，雷火行程。寅，秋叶飘风。辰，泥里鸣琴。
午，春后牡丹。申，寒萤放光。戌，枯枝生花。

《郭璞数》：阳局一人立　人雁　一日　一月
□贵人相扶，有财有禄，尽禄尽福，只要心足。两个
堂前人喜健，一双堂下彩衣班。鸿雁一双天欲远，鸳
鸯一对沼中闲。有分衣衫活雨露，无情收拾旧江山。
高人着眼事堪为，莫遣闲愁皱双眉。语到进时防石
碛，江横阻处惜舟移。莫道劳人未得闲，机关运用几
曾安。青春来到愁中喜，到里摩梭事事难。堂前尚
有云遮月，对对归鸿云外隔。自家卓立好门风，藕在
花开秋后白。龙蛇变化在风云，水暖桃花二月春。
跳过禹门三级浪，作霖为雨慰斯民。大冶铸金数。
镕金大冶镕成器，几度成模不容易。鹤鸣声高独向
枝，雁宿芦花不成侣。狂风变豹在牛尾，亲爱是非招

郭璞

妬忌。凤楼月明照兰干，此时方得真滋味。流年一
事跷蹊，自然生疑。荣华别是一家春，改革规模气象
新。玉勒金鞍嘶宝马，凤嘴书报玉楼人。忽有灾疑
动，惆怅惊人梦。火上一川来，杜鹃声里阕。双双雁字趁西风，财喜临门福更浓。从此亨
衢阴局，　断女命兴前甲丙同。

《壬丁鬼谷分定经比卦　雁宿芦丛格》云收月出天中净，雪压松筠翠转坚。鸡叫牛边
声未歇，雁楼芦萃竟艰眠。平生志气无人识，马去羊来意向便。报道龙蛇消息好，弓开箭
发尽天年。天游、天静、天镇，此星照命，不耐静，犹如被云遮镜成，尘土如甜瓜，香从辛苦
里来，甜向苦中生，六亲如水炭，兄弟若流波，在家烦恼，大出外，笑颜多，人宜出外求财，
不利在家作活，分忧人少，吞食人多之命，述云：
自有根基在，何劳事不成。
《康节前定数》：雪压梅梢格　　诗兴分定经同
中邅树桃花放，狂风彻夜吹。　春残留几朵，　偷却半枝归。

末凿石求金费琢磨,绕逢源处□蹉跎。险阻风沙皆过尽,前程显达利名多。

男命《前定易数》:比

丑　维持家政籍君扶,正是刚肠大丈夫。自是命中多坎坷,争知日后定红朱。

兔儿必许君成就,雁侣总教自远疎。更问后来荣辱理,持盃消遣老身躯。

卯　操机用智不辞劳,天赋聪明在尔曹。道塞足疲须忽就,功成名遂不为遥。

一行去雁飞何远,两朵鲜花色不牢。待得兔蛇归去后,水平蓦地起波涛。

已　倜傥怜君志,　危灾早岁逢　家声羞未振,兔穴喜方浓。

问雁多中少,　花枝艳处空,　龙蛇来往日,　门第有丰隆。

未　海际无涯万里岑,蓬莱方丈古同今。雁群悲断衡阳浦,双尊交衰岁月侵。

蛇鼠宫中逢喜色,名利一途幽豁心。君家试问归身计,碧水青山与未深。

酉　秋月遇云开,　望圆逢美才。　仁人中得路,　巧业信奇哉。

雁阵声喧远,　鸳帏美粉腮。　惹还斯难脱,好笑福重来。

亥　冷落君阴厌,否中须泰来。　利名随兔尾,　织害逐猴腮。

有雁分飞远,　逢花擬两开。　贵人相引处,　如意乐高台。

女命《前定易数》:否

丑　早弃旧家风,　须当离先祖。　虽然衣禄荣,　不免多辛苦。

未见果垂枝,　低心待夫主。　比和尤可安,　福至当荣取。

卯　好事被多磨,　身心劳若何。　不知时事变,　惟日受奔波。

自恨孤遗早,　深思患难多。　龙来为好处,　依旧足欢和。

已　一段风流事,今遭枉理亏。　若逢云外客,　不致苦乖违。

鱼被水相溅,莺嫌柳暗迷。　不知尊路去,　安得免灾危。

未　独守孤帏里,　谁知玉泪乖。　有君君不遇,　落果果稀奇。

桂魄当空照,　鱼儿出沼窥。　前程衣绿足,　立志守良时。

酉　变化机谋重,　全籍好梯媒。　清凉风拂面,　渐觉笑容开。

鸿雁归心远,　鸳鸯得意回。　衣禄知归晚,　俄逢七宝堆。

亥　春光荡漾休虚度,操略刚强智更明。淹淹未称劳心早,得得还须晚岁荣。

坐享高楼身始稳,因缘有福果芳馨。莫言前事蹉跎了,才遇贤君便太平。

四字金　丑,积雪成山。　卯,更残望月。　已,月宫捉兔。

未,梅花雪月。　酉,日影穿簾。　亥,危楼望月。

《郭璞数》:阳局刑　父母　兄弟　书云中　拳　一贵人护尔身

乾坤半岭白云间,雁入芦花白雪间。翡翠衾寒杨柳雨,双双利禄自回还。

斜月半边光,平生炷香功名还,有分姓字十年扬。　蜘蛛结网伤连雨,费尽心机又再张。平生磊落性玲珑,作事机关件件通。和气袭人春满面,把家营业有成功。双亲可惜无缘守,骨肉早年难保守。双双雁字别秋风,再整琵琶重换酒。整换门庭别一家,春风桃李自开花。前程好处知无限,一段山川景更佳。负重登山数。初无运智苦难施,竭力为人是变非。负重登山辛苦恨,做成家道未光辉。尊卑亲谊如水炭,嗣息妻宫亦要迟,自是身中多进退,蛇龙相会脱愁疑。流年忧不成谋,不遂在家连财谷。利宜守旧莫更新。宜忍耐,事惊人。睁两年,胜如今。行年气数胜常年,禄健纷纷马走前。双燕呢喃传好信,一池清水绽红莲。得意秋风一躣高,嘻嘻谈笑出蓬蒿。文书重贵当重捧,角畔逢牛挂一刀。福从天外降,财在地边来。出外还无阻,声名百里开。三春防财走,文书没分晓。君宜谨慎过今年,闻非莫向前。石共皮边财谷虑,家人阗阗火三烟。文书分晓不宜晓,事到交前了不了。只宜忍耐不当为,杜鹃声里犬双口。

连年气数尚淹留,谋事当成未见周。着意向前成又败,到头辛苦费机谋。恩成怨,事多变。怕外人,莫和劝。 断女命兴前甲戌同《壬戌鬼谷分定经塞卦金玉满堂格》江边雁阵声声远,孤只飞来野岸中。金玉满堂谁得意,一枝花放暗香通。春来满苑花芬晚,百岁枝头一点红。借问马头消息好,箭来蛇上必成功。遇午登云路,逢牛度险堤。命逢鸡犬上,平步上云梯。天宝,天圭,天财,此星照命,气大心慈,刚性志广,闲管翻成,不足不平处,须要闲言,好处成悲,恩中生怨,六亲水炭兄弟无缘,好事多磨,弄巧成拙。述云:

从前多少关心事,五九才交事业新。

《康节前定数》:金马玉堂格。塞空雁阵双双过,孤只飞飞晚岸中。金马玉堂虽可立,一枝花发一枝空。青春满地纷纷绿,百岁临梢半朵红。借问马头消息好,箭机中处必因弓。

中见丑登云路,逢猪废险桥。 命逢鸡与犬, 平步上青霄。

末命逢吉曜福神临,只见初年不称心。中岁可求名与利,晚年多寿与多金。

男命《前定易数》:

子 高蕴情怀气毅锺,洞观万里秀心胸。利名到处休嫌薄,人事来时莫恨丛。

雁叫碧空休望雁,红芳上苑又逢红。平生此理多来往,赤马群中路又通。寅 塞空雁阵双双过,孤只飞来野岸中。得意直须逢犬马,扬名终是到牛宫。园林且遂优游志,栏槛空开烂熳红。晚景忽逢羊路险,遇来成立马前功。辰 生涯多忘绪,得失在天时。马首荣名利,猴头度险危。雁儿声渐远,鸳侣又何之。自有清阁地,安身晚更奇。午 美子营生异,何须变祖基。起家山际乐,得意马前机。声叫空中雁,花侵水畔枝。平生情不薄,喜庆却成悲。申 平生志气叹蹉跎,且逐悠悠岁月过。一旦仁风归马首,自然营业得人和。分飞两雁寒成伴,烂熳双花意自多。众悉怜君能克已,时时赢得醉中歌。戌 青春气象优,何事却惟愁。赤马情方称,青猪名利投。雁声飞自远,花杂谩相留。如逃羊脚险,重喜发牛头。

女命《前定易数》:萃

子 役役尘劳事渐通,区区兀坐绣帏中。堂前莫望多情客,心下休思得力翁。梁燕泥喃留意语,林莺寂寞压花红。到底衣财多分定,寻君随分入西宫。

寅 一轴情书付与离,灯前览罢自称奇。守得水边多义子,方知户内有心思。绕遇黄龙难显遂,若逢白犬少威仪。黄金房内优游步,早晚成家立福基。

辰 左边成业右边失,争奈时乖事未全。西北清闲心未歇,东南更变渐团圆。画梁归燕留消息,深院残花果不鲜。可恨此身无稳处,幽窗空封月婵娟。

午 从前情性不能宽,更遇微灾傍自前。早遇东君消息稳,终须果结向枝悬。鸳鸯情合多和美,鱼雁相同各队喧。出户便逢妍媚景,方知身在暮春天。

申 平生胆大志高强,贵客相邀入故乡。羊首施成木禄足,猴儿必遁佳枝香。白玉堂前人必乐,黄金屋内月生光。前程自有生涯在,无虑灾危入洞房。

戌 朱轮慢碾入王宫,堪羡时来禄早通。花貌含羞谁敢慢,朱唇不展少年容。弦管

声音情意美,笙歌语话乐融融。谁信前程有如此,命裏遭逢定不空。

《四字金》:子　鹰宿蓝田。寅　沙地栽葵。辰　旷屋安眠。

午　林裏鸣琴。申　月照寒潭。戌　良马陷泥。

《郭璞数》:阳局事事问中忙,有多事。寻起来,生疮刺。财一堆钱,差排点检。有多般鸭子,皮间寻缝看。一屋俍好,荣华成家。刑多少六亲命里无,缘妻与子尚难有。出看二山识机阔,做得就铁门限。禄白鹿衔花,天仙送食。田成也有破也,有这家筵成白手。夕阳无限好,可惜近黄昏。云满乾坤不见天,水连沙塞雁双联。一生家事担当重,一段孤刑也是缘。划除芳塞费工夫,一屋亲情有若无。满径春风绽桃李,下稍当贵百年娱。做得惊人事,几场双拳自奋独承当。规模弘达诚堪羡,力办心坚未易量。过得中涛舡反覆,每秋波浪生荣禄。孤舟短棹费支吾,莫怨如今眉尚戏。不求名利也荣华,恩爱交游总是花。心事无愁言不尽,孤灯斜月照窗纱。沧江飞航数。手段掀轰弄虎须,亲经龙穴探骊珠。亲情伤损须当忍,无分融和乐有余。险阻艰难都历过,几翻风浪几翻虞。直待中年风景好,春风桃李在桑榆。流年惊一惊,脚手可惊人,忧一忧,事叹可休休。事事无脚难捉摸忽有一场虑。梅子黄时雨。悲喜疑未成,伤春闻杜宇。羊猴公言,猪鸡口觜。若得便宜,便好收起。门外事不美,堂前人欠眠。十丑女掩面,日暮景凄然。限数今年虽有财,营谋着力自和谐。家人暗昧宜祈福,免得险人小口灾。蒲柳醺醉缘杨,菱花高照水禽忙。他人闲事君休管,静处烧香免祸殃。

阴局数逢利禄好难言,自是前生女状元。心巧性灵非俗比,形端貌正自天然。经劳自手便成家,耐得幸勤度岁华。运数末齐休懊恨,前程自有好生涯。一场无事一场忧,满树花开景易休。刘阮难逢为伴侣,玉山硖里早回头。双山一厄,片云黯月。马过危桥,车来凑缺。烧炷香,早修禳,可将好事作津梁。但愿阴功重救护,免教行客见恓惶。女流年调脂,传粉本无心,片外花开夜雨淋。鸾镜拂开人失伴,教人无奈更沉吟。见喜不喜,无灾有灾。但凭阴德,免有悲哀。

《壬巳鬼谷分定经中孚卦雁度衡阴格》海阔无涯万里深,蓬莱仙岛在其中。雁声暗度衡阳远,鸳侣双双逐晓风。月到更阑天练净,秋风飒飒树头空。君家若问归身计,蛇到龙宫事业隆。箭发从空下,龙蛇必换宫。贵人相接引,方始见亨通。天波,天谁,天怅,此星照命,能粧点,会施为,立志孤高,见识远大,作事无私,断曲理直,有能三思而行之,却不卤莽,口直招人怪,喜得命中有救神。述云:

生来作事临危处,却得官刑不犯凶。

《康节前定数》:海际乘舟格。海际无边万里源,蓬莱仙境古今闻。群鸿翼断衡阳浦,独立向堂用碎心。月到夜阑天渐碧,日移山影树方阴。君家借问归年计,花落园中莎草侵。

中外箭家中发,龙蛇必换弓。　贵人来引路,方见始还终。

末沙里淘金宝渐成,前程活计转思寻。谁知春晚桑榆景,鹤上青霄透碧云。

男命《前定易数》:屯

丑　斯人恰似天欢月,缺处仍前渐渐明。若使身临龙虎窟,便宜家计利名成。

雁飞三只声何远,花折双枝势未凭。莫要此生多雅趣,宜将高致慕能程。

卯　雅量怜君透岳高,何如兰蕙出蓬蒿,忽然羊马相充着,合使利名归尔曹。

鸿雁飞声何寂寂,鸳鸯交颈谩滔滔。更期龙虎飞腾日,无限欢娱气宠娇。

已　怜君处已不叨荣，名利年中渐渐成。日往月来濡滞脱，家和自理欲升平。
空中鸿雁飞馨香，池内鸳鸯密契情。更看龙蛇相会处，喧轟一段事非轻。
未　云飞月色中天静，雨遇松篁色转深。鸡叫水边春未歇，雁归芦畔踪难寻。
平生气量如珠玉，马去羊来兴满襟。问道龙蛇消息近，始知一箭中红心。
酉　散尽浮云月正明，斯人方始觉身轻。马牛会处须逢利，猴鼠途中却遂名。
分散雁飞三只远，和鸣雁侣两边情，休将生计荣刚志，看取宁馨立异声。
亥　闻君蕴积几时开，宁耐身心落草莱。羊马会时声誉别，虎龙交处利名回。
飞鸣鸿雁空中见，艳色花枝槛畔衰。若也兔鸡灾难脱，白头逢喜更奇哉。

女命《前定易数》：无妄

丑　亲眷疎凋不可凭，身依山外自求成。远望高峰虽意切，不知贤贵若为情。
一鹊蓦然来报喜，双莺闹处啭新声。许我年来当遇贵，终须高显得身荣。
卯　龙虎来时道必行，年过时往事还成。造化不教成拙计，立身终有福来亨。
花落花残难结果，云边仙桂暗传声。且喜晚年多喜气，东君留意木欣荣。
已　良田万顷足随身，幸遇荣华云外人。绣幕优游安稳处，玉堂和气喜重身。
鸾凤来时荣显立，鸳鸯浴水整衣新。鼠羊必自归金宝，取意随心度几春。
未　冬雪飘飘积大寒，推窗窥觑觉心酸，情知冷落孤灯下，意在忧疑眉自攒。
一双山鹊间关语，几阵寒鸦遇远山。莫叹此生多困苦，若能放下亦须宽。
酉　艰辛立计伤心处，孤绝亲疎魂梦飞。秋深归燕无消息，夜静寒蛩分外悲。
收拾衣资求鼠子，破除忧虑问猴儿。借问晚年归计事，不如改志作师尼。
亥　生计须凭虎子成，无忧无虑及吾身。区区立业须当改，闷闷为心不可陈。
若遇贵人回首顾，必须稳步立前程。枝头一果随时结，晚福来时自免迍。

四字金　丑，缺月重圆。　卯，云开望月。　已，登楼赏月。
未，腰钱骑鹤。　酉，枯莲得露。　亥，浮萍水阔。

《郭璞数》：断男命与前壬甲同
阴局玉容窈窕到薇花，幹运施为别一家。情懒心闲多计较，门闱喜色永堪跨。鸥惊
鹭影分南北，且是五行带刑克。孤星入命难主财，一重险过方可说。庭前培植一枝兰，待
取清香满院间。大器元来成就晚，荣华又看綵衣斑。一重喜后一眉颦，只因闲事暗伤心。
花钿满地无人扫，整顿容仪理玉琴。女流年一年四季福来臻，度鹊门庭百事亨。月桂一
枝今在手，蟠桃相映百花鲜。文书进上，夫荣贵子。位昌隆，添喜气。只愁秋后有些疑，
坐上有人人似醉。讼喜灾悲、女人兀、小口凶。身香忧口舌事多田土破财。

《壬庚鬼谷分定经节卦换骨成仙客格》四海为家未是家，西山尽可作生涯。天边雁叫
思南北，池沼鸳鸯独戏沙。遶树花芳三五朵，秋残将落一枝花。终知志在逍遥外，欲到蓬
莱度岁华。说着文君信，君常省是非。要知财禄盛，遇鼠自相宜。天怨，天年，天越，此星
照命、立业早、劳心早、刑杀重、退神多、雕青破肉、斩指截发、可免刑狱、只得退神在命、若
向松轩竹槛、作一个清闲潇洒之人、量为得地、若在尘劳中、末区区碌碌、不能遂心。

述云：　平生多志气，晚景自逍遥。

《康节前定数》：蒲桃架楼格　诗兴分定经同
中枯木逢春晚，乘槎遇海门。　龙蛇逢马首，独步到昆仑。
末青龙得水可相依，变祸为祥理固宜。事际自来能受福，安闲享用正当时。

男命《前定易数》：节

子　衣冠显异出群宗，争奈忧烦锁两峰。喜事重重时待鼠，光华烨烨事成龙。
群飞鸿雁两三只，开发花枝一二红。堪笑立身微至著，善谋犹不与人同。

寅　幽谷莺迁乔水丛，巧音高啭闹东风，春归园苑花飞谢，心挂机权事合同。
两只鸳鸯飞上下，一双鸿雁各西东，生涯混俗终飞祸，只好眠云听鼓锺。

辰　细水长流总赴东，几回枯涸又波洪。人缘被祸忧逢犬，生计成时喜见龙。
两双飞鸿悲失侣，一枝花朵又舒红。莫言变化伊无解，争奈时人无始终。

午　胸襟知事未为多，遇福还成祸折磨。猴首正宜施手脚，龙头依旧藉刀戈。
飞鸿阵阵成孤只，紫燕双双垒旧窠。些少甘甜从苦得，皇皇汲汲不须呵。

申　知事多筹虑又深，禄来犹似未堪任。猪头始觉人无虑，龙尾须知利可临。
一阵皆飞忘侣雁，五音空拨绝丝琴。红炉煅炼坚精物，销铄无成似薄金。

戌　回头莫叹家怀事，独奋傍无强处亲。欲识綵云猴上起，待更旧业兔宫身。
双飞雁侣孤群去，一树花稍两果春。依讶生涯有箫瑟，怜君成得是辛勤。

女命《前定易数》：兑

子　心机费尽业重新，涉水登山失故亲。一生孤苦何时脱，有事纷纭空度春。
情怀闷闷聊闲适，恩爱乖违未遇人。自惜年华还易失，每思为计离埃尘。

寅　富贵前缘今已定，生平立计自精劬。终必有人同助力，自然成业不劳心。
双双鸂鶒游溪畔，两两鸳鸯傍浦滨。更得鼠羊来问我，安心享用福重新。

辰　在家无事多遭谤，稳坐幽闺也惹非。平生鲠直浑如旧，立计坚高未遇时。
良人在鼠须成就，故里逢牛必败里。时光似箭相催去，老却朱颜问阿谁。

午　乘马过桥经险峻，闲人适顾觉辛勤。问君为事何迟晚，亦令图谋早适人。
奈何时来逢知识，可惜情新意转新。且待羊鸡归径后，自然立计尽精神。

申　立计甚多忧，愁怀不自由。祸消终一吉，福至即清幽。
鱼后情难乐，花残果不收。安心当守节，万事莫贪求。

戌　志气立英雄，机谋万事通。待逢龙虎会，终遇少年翁。
绿水鱼同乐，清风雁失踪。前程亨泰事，计业尽丰隆。

四字金　子，潮平驾浆。寅，春莺出谷。辰，遇井金鳞。
午，接竹引泉。申，凿井无泉。戌，苔多逢日。

《郭璞数》阳局黄花晚，景下稍，滋味别。性急经营计较事有一双，人冷看。田多双雁　一车云中　尼支吾自参经经营，不日而成。若问此限，大费精神。能计较拏人大钞一堆钱三田三山坟墓前面好非潦草。问荣华须限到。一对堂前人不圆，一对征鸿字不联。一对金鱼寻不见，一对鸳鸯信少缘。　风波经过几多般，往事浑如一梦间。见说暮春风景好，梅花宜向雪中看。生来总被利名牵，费尽精神结得缘。性巧心灵机变客，惺惺伶俐惹忧煎。可惜堂前人失半，临春四季青无换。雁行两两怕分飞，忍对秋花肠暗断。芝兰早秀不禁霜，移得蟠桃晚景香。回首兰房人寂寂，故园愁见草秋黄。寒谷梅花数。黄金百炼方成宝，紫芝岂是寻常草。须然大厦兴高堂，忒煞惺惺又烦恼。西风吹尽雁离群，丹桂月中花不老。鹤立青松未敢休，雪里梅花香更早。　流年哭泣灾　暗破财　血光事可笑可怪、为水失大。一事去，一事来。防去失更防财田马凑危桥步不不落花流水恨绵绵，家人冷笑谁先醉。门外伤心恨叠连。今年气数涉艰难，浪湧扁舟上急滩。损过财

兮人不觉，恹恹憔悴损朱颜。喜不喜，忧不美，垂杨树上生桃李。春兰闺阁火三烟，一事去来田土忌。啾唧忧生堂上人，惹君父子暗伤心。鸾台不觉尘生镜，早早修禳免祸侵。蒲酒嘻嘻喜气生，秋风兰蕙见掀腾。玉梅折取春消息，重觏长空月再圆。高人暗里为吹嘘，到事逢人说事宜。静里不求财自至，文书东北又为奇。江夏彭城，说事好音。一财一喜，万事如心。

阴局生来为性自和平，量窄心焦不受惊。照得家山风景好，有财有福善支撑。一雁孤飞防不足，惺惺反自生劳碌。数交中限便掀腾，子贵夫荣人享福。吉星临命福非常，跳过双山看一场。前程数好多成就，地上流钱粟满仓。一身千百事，件件关心虑。晓了会支吾，尽即荣华处。女流年扁舟浪里暗反撑，雪拥蓝关语错寻。杜宇怨春春去速，榴花照眼为伤情。洞房无意镜生尘，泪湿香腮不见人。牛女登高愁八九，桃花树上柳枝新。

命　诸家星命百三十三

《壬辛鬼谷分定经失卦　雁阵横空格》　　天高地迥难凭尺，有志堪宜生羽翼。雁阵横空各自飞，实鸿江上应孤只。要知花果深踪迹，花落枝头俱教逸。向云处好安身，谩自经营劳苦力。贪狼、王简、天喜、此星照命，孤高独立、禀性聪明、分忧人少、趁闹人多、广招是非、于人不足、好事多磨、闲中不静、恶处成活、贵人在命、空得奔波、衣禄有分、人事未知、一生凡事、劳心费力、便是这个命中所注。述云：孤舟无橹棹、大海遇风波。

《康节前定数》：金鸟垂照格　天高不是加丈尺，有志宜谋生羽翼。雁阵横空各自飞，秋鸿江上应孤只。有花一果通消息，无枝无叶寄踪迹。云中片屋住其家，独奋刚强费心力。

中说着教君笑，　　时时见是非。　　　樽前莫饮酒，　　　遇鼠自相宜。

末初限进退未欢忻，无事清高却出群。天外有梯何足虑，成身须遇紫绯人。

男命《前定易数》：决

丑　云中片屋宜君处，险里安身智自高。刚志立时名利聚，人情和处是非饶。塞鸿远阵扬风烈，鸳侣离飞为力劳。若论芳堪倚处，经霜耐雪一枝牢。

卯　智钩心距谩劳神，却喜中年脱离尘。有禄有财家自足，雍兄和弟事重新。面朋面友懒追逐，结发通心拟可亲。更若操心留礼义，鹏飞千里号仁人。

巳　是非窟里奋双拳，刚健谋猷事两全。莫讶中年心未快，须知他日禄宜迁。空中三雁各飞远，池内双鸳意渐联。若解知机心退早，安荣酣乐享高年。

未　虎兴两翼可峥嵘，才遇风云智自生。用尽心机当晚岁，做来活计胜前荣。风吹雁字何疏豁，雨洒花枝谩称情。莫道镃基安似石，须防失手有欹倾。

酉　劳力劳心几许难，尽疑计拙处人怀。绕逢鼠马回心日，便是高人得意间。天外施鸿三只远，槛前花果两枝闲。门庭若也存双果，轻似秋毫重似山。

亥　与君立业事难凭，自把心机整顿成。龙虎群中方立事，鼠蛇窟里好扬名。排空三雁声声远，傍槛双花朵朵倾。莫讶门庭无秀气，竚看扬誉在宁馨。

女命《前定易数》：复

丑　花谢庭前果未全，君归失户气相连。若弃他乡财定失，更兼狼籍在楼前。交颈鸳鸯情分喜，施恩鸾凤自团圆。鼠去虎来无虑恐，宁心享用取安然。

卯　役已多因厄难人，回心遮莫惹风尘。放下一时安受制，免寻有事费精神。绣幌低垂身必稳，幽闺寂寞事谐新。两两飞鸿隔山去，寅中终遇一贤君。

已　立计辛勤事业成，初年每望几时荣。逢牛得遇贤君合，见鼠方当福禄迎。
庭前黄叶无人扫，槛外飞莺睍睆声。且问前程当久际，东君留意喜重亨。
未　喜气重重入户新，更逢心巧性超群。侍贵终须逢吉耗，孤身行守必灾迍。
鸳鸯交颈施恩重，蛱蝶翩翩粉翅轻。龙蛇变化成家计，不用忧疑自脱尘。
酉　困伴孤窗梦未醒，忽闻雁叫报秋声。惹我旧时情意动，得君近日结新盟。
堪叹春光容易老，未知林木几时荣。且看猴儿来眷恋，不应虚度误平生。
亥　水面金鱼徒自荣，人来观处影无踪。重山重水家何在，衣袂飘飘适逐风。
羊犬归时财有泰，龙蛇成立必盈丰。展转细思如一梦，前程再立始无凶。
四字金　丑，一箭穿云　卯，稔岁仓箱。　已，牛眠春草。
未　石上栽莲。　酉，风清月白。　亥，菊绽东篱。
《郭璞数》：断男命与前庚辛同。　　断女命与前与前丙乙同。
《壬壬鬼谷分定经坎卦　池沼游鱼格》　生计如鱼戏水池，临危涉险亦无危。鸿飞天
上无消息，必竟伤心意绪悲。青草池塘鸳鸯失，洞庭湖上客船稀。知君箭发龙蛇地，莫怨
如今未得时。春来又复秋，如水向东流。若问安闲日，重山好牧牛。天暗、天器、天庚、此
星照命，难为父母、祖业可留、兄弟宜远、妻室难求、清闲消洒、自在优游、一翻事作两翻
做、一重烦恼一重忧、高人举用、小辈啾唧。述云：
　自有贵人相举荐，　何须回首夕阳楼。
康节前定数池沼藏鱼格　　诗与分定经同
中生计如林春又秋，百川水泛恁东流。终身必在安然地，好把重山与牧牛。
末前程作事多绷补，几度生涯费力成，骨肉祖亲难倚仗，孤权立独自经营。
男命《前定易数》：坎
子　拟把生涯付两山，不期财利自相便。更将志气乘时用，翻作危疑恼破颜。
庭下芳花悭结果，天边孤雁去无还。鼠蛇欲决行藏事，回首湘江泪竹班。
寅　从前积善逢今日，犹自吁嗟不过时。幸得东君轻借力，迩来枯木尽生枝。
雁群只只离山去，花谢双双结果乖。遇得危危蛇鼠地，不为奇处也为奇。
辰　丹梯云路家荣显，为报斯人不必临。巢窟是非虽日积，前程生计且留心。
雁行未必群居久，花朵虽开色不禁。若问根基必如此，不如向善止山林。
午　拟看花木满山红，时被天工特地风。情意豁然无懒僻，此身渐欲达亨通。
征鸿别去迷天际，飞燕成窠在水中。雞鼠嘴头微有咎，猪龙窠里异形容。
申　前程去路如天远，人意行时是白云。举足偶然离险阻，成身终是有玄纁。
花因春去难成艳，雁为秋来易别群。借问百年人事异，利名消息为君分。
戌　前后高低不足论，宜将身计两边存。牛羊一路荆榛地，猪兔两年欢庆门。
雁字天边空呖呖，花枝庭下落纷纷。若鲜棲身居物外，操持权誉四方闻。
女命《前定易数》：离
子　情怀慷慨立鎡基，做就荣华尽自奇。春水鱼游情必乐，明月辉残影更微。
梁燕呢喃寻故侣，林莺睍睆唤雏儿。时来遇贵无多日，羊至昂低整旧机。
寅　半空鸿雁自南飞，嘹呖哀声惹旧愁。幽闺兀坐心孤苦，朱户微开盛翠眉。
若使马头相遇处，须当财食发良时。东君必竟终留意，但自安心守绣帏。
辰　青云皎洁月团乐，人事欢娱心自宽。朱颜不改旧时美，粉黛难同愁泪潸。

鸡唱一声消息好，莺吟百啭意阑珊。鼠来吉兆依然至，绣幙低垂日饱食。

午　粉态娇羞未见功，欲逢大贵鼠牛中。金枝桂放偎明月，玉蕊花芳阻乱风。
燕雀空飞分上下，鸾凤两只各西东。生涯只在瓶边稳，莫叹当来孤守踪。

申　奈何分定在山前，山岭危危度履难。身心不稳遭多难，缘业徘徊隔片山。
风排雁阵穿云去，雨打花枝点石斑。与其飘泊长如此，不若留心云水间。

戌　首新不改旧时容，得贵相扶绣幙中。情性雍容无大患，身心和气有新工。
朱帘半卷团圆月，绣扇轻摇驼荡风。徘徊故里家何在，指点前山势气雄。

四字金　子　磨砚作镜。　寅，春日枯枝。　辰，坐井观天。
午，盘葵向日。　申，旱田桔干。　戌，风出逢鸾。

《郭璞数》：阳局一雁飞　井中生莲　一屋倒莫怨恨，费支吾。财上一鼠耗事了不了，没分晓。刑妻不足一炉香　昨夜秋天过雁稀，堂前秋月照辉辉。池塘秋雨惊鸥鹭，靖节篱边菊满枝。一语各西东，一堂香篆空。一衣重着起，一语别匆匆。一笑为谁惆怅去，回头花柳逢春风。平生不享祖宗福，任有财粮心劳碌。独自支吾力有馀，异日横财金满屋。可惜生来命带刑，别离南北第和兄。思量几度伤心处，片片浮云蔽月明。早年莫叹无谋遇，自有高人青眼顾。多少荣华在后头，青云万里登奇路。走马着棋数。秋风吹尽雁离群，不见根苗各苦辛。鹤唳气高伤鲠直，鸳行亲眷不成伦。珍珠满屋成还破，雨露荣华自有因。玉佩金鱼人着力，岂知容易一犁春。流年一人立　事可笑可怪紧要一场弄秋，里阘一场。喜秋怀梦、一场忧意、啾啾谋、事生忧。老空生惆怅，怕皱眉样。意向茫茫未有涯，月方明处被云遮，桥危马病无舟楫，回首斜阳山外斜。杨花落处雪霏霏，喜后忧先惨子规。荷叠青钱人冷落，磨心磨腹皱双眉。福来为事自然贵，当入梅花还得地。只防喜处变成忧，蚕老桑空垂别泪。一事两人扛，一契为田庄。事来宜忍奈，免得写今将。人财却有富昌言，公风事务忍干连。反覆勾加大索牵，缧绁自家防呪咀，笑谈鬼贼暗相煎。

　　阴局五行安稳会谐和，更喜星辰一向多。莫道繁华未如意，到头快活任高歌。生来伶俐心了了，快性心机多解晓。春风桃李花开夜，家事纷纷蜂蝶遶。　半闲半喜半悲忧，做个根基在后头。只是数伤刑尅重，夫宫一段锁眉愁。　一鳞走，一珠黑春，兰叶嫩难禁雪。芙蓉开处映黄花，晚景下稍滋味别。女流年去年烦恼过今年，春信愁闻夏信传。火动三烟榴菊节，雁行双口犬声连。一珠掌上被尘欺，嫩笋风摧意惨悽。愁雁声闻人阘阘，梅花伴月映深闺。喜去忧来事两途，忧成真实喜成虚。怨恨花开无限事，梦中收得梦中书。

凶灾　　生毒　　麻衣　　鸱声　　鹊喜　破财　贼病　山口

《壬癸鬼谷分定经蹇卦　花柳同荣格》　万里关山东复西，后前事业是成非。芦丛雁别双双远，雨打鸳鸯两处飞。绿树春花开数朵，秋深叶脱独存枝。知君贵在君臣下，只恐天年又不齐。遇丙两相宜，庚年恐是非。远山逢虎日，龙到更为奇。天笑，天印，天飚，此星照命，五行安稳，四柱坚牢基业见成，一呼百诺，名傅闾里，德誉乡关。此命忧中有喜，喜处成悲，退神重重，财物来如骤雨，去侣流沙，正是花巧得来花巧去，散时容易聚时难。述云：衮衮生涯闲未得，区区享福晚年间。

《康节前定数　柳岸栽桃格》　诗与分定经同
中平生遇丙多相称，每见庚危及水刑。虎志远山威自勇，龙儿跨海喜光新。
末碌碌辛勤破兴成，关山险难喜无惊。今遇贵人添力祐，命逢得泰晚通亨。

男命《前定易数》：

丑　　　身心多未定，时至却安然。　　　幸处忧中乐，荣因善处迁。
　　　鸳鸯成密散，鸿雁不成联。　　　遇丙多相称，逢庚更可怜。

卯　　万里乡关东又西，从来到老奋身驰，芦花过雁双双远，雨打鸳鸯两两飞。
虎恋远山威自勇，龙归沧海意相随。终身计在荣高地，只恐天涯未遇时。

巳　　怜君情性不骄奢，天使功名付尔夸。丙旺庚衰如得脱，龙吟虎啸自荣华。
鸳鸯令处心难却，鸿雁声频意自赊。此理若能明到底，跳凡日月地仙家。

未　　乡关万里覆东西，浩浩生涯心奋驰。撞着丙庚情绪悦，相投猴狗利名奇。
芦花过雁声声远，冒雨鸳鸯双双飞。若鲜高超云物外，震风凌雨免倾危。

酉　　　乡关虽万里，南北奋心驰。　　　利名绕遇也，心意亦周之。
雁别芦花远，花逢果苑迟。　　　见庚多险难，遇丙却真奇。

亥　　　气象谦仍静，机关诗虑多。　　　也知名利好，争奈运蹉跎。
遇丙方相称，逢庚塞又过。　　　雁疎鸳侣薄，歌笑老东坡。

女命《前定易数》：师

丑　春风骀荡拂罗衣，和气都归欢笑时。朱门得意无忧虑，绣幕安心少祸哀。
鼠头自有成人美，牛尾依然晚福随。身心和顺家当立，更遇英雄擢桂儿。

卯　　　心事事难测，收来放去间。　　　兔归如拾得，猴会却开颜。
秋老鸿应远，春归蝶子还。　　　情怀虽广大，唯恐不安闲。

巳　　　堪笑多荣辱，生来老百般。　　　虽逢龙窟变，争奈鼠窠难。
情意人俱悯，心怀君自悭。　　　安心尘垢里，方得免衰残。

未　　　离身出外居，资财多定无。　　　纵饶荣且贵，不免破还孤。
双燕寻梁语，孤莺求友呼。　　　但教逢晚景，却得贵人扶。

酉　　　百事不遭迍，平生最出群。　　　操累能更变，身心福侍名。
畅怀多喜悦，满意旺夫门。　　　为家成俊效，终必策高勋。

亥　　　性理人难测，心安动静稀。　　　门庭多显耀，夫主必瑰琦。
富贵当今日，欢娱异昔时。　　　全身衣禄厚，未意更慈悲。

四字金　丑，掘藏逢金。　　卯，龙盘虎伏。　　巳，水玉清洁。
未，出岫云开。　　酉，雨里浮萍。　　亥，盘里芙蓉。

《郭璞数》：断男命与前壬戊同

　　阴局生来性慢识机谋，不觉翻成强出头。几度醉筵惊梦觉，月移花影上西楼。气识清高还异众，车立把家有权用。多谋多计会支吾，到底有缘还福重。关心家事暗思惟，龙蛇相会兔伤鸡。两岁风光终结果，他年贵子步天墀。女流年道泰今年气象新，花开日暖斗精神。兰房瑞气尤清爽，鸾镜相逢镜里人。梅子垂黄菊绽篱，堂中女子会佳期。欣欣牛女逢人笑，自叹他人有别离。三人谋　忧喜　老人灾　水惊　怪异

。癸甲鬼谷分定经顺卦　月华秋夜格　双双鸿雁飞霄汉，独对秋光月更明。烟霭雾横千里远，行人犹听马嘶声。名成利就还中末，早岁奔驰事未成。更问年来谁是伴，儿男东畔向西倾。桥水却难逢，关山两树红。骑牛逢远路，必遇主人公。天晦，天龙，天哭，此星照命，为人豁达、禀性聪明、不耐静、要寻头、会撑持、能就省、儿女有、不得力、钱米不能周急、乐处未能乐、忧中却有欢、作事踌躇多思虑、凶事不凶、凶中却有救神。

《康节前定数月华宝玉格》 塞空雁阵归清汉,独对秋江月下明。烟雾遥空千里远,行人独听马嘶声。荣财积帛兴中末,初主区区更不成。试问老来谁是主,隔花两岸两青红。

中水畔桥边不易逢,隔花两岸景青红。骑龙渐渐登云路,鼠过中年遇主翁。

末气宇峥嵘志未伸,颇有寅缘晚始成。每到忧中还有救,作个清闲快活人。

男命《前定易数》:颐

子　前程必遇公侯贵,正值高台是福基。莫谓青松傲霜雪,还知修竹耐操持。
鸿飞江上斜孤影,花发庭山绽两枝。道至人和非我力,杨花飞起马蹄随。

寅　独化衣冠易旧尘,过桥朱紫赠青书。虽言子美非为美,料想相如未必如。
江外雁飞三只远,槛前花放两枝疎。挺身终在功高地,更训儿孙乐故居。

辰　秋菊春兰兴有时,何须苦恨事来迟。君知莫是仙乡客,天使先难后有奇。
去雁一行横远野,飞花两朵谢疎篱。鉴基必入青霄上,犬马应须慎险危。

午　出身多涉辛勤处,始得安闲祸又兴。十仞高台应险岐,一心举步直须登。
雁飞横外归程远,花放园中色未凭。终是利名无大旺,扁舟不见巨波澄。

申　莫将苦事等闲看,历尽危途道始安。桂月重圆云雾散,蛇龙可使混泥蟠。
天边去雁飞鸣远,窗外鲜花带果残。得鼠利名双副意,何须执钓向清滩。

戌　身心劳苦成基业,去路巍巍尚未通。直待鼠来侵玉兔,方教蛇去化为龙。
双双飞雁离沙去,朵朵疎花带雨红。幸喜此身成老大,堪伤亲旧阔西东。

女命《前定易数》:颐

子　二八表春貌最娇,中年福庆永高超。为人多主成还败,为计应须逸反劳。
奇果随风埋土损,前程孤立谩心豪。虎羊微有安闲地,本主争知去路遥。

寅　养拙罗帏莫怨咨,心高性巧有操持,家能卓立身更改,时既荣华祖别离。
牛鼠比和皆吉兆,虎羊福禄不相亏。千里文书傅好语,安心几日必荣归。

辰　红桃连雨便离披,但恨平生心戚戚。若为家业破无成,惟有荣华休强觅。
得意时来资阴助,为人难免灾虞逼。前程丈尺使谁量,不到中年寿难测。

午　出门便见杏花红,一路荣华福庆崇。去改门闾好光希,涪居墓宅足盈丰。
左右云鬟同拥从,尊卑月侣自和同。满堂瑞气祥云照,清贵扬名立大功。

申　冬去春来得几时,北转南风特地吹。重水重山路何远,千般百计是非随。
早得夫家宜再改,若招子息定愚痴。匪远良时遇龙虎,又从晚景发光辉。

戌　早离慈亲策自长,他乡发跡保荣昌。改换门庭多吉庆,淹留必是有灾殃。
为人定主能权立,处己那堪性善良。东君信息看看至,富贵双全岂可量。

四字金　子,青青翠竹。　　寅,登楼赏兰。　　辰,秋菊疎开。
午,岩头走马。　　申,披云对日。　　戌,纸盘堆玉。

《郭璞数》:断男命与前戌甲同

阴局踌躇几事挂心头,多少兴衰一段愁。好事做来成恶意,施为巧处反为仇。平生不好施红粉。独自经营立根本,夫妻勤苦遇高人,得地文书心地远。猿啼夜月照人闲,独对孤灯惆怅间。风雨落花多少恨,三盃分付酒开颜。一番喜后一番伤,一鹿啣花遇夕阳。莫道眼前不如意,双双一曜喜非常。女流年笋嫩风摇恐折枝,海棠花绽被霜欺。斜雁影落西山去,杜宇愁闻雁字稀。喜喜忧忧叠有愁,凤鸾分散景难留。麻衣颠倒三秋节,川火

惊人事不周。口舌多　心刃凶　田土木竹山　守常　杏事子

《癸乙鬼谷分定经　蛊　鹏鹗弃梧格》鹏鹗离梧别幽谷,飞过岩前立奇木。雁飞天外怨声悲,鸳鸯戏水多翻覆。处处花开我未开,我花开时风雨触。劝君不用苦经求,晚年自有千锺禄。运至马牛时,凡事悉皆宜。

天叠,天雨,天逸,此星照命,聪明晓了,睹事执直,鎡基自好,心里不足,五行稳润,四柱得局,外观好看,里面不足,静中寻出不静,思中成怨,忧处不足。述云:

休道从前虚度日,　始知牛马是丰年。

《康节前定数》:鹏鹗弃松格　诗与分定经同

中　平生未遂志,贫富无非足。　但遇马羊牛,凡事皆可欲。

末创立鎡基世路难,欲荣事业历艰悭。得遇水木人相接,显达成名顷刻间。

男命《前定易数》:蛊

丑　　鹏鹗飞□去,腾身得意秋。　交情亲分薄,财禄晚年优。

江雁飞空去,园花风委休。　桃源仙路彻,何必待西周。

卯　　怀旧空存恨,趋新意未阑。　乖离贤自拙,飘泊易成难。

雁隐云天阔,花开风雨闲。　清江风寂寂,残照下西山。

巳　　一段生涯事,年来渐渐成。　因缘家外立,财禄晚来荣。

雁阵分飞去,花枝艳态轻。　前程意莫问,知足免竛竮。

未　成家莫叹多迟滞,准拟生涯子午中。贵客必期多美利,亲交相见逆情衷。

鸳鸯失队难寻侣,鸿雁孤飞不见踪。堪叹生涯几多事,南柯觉后梦魂空。

酉　重山重水奈何为,一去一来财聚离。有胆向前名利害,缘情结托少交知。

雁声呖呖江边远,花朵纷纷野外垂。借问平生何处好,白云深处好依楼。

亥　　身名期两立,志气屈须伸。　事逐春雷变,心机役苦辛。

远天归雁急,小槛落花频。　借问君家事,中教破复成。

女命《前定易数》:履

丑　　试问前程事,忧虞且奈何。　只缘衣食薄,至老直奔波。

不向夫荣贵,终遭业障磨。　修心行善意,方始得安和。

卯　　绣幕灯明灭,操持意气高。　前程旺夫位,处世进身豪。

鼠羊增福处,虎兔主煎熬。　终年何足虑,福禄自坚牢。

巳　　破祖又离乡,幽闺忆父娘。　终身自华希,暗疾免刑伤。

只恨孤衰早,惟修性善良。　前程如一梦,独立守他方。

未　人道没鎡基,安心用待时。　命乘多聚散,败失不胜悲。

冬被严风扫,秋嫌烈日欺。　何时得丰足,直待鼠扶持。

酉　禄破兼伤己,吁嗟势未豪。　兴隆龙虎会,方得已身牢。

两目争明处,双窠自苦劳。　出山并出水,兰蕙脱蓬蒿。

亥　操持用事莫辞劳,天禀聪明付汝曹。身安意乐须重显,名达财丰不厌高。

云外良人勤着眼,雨中奇果自坚牢。待得鼠羊归计后,水平风静免波涛。

四字金　丑,春后茶叶。　卯,烂石补天。　巳,城头松栢。

未,蝇附马尾。　酉,明月芦花。　亥,衣锦涂炭。

郭璞数　断男命与前戊乙同。断女命与前庚丙同。

《癸丙鬼谷分定经　贲卦　金傍题名格》　龙楼凤阁帝王城,草屋柴扉贵禄名。金榜唱名应自别,寰中君子骇然惊。江边雁过空移影,对对遥飞只听声。试问前程何所是,妻儿子女晚年成。命中逢犬喜,乘牛必见凶。马头相遇日,喜气必重重。司谏,石阙,天昌,此星照命,聪明之宿,人皆仰之,性直心慈,招非惹是,喜怒不常,理直赌是,亲戚和而不同,朋友和而不美,便是这个命中所注。

康节前定数金榜挂名格　龙楼凤阁帝王城,草屋柴扉隐贵人。俗事不干宜省顺,寰中有子尽归京。天边雁过归何处,阵队遥天只应声。借问长安消息好,稳攀月桂送归程。

中遇犬忧中吉,逢牛吉又凶。　随龙前见马,平地到天宫。

末重重经历岂云停,胸次情高志出伦。造化亨通皆得意,命中财禄向前程。

男命《前定易数》:贲

子　　　虚禄君还有,凶灾不免逢。　知心能几许,立业未全通。

去雁空留影,花枝异处红。　故乡人不见,依旧月明空。

寅　　　春到枯枝绿,蟾圆万峤明。　安心全大用,举计立前程。

鸿雁南归去,庭花晚景荣。　功名无事日,栖隐有馀清。

辰　　　疏亲君独立,负重渐离肩。　青月人相会,丹心自己便。

利名终老遇,鸿雁落江边。　若问家何在,人归范蠡船。

午　　　鎡基讵可为君计,毕竟年深转见难。俗事午怀人泪没,旧交相隙转阑珊。

休传万里归云雁,好问千重邈舍山。此理晓然君自觉,不须说起泪栏干。

申　　　锋芒神剑初离匣,一片清光射斗牛。猴鼠相逢权势重,犬羊同会利名优。

鸿雁雍雍沙外远,好花馥馥槛前稠。龙楼凤阁重重贵,到老身心不自由。

戌　　　居祖非君计,无知是我缘。　他时须自立,往事任推迁。

琴有伤人意,鸿为音信传。　人生难可断,变化有机权。

女命《前定易数》:丰

子　　　幽谷栽奇水,峥嵘发早春。　欲从斤斧断,须待雪霜晨。

反覆家何在,危难事复新。　若逢荣贵地,鼠尾脱荆榛。

寅　　　未遇身心乐,须防有旧灾。　中年缱得脱,大福逐猴来。

贵客相逢喜,良人安在哉。　欲知萧洒地,独乐步高台。

辰　　　正对秋深月,蟾辉特地新。　忧危行渐脱,福禄不辜身。

燕啾呢喃语,莺啼睨皖唇。　身心闲未得,聊作半孤人。

午　　　如将修立百年身,好惜光阴且守心。知得东君西畔立,凤凰藏在竹林阴。

花容瓷逞吴姬貌,玉指时弹越调琴。君还借问欢娱处,十里黄沙变作金。

申　　　守志修身闲未遂,年光易失渐离乖。得时有意龙羊首,忧险灾危马入怀。

两两分飞无定踪,双双对语老难谐,若问他时荣合日,吉来便有冗纷来。

戌　　　生来直自孤,姻亲有若无。　恩情虽若美,谋计两相图。

且守幽闲好,当思时事殊。　待君相会遇,鼠马莫踌躇。

四字金　子,瓮里鸣琴。　寅,露滋莲房。　辰,岩畔叶飘。

午,花落遇雨。　申,披云见日。　戌,走马亨衢。

郭璞数　断男命与前戌丙同。断女命与前甲丁同。

《癸丁鬼谷分定经剥卦　鸾镜重明格》　平生似玉无瑕玷,百年磨难末能成。良工巧匠琢成器,早年应须遇贵人。霜雁过溪三四只,松筠带叶各枝青,知君意在行云外,半把金银伴月明。遇马行千里,逢鸡始过桥。鼠牛心未足,龙虎自逍遥。贯索,天飘,天戏,此星照命,资财多,费力多,恩爱烦恼多,亲恩如水炭,兄弟不比和,潜力受弃波孤不尽,妻不和美,只喜得退神重,凶中不凶。述云:

从前骑虎多不利,今日乘龙便不同。

《康节前定数》:琢玉成功格　诗与分定经同

中遇马行千里,逢鸡度险桥。鼠牛游不定,龙虎尽歌谣。

末初限灾绊方未免,中年快乐不须求。纵使灾厄无大咎,晚年享福喜优游。

男命《前定易数》:剥

丑　　荣业道亨时,成身虑复疑。　不须垂玉泪,终见有光辉。

过影云浮雁,残花雨洗枝。欲寻仙路去,争奈命多危。

卯　　铸印将复损,断轮伤斧斤。　大都亏用庆,还似不成珣。

雁去空沙漠,花荣抟醉巾。　利名方入手,人已坠迷津。

已　　豹隐当时奋,南山气象雄。　自疑形质薄,孰敢究穷通。

断峤微鸿影,雕梁花朵红。　平生有瑕玷,磨励始成功。

未　好觅清幽过一生,何如沉醉昨门阑。非多是少身无益,家窘亲疏居自闲。

雁字一行空见眼,花开满树谩凭栏。身南意北情何足,不若留心羡远山。

酉　浓云密雾迷天暗,风恶波深惊小舟。大抵生涯较何异,论之忧恼有因由。

天边雁度重山远,渡上鸳鸯两意悠。伊喜晚年多称意,始知春色胜如秋。

亥　年过时来心未宁,羊鼠来时道自兴。造物不教成鄙俚,随身侍从有祗承。

云山隐隐雁飞绝,院落纷纷花自凝。未信生前尽萧索,新成台阁许谁登。

女命《前定易数》:咸

丑　操权立计要身荣,喜到中年亦有成。且取羊头堪称意,当逢鼠尾事来惊。

杜宇一声啼夜月,娇莺对语作春声。东畔瑶台虽得乐,也劳心志也劳形。

卯　平生守节命蹉跎,还逐悠悠岁月过。花颜改色无人问,玉貌难凭意若何。

双飞蝴蝶劳清梦,两阵鸳鸯戏绿波,甚处芳园堪赏玩,君家时未遇春和。

已　伤心亲党各纷纷,定分身从别处存。羊去鼠前人自吉,龙吟虎啸祸离门。

寒枝牢落果难立,秋色潇条雁别群。借问何时逾崄峻,直须明月出云根。

未　红帏绣幕忘殷勤,双手移梭织锦文。堪嗟情性多疑滞,莫逞机权出等伦。

一轮明月当空照,羊夜狂风扫乱尘,若问前程长与短,从头万事更重新。

酉　　惆怅绣帏中,心安早岁逢。　家声羞未振,鼠冗喜方浓。

问果多中少,由君晚始通。　羊蛇相会日,闺阁再丰隆。

亥　　夜月遇云开,操持特地来。　仁心终得地,恩义亦奇哉。

莺燕声和美,鸳鸯散不迴。看看尘渐脱,好觅杏花栽。

龙泉尊瓶

四字金　丑,暗月重明。　卯,钱镜磨光。　巳,豹变作虎。

未,春萍遇水。　酉,黄菊耐霜。　亥,归帆顺风。

《郭璞数》:断男命与前戊丁同。断女命与前戊壬同。

《癸戊鬼谷分定经艮卦　雁过重岚格》　重山过雁楚天高,百岁见童晚景豪。早岁不成安乐地,荣处家如磨剑刀。园林是处花开早,直至春深雪未消。遇兔马龙身奋发,利名晚岁遇英豪。百里秋光起,千秋木叶凋。绕逢兔马地,衣禄自然调。天暗,天奔,天贵,此星照命,独立自成,自费力,营家早,风浪早,磨难早,虎狼口,善心肠,好多磨,凡百进退,君子知重,小人无缘,惹是招非,多招不足。述云:

巧成名利日,马足兔头中。

康节前定数　雁过重山格　　诗与分定经同

中万里秋风起,千林木叶凋。太阳垂照日,积雪尽籬消。

末久别亲疏祖不全,艰辛历尽始安然。重更自有家风立,始见生涯在晚年。

男命《前定易数》:艮

子　天禄含书贵早求,轩昂头角出潜流。幸然得际风云会,偶尔那逢鹓鹗秋。

芦叶风摇归雁远,园林雨送落花愁。示君去后无他事,安坐高堂任白头。

寅　莫谓身荣未必荣,前程那更有推迎。利名翻作南柯梦,才业虽能未出尘。

牢落春风花不结,萧条塞雁来宾。一条去路君须觉,云水相逢道自新。

辰　亲眷凋疏不必哀,孤身再整福重来。东君造物无私设,触处枯枝花又开。

鸿雁双双群有失,鸳鸯只只事难猜。鼠猴消息愁难解,蛇口张时立玉台。

午　初岁淹留百事亏,一成一失若何为。举身必得仁人荐,荣业须逢牛马时。

莫叹孤鸿沉远塞,堪忧鸳侣独栖池。芳菲树上重开处,始觉春阳发旧枝。

申　意气成时独异常,秋来佳致胜春光。淹留岁月当牛马,荣达身名问鼠羊。

飘散雁行飞自远,重开花树果然香。君还拾得名和利,好把生涯付醉乡。

戌得意且须思后末,犹来暂使凶神吉。丹梯有路不宜登,白云无心真可入。

鸿雁悲时不离群,花枝开后还无实。到头辛苦为谁期,堪叹游蜂空作密。

女命《前定易数》:蛊

子　早弃亲闱侍俊才,便逢微福自天来。青春陌上花重发,不觉秋残菊再开。

双双蛱蝶名园去,对对鸳鸯逐水回。终身却得清闲地,醉饮双樽步玉台。

寅　骨肉相分且莫嗟,平生孤失复荣华。贵人提挈方如愿,闲虑千般又离家。

福至须当龙虎日,又逢犬鼠作生涯。但得水边人借力,自然福寿众争夸。

辰　前程守分随缘过,平日劳心事未亨。借问时来当虎穴,定教福至遇羊成。

窗前月影饰梅蕊,闺内风狂扫叶声。中途荣乐终须在,重立根基禄自迎。

午　莫叹前程运不通,且将祖计尽归空,奈何碌碌遭孤独,未免波波滞困穷。

除非独守孤帏立,方见前程事可逢。若要留心求稳地,不如闻早慕宗风。

申　生平自得人钦重,世上应知少祸非,若守柔心并巧志,即须前路得媒梯。

福来聚处荣须显,禄至亨通未便哀。假饶立计全无遇,终久荣华亦有时。

戌　高人槛外两相逢,便得荣华福禄崇。改变门闾好光蘕,移粧宅舍足丰盈。

为人作事情怀巧,守业成家性识通。更遇羊蛇同会合,必当清贵福雍容。

四字金　子,路入平坡。　寅,浪里乘槎。　辰,乔松栖鹤。

午,井鳞入海。　申,秋月芙蓉。　戌,游蜂结蜜。

《郭璞数》:断男命与前戊戊同　断女命与前丁辛同

癸巳鬼谷分定经剥卦　云散青松格

雷发空中应声远,松篁雪化树头青。雁阵声声归远岫,空对芦花月朗明。

烟里楼台莺语巧,芳堤雨雾马蹄轻。借问桃源花几朵,枝头留下一枝荣。

天艰,天兴,天晶,此星照命,心高志气广,性直会刚断,能施为,会理直,能赌是,虎口佛心,为人慷慨,多成少聚,多学少成,好南北多,恩多愁多,因妇人面上,不足省,顺可免是非,无心中可要惹烦恼,身安处心不安。述云:鸡兔相逢身必贵,引取前来步玉京。

《康节前定数》:雪释松篁格　　诗与分定经同

雷进空山应远鸣,松篁雪散柳重青。天边只雁不成对,百岁芦花对月明。

烟雾天香莺语哢,晴天风送马蹄轻。君家借问桃花浦,一朵长春尽九龄。

中遇鼠身须进,　逢寅福自生。　马头真消息,　君子智通亨。

末格局本来为贵命,继基终不致尘埃。不待前程衣禄厚,晚年姻眷更和谐。

男命《前定易数》:剥

丑　　　盍与亲无分,多因命蹇离。　有家家必破,无事事多非。

落雁塞空阔,花残傍槛乖。　　几多难与苦,分付与孤儿。

卯　得意岂知前路失,园林春去又秋来。安充事理如翻掌,生计因缘定倒颓。

音信难凭鸿雁寄,怀情喜异又花开,巫山寂寂空云雨,徒把身心上楚台。

巳　　　名利终吾子,生涯计几家。　不须频帐望,何用苦咨嗟。

朵朵梨花发,双双侣雁斜。　孙阳青眼顾,骐骥脱监车。

未　亲计萧疏利亦疏,此身还见两边居。老途过尽几多险,平地相逢事渐除。

孤雁忘群情叵耐,鸳鸯失侣意何如。若还要识身安术,栖隐云山裕有馀。

酉　　　踪迹奔途路,孤身立外家。　江山情淡薄,风月谩辉华。

呖呖浮云雁,菲菲带雨花。　真临中道日,重整旧生涯。

亥　卓立超群队,成身断祖风。　缘情休苦虑,幽意渐疏通。

僻鸠花开薄,高城雁叫空。　桃源仙路彻,何用笑途穷。

女命《前定易数》:讼

丑　　　抱义足於人,性巧心聪俊。　闺中均纳祥,堂上承慈训。

奇果主莫贤,良人能斡运。　时至福添庚,平生无崄峻。

卯　　　前程多坎坷,福至晚方成。　运为虽有分,进用莫贪荣。

侣雁当天去,游鱼跃水深。　平生仁义足,食禄受资盈。

巳　　　昏迷债未省,那得眼前宽。　立身无自在,处世少平安。

时来聊喜变,祸去免孤寒。　一段幽闲处,留为岁暮看。

未　　　论汝继基事,成家也未然。　身心多不定,福禄每亏圆。

花放垂红果,云开月上天。　晚年滋味别,温饱享天年。

酉　　　隔越几重山,巍巍不可攀。　亲疏多克剥,恩义每多悭。

贵客寻归计,良人去不还。　生涯成立晚,惆怅运艰难。

亥　分定今生修善果,须勤积行度良时。放纵身心终不吉,调和情性勿招非。

对对鸳鸯寻水浴,双双莺燕竞呼儿。不知时至归何地,遥望青山坐钓矶。

四字金　丑,凿井无泉。　卯,登楼望月。　巳,良骥监车。

未,枯井望雨。　酉,破屋重修。　亥,盘里栽松。

《郭璞数》:断男命与前戊丁同。　断女命与前庚辛同。

癸庚鬼谷分定经损　岩前古栢格

古栢岩前岁月深,直坚霜雪耐欺侵。刚柔未决身犹举,白首荣心量满襟。

禄位得时君自险,资财失处又还成。要知立业安身计,三四人中一老心。

树花逢一果,蛇猴合称心。天福,天台,天极,此星照命,执直赌是,仁义礼乐,所为平品,作事忠良,能亲君子,会御小人,凶中有救,不犯官刑,六亲水炭,朋友无情。述云:利名还自得,五九好身荣。

康节前定数　松桧青枝格　诗与分定经同

中末立业除非义重增,云龙月色几千层。落花树上存仙果,得遇猴蛇命发生。

男命《前定易数》:损

子　舒眉展眼向前行,偶见黄金满路生。淹屈此时真得意,高人相济事须亨。

天边虚有南飞雁,枝上空间晚唝莺。况是老来无一事,却将子女共犁耕。

寅　春风花木头新红,莫讶东君分不同。自揣根基磐石固,岁寒前后独青松。

鸳鸯飞舞情何极,鸿雁悲鸣似不容。名利多因苦中得,得时还失意忡忡。

辰　欲上层楼几许难,渐登高处觉身安。昔时漂泊虚名利,晚岁成家苦胆肝。

独只鸳鸯离小渚,孤飞鸿雁落沙滩。秋蟾辉处真堪叹,许与幽人取次看。

午　一条险路是生涯,百事纷纭虑祸加。但得地边人借力,忽然众里事堪夸。

双双远去飞鸿雁,朵朵荣开晚景花。鸡唱兔沉银漏断,梦魂惊觉事堪嗟。

申　唇鈒心箭暗中危,百计千谋祸自夷。大抵利名皆不定,何疑人事苦支持。

天涯分散群飞雁,槛畔飘扬带蕚枝。欲得老来人有履,遇船终济水边危。

戌　内亲凋丧外重新,惆怅无言叹命迍。劳力劳神终有悔,操心操志未逢人。

两树落花成果晚,一双飞雁失群嗔。鼠猴方达平生志,骑马牵牛入大津。

女命《前定易数》:蹇

子　立计须忧挫一毫,此身展转出蓬蒿。鼠头自有荣华地,修善先收志气高。

一阵鸳鸯声呖呖,风枝奇果缀夭桃。前程万事成还失,老计区区不怨劳。

寅　空愁空怨意巍巍,改革生涯东复西。休恨自身多难处,却从他日别云泥。

枝头消息知春早,水畔良人福与齐。若问前程成立事,晚来山外稳心栖。

辰　玉堂有路夫何远,异日当须入故关。牛尾必知风景别,闺中独坐守云鬟。

娇莺对对寻群语,奇果枝枝结实悭。晚来必使身心乐,堪笑生涯鼠虎间。

午　山头返照影临门,定分重新问主人。废时还有成时在,失处终归得处新。

名园莺语逢和日,芳苑花荣遇早春。借问前途人去处,十分陶铸荷洪钧。

申　桃杏开时自一家,桃开杏谢两交加。几多改变因风扫,长把繁华伴月斜。

高枝每结重新果,鸳侣相逢意自佳。跨马骑羊备笑日,谁言虚禄也堪夸。

戌　立身未贵为鳏寡,何况年来运未通。欲奋当时心腹事,奈何吉里变为凶。

双双蝴蝶随风舞,两两鸳鸯浴水红。惟有猪鸡为好处,依然福禄在其中。

四字金　子,金星从月。寅,晚春花园。辰,登楼望月。

午,高山凿井。申,逆水行舟。戌,秋风飘柳。

《郭璞数》:断男命与前戊庚同

阴局华堂人静月光明,照入闺房气象新。四德早全人美淑,一家主福可丰盈。早年未许便荣华。随分施为别一家。纵有亲枝难得力,自磨自琢是人夸。马龙相会好音来,跳出重山烟雾开。做出轩昂希世事,夫荣子贵上天台。有一成了有一隔,春风桃李开时节。扫破闲愁指顾间,七七回头步金阙。女流年一年好景映朱扉,又见梅花结好枝。琴绩朱绞绞不断,秋风桂子喜嘻嘻。有些旧恨在冬前,切虑傍人毒乐缠。门内白头门外笑,破财祈福保延年。

《癸辛鬼谷分定经大畜卦　池映芙蓉格》

池畔芙蓉照水开,松筠力办雪霜材。孤飞雁过潇湘远,百岁儿童去复来。

兴废只因辛到癸,成名好趁卯寅来。谁将杖击云中鼓,震动成声满九垓。

跨马身荣早,骑牛带禄荣。莫言今未显,羊角虎头成。天福,天仓,天晦,此星照命,为人聪明俊秀,性直口快,有执持,能耐事,如松筠之在岁寒,经霜雪而不改,其性操,与朋友交久而敬之,骨肉情疏,子息晚立,遇辛癸且兴且废,逢寅卯志遂名成,身荣家富,作事振作,声誉四方,经险而不危,遇凶而自消,末主福禄称心。述云:过了千重险,虎羊身始成。

《康节前定数》:池内浮萍格

池内浮萍夏月开,松枝方办雪中栽。孤飞雁过潇湘远,百岁儿童老后来。

兴废只因辛到癸,成功盖为有多材。如将杖击空中鼓,平地雷声震九垓。

中跨马声名好,骑牛带禄行。　莫言身未吉,羊角虎头生。

末一点云台志气高,中年事业望青霄。财帛未安常费用,根基渐次弄生苗。

男命《前定易数》:大畜

丑　桃李开时事一家,松材任便雪霜加。几多愁雾因云散,莫把忧心伴月斜。

孤雁却随秋色去,双鸳堪笑野情奢。乘龙跨鼠惧荣日,渐愧功名付汝夸。

卯　刚肠欲奋青云志,争奈生前命不齐。为怪交情缘分薄,莫惭成业立身低。

秦楼燕雀巢应晚,楚峤云鸿去更迷。准拟老来过众望,却将头角入蟠泥。

已　云龙相济吉将来,隐隐天门闭又开。举足便随云步稳,腾身荐取利名回。

风高迥野雁飞绝,雨泪疏篱花已衰。欲识安危在何日,幡然老首困尘埃。

未　壮心何虑初零落,异日仁人指凤城。亲旧可伤情分薄,利名还许为君荣。

清秋寂寂雁飞远,春晚暗暗花态轻。回首旧途多嵚岖,老亲云水有馀清。

酉　生前分定理君知,得道何如失道时。山北山南家再立,疏亲疏祖事无疑。

孤飞鸿雁空中见,双舞鸳鸯沼内嬉。脱得身中牛马厄,春阳始信发枯枝。

亥　莫嗟祥凤在鸡群,羽备翱翔上紫云。两处成身身有异,一心操志志多欣。

花枝未必长荣去,雁阵应须先两分。笑指秦楼歌管别,唯忧乖老不堪闻。

女命《前定易数》:惚

丑　　欲问前程事,生来独主孤。　离乡终自立,弃祖保安居。

红叶嫌风破,青松与雪俱。　贵客还拂袖,何处是吾庐。

卯　　娇态如堤柳,情怀每自宽。　居仁能守节,修善保身安。

过雁声声怨,雏莺语语欢。　鼠牛相会处,方免两眉攒。

已　　危难时将脱,常逢贵客亲。　操持来往处,豁达喜佳宾。

雁声成败债,燕语艳阳春。　若逢龙处会,终自不辛勤。

未　　把握能操略,为人胆气高。　驱驰多不定,箕帚事风骚。

池畔双鱼跃,檐前众鹊嘈。　枝垂奇果缀,保托寿坚牢。

酉　　福寿逢危难,心乖性不常。　亲门徒自守,贵处每惊惶。

三井更相觑,双牛必是昌。　立身忧横厄,门外迳须荒。

亥　尽堂深处好施为,只恐乖张命不宜。展转机谋常自遣,妖娆容态每称奇。

一双乳燕寻窠日,几阵游鱼戏水时,良人倚槛情多乐,福来犹更不忘机。

四字金　丑,秋园桃李。　卯,潜龙在井。　巳,云龙风虎。

未,浪里乘槎。　酉,风里杨花。　亥,苗而不秀。

《郭璞数》:断男命与前戊辛同。断女命与前巳庚同。

《癸壬鬼谷分定经蒙卦　虎隐深山格》

遇浪轻舟不复高,平生兴废若波涛。逢猪才息风波险,遇鼠方知松节高。

雁叫碧空悲夜月,鸳鸯并队戏新潮。要知箭发从何处,遇虎方知福自高。

遇虎身舒畅,逢兔福优游。煅炼,孤虚,天福,

此星照命,如枯木逢春,旱苗得雨,五行中劳心,早历事、早烦恼、早艰辛、早妻不得力、子不替忧,心性紧慢不均、大宽小急、作事龙头蛇尾、有始无终、皆因退神重。述云:初年吃尽艰辛苦,末主安闲福始来。

《康节前定数》:轻舟过海格　诗与分定经同

中久益成身志似蒙,心齐碧洞九秋桐。花落先被东风咲,晚向金门问主公。

末险难忧危遇救神,孤权独立更辛勤。他年自有真消息,再立门庭气宇新。

男命《前定易数》:蒙

子　须知祸福有来由,命里蹉跎且莫忧。意志盈怀是虚说,是非聒耳孰能酬。

天高丈仞应难上,名似秋毫莫谩求。待得花残将结果,狂风骤雨一时休。

寅　志大心勤计半成,干名趋贵得虚声。马头行处成须破,蛇鼠来时浊又清。

分飞鸿雁离群去,重结花枝带果声。好把身心看进退,莫教失脚祸非轻。

辰　难危过尽路遥遥,回首知几早鬓凋。秋去自然枝叶槁,春来依旧长新条。

鸿雁天边飞落日,鸳鸯浦下待新潮。前程必有归身计,好把儿童两处招。

午　芰荷雨散两鸳鸯,独归池沼浴新凉。前途回首堪悲恨,异日新添羽翼长。

雁阵两行归远塞,孤舟一只下潇湘。天然祸福争知错,不用将心苦叹伤。

申　万物荣春谢在秋,人情欢处又还愁。利名渐见归龙尾,家道如成立鼠头。

两只雁儿烟外别,一枝花朵雨中留。自宜处道知前事,堪问胡僧指火牛。

戌　花因春去不成艳,水向东流岂荡波。邊整生涯名利处,徒劳心志是非多。

雁行虽有空群队,琴瑟将调韵不和。肝胆空操云外志,天时不遇且蹉跎。

女命《前定易数》:草

子　出门又遇重重煞,至后终难保寿遐。更主孤刑防阻厄,若无祸患尽堪夸。

须向他门仍自改,留心彼业可安家。东君有意沉酣乐,只恐当年福不加。

寅　主人早弃亲门去,一向东君遇合多。久依祖室如灯灭,不怨离乡去适他。

有子聪明攀月桂,随时任意且高歌。若是修身并积善,何忧处世受弃波。

辰　操心东志要光前,异日终须遇大贤。无谄无谀存素行,克勤克俭有威权。

双阵春鱼浮水面,双双秋燕向檐前。平生到底无哀陷,末路逍遥福禄坚。

午　绣幕低垂远望天,聪明巧志出人前。自恨迍邅基业坠,忽然荣遇利名全。

是非多挠心怀上,闲虑长荣事绪边。却喜生平有终始,终年福禄自高坚。

申　　　兀坐绣帏中,生事如一梦。　气宇称娇容,心怀无所用。

疑险未能除,蝇营巧徒弄。　终见贵人扶,利名方出众。

戌　　　生计立前程,资财必满盈。　所作过男子,招君发横名。

试问终身事,羊头福自荣。　贵人逢处乐,鼠尾永通亨。

四字金　子,落花遇雨。　寅,衣锦骑牛。　辰,池鱼脱网。

午,春后牡丹。　申,月照溪斜。　戌,秋木生花。

《郭璞数》:断男命与前壬戌同。断女命与前丙辛同。

《癸癸鬼谷分定经艮卦　墙畔黄葵格》

今日心同百岁时,争知名利未相齐。有根不断阶前草,总有孤鸿江上飞。

春树有花终结子,冬深松柏寿同齐。若问生涯成利禄,才逢羊马便相宜。

牵牛,天应,天空,此星照命,如芝生榭砌竹茂,南轩根深叶实,情异直坚,心慈志广,玲珑天然,只因退神在命,父母堂前过客,兄弟天边雁阵,妻妾同林宿,凤儿女谩惹荣牵,初年管见驳杂,荣华却在晚年,休言晚发,五行所注之然。述云:晚景成身处,羊马始亨通。

《康节前定数》:芝兰出草格

好似芝兰出草来,一茎只放一花开。此香透气谁能比,正是移将仙桂栽。

平生天地多磨折,偏然初限受悲衰。自来地数天然别,若有功名莫望财。

中轻舟逐浪去如飞,都道营谋正及时。争奈前程惊畏苦,成破龙猴获宝珠。

末分量元来有变移,图成安稳有颠危。今朝整顿终身计,花成子结送君归。

男命《前定易数》:艮

丑　孤苦多端事未成,再将基业处前程。清闲身地真堪许,荣耀机谋不可停。

鸿雁群飞终觅侣,鸳鸯失伴别含情。中间更有翻身福,节志蹉跎势尽倾。

卯　碌碌生涯东复西,此身独立意悽悽。休将名利求於上,且把心情自放底。

寂寂空飞鸿雁远,疏疏化放晓莺啼。奈何分薄难如意,始人桃源路已迷。

巳　堪叹此生荣又辱,利名入手心何足。俯仰宁知有险危,盖缘得财难得福。

寂寂庭畔夭桃树,飘飘江上雁儿飞。借问前程有何事,老来兀坐有颦眉。

未　天然分定事非虚,处巳成家必自孤。无限闲忧来又去,几多名利有还无。

江边鸿雁空来往,庭下花枝果亦疏。鼠尾羊头消息好,好抛一钓钓鳌鱼。

酉　得来未足失尤凶,再整生涯意不同。堪笑不成安乐地,唯言长苦梦魂中。

鸳鸯两只眠沙上,鸿雁一双排远空。向道芙蕖占秋色,尚将志气怨春风。

亥　霄云开处露天衢,莫把从前志气嘘。一箭定教随手发,两重吉兆播当涂。

江边去雁空留影,槛畔残枝花再敷。鸡步蛇奔并兔逐,须知成失赋归与。

女命《前定易数》:睽

丑　前行危险遇良人,舌辩滔滔语语新。一去名园问消息,满堂和气便精神。

鼠羊得见花容艳。龙虎相依情性亨。晚来山主云开霁,一轮明月照江滨。

卯　几年兀守红帏坐,今日俄然遇大才,福到自能居富贵,时来且得脱尘埃。

前途活计须存立，在室亲情并不谐。猪猴拂面寻盟好，福禄安排足称怀。

已　弃却门庭见山水，莺日荣华终自拟。平生守节独超群，福禄依然能立已。

鼠鸡自有成家望，牛尾仍须作事美。为人第一会比和，训子诗书声通理。

未　百年家计喜重成，心本聪明跡更清。近贵悉知名自愿，逢时仍与福相迎。

家荣渐觉欢欣聚，财用须知运用亨。虽然有厄当猴犬，不必区区虑此生。

酉　闺中兀守自淹留，行坐愁烦不自由。早弃门庭前路去，远君别里福渐优。

贵客相寻闲静地，良人得遇是奇秋。龙蛇变化荣华在，亲眷相跡不必求。

亥　区区活计恐难量，福禄从头尽未昌。有疾方除形体瘦，无灾定主不安康。

鸳帏滴滴闻秋雨，雁阵声声叫夕阳。借问生平何处住，清虚养性最为强。

特别提示：

　　本书在编写过程中，参阅和使用了一些报刊、著述和图片。由于联系上的困难，和部分作品的作者（或译者）未能取得联系，对此谨致深深的歉意。敬请原作者（或译者）见到本书后，及时与本书编者联系，以便我们按照国家有关规定支付稿酬并赠送样书。

　　联系电话：010-80776121　　联系人：马老师

中华传世藏书

永乐大典

精华本

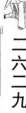